桐城派文庫

皖江歷史文化研究

桐城派名家年譜

（第三輯）上

汪長林 主編

北京师范大学出版集团
BEIJING NORMAL UNIVERSITY PUBLISHING GROUP
安徽大学出版社

圖書在版編目(CIP)數據

皖江歷史文化研究. 桐城派名家年譜. 第三輯/汪長林主編. —合肥：安徽大學出版社，2021. 8

(桐城派文庫)

ISBN 978-7-5664-2255-2

Ⅰ. ①皖… Ⅱ. ①汪… Ⅲ. ①文化史—研究—安徽—叢刊②桐城派—作家—年譜 Ⅳ. ①K295. 4—55②K825. 6

中國版本圖書館 CIP 數據核字(2021)第 137844 號

皖江歷史文化研究
桐城派名家年譜(第三輯)　　**汪長林　主編**

Tongchengpai Mingjia Nianpu(Disan Ji)

出版發行：北京師範大學出版集團
安 徽 大 學 出 版 社
(安徽省合肥市肥西路 3 號 郵編 230039)
www. bnupg. com. cn
www. ahupress. com. cn

印　　刷：合肥遠東印務有限責任公司
經　　銷：全國新華書店
開　　本：170 mm×240 mm
印　　張：53. 75
字　　數：667 千字
版　　次：2021 年 8 月第 1 版
印　　次：2021 年 8 月第 1 次印刷
定　　價：159. 00 圓(全二冊)

ISBN 978-7-5664-2255-2

策劃編輯：李加凱　　**裝幀設計**：李　軍
責任編輯：李加凱　　**美術編輯**：李　軍
責任校對：龔婧瑶　　**責任印製**：陳　如　孟獻輝

前言

桐城派名家年譜整理乃我校皖江歷史文獻整理之『桐城派文庫』之一部分。桐城派發源於皖江，波及全國乃至海外，在清代文壇以至中國文學史上均屬最有影響之文學流派。其影響延及近代，之於當代亦不乏借鑒之功。近年來，桐城派已然成爲皖江文化研究之熱點。我中心作爲皖江文化研究的一個平臺，在條件允許的情況下，對桐城派文獻有計劃地進行整理和研究，使這批珍貴歷史文獻能更好地服務於促進中國優秀傳統文化傳承、增强中華民族文化自信心的偉大實踐。

據不完全統計，桐城派名家中有舊譜存世者二十餘部。有鑒於此，我們依據工作計劃對其分批點校整理，以專刊之形式出版。整理原則是：以桐城派名家年譜或生平事略爲主體，與其有關之資料，如行狀、傳記、墓志銘、墓表等，酌情選擇作爲附録。校點包括以下幾項：①桐城派名家年譜及序跋；②桐城派名家年譜正文部分；③附録（包括譜主行狀、傳記、墓志銘、墓表等）；④校勘標點，依據『皖江文獻叢書』校點體例；⑤編排順序，以譜主生年先後編排。

『皖江文獻叢書』校點體例

一、總則

（一）皖江文獻乃指以安慶爲中心的涵蓋長江之安徽段區域裹孕育、發展所産生并傳存於世之各種文獻。史稱皖江上控洞庭，下扼寧滬，『分疆則鎖鑰南北，坐鎮則呼吸東西』，有『長江萬里此咽喉，吴楚分疆第一州』之美稱。皖江地區不僅地勢顯耀於東南，且歷史悠久，人杰地靈，文化薈萃，爲後人留下諸多文獻資源。

（二）本叢書以皖江文獻爲主體，與其有關之資料，可酌情選擇作爲附録。

（三）本叢書校點包括以下幾項：

①整理説明；②皖江文獻原刻本序跋；③皖江文獻正文部分；④附録（包括皖江文獻編纂者傳記資料、墓志銘等）。

（四）本叢書包括『方志叢書』『桐城派文庫』和其他文獻三部分。

二、校勘

（一）整理之前，應盡力搜集文獻之各種傳本，并確定底本與參校本。

（二）於同一事實之載記，凡底本不誤而他本誤者，一般不出校記。

（三）底本明顯刊誤，如因形致誤之『己』『已』『巳』之類，可以依據上下文予以辨識者，徑改而不出校記。

（四）底本之訛脱衍倒，可以斷定者，於訛倒處加圓括號『（　）』標示，改正之字置於括號後；於脱漏處添補之字加方括號『〔　〕』標識；於衍處加尖括號『〈　〉』標明，以示删除。凡底本原缺字以空格表示者，以『□』表示；底本字迹不清、無法辨識者，以『■』表示。重要校改應出校記簡要説明理由。若疑爲訛脱衍倒，而難以確認者，則不加校勘符號，仍存原文，必要時可出校存疑。

（五）凡所載之事實，底本與他本文异，但義可兩通、難斷是非者，以校記説明。

（六）個别虚字有异而文義無殊者，仍存原文不改，可不出校。

（七）凡作者原文避本朝名諱及家諱者，一般不改，缺筆者補足筆畫。引用古書而避當朝名諱者，應據古書及原書改回，并於首見處出校説明，餘皆徑改，不出校。

（八）對書中引用之文字，要進行覆核。若引用文字與原書小异但不失其本意者，則存原文不改，亦不出校；若節引文字與原書大异且失其原意者，應出校説明。

（九）校碼用漢字數碼加六角括號置於所校字句之後，校記附於文末。

（一〇）校記力求簡短，摘引正文僅舉所校詞語，不引全句。

（一一）本書采用繁體豎排。

（一二）文中通假字、异體字一般保留。

（一三）文中如有譯名與現行譯法不同者，仍存原譯。同一譯名在文集中前後互异者亦存其异。

三、標點

（一）標點符號使用依照二〇一一年國家頒布之標點符號用法，但具體使用時應注意古代漢語特點，如標點一般不用省略號、連接號與着重號等，冒號、感嘆號、問號儘量少用。

（二）韵文一般在押韵處用句號，若爲詞曲，還應考慮譜讀。

（三）凡名詞并列而易引起誤會者，用頓號分開。雖爲名詞并列但不引起誤讀處，可不加頓號，如『漢唐』『江淮』『巴蜀』等。

（四）引文不完整，末尾不宜用句號者，引文前不用冒號。凡引文祇用引號不加冒號者，引文末尾標點放在引號之外；引號、冒號俱全者，其末尾標點放在引號之内。

（五）作者與書名簡稱連用時，用引號標示，如『班書』（指班固漢書）。書名與篇名簡稱連用時，則標書名號，如漢表（指漢書諸表）。

（六）書名號内又有書名或篇名時，裏面一層可不標明，如吴汝綸辯程瑶田九穀考之九穀考，可不再標書名號。并列關係的書名或篇名連用，按如下方法處理：賈誼傳、司馬遷傳、東方朔傳。包含關係的書名與篇名連用，按如下方法處理：漢書司馬遷傳。

（七）機構名中含有書名時，該書名不標書名號，如續三通館。

四、其他

（一）整理時，應依據内容，適當劃分段落。段落劃分宜從大層次着眼，無須過細。

（二）整理説明應力求簡要，最多不超過一萬字。

（三）整理者撰寫整理説明、簡介、校記時，應注意下列各點：

①凡人物一般均稱名，不稱字、號或别署。如方苞，不稱方望溪等。

②凡地名一律用當時名稱，需要加注今名時用圓括號標示注文，但一般不必加注。

總目

目録

曾文正公年譜

黎庶昌編　李瀚章審訂　查昌國　汪長林點校

曾國藩(一八一一—一八七二),字伯涵,號滌生,湘鄉(今屬湖南)人。道光十八年(一八三八)進士,歷任翰林院檢討、侍讀、内閣學士,及禮部、兵部、工部、刑部、吏部侍郎和兩江與直隸總督、大學士等職,十年七遷,連登十級,官至極品,受封一等毅勇侯,卒贈太傅,謚『文正』。有曾文正公全集傳世。

曾國藩乃近代著名政治家、戰略家、軍事家、學者、文學家,湘軍之創立者與首領;以平定太平天國而成就一生功業,爲晚清『中興功臣』,與胡林翼并稱『曾胡』,與李鴻章、左宗棠、張之洞并稱『晚清四大名臣』。遭值時艱,毅然以天下自任,置死生、禍福、得喪、窮通於度外。爲拯世濟民,富國强兵,他洞察時勢,繼承林則徐、魏源『師夷之長』之思想,首倡洋務以圖自强而禦外侮,與李鴻章、左宗棠等創辦江南製造局,開辦安慶内軍械所,創建我國第一艘輪船、第一所兵工學堂,譯行第一批西方科技書籍,派遣第一批留美學生,并提議在美國設立『中國留學生事務所』,在上海設立幼童出洋肄業局。不僅爲中國近代工業化開了局,也爲其能持續發展奠定了人才基礎,真正開啓了中國與世界的接軌。

其於學以理學爲宗,兼漢宋而歸本於至誠。立身行事,本於『慎獨、主敬、求仁、習勞』之精神,以『耐煩』爲第一要義，立身平實，不求立异，嚴於律己，以德求官，以禮待人，以忠謀政，從修身到齊家、治軍、治國，其行爲方式已然成爲士大夫道德修養之楷模。其爲文宗法桐城，於桐城派有中興之功，或以『中興聖主』譽之。然其文章亦自有法，不全囿於桐城，在前賢古文理論基礎上又因時制宜地融入『經濟』，折衷駢散，『以精確之訓詁，作古茂之文章』，以講求聲調瀏亮鏗鏘，包藴不盡爲能事。行文深宏駿邁，雄奇瑰瑋，一洗桐城派枯淡之弊，卓絶一代。故黎庶昌云：『至湘鄉曾文正公出，擴姚氏而大之，并功、德、言爲一塗，挈攬衆長，轢歸掩方，跨越百氏，將遂席兩漢而還之三代，使司馬遷、班固、韓愈之文絶而復續，豈非所謂豪杰之士、大雅不群者哉！蓋自歐陽氏以來，一人而已。』毛澤東曾説：『愚於近人，獨服曾文正，觀其收拾洪、楊一役，完滿無缺。』并稱其是『地主階級最厲害的人物』。蔣介石亦以爲：『足爲吾人之師資。』

本年譜凡十二卷，由曾國藩弟子黎庶昌編撰，李瀚章審訂，完稿於同治十三年（一八七四）。光緒二年（一八七六）夏，由傳忠書局刊行，附於曾文正公全集之後。是譜載嘉慶十六年（一八一一）至同治十一年（一八七二）間曾國藩之生平。爲展示譜主一生之德、能、勤、績，作者於行文中大量引用奏稿與諭旨文字以突出譜主在平定太平天國、捻軍，倡辦洋務、處理教案、選送留學人員諸方面所體現出來的全面的完美的個人道德素養、戰略眼光以及非凡的行政管理才能。黎庶昌爲『曾門四弟子』之一，又在曾國藩幕府中工作了六年之久，對曾公身世、道德品行、學識情操等可謂瞭若指掌，故本譜對於中國近代史及曾氏本人之研究均有重要參考價值。

本次整理即以傳忠書局刻本爲底本，同時參以曾文正公全集、求闕齋弟子記等。

曾文正公年譜卷一

公諱國藩〔一〕，字伯涵，號滌生〔二〕，湖南湘鄉人。曾氏祖籍衡陽〔三〕，國初〔四〕有孟學公〔五〕者，始遷湘鄉荷塘都之大界里〔六〕。再傳至元吉公，族姓漸多，資産漸殖，遂爲湘鄉人。元吉公之仲子曰輔臣公者，公之高祖也。曾祖諱竟希，誥贈光禄大夫；妣彭氏，誥贈一品夫人。祖諱玉屏，字星岡，誥封中憲大夫，累贈光禄大夫；妣王氏，誥封恭人，累贈一品夫人。考諱麟書，字竹亭，湘鄉縣學生員，誥封中憲大夫，累封光禄大夫；妣江氏，誥封恭人，累封一品夫人。仲父諱鼎尊，早卒。叔父諱驥雲，字高軒，以公官貤封光禄大夫。星岡公以嘉慶戊辰年還居白楊坪。公兄弟五人，女兄弟四人。公則竹亭公之長子也。

辛未　嘉慶十有六年（一八一一），公生。

公生十月十一日亥時。

時竟希公在堂，壽幾七十矣。是夜夢有巨蟒盤旋空中，旋繞於宅之左右，已而入室庭，蹲踞良久。公驚而寤，聞曾孫生，適如夢時，大喜曰：『是家之祥，曾氏門閭行將大矣！』宅後舊有古樹，爲藤所纏，樹已槁而藤日益大且茂，矯若虬龍，枝葉蒼翠，垂蔭一畝，亦世所罕見者〔七〕。

壬申　嘉慶十七年（一八一二），公二歲。

竟希公孝友敦篤，爲鄉里所敬。年七十，見曾孫，極欣愛之。

癸酉　嘉慶十八年（一八一三），公三歲。

公幼小時狀貌端重，自初生至三歲，庭户不聞啼泣聲。

母江太夫人勤操作，不恒顧復。每日依祖母王太夫人紡車之側，花開鳥語，注耳流眄，狀若有所會晤，王太夫人尤奇之。

甲戌　嘉慶十九年（一八一四），公四歲。

六月，妹國蕙生。

乙亥　嘉慶二十年（一八一五），公五歲。

冬十月，受學於庭。

誦讀穎悟，竟希公益鍾愛之。

丙子　嘉慶二十一年(一八一六),公六歲。

公在家塾,以陳雁門先生爲公問字師。

十月,竟希公薨,壽七十有四。葬西坑山。

公哭泣甚哀,執喪若成人。

丁丑　嘉慶二十二年(一八一七),公七歲。

竹亭公粹然儒者,屢應童子試未售。績學不怠,名其塾曰『利見齋』。課徒十餘人,訓誘專勤。公稟學於庭訓者凡八年。

戊寅　嘉慶二十三年(一八一八),公八歲。

八月,妹國芝生。

己卯　嘉慶二十四年(一八一九),公九歲。

是年,讀『五經』畢,始爲時文帖括之學。

庚辰　嘉慶二十五年(一八二〇),公十歲。

五月,公弟國潢生。

竹亭公笑謂曰:『汝今有弟矣。』命作時文一道,題曰『兄弟怡怡』。公文成,竹亭公喜甚,曰:『文中有至性語,必能以孝友承其家矣。』

辛巳　道光元年(一八二一),公十一歲。

壬午　道光二年(一八二二),公十二歲。

五月,公弟國華生。

癸未　道光三年(一八二三),公十三歲。

甲申　道光四年(一八二四),公十四歲。

衡陽廩生歐陽滄溟先生凝祉,與竹亭公友善,常來家塾,見公所爲試藝,亟賞之。竹亭公請試以題,先生以『共登青雲梯』命爲試律。詩成,先生覽而稱善曰:『是固金華殿中人語也。』因以女許字焉。

是歲,始從竹亭公至長沙省城應童子試。

八月，公弟國荃生。

乙酉　道光五年（一八二五），公十五歲。

竹亭公設館同族家塾曰『錫麒齋』，公從受讀，周禮、儀禮成誦，兼及史記、文選。

丙戌　道光六年（一八二六），公十六歲。

應長沙府試，取前列第七名。

丁亥　道光七年（一八二七），公十七歲。

戊子　道光八年（一八二八），公十八歲。

九月，公弟國葆生。

己丑　道光九年（一八二九），公十九歲。

竹亭公設館石魚之百魯庵，公從。

庚寅　道光十年（一八三〇），公二十歲。

九月，公季妹〔八〕生。

肄業於衡陽唐氏家塾，從事汪覺庵先生。

公姊國蘭出閣。

適王氏，壻名鵬遠〔九〕。

辛卯　道光十一年（一八三一），公二十一歲。

公自衡陽還家塾。

冬月，肄業本邑漣濱書院。

山長劉元堂先生名象履，見公詩文，歎賞不置，以爲大器。

壬辰　道光十二年（一八三二），公二十二歲。

竹亭公以府試案首入湘鄉縣學，公從應試備取，以佾生注册。試罷，還居家塾利見齋。

癸巳　道光十三年（一八三三），公二十三歲。

本年科試入縣學。

時公名子城，提督學政爲岳公鎮南。竹亭公年四十有三，應童試十七次，始補生員。積苦力學，授徒家塾者二十年。至是，深喜公之繼起而早獲售也。

十二月，歐陽夫人來歸。

甲午　道光十四年（一八三四），公二十四歲。

肄業嶽麓書院。

山長爲歐陽坦齋先生。公以能詩文，名噪甚，試輒第一。是科領鄉薦，中式第三十六名舉人。本科鄉試，『四書』首題疑思問忿思難見得思義，次題武王纘太王王季文王之緒，三題智譬則巧也聖譬則力也由射於百步之外也；詩題賦得翦得秋光入卷來。座主爲徐公雲瑞、許公乃安，房考官爲張公啓庚。

十一月，入都。

是歲，始見劉公蓉於朱氏學舍。與語大悦，因爲留信宿乃别。

乙未　道光十五年（一八三五），公二十五歲。

公寓長沙郡館。

會試不售，留京師讀書，研窮經史。尤好昌黎韓氏之文，慨然思躡而從之。治古文詞自此始。

丙申　道光十六年（一八三六），公二十六歲。

會試再報罷，出都爲江南之游，同邑易公作梅官睢寧知縣，因過訪之。由清江、揚州、金陵泝江而歸。

公久寓京師，窘甚，從易公貸百金，過金陵盡以購書，不足則質衣裘以益之。比歸里，陳所購『廿三史』，竹亭公問所自來，且喜且誡之曰：『爾借錢買書，吾不惜爲汝彌縫，但能悉心讀之，斯不負耳。』公聞而悚息，由是侵晨起讀，中夜而休，泛覽百家，足不出庭户者幾一年。

丁酉　道光十七年（一八三七），公二十七歲。

公聞瀏陽文廟用古樂，詣瀏陽縣，與其邑舉人賀以南等咨考聲音律吕之源流。留兩月乃歸。過長沙，適劉公蓉與湘陰郭公嵩燾均在省城應試，相見歡甚，縱談今古，昕夕無間。留月餘，始各別去。

公妹國蕙出閣。

適王氏，壻名待聘。

十月，公生子，命名楨第。

十二月，公謀入都會試，無以爲資，稱貸於族戚家。

攜錢三十二緡以行，抵都中餘三緡耳，時公車寒苦者無以逾公矣。

戊戌　道光十八年（一八三八），公二十八歲。

正月，入都門寓内城西登墀堂。

本科會試，欽派大總裁大學士穆彰阿公及朱公士彥、吴公文鎔、廖公鴻荃。欽命『四書』首題言必信行必果，次題萬物并育而不相害道并行而不相悖，三題頌其詩讀其書不知其人可乎是以論其世也是尚友也；詩題賦得泉細寒聲生夜壑。公中式第三十八名進士。房考官季公芝昌。同鄉中式者五人，寧鄉梅公鍾澍、茶陵陳公源究，尤公至好。

四月，正大光明殿覆試一等，殿試三甲第四十二名，賜同進士出身。朝考一等第三名進呈，宣宗拔置第二名。

五月初二日，引見，改翰林院庶吉士。

公少時器宇卓犖，不隨流俗。既入詞垣，遂毅然有效法前賢，澄清天下之志。讀書自爲課程，編摩記注，分爲五門：曰『茶餘偶談』，曰『過隙影』，曰『饋貧糧』，曰『詩文鈔』，曰『詩文草』。時有論述，不以示人。讀書務内自崧，亦性然也。中式後更名『國藩』。

八月，請假出都。

與凌公玉垣、郭公嵩燾偕行。道出襄樊，舟次安陸，遇大風，鄰舟數十，鮮有完者，公舟獨無恙。

十二月，抵家。

曾氏自占籍衡陽以來，無以科名顯者。星岡公始督課子姓受學，賓禮文士。公遂以是年成進士，入翰林，星岡公年六十〔一〇〕，健在。後公官至學士，堂上猶重慶。至侍郎，星岡公猶及見之，京朝官無及其盛者。公之以翰林歸也，親友踵門而賀，竹亭公治酒款客。比酒罷，星岡公語竹亭公曰：『吾家以農爲業，雖富貴毋失其舊。彼爲翰林，事業方長，吾家中食用無使闕問，以累其心。』自是以後，公官京師十餘年，未嘗知有家累也。

己亥　道光十九年（一八三九），公二十九歲。

正月，鄉里天行痘證大作，公季妹及子楨第皆染痘殤。

季妹年十歲〔一一〕，楨第生甫十五月〔一二〕也。

四月，公至衡陽〔一三〕。

五月，至耒陽縣，謁杜工部祠堂，遂至永興〔一四〕。

有曾紀詩者，執贄願從事，公爲書勗之以學〔一五〕。

六月，還至耒陽〔一六〕。

舟行出昭陽河，至清泉縣之泉溪市，還寓石鼓書院，數日乃抵家〔一七〕。議修譜牒〔一八〕，清查源流。

八月，公由邵陽至武岡州，還至新化及安化縣之藍田市〔一九〕。

十月，抵家〔二〇〕。

公妹國芝出閣〔二一〕。

適朱氏，壻名詠春〔二二〕。

公弟國華出繼叔父高軒公爲後。

十一月初二日，子紀澤生。

是日，啓行北上。

竹亭公、高軒公送之長沙。

十二月，由漢口行次羅山縣。遇大雪，遂留度歲〔二三〕。

是歲，始爲日記，逐日記注所行之事及所讀之書，名曰『過隙影』。　公會試座師朱文定公士彦卒於位〔二四〕。

庚子　道光二十年（一八四〇），公三十歲。

正月，由羅山啓行，至周家口换車入都〔二五〕。

寓宣武門外南横街千佛庵〔二六〕，與同年陳公源兗、梅公鍾澍聯課爲詩賦。

四月，移寓淀園掛甲屯〔二七〕。

十七日散館，欽命題正大光明殿賦以『執兩用中懷永圖』爲韻；詩題賦得人情以爲田，得『耕』字〔二八〕。取列二等第十九名。引見，授職檢討。

是科散館改部屬者二人，改知縣者三人，餘皆留館。

六月，移寓菓子巷萬順客店〔二九〕。

病熱危劇，幾不救。同寓湘潭歐陽小岑先生兆熊經理護持，六安吴公廷棟爲之診治〔三〇〕。

八月初，病漸減，始能食粥。

九月，乃大愈。欽派順天鄉試磨勘官。

十月〔三一〕，移寓達子營之關侯廟。

與同年編修錢振倫同寓。

十二月〔三二〕，移寓棉花六條胡同路北。

竹亭公入都，公夫人歐陽氏、公弟國荃、子紀澤從入都。

辛丑　道光二十一年（一八四一），公三十一歲。

正月元日，入大内隨班朝賀。

嗣是歲以爲常。

初十日，偕同鄉京官至淀園遞摺謝恩，爲湖南岳、常、澧各處被水緩徵，借給耔種。

去歲，大西洋英吉利國兵陷定海，宣宗命大學士琦善往廣東查辦。是月，報英吉利攻破沙角炮臺，直逼虎門。上通諭中外，授奕山爲靖逆將軍，隆文、楊芳爲參贊大臣，琦善革職。本日又策侍衛四人往廣東，備差遣〔三三〕。

閏三月〔三四〕，竹亭公出都還湘。

五月〔三五〕，梅公鍾澍在都病故，公爲經理其喪，委曲周至。

六月，管理長沙府會館事。

益陽胡公達源卒〔三六〕，公作誄詞輓之。

七月，皇上御門，侍班〔三七〕。

善化唐公鑑由江寧藩司入官太常寺卿，公從講求爲學之方。時方詳覽前史，求經世之學，兼治詩、古文詞，分門記録。唐公專以義理之學相勖，公遂以朱子之書爲日課，始肆力於宋學矣〔三八〕。

八月，移寓繩匠胡同北頭路東。

十月〔三九〕，充國史館協修官。

二十八日，偕同鄉京官遞摺謝恩，爲岳州水災蠲免錢糧。

公寓書善化賀公長齡，自陳其所學所志〔四〇〕。

十一月十五日，公長女生。

後適湘潭袁氏，壻名秉楨。

公弟國荃肄業京寓，公爲之講課。

壬寅　道光二十二年（一八四二），公三十二歲。

公益致力程朱之學。

同時蒙古倭仁公，六安吴公廷棟，昆明何公桂珍、竇公垿，仁和邵公懿辰及陳公源兖等，往復討論，以實學相砥厲。其爲日記，力求改過，多痛自刻責之言。每日必有記録，是爲日課。每月中作詩、古文若干篇，是爲月課。凡課程十有二條：一曰主敬，二曰静坐，三曰早起，四曰讀書不二，五曰讀史，六曰謹言，七曰養氣，八曰保身，九曰日知所亡，十曰月無忘所能，十一曰作字，十二曰夜不出門。

是春，英吉利洋船駛入鎮江，沿江諸城多不守。和議成後，乃退出海口。

七月，公弟國荃出都，公送之都門外蘆溝橋，以詩爲別。有句〔四一〕云：『辰君平正午君奇，屈指老沅真白眉。』

公弟國潢生庚辰歲，國華生壬午歲，國荃字沅甫也。

癸卯　道光二十三年（一八四三），公三十三歲。

三月初十日，上御正大光明殿，考試翰詹。欽命題如石投水賦，以『陳善閉邪謂之敬』爲韻；烹阿封即墨論；詩題賦得半窗殘月有鶯啼，得『鶯』字，五言八韻〔四二〕。欽定一等五人：萬青黎、殷壽彭、張芾、蕭良城、羅惇衍。公列二等第一名。

十四日，引見，奉旨以翰林院侍講升用。

五月，考試差。

六月，欽命公充四川正考官，以趙楫副之。

七月，公第二女生。

公出都行至保定府，病暑，不能食，扶病而行。

閏七月，行至西安。

李公星沅時爲陝西巡撫，延之署中，治醫藥數日。病漸愈，即啓行入蜀。

八月初四日，抵成都。

接准吏部咨文，已於七月十五日補授翰林院侍講之缺，具呈四川總督寶興公代奏謝恩摺〔四三〕。是科四川鄉試首題不知言無以知人也，次題體群臣也子庶民也，三題人有不爲也而後可以有爲；詩題賦得萬點蜀山尖。揭曉，得士宋文觀等六十二名，副榜十二名如例。

九月二十一日，由成都回節。

十一月二十日，抵都門。覆命。充文淵閣校理。

公居京師四年矣，宦況清苦，力行節儉，而遇窮困及有疾病死亡者，資助必豐。四川差竣，得俸千金，寄家爲餽遺族姻之用。

甲辰　道光二十四年（一八四四），公三十四歲。

正月，陳公源兖之妻易安人病卒於京寓。其子遠濟生甫一月，公携之宅中，雇乳媪字養之，以次女許字之。

二月，侍班於文淵閣。贊經筵大典。

三月二十四日，移寓前門内碾兒胡同西頭路北。

四月，考試差。

五月初十日，奉上諭：翰林院自侍讀以下，詹事府自洗馬以下，每日召見二員〔四四〕。

公於二十日召見勤政殿，派充翰林院教習庶吉士。

八月，新寧江公忠源以公車留京師，因郭公嵩燾求見公。

江公素以任俠自喜，不事繩檢。公與語市井瑣屑事，酣笑移時。江公出，公目送之，回顧嵩燾曰：『京師求如此人才不可得。』既而曰：『是人必立功名於天下，然當以節義死。』時承平日久，聞者或駭之。江公自是遂師事公。

二十八日，公第三女生。

後適羅氏忠節公澤南之子，名兆升。

九月，分校庶常館。

十二月初七日，上御門，轉補翰林院侍讀。

公作字，初學顏、柳帖，在詞垣兼臨褚帖。於詩則五、七古學杜、韓，近體專學杜，而於蘇、黄之古詩，温、李之近體，亦最爲致力。還書家中，訓勉兄弟以『立志有恒』爲本。作五箴以自警：一曰立志，二曰居敬，三曰主静，四曰謹言，五曰有恒。

公子紀澤是歲入家塾。塾師爲長沙馮樹棠先生卓懷。

乙巳　道光二十五年（一八四五），公三十五歲。

三月，欽派會試同考官。簽分第十八房，薦卷六十四本，中式周士炳等十有九人。是科湖南中式八人，皆長沙府籍；貴州中式之黄輔相與姪彭年二人，原籍醴陵；而狀元爲蕭錦忠，朝元爲孫鼎臣；去秋鄉試，南元爲周壽昌，亦於是科入翰林。公時管理長沙郡館事，題名之日，公爲聯〔四五〕語云：『同科十進士，慶榜三名元。』蓋佳話也。

五月初二日，上御門，公升授詹事府右春坊右庶子。

次日，具摺謝恩，召見於勤政殿。

六月，轉補左庶子。

夏間，癬疾發，至秋微愈。自是以往，癬疾恒作，以至老年未得全瘳也。

九月，公弟國潢、國華入都。

二十四日，上御門，升授翰林院侍講學士。

次日，具摺謝恩，召見。

宣宗時，每歲舉行御門之典至四五次，京朝官缺，多以其日簡放，示『爵人於朝，與衆〔四六〕共之』之意。

合肥李公鴻章，本年家子也，中甲辰科舉人。是年，入都會試，受業公門，公大器重之。

十月初十日，皇太后萬壽。

十五日，頒恩詔於太和殿，公祖父母、父母以公官皆封中憲大夫、恭人。

十一月，唐公鑑乞假回湖南，公爲校刻其所著學案小識一書〔四七〕。

十二月十二日，補日講起居注官。

二十二日，充文淵閣直閣事。

公名位漸顯，而堂上重慶，門祚鼎盛。公每以盈滿爲戒，自名其書舍曰『求闕齋』，其説云：『求闕於他事，而求全於堂上也〔四八〕。』同鄉京官及公車在都門者，遇疾患窮窘之事，恒有求於公。公嘗謂：『銀錢則量力佽助，辦事則竭力經營〔四九〕。』人莫不稱厚焉。

丙午　道光二十六年（一八四六），公三十六歲。

公與弟國潢、國華相砥厲於學，有如師友。爲國華納資入監，應順天鄉試。

五月，考試差〔五〇〕。

九月十八日，公第四女生。

後適湘陰郭氏郭公嵩燾之子，名剛基。

夏秋之交，公病肺熱，僦居城南報國寺。閉門静坐，携金壇段氏所注説文解字一書，以供披覽。漢陽劉公傳瑩，精考據之學，好爲深沈之思，與公尤莫逆。每從於寺舍几坐，相對竟日。劉公謂近代儒者崇尚考據，敝精神，費日力，而無當於身心，恒以詳説反約之旨交相勖勉。寺前有祠一所，祀崑山顧亭林先生。

十月，公在寺爲詩五首〔五二〕贈劉公，以明其志之所嚮。

公嘗謂：『近世爲學者，不以身心切近爲務，恒視一時之風尚以爲程而趨之，不數年風尚稍變，又弃其所業以趨於新。如漢學、宋學、詞章、經濟，以及一技一藝之流，皆各有門户，更迭爲盛衰。論其原皆聖道所存，苟一念希天下之譽，校没世之名，則適以自喪其守而爲害於世。』公與劉公傳瑩討論務本之學，而規切友朋，勸誡後進，一以此意爲兢兢焉。

公在京所爲詩、古文，不自存録，隨時散佚。是冬以後，乃稍擇而存之。

公弟國華應鄉試未售，仍留京肄業。公弟國潢賫覃恩誥命南歸。

十月二十一日，領同鄉京官具摺謝恩，爲湖南瀕湖圍田水灾奉旨蠲緩錢糧。

湖南水灾，迭奉恩旨。至是，初用公名領銜奏事。

十一月，聞祖妣王恭人之訃，請假兩月，設次成服。

恭人殁以九月十八日，壽八十歲。十二月，葬湘鄉二十四都木兜衝。

丁未　道光二十七年（一八四七），公三十七歲。

三月，移寓南横街路北。

四月二十七日，奉旨考試翰詹，欽命題遠佞賦，以『清問下民常厥德』爲韻；君子慎獨論；詩題賦得澡身浴德，得『行』字，五言八韻〔五二〕。公名列二等第四名。

五月，引見，奉旨記名遇缺題奏，賞大卷緞二件。

六月初二〔五三〕，奉旨升授内閣學士，兼禮部侍郎銜。

次日，遞摺謝恩，召見勤政殿。

十四日〔五四〕，欽派考試漢教習閲卷大臣。

取士咸安官學教習黄文璧等十三名，景山官學劉紹先等十五名，宗學郭崑燾等十五名，覺羅官學崔斌等三十名，八旗學張春第等四十八名。

七月，公弟國荃以府試案首入湘鄉縣學。

十月，欽派武會試正總裁〔五五〕，中式楊登魁等六十四人。又派殿試讀卷大臣。

凡武進士弓矢技勇，上親閲之，派大臣及兵部尚書、侍郎等侍班。

十月二十日，領同鄉京官具摺謝恩，爲沅澧一帶水灾奉旨蠲緩錢糧。

十二月初九日，又遞摺謝恩，爲三廳歉收緩徵屯田。

是歲，山東、河南亢旱，盗賊蜂起，兩省大吏交部嚴議。欽差柏葰、陳孚恩前往捕盗，平之。李公鴻章、郭公嵩燾、李公宗羲均以是科成進士。

戊申　道光二十八年（一八四八），公三十八歲。

正月初八日，領同鄉京官具摺謝恩，爲上年水灾借給耔種。

二月二十四日，子紀鴻〔五六〕生。

漢陽劉公傳瑩移病歸籍，公爲文以送之〔五七〕。

七月，公弟國荃科試一等，補廩膳生。

九月十四日，領同鄉京官具摺謝恩，因水灾奉旨撫恤。

十八日，欽派稽察中書科事務〔五八〕。

公官至卿貳，名望漸崇，而好學不倦。其於朝章國故，如會典、通禮諸書，尤所究心。又采輯古今名臣大儒言論，分條編録爲曾氏家訓長編，分修身、齊家、治國爲三門，其目三十有二。

公嘗謂古人無所云經濟之學、治世之術，壹衷於禮而已。秦文恭公五禮通考，綜括天下之事，而於食貨之政稍缺。乃取鹽課、海運、錢法、河堤各事，鈔輯近時奏議之切當時務者，别爲六卷，以補秦氏所未備。又采國史列傳及先輩文集中志狀之屬，分門編録，條分近代學術，用桐城姚氏之説，以義理、考據、詞章三者爲目，依彙輯之。

星岡公病風痹逾年，公令弟國華出都還湖南〔五九〕。

十月，聞劉公傳瑩以病卒於家，公設位哭之。

爲墓志一篇、家傳一篇刻石寄其家。劉公所箸述無成編，獨於金氏孟子集注考證中搜得朱子所編孟子要略[五九]一書，公爲校刻行於世。

二十三日，領同鄉京官具摺謝恩，爲本年水灾之區奉旨蠲緩錢糧。

公官京師十年，俸薄不給於用，取資稱貸。及官侍郎，每歲以其所得俸銀數十兩爲高堂甘旨之奉，兼以周族戚之貧者。

己酉　道光二十九年（一八四九），公三十九歲。

正月初九日，率同鄉京官具摺謝恩，爲灾區借給耔種。

二十二日，奉旨升授禮部右侍郎。

次日，具摺謝恩。召見，上嘉勉焉。

公勤於供職，署中辦事無虚日。八日一至淀園該班奏事；有事加班，不待期日。在部司員咸服其條理精密。

三月十四日，值班，召見。

三十日，又召見。

每有奏對，恒稱上意。

禮部、翰林院、詹事府署中，皆有土地祠，祠皆祀先儒韓愈。禮部之祠，復有孔子木主，胥吏相沿，莫知所自。公取木主焚化，而爲文以祀韓子，辯正其謬。

夏，督修長沙府會館，旋又修湖廣會館〔六一〕。

位置亭榭，有紆餘卓犖之觀。

八月初二日，奉旨兼署兵部右侍郎。

二十五日，欽派宗室舉人覆試閱卷大臣。

九月十七日，欽派順天鄉試覆試閱卷大臣。

十月初四日，欽派順天武鄉試較射大臣。

武鄉試分四闈，王大臣分較。公所較中式者五十二名。

二十六日，率同鄉京官具摺謝恩，爲水灾奉旨蠲緩錢糧。

是歲，東南各省大水，民飢。江南、浙江、湖北均展期，九月舉行鄉試。湖南賊匪李沅發倡亂於新寧，戕官據城，分擾黔、粤邊境。粤逆亦從此萌芽矣。先是，江公忠源在籍捡獲會匪雷再浩，遂以知縣揀發浙江，署秀水縣事，辦理賑灾及保甲，甚得民譽。公聞新寧之亂，恐匪黨尋仇及江公之家，遂致書江公，勸其弃官以赴家難。未幾而賊黨潰竄，江公家亦無損焉。

十一月十五日，聞祖考星岡公之訃，請假兩月，設位成服。

星岡公之卒以十月初四日，壽七十有六歲。葬於八斗衝，遷王恭人之柩祔葬。

十二月十一日，孝和睿皇后升遐。公以禮部職任所在，不俟假滿，即日入内供辦。其署中他事，仍不與聞。

庚戌　道光三十年（一八五〇），公四十歲。

正月十四日，宣宗成皇帝升遐，硃諭遺命四條，其中『無庸郊配』『無庸廟祔』二條，文宗嗣位諭令臣工詳議具奏。

十五日，奉移孝和睿皇后梓宫於漪春園。

十六日，諭臣下議行三年喪禮。

二十三日，召見，咨以大禮。

二十六日，上御太和殿，頒登極詔書。

二十七日，王大臣、九卿集議覆奏郊配、廟祔二事。

二十八日〔六二〕，公專摺〔六三〕具奏稱：『遺命「無庸廟祔」一條，考古準今，萬難遵從。「無庸郊配」一條，則〔六四〕不敢從者有二，不敢違者有三。』疏對甚晰。

時恭遇登極，覃恩加一級，請封三代，皆封榮禄大夫。公以本身妻室應得封典，貤封叔父母。

二月初二日，内賜遺念衣一件，玉佩一事。

是日，奉移大行皇帝梓宫於圓明園正大光明殿。

初六日，奉上諭〔六五〕：『侍郎曾國藩所奏，頗有是處，其餘京堂及科道等所奏，各抒〔六六〕己見，殊少折中。各摺〔六七〕均著發還。欽此。』

初七日，召見，公奏對甚詳，上益嘉之。

初八日，奉上諭〔六八〕：『九卿科道有言〔六九〕事之責者，於用人、行政一切事宜，皆得據實直陳，封章密奏。等因。欽此。』

三月初二日〔七〇〕，公遞『應詔陳言』一摺〔七一〕，奏稱：

用人、行政二者并重。然凡百庶政，著有成憲，未可輕議。今日所當講求，惟在用人一端。人才有轉移之道，有培養之方，有考察之法，三者不可廢一。皇上春秋鼎盛，與聖祖仁皇帝講學之年相似，請俟二十七月後，舉行逐日進講之例；亦請廣開言路，借臣工章奏以爲考核人才之具。

疏入，三月十一日〔七二〕奉上諭〔七三〕：

禮部侍郎曾國藩奏陳用人三〔七四〕策，朕詳加披覽，剴切明辨，切中情事，深堪嘉納。連日左副都御史文瑞、大理寺卿倭仁、通政使羅惇衍等，各陳時事〔七五〕，朕四〔七六〕降旨褒嘉。其通政司〔七七〕副使王慶雲、鴻臚寺少卿劉良駒及科道等摺，均〔七八〕分别准行交議。如該侍郎摺内所請保舉人才、廣收〔七九〕直言，迭經降旨宣示，諒各〔八〇〕大小臣工必能激發天良，仰體虚懷〔八一〕，弼予郅治。惟稱〔八二〕日講爲求治之本，我聖祖仁皇帝登極之初，即命儒臣逐日進講，寒暑無間〔八三〕。朕紹承丕業，夙夜孜孜，景仰前徽，勉思繼述，著於百日後舉行日講。所有一切應行事宜，著各該衙門察例詳議以聞。欽此。

初四日，奏『入春以來，雨澤稀少，農田待澤孔殷，亟請設壇祈禱，以迓和甘而慰民望』一摺〔八四〕。

十二日，孝和睿皇后升祔覃恩，公呈請本身妻室封典。

十五日，公弟國潢入都，相見極歡。時以職務繁劇，不遑兼顧家事，悉以屬公弟經理。

十九日，下淀園恭送孝和睿皇后梓宮奉安昌陵。

四月初四日，奏陳〔八五〕『日講事宜』，補前摺所未備，凡十四條。其於講官員數、進講之地、所講之書、陳講之道以及講官儀節體制等事，皆詳考聖祖御製文集、會典與國史列傳各書，先定大概規模。於贊助聖學之中，寓陶成人才之意，猶前疏中之指也。

十二日，宣宗成皇帝升配，覃恩加二級，請封三代，皆封光禄大夫。公仍以本身妻室應得封典，貤封叔父母。

十七日，欽派會試覆試閱卷大臣。

十九日，移寓賈家胡同南頭路西。

二十九日，欽派朝考閱卷大臣。是科入館選者五十八人。

是月，湖南新寧賊酋李沅發就擒，檻送京師斬之〔八六〕。上年收復新寧，巡撫馮公德馨奏報李逆死於亂軍中。春間，李逆復出。馮德馨逮問遣戍，詔以駱秉章爲湖南巡撫。

五月初二日，公第五女生。後殤。

十四日，在署考試各省優貢。

時奉旨令部院九卿各舉賢才，公疏薦五人，奏稱〔八七〕：李棠階，以學政歸家，囊橐蕭然，品學純粹，可備講幄之選。吴廷楝，不欺屋漏，才能幹濟，遠識深謀，可當大任。王慶雲，閎才精識，脚脚踏實，可膺疆圉之寄。嚴正基，洞悉民隱，才能濟變。江忠源，忠義耿耿，愛民如子。

六月初四日，奉旨兼署工部左侍郎。

十四日，欽派朝考拔貢閱卷大臣。

是科取士二百餘人。

七月，公弟國葆以縣試案首入湘鄉縣學，年二十有三歲，與公入學之年同。

公每綰部務，悉取則例，博綜詳考，準以事理之宜，事至剖斷無滯。其在工部，尤究心方輿之學，左圖右書，鈎校不倦。於山川險要、河漕水利諸大政，詳求折中。

八月十一日，召見，詢以工部職務。公奏對詳悉，移時乃退。

二十一日，欽派考試國子監學正學録閱卷大臣。

取士五十名，引見記名者二十人。

九月十八日，恭送宣宗成皇帝梓宮奉安慕陵，欽派梓宮前恭捧册寶大臣。

二十四日，饗奠禮畢，禮部堂官各加二級。

二十五日，具摺謝恩。

次日，皇上駐蹕秋蘭行宮，諭隨扈各員均加一級。

十月，回鑾，奉旨兼署兵部左侍郎。

十一月十三日，領同鄉京官具摺謝恩，爲水灾州縣蠲緩錢糧。

十二月二十二日，禮部奏元旦禮節，硃批嚴飭禮部堂官，分别交部議處察議。尋奉旨准予抵銷處分。

是年夏間，廣西賊匪大起，巨股數十。六月，逆首洪秀全與其黨楊秀清、蕭潮貴等起於桂平縣之金田邨，爲數最衆且悍。詔以向榮爲廣西提督，起用林則徐爲欽差大臣馳赴廣西督剿，以前雲南提督張必禄督師會剿。廣西巡撫鄭祖琛革職。既而林文忠公則徐卒於道，張武壯公必禄至潯州亦卒。詔以李星沅爲欽差大臣，以周天爵署廣西巡撫。

辛亥　咸豐元年（一八五一），公四十一歲。

正月初十日，領同鄉京官具摺謝恩，爲上年灾區借給耔種。

十四日，上祗謁慕陵，行初周年禮，禮部堂官悉從，公奉旨派留署辦事。

二月，上諭廣州副都統烏蘭太馳往廣西幫辦軍務。

二十六日，公弟國潢出都還湖南。

粤西賊勢益熾。三月，上命大學士賽尚阿爲欽差大臣，前赴廣西督師，以都統巴清德、副都統達洪阿爲之副。

初九日，公奏〔八八〕『簡練軍實以裕國用』一摺，奏稱：

天下大患，一在國用不足，一在兵伍不精。近者廣西軍興，紛紛徵調，該省額兵竟無一足用者，他省可推而知。當此餉項奇絀，惟有量加裁汰，痛加訓練，庶餉不虛糜而兵歸實用。謹鈔録乾隆增兵，嘉慶、道光減兵三案進呈。

疏入，召見，嘉其切中時弊。諭以俟廣西事定，再行辦理。疏留中。

十四日，禮部奏請以宋臣李綱從祀孔子廟廷。

時福建巡撫徐繼畬原奏稱李綱所著書有周易傳、論語説二種。公復查〔八九〕，得綱所著中興至言、建炎類編、乘閑志、預備志各書；文淵閣著録者梁溪集、建炎時政記二種。奉旨准其從祀，在先儒胡安國之次。

四月二十六日，公奏『敬陳聖德三端預防流弊』一摺〔九〇〕。

維時上孜孜求治，在廷臣僚鮮以逆耳之言進者。廣西軍事日棘，賽尚阿公以端揆大臣出而督師，中外驚懾。公意欲爲人臣者，趨尚骨鯁，培其風節，養其威稜，遇有事變，乃可倚之以折衝捍患，不至畏葸退縮。公所陳多切直之語，疏入時恐犯不測之罪。上諭〔九一〕：

曾國藩條陳一摺，朕詳加披覽，意在陳善責難，預防流弊，雖迂腐欠通，意〔九二〕尚可取。朕自即位以來，凡大小臣工章奏，於國計民生、用人行政諸大端有所補裨者，無不立見施行。即敷陳理道，有益身心者，均著置左右用備〔九三〕省覽。其或窒礙難行，亦有駁斥者，亦有明白宣諭者，朕〔九四〕欲求獻納之實，非徒〔九五〕沽納諫之名，豈遂〔九六〕以『毋〔九七〕庸議』三字置〔九八〕之不論也？伊〔九九〕所奏，除廣西地利、兵機已令〔一〇〇〕查辦外，餘或語涉過激，未能持平；或僅見偏端，拘執太甚。念其意〔一〇一〕在進言，朕亦〔一〇二〕不加斥責。至所論『人君一念自矜，必至喜諛惡直』等語，頗爲切要。自維〔一〇三〕藐躬德薄，夙夜孜孜，時存檢身不及之念〔一〇四〕，若因一二過當之言，遂不量〔一〇五〕加節取，采〔一〇六〕納不廣，是即驕矜之萌。朕深〔一〇七〕思爲君之難，諸臣亦當思爲臣之不易，交相咨儆，庶〔一〇八〕坐言起行，國家可收實效也。欽此。

公是疏得奉優旨，時稱盛事焉。

是月，李文恭公星沅卒於軍。

五月，詔授鄒鳴鶴爲廣西巡撫。

十八日，唐公鑑入都，召見十餘次，極耆儒晚遇之榮。

二十六日，公奉旨兼署刑部左侍郎。

次日，具摺〔一〇九〕謝恩，并以前疏激直，未獲咎戾，具申感激之意。

六月，賽尚阿公抵桂林，疏調江公忠源隨營差遣。

江公方丁憂在籍，應調赴粤。烏蘭太公一見而極重之，留於幕府，每事必咨焉。復委募楚勇五百人助剿，是爲湖南鄉勇出境剿賊之始〔一一〇〕。

公前官翰林時，與倭仁公、唐公鑑輩講學，逐日記注，中輟數年。劉公傳瑩爲公書齋額曰『養德養身綿綿穆穆之室』，至是公乃仿程氏讀書日程之意，爲日記曰綿綿穆穆之室日記〔一一〕。其説曰：『自戒懼而約之，以至於極中而天地位，此綿綿者由動以之静也；自謹獨而精之，以至於極和而萬物育，此穆穆者由静以之動也。由静之動，有神主之；由動之静，有鬼司之。終始往來，一以貫之。』〔一二〕每日自課以八事：曰『讀書』，曰『静坐』，曰『屬文』，曰『作字』，曰『辦公』，曰『課子』，曰『對客』，曰『復信』。觸事有見，則别識於其眉。

八月初八日〔一四〕，欽派順天鄉試搜檢大臣。

公兼攝刑曹，職務繁委，值班奏事，入署辦公，蓋無虚日。退食之暇，手不釋卷，於經世之務及本朝掌故，分彙記録，凡十有八門。

大學士琦善公在新疆辦理番案得罪，欽差大臣薩迎阿公前往查辦，奏請將琦善交刑部治罪，奉旨逮問。閏八月，琦善至京師入刑曹。欽派軍機大臣三法司會審。琦善自寫供摺千餘言，謂由薩迎阿之陷害；在廷諸公亦頗咎薩公原奏之過當。時薩公代琦善任，未旋京邸。會審之際，琦善争辯不已。軍機章京邵懿辰駁詰供詞十九事，諸公不之省，乃議傳薩公所隨帶查辦之司員四人，赴法堂與琦善對訊，至有議反坐者，公獨曰：『琦善雖位至將相，然既奉旨查辦，則研鞫乃其職分；司員職位雖卑，無有傳入廷尉與犯官對質之理。若因此得罰，將來大員有罪，誰敢過問者？且諭旨但令會審琦善，未聞訊及司員，必欲傳訊，當奏請奉旨然後可。』争之甚力，詞氣抗厲，四坐爲之悚動，其事遂已。

廣西逆匪竄陷永安州城，僭僞王號，賽尚阿公督師由桂林進剿。

二十一日，上御門，聞永安失守之警，督兵將帥皆奉旨申飭。

二十六日，禮部考送軍機章京。

二十九日，刑部考送軍機章京。

九月初一日，領同鄉京官具摺謝恩，爲水灾州縣豁免錢糧。

十月十二日〔一一五〕，欽派順天武鄉試大主考，以沈公兆霖爲之副。

是科中式武舉一百六十六名。

十七日，試竣覆命，召見。

十一月初三日，監視郊壇開工〔一一六〕。

十九日，領同鄉京官具摺謝恩。爲新寧縣經兵亂，奉旨蠲免錢糧與倉穀之未完者；又因武陵等州縣水灾蠲緩錢糧。

十二月十八日，公奏『備陳民間疾苦』一摺〔一一七〕，奏稱：

國貧不足患，惟民心渙散則爲大患。目前之急務，其大端有三：一曰銀價太昂，錢糧難納；二曰盗賊太衆，良民難安；三曰冤獄太多，民氣難伸。

其時銀價昂貴，朝野均以爲苦。宣宗曾飭部院衙門、各省督撫議變通平價之法。公疏於弭盗賊、清獄訟二條，請申諭外省，思所以更張之。其平銀價一條，即於次日續遞『銀錢并用章程』一摺〔一一八〕，奏稱：『十年以來，中外臣工奏疏言錢法者不爲不多，臣之所深服者惟吴文鎔、劉良駒、朱嶟三疏。謹就三臣原奏，參以管見，擬章程凡六條，并鈔録吴文鎔等原疏，進呈御覽。』奉旨〔一一九〕交户部議奏。

二十六日，監視慕陵隧道開工。

是歲，公選録古今體詩凡十八家，又選録古文辭百篇，以見體要。

壬子　咸豐二年（一八五二），公四十二歲。

正月二十四日，奉旨兼署吏部左侍郎。

次日，具摺〔一二〇〕謝恩。

二月十九日，隨扈祗謁慕陵。

是月，廣西永安州賊竄出，官軍大挫，總兵官長瑞等四人陣亡。賊撲攻桂林省城，都統武壯公烏蘭太追賊至將軍橋，陣亡。江公忠源之軍，初與烏公偕，至是回籍，益募楚勇赴桂林防剿。

三月初二日，奉宣宗成皇帝永安地宫上行虞祭，禮〔畢〕回鑾。

初七日，奉神牌升祔。頒恩詔於太和門。

初八日，率同鄉京官遞摺謝恩，爲豁免屯丁實欠。

欽派會試搜檢大臣。

十一日，廣西警報至都下，奉旨烏蘭太、向榮交部嚴加議處，賽尚阿交部議處。公赴部會議，以軍務關係重大，議處罪名宜從重者，不當比照成例。

會議罷後，公專摺奏請從嚴議處，詔改從寬典焉。

十八日，禮部奏請以宋臣韓琦從祀孔子廟廷。

二十七日，奉旨派恭送太廟册寶。

三十日，公第六女生。

後字衡山聶氏，壻名緝槼。

歐陽夫人之兄柄銓入都。

是時，粵匪猖獗，河工未合，京畿亢旱，人情驚懼。上詔求直言，内閣學士勝保上疏失檢，交部嚴議。部議降三級調用，公奏請特旨『寬免勝保處分以廣言路』一摺〔一二一〕，上納用焉。疏留中。

四月初一日，宣宗成皇帝升配，詔禮部諸臣各加一級。

廣西省城解圍。賊竄陷全州，入湖南境，掠民船將浮湘而下，江公忠源以楚勇破之於蓑衣渡。

五月，賊竄陷道州。

六月十二日，欽命充江西鄉試正考官。

次日，遞摺〔一二二〕謝恩。附片〔一二三〕奏請試竣後，賞假兩月回籍省親。

公自己亥之冬入都，供職十有餘年，由翰林七遷至侍郎，眷遇甚隆。中間星岡公衰老疾篤，屢思乞假歸省，於勢未得。至是得江西試差，乃請回籍，硃批〔一二四〕允之。

二十四日，馳驛出都。

二十九日，過河間府。

吴公廷棟權守河間，相見於途次。

七月十三日，道過宿州。

周公天爵方引病在籍，以函約公相見於旅店。縱談今古，自夜達旦，乃别去。

二十五日，行抵安徽太湖〔一二五〕縣境小池驛，聞訃江太夫人於六月十二日薨逝，公大慟，改服奔喪。取道黄梅縣，覓舟未得，乃乘小舟渡江至九江府城，雇舟溯江西上。

賊於六月由道州竄出，陷桂陽州。是月陷郴州〔一二六〕，由安仁、醴陵下犯長沙省城。湖南各郡舊有會匪蠢焉欲動，湘鄉尤多匪踪，縣令朱孫詒緝治甚勤，禮請邑中儒士羅公澤南、李公續賓兄弟、王公鑫、劉公蓉等，團結鄉勇，加以訓練，而竹亭公以鄉老巨望總其成。是時，鄉團以湘鄉爲稱首。

八月十一日，公舟至黄州登陸。

十三日〔一二七〕，抵武昌。

常公大醇爲湖北巡撫，來唁，公始聞逆匪撲長沙之警。

十四日，由武昌啓行。

十八日，抵岳州，取道湘陰、寧鄉。

二十三日，抵家哭殯。旋謁星岡公墓。

逆賊大股均至長沙，官軍亦漸集。江公忠源於南門外近賊壘爲營，賊不得逞。詔以張亮基爲湖南巡撫。張公入守長沙，以左公宗棠入贊軍幕。

九月十三日，江太夫人葬於下腰里宅後山内。

賊用地道轟長沙城，官軍拒却之。時承平日久，驟經兵亂，人心恇怯，譌言四起，雖未見賊之地亦相率挈家驚走。公在家遇鄉里人，則教之以保守之方、鎮静之道。

賽尚阿公至長沙，奉旨逮問。以徐廣縉爲欽差大臣，督兵剿賊。

十月，長沙圍解。

賊渡湘西，竄寧鄉、益陽，東出臨資口〔一二八〕，大掠民船，竄湘陰，陷岳州，官軍數萬人自長沙拔營追之。

十一月，賊船蔽江而下，陷漢陽府城。

張公亮基於賊退後，搜捕土匪甚嚴。留江公忠源之楚勇二千人駐省城防守，札委湘鄉羅澤南、王鑫等招募湘勇千人入省垣防守。時巴陵匪徒晏仲武等作亂，江公忠源以楚勇往討，擒之。

是月，湖南巡撫奉上諭〔一二九〕：『前任丁憂侍郎曾國藩，籍隸湘鄉，聞其在籍，其〔一三〇〕於湖南地方人情自必熟悉，著該撫傳旨，令其幫同辦理本省團練〔一三一〕鄉民、搜查土匪諸事務。伊必盡力，不負委任。等因。欽此。』

十二月，武昌省城失守。湖北巡撫常文節公大醇等殉難。

十三日，公奉到寄諭，草疏懇請在家終制，并具呈請巡撫張公代奏。繕就未發，適張公專弁以函致公，告『武漢失守，人心惶恐，懇公一出』。郭公嵩燾至公家，力勸出保桑梓。公乃燬前疏，於十七日起行，二十一日抵長沙。與張公亮基籌商，一以查辦匪徒爲急務。

二十二日，拜摺〔一三二〕『敬陳團練鄉民搜查土匪大概規模』，且稱：

> 長沙省城兵力單薄，行伍空虛，不足以資守禦，因於省城立一大團，就各縣曾經訓練之鄉民，招募來省，實力操練。既足資以剿捕土匪，於防守省城不無裨益。

是摺奉硃批〔一三三〕：『知道了。悉心辦理，以資防剿。欽此。』公又附片〔一三四〕奏稱：『臣在京供職十有四年，今歲歸來，祖父母之墓已有宿草；臣母之葬，亦未盡禮。若遽弃庭闈，出而莅事，萬分不忍。請俟賊氛稍息，團防之事辦有頭緒，即當回籍守制，以遂烏私。』

> 維時羅公澤南領所招湘鄉練勇三營已至省城，仿前明戚繼光束伍成法逐日操練。公爲之酌定訓練章程，故疏中及之。其後良將輩出，實濫觴於此。

瀏陽會匪煽亂，號曰『徵義堂』。其匪酋爲周國瑜，聚黨逾萬人。江公忠源以楚勇往，出其不意，一戰破平之。

武昌陷後，詔授向榮爲欽差大臣，徐廣縉逮問；前湖廣總督程矞采革職，詔以張亮基署總督。又特命琦善爲欽差大臣，偕直隸提督陳金綬、內閣學士勝保，督兵馳赴楚、豫之交，堵賊北竄。又以兩江總督陸建瀛爲欽差大臣，出省堵剿。

〔一〕國藩：曾公乳名寬一，譜名傳豫，道光十年（一八三〇）去衡陽讀書時改名子城，字居武。道光十八年（一八三八）中進士後始改名

『國藩』。

〔二〕滌生：求闕齋日記類鈔庚子十月云：『憶自辛卯年（按道光十一年，時曾公二十一歲）改號滌生。滌者，取滌其舊染之汙也。生者，取明袁了凡之言「從前種種譬如昨日死，從後種種譬如今日生」也。改號至今九年，而不學如故，豈不可歎？余今年（按道光二十年庚子，時曾公三十歲）已三十，資禀頑鈍，精神虧損，此後豈復能有所成？但求勤儉有恒，無縱逸欲以喪先人元氣；困知勉行，期有寸得，以無失詞臣體面；日日自苦，不至佚而生淫。如種樹然，斧斤縱尋之後，無使牛羊又從而牧之；如爇燈然，膏油欲盡之時，無使微風乘之，庶幾稍稍培養精神，不至自速死。誠能日日用功有常，則可以保身體；可以自立；可以仰事俯畜；可以惜福，不使祖宗積累自我一人享用而盡；可以無愧詞臣，尚能以文章報國。』又求闕齋日記類鈔壬寅十一月云：『自立志自新以來，至今五十餘日，未曾改得一過，此後直須徹底盪滌，一絲不放鬆。「從前種種譬如昨日死，從後種種譬如今日生」，務使息息静極，使此生意不息。』

〔三〕祖籍衡陽：據大界曾氏族譜與曾國藩衡陽彭氏譜序等載，其南遷始祖乃曾參十五世孫曾據，以關内侯避王莽亂而南遷江西。再傳至第四十二代曾孟魯，於宋雍熙年間遷湖南茶陵，是爲湖廣曾氏之鼻祖。至第四十五代曾霸，再遷衡陽唐福（今屬衡陽縣鹽田鄉）。第六十二代曾孟學，於清順治元年（一六四四）由衡陽大花堰遷衡山白果，康熙間再遷湘鄉大界里，是爲大界曾氏始祖。嘉慶戊辰（一八〇八）其祖父曾玉屏更遷白楊坪。

〔四〕國初：曾國藩衡陽彭氏譜序又作『明季』。其誥封光禄大夫曾府君墓志銘亦云：『吾曾氏家世微薄，自明以來，無以學業發名者。』

〔五〕孟學公：據曾國藩大界墓表云：『府君之先，六世祖孟學，初遷湘鄉者也。』

〔六〕大界里：曾公生於湖南湘鄉縣荷塘二十四都大界里白楊坪，今屬婁底市雙峰縣荷葉鎮天坪村。

〔七〕時竟希公在堂……罕見者：薛福成庸盦筆記卷四云：『曾文正公之生也，以嘉慶辛未年十月十一日亥時。曾祖竟希封翁年已七十，方寢，忽夢有神虬蜿蜒，自空而下，憩於中庭，首屬於梁，尾蟠於柱，鱗甲森然，黄色燦爛，不敢逼視，驚怖而寤，則家人來報添曾孫矣。封翁喜召公父竹亭，封翁告以所夢，且曰：「是子必大吾門，當善視之。」是月，有蒼藤生於宅内，其形夭矯屈蟠，絕似竟希封翁夢中所見。厥後家人每觀藤之枯榮，卜公之境遇。其歲枝葉繁茂，則登科第、轉官階，剿賊迭獲大勝。如在丁憂期内，或追寇致敗屢瀕於危，則藤亦兀兀然作欲槁之狀。如是者歷年不爽，公之鄉人，類能言之。饒州知府張澧翰善相人，相公爲龍之癩者，謂其端坐注視，張爪刮須，似癩龍也。』

〔八〕公季妹：據曾國藩全集日記一（以下簡稱『日記一』）道光十九年（一八三九）正月所記，曾公季妹蓋名『滿』。

〔九〕鵬遠：日記二同治二年（一八六三）二月初七日載：『姊生以嘉慶十三年戊寅十二月十三日，今五十六矣。道光十年于歸王氏。姊婿王國九，號萬程，則於十二年病瘋痰，卅餘年不省人事，伯姊備歷艱苦，貧窮抑鬱。近年沅弟稍周濟之，困而漸亨，不意遽爾淪逝。』

〔一〇〕六十：據後道光二十九年（一八四九）條所載『星岡公之卒以十月初四日，壽七十有六歲』，則此時當爲『六十五』歲。

〔一一〕季妹年十歲：日記一道光十九年（一八三九）正月廿九日載：『辰刻，滿妹死。』『滿妹生於道光十年庚寅八月初八日辰時，至是生八歲零一百七十一天。』

〔一二〕甫十五月：日記一道光十九年（一八三九）二月初一日載：『兒子痘色轉白。昨夜瀉二次，皆藥也。飯後開方喂藥，心知無補，盡情而已。巳刻竟死。兒子生十七年丁酉十月初二日戌時，至是一歲零四月。』『日晡時出葬，與滿妹同穴。』

〔一三〕四月公至衡陽：據日記一載乃於三月二十九日啓程：『由家起身，走衡陽唐詡庭家。』

〔一四〕至耒陽……永興：據日記一道光十九年（一八三九）五月載：十一日，至耒陽縣城。十四日，『早，至杜工部祠墓』。三十日，『至郴州永興縣』。

〔一五〕有曾紀詩……以學：據日記一所記曾紀詩執贄求學事在道光十九年（一八三九）六月初五日。

〔一六〕還至耒陽：據日記一所記事在六月初七日。

〔一七〕舟行出昭陽河……抵家：據日記一所記事在六月十二日：『下半天，雇船由東江出昭陽河，即（貴）桂陽州河。』次日，至泉溪市。十七日，還『住石鼓書院』。廿二日『申正到家』。

〔一八〕議修譜牒：據日記一所記事在本月二十四、二十八日。

〔一九〕由邵陽……藍田市：據日記一所記：八月初二日，『由大泉冲走邵陽牛克祖曾祠』。初五日，『由牛克祖行四十五里，至一都太平爐子冲曾岩公祠』。二十一日，『至武岡州城，住湘鄉會館』。九月初四日還至新化。二十一日，『由新化城起行將歸』。二十二日，『行八十里，至安化藍田』。

〔二〇〕抵家：據日記一所記事在十月初四日：『由永豐行六十五里到家。』

〔二一〕國芝出閤：據日記一載：定於十月十六日成婚。十四日，『黎明，送四妹出閣』。次日才到朱家。

〔二二〕詠春：日記一十月十一日記作：『四妹許朱鳳臺名鎮湘，乙酉武亞元之子。』

〔二三〕由漢口……度歲：據日記一載事在十二月廿八日。

〔二四〕卒於位：朱士彦乃於道光十八年（一八三八）九月卒於位，此繫於十九年下，有誤。

〔二五〕由羅山啓行……入都：日記一道光二十年（一八四〇）載：『庚子正月初二開車。初七，至周家口，換雇三套大車二兩，朱占二套，予占六套。』

〔二六〕寓……千佛庵：日記一道光二十年（一八四〇）：『二月初一日，賃南横街千佛庵内房四間，每月大錢四千文。』

〔二七〕移寓淀園挂甲屯：日記一道光二十年（一八四〇）：『四月初一，搬下圓明園掛甲屯吉升堂寓，與梅、陳及廣東梁儷裳同住。』

〔二八〕得耕字：底本缺，今據日記一校補。

〔二九〕萬順客店：據日記一載，其移寓萬順客店蓋在是年七月初一日，不當繫於六月。

〔三〇〕診治：日記一七月初五日載：『請安徽吴竹如比部診視，知爲疫症。』亦不在六月。

〔三一〕十月：據日記一載，事在十月初六日。

〔三二〕十二月：據日記一載，事在十二月十七日。

〔三三〕本日……備差遣：底本缺，今據日記校補。

〔三四〕閏三月：日記一載作閏三月十四日。

〔三五〕五月：據日記一載，梅鍾澍病逝於五月二十四日夜子時。

〔三六〕胡達源卒：據日記一載，胡達源亦卒於五月二十四日夜子時。至六月十六、十七日曾公才爲作誄詞。

〔三七〕侍班：日記一七月初六日載：『早，皇上御門，派余與幼章等四人侍班。』

〔三八〕求爲學之方……宋學矣：日記一七月十四日載：『又至唐鏡海先生處，問檢身之要、讀書之法。先生言當以朱子全書爲宗。時余新買此書，問及，因道：「此書最宜熟讀，即以爲課程，身體力行，不宜視爲流覽之書。」又言：「治經宜專一經，一經果能通，則諸經可旁及。若遽求兼精，則萬不能通一經。」先生自言生平最喜讀易。又言：「爲學祇有三門：曰義理，曰考核，曰文章。考核之學，多求粗而遺精，管窺而蠡測。文章之學，非精於義理者不能至。經濟之學，即在義理內。」又問：「經濟宜何如審端致力？」答曰：「經濟不外看史，古人已然之迹，法戒昭然；歷代典章，不外乎此。」又言：「近時河南倭艮峰仁前輩用功最篤實，每日自朝至寢，一言一動，坐作飲食，皆有札記。或心有私欲不克，外有不及檢者，皆記出。」先生嘗教之曰：「不是將此心別借他心來把捉才提醒，便是閉邪存誠。」又言：「檢攝於外，祇有『整齊嚴肅』四字；持守於內，祇有『主一無適』四字。」又言：「詩、文、詞、曲，皆可不必用功。誠能用力於義理之學，彼小技亦非所難。」又言「第一要戒欺，萬不可掩著」云云。聽之昭然若發蒙也。』

〔三九〕十月：日記一道光二十一年（一八四一）十月廿五日載：『是日得派國史館協修官。』

〔四〇〕公寓……所志：據曾國藩全集書信一（以下簡稱『書信一』）道光二十一年（一八四一）未見有給賀長齡之書，其道光二十三年（一八四三）之『復賀長齡』書旨在『陳存誠之思』與『陳其所學所志』，然與此處不合，則是二十一年另有給賀長齡信，惜已不見。

〔四一〕句：據曾公母弟温甫哀詞自注：『予於道光甲辰寄諸弟詩有云：「辰君平正午君奇，屈指老沅真白眉。」「辰君」謂弟澄侯，生庚辰歲。「午君」謂温甫，生壬午歲。「老沅」謂沅甫也。』『甲辰』爲道光二十四年（一八四四），則此詩非當時送別所作，而是後來追叙之作。

〔四二〕得鶯字五言八韻：底本缺，今據日記一校補。

〔四三〕謝恩摺：曾國藩全集奏稿一（以下簡稱『奏稿一』）題作『授翰林院侍講及四川正考官呈請代奏謝恩狀』。

〔四四〕每日召見二員：曾國藩全集家書一（以下簡稱『家書一』）五月十二日致澄弟温弟沅弟季弟作『自十六日起每日召見二員』。又云：『余名次第六，大約十八日可以召見。』

〔四五〕公爲聯：家書一稟父母（五月二十九日）載此事云：『長沙館於五月十二日演戲，題名狀元、南元、朝元三匾，同日張挂，極爲熱鬧，皆男總辦，而人人樂從。頭門對聯云：「同科十進士，慶榜三名元。」可謂盛矣。』

〔四六〕衆：禮記王制本作『士』。

〔四七〕校刻……一書：曾國藩全集詩文（以下簡稱『詩文』）有作於道光二十五年（一八四五）十二月的書學案小識後一文。

〔四八〕自名其書舍……堂上也：求闕齋弟子記卷二十五：『今吾家椿萱重慶，兄弟無故，京師無比美者，亦可謂至萬全者。故兄但求缺陷，名所居曰「求闕齋」。蓋求闕於他事，而求全於堂上，此則區區之至願也。』

〔四九〕公嘗謂……經營：家書一道光二十五年（一八四六）五月二十九日稟父母云：『同鄉有危急事，多有就男商量者，男效祖大人之法，銀錢則量力佽助，辦事則竭力經營。』

〔五〇〕考試差：家書一道光二十六年（一八四六）五月十七日稟父母言本次考試云：『初六日在正大光明殿考試，共二百七十人入場，湖南凡十二人。首題「無爲小人儒」；次題「任官惟賢才」一節；詩題「靈雨既零」，得「沾」字。男兩文各七百字，全卷未錯落一字。惟久病之後兩眼矇朧，場中寫前二開不甚得意，後五開略好。』

〔五一〕詩五首：見詩文，題作『丙午初冬寓居報國寺賦詩五首』。

〔五二〕得行字五言八韻：底本缺，今據中國第一歷史檔案館編咸豐同治兩朝上諭檔第二册『道光二十七年大考翰詹』條校補。

〔五三〕初二：底本脱，今據家書一道光二十七年（一八四七）六月十七日稟祖父校補。家書一載：『六月初二，孫荷蒙皇上破格天恩，升授内閣學士兼禮部侍郎銜。由從四品驟升二品，超越四級，遷擢不次，惶悚實深。』

〔五四〕十四日：底本脱，今據家書一道光二十七年（一八四七）六月十七日稟祖父校補。

〔五五〕正總裁：家書一道光二十七年（一八四七）十月十五日致澄弟沅弟季弟載：『余蒙皇上天恩，得派武會試正總裁，又派武殿試讀卷大臣。會試於十三日入闈，十七放榜，復命後始歸。殿試三十日入内閣，初四放榜始歸，共中額六十四人。』

〔五六〕紀鴻：初名紀澐，因與叔祖驥雲名音相近，故次年改作『紀鴻』。次年五月十五日曾公致澄弟温弟沅弟季弟信云：『次兒之名，音與叔父名相近，已改名紀鴻。』

〔五七〕爲文送之：見詩文，題作『送劉君椒雲南歸序』。

〔五八〕稽察中書科事務：道光二十八年（一八四八）十一月十四日曾公致澄弟温弟沅弟季弟信中解釋云：『稽察中書科向係於閣學四人中欽派一人，祇算差使，不算升官。其屬員有中書六人、筆帖式八人。其所管之事爲册封誥命。』

〔五九〕國華出都還湖南：據家書一道光二十八年（一八四八）十一月十四日曾公致澄弟温弟沅弟季弟信載，國華出都還湖南時間在十月十九日。

〔六〇〕孟子要略：該書已收入曾國藩全集，曾公序作於道光二十九年（一八四九）四月，知其校勘當在次年四月結束。

〔六一〕修湖廣會館：據石榮暲北平湖廣會館志略沿革載：六月，『湘鄉曾滌生侯相提倡重修，八月興工，十月畢役』。

〔六二〕二十八日：底本缺，今據奏稿一遵議大禮疏校補。

〔六三〕專摺：見奏稿一題作『遵議大禮疏』及皇朝續文獻通考卷一四七引。

〔六四〕則：底本脱，今據遵議大禮疏及皇朝續文獻通考校補。

〔六五〕上諭：見清實録文宗實録道光三十年（一八五〇）庚戌二月己巳（初六日）『諭内閣』。

〔六六〕抒：求闕齋弟子記卷三引作『攄』。

〔六七〕各摺：求闕齋弟子記卷三無此二字。

〔六八〕上諭：見清實録文宗實録道光三十年（一八五〇）庚戌二月辛未（初八日）『諭内閣』。

〔六九〕言：清實録文宗實録作『奏』。

〔七〇〕初二日：底本脱，今據奏稿一應詔陳言疏校補。

〔七一〕一摺：見奏稿一，題作『應詔陳言疏』。按本疏上於三月初二日。又按底本文字爲該疏之摘引，文字有所出入，所加引號旨在便於閲讀。下同不注。

〔七二〕三月十一日：底本脱，今據清實録文宗實録卷五、求闕齋弟子記卷三、郭廷以太平天國史事日志（道光三十年）等校補。

〔七三〕上諭：見清實録文宗實録道光三十年（一八五〇）庚戌三月癸卯（十一日）『諭内閣』。

〔七四〕三：底本作『之』，今據文宗實録等校改。

〔七五〕事：求闕齋弟子記作『政』。

〔七六〕四：文宗實録作『皆』，求闕齋弟子記作『已』。

〔七七〕司：底本脱，今據文宗實録校補。

〔七八〕均：底本脱，今據文宗實録校補。

〔七九〕收：文宗實録作『求』。

〔八〇〕各：文宗實録作『内外』。

〔八一〕仰體虚懷：底本脱，今據文宗實録校補。

〔八二〕稱：文宗實録作『便殿』。

〔八三〕寒暑無間：文宗實録作『無間寒暑』。

〔八四〕一摺：見奏稿一，題作『請設壇祈雨疏』。

〔八五〕奏陳：見奏稿一，題作『條陳日講事宜疏』。

〔八六〕斬之：據清實録文宗實録道光三十年庚戌八月丙子(十七日)：『湖南首逆李沅發伏法。』

〔八七〕奏稱：參見求闕齋弟子記卷一，文字有出入。

〔八八〕公奏：見奏稿一，題作『議汰兵疏(咸豐元年三月初九日)』。

〔八九〕公復查：見奏稿一議復宋臣李綱從祀文廟疏。

〔九〇〕一摺：見奏稿一，題作『敬陳聖德三端預防流弊疏(咸豐元年四月二十六日)』。

〔九一〕上諭：參見皇朝經世文續編卷十治體三政本上敬陳聖德三端預防流弊疏(近代中國史料叢刊第八十四輯)、求闕齋弟子記卷三。

〔九二〕意：皇朝經世文續編作『言』。

〔九三〕備：皇朝經世文續編作『禅』。

〔九四〕朕：底本脱，今據皇朝經世文續編校補。

〔九五〕徒：皇朝經世文續編無此字。

〔九六〕遂：皇朝經世文續編作『得』。

〔九七〕毋：皇朝經世文續編作『無』。

〔九八〕置：皇朝經世文續編作『付』。

〔九九〕伊：皇朝經世文續編無此字。

〔一〇〇〕令：底本脱，今據皇朝經世文續編校補。

〔一〇一〕意：皇朝經世文續編作『志』。

〔一〇二〕亦：皇朝經世文續編作『意』。

〔一〇三〕維：皇朝經世文續編作『惟』。

〔一〇四〕念：皇朝經世文續編作『戒』。

〔一〇五〕遂不量：底本作『不』，今據皇朝經世文續編校改。

〔一〇六〕采：皇朝經世文續編作『容』。

〔一〇七〕深：底本脱，今據皇朝經世文續編校補。

〔一〇八〕庶：底本置於後文『國家』前，今據皇朝經世文續編校改。

〔一〇九〕具摺：見奏稿一，題作『謝署刑部左侍郎恩疏』。

〔一一〇〕出境剿賊之始：此説見曾公江忠烈公神道碑。又求闕齋弟子記卷四以爲在咸豐三年（一八五三）四月，云：『四月，江忠源師次九江……會朱孫詒有違言，湘勇無統帥，郭嵩燾説孫詒率所部以行，嵩燾因亦隨行。是爲湘軍出境剿賊之始。』

〔一一一〕綿綿穆穆之室日記：據臺灣學生書局出版的湘鄉曾氏文獻第六册所收，其時間起咸豐元年（一八五一）七月初一日，訖於次年六月十二日，分爲兩册。以專門印製簿册記載，每日十欄，首欄爲『月日』，以下八欄開頭依次刻有『讀書』『静坐』『屬文』『作字』『辦公』『課子』『對客』『回信』諸名稱，第十欄刻印文字四行：『自戒懼而約之，以至於至静之中無少偏倚，而其守不失，則極其中，而天地位此。綿綿者，由動以之静也。自謹獨而精之，以至於應物之處無少差謬，而無適不然，則極其和，而萬物育此。穆穆者，由静以之動也。由静之動，有神主之；由動之静，有鬼司之。始終往來，一「敬」貫之。』

〔一一二〕自戒……貫之：底本文字有省略，參見上條校注。

〔一一三〕復：綿綿穆穆之室日記原作『回』，參見前『綿綿穆穆之室日記』條校。

〔一一四〕初八日：底本脱，今據綿綿穆穆之室日記校補。日記云：『是日，搜撿點進順天鄉試士子，共九千一百廿五名。卯初起，至貢院搜撿，午正散。』

〔一一五〕十二日：據綿綿穆穆之室日記所載當作『十三日』。

〔一一六〕監視郊壇開工：綿綿穆穆之室日記云：『早至天壇，製造升配神牌行禮，皇穹宇興工。行禮至巳初二〔刻〕散。』

〔一一七〕一摺：見奏稿一，題作『備陳民間疾苦疏』。

〔一一八〕一摺：見奏稿一，題作『平銀價疏』。

〔一一九〕奉旨：見奏稿一平銀價疏後附。

〔一二〇〕具摺：見奏稿一，題作『謝署吏部左侍郎恩疏』。

〔一二一〕一摺：見奏稿一，題作『請寬勝保處分疏（咸豐二年四月初五日）』。

〔一二二〕遞摺：見奏稿一，題作『謝放江西正考官恩摺』。

〔一二三〕附片：見奏稿一，題作『請假回籍省親片』。

〔一二四〕硃批：見奏稿一請假回籍省親片後附。

〔一二五〕湖：底本誤作『和』。按清代小池驛在太湖縣境内。

〔一二六〕是月陷郴州：查郭廷以太平天國史事日志，太平軍克郴州是在七月初三日，故不當繫於『六月』。

〔一二七〕十三日：據家書一咸豐二年（一八五二）八月初八日諭紀澤後於『十二日夜在武昌城内』附記，當作『十二日』。

〔一二八〕臨資口：譚其驤中國歷史地圖集第八册『清時期』之『湖南』地圖作『林子口』。

〔一二九〕上諭：見奏稿一，題作『敬陳團練查匪大概規模摺（咸豐二年十二月二十二日）』。

〔一三〇〕聞其在籍其：底本缺，今據敬陳團練查匪大概規模摺校補。

〔一三一〕團練：曾公於咸豐三年（一八五三）九月初六日與吴文鎔書解釋云：『春間與鄉人細究團練一事，咸以爲「團練」二字當分爲兩層。「團」即保甲之法，清查户口，不許容留匪人，一言盡之矣。「練」則養丁請師，製旗造械，爲費較多，鄉人往往疑畏不行。今練或擇人而舉，團則宜遍地興辦。總以清查本境土匪，以絶勾引爲先務。』

〔一三二〕拜摺：見奏稿一，題作『敬陳團練查匪大概規模摺』。

〔一三三〕硃批：見奏稿一敬陳團練查匪大概規模摺後附。

〔一三四〕附片：見奏稿一，題作『附陳辦團稍有頭緒即乞守制片』。

曾文正公年譜卷二

癸丑　咸豐三年（一八五三），公四十三歲。

正月，公在長沙督辦街團〔一〕。委在籍江蘇候補知州黄廷瓚、安徽候補知縣曹光漢編查保甲，以書函勸諭，不用公牘告示。又以書〔二〕徧致各府州縣士紳，其大致以爲團練之難，莫難於集費，宜擇地擇人而行之。目前急務，唯在清查保甲，分别良莠，以鋤暴爲安良之法。遇有匪徒，密函以告，即行設法掩拿處辦，庶幾省文移之煩，可期無案不破。其書中有『不要錢，不怕死』二語，公所自矢者，一時稱誦之。

十一日，張公亮基赴湖北署總督任，江公忠源從行。其楚勇留長沙者，江公忠濟、劉公長佑接統之。

二十二日，耒陽、常寧報有匪徒嘯聚白沙堡，擾及嘉禾境。公調派劉長佑、李輔朝帶楚勇五百，王鑫帶湘勇三百。二十五日，啓行進剿。未至，而常、耒之匪聞風先潰。適衡山縣境之草市土匪竊發，楚勇、湘勇留衡山，一戰平之。

二月初三日，奉上諭〔三〕：『封疆大吏，翦除百惡，即可保衛善良。著該署督撫等認真查辦，并著會同在籍侍郎曾國藩，體察地方情形，應如何設法團練以資保衛之處，悉心妥籌辦理。等因。欽此。』

十二日，公奏『嚴辦土匪以靖地方』一摺〔四〕，奏稱：『湖南會匪名目甚多，近年有司掩飾彌縫，任其猖獗，非嚴刑峻法無以銷遏亂萌。』時公於長沙城中魚塘口爲行轅，設審案局，委候補知州劉建德、照磨嚴良畯承審。拿獲匪徒，立予嚴訊，用巡撫令旗即行正法；或即斃之杖下。分別會匪、教匪、盜匪及尋常痞匪名目，按情罪以處辦。公意純用重法以鋤强暴，而殘忍嚴酷之名在所不辭也。是疏入，奉硃批〔五〕：『辦理土匪，必須從嚴，務期根株净盡。欽此。』

初，賊之犯長沙也，調集各省兵勇數萬人，既而追賊東下，其餘丁散勇逗遛湖南，或數十百人爲群，出没附近邨墟，遇湘水行船上下，輒以兵差爲名，强封之而詐索其財。商旅畏憚，百物幾不通。公捕得强封民船之川兵三人，徑行斬决，梟示江干。由是游手斂迹，風帆暢行無阻。

賊陷武、漢兩城後，大掠民船數千艘，於正月初旬，括掠丁壯、婦女數十萬人，驅入舟中，順流而下，旌旗蔽江，沿江城鎮皆失守。十一日，陷九江府城。十七日，陷安慶省城。二月初十日，攻陷江寧省城。將軍忠勇公祥厚、總督陸公建瀛等殉難。賊遂據爲僞都，僭僞號，造宫殿。分其黨林鳳祥等北竄。二十一日〔六〕陷鎮江府，二十三日陷揚州府，皆踞守之。

向公榮總統各路兵勇十餘萬，追至金陵〔七〕，而城已陷，遂駐營城外。琦善公率領北方各路官兵攻圍揚州。是爲江南、江北兩大營。

劉公長佑等既破衡山土匪，餘黨竄入攸縣界，遂督勇追剿；而安仁縣土匪又起，劫獄燒官署，在籍候選知州張榮組帶鎮筸勇數百，與楚勇會剿，平之。

江公忠源赴鄂，尋奉旨授湖北臬司，又奉旨令赴江南大營幫辦軍務。江公上書〔八〕於公，言今日辦賊之法，必合江、楚、皖各省造戰船數百艘，調閩、廣水師數千人，先肅清江面，而後三城可復，否則沿江各省後患方長。公治水師之議，萌芽於是矣。

湖北崇陽、通城兩縣匪徒大起，聚黨數千人。江公領兵勇於三月初旬回南剿捕，公飭江忠濟帶所部楚勇由平江前往會剿。初五日，劉公長佑楚勇回長沙。公亦飭其馳赴崇、通會剿，三戰而匪徒殲焉。江公遂盡挈楚勇下赴江南。

省城所招湘鄉練勇千餘人，署巡撫潘公鐸議汰之還鄉。公前調取三百餘人，以王鑫領之，剿土匪於衡、永。各屬其留未汰者，操練無虚日。

塔齊布公方署長沙營都司，忠勇冠時，人鮮知者，公一見大奇之。委密捕巨盜數名，皆剋獲。千總諸殿元領辰勇數百人，亦經公所識拔。公委塔齊布兼管領辰勇，與湘勇合同操練，膽技精强，遂成勁旅。

三月，潘公鐸具摺告病。駱公秉章仍奉旨署湖南巡撫，以四月十一日到任，奏委塔齊布署撫標中軍參將。

各州縣捕送匪徒來省者漸多，嚴刑鞫訊，日有斬梟杖斃之案，前後所戮者二百餘名。湘中匪徒聞風斂迹。

李公瀚章以己酉選拔朝考，出公門下，時署湖南益陽縣事。上書於公，勸以緩刑，公未之從也。

安化縣屬藍田市，有串子會匪，聚衆謀亂。公飭湘鄉縣知縣朱孫詒以練勇往捕，擒百餘人，事乃解。

桂東縣有江、廣邊界匪徒竄入，城陷。公與駱公札委張榮組帶三廳兵勇往剿，又調候補道夏廷樾督湘勇七百餘人繼之。未幾，桂東平。駱公增募湘勇一營，以監生鄒壽璋領之。

歐陽夫人挈子女出都還湘，夫人之兄柄銓隨行。五月初三日，抵長沙，尋歸湘鄉。

公弟國葆募湘勇一營，駐紮長沙南門外。

江公忠源奏請招練楚勇三千赴江南助剿，奉旨允之。公因函致江公之弟忠濬、忠淑與寶慶府知府魁聯，令招寶勇；湘鄉縣知縣朱孫詒，令招湘勇，來省操練〔九〕。然後遣赴大營，與江公舊部合成一軍，以壯其勢。

江公以四月初七日由鄂東下，行抵九江。值賊船數百自金陵上竄，再陷安慶，直抵湖口，勢趨南昌省城。江公方駐守九江，十日即馳至南昌，籌備防守。部署粗定，而賊抵城下。設法堵禦，賊不得逞。江公飛檄請援於湖南，湘中聞鄰省之警，人心惶恐。

公初擬六月歸行小祥之祭，而湘省官紳并倚公爲防守。公乃札張榮組駐營永州，王錱駐營郴州，以防南路土匪；而調夏廷樾、羅澤南以湘勇回省。適奉到寄諭，因金陵賊船駛赴上游，有『回攻長沙，兼擾南昌』之語〔一〇〕。有旨令各省督撫嚴防，并令公與駱公會籌防禦。駱公咨提督鮑起豹調兵來省，并札飭所募寶勇、湘勇三千人留省城聽調。

六月十二日，公與駱公會奏〔一一〕『辦理防堵事宜』一摺。公又專摺〔一二〕奏稱：

搜拿土匪，隨時正法。省局委員添派候補知縣厲雲官審訊各案，粗有頭緒。臣母喪初周，擬回籍修小祥之禮。適聞粵賊回竄江西，臣應留省城會籌防堵，不敢以事權不屬、軍旅未嫻稍存推諉。

是日，又與駱公會摺〔一三〕奏參長沙協副將清德，『請旨革職，以儆疲玩而肅軍政』。又專摺〔一四〕奏保署撫標中軍參將塔齊布、千總諸殿元，懇恩破格超擢，并稱『該二人日後有臨陣退縮之事，即將微〔一五〕臣一并治罪』。附片〔一六〕特參副將清德『性耽安逸，不理營務』等款，請交部『從重治罪』。

江忠淑募新寧勇千人，朱孫詒募湘鄉勇千二百人，均抵長沙。公檄江忠淑由瀏陽赴江西，朱孫詒由醴陵赴江西，夏廷樾、郭嵩燾、羅澤南以兵勇千四百人由醴陵繼進，合計援江兵勇三千六百人。是爲湘勇出境剿賊之始〔一七〕。

二十二日，公與駱公會奏『撥派兵勇赴江西援剿』一摺〔一八〕。

湖南調各路兵勇防守省城者數千人，塔齊布公逐日抽調操閱，暑雨不輟，公亟奬其勤。提督鮑起豹至省城，乃宣言盛夏操兵之非，由是營伍咸怨塔公以及於公，時復與湘勇争訌。公所奏參之副將清德，乃依附鮑起豹而與塔齊布爲仇者。公前疏入，二十九日奉到上諭〔一九〕：『塔齊布著賞給副將銜，諸殿元著〔二〇〕以守備補用，先换頂帶，以示奬勵。欽此。』又奉上諭：『曾國藩奏請將「性耽安逸，不理營務〔二一〕」之副將革職治罪一摺。清德著革職拿問，交張亮基、駱秉章訊明定擬具奏。等因。欽此。』由是兵伍益怨公矣。

七月，公以省城籌防之事粗備，援江之師已成行，遂回籍省親。家居數日，復出至省垣。

時新寧勇援江者行抵瑞州，遇警而潰，至義寧復行招集以進。湘勇援江者以七月十九日抵南昌，二十四日與賊戰，小挫，陣亡營官謝邦翰、易良幹、羅信東、羅鎮南四人，湘勇死者八十餘人。羅公澤南以諸生講學，湘人多從受業者，是役陣亡各員皆羅公弟子也。

賊攻南昌，屢以地道轟城，官軍堵之。江公忠源復以書致公，謂長江上下任賊船游弈往來，我兵無敢過問者。今日之急，唯當先辦船炮，擊水上之賊。時郭公嵩燾在江公幕中，力主水師之議。文宗寄諭各督撫，亦屢及之。公商之巡撫駱公，奏請敕調廣東瓊州紅單船，放出大洋，由崇明入江口，以擊賊於下游；調廣東內江快蟹、拖罟船，由梧州府江溯灘水，過斗門，浮湘而下，出大江，以收上下夾擊之效。長江水師之議自此始。

湖南營兵與湘勇斷斷不和。七月十三日，提標兵與湘勇械鬭，公但將湘勇棍責。

八月初四日，永順協兵與辰勇械鬭，公咨提督請按治軍法，未行也。初六夜，永順協兵掌號執仗至參將署，欲害塔齊布公。塔公匿菜圃草中以免，兵衆燬其房室。旋出，至公所館撫署側射圃中大嘩，駱公步出諭飭之，乃解。

時有勸公據實參奏者，公曰：『爲臣子者不能爲國家弭亂，反以瑣事上瀆君父之聽，於心未安也。』二月中，曾經奏請移駐衡、寶二郡就近剿辦土匪，遂定計移駐衡州以避之〔一二〕。因與駱公商調塔齊布領寶勇、辰勇八百人，益以撫標兵，移駐醴陵。調鄒壽璋領湘勇駐瀏陽，以防江西之賊。調訓導儲玫躬所領湘勇一營往郴州，以防土匪。公弟國葆率所領湘勇上駐衡州。

八月十三日，公具摺〔一三〕奏言：『湖南衡、永、郴、桂各屬爲匪徒聚集之藪，數月以來，聚衆爲亂，巨案疊出。臣即曰移駐衡州，就近調遣』。附片奏調委員厲雲官等隨往差遣。

十四日，公由長沙起行，繞道湘鄉，抵家省親。以二十七日抵衡州府。

先是，南路土匪屢起，次第剿平。江西吉安府屬土匪大起，太和、安福二縣失守。江公忠源派羅澤南以湘勇往剿，大破之，擒斬數千，克復兩城。餘匪潰竄湖南界，茶陵、安仁皆不守。公乃調塔齊布以兵勇往剿，平之。

王公鑫駐營郴州，聞江西援軍營官陣亡之信，欲回籍募勇赴江西剿賊以抒公憤而復私仇。上書於公，詞氣忼慨。公嘉其義，札令來衡州面商以討賊之事，公言〔二四〕：

近日大弊在於兵勇不和，敗不相救；而其不和之故，由於徵調之時，彼處數百，此處數十，東西抽撥，卒與卒不相習，將與將不相知，地勢乖隔，勞逸不均，彼營出隊，而此營袖手旁觀，或哆口而笑，欲以平賊，安可得哉？今欲埽除更張，非萬衆一心不可。

擬再募勇數千，與援江各營合成一軍，交江公忠源統之以平賊。

八月二十二日，江西省城解嚴。

賊竄陷九江府湖口縣，仍陷安慶省城〔二五〕，皆踞之。復分股上竄湖北。張公亮基以兵五千人扼守田家鎮，賊至則大潰。江公忠源間道馳援，戰不利，北屯廣濟。賊因上犯鄂渚。張公亮基奉旨調任山東巡撫，以吴文鎔爲湖廣總督。

吴公者，公會試座師也。九月初，由黔赴鄂，道出長沙，以書招公至省垣相見。公以軍事方殷，未遑離次。吴公星馳赴任。

時賊已陷黄州、漢陽，北擾德安，南及興國。湖南岳州戒嚴。駱公秉章馳書與公謀防堵，公以茶陵、安仁既平，札調塔齊布等軍速赴長沙，并調援江之湘勇回援。

二十七日，奉上諭〔二六〕：『長江上游，武昌最爲扼要，若稍有疏虞，則全楚震動。著駱秉章、曾國藩選派兵勇，并酌撥炮船，派委得力鎮將，馳赴下游，與吴文鎔等會合剿辦，力遏賊衝〔二七〕，毋稍延誤。欽此。』

十月初三日，奉上諭〔二八〕：『曾國藩團練鄉勇甚爲得力，剿平土匪業經著有成效。著酌帶練勇馳赴湖北，所需軍餉等項，著駱秉章籌撥供支。兩湖脣齒相依，自應不分畛域，一體統籌也。欽此。』

王公鑫募湘勇，初議欲爲援江諸軍復仇，既而聞賊竄湖北之警，駱公因札令募勇三千赴防省城。公見王鑫氣太鋭而難專用也，既爲書以戒之，又函致駱公，言『兵貴精不貴多，新集之勇，未經訓練，見賊易潰，且餉糈難繼，宜加裁汰』，駱公未能用。

維時羅公澤南由吉安率勇回湘，李公續賓分領一營，戰功卓著。又有楊虎臣、康景徽所帶湘勇二營，先後自江西回抵長沙，合以王鑫新募之勇及所調兵勇，赴防省城者不下萬人。

總督吴公到鄂，屢請援師。時又奉上諭〔二九〕：『武昌情形萬分危急，著曾國藩遵照前旨，趕緊督帶兵勇、船炮，駛赴下游會剿，以爲武昌策應。等因。欽此。』公商之駱公，請飭王鑫帶所招湘勇赴鄂。旋以賊船東竄，湖北解嚴，湘勇亦未北行也。

公言〔三〇〕：『今之辦賊不難於添兵，而難於籌餉；不難於募勇，而難於帶勇之人；不難於陸戰，而難於水戰。』

江公忠源之守南昌也，派夏廷樾、郭嵩燾在樟樹鎮製造木簰數十具。載炮於其上，擬衝賊船。簰甫成將發，而賊退出鄱湖。至是，公亦於衡州仿造衡簰，既試之水面，鈍滯難用，乃買民船改造炮船。

二十四日，公具摺〔三一〕奏言：

武昌現已解嚴，臣暫緩赴鄂，并請籌備戰船，合力堵剿。該匪以舟楫爲巢穴，長江千里，任其横行。欲加攻剿，惟以戰船爲第一先務。臣即在衡州試行趕辦，果有頭緒，即親自統帶，駛赴下游。

是疏奉硃批〔三二〕：『所慮甚是。汝能斟酌緩急，甚屬可嘉。欽此。』時廣東解江南大營餉銀過長沙，公附片〔三三〕奏請截留四萬兩，以爲籌辦炮船、召募水勇之資。

湘勇營制：以三百六十人爲一營，每營用長夫百四十人，合爲五百。公之選將領以四科爲格：一曰才堪治民，二曰不畏死，三曰不急名利，四曰耐辛苦。

公欲募成六千之數，合江公忠源舊部，足成萬人。甫立此議，江公遂奏請以公所練六千人出省剿賊，奉上諭〔三四〕：『湖北情形緊要，已有旨令江忠源暫留剿賊。著曾國藩即將選募擬赴江西〔三五〕之楚勇六千名，迅即〔三六〕酌配炮械，籌雇船隻，即〔三七〕由該侍郎督帶駛出洞庭湖，由大江迎頭截剿，肅清江面賊船〔三八〕。想曾國藩與江忠源必能統籌全局也。欽此。』

鄂中兵勇前防田家鎮者，潰後或逃竄湘中，劫掠行旅。公捕得即斬以徇，民賴以安。

是月，公致書湘鄉人士，議建忠義祠於縣城，祀援江陣亡營官四人，而以湘勇附祀焉。江公忠源回軍漢陽，奉旨授安徽巡撫，并諭令『楚、皖一體，斟酌緩急，相機進剿〔三九〕』。時賊已踞安慶，議建廬州爲省會。工部侍郎吕文節公賢基在籍辦理團練，賊自舒、桐北竄，吕公迎剿，陣亡。周文忠公天爵亦卒於家。江公見鄂賊甫退，皖事尤棘，力疾提師北趨廬州。行至六安，病甚。

十一月，奉上諭〔四〇〕：『宋晉奏，曾國藩鄉望素孚，人樂爲用，請飭挑選練勇，雇覓船隻，順流東下，與江忠源水陸夾擊，速殄賊氛等語。現在安徽逆匪，勢甚披猖，連陷桐城、舒城，逼近廬郡。吕賢基業經殉難，江忠源患病，皖省情形危急。總由江面無水師戰船攔截追剿，任令賊艅往來自如，以致逆匪日肆鴟張。該侍郎前奏亦曾籌慮及此。著即趕辦船隻炮位，并前募勇六千，由該侍郎統帶，自洞庭湖駛入大江，順流東下，與江忠源水陸夾擊。該侍郎忠誠素著，兼有膽識，朕所素知，必能統籌全局，不負委任也。欽此。』

前此寄諭有『肅清江面〔四一〕』之語，各省亦苦賊艅飆忽，公壹以水師爲急。所造木簰既不可用，水師舟艦無人經見，創爲此舉，相顧色駴。公日夜苦思，博采衆議。岳州營守備成名標、廣西候補同知褚汝航、知縣夏鑾等，先後奉委抵公行轅。公留置戎幕，遂詢知拖罟、長龍、快蟹、舢板各船式，鳩集衡、永工匠，依式製造。公研精覃思，不遺餘力。彭公玉麟、楊公載福來營，公弟國葆亟稱兩人之才，公拔而用之。廣西巡撫勞公崇光委解炮二百尊赴鄂，道出衡州。時田鎮防兵已潰，公因截留其炮位并護解之水手，以備教練水師之用。

公以湖南庫款不敷提用，其募練之餉，恃勸捐接濟。公選派員紳，設局於各州縣，不用官牘，以防抑勒。自刊軍功執照，用撫藩鈐印，自六品至九品，按貲填給。

常寧縣土匪起，縣城失守。公調千總周鳳山、公弟國葆，帶勇往剿。十一日，賊竄踞羊泉洞。又調張榮組、儲玫躬，帶勇會剿。十四日，陷嘉禾，犯藍山，又竄踞道州之四庵橋。公又添調鄒壽璋、魏崇德，帶勇往剿。各營與賊戰，均有斬獲，而儲玫躬之功爲多。公與巡撫駱公會奏〔四二〕『常寧土匪滋事戕官現已派勇往剿拿獲首要各犯』一摺。

二十六日，公具摺〔四三〕奏言：『籌備水陸各勇馳赴安徽會剿，而船、炮、水軍一時未能就緒。前經奉旨，特派廣西右江道張敬修，購辦夷炮、廣炮千尊，并帶工匠自粵來楚。臣專候該道來楚，乃可成行。』附片〔四四〕奏請設立水路糧臺，提用湖南漕米二三萬石以資軍食。又附片〔四五〕奏請經手勸捐之款，准歸入籌餉新例，隨時發給部照，以免捐生觀望不前之弊。

公前擬募陸勇六千，本以付江公忠源統帶。尋奉旨籌備水師，始建水陸萬人，大舉東征之計：先派江公之弟忠濬，帶勇一千名赴皖；公則經營戰艦，規造炮船二百號，雇民船二百以從；其後船行中流，陸兵則夾江而下。其規畫大局如是。庶事草創，經費繁巨，有求弗應，則與巡撫駱公書函往復。駱公委曲應副，漸以就緒。公嘗以『蚊虻負山』『商（距）蚷馳河』自況；又嘗有『精衛填海』『杜鵑泣山』之語。蓋公之水師，爲肅清東南之基本，而是年冬間，最爲盤錯艱難之會矣。

十二月初一日，委褚汝航至湘潭，分設一廠，監造戰船。其衡州船廠，委成名標監督之。

造船，大者快蟹，次曰長龍。又購民間釣鈎船，修改以爲炮船。褚公又依式添造舢板、小艇數十號。兩廠之船，往來比較，互相質證，各用其長。潭廠所造，尤堅利矣。

賊船回竄湖北，仍陷黃州。公致書於總督吴公，言今日南北兩省且以堅守省會爲主，必俟水師辦成，乃可以言剿〔四六〕。

湖北巡撫崇綸公奏參督臣閉城株守，奉旨切責，吴公乃出督師於黃州。吴公遺書〔四七〕於公，其略云：『吾意堅守，待君東下，自是正辦。今爲人所逼，以一死報國，無復他望。君所練水陸各軍，必俟稍有把握而後可以出而應敵，不可以吾故率爾東下。東南大局，恃君一人，務以持重爲意，恐此後無有繼者。吾與君所處固不同也。』公得書，深憂之。

駱公秉章調羅澤南等湘勇二營，泝湘而上，會剿土匪。初十日，抵衡州。公與羅公商搉兵事，更定陸軍營制〔四八〕：以五百人爲一營，每營四哨，每哨八隊。親兵一哨六隊。火器刀矛，各居其半。每營用長夫百八十人，營官、哨官、隊長以至勇夫薪糧，分毫悉經手定。刊立營制數十條，營規亦數十條。自此以後，湘勇轉戰，遍於各省，一依公所定規制行之。

廣東協撥鄂餉七萬兩，委員解楚，道出郴、桂。適永興土匪起，公乃令羅澤南帶勇迎護粵餉，剿捕土匪，平之。

公前奏一疏，於十六日奉到硃批〔四九〕：『現在安省待援甚急，若必偏執己見，則太覺遲緩。朕知汝尚能激發天良，故特命汝赴援以濟燃眉。今觀汝奏，直以數省軍務一身克當，試問汝之才力能乎？否乎？平時漫自矜詡，以爲無出己之右者，及至臨事，果能盡符其言甚好，若稍涉張皇，豈不貽笑於天下？著設法趕緊赴援，能早一步即得一步之益。汝能自擔重任，迥非畏葸者比。言既出諸汝口，必須盡如所言辦與朕看。欽此。』

公於二十一日具疏〔五〇〕逐條陳明：

其一，起行之期，必俟粵東解炮到楚，稍敷配用，即行起程。其一，黄州巴河被賊䑸占踞，必先埽蕩鄂境江面，乃能赴皖。其一，武昌爲金陵上游，賊所必争，目今宜力保武昌，然後可以進剿。其一，臣所練之勇，現在郴、桂一帶剿辦土匪，不能遽行撤回，俟來年正月船、炮將齊之時，壹并帶赴下游。

其後一條奏稱：『餉乏兵單，成效不敢必，唯有愚誠不敢避死而已。與其將來毫無功績受大言欺君之罪，不如此時據實陳明受畏葸不前之罪。』疏入，奉硃批〔五一〕：『成敗利鈍，固不可逆睹，然汝之心，可質天日，非獨朕知。若甘受畏葸之罪，殊屬非是。欽此。』

公又具摺〔五二〕奏稱：『衡、永、郴、桂一帶，尚有一股會匪，剿捕未畢，餘黨尚多。此股會匪實爲湖南巨患，亦是臣經手未完之件。』奉硃批〔五三〕：『汝以在籍人員能如是出力，已屬可嘉。著知會撫臣剿辦，或有汝素來深信之紳士酌量辦理亦可。欽此。』

公又因衡陽、清泉兩縣每用保甲催徵錢糧，民户抗欠則追比保甲，而保甲亦包攬爲姦，反置團防事於不理。公批飭兩縣，令但責成保甲稽查土匪，而催徵仍責之吏役，亦於是摺附片〔五四〕陳奏，奉硃批〔五五〕：『此應亟改〔五六〕易者。著知照駱秉章將改辦章程速行覆奏。欽此。』

衡州府縣差役，人數甚多，詐索鄉閭，倚勢作威。公訪得惡差數人，誅戮之不少寬貸。公於地方之事，知無不爲，意在鋤奸宄以安良善，不以侵官越俎爲嫌也。

江忠烈公忠源，自六安力疾入守廬州府。賊鳩黨合圍數重，劉長佑、江忠濬等以楚勇往援，及各路援軍皆阻隔不得進。十二月十七日〔五七〕，府城陷，江公赴水死之，城中殉難者不能悉紀。候補知府陳公源兖、知縣鄒公漢勛死尤烈。陳公者，公同年友；鄒公者，亦公所推許也。

船廠趲工，歲暮不息，成者過半。

二十七日，公自衡州回籍省親。

是年夏四月，賊黨林鳳祥自揚州掠衆北竄，陷滁州，踞臨淮關，復陷鳳陽府。遂北竄河南，陷歸德，撲開封省城，渡黄河。六月，圍攻懷慶府。八月，竄入山西，陷平陽府。復出至臨洺關，陷深州。九月，犯天津府，踞静海、獨流二城。江南大營向公榮、江北大營琦善公駐兩城外，圍攻經年，未得一戰。欽差大臣直隸總督訥爾經額督兵，敗賊於懷慶。

內閣學士勝保公率兵追林逆一股，轉戰數千里，賊勢飆忽不可遏。賊之竄山西，擾畿輔也，山西巡撫以下失守各員，與督兵之都統、提鎮大員多獲罪。

詔授勝保爲欽差大臣，逮訥爾經額治罪。特命惠親王爲奉命大將軍，科爾沁郡王僧格林沁爲參贊大臣，會兵進剿，賊勢少蹙。左都御史雷以誠募勇於揚州，創收厘捐以濟軍餉。各省厘捐始於此。

〔一〕督辦街團：參見奏稿一曾公於咸豐三年（一八五三）二月十二日所奏之嚴辦土匪以靖地方摺。按皇朝經世文續編卷九七兵政剿匪五作「嚴辦土匪以靖地方疏」。

〔二〕書：曾公作有與省城紳士書、與湖南各州縣公正紳耆書，見書信一。其「不要錢，不怕死」，見與湖南各州縣公正紳耆書。

〔三〕上諭：見奏稿一嚴辦土匪以靖地方摺（咸豐三年二月十二日）後附。

〔四〕一摺：即奏稿一嚴辦土匪以靖地方摺。

〔五〕硃批：見嚴辦土匪以靖地方摺後附。

〔六〕二十一日：據太平天國史事日志所載，太平軍陷鎮江在二月二十二日。

〔七〕向榮追至金陵：據太平天國史事日志所載，向榮率軍到金陵亦在二月二十二日。

〔八〕江公上書：即答曾滌生侍郎師書，見江忠源集。

〔九〕來省操練：書信一載有咸豐三年（一八五三）五月十七、十八日與江忠浚、與魁聯和與朱孫貽三書，分別囑江赴長沙共商募勇事，囑魁募寶勇、朱募湘勇。年譜乃將三書概而言之。

〔一〇〕奉到寄諭……之語：見中國第一歷史檔案館編清政府鎮壓太平天國檔案史料第七册有咸豐三年（一八五三）五月初十日寄諭向榮等著確查沿江西竄股衆究係脅從或有詭謀并設法防堵一諭，云：『向榮等奏……江寧觀音門外各船，前經向榮等設法遣散千餘隻，并船户水手萬餘人。……由金陵駛過蕪湖，并未焚掠，其船中或有六七人，或二三人，有已剃髮者、有未剃髮者，均未包紮紅巾及穿號衣。詢之船上逃出難民，據稱，兩湖賊目大概皆言粵匪不公，不如仍順聖朝。又聞兩湖賊目雖强受僞職，念切思歸，今見賊首勢衰，因紿楊逆回攻長沙，兼擾南昌，分我官兵之勢，實欲爲星散潛逃地步。本日復據張亮基等奏，探據金賊城内賊匪，多混難民，剃發而出，冒充官兵……所聞各有异同，或真係脅從思散，或竟別有詭謀，皆不可知。由該大臣飛咨上游各督撫設法防堵嚴查，諒已一體防範。此等裹脅之衆，并非甘心從逆，地方官若能相機解散，曉以大義，遣令回籍，各營生理，即是化莠爲良之法。倘操縱失宜，偵探不確，或妄拿無辜，轉任真賊漏網，必致別生事端，反墮奸計。此中機宜，諒該大臣、督撫等必能預爲籌及也。』

〔一一〕會奏：見奏稿一，題作『金陵逆船上駛已咨會提臣調兵來省防堵摺』。

〔一二〕專摺：見奏稿一，題作『拿匪正法并現在幫辦防堵摺』。

〔一三〕會摺：見奏稿一，題作『特參長沙協副將清德摺』。其『以儆疲玩而肅軍政』，特參長沙協副將清德摺本作『以肅軍政而儆疲玩事』。又按該落款稱乃是與湖廣總督張亮基會奏，而非駱秉章。

〔一四〕專摺：見奏稿一，題作『保參將塔齊布千總諸殿元摺』。

〔一五〕徵：底本脱，今據保參將塔齊布千總諸殿元摺校補。

〔一六〕附片：見奏稿一，題作『請將長沙協副將清德交刑部治罪片』。

〔一七〕湘勇出境剿賊之始：清梅英杰等湘軍人物年譜曾國荃年譜作『咸豐元年』，云：『是年，廣西軍事日棘，督師賽尚阿召新寧舉人江忠源赴大營。忠源募楚勇五百助剿，是爲湖南湘勇出境剿賊之始。』

〔一八〕一摺：見奏稿一，題作『逆匪竄撲南昌先後派撥兵勇援剿摺』。

〔一九〕上諭：見清政府鎮壓太平天國檔案史料第八册，題作『諭内閣塔齊布著賞給副將銜諸殿元著以守備補用（咸豐三年六月二十九日）』。

〔二〇〕著：底本脱，今據諭内閣塔齊布著賞給副將銜諸殿元著以守備補用校補。

〔二一〕性耽安逸不理營務：見奏稿一請將長沙協副將清德交刑部治罪片。

〔二二〕移駐衡州以避之：參見王闓運湘軍志曾軍篇咸豐三年（一八五三）。

〔二三〕具摺：見奏稿一，題作『移駐衡州摺（咸豐三年八月十三日）』。

〔二四〕公言：參見書信一與王鑫（八月二十日）。

〔二五〕陷安慶省城：據太平天國史事日志載太平軍陷安慶在八月二十三日。

〔二六〕上諭：見清政府鎮壓太平天國檔案史料第十册，題作『寄諭駱秉章等著選派兵勇并酌撥船炮與吴文鎔等會剿（咸豐三年九月二十七日）』。

〔二七〕銜：求闕齋弟子記卷四作『鋒』。

〔二八〕上諭：見清政府鎮壓太平天國檔案史料第十册，題作『寄諭駱秉章等著曾國藩即帶練勇馳赴湖北合攻并籌撥軍餉（咸豐三年十月初三日）』。

〔二九〕上諭：見清政府鎮壓太平天國檔案史料第十册，題作『寄諭駱秉章等著遵前旨督帶兵船赴下游會剿以策應武昌（咸豐三年十月初五日）』。又見暫緩赴鄂并請籌備戰船摺摘引。

〔三〇〕公言：見書信一復沈甲聯（十一月二十九日）。

〔三一〕具摺：見奏稿一，題作『暫緩赴鄂并請籌備戰船摺』。

〔三二〕硃批：見暫緩赴鄂并請籌備戰船摺附。

〔三三〕附片：見奏稿一，題作『請截留粤餉籌備炮船片』。

〔三四〕上諭：見清政府鎮壓太平天國檔案史料第十册，題作『寄諭湖南巡撫駱秉章等著將選募兵勇酌配炮械船隻速赴武昌援剿（咸豐三年十月十五日）』。

〔三五〕擬赴江西：底本脱，今據寄諭湖南巡撫駱秉章等著將選募兵勇酌配炮械船隻速赴武昌援剿校補。

〔三六〕迅即：底本脱，今據寄諭湖南巡撫駱秉章等著將選募兵勇酌配炮械船隻速赴武昌援剿校補。

〔三七〕即：底本脱，今據寄諭湖南巡撫駱秉章等著將選募兵勇酌配炮械船隻速赴武昌援剿校補。

〔三八〕肅清江面賊船：寄諭湖南巡撫駱秉章等著將選募兵勇酌配炮械船隻速赴武昌援剿本作『江西賊船肅清，不特兩楚門户藉可保衛，并可杜賊紛竄豫省及秦蜀之路』。

〔三九〕斟酌緩急相機進剿：曾公江忠烈公神道碑作『當相緩急爲去留，不必拘於成命』。郭嵩燾贈總督安徽巡撫江忠烈公行狀作『當相其緩急爲去留，不必拘於成命』。薛福成庸盦筆記江忠烈公殉難廬州作『當相其緩急爲去留，不必以成命爲拘』。

〔四〇〕上諭：見清政府鎮壓太平天國檔案史料第十一册，題作『寄諭曾國藩著趕辦船炮帶勇入江東下與江忠源合擊（咸豐三年十一月十二日）』。又見奏稿一籌備水陸各勇赴皖會剿俟粤省解炮到楚乃可成行摺摘引。

〔四一〕肅清江面：見前『肅清江面賊船』條校。

〔四二〕會奏：見奏稿一，題作『常寧土匪滋事剿辦情形摺（咸豐三年十一月十四日）』。

〔四三〕具摺：見奏稿一，題作『籌備水陸各勇赴皖會剿俟粤省解炮到楚乃可成行摺（咸豐三年十一月二十六日）』。

〔四四〕附片：見奏稿一，題作『請提用湖南漕米片（咸豐三年十一月二十六日）』。

〔四五〕又附片：見奏稿一，題作『請捐輸歸入籌餉新例片』。

〔四六〕且以堅守……言剿：咸豐三年十二月初四日復吴文鎔書：『皆以堅守省會爲主，不必輕言「剿」之一字，須俟各船已齊，粤炮已到，正月之季，水陸并進，順風順水，乃可以言進剿。』

〔四七〕遺書：該書吴文節公遺集未收。

〔四八〕陸軍營制：參見書信一與塔齊布（咸豐四年正月十三日）。

〔四九〕硃批：見籌備水陸各勇赴皖會剿侯粵省解炮到楚乃可成行摺（咸豐三年十一月二十六日）附。按奏稿一籌備水陸各勇赴皖會剿侯粵省解炮到楚乃可成行摺作『初七日』，而非『十六日』。

〔五〇〕具疏：見奏稿一，題作『瀝陳現辦情形摺（咸豐三年十二月二十一日）』。

〔五一〕硃批：見瀝陳現辦情形摺附。按據該摺，奉到時間在咸豐四年（一八五四）正月初三日。

〔五二〕具摺：見奏稿一，題作『衡永一帶剿匪未畢摺（咸豐十二月二十一日）』。

〔五三〕奉硃批：見衡永一帶剿匪未畢摺附。按該摺奉到時間在咸豐四年（一八五四）正月初三日。

〔五四〕附片：見奏稿一，題作『厘正衡清二縣保甲片』。

〔五五〕硃批：見厘正衡清二縣保甲片附。

〔五六〕改：厘正衡清二縣保甲片附作『更』。

〔五七〕十七日：太平天國史事日志作『十六日』。又王定安湘軍記規復安徽篇載：『十二月丙戌（十六日）夜，［廬州］水西門城坍，賊緣牆上，忠源揮兵搏戰。天且明，霧蔌蔌如雨，左右血刃擁巡撫行。忠源手劍自刎，不殊。有健兒負之走，齧其項，脱身投古塘死。……事聞，贈忠源總督，湖南、江西、廬州皆建祠。』

曾文正公年譜卷三

甲寅　咸豐四年（一八五四），公四十四歲。

正月初五日，公由家出抵衡州，督催船工，招募水勇。

時湘中人未見水師，應募者少，乃招船户水手不怯風濤之民，用廣西炮勇爲之教習。快蟹船用槳工二十八人，櫓八人；長龍船槳工十六人，櫓四人；舢板船槳工十人。每船用炮手數人，又另置艙長一名，頭工二名，柁工一名，副柁二名〔一〕。其口糧較優，亦刊發營制一篇。

吴文節公文鎔督兵於黄州，駐營堵城，亟攻黄州不下。賊焚燬堵城營壘，吴公力戰陣亡〔二〕。賊船上犯，武昌戒嚴。

十三日，奉到初二日上諭〔三〕：

前因賊擾〔四〕安徽，叠次諭令曾國藩置辦船炮，督帶楚勇，由湖入江，與安徽水陸夾擊。本日據袁甲三奏請令曾國藩督帶兵勇船炮，由九江直赴安徽安慶。刻下賊數無多，或先克〔五〕復安慶，亦可斷賊歸路等語。廬州爲南北要衝，現在爲賊所據，必須乘其喘息未定，趕緊進剿，遏賊紛竄之路。曾國藩製辦〔六〕船炮并所募楚勇數千人，此時諒已齊備，著即遵前〔七〕旨迅速由長江駛赴安徽，會同和春、福濟水陸并進，南北夾攻，迅殄逆〔八〕氛，以慰廑念。

將此由六百里加緊諭令知之〔九〕。欽此。

公既聞廬州失守，江公殉難，而探卒自鄂歸者亦報黃州堵城之敗，公於時心愈迫矣。

二十六日，衡州〔一〇〕船廠畢工。

成快蟹四十號〔一一〕，長龍五十號，舢板百五十號，拖罟一號，以爲坐船。購民船改造戰船者數十號〔一二〕，雇民船百數十號〔一三〕以載輜重。

募水勇五千人，分爲十營：其五爲正，其五爲副。每營置一營官，又設幫辦一人。在湘潭募水軍四營，以褚汝航、夏鑾、胡嘉垣、胡作霖爲營官領之。衡州募六營，以成名標、諸殿元、楊載福、彭玉麟、鄒漢章、龍獻琛爲營官領之。

二十八日，自衡州起程，會師於湘潭。

前、後、左、右、中營旗幟，各用其方色。陸勇五千餘人，則以塔齊布、周鳳山、朱孫詒、儲玫躬、林源恩、鄒世琦、鄒壽璋、楊名聲及公弟國葆等領之。水路以褚汝航爲各營總統，陸軍以塔齊布爲諸將先鋒。糧臺設於水次，載米一萬二千石，煤一萬八千石，鹽四萬斤，油三萬斤。配炮五百尊，軍械數千件，子藥二十餘萬斤。應需之器物，應用之工匠，相隨以行。輜重民船，亦給予旗幟、槍炮，以助軍勢。合計員弁、兵勇、夫役一萬七千餘人，軍容甚盛。作討粵匪檄文〔一四〕一道，布告遠近。

賊船上竄，仍陷漢陽。湖北按察使唐公樹義，迎戰，死之。賊上竄湖南境。二月初一日，岳州失守。

初二日，公在衡山舟次奏報〔一五〕『東征起程日期』一摺。并奏陳水陸營制、糧臺章程大概情形；并奏調署撫標中軍參將塔齊布、耒陽縣知縣陳鑑源、平江縣知縣林源恩、善化縣知縣李瀚章等隨同東征差遺。又附片〔一六〕代遞唐樹義遺摺一件。

公之爲是役也，水陸兼進，尤注重水師。自上年創爲戰船，每事必躬自考察，材木之堅脆，縱廣之榘度，帆檣樓櫓之位，火器之用，營陣之式，下至米鹽細事，皆經於目而成於心。糧臺設立八所，條綜衆務，曰：文案所、内銀錢所、外銀錢所、軍械所、火器所、偵探所、發審所、采編所，皆委員司之。羅公澤南、李公續賓湘勇二營，留駐衡州，以防南路土匪。委知府張丞實督辦捐局，以資接濟。

時又奉到上諭〔一七〕：『此時惟曾國藩統帶炮船兵勇，迅速順流而下，直抵武漢，可以扼賊之吭。此舉關係南北大局，甚爲緊要。此時水路進剿，專恃此軍接應〔一八〕。該侍郎必能深悉緊急情形，兼程赴援。等因。欽此。』

貴州候補道益陽胡公林翼應前總督吴公之調，帶練勇六百名由黔赴鄂。軍抵金口，聞吴公陣亡，賊舟上犯，阻隔不能進。公商之巡撫駱公秉章，由湖南支給餉糈、軍械，并飭令回軍會剿岳州之賊。

王公鑫所招湘勇在長沙者，不用公所定營制，有自樹一幟之意。駱公札飭王鑫率所部先趨黄州，軍未發而賊已由岳州竄湘陰，上踞靖港市，擾陷寧鄉。公舟師抵長沙，調陸路各營剿之。

十五日，公具疏〔一九〕奏稱：『賊船上竄，東南大局，真堪痛哭。湖、廣、江、皖四省，止有臣處一枝兵勇較多，每月需餉銀近八萬兩，專恃勸捐以濟口食。現在湖南、江西、四川較爲完善，請旨飭派大員辦理捐輸，專濟臣軍之用。』并言：『世小亂，則督兵較難於籌餉；世大亂，則籌餉更難於督兵。此次成師以出，已屬竭力經營，若復飢疲潰散，此後不堪設想。』附片〔二〇〕奏胡林翼黔勇暫令『駐岳州附近地方』，相機會剿。

王鑫湘勇剿賊於喬口，敗之。公所派陸營趙焕聯、儲玫躬、公弟國葆等，分投攻剿。儲公玫躬擊破賊大隊於寧鄉，旋因追賊陣亡。賊敗潰下竄，公飭各營及戰船追擊之。

二十四日，公與駱公會奏『逆船上竄派員前往分途截剿連獲勝仗』一摺〔二一〕。附片〔二二〕奏留胡林翼在楚剿賊，暫未能赴鄂。又附報〔二三〕『官軍收復湘陰乘勝追剿』一片。於時奉到上諭〔二四〕：『曾國藩統帶炮船想已開行，著即兼程馳赴下游，迎頭截剿。此時水路進攻，專恃湖南炮船遏其凶焰，務須趕緊前進，勿稍延誤。欽此。』又奉到上諭〔二五〕：

本日據青麟奏稱，探聞曾國藩帶勇已距金口百有餘里；貴州道胡林翼隨同前來，現復退往上游。賊船飆剽〔二六〕忽上竄，急須出其不意，順流轟擊。該侍郎炮船早入楚北，胡林翼何以退守？著曾國藩飭知該道迅速前進，無稍遲延。等因。欽此。

公乃專摺〔二七〕陳明胡林翼一軍未能赴鄂、留於湖南之由，并稱『胡林翼之才勝臣十倍，將來可倚以辦賊』。

胡公之軍回湖南境。崇陽、通城各屬土匪四起，賊由興國上竄，陷崇、通二邑，匪黨大熾。公調胡公黔勇由平江往剿，平江縣知縣林源恩帶勇繼之。胡公軍至通城，請援於公。公又令塔齊布、周鳳山等帶勇往剿。

賊退出岳州。王鑫湘勇先抵岳州，由蒲圻前進。公所派陸軍三營亦抵岳州。公自統水軍進剿，三月初二日抵岳州。

初五日，公由驛具摺〔二八〕奏稱：『賊踪全數退出南省，臣現駐岳州，搜捕湖汊餘匪，就近剿辦崇、通股匪。上游肅清，則馳赴下游，庶無彼此牽掣之患。』

又具摺〔二九〕奏：『訓導儲玫躬屢著戰功，擬保以同知直隸州升用。該員衝鋒遇害，懇恩准照同知直隸州例議恤。陣亡之勇目喻西林、文生楊華英，均請一體議恤，以慰忠魂。』附片〔三〇〕奏：『在籍道員蔣徵蒲捐助軍餉，請先提銀十萬兩撥付臣營口糧，并請旨飭令該道員赴行營總辦糧臺事務，以期呼應較靈。』

是日，公派戰船搜捕西湖餘匪。衛千總鄒國彪遇賊擲火，燒傷而亡。

初七日，北風大作，戰船及輜重船在岳州湖畔者，漂沈二十四號，撞損數十號，勇夫多溺斃者。

駱公秉章屢奉旨籌兵援鄂，駱公於二月内奏〔三一〕稱：『湖南弁兵存數無多，歷次剿辦土匪及此次所派追剿賊匪者，俱係臣與曾國藩督飭士紳召募自練之壯勇，較爲得力。該逆現竄湖南，鄂省情形較緩，擬俟南省剿辦事竣，臣即派兵馳往鄂省跟踪追擊。』奉硃批〔三二〕：『楚南之賊明係分竄，現在湖北尚有多賊。曾國藩炮船原爲肅清江面，第此時道路不通，暫可留在湖南剿辦，亦不能專待事竣，緩緩北上。俟〔三三〕楚南辦有頭緒，仍應速赴湖北爲是。曾國藩素明大義，諒不敢專顧桑梓，置全局於不問。北重於南，皖、鄂重於楚南，此不易之局也。欽此。』

湖北賊勢方熾，武昌省城岌岌不保，公屢奉寄諭，飭令統領舟師馳赴下游。諭旨〔三四〕又云：『此時得力舟師，專恃曾國藩水上一軍，倘〔三五〕涉遲滯，致令漢陽大股竄踞武昌，則江路更形阻隔。曾國藩惟當權衡緩急，相機速辦〔三六〕。朕既以剿賊重任付之曾國藩，一切軍情不爲遥制。等因。』

公啓行之初，派陸路勁軍由崇、通剿賊，欲以次埽盪，進援武昌。公自統水師，順流而下，既至岳州，遇風沈損各船；而王鑫湘勇之前進者，初八日抵羊樓司，遇賊潰敗，退回岳州。賊乘勝上犯，公弟國葆、鄒壽璋、楊名聲等營在岳州者，皆潰退入城。賊撲城甚急。初十日，公急調炮船齊赴岳州，登岸擊賊。拔出城中各營潰勇，乘風南返。十四日，泊長沙城外。賊船復上犯湘陰。

公在衡州時，原任湖北巡撫楊健之孫楊江，捐助軍餉銀二萬兩，公因奏請以楊健入祀鄉賢祠〔三七〕。奉旨交部議處〔三八〕，部議革職。奉旨改爲降二級調用。

十五日，駱公奏〔三九〕：『岳州官軍失利，省城現籌防剿情形。王鑫革職留營效力贖罪。』

十八日，公具摺〔四〇〕奏陳：『岳州陸軍敗潰，水師遇風壞船，力難應敵，恐戰船洋炮反以資賊，遂乘風退保省城，皆由臣不諳軍旅，調度乖方，請交部治罪。』附片〔四一〕奏船隻遇風沈損情形；鄒國彪傷亡請恤。又奏〔四二〕『探明前路賊情』一片。

官軍在崇、通者屢獲勝仗：胡公林翼有初六日上塔市之勝，塔齊布公有十四日沙坪之勝，賊勢少挫。值賊船上竄，長沙戒嚴。公乃調胡林翼、塔齊布兩軍旋省，委林源恩以平江勇扼守，防其南竄。

二十二日，奏報〔四三〕崇、通勝仗一摺，奏稱：『武昌以南等屬州縣，皆已爲賊所踞。臣本擬痛剿崇、通一股，即可直抵鄂省，以資救援。不謂岳州一敗，大股上竄，須酌撤通城之兵回保長沙，此皆臣調度乖方所致也。』

公之回長沙也，竹亭公爲書以誡公，謂其『築壘不堅，調軍太散，皆取敗之道。結陣之法，緝奸之法，皆宜加意講求。尤以早起早食爲要』。自是以後，公每日未明而起，甫明而食，凡十餘年如一日。

賊船竄踞靖港市，復分股由陸路擾寧鄉，南及湘潭。二十七日，湘潭失守。賊於城外築壘自固，於湘水上游掠民船數百號，豎立木城以阻援師。

二十八日，塔齊布公督軍馳至湘潭，奮擊賊營，大破之。

連戰四日夜，斃賊數千人。官軍力戰殺賊之多，實自此役始。

二十九日，公派水師五營駛赴湘潭助剿。

四月初一日，水師大破賊船於湘潭。陸軍攻賊壘，盡破之。

初二日，公自督戰船四十號，陸勇八百人，擊賊於靖港市。

西南風發，水流迅急，不能停泊，爲賊所乘。水勇潰散，戰船爲賊所焚，或掠以去。公自成師以出，竭力經營，初失利於岳州，繼又挫敗於靖港。憤極赴水兩次，皆左右援救以出；而是日水師適破賊船於湘潭。連日報捷，軍勢少振。

初三日，水師盡燬賊所掠船。塔齊布公會各軍兜剿，屢破之。

初五日，克復湘潭縣城，賊乃大潰。

自粵逆稱亂以來，未受大創。湘潭一役，始經兵勇痛加剿洗，人人有殺賊之志矣。

公之回長沙也，駐營南門外高峰寺。湘勇屢潰，恒爲市井小人所詬侮，官紳之間，亦有譏彈者，公憤欲自裁者屢矣。公言〔四四〕：

古人用兵，先明功罪賞罰。今時事艱難，吾以義聲倡導鄉人，諸君從我於危亡之地，非有所利也，故於法亦有所難施，所以兩次致敗蓋由於此。

湘潭未捷之時，公與駱公會奏〔四五〕『賊勢全注湖南，大局堪虞，請旨速飭廣東、貴州酌調兵勇來楚協剿』一摺。初十日，兵部火票遞到前摺，奉上諭〔四六〕：

曾國藩奏岳州水陸各軍接仗情形并自請治罪一摺。此次岳州水軍，雖獲小勝，惟因陸路失利，以致賊匪復行上竄。曾國藩統領水陸諸軍，調度無方，實難辭咎，著交部嚴加議處。仍著督帶師船，迅速進剿。克復岳州〔四七〕，即行赴援武昌，毋得再有延誤。欽此。

又奉上諭〔四八〕：

曾國藩所統各勇，爲數過多，既須剿辦粤逆〔四九〕，又須搜捕土匪。即如所奏，有撥赴平江、通城者，有撥赴臨湘、蒲圻者，又有不能依限前進者，散布各處，照料既不能周，剿捕〔五〇〕自難得力。一有敗衄，人無固志，似此何能力圖進取？此時肅清江面，專恃此軍。曾國藩初次接仗，即有挫失，且戰船被風沈損多隻，何事機不順若是！現在湖北待援孔亟，曾國藩以在籍紳士，若祇專顧湖南，不爲通籌全局之計，平日所以自許者安〔五一〕在？鮑起豹本係水師大員，何以不令督帶舟師？剿辦賊匪，是否不能得力？且該提督何以陸路亦未帶兵前進？著駱秉章查明具奏。欽此。

十二日，公與駱公會奏『官軍擊賊靖港互有勝負，賊由陸路攻陷湘潭，官軍水陸夾擊，大獲勝仗，巨股殲滅，克復縣城』一摺〔五二〕。隨摺奏保副將塔齊布、守備周鳳山、同知褚汝航、知縣夏鑾、千總楊載福、文生彭玉麟、哨官張宏邦、訓導江忠淑八員。

是役以塔齊布公爲功首，而水師立功亦於是始著。

公專摺〔五三〕奏：『靖港戰敗，水師半潰，實由臣調度乖方，請交部從重治罪，并請特派大臣總統此軍。臣未赴部之先，仍當力圖補救。』附片〔五四〕奏保塔齊布、褚汝航等數員可分水陸將領之任。〈奏〉奉

上諭〔五五〕：

屯聚靖港逆船，經曾國藩親督舟師進剿，雖小有斬獲，旋以風利水急，戰船被焚，以致兵勇多有潰敗。據曾國藩自請從重治罪，實屬咎有應得。姑念湘潭全勝，水勇甚爲出力，著加恩免其治罪，即行革職，仍趕緊督勇剿賊，帶罪自效。湖南提督鮑起豹，自賊竄湖南以來，并未帶兵出省，疊次奏報軍務僅止列銜會奏。提督有統轄全省官兵之責，似此株守無能，實屬大負委任。鮑起豹著即革職，所有湖南提督印務，即著塔齊布暫行署理。該部知道。欽此。

又奉上諭〔五六〕：

曾國藩統領舟師屢有挫失，此摺所陳紕繆各情，朕亦不復過加譴責。現在所存水陸各勇，僅集有四千餘人，若率以東下，誠恐兵力太單。該革員現復添修戰船，换募水勇，據稱一兩月間當有起色。果能確有把握，亦尚不難轉敗爲功。目下楚北賊踪由應山竄回德安，隨州之賊亦回武漢，是鄂省望援甚急，該撫等務當督飭水陸各軍，迅將此股敗竄之匪殲滅净盡，兼可赴援武昌以顧大局。欽此。

官軍既復湘潭，餘賊潰竄者擒捕殆盡，賊船在靖港者聞風下駛，岳州賊亦退出。公所造戰船，經岳

州之損，靖港之敗，去其大半。旋委員於衡州、湘潭設兩廠，續造船六十號，較前更加堅緻。長沙亦設廠，重修百數十號。已潰之勇丁不復收集，別募水陸兵勇數千人。每船增置哨官一員。調羅澤南、李續賓帶所部湘勇回長沙，又委增募湘勇數營。將領立功者，奬拔保奏；潰敗者，革退更置。奏調水師弁兵於兩粵。廣西巡撫委知府李孟群募水勇一千名，廣東委派總兵陳輝龍帶水師四百員名、炮一百尊，赴湖南會剿。規模重整，軍容復壯矣。

通城賊南犯，林源恩帶勇堵之。公調江忠淑、陳鑑源等帶勇會剿，破之。

五月初八日，公具摺〔五七〕恭謝天恩，奏稱：『臣屢奉諭旨，飭令迅速東下。數月之久，未能前進，復多挫失，且愧且憾，是以籲請治罪。乃蒙皇上俯從寬宥，貸其前愆，期其後效。臣現將水陸各軍，嚴汰另募，重整規模。一俟料理完畢，即星夜遄征，誓滅此賊，以雪挫敗之恥，贖遲延之罪。』又因前摺奉到批諭〔五八〕有『太不明白』之語，附片〔五九〕覆陳湘潭、寧鄉、靖港三處賊踪來去、官軍勝敗曲折情形。又附片〔六〇〕奏請署提督塔齊布會師東下，出省剿賊。

又奏稱〔六一〕：『臣係革職人員，此後出境剿賊，一切軍情，必須隨時奏報，請容臣專摺奏事。』奉硃批〔六二〕：『准汝單銜奏事。欽此。』又奉上諭〔六三〕：

曾國藩添募水陸兵勇及新造重修戰船，既據奏稱已可集事，則肅清江面之舉，仍藉此一軍，以資得力。塔齊布膽識俱壯，堪膺剿賊之任，著駱秉章即飭統領弁兵，迅速出境，與曾國藩會合進攻，務須酌度機宜，隨剿隨進，方能次第殲除〔六四〕。曾國藩與該署提督共辦一事，尤應謀定後戰，務期確有把握，萬不可徒事孟浪，再致挫失。等因。欽此。

賊既退出湖南，旋復上犯，陷華容，踞岳州，分擾洞庭之西湖。十三日，陷龍陽。掠民船，攻常德府。十六日，陷踞之。塔齊布公統帶兵勇三千，先赴岳州進剿。公乃調胡林翼與周鳳山、李輔朝等，帶勇由益陽進剿常德。行抵龍陽，湖水驟漲。賊船乘水攻營，周鳳山等小挫。胡公林翼督各勇回益陽，改道繞赴常德。

六月，船廠修造戰船畢工。廣東總兵陳輝龍到長沙，添造淺水拖罟二號。李孟群所募廣西水勇千名，亦到長沙，與公所新募水勇日夜操練，刻期進剿。

漢陽之賊於春初分股溯漢水，陷德安、隨州，江漢城邑大半殘破。湖北學政侍郎青麟入守武昌，署巡撫事。將軍臺湧駐營隨州，署總督事。賊於三月，陷安陸府。四月，陷荆門州，犯荆州府，將軍官文公遣兵擊却之。賊竄陷宜昌府。五月，復下竄宜都、枝江，由太平口南入洞庭，與西湖股匪合并，陷澧州、安鄉等城。青麟守武昌數月，城外賊踪四布，糧盡援絶，乃率飢軍數千突圍南出，就餉於長沙。賊遂陷武昌省城，踞之。公與駱公籌發餉銀二萬兩，以賑鄂軍，資遣至荆州。青麟奉旨正法，臺湧革職，詔以楊霈署湖廣總督。

公水師既集，分三幫起碇：十三日，先遣褚汝航等四營擊楫而下。陸師則以塔齊布公之軍爲中路，駐營於新牆。胡公林翼等軍出西路，趨常德。江忠淑、林源恩等由平江進剿崇、通者爲東路。先後進剿，合計兵勇數近二萬。

賊聞官軍大至，遂退出常德、澧州各城，將所掠船盡集岳州踞守。公以新牆兵力稍單，調派羅澤南等以勇二千繼進，又調周鳳山等兵勇齊赴岳州。

二十二日，塔齊布公破賊於新牆，進逼岳州。晦日，水師破賊於南津港，賊乃宵遁。

七月初一日，官軍收復岳州。

初三日，賊船數百來犯，水師力戰破之。

初六日，公督水師後幫由長沙起行，陳輝龍、李孟群率師繼進。

十一日，公會駱公銜馳奏〔六五〕『水師克復岳州，越日大股續至，復被水師痛剿，全數殲滅，南省已無賊踪』一摺。隨摺奏保褚汝航、夏鑾、彭玉麟、楊載福、何南青五員。附片〔六六〕奏調浙江候補知縣龔振麟來楚鑄造炮位，接濟舟師之用。又附片〔六七〕奏稱：『水師以造船置炮爲最要，出征船艦，不無漂損。臣設衡州、長沙兩處船廠，仍不停工。酌留水勇在長沙操演，預備接濟。請旨飭催兩廣督臣趕緊解運夷炮數百尊來楚，以資攻剿。』又附片〔六八〕奏報水師前後起行日期，并雇船載陸勇二千以資護衛。奉硃批〔六九〕：『覽奏稍慰朕懷。汝能迅速東下，藉此聲威，或可埽除武漢之賊。朕日夜焦盼，憂思彌增。護船陸勇，終恐未可深靠。欽此。』又奉上諭〔七〇〕：『此次克復岳州，大獲勝仗，湖南逆艅業就肅清，江路已通，重湖無阻。即著塔齊布、曾國藩會督水陸兵勇，乘此聲威，迅速東下，力搗武漢賊巢，以冀蕩平群醜。欽此。』

水師既克岳州，進破賊船於道林磯。十四日，賊船上犯，水師復破之於城陵磯。

十五日，公抵岳州。

十六日，馳奏〔七一〕『水師叠獲勝仗將犯岳之賊船全數殲滅』一摺。隨摺仍奏保褚汝航等五員；陣亡哨官秦國長請恤。

是日，公專差賫摺〔七二〕奏：『請旨飭部頒發部監執照，以速捐務而濟要需。現在臣與提臣塔齊布一軍，水陸共計一萬三千餘人，月需餉銀六七萬兩，萬分焦灼。是以專差赴部，守領執照。』

水師乘風擊賊船於城陵磯下，南風大作，官軍失利。總兵陳壯勇公輝龍、游擊沙公鎮邦戰殁。褚公汝航、夏公鑾等馳救，亦陣亡。戰船陷失者數十號，兵勇死傷甚多。

十八日，塔齊布公陸軍破賊於擂鼓臺，陣斬賊目曾天養。

二十一日，馳奏〔七三〕『水師失利陸軍獲勝』一摺。陣亡總兵陳輝龍、道員褚汝航、同知夏鑾、游擊沙鎮邦、千總何若澧、府經歷唐嶸，均奏請恤。隨摺奏保陸營將弁童添雲、周岐山、黄明魁三人，并自請交部嚴加議處。

其時水師營官道員李孟群之父李愍肅公卿穀，在湖北署臬司任内殉難。公附片〔七四〕奏報李卿穀殉難情形，請照臬司例賜恤；并稱其子孟群忠勇奮發，思報讎殄逆，請留營剿賊，并請從權統領水師前營，以專責成。奉上諭〔七五〕：『覽奏曷勝憤懣！曾國藩係在水路督戰，於陳輝龍出隊時不能詳慎調度，可見水上一軍毫無節制，即治以貽誤之罪，亦復何辭？惟曾國藩前經革職，此時亦不必交部嚴議，仍責令督飭水師將弁奮力攻剿，斷不可因一挫之後，遂觀望不前。等因。欽此。』又奉上諭〔七六〕：『李孟群現在丁憂，著准其仍留軍營帶勇剿賊。欽此。』

賊屯聚城陵磯者爲數尚衆，諸公殿元等擊賊陣亡。二十六日，賊黨大至，羅公澤南奮擊破之。二十八日，湘勇由陸路進攻賊壘。二十九日，水師燬賊船於城陵磯，賊大潰。

閏七月初三日，馳奏〔七七〕『岳州水陸官軍四獲勝仗』一摺。隨摺奏保知府羅澤南，守備楊名聲，千總唐得陞、李榮華四員。陣亡都司諸殿元、千總劉士宜請恤。奉上諭〔七八〕：『塔齊布、曾國藩自帶兵以來，既未嘗遇敗而怯，定不致乘勝而驕，總宜於妥速之中，持以慎重，則楚省賊蹤漸可埽蕩。欽此。』

塔齊布公陸軍，初二日攻破賊營十三座，殺賊二千餘人。李公孟群、楊公載福等率水師以火焚賊船，乘勝攻擊，盡平沿江兩岸賊壘，窮追二百餘里至嘉魚縣境，賊潰下竄。公督水軍出江，進駐螺山。

初九日，馳奏〔七九〕『水陸兩軍大勝，賊壘盡平，大股殲賊』一摺。隨摺奏保周鳳山、李續賓、何越珽、佘星元、滕國獻、蕭捷三六員。附片〔八〇〕奏調湖北藩司夏廷樾總理行營糧臺，暫駐岳州，以資轉運。又附片〔八一〕奏稱：『新授四川臬司胡林翼才大心細，爲軍中必不可少之員。請旨飭令該臬司管帶黔勇，酌撥他路兵勇，自成一隊，隨同東征。知府羅澤南經江西撫臣咨調赴援，該員現帶湘勇，屢次大捷，獨當要隘，以寡勝衆，亦請隨同出境東征，免其赴援江省。』

賊之上犯也，瀕江城市村鎮悉被殘掠，岳州城陵磯以下，築壘江岸以圖抗拒。至是水陸屢捷，乘勢埽蕩，賊壘悉平，難民焚香跪道以迎。公約束嚴明，秋豪不犯。解散脅從，撫恤瘡痍。軍抵湖北境，與將軍官文公、總督楊公霈之軍聲息漸通。奉上諭〔八二〕：『塔齊布、曾國藩奏水陸官軍大獲勝仗一摺。辦理甚合機宜。塔齊布著交部從優議叙。曾國藩著賞給三品頂戴，仍著統領水陸官軍，直搗武漢，與楊霈所統官軍會合，迅埽妖氛。欽此。』

駱公秉章具摺〔八三〕奏稱：『東南形勢，利用舟楫。自逆賊掠取江湖舟艦以數萬計，以致糜爛數省，凶焰日張，官軍坐受其困。自奉明詔籌備舟師，始有湘潭、岳州諸大捷。疆圉危而復安，此舟師協剿之明效也。曾國藩所統水師船炮本不爲多，接仗失利所失不少。現在曾國藩整軍東下，通籌防剿大局，以船炮爲最要。現飭紳民設局，捐辦船炮，以固本省藩籬而資大營接濟。』又奏〔八四〕留胡林翼一軍，仍駐岳州。奉旨〔八五〕皆允之。

賊之大股竄回武漢，而江岸支港汊湖尚有餘匪藏匿，崇陽踞賊數近二萬，蒲圻、咸寧等縣之匪倚崇陽爲巢穴。公與塔公籌商，分路進剿。公督水軍搜剿瀕江賊船，進扼金口。賊屢來犯，擊却之。塔公督陸軍馳赴崇陽，連破賊卡。二十六日，破賊於羊樓司。賊敗竄，塔公追剿直抵崇陽。

八月初四日，克復崇陽縣城。

初九日，追擊賊於咸寧，破之。

荆州將軍官文公所遣魁玉、楊昌泗等帶兵五千，會於金口。水陸并勢，復破賊於沌口。

公於初四日駐軍嘉魚，馳奏〔八六〕『水陸官軍叠獲勝仗及現籌剿辦情形』一摺，奉批諭〔八七〕：『汝等自湘潭大捷後，屢次得手，有此聲威，豈可自餒？惟利在速戰，莫待兩下相持，師勞餉乏，大有可慮處。塔齊布不致爲崇陽一股牽制方好。欽此。』

十一日，公進駐金口。

十九日，馳奏〔八八〕『崇陽克復，咸寧大獲勝仗，水師連日接戰獲勝』一摺。又奏〔八九〕『恭謝天恩』一摺，奏稱：『臣丁憂在籍，墨絰從戎，常負疚於神明，不敢仰邀議叙，乃荷温綸寵錫，慚悚交增。嗣後湖南一軍，再立功績，無論何項褒榮，概不敢受。』奉硃批〔九〇〕：

知道了。殊不必如此固執。汝能國爾忘家，鞠躬盡瘁，正可慰汝亡親之志。盡孝之道，莫大於是。酬庸褒績，國家政令所在，斷不能因汝一〔九一〕請，稍有參差。汝之隱衷，朕知之，天下無不知也。欽此。

胡公林翼軍至通城，因駱公奏留，遂回駐岳州。

塔齊布公、羅公澤南由咸寧北趨，擊破賊黨於橫溝橋，與公會於金口；而崇陽餘匪仍聚攻縣城，陷之。公兼督水陸各軍，分途進剿。公與塔齊布公、羅公澤南規畫進取武昌之策。賊於城外洪山、花園兩路，皆駐重兵，築堅壘。羅公自請攻花園一路，塔公攻洪山一路。二十一日，羅公破賊壘九座，塔公亦破洪山賊壘，水師破燬賊船五百餘號。

二十二日，馳奏〔九二〕『水陸續獲勝仗現籌進兵武漢情形』一摺。

是日，水軍奮擊賊船，焚燬殆盡；陸軍攻武漢城外賊壘，悉破平之，先後斃賊萬餘。

二十三日，克復武昌省城，漢陽府城賊大潰。湖廣總督楊公霈軍漢陽以北，馳奏〔九三〕武漢克復大概情形，奉上諭〔九四〕：『曾國藩等攻剿武漢情形尚未奏到。塔齊布陸路官兵，此時諒與曾國藩水陸合爲一軍。著俟楊霈抵省後，商搉挑選精兵，水陸進剿。朕日盼捷音之至也。欽此。』

二十七日，公馳奏〔九五〕『水陸大捷武昌漢陽兩城同日克復』一摺，奏稱：『臣等先後入城，鎮撫孑黎，飛咨署督臣楊霈迅速渡江，妥籌進剿。』隨摺奏保水軍營官道員李孟群、游擊楊載福、守備蕭捷三，陸營將領知府羅澤南、知縣李續賓、都司彭三元、守備唐得陞、文生李光榮，并奏保荆州將領已革都統魁玉、總兵楊昌泗，共十員。附片〔九六〕奏稱：『軍務殷繁，差遣乏員，不能不兼用丁憂、降革之員，從權辦理。如果奮勉出力，仍當懇請天恩，一律保奬，以收後效而勵戎行。』

又具摺〔九七〕奏：『六七月以來，水陸兩軍叠次勝仗，已奏請將員弁兵勇保奬，奉旨允准。謹分爲三起，先將第一單彙列。并糧臺各員，晝夜辛勤，經各營官開單請保，臣等核實，繕單恭呈御覽。』

其武漢克復摺，奉硃批〔九八〕：『覽奏感慰實深。獲此大勝，殊非意料所及。朕惟兢業自持，叩天速赦民劫也。另有旨〔九九〕。欽此。』奉上諭〔一〇〇〕：『此次克復兩城，三日之内，焚舟千餘，蹋平賊壘净盡，運籌决策，甚合機宜，允宜立沛殊恩，以酬勞勣。曾國藩著賞給二品頂戴，署理湖北巡撫，并加恩賞戴花翎。塔齊布著賞穿黄馬褂，并賞給騎都尉世職。等因。欽此。』又奉上諭〔一〇一〕：

楚省大局已定，亟應分路進剿，由九江、安慶直抵金陵，埽清江面。應如何分兵前進，如何留兵防守，當已計議周妥〔一〇二〕。著楊霈與〔一〇三〕曾國藩、塔齊布妥籌〔一〇四〕商定，即行具奏。曾國藩以殺賊自任，必能謀定後戰，計出萬全。沿江剿賊之事，朕以責之曾國藩與〔一〇五〕塔齊布。楚省防賊回竄及搜捕江北等處餘匪事宜，朕以責之楊霈。該督等〔一〇六〕務當協力妥籌，不可稍存大意。等因。欽此。

武漢既克，賊船在襄河者尚多，奔出漢口，以圖下竄。公派魁玉、楊昌泗帶兵進剿；而楊載福等以水師舢板數十號，溯流駛入漢口，縱火焚賊船千餘號，幾盡。

三十日，馳奏〔一〇七〕『水師搜剿襄河續獲大勝』一摺，奏稱：

戰船用力甚少，成功甚多。江漢以上賊舟無幾，從此壹意東下，無牽掣之虞。然臣細察大局，有可慮者數端：一在兵氣之散佚；一在亂民之太多；一則軍去湖南日遠，軍火、銀、米輸轉爲難，恐有缺乏潰散之患。不能不熟慮而縷陳之。

附片〔一〇八〕奏請旨『飭江西撫臣籌銀八萬兩，廣東、四川二省各籌銀數萬兩，迅解行營。現因陸兵太單，擬添募陸勇二千，率以東下』。又附片〔一〇九〕奏：『鄂省克復以後，查獲賊中僞文卷七月十八日城陵磯之戰賊酋曾天養被殪情形，前奏未及詳悉聲明；又訊據賊供武漢賊情曲折，一并聲明。』奉上諭〔一一〇〕：

曾國藩等以剿賊自任，雖當乘此機會急思順流而下，以次攻復沿江諸城，然須計出萬全，謀定後戰，方無挫衄之虞。若能由九江、安慶直抵金陵，使長江數千里盡蕩妖氛，則從征將弁，朕必破格施恩，以酬懋績。欽此。

總督楊公霈自德安入駐武昌。時賊已退出黄州，南則踞興國州，北則屯聚蘄州、廣濟，仍以船爲巢穴。公與楊公會商進剿，分爲三路：以塔齊布公統率湖南兵勇，進剿興國、大冶，爲南路；派提督桂明等領鄂省兵勇進剿蘄州、廣濟等處，爲北路；公自督水軍浮江而下。

九月初七日，馳奏〔一一一〕『統籌三路進兵，分别水陸先後直搗下游』一摺。附片〔一一二〕奏請飭諭陝西撫臣籌銀二十四萬兩，解赴行營。又片奏〔一一三〕參都司成名標監造船工，浮開款項，請革職查辦。是日，又具摺〔一一四〕彙保出力員弁兵勇第二單。奉上諭〔一一五〕：

曾國藩等奏統籌三路進兵，直搗下游一摺。覽奏布置各情，甚合機宜。以長江大局而論，楚北上游既已漸次肅清，則各路官軍乘勝東趨，自成破竹之勢。但兵機移步换形，賊情亦詭詐百出，總須出奇應變，步步爲營，以免孤軍深入，方操勝算。其桂明一軍，較之楚南兵勇，强弱是否相當？倘〔一一六〕彼强此弱，南岸被剿緊急，該逆必至伺隙北渡，該督等曾否慮及？此次東下之師，關係大局轉機，務期成算在胸，相機籌辦，能制賊而不爲賊制，庶可次第廓清也。所請飭撥陝西餉銀，已諭知王慶雲照數籌撥，源源接濟矣。欽此。

十三日，馳摺〔一一七〕恭謝天恩，并奏陳：『奉命署理湖北巡撫，於公事毫無所益，於臣心萬難自安。臣統率水師，即日啓行，於鄂垣善後事宜不能兼顧。且母喪未除，遽就官職，得罪名教，何以自立？是以不敢接受，關防仍由督臣收存。』

公前奉上諭〔一一八〕：『曾國藩雖係署任巡撫，而剿賊之事重於地方。等因。』是摺未奏到時，奉上諭〔一一九〕：『曾國藩著賞給兵部侍郎銜，辦理軍務，毋庸署理湖北巡撫。陶恩培著補授湖北巡撫，未到任以前，湖北巡撫〔一二〇〕著楊霈兼署。欽此。』是摺奏到，奉硃批〔一二一〕：

朕料汝必辭，又念及整師東下，署撫空有其名，故已降旨令汝毋庸署湖北巡撫，賞給兵部侍郎銜。汝此奏雖不盡屬固執，然官銜竟不書署撫，好名之過尚小，違旨之罪甚大，著嚴行申飭。欽此。

又奉上諭〔一二二〕：

曾國藩既無地方之責，即可專力進剿。但必須統籌全局，毋令逆匪南北紛竄，方爲妥善。并隨時知照江、皖各撫及托明阿、向榮等，四路兜擊，以期直擣金陵。固不可遷延觀望坐失事機，亦不可鋭進貪功致有貽誤。諒曾國藩等必能兼權熟計，迅奏膚功也。欽此。

水師楊公載福等領戰船先行，公與李孟群等繼進。南路陸營以十三日拔營進剿，北路陸軍魁玉、楊昌泗等以十七日拔營。

十九日，水師破賊於蘄州城下。

二十一日，塔齊布公克復大冶縣城，羅公澤南等克復興國州城。

公舟次黄州。按行前總督吴文節公堵城營壘，於其殉難之處，爲文以祭之，詞甚哀厲。祭文稿今佚。

二十七日，公駐舟道士洑。馳奏〔一二三〕『陸軍克復興國、大冶，水師在蘄州勝仗』一摺。附片〔一二四〕奏：『探明賊踪於田家鎮堅壘抗拒，横江鐵鎖二道。擬先攻半壁山，奪其要隘。』

又具摺〔一二五〕奏稱：『臣自入鄂城以來，采訪輿論，僉謂武昌再陷之由，實因崇綸、臺湧辦理不善。前督臣吴文鎔忠勤憂國，殉難甚烈，官民至今思之。即於前撫臣青麟，亦尚多哀憐之語，無怨憾之詞。前任督撫優劣情形以及年餘之成敗始末，關係東南大局，不敢不據實縷陳。』又奏〔一二六〕『遵保出力員弁兵勇第三次彙單請奬』一摺。奉上諭〔一二七〕：

蘄州賊勢尚衆，水師既經攻剿得手，何以桂明等陸路一軍未能趕到？曾國藩經朕畀以剿賊重任，事權不可不專，自桂明以下文武各員，均歸節制。倘有不遵調遣，或遷延畏葸貽誤事機者，即著該侍郎專銜参奏，以肅戎行。等因。欽此。

是月奉旨：『胡林翼調湖北按察使，楊載福補〔一二八〕湖南常德協副將，羅澤南授浙江寧紹臺道〔一二九〕，均督勇剿賊。欽此。』

二十九日，蘄州賊船上犯，楊公載福、彭公玉麟等縱火盡焚之。

十月初一日，羅公澤南陸軍破賊於半壁山，奪其營柵。

初四日，羅公澤南等大破賊於半壁山，殲賊逾萬人。

初五日，賊至，復擊破之。

初七日，馳奏〔一三〇〕『陸軍踏破半壁山賊壘水師續獲勝仗』一摺，陣亡員弁何如海、石熾然、徐國本請恤。附片〔一三一〕專奏營官白人虎陣亡請恤。又片〔一三二〕奏查明前湖北道員劉若珪殉難情形，請飭部議恤。又片〔一三三〕奏軍中子藥概係湖南支應，今全軍將出楚境，距湘省千數百里，請旨飭江西撫臣遴委幹員，籌款開局，監製火藥，鑄造鐵子、鉛彈，解營接濟。

是日，具摺〔一三四〕謝恩賞兵部侍郎銜。附片〔一三五〕陳明前摺未署『署湖北巡撫』新銜，奉批諭申飭，蒙恩寬宥，謹奏申謝。又代奏〔一三六〕浙江寧紹臺道羅澤南呈謝天恩，仍請留營剿辦賊匪。

初八日，水師攻賊船於蘄州，繞出賊前。初十日，賊船退至田家鎮南岸，鐵鎖已爲陸營湘勇斫斷。楊公載福、彭公玉麟督水軍於十三日攻斷江中鐵鍊。

舟師飛槳而下，至鄔穴，縱火焚賊舟。適東南風大作，賊船四千五百餘號皆盡，伏尸萬數。田家鎮北岸之賊大潰，燬營而遁。

十四日，馳奏〔一三七〕『南路陸軍大捷，斃賊萬餘，斫斷江岸鐵鎖，水師屢獲勝仗』一摺。隨摺奏保李續賓、彭三元、普承堯三員；陣亡千總蕭世祥請恤。附片〔一三八〕奏陳賊踪遍擾，驛郵多梗，偵探難遣，文報難通，江、皖各營不克隨時知照。請旨飭軍機處，將江南、北大營現在情形及紅單船現泊何處，隨時示知行營，期通消息。奉硃批〔一三九〕：『獲此大勝，皆因汝等和衷共濟，調度有方，故能將士用命，以少擊衆。朕披覽之餘，感慰莫能言喻。仍另有旨。欽此。』奉上諭〔一四〇〕：

此次我軍陸路奪取半壁山，水師亦〔一四一〕屢獲大勝，逆賊不敢復窺南岸，辦理甚爲得手。據奏，北兵不甚得力，究竟桂明一軍現在何處？何以總〔一四二〕未與南軍會合？著楊霈親督後軍，迅速前進，爲曾國藩等後路聲援，不准稍有遷延，致滋貽誤。等因。欽此。

十四［日］夜，蘄州之賊弃城竄去，水師追賊船至九江城下。塔齊布公陸軍破平南岸富池口賊壘。

二十日，與羅公澤南率師渡江而北。

二十一日，公舟次田家鎮。馳奏〔一四三〕『官軍水陸大捷，燒燬賊船四千餘號，田家鎮、蘄州兩處賊悉潰竄』一摺。隨摺奏保副將楊載福、同知彭玉麟、道員羅澤南、游擊普承堯，水師將弁劉培元、秦國禄、孫昌國、洪定陞八員。附片〔一四四〕奏報水師前隊追逐賊艅已至九江城外，陸軍即日渡江北岸進剿。又片奏〔一四五〕：『臣等一軍，以肅清江面，直搗金陵爲主，設該逆旁竄他縣，陸軍竟難兼顧。相應〔一四六〕請旨飭各路帶兵大臣及各省督撫，擇要堵禦，預防流賊之患。』奉硃批〔一四七〕：『續獲此勝，皆因汝等籌畫盡心，朕甚廑念。欽此。』又奉上諭〔一四八〕：『曾國藩、塔齊布自岳州統師東下以來，沿江攻克城池，殲除醜類，所嚮克捷，皆由同心戮力，調度有方。節次披覽奏章，朕心實深欣慰。在事文武員弁兵勇，亦能人人用命，奮不顧身，尤堪嘉獎。欽此。』

陸軍渡江循北岸而下。二十六日，遇賊於蓮花橋，擊破之。二十八日，克復廣濟縣城。

水師追擊賊船。二十六日，戰於九江城外，破之。

十一月初一日，陸師破賊於雙城驛。初三日，破賊於夏新橋。初四日，克復黃梅縣城。

初六日，馳奏〔一四九〕『蓮花橋勝仗克復廣濟及水師九江勝仗』一摺。陣亡將弁蘇勝、鄭沐、李金梁請恤。附片〔一五〇〕預報黃梅勝仗并陳桂明一軍未能會剿緣由。又附片〔一五一〕奏蘄州州判魏作霖殉難請恤。又片〔一五二〕奏調湖南永州府知府張丞實來營，添募湘勇，交該守管帶，以厚兵力。又附片〔一五三〕奏報服闋日期，現在辦理軍務，在營釋服。

是日，具摺〔一五四〕奏保克復武漢及興國、大冶、蘄州各案水陸兩軍出力員弁兵勇，共三百四十人，開單請獎。

羅公澤南自黃梅拔營進剿，破賊於濯港。

十一日，公馳奏〔一五五〕『雙城驛、大河埔、夏新橋勝仗，黃梅克復』一摺。隨摺奏保周友勝、佘星元、滕國獻三弁；陣亡千總王映軫請恤。附片〔一五六〕奏濯港勝仗。

又奏陳〔一五七〕『近日剿辦情形』一摺，奏稱：『九江賊船不多，我師兩次苦戰，未能大挫凶鋒，皆因兩岸賊營太多，水陸依護，抵拒甚力。我之水師與陸軍隔絕，晝夜戒嚴，勞苦倍甚。』并陳『可恃者數端，可慮者亦數端』。

時疊奉諭旨令湖北、江西兩省派兵會剿。總督楊公霈派桂明一軍留駐黃州，魁玉、楊昌泗隨同剿賊。蘄州以下，楊公霈自駐黃梅、廣濟之間。江西派臬司惲光宸、總兵趙如勝駐軍九江境上。皆奉旨歸公節制調度。又奉上諭〔一五八〕：

楊霈奏克復廣濟、黃梅一摺。所叙進攻九江情形，似該郡賊黨尚復不少。塔齊布渡江而北，南岸官軍即不能得手，是江西陸路兵勇殊不足恃，塔齊布仍須渡回南岸。倘〔一五九〕南北兩岸專恃一塔齊布奔馳追剿，則湖北、江西兩省官兵豈不皆成虛設耶？欽此。

十二日，塔齊布公、羅公澤南等破賊於孔隴驛。

十三日，小池口賊遁去。

十四日，水師焚賊船、簰，潯郡江面賊艅略盡。公即日進駐九江城外。

十五日，塔公陸軍抵小池口。水師擊破賊船，進泊湖口。賊踞守九江，堅不可下。十八日，陸軍渡江南岸，駐營九江南門外。

二十一日，馳奏〔一六〇〕『濯港、孔隴驛、小池口勝仗，潯郡江面肅清，水師進扼湖口』一摺。隨摺奏保朱南桂、童添雲二員。附片〔一六一〕奏參鄂軍營官李光榮，所帶川勇擄掠滋擾，請革職訊辦。又片〔一六二〕奏稱：『攻圍九江陸兵單薄，湖北臬司胡林翼識略冠時，已札飭帶勇二千駐防田家鎮，就近飛調該軍來潯助剿。副將王國才、都司畢金科，樸實勇敢，馭軍有法，請撥帶勁旅，交臣調遣。皖省道員何桂珍、知縣李沛蒼在六安等處帶勇防剿，亦請歸臣調遣。』又片〔一六三〕奏請旨飭江西撫臣趲造攻具，解交行營。均奉旨允准。又奉上諭〔一六四〕：

曾國藩、塔齊布運籌决勝，戮力同心；麾下將士，率皆轉戰無前，争先用命，皆由曾國藩等調度有方。覽奏之餘，實堪嘉慰。曾國藩著賞穿黄馬褂，并發去狐腿黄馬褂一件、白玉四喜搬指一個、白玉巴圖魯翎管一枝、玉靶小刀一柄、火鐮一把，交曾國藩祇領，以示優奬。欽此。

賊踞九江、湖口兩城，濬濠堅壘，結木簰於湖口城下，以阻官軍入湖之路，而别築石壘於梅家洲，水陸相倚。賊舟屯踞大姑塘，擾犯南康府。二十一日，羅公澤南湘軍渡江未畢，爲賊所乘，回軍擊却之。胡公林翼軍亦至，均駐九江城外。

水軍登岸攻賊，屢破之。賊每乘夜驚營，水師亦徹夜戒嚴。

十二月初一日，陸軍合攻九江城，未克。

初三日，馳奏〔一六五〕『水軍屢獲勝仗，陸軍圍偪潯城，現籌攻剿情形』一摺。陣亡將弁曾獻成、周福友、羅嘉典請恤。奉上諭〔一六六〕：

我軍自肅清潯江，進扼湖口以後，滿擬九江郡城乘勝可克。乃連日焚燬賊船，蹋破賊壘，而該逆死黨仍負固堅〔一六七〕守，殊屬凶悍。賊情變幻靡常。著曾國藩、塔齊布相機籌畫，不可稍有孟浪，致誤事機。欽此。

初六日，胡公林翼、羅公澤南擊賊於梅家洲，破之。水師乘勢攻破湖口木簰賊卡。

初八日，童壯節公添雲因攻城受傷，卒於軍。

初十日，水陸合攻湖口賊營，未克。

十二日，水軍舢板船駛入内湖，焚賊舟數十號，乘勝追逐至大姑塘以上。

賊復於湖口設卡，築壘增栅，以斷其後。舢板船遂不得出，其在外江者皆快蟹、長龍諸大船，掉運不靈。賊以小艇乘夜來襲，戰船被焚者三十九號，餘皆退回九江大營。

十四日，馳奏〔一六八〕『九江湖口水陸攻剿情形』一摺。隨摺奏保劉國斌、孫昌國二弁；陣亡參將童添雲暨兵弁葉楚南、楊玉芳、黄韻南、姜凌浩請恤。

水師既退集九江城外，湖口之賊分股渡江，踞小池口。皖賊復上犯鄂境。公派周鳳山陸營渡江，攻剿小池口賊壘，大挫而還。公急調胡林翼、羅澤南回援九江，駐營南岸官牌夾。

二十五日，賊復以小艇夜襲水軍，放火焚戰船十餘號。

公座船陷於賊，文卷冊牘俱失，公棹小舟馳入陸軍以免。調舟師悉泊南岸，與羅公澤南湘勇陸營緊相依護。糧臺、輜重各船皆退駛至鄔穴以上，戰艦亦多潰而上泝者。公憤極，欲策馬赴敵以死，羅公澤南、劉公蓉及幕友等力止之。

三十日，馳奏『水師在内湖三獲勝仗』一摺〔一六九〕、『外江水師兩次敗挫』一摺〔一七〇〕，奏稱：『水師屢獲大捷，聲威尤震。自至湖口，苦戰經月，忽有挫失，皆由臣國藩調度無方，請交部嚴加議處。水師陣亡將弁史久立、李允升、李選衆、沈光榮〔一七一〕、葛榮册及座船弁兵劉盛槐等請恤。』奉上諭〔一七二〕：

是陸路尚未得手，而〔一七三〕水師鋭氣過甚。由湖口駛至姑塘以上長龍、三板各船，與外江師船隔絶，以致逆氛頓熾，兩次被賊襲營，辦理未爲得手。曾國藩自出岳州以後，均能〔一七四〕與塔齊布等協力同心，埽除群醜。此時偶有小挫，尚與大局無損。曾國藩自請嚴議之處，著加恩寬免。欽此。

楊公載福留鄔穴養病，聞敗，力疾而下，督戰船拒賊，却之。尋以病甚回籍。水軍在外江者，李公孟群、彭公玉麟與陸軍依岸而守；其入鄱湖者，營官蕭捷三、段瑩器、孫昌國、黄翼升等領之。由是水師遂有内湖、外江之分。

是歲正月，科爾沁郡王僧格林沁及勝保公督兵破賊於獨流。二月，破賊於阜城。三月，賊由安徽分股竄山東，陷臨清州。四月，勝保公殲賊於臨清，僧王大軍克阜城。五月，賊陷高唐州，大兵圍之。江北大軍於去冬收復揚州，賊竄踞瓜洲。是年二月，瞿威壯公騰龍陣亡於瓜洲。賊陷太平府，孫文節公銘恩死之。閏七月，江南官軍克太平府，江北督師文勤公琦善卒於軍，江寧將軍托明阿代其任。廬州陷後，皖北城邑多殘破。詔以福濟爲安徽巡撫。江南大營復遣提督和春以兵援皖。五月，克六安州。捻匪乘亂起於皖、豫之交，副都御史袁公甲三督師駐臨淮關防剿。何公桂珍奉旨授皖南兵備道。道阻不得之任，袁公委以帶勇剿賊，駐於霍山，屢有功，欲西與楚軍會合。公亦疏調來營，阻於賊而不能達。

〔一〕快蟹船……副柁二名：參見湖南省志軍事卷之第二篇湘軍、駐軍和軍事院校第一章湘軍第二節組織編制。

〔二〕吴公力戰陣亡：事在正月十五日。太平天國史事日志作『湖廣總督吴文鎔自殺』。湘軍記載：『乙卯，城賊大出撲我師，伏起火發，十三營皆陷，弁兵奔大帥走，文鎔死亂軍，賊進陷漢陽。』

〔三〕上諭：見清政府鎮壓太平天國檔案史料第十二册，題作『寄諭曾國藩著速由長江赴皖與和春等水陸并進南北夾攻（咸豐四年正月初二日）』。

〔四〕擾：寄諭曾國藩著速由長江赴皖與和春等水陸并進南北夾攻作『擄』。

〔五〕克：底本脱，今據寄諭曾國藩著速由長江赴皖與和春等水陸并進南北夾攻校補。

〔六〕辦：寄諭曾國藩著速由長江赴皖與和春等水陸并進南北夾攻作『備』。

〔七〕前：底本脱，今據寄諭曾國藩著速由長江赴皖與和春等水陸并進南北夾攻校補。

〔八〕逆：寄諭曾國藩著速由長江赴皖與和春等水陸并進南北夾攻作『賊』。
〔九〕將此……知之：底本脱，今據寄諭曾國藩著速由長江赴皖與和春等水陸并進南北夾攻校補。
〔一〇〕衡州：底本脱，今據奏稿一曾公二月初二日報東征起程日期摺校補。
〔一一〕四十號：清政府鎮壓太平天國檔案史料第十二册曾國藩奏報正月二十八日自衡起程等情摺同，而奏稿一作『十號』。
〔一二〕數十號：報東征起程日期摺作『一百二十號』。
〔一三〕百數十號：報東征起程日期摺作『一百餘號』。
〔一四〕討粵匪檄文：即討粵匪檄，見詩文。
〔一五〕奏報：見奏稿一，題作『報東征起程日期摺』。
〔一六〕附片：見奏稿一，題作『代遞唐樹義遺摺片』。
〔一七〕上諭：見清政府鎮壓太平天國檔案史料第十二册，題作『寄諭駱秉章等迅派精兵赴湖北并著曾國藩炮船直抵武漢』，寄諭時間爲正月二十八日。
〔一八〕接應：底本脱，今據寄諭駱秉章等迅派精兵赴湖北并著曾國藩炮船直抵武漢校補。
〔一九〕具疏：見奏稿一，題作『請派大員辦捐濟餉摺』。
〔二〇〕附片：見奏稿一，題作『留胡林翼黔勇會剿片』。
〔二一〕一摺：見奏稿一，題作『逆匪上竄靖港寧鄉截剿獲勝摺』，時間乃二十三日，非『二十四日』。
〔二二〕附片：見奏稿一，題作『留林翼黔勇會剿片』。
〔二三〕附報：見奏稿一，題作『朱孫詒追賊湘陰雲田片』。
〔二四〕上諭：見清政府鎮壓太平天國檔案史料第十二册，題作『寄諭駱秉章等嚴杜敵竄擾交界處所并著曾國藩速赴下游截剿』。
〔二五〕上諭：見清政府鎮壓太平天國檔案史料第十二册，題作『寄諭曾國藩著飭知胡林翼迅速前進并知照臺湧合力剿辦（咸豐四年二月十三日）』。

〔二六〕飆：寄諭曾國藩著飭知胡林翼迅速前進并知照臺湧合力剿辦作『剽』。

〔二七〕專摺：奏稿未見，蓋散佚。據曾國藩咸豐十一年（一八六一）十月四日所呈瀝陳前湖北撫臣胡林翼忠勤勛績摺（奏稿三）有『咸豐四年曾奏推胡林翼之才，勝臣十倍。近年遇事咨詢，尤服其進德之猛』云云，蓋其賞鑒胡林翼之語爲不虛。

〔二八〕具摺：見奏稿一，題作『賊踪退出南省現駐岳州摺』。

〔二九〕具摺：見奏稿一，題作『請恤儲玫躬等摺』。

〔三〇〕附片：見奏稿一，題作『請提蔣徵蒲捐款并飭總辦糧臺片』。

〔三一〕駱公於二月内奏：見奏稿一，題作『黄州逆賊上竄漢陽并陷岳州片（二月十五日）』。按該片由駱秉章主稿，曾國藩後銜會奏。

〔三二〕硃批：見清政府鎮壓太平天國檔案史料第十二册駱秉章奏陳鄂省情形較緩擬俟南省事竣即派兵赴鄂追擊片（咸豐四年二月二十三日）後附，時間爲咸豐四年（一八五四）三月初二日，不當繫於『初七日』後。

〔三三〕俟：據駱秉章奏陳鄂省情形較緩擬俟南省事竣即派兵赴鄂追擊片後附硃批校補。

〔三四〕諭旨：見清政府鎮壓太平天國檔案史料第十三册，題作『寄諭曾國藩著帥師東下肅清江面并與臺湧等互相援應（咸豐四年三月二十一日）』。

〔三五〕倘：寄諭曾國藩著帥師東下肅清江面并與臺湧等互相援應作『儻稍』。

〔三六〕曾國藩……速辦：底本脱，今據寄諭曾國藩著帥師東下肅清江面并與臺湧等互相援應校補。

〔三七〕請以楊健入祀鄉賢祠：見奏稿一，題作『故撫楊健籲請敕祀鄉賢摺』。

〔三八〕交部議處：清實録文宗實録咸豐四年甲寅二月載：『曾國藩奏稱楊健之孫候選員外郎楊江，捐輸軍餉銀二萬兩，率請將楊健從祀鄉賢祠，實屬袒護同鄉，以私廢公，顯背聖旨，可惡已極。各省題請鄉賢，例由督撫、學政核其事實具題。曾國藩以在籍侍郎，輒敢專擅入奏，并請特旨允准，毋庸交部，是必欲朕俯如所請，迹近要求。朕知該侍郎斷不敢故意違旨，總因見解未充，遇事拘泥，復過於好名所致。甚至飾詞巧辯，有「名宦以吏治爲衡，鄉賢以輿論爲斷」之語，竟似從祀鄉賢，不必問其平日居官何若，所奏更不成話。曾國藩著交部議處。其楊江所捐銀兩，應得獎叙之處，仍著該部核議具奏。』

〔三九〕駱公奏：見奏稿一，題作『岳州復失水勇退回長沙防剿摺』。

〔四〇〕具摺：見奏稿一，題作『岳州戰敗自請治罪摺』。按該摺日期爲三月二十日，與年譜之『三月十八日』有异。

〔四一〕附片：見奏稿一，題作『鄒國彪陣亡請恤片』。

〔四二〕又奏：見奏稿一，題作『探明前路賊踪片』。

〔四三〕奏報：見奏稿一，題作『彙報崇陽通城剿匪勝仗摺』。

〔四四〕公言：黎庶昌拙尊園叢稿卷三曾太傅毅勇侯別傳引作：『古人用兵，先明功罪、賞罰。今時事艱難，賢人君子，大半潛伏。吾以義聲倡導，同履危亡，諸公之初從我，非以利動也，故於法亦有難施，所以兩次致敗，其弊實由於此。』

〔四五〕會奏：見奏稿一，題作『請旨速飭廣東貴州調兵勇來楚協剿摺』，上摺時間爲四月初一日。

〔四六〕上諭：見清實録文宗實録咸豐四年甲寅三月丁卯（二十八日）『諭內閣』。又見清政府鎮壓太平天國檔案史料第十三册，題作『諭內閣岳州陸路失利著將曾國藩交部嚴議仍著督帶師船克復岳城』。

〔四七〕州：清實録文宗實録作『城』。

〔四八〕上諭：見清實録文宗實録咸豐四年甲寅三月丁卯（二十八日）『諭內閣』。又清政府鎮壓太平天國檔案史料第十三册，題作寄諭駱秉章等著曾國藩即查明覆奏戰船沉損等情。

〔四九〕逆：求闕齋弟子記卷四作『匪』。

〔五〇〕捕：清實録文宗實録作『辦』。

〔五一〕安：求闕齋弟子記卷四作『何』。

〔五二〕一摺：見奏稿一，題作『會奏湘潭靖港水陸勝負情形摺』。按該摺與駱秉章、鮑起豹會銜。

〔五三〕專摺：見奏稿一，題作『靖港敗潰自請治罪摺（咸豐四年四月十二日）』。

〔五四〕附片：見奏稿一，題作『靖港敗潰後未發之遺摺遺片』之『未發之遺片』。

〔五五〕上諭：見清政府鎮壓太平天國檔案史料第十四册，題作『諭內閣著駱秉章等乘湘潭水陸獲勝掃除靖港股衆（咸豐四年四月二十三日）』。又駱文忠公奏稿卷一［上海書店出版社影印光緒十七年（一八九一）左宗棠全集本，以下簡稱『駱文忠公奏稿』］靖港擊賊互有勝負湘潭大捷克復縣城摺後附『咸豐四年四月二十三日内閣奉上諭』。又奏稿一之恭謝天恩曲貸前愆復勉後效摺有摘録，但止於『帶罪自效』。

〔五六〕上諭：見清政府鎮壓太平天國檔案史料第十四册，題作『寄諭駱秉章著督飭水陸各軍迅殲靖江股衆（咸豐四年四月二十三日）』。又見奏稿一恭謝天恩曲貸前愆復勉後效摺摘引。

〔五七〕具摺：見奏稿一，題作『恭謝天恩曲貸前愆復勉後效摺（咸豐四年五月初八日）』。

〔五八〕批諭：見奏稿一靖港敗潰自請治罪摺後附。

〔五九〕附片：見奏稿一，題作『復陳湘潭寧鄉靖港勝敗情形片』。

〔六〇〕附片：見奏稿一，題作『請提督塔齊布會合東下片』。

〔六一〕又奏稱：見奏稿一，題作『請准單銜專摺奏事片』。

〔六二〕硃批：見奏稿一請准單銜專摺奏事片後附。

〔六三〕上諭：見清政府鎮壓太平天國檔案史料第十四册，題作『寄諭駱秉章著督飭塔齊布統兵赴楚與曾國藩會剿武漢之股（咸豐四年五月十八日）』。

〔六四〕與曾國藩會……殲除：底本脱，今據寄諭駱秉章著督飭塔齊布統兵赴楚與曾國藩會剿武漢之股校補。

〔六五〕馳奏：見奏稿一，題作『水師克復岳州南省已無賊踪摺』。

〔六六〕附片：見奏稿一，題作『調浙江龔振麟來楚造炮片』。

〔六七〕又附片：見奏稿一，題作『請催廣東續解洋炮片』。

〔六八〕又附片：見奏稿一，題作『水師前後起行日期片』。

〔六九〕硃批：見奏稿一水師前後起行日期片後附。

〔七〇〕上諭：見清政府鎮壓太平天國檔案史料第十五册，題作『諭内閣著塔齊布曾國藩會督水陸兵勇迅速東下力搗武漢（咸豐四年七月二十三日)』。按該諭旨爲二十三日，不當繫於此。

(七一)馳奏：見奏稿一，題作『水師迭獲大勝將犯岳賊船全殲摺』。按該摺與駱秉章、塔齊布會銜。

(七二)專差賫摺：見奏稿一，題作『請領捐照摺』。

(七三)馳奏：見奏稿一，題作『水師失利鎮道路員弁同時陣亡陸營旋獲勝仗摺』。按該摺與塔齊布、駱秉章會銜。

(七四)附片：見奏稿一，題作『李卿穀請恤片』。

(七五)上諭：見清政府鎮壓太平天國檔案史料第十五册，題作『寄諭駱秉章等速催所造三板船赴岳并令曾國藩奮力攻剿(咸豐四年閏七月初三日)』。按該諭旨乃『閏七月初三日』發出，不當繫於此。

(七六)上諭：見奏稿一附録明諭　答李卿穀請恤。

(七七)馳奏：見奏稿一，題作『岳州水陸官軍四獲勝仗摺』。按該摺與塔齊布、駱秉章會銜。

(七八)上諭：見清政府鎮壓太平天國檔案史料第十五册，題作『寄諭駱秉章等速剿城陵磯餘敵即日東下直搗武漢(咸豐四年閏七月十三日)』。又見附録廷寄　水陸四獲勝仗後指揮軍事機宜(閏七月二十五日)。

(七九)馳奏：見奏稿一，題作『岳州水陸大捷踏平沿江賊營進駐螺山摺』。

(八〇)附片：見奏稿一，題作『請以夏廷樾總理糧臺片』。

(八一)又附片：見奏稿一，題作『胡林翼羅澤南隨同東征片』。

(八二)上諭：見清政府鎮壓太平天國檔案史料第十五册，題作『諭內閣著將塔齊布交部優叙曾國藩賞給三品頂戴并統領水陸官軍直搗武漢(咸豐四年閏七月二十日)』。

(八三)具摺：見駱文忠公奏稿卷一通籌防剿大局謹擬製辦船炮摺。又奏稿一題作『通籌防剿大局紳民設局捐辦船炮摺』。按該摺由駱秉章主稿。

(八四)又奏：見駱文忠公奏稿卷一請留胡臬司駐守岳州片(咸豐四年閏七月十六日)。

(八五)奉旨：見請留胡臬司駐守岳州片後附『軍機大臣字寄咸豐四年閏七月二十九日奉上諭』。

〔八六〕馳奏：見奏稿一，題作『水陸官軍叠獲勝仗及當前剿辦情形摺』。

〔八七〕批諭：見奏稿一水陸官軍叠獲勝仗及當前剿辦情形摺後附録硃批　諭利在速戰（八月二十六日）。又見清政府鎮壓太平天國檔案史料第十五册塔齊布等奏報水陸連獲勝仗即搗武昌摺後附『咸豐四年八月十五日硃批』。

〔八八〕馳奏：見奏稿一，題作『官軍克復崇陽戰勝咸寧水師迭獲勝仗摺』。

〔八九〕又奏：見奏稿一，題作『恭謝三品頂戴恩摺（咸豐四年八月十九日）』。

〔九〇〕硃批：見恭謝三品頂戴恩摺後附。又見清實録咸豐朝實録卷一四四『咸豐四年甲寅九月己巳（初三日）』。

〔九一〕一：清實録咸豐朝實録與恭謝三品頂戴恩摺後附硃批均無『一』字。

〔九二〕馳奏：見奏稿一，題作『水陸續獲勝仗現籌進兵武漢摺』。按該摺與塔齊布會奏。

〔九三〕馳奏：見清政府鎮壓太平天國檔案史料第十五册，題作『湖北巡撫楊霈奏報克服漢陽漢口武昌片（八月二十四日）』。

〔九四〕奉上諭：見奏稿一附録廷寄　各路剿辦得手速奏克復武漢情形（九月初九日）。又清政府鎮壓太平天國檔案史料第十五册，題作『寄諭楊霈等著通籌全局水陸并進迅奏克復武漢情形（咸豐四年九月初三日）』。

〔九五〕馳奏：見奏稿一，題作『官軍水陸大捷武昌漢陽兩城同日克復摺』。

〔九六〕附片：見奏稿一，題作『奏調丁憂降革人員李宗涑等來營差委片』。

〔九七〕又具摺：見奏稿一，題作『遵旨彙保出力員弁兵勇摺』。

〔九八〕硃批：見奏稿一官軍水陸大捷武昌漢陽兩城同日克復摺後附。又見清實録咸豐朝實録卷一四四『咸豐四年甲寅九月辛未（初五日）』。

〔九九〕另有旨：指下文諭旨。

〔一〇〇〕上諭：見清政府鎮壓太平天國檔案史料第十五册，題作『諭内閣武昌漢陽同日克復曾國藩等允予立沛殊恩（咸豐四年九月初五日）』。又見奏稿一附録明諭　嘉獎攻克武昌漢陽有功人員（九月十二日）。

〔一〇一〕上諭：見清政府鎮壓太平天國檔案史料第十五册，題作『寄諭楊霈等務當協力妥籌進剿機宜不可稍存大意（咸豐四年九月初五日）』。又奏稿一附録廷寄　武昌漢陽攻克後應速掃清四廓會兵進剿九江直搗金陵（九月十二日）引。

〔一〇二〕當已計議周妥：底本脱，今據寄諭楊霈等務當協力妥籌進剿機宜不可稍存大意校補。

〔一〇三〕與：底本脱，今據寄諭楊霈等務當協力妥籌進剿機宜不可稍存大意校補。

〔一〇四〕籌：寄諭楊霈等務當協力妥籌進剿機宜不可稍存大意作『速』。

〔一〇五〕與：寄諭楊霈等務當協力妥籌進剿機宜不可稍存大意無此字。

〔一〇六〕該督等：底本脱，今據寄諭楊霈等務當協力妥籌進剿機宜不可稍存大意校補。

〔一〇七〕馳奏：見奏稿一，題作『水師搜剿襄河續獲大勝摺』。按該摺與塔齊布會銜。

〔一〇八〕附片：見奏稿一，題作『請飭江西等省籌解餉銀片』。

〔一〇九〕又附片：見奏稿一，題作『奏明曾天養係黄明魁殲斃及賊中各情形片』。

〔一一〇〕上諭：見清政府鎮壓太平天國檔案史料第十五册，題作『寄諭楊霈等著悉心布置武漢善後事宜曾國藩等專意攻剿（咸豐四年九月初八日）』。又見奏稿一附録廷寄　曾國藩等可速東下掃清江面地方之事責成楊霈。

〔一一一〕馳奏：見奏稿一，題作『統籌三路進兵摺』。

〔一一二〕附片：見奏稿一，題作『請飭陝西解餉來營片』。

〔一一三〕又片奏：見奏稿一，題作『成名標浮開船工費用請旨革職嚴辦片』。

〔一一四〕具摺：見奏稿一，題作『遵旨彙保出力員弁兵勇摺』。

〔一一五〕上諭：見清政府鎮壓太平天國檔案史料第十五册，題作『寄諭楊霈等此次東下關係大局務期成算在胸相機籌辦（咸豐四年九月十八日）』。又見奏稿一附録廷寄　答統籌三路進兵并飭陝西濟餉。

〔一一六〕倘：寄諭楊霈等此次東下關係大局務期成算在胸相機籌辦作『儻』。

〔一一七〕馳摺：見奏稿一，題作『謝恩仍辭署鄂撫摺』。

〔一一八〕上諭：指前咸豐四年九月初五日寄諭楊霈等務當協力妥籌進剿機宜不可稍存大意一諭旨。又見奏稿一附録廷寄　武昌漢陽攻克後應速掃清四廓會兵進剿九江直擣金陵。

〔一一九〕上諭：見清政府鎮壓太平天國檔案史料第十五册，題作『諭内閣著賞給曾國藩兵部侍郎銜毋庸署理湖北巡撫(咸豐四年九月十二日)』。又見奏稿一附録明諭　賞曾國藩兵部侍郎銜辦理軍務毋庸署理鄂撫等。

〔一二〇〕湖北巡撫：底本脱，今據諭内閣著賞給曾國藩兵部侍郎銜毋庸署理湖北巡撫校補。

〔一二一〕硃批：見奏稿一謝恩仍辭署鄂撫摺後附。

〔一二二〕上諭：見奏稿一附録廷寄　武昌黄州收復著曾知照江皖各撫各軍合力兜剿毋失事機(咸豐四年九月二十五日)。又見清實録咸豐朝實録卷一四五『咸豐四年九月初六日』。

〔一二三〕馳奏：見奏稿一，題作『陸軍克復興國大冶水師蘄州獲勝摺』。

〔一二四〕附片：見奏稿一，題作『擬先攻田鎮對岸半壁山奪賊要隘片』。

〔一二五〕又具摺：見奏稿一，題作『縷陳鄂省前任督撫優劣摺』。

〔一二六〕又奏：見奏稿一，題作『遵旨彙保出力員弁兵勇第三摺』。

〔一二七〕上諭：見清政府鎮壓太平天國檔案史料第十六册，題作『寄諭曾國藩等著相機籌攻半壁山并統籌全局(咸豐四年十月初九日)』。又見奏稿一附録廷寄　設法毁賊横江鐵鎖并飭桂明以下文武概歸節制調遣(咸豐四年十月十七日)引。

〔一二八〕補：奏稿一附録兵部來文　楊載福補授事(咸豐四年九月十六日)作『補授』。

〔一二九〕羅澤南……道：見奏稿一附録明諭　羅澤南補授浙江寧紹臺道等事(咸豐四年九月二十五日)。

〔一三〇〕馳奏：見奏稿一，題作『陸軍踏破半壁山賊營及水師續獲大勝摺』。

〔一三一〕附片：見奏稿一，題作『奏請白人虎照守備例賜恤片』。

〔一三二〕又片：見奏稿一，題作『查明湖北鹽法道劉若珪盡節請恤片』。

〔一三三〕又片：見奏稿一，題作『請飭江西開局製造火藥鉛彈解營片』。

〔一三四〕具摺：見奏稿一，題作『謝兵部侍郎銜恩摺』。

〔一三五〕附片：見奏稿一，題作『申謝違旨辭署鄂撫蒙恩寬宥片』。
〔一三六〕代奏：見奏稿一，題作『代奏羅澤南謝恩摺』。
〔一三七〕馳奏：見奏稿一，題作『南路陸軍斫斷江中鐵鎖水師繞出賊前摺』。
〔一三八〕附片：見奏稿一，題作『復陳不克隨時知照江南片』。
〔一三九〕硃批：見清政府鎮壓太平天國檔案史料第十六册曾國藩等奏報水陸攻剿半壁山屢獲勝仗摺後附『咸豐四年十月二十二日硃批』。又見奏稿一附録明諭　褒獎南路陸軍及水師機智獲勝（十月三十日）引。
〔一四〇〕上諭：見清政府鎮壓太平天國檔案史料第十六册，題作『寄諭楊霈等著尅日收復蘄州田鎮分路直搗下游（咸豐四年十月二十二日）』。又見奏稿一附録廷寄　諭曾國藩節制諸軍違者參辦引。
〔一四一〕亦：底本脱，今據寄諭楊霈等著尅日收復蘄州田鎮分路直搗下游、諭曾國藩節制諸軍違者參辦校補。
〔一四二〕總：底本脱，今據寄諭楊霈等著尅日收復蘄州田鎮分路直搗下游、諭曾國藩節制諸軍違者參辦校補。
〔一四三〕馳奏：見奏稿一，題作『官軍大破田家鎮賊摺』。
〔一四四〕附片：見奏稿一，題作『水師前隊已至九江擬水陸兩軍相機剿辦片』。
〔一四五〕片奏：見奏稿一，題作『請飭諸路帶兵大臣各省督撫堵賊片』。
〔一四六〕相應：底本脱，今據請飭諸路帶兵大臣各省督撫堵賊片校補。
〔一四七〕硃批：見清政府鎮壓太平天國檔案史料第十六册曾國藩等奏報攻破田家鎮燒毀戰船收復蘄州摺後附。又見奏稿一官軍大破田家鎮賊摺後附。
〔一四八〕上諭：見清政府鎮壓太平天國檔案史料第十六册，題作『諭内閣著曾國藩乘勝直達皖江與金陵大營會合夾擊（咸豐四年十月二十九日）』。又見奏稿一附録明諭　嘉獎田家鎮大勝引。
〔一四九〕馳奏：見奏稿一，題作『陸軍克復廣濟縣城水師九江獲勝摺』。
〔一五〇〕附片：見奏稿一，題作『固原提督桂明留駐黄州片』。

〔一五一〕又附片：見奏稿一，題作『魏作霖請恤片』。

〔一五二〕又片：見奏稿一，題作『調張丞實帶勇片』。

〔一五三〕又附片：見奏稿一，題作『陳明服闋日期片』。

〔一五四〕具摺：見奏稿一，題作『遵旨酌保克復武漢興冶出力員弁兵勇摺』。

〔一五五〕馳奏：見奏稿一，題作『官軍雙城驛大獲勝仗克復黄梅縣城摺』。

〔一五六〕附片：見奏稿一，題作『羅澤南濯港破羅大綱賊股片』。

〔一五七〕奏陳：見奏稿一，題作『水師初一日開仗小勝并陳剿辦情形摺』。

〔一五八〕上諭：見清政府鎮壓太平天國檔案史料第十六册，題作『寄諭楊霈等著分兵渡江合力攻克九江以通江路（咸豐四年十一月十五日）』。見奏稿一附録廷寄　諭各軍合力會剿共圖九江及惲光宸等歸曾國藩調度（咸豐四年十一月十五日）。

〔一五九〕倘：寄諭楊霈等著分兵渡江合力攻克九江以通江路作『儻』。

〔一六〇〕馳奏：見奏稿一，題作『官軍濯港大捷潯郡江面肅清摺』。

〔一六一〕附片：見奏稿一，題作『川勇沿途擄掠請將李光榮革職片』。

〔一六二〕又片：見奏稿一，題作『調胡林翼來潯助剿片（咸豐四年十一月二十一日）』。

〔一六三〕又片：見奏稿一，題作『奏請江西製攻城布袋片』。

〔一六四〕上諭：見清政府鎮壓太平天國檔案史料第十六册，題作『諭内閣九江江面肅清曾國藩調度有方著賞穿黄馬褂（咸豐四年十二月初二日）』。又見奏稿一附咨文　咨塔齊布楊霈駱秉章陳啓邁（十二月初二日）（轉録明諭　嘉獎濯港大捷九江江面肅清）。

按此諭旨乃『十二月初二日』，不當繫於此。

〔一六五〕馳奏：見奏稿一，題作『湖口水師屢勝陸軍圍逼潯城摺』。

〔一六六〕上諭：見清政府鎮壓太平天國檔案史料第十六册，題作『寄諭曾國藩等著統師先剿湖口吴城再設法攻取九江（咸豐四年十二月十五日）』。又見奏稿一附録廷寄　九江未克應會合江軍并剿（咸豐四年十二月十五日）引。

〔一六七〕堅：寄諭曾國藩等著統師先勦湖口吴城再設法攻取九江、附録廷寄　九江未克應會合江軍并勦均作『拒』。

〔一六八〕馳奏：見奏稿一，題作『潯城逆黨兩次撲營均經擊敗摺』。

〔一六九〕一摺：見奏稿一，題作『内河水師三獲勝仗摺』。

〔一七〇〕一摺：見奏稿一，題作『水師三勝兩挫外江老營被襲文案全失自請嚴處摺』。

〔一七一〕榮：水師三勝兩挫外江老營被襲文案全失自請嚴處摺作『雲』。

〔一七二〕上諭：見清政府鎮壓太平天國檔案史料第十七册，題作『寄諭曾國藩等著加恩寬免議處并令合攻湖口一關（咸豐五年正月二十二日）』。又見奏稿一附録廷寄　飭水陸依輔内河外江聯絡并速奏李孟群回援楚北事（咸豐五年二月十一日）。

〔一七三〕是陸路尚未得手而：底本缺，今據寄諭曾國藩等著加恩寬免議處并令合攻湖口一關校補。

〔一七四〕均能：底本脱，今據寄諭曾國藩等著加恩寬免議處并令合攻湖口一關、水師三勝兩挫外江老營被襲文案全失自請嚴處摺校補。

曾文正公年譜卷四

乙卯　咸豐五年（一八五五），公四十五歲。

正月，公駐羅澤南湘勇陸營中。

賊既踞小池口，皖中大股續至。塔齊布公、羅公澤南率勇渡江擊之，挫敗而還。賊以一股循江北岸上竄蘄州，一股竄犯廣濟。官軍潰退，總督楊公霈退駐漢口，又退守德安。賊至漢口，溯襄河大掠民船，武昌戒嚴，江漢之間紛擾矣。公派臬司胡林翼、總兵王國才、都司石清吉領兵勇六千餘人，先後回援武漢。李孟群以戰船四十號，溯江上駛，以援蘄、黃。

初四日夜，東北風大作，巨浪撞擊，水師老營戰船在九江城外者，漂沈二十二號，撞損數十號。公乃飭外江炮船全赴鄂省扼紮金口，李公孟群、彭公玉麟領之；而於沔陽州境之新堤鎮設立船廠，修補已損之船，添造舢板、小艇。

其陷入內湖之水師，聞老營被襲及大風壞船之警，相率赴南昌。巡撫陳公啓邁給以口糧，撫而輯之，軍心漸定。公自督陸軍急攻九江城，未克。賊屢出撲營，均擊退之。

初五日，拜摺〔一〕恭謝天恩上年十二月奉旨賞穿黄馬褂等并年終奉賞福字、荷包、銀錢、銀錁、食物等件。

是日，馳奏〔二〕『陸軍渡江挫於小池口、北岸賊踪大股上竄并陳近日賊勢軍情』一摺，奏稱：『目前局勢可慮者多端，臣等一軍進止機宜有萬難者。』

初八日，馳摺〔三〕奏報大風擊壞戰船，飭令全數赴鄂，并自陳辦理錯謬之處：

一在武漢既克，未留重兵防守。一在九江未克，遽攻湖口，又遭風壞船，事機不順。目前籌辦之法凡四條：其一，在鄂省添修外江水師以固荆湘門户；其一，飛飭鄂省兵勇胡林翼等軍先後回援武昌；其一，擬親至南昌修整内湖水師；其一，圍攻九江之陸軍有進無退，攻克潯城仍當鼓行東下，直擣金陵以雪積憤。

又奏〔四〕『潯城賊出撲營陸軍獲勝』一摺，奉上諭〔五〕：

覽奏殊深懸係。所稱辦理錯誤之處，如水師衝入内河，以至聲勢隔絶，誠不免鋭進貪功。至武漢收復後〔六〕未留後路聲援一節，則其勢本有不及。水陸兩軍全數進剿，猶恐兵力單弱。若彼時即分防武漢，兵數愈少，刻下更不知如何棘手。曾國藩等既〔七〕定直擣金陵之計，即著迅速設法攻克九江，合軍東下，毋得再存顧慮。等因。欽此。

十二日，公由九江啓行。

十六日，抵南昌。

諭營官蕭捷三等撫輯衆心。委員設局，製造炮位、子藥，專供楚軍炮船之用。是爲楚師三局。派委員弁回湘增募水勇。撥用江省所造長龍戰艦三十號歸入楚軍。添造快蟹十餘號。又委在籍候選知府劉于潯設立船廠，添造各船；署臬司鄧仁堃總理船、炮，支應各局。内湖水師，自成一軍矣。援鄂之師，胡公林翼一軍先發，抵鄂後駐軍沌口。石公清吉之軍繼行。王公國才一軍守領餉項，猶駐九江城外。賊出撲營，塔公合擊，破之。蘄州賊黨由富池口渡江而南竄，踞興國、通山、崇陽、通城、咸寧各城邑，擾陷殆遍。并擾及江西武寧縣境，武昌戒嚴。陶公恩培入守武昌，飛書請援。公急調王國才一軍，取道武寧，轉戰而前，以爲之援。

二十七日，馳奏〔八〕『九江陸軍勝仗内湖水師重加整理情形及調派鄂軍先後赴鄂援剿情形』一摺。附片〔九〕奏『江西署臬司鄧仁堃經理船、炮等各要務，於秋審事件勢難兼顧；江西臬司惲光宸擬即調回本任，所帶之勇歸九江鎮將居隆阿統轄』。又片〔一〇〕奏水師哨官萬瑞書乘賊匪襲營之時搬搶糧臺銀兩，請旨飭湖南撫臣嚴拏正法。

又奏〔一一〕保『上年半壁山、田家鎮、蘄州、廣濟、黄梅五案出力員弁兵勇』一摺，奏稱：『武漢以下，復爲賊踪往來之地，前此戰功，竟成空虚，可憤可憾。然事機之不順，調度之失宜，咎在臣等，而將士之勞勩究不可没。惟録其既往之功，冀作其將來之氣。』奉旨允之。又奉上諭〔一二〕：『楚北賊焰復燃，於曾國藩等剿賊機宜大有關係。此時惟有會合各兵，迎賊攻剿，使曾國藩、塔齊布各軍無腹背受敵之患，方爲妥善。欽此。』

二十八日，公在南昌。

派大小戰船六十餘號，進泊康山。賊在九江、湖口及江北岸小池口者，益浚濠增壘，守備益固。湖口之賊，由都昌竄陷饒州府，分犯樂平、景德鎮、祁門、徽州，擾及廣信之境。公調派羅公澤南統帶湘勇三千，由南昌繞出湖東攻剿。又增募平江勇四千名，同出東路會剿。塔齊布公所統陸營在潯城外者僅五千人，但主堅守，不復仰攻矣。

水師至武昌，泊舟城外，連遇大風，復多沈損，乃上泊金口，以扼賊上竄。胡公林翼一軍，亦退駐金口中。

二月，賊撲武昌省城。十七日，城陷。巡撫陶文節公恩培死之。各軍馳援皆不及。

二十七日，公馳奏〔一三〕『統籌全局』一摺，奏稱：

臣來江省已逾月餘，探悉各路賊情大略。論江、楚、皖三省全局，陸路必須勁兵四枝，水路須兵兩枝，乃足以資剿辦。江之北岸，自蘄水、廣濟、黄梅以達於太湖、宿松爲一路；自漢口、黄、蘄循江岸而下達於小池口爲一路。南岸，自九江以上興國、通山等屬爲西一路；湖口以下至於皖南爲東一路。臣之水軍已分爲兩枝，陸軍若再分，則立形單弱。謹就目前急務及臣力所能辦者，分條陳奏。

并聲明前月奏報，均未奉批諭，此次改由湖南繞出荆州，驛遞進京。附片〔一四〕奏稱鳳陽、臨淮由壽州、光、固以達於麻城、黄州，不過八百餘里，請旨飭令袁甲三募勇五千，練成勁旅，馳出黄州，以通皖、鄂聲息，以挽江北大局。又片〔一五〕奏水師大營被賊襲燬之時，座船被奪，文卷全失，其所領部照、監照遺失數目，俟查明咨報。又片〔一六〕奏：『臣軍萬餘人，餉道梗阻，請旨飭撥江西漕折銀兩，就近接濟。并請閩、浙兩省每月各籌銀二萬兩，解赴行營。』

是日，又奏〔一七〕『恭謝天恩寬免處分』一摺。

時袁公甲三奉旨革職來京。

公所籌四路分兵剿辦之策〔一八〕，諭旨嘉之，亦未能行也。

楊公霈軍駐德安。賊復遍擾江漢各城邑，由岳家口、仙桃鎮窺犯荆襄，荆州將軍官文公拒却之。胡公林翼抵鄂後，擢授湖北藩司，尋奉旨署理湖北巡撫。水陸兩軍在金口者爲數無多，而賊勢益熾。鄂軍在德安者屢敗不振，餉尤絀無所出。胡公與李公孟群、彭公玉麟、王公國才等竭力守禦荆湘，上游賴以稍安。

江西新募平江勇至南康，公委幕中候選同知李元度管帶操練。因調戰船前赴南康，令陸軍緊相依護。公言此軍之起，原專爲肅清江面而設，陸軍所以護水營。九江、湖口之挫失，皆以水師孤懸，與陸師遠隔之故。時塔公軍在潯城，羅公東剿廣、饒，不得合并。

三月，公在南昌。登舟督將弁操練，分起調赴南康，與平江勇水陸駐扼，使賊不得掠舟來往湖中。十九日，羅公澤南一軍由貴溪進剿。二十日，擊賊破之。二十一日，克弋陽縣城。

公兩奉旨統籌全局，二十三日覆奏〔一九〕『謹陳水陸軍情』一摺，奏稱：

臣等一軍，水陸分爲四枝。回援武漢之師，距臣營在八百里外，江之兩岸仍爲賊踞，欲以楚軍回剿武漢，其難有三端：一則潯郡爲長江腰膂，陸兵未可輕撤；一則内湖水師乘此春漲，可以由湖出江，所慮在既出以後孤懸無依；一則金口水陸諸軍，餉項缺乏，若再添師前往，更無可支撥，恐餉匱而有意外之虞。臣實乏良策，惟有堅扼中段，保全此軍，以供皇上之驅策而已。

奉上諭〔二〇〕：

行兵之道，合則力厚，分則力薄。自師船陷入鄱湖，賊匪再擾武漢，廣、饒一帶復有賊踪竄突。該侍郎等水陸兩軍實有不能不分之勢。該侍郎所謂千里馳逐，不如堅扼中段，所奏亦不爲無見。當此上下皆賊，總宜計出萬全，勿以浪戰失機，勿以遲迴誤事。一切機宜，朕亦不爲遥制。該侍郎不可因挫失之餘，遂至束手無策，仍當激厲軍士，踴躍用命，謀定後〔二一〕動，勿負初心，以副委任。塔齊布攻剿九江，近日情形未據奏及，豈爲賊氛阻隔，竟不能聲息相通耶？并著隨時奏報，以紓懸係。欽此。

刑部侍郎黄公贊湯在籍，公於上年奏請督辦江西勸捐，至是計捐銀數四十餘萬兩。公軍入江西後，皆賴黄公籌捐銀兩接濟，湖南協餉專撥供湖北金口之師。公所請撥浙、閩協餉，以有警不時解到，公乃議借運浙鹽行銷於江西、湖南，舊日淮南引地用鹽抵餉，仍請以黄公贊湯總理鹽餉事務。

江西巡撫陳公啓邁，與公謀調遣兵勇，意見多不合，餉尤掣肘。萬載縣知縣李皓與其鄉團舉人彭壽頤，以團事互相控愬。公見彭壽頤，賞其才氣可用，札調來營差遣。陳公乃收繫彭壽頤，令臬司惲光宸嚴刑訊治之。以是尤多齟齬。

二十三日，賊竄陷廣信。羅公澤南由弋陽追剿，破之。二十七日，克廣信府城。賊竄入浙江境。

公由南昌督水師進發，駐吴城鎮。

四月初一日，馳奏〔二二〕『羅澤南陸軍克復弋陽』一摺，陣亡勇弁張以德、易傳武、喻能益請恤。又奏陳〔二三〕『湖北兵勇不可復用大江北岸宜添勁旅』一摺，奏稱：

自粵匪至鄂，迄今不滿三載，而全軍覆潰者五次，小潰小敗不可勝數。既潰之後，仍行收集兵勇，習爲故常，恬不爲怪。宜變易前轍，埽除而更張之。請飭下湖北督撫，另立新軍，滌除舊習，使江之北岸得兩路足恃之兵，則不惟有益大局，即臣等水陸各軍，亦有恃而不恐。

奉寄諭〔二四〕：『交湖廣總督楊霈、署巡撫胡林翼欽遵〔二五〕辦理。』

時鄂軍屯聚德安，湘軍回援武漢者爲數無多。公屢函致胡公林翼，論東南大勢，以武昌據金陵上游，爲必争之地，宜厚集兵力，以圖恢復。楊公載福傷病在籍，病稍痊，湖南巡撫駱公秉章委令招募水勇，又添造戰船，赴鄂助剿。李公孟群補授湖北臬司，胡公委令添募陸勇，扼防金口，餉械均仰給於湘中，兵勢稍振。

是日，又奏〔二六〕『請撥浙引用鹽抵餉』一摺，奏稱：『賊踞金陵，長江梗塞，淮南鹽務片引不行，奸民偷送賊中，賤售於各岸。江西、湖南民間，皆食私鹽。方今餉項缺乏，請旨飭撥浙鹽三萬引，設法運銷於淮引口岸，以濟軍餉之不足。』附片〔二七〕奏：『現當干戈擾攘，招商領運爲難，擬仍用勸捐之法行之。請旨飭派在籍侍郎黄贊湯在江西臨江府屬樟樹鎮設局，勸諭紳富，措資辦運。并請浙江學政侍郎萬青藜在浙督辦鹽運；江西道員史致諤、萬啓琛協理西省鹽運；湖南鹽法道裕麟、在籍知府黄廷瓚協理楚省鹽運。』又將鹽餉章程分條咨商户部，并咨商浙江巡撫及江西、湖南、湖北巡撫。户部議准。既而賊氛大擾，未能暢行也。

公又奏〔二八〕：湖北在籍禮部主事胡大任、江西在籍禮部主事甘晉，并辦理臣軍糧臺，未能赴部當差，請飭吏部查照辦理。

是時，南昌設立後路糧臺，公委甘晉、李瀚章綜理之〔二九〕。羅公澤南移軍剿賊於景德鎮。賊竄入徽州境，羅公乃移駐饒州，以圖湖口。

十二日，公馳奏〔三〇〕『陸軍克復廣信郡城』一摺，奏保羅澤南轉戰千里，謀深勇沈，常能從容鎮定，以少勝衆，請交部從優議叙。

十三日，公由吴城進駐南康。派前隊戰船進泊青山，以攻湖口。

十九日，賊由姑塘上犯，水師擊之，挫敗，退泊火焰山。

二十一日，水師焚賊船於馬家堰、於徐家埠，又追焚之於都昌城下，計百數十號。

湖北興國、崇、通等屬賊黨日熾，分股竄入江西境，陷踞義寧州，殺掠甚慘。

五月初八日，公派水師搜剿賊船於都昌。

十三日，水師擊賊船於青山，破之，追奔至鞋山以下。

羅公澤南駐軍饒州。浙江巡撫檄調湘軍往徽州會剿，未行，而江西聞義寧之警，省城戒嚴。陳公啓邁亟調湘軍回南昌，羅公遂移軍而西。

二十一日，公馳奏〔三一〕『内湖水師近日接仗情形』一摺。附片〔三二〕奏：『臣前在江省吴城，近在南康，與臣塔齊布信息常通。九江與南康僅隔一廬山，因賊匪時時窺伺，晝夜巡防，臣等二人不敢遠離營次，屢約以匹馬相見而未能也。』又稱：『羅澤南一軍既須回省，則不能由都昌進剿湖口。東岸無陸兵，則水軍孤縣可慮。』奉上諭〔三三〕：『該侍郎等務當通籌大局，謀勇兼施，以副朕望。欽此。』

楊公載福督帶舟師，由岳州出大江，剿賊於蒲圻，會紮金口。

三十日，内湖水師擊賊於青山，破之，奪回拖罟大船，并獲他船、炮等。拖罟，即九江之敗所失座船也。

六月初五日，湖南巡撫咨送萬瑞書到案正法。

十二日，馳奏〔三四〕『水師勝仗奪回拖罟大船』一摺，陣亡外委蘇光彩請恤。

公又專摺〔三五〕『奏參江西巡撫陳啓邁劣迹較多恐誤大局』一摺，奏稱：『臣與陳啓邁同鄉同年同官翰林，向無嫌隙。自共事數月，觀其顛倒錯謬，迥改常度，深恐貽誤全局，不敢不縷晰陳之。』奉上諭〔三六〕：

江西巡撫著文俊補授。未到任以前，著陸元烺署理。陳啓邁著即革職，按察使〔三七〕惲光宸先行撤任，均〔三八〕聽候新任巡撫文俊查辦。該撫到任後，著即將曾國藩所參各情節，逐款嚴查，據實具奏，不得稍有徇隱。欽此。

十三日，公派水師攻賊於徐家埠，委知縣李錕帶陸勇會剿，破之，燬船八十餘號。塔齊布公陸軍擊賊於新壩，破之。十五日，水師攻賊卡於梅家洲。衝出卡外戰船四號，陷於賊，兵勇傷亡數十人。

羅公澤南軍至南昌。二十四日，拔營進剿義寧之賊。

湖北德安府失守，楊霈退走襄陽，革職。官文公奉旨授湖廣總督。欽差大臣都統西凌阿由河南赴湖北督師，以攻德安。

二十七日，塔齊布公與公相見於青山營次，會商攻剿之策。

七月初六日，馳奏〔三九〕『潯城陸軍勝仗、水師在徐家埠獲勝、湖口小挫』一摺，陣亡將弁黄明魁、洪建勛、李文田請恤。附片〔四〇〕奏：『潯郡陸營，久無成功，日對堅城，頓兵糜餉。擬於七月，臣與塔齊布移駐青山，渡湖而東，會剿湖口，是亦大局旋轉之一策。』又片〔四一〕奏『新選湖北督糧道萬啓琛，現在樟樹鎮協理鹽餉事務，請暫緩赴任』。

羅公澤南陸軍抵義寧。初八日，破賊於梁口。十三日，破賊於乾坑。十四日，大破賊於鰲嶺、雞鳴山，斃匪六千餘名。

水師蕭捷三等破賊於鞋山。李元度率平江勇渡湖而東。十五日，擊賊於徐家埠，破之。

羅公澤南陸軍攻賊營，大破之。十六日，克復義寧州城。

十八日，湖南提督忠武公塔齊布卒於軍。十九日，公馳赴九江陸營，哭之慟。派副將周鳳山接統其軍。公親巡營壘，撫定其衆，派副將玉山等弁兵三百人護喪至南昌。

李元度擊賊於文橋。二十一日，李元度攻賊於蘇官渡，破之。

二十三日，平江營與水師會攻湖口。破賊營數座，燒賊船幾盡。舟師駛出大江，仍回泊青山。是日，蕭節愍公捷三陣亡。平江勇攻下鐘山賊營，未克，仍駐軍蘇官渡。周鳳山督軍會操，賊出撲營，力戰却之。公在大營中復督衆攻城，未克。

二十四日，馳奏〔四二〕：『提督塔齊布因病出缺，臣馳赴大營料理喪事，兼統陸軍，拊循士卒，保此勁旅。請旨將提臣塔齊布交部從優議恤，准於湖南省城建立專祠，以慰忠魂而洽民望。』附片〔四三〕奏派廣東羅定協副將周鳳山統領全軍，旋獲勝仗，士氣猶鋭，可無涣散之虞。又附片〔四四〕奏報義寧、湖口水陸三路勝仗大略，『當名將新失之際，而事機尚爲順利，軍威尚足自振，堪以仰慰聖懷』。

公於是日聞蕭捷三陣亡，即帶陸勇數百名馳赴青山，撫定水勇。

二十五日，公回駐南康水營，札調彭玉麟來江西督領内湖水師。

二十七日，平江營擊賊於流澌橋。二十八日，燒賊栅於柘磯。

八月初四日，賊撲平江營，拒却之。

初七日，馳摺〔四五〕奏報羅澤南陸軍攻剿義寧，叠次大勝，克復州城。隨摺奏保羅澤南及李續賓、李杏春、唐訓方、蔣益澧五員。又奏〔四六〕『水陸兩軍攻剿湖口，叠獲勝仗，湖内賊船幾盡』一摺，陣亡都司蕭捷三，請照副將例議恤。

羅公澤南既克義寧，軍威振於南服。是時湖南四境皆有賊氛，兩粵匪徒攻陷郴州，逆焰尤盛。駱公秉章奏調湘軍折回湖南剿賊。羅公由義寧策單騎謁公於南康舟次，指畫吴、楚形勢，謂『方今欲圖江、皖，必先復武昌。欲圖武昌，必先清岳、鄂之交』。定計率軍出崇、通以援武漢。公從其策。

初八日，羅公渡湖，督平江勇攻湖口下鐘山賊壘，未克。

是日，水師擊賊於梅家洲，大敗，失戰船二十一號。

其時江西之賊，惟存九江、湖口兩城，梅家洲、下鐘山兩壘未克，堅踞不可攻。羅公旋至南康，謂『湖口水陸官軍但當堅守，不宜數數進攻以頓兵損威，仍當俟江漢上游攻剿有效，以取建瓴之勢』。公又從之。飭水師勿事浪戰，抽調九江大營寶勇千五百人并歸羅公統帶，由義寧進剿。

十六日，羅公還義寧營。

胡公林翼攻武昌未下，乃議先攻漢陽，由金口渡江，軍於奓山，進攻漢陽。楊公載福、彭公玉麟率水師進泊沌口，燬賊船數百號。南岸崇、通各屬之賊攻金口李孟群陸營，陸營大潰。德安賊黨回援漢陽，奓山陸營亦潰。惟沌口水師屹然未動。胡公度不可攻，率水軍退駐新堤以扼荆湘之路，委都司鮑超增募湘勇數千以爲援馳。疏奏調羅澤南湘軍援鄂，公已令羅公由義寧拔營前進矣。

二十一日，馳奏〔四七〕『陸軍攻剿湖口勝仗、水師小挫』一摺，奏稱：『去年湖南水師靖港、城陵磯之役，均因風順水利不能收隊，以致挫敗。臣屢飭水營，不令順風開仗，乃各弁勇輕進，致蹈覆轍。請將營官吴嘉賓、秦國禄等分別撤革。陣亡千總葛維柱請恤。』

又奏〔四八〕『調派羅澤南一軍由崇、通回剿武漢』一摺。附片〔四九〕奏：『提臣塔齊布病故後，周鳳山新領全軍，尚爲奮勉，臣令其專意防守，不圖進取。』又片〔五〇〕奏：『派委員弁護送塔齊布靈柩回京，時長江梗塞，塔公之柩由南昌取道長沙、荆州以北也。』

公又專摺〔五一〕彙報安徽道員何桂珍，在江北英山、蘄水、羅田等處剿賊勝仗。附片〔五二〕奏稱：『蘄、黄、英、霍當楚、皖之交，匪黨最多，與粵逆勾結響應。何桂珍以二千饑疲之卒，轉戰於群盜出没之區，與地方紳民以信義相孚。請旨飭令何桂珍督辦皖、楚交界英山、麻城各處團練，嚴清土匪，實於大局有益。』

公前奏調何公一軍歸東征大營調遣，既而阻於賊，不得合并。何公提一旅，崎嶇苦戰，屢立戰功，克英山、蘄水兩城，斬賊目田金爵；而軍飢餉匱，皖中大府不之恤，專恃勸捐米麥接濟軍食。頻遣探卒，間關跋涉，抵公大營以求援。公爲縷陳其戰績十餘案，請旨授以團練之任，蓋欲設法以援之而勢未能也。

羅公澤南回義寧營，上書於公，申陳前議。公所調九江之寶勇，以參將彭三元、都司普承堯領之，并湘勇各營爲五千人。劉公蓉在公幕中二年，至是亦從羅公軍赴鄂。二十七日，由義寧州拔營直趨通城。

彭公玉麟接公札調，阻於賊，未能前。公因委劉于潯暫統内湖水師。

九月初三日，公至青山巡視水陸各營。

初五日，公駐屏風水營。具摺〔五三〕奏保陸軍克復廣信一案、水師肅清鄱湖一案，出力員弁兵勇，彙單請奬。附片〔五四〕請飭浙江巡撫補解五月以後餉銀。又片〔五五〕奏：『羅澤南一軍去臣營日遠，湖北撫臣胡林翼尚在江北，亦恐爲賊氛所隔。擬令羅澤南自行具摺奏報軍情。』又奏稱〔五六〕：

臣自抵江西整理水師已逾半年，師久無功，虚糜餉項，請交部嚴加議處。至助臣辦理軍務實有勞績不可泯滅者：侍郎黄贊湯，督辦捐輸，力拯大局；南昌府知府史致諤，支應軍需；候補知州李瀚章，辦理糧臺，權衡緩急；湖南巡撫駱秉章與其幕友同知左宗棠，一力維持，接濟軍餉，照料船、炮；知府彭玉麟，保守金口，力能堅忍；主事胡大任，勸捐濟餉，歷險不渝；知府黄冕，造炮精利，實屬有用之才。除黄贊湯、駱秉章未敢仰邀恩叙外，其史致諤等各員擬歸入義寧案内開單保奏。

奉上諭〔五七〕：『曾國藩奏師久無功，自請嚴議，并保勞績較多人員，等語。兵部侍郎曾國藩督帶水師，屢著戰功。自到九江後〔五八〕，雖未能迅即克復，而鄱湖賊匪已就肅清。所有自請嚴議之處，著加恩寬免。前刑部侍郎黄贊湯，督辦捐輸以濟軍餉，尤爲出力，著加恩賞戴花翎。欽此。』

初六日，公渡湖至蘇官渡巡視陸營。留二日，還屏風營。

羅公澤南進攻通城。初六日，克之，賊大潰。十四日，進克崇陽縣。

二十三日，公馳奏〔五九〕『羅澤南一軍進剿獲勝克復通城』一摺，陣亡把總李懋勛請恤。附片〔六〇〕奏：『探明湖北撫臣胡林翼駐紮嘉魚縣六溪口，與羅澤南之軍聲息可通，此後援鄂一軍，由胡林翼轉奏。』

又『遵奉諭旨保舉堪任總兵人員』一摺〔六一〕，奏保副將楊載福、周鳳山、參將彭三元三人。

湖南兵勇援鄂者，至羊樓司大潰，江壯節公忠濟殉難。羅公澤南駐軍崇陽，派李公續賓等五營進剿羊樓司，旋派彭公三元等營進剿濠頭堡。二十四日，賊大股來犯，彭勤勇公三元、李公杏春等陣亡，弁勇挫潰。二十六日，羅公督軍至羊樓司擊賊，破之。

二十七日，奉到上諭〔六二〕：『兵部右侍郎著曾國藩補授。曾國藩現在督辦軍務，未到任前〔六三〕，兵部右侍郎著沈兆霖兼署。欽此。』

夏秋之間，黔、粤匪徒侵擾湖南西南境，其東北岳、鄂之交，賊勢正熾。公弟國潢、國華，皆治團練於鄉邑。公弟國荃，考取是科優貢，亦辦鄉團。

是月，廣東匪徒自茶陵竄入吉安境，江西之西境又紛擾矣。

十月初三日，羅公澤南大破賊於羊樓司。

十三日，胡公林翼至羊樓司會商軍事。

十七日，拔營進剿蒲圻。

二十日，公具摺〔六四〕謝恩授兵部侍郎。又奏報〔六五〕羅澤南一軍在濠頭堡敗挫，在羊樓峝獲勝；具報陣亡參將彭三元，知府李杏春，將弁彭獻杰、蕭馥山、李光熾、劉碧山請恤。奏稱：『此次軍情應由楚省具報，緣彭三元係臣軍屢戰得力之將，未便没其忠績，是以仍行奏報。』附片〔六六〕奏稱：『臣前請於湖南省城爲塔齊布建立專祠，奉旨允准，應請以去年陣亡參將童添雲及彭三元入祠祔祀。』

二十一日，羅公澤南克蒲圻，轉戰而前，師鋭甚。

楊公載福以水師破賊於金口。湖廣總督官文公至德安接受欽差大臣關防。都統西凌阿督兵力攻德安府城，克之，乘勝收復江北各城邑。官文公督各軍進逼漢陽，收集王國才、李孟群陸營兵勇兼轄之，與南岸楚軍爲犄角之勢。

九江、湖口陸營數月無大戰事，賊亦不以大股來犯。水師泊紮青山、屏風各岸，陸勇二營護之。公自駐屏風水營，不時巡視青山、蘇官渡各營，壹意嚴防，不事進剿；而賊酋石達開由湖北崇、通等處糾合匪黨竄入江西境陷踞新昌縣，其在吉安境内匪徒連陷安福、分宜、萬載等縣，與石逆合股，於是贛水以西亂民響應，衆至十餘萬，瑞、臨、袁、吉同時告警，署巡撫陸公元烺調兵援剿，日不暇給，乃抽調湖口陸勇回援西路。

十一月初五日，九江賊出撲營，周鳳山擊却之。

初七日，湖口賊出撲營，李元度擊却之。

初十日，賊陷瑞州府。十一日，陷臨江府，攻撲袁州、吉安二府。四郡屬邑大半失守，省城戒嚴。

維時江西官軍：西路則臬司周玉衡、總兵阿隆阿一軍，援勦吉安；東路則道員耆齡、游擊遮克敦布一軍，防守饒州；其平江勇由湖口調回者，勦賊於瑞州，營官李錕、劉希洛陣亡，勇遂潰散。陸公元烺復調耆齡、遮克敦布之師回援。

十五日，公調周鳳山九江軍回南昌。調水師防守省河，添調平江勇一營駐紮青山以護水師。

十七日，九江賊撲營，周鳳山擊却之。

十八日，周鳳山拔營回省。

二十日，湖口賊撲營，李元度擊却之。

二十一日，公具摺〔六七〕謝恩寬免處分。又奏〔六八〕『九江、湖口陸師，青山水師接仗情形』一摺。又奏〔六九〕『逆匪攻陷瑞州、臨江逼近省垣，急調周鳳山全軍并抽撥水師馳往堵勦』一摺。分條奏目前布置情形：

其一，江省腹地別無重兵，不得不撤九江之軍先其所急；其一，江西水軍單薄，抽調戰船駛赴省河，防其東渡；其一，擬調羅澤南一軍回駐通城，牽掣逆賊後路，亦可兼顧楚省；其一，擬留遮克敦布一軍防守東北四府，庶錢糧有可徵之處，奏報有可通之路。凡四條。

又聲明本年三月以後，奏報均由湖南馳遞，此次道途梗塞，仍由浙江馳驛呈遞。奉上諭〔七〇〕：『曾國藩、陸元烺著妥籌兼顧，萬不可因有警信，張皇失措，徒使兵勇有調撥之煩，轉授賊以可乘之隙也。欽此。』又奉上諭〔七一〕：

石逆所帶賊黨雖多，一經羅澤南痛剿，即連次挫敗。可見兵力不在多寡，全在統領得人。著〔七二〕曾國藩等激勵在事文武，奮勉圖功，殄此巨寇。至九江一路，能否足資堵截〔七三〕？倘稍〔七四〕有疏懈，不特江西内地堪虞，并礙長江大局。該侍郎等不得顧此失彼，是爲至要。欽此。

羅公澤南克咸寧縣，大破賊於山坡，會師金口，進攻武昌。二十八日，大破城外賊壘，駐營於洪山。水師進泊沌口。

三十日，賊陷袁州府城。

彭公玉麟屢接公催調函牘，由衡州赴江西。值賊氛遍布，彭公間關微服，徒步七百餘里，行抵南康。公見大喜，派領戰船赴臨江扼剿。

何文貞公桂珍駐軍英山，是月爲降人李兆受所戕，皖中大吏不爲奏請議恤，公聞而深痛之。

十二月初三日，九江賊出撲青山陸營，營官林源恩、黄虎臣、胡應元等擊却之。

賊既踞臨江，分股屯聚樟樹鎮。周鳳山回至南昌。初四日，進擊樟樹鎮，克之。劉于潯以水師毁賊之浮橋。初十日，周鳳山陸軍進剿新淦縣城，克之。

十二日，馳奏〔七五〕九江、湖口、青山、姑塘水陸接仗情形；陣亡千總吕國恩請恤。附奏〔七六〕瑞州剿賊殉難之知縣李錕、劉希洛二員，請加贈知府銜議恤。又附報〔七七〕樟樹鎮勝仗一片。

十九日，馳奏『周鳳山一軍會合水師克復樟樹鎮、收復新淦縣城』一摺〔七八〕。又具摺〔七九〕彙保陸軍克復義寧、攻剿湖口兩案出力員弁兵勇開單請獎。

公每於軍事孔棘之際，獎拔有功、優恤死傷二者，必詳必慎，由是人心維繫，軍雖屢挫，氣不少衰。

江西巡撫文俊公到任。

賊攻吉安，臬司周公玉衡入城堅守經月，請援甚急。周鳳山既克樟樹，收新淦。將赴吉安，慮賊復至，撥派八百人回駐樟樹以護水師，扼防南昌之西南路。

是年正月，江蘇巡撫吉爾杭阿公克上海縣。僧王督軍殲滅連鎮之賊，擒賊酋林鳳祥，檻送京師斬之，河北肅清。二月，僧王攻克高唐州。賊竄馮官屯，官軍圍之。四月，克之。山東肅清，官兵凱撤。七月，江南大營分兵克蕪湖縣。十月，安徽官軍克廬州府，皖、鄂賊勢少衰。吉爾杭阿公督師攻鎮江，未克。蘇州、浙江、湖北、湖南皆於是年仿辦厘捐以濟軍餉，浸及於川、廣矣。

丙辰　咸豐六年（一八五六），公四十六歲。

正月，公駐南康水營。

初二日，賊撲樟樹鎮，陸營挫潰，營官岳炳榮走豐城。劉于潯以水師擊賊船，破之。

初三日，周鳳山自新淦回援樟樹，遇賊於瓦山，擊破之。

彭公玉麟水師至樟樹鎮。初七日，擊賊船破之。初九日，攻臨江賊壘，又破之。

先是，御史蕭浚蘭條陳江西軍務，公奉諭旨〔八〇〕責問，又奉〔八一〕『兼顧臨江及嚴扼九江』之旨，公遂覆奏〔八二〕『縷陳各路軍情』一摺，奏稱：

瑞、臨切近省城，臣與撫臣文俊商，令周鳳山一軍先剿臨江之賊。湖口、青山水陸存營至爲單薄，九江之賊日夜環伺；又有湖北興國土匪竄擾德安縣，去來無常，勉力支撑，深虞决裂。臣軍自岳州而下，水陸萬餘人并爲一支。今則分調爲四五支，其得力之將，如塔齊布中道殂謝；羅澤南、楊載福分往鄂省，不克合并。所以久困一隅，未能埽蕩群醜，寸心焦灼，愧悚難名。

江西西路四郡，賊踪偏擾。值冬春水落，贛水處處可涉，賊又於上游掠民船，兼造小艇，有東犯撫州撲省城之勢。公飭令彭玉麟、劉于潯以戰船往來扼截；飭周鳳山一軍駐紮樟樹鎮，與水師戰船全力扼守。

十八日，青山陸營出隊擊賊於九江，破之。

二十二日，馳摺〔八三〕奏報：『周鳳山分兵小挫，旋以全隊擊賊大勝。水師在樟樹三獲勝仗。』附片〔八四〕奏報青山陸營同知林源恩、都司黄虎臣等擊賊獲勝，請奬拔數人，歸案彙保。又奏〔八五〕：

楚軍在江西境内，每月需餉六萬有奇，而入款約有三端：一曰撥用漕折，二曰督辦捐輸，三曰借運浙鹽。今賊匪大勢全注江西，漕折難以催徵，捐輸不能措辦，鹽引無處銷售。來源俱竭，有坐困之勢。惟查江蘇上海縣商貨雲集，請旨飭令該省督撫轉飭道府等官，於上海抽厘撥解臣營，專濟楚軍之用。臣軍無飢潰之虞，得專心於戰守機宜，不復以請餉之奏屢瀆聖聰也。

公於上年奏議借運抵餉及鹽引到江，時賊氛大擾，不復行銷。江、楚之交，文報梗阻，不能通者累月。

賊圍攻吉安，外援不至。贛州周汝筠一軍來援，阻於泰和之賊，不得前。文俊公派遮克敦布率勇赴援，行至樂安。二十五日，吉安府城失守，周貞恪公玉衡等死之。文俊公因令遮克敦布駐軍樂安，扼撫、建之路。

二十九日，青山水師擊賊於姑塘，挫失戰船六號。

二月初五日，奉到上諭〔八六〕：

文俊甫經到任，於該省地勢軍情，一時未能周悉。現當萬分棘手之時，倘〔八七〕布置稍疏，難免貽誤。曾國藩自抵江西，爲時已久，賊情亦所深悉。此時江西匪踪幾欲蔓延全省，既不能處處調兵，又不能顧此失彼，自應擇其最要之處，先爲攻剿。著曾國藩即〔八八〕與文俊妥速會商，務籌全局，不可徒事張皇，亦不可專顧一處。軍情變幻靡常，大勢所關，應從〔八九〕何處下手，則身在行間者必能挈其綱領。該侍郎與該撫酌度機宜，即著會同馳奏，以慰廑念。等因。欽此。

賊既陷吉安，大股東竄，江西官軍潰於樂安。賊撲犯撫州、建昌，所屬城邑多失守。十四日，撲樟樹營，周鳳山擊破之。十七日，大股撲營，周鳳山出擊之，挫敗。十八日，周鳳山出隊大敗，營壘全陷，弁勇潰回南昌省城。人心大震，奪門奔走者不可禁禦，或相踐以死。公亟棹舟赴省，途次聞警，飛調青山營赴南昌；調水師退紮吴城鎮；調李元度一軍由饒州繞回，進剿撫州之賊。二十日，公至南昌，收集潰勇暫統之。籌備守禦，撫定居民，人心稍安。

時自鄂渚以南，達於梅嶺，賊踪綿亘千數百里，衆號數十萬。公遣弁勇懷密函赴楚請援，多爲賊所截殺不得達。湖南巡撫駱公秉章，派委劉長佑、蕭啓江等募勇分道赴援。劉公長佑由醴陵克萍鄉，蕭公啓江由瀏陽攻萬載。皆募死士，懷賫函牘，間行赴南昌，旬月而始達。

公與文俊公會商軍事，意見甚叶。二十一日，具摺〔九〇〕會奏各路堵剿情形，并奏覆諭旨垂詢各件，奏稱：

江西全省，贛水中分，以樟樹鎮最爲扼要。石逆久踞臨江，凶悍之賊必萃於此，意圖盡拔枝葉，困我省會。至德安縣城被賊竄踞，乃湖北新到之股匪。既乃竄入武寧，并歸石逆。至周汝筠一軍，不能救援吉安，擬令其退守贛州。贛郡天然雄鎮，爲古來必爭之地，倘有疏虞，則兩廣、湖南股匪皆得以贛州爲巢穴，後患不可勝言。請旨飭廣東督撫，迅派兵勇數千赴贛，會同戰守，保此重鎮，顧全大局。

又奏〔九一〕江西賊氛日熾，岌岌將殆，請旨飭湖北撫臣速令羅澤南一軍兼程來江援剿。又奏〔九二〕江西需餉甚迫，請旨飭江蘇督撫借撥上海關稅銀十萬兩，迅解江西，以濟眉急。又片〔九三〕奏：『臣國藩單舟晉省，途次聞周鳳山全軍挫敗之警，飛調湖口、青山水陸各營同回省城，以固根本。』

公又專摺〔九四〕奏謝年終恩賞福字、荷包等件。

又奏〔九五〕『捐輸實官人員請給部照』一摺。附片〔九六〕奏：

布政司銜羅澤南、鹽運司銜李續賓，經湖北撫臣胡林翼奏請給予二品、三品封典，奉特旨允准。臣軍水陸員弁，奮勇出力未經補缺者實不乏人，請照羅澤南、李續賓之例，容臣擇尤照升階咨請封典，以示鼓勵。

又片〔九七〕奏：『水師在姑塘小挫，請將營官陳炳元、劉國斌參處；陣亡勇弁周華堂請恤。』又奏〔九八〕：『知府李瀚章、知縣黎福疇、張秉鈞三員，在營聞訃丁憂。該員等辦理臣軍糧臺，洵爲得力熟手，仍請留營當差。』

二十二日，賊陷撫州府。二十九日，陷建昌府。分股由安仁、萬年竄入徽州境。李元度帶平江勇由湖口拔營至饒州，與耆齡會軍駐守。

公之調回青山諸軍也，南康府亦没於賊。綜計是時賊陷江西府城八，州縣城邑五十有奇。屢分股黨南撲贛州，東擾廣信。文報往來，餉需轉運，僅廣、饒一路可通，亦時有賊踪焉。

三月初一日，奏報〔九九〕周鳳山陸軍在樟樹鎮挫敗情形，請將副將周鳳山革職；營官岳炳榮、黃玉芳分別參革，并自請交部議處。陣亡委員馬丕慶、林長春、李清華請恤。附片〔一〇〇〕奏稱：

廣信一府，爲奏報進京，江、浙轉餉之路，一有疏虞，四面梗塞。現調湖口〔一〇一〕李元度一軍由饒州繞回進剿撫州，以保廣信。上年九江、湖口水陸萬餘人，今全數撤入內地，前功盡弃，回首心傷。然腹地無兵可調〔一〇二〕，舍此亦無他策。廣東援防〔一〇三〕贛州之師，請旨再〔一〇四〕飭催迅速來江，并請飭浙、閩督撫嚴防竄越〔一〇五〕。

公在南昌孤危之中，奏報軍情，每以贛州、廣信爲急，是後全局之轉機，亦賴兩城之存也。

初二日，賊犯吴城鎮，水師擊退之。

初四日，彭公玉麟赴吴城水營督領防剿，分派水師紮饒州南河。公又派戰船分紮省河及市汊，扼截防守。又與巡撫文俊公調派駐省城之平江勇二千人，委候選知府鄧輔綸、同知林源恩帶領進剿撫州。又派周鳳山、畢金科等帶勇隨往會剿。輔綸者，臬司鄧公仁堃之子也。

羅忠節公澤南攻武昌未克，親督隊進攻受傷。初八日，卒於洪山營次。胡公林翼奏派李續賓接統湘軍。

公回省後，收集陸軍，裁并訓練，每日巡視操場。既而出居營盤。雖當士民惶恐之際，從容鎮定。時以詩、古文自娱，羽檄交馳，不廢吟誦。作《陸師得勝歌》、《水師得勝歌》以教軍士，於戰守技藝，結營布陣諸法，曲盡其理，弁勇咸傳誦之。

十一日，鄧輔綸、林源恩擊賊於羅溪。十二日，克進賢縣城。

彭公玉麟擊賊於吴城，却之。

十四日，水師破賊於塗家埠。

二十日，李元度克東鄉縣城。二十二日，鄧輔綸、周鳳山等會軍於東鄉。公派都司黄虎臣帶勇三營，赴吴城鎮會水師。二十三日，克建昌縣城。

撫州賊撲東鄉，李元度、林源恩等擊破之。

二十四日，黄虎臣回軍南昌。

二十五日，李元度等軍進紮江橋，以攻撫州。

二十六日，馳奏〔一〇六〕『陸軍平江營在湖口、羅溪勝仗，克復進賢縣城』一摺。又奏〔一〇七〕『吴城水師三獲勝仗并水師分布各處情形』一摺。

又奏報〔一〇八〕『湖南援軍劉長佑等克復萍鄉』一摺。附片〔一〇九〕奏報賊分大股竄至徽州婺源一帶，江西賊勢稍分，剿辦較易措手。又片〔一一〇〕奏：『正月二十一日所奏摺片，未奉批諭，想因賊氛方盛，中途沈失，請飭軍機處鈔録寄交臣營。』

又專摺〔一一一〕奏保樟樹、新淦兩案水軍出力員弁，開單請獎；其陸軍後來潰敗，前功盡弃，應無庸保奏，以示懲警。

文俊公屢疏請援師，楚、粤、閩、浙各省督撫均奉寄諭，派撥兵勇赴江西援剿。方江西之初警也，衆議請調羅公澤南軍回援。公函致胡公林翼、羅公澤南，謂東南大局，當力争上游，亟望武漢速克，水陸東下，不欲其奔馳於崇、通之郊，以援瑞、臨也。及賊氛大熾，乃從衆議，奏調羅公湘勇馳回援剿，而羅公已傷亡。公弟國華奉竹亭公命赴鄂請援師，胡公選派知縣劉騰鴻、劉連捷湘勇千五百人，同知吴坤修彪勇七百人，參將普承堯寶勇千四百人，交公弟國華總領之，以援江西。募勇夫懷蠟丸書，間行以達南昌，公始聞羅公之亡、鄂軍之來援矣。

二十七日，李元度、林源恩擊撫州賊壘，破之。

四月初二日，平江軍渡撫河，紮五里塘，進攻撫州，未克。

初四日，調派黄虎臣陸軍，又派劉于潯市汊水師，進攻瑞州。初八日，進攻未克。初九日，水師回泊市汊。黄虎臣剿奉新縣之賊，小挫，回軍南昌。

平江營連日攻撫州，未克。

湖南援軍劉公長佑等攻萬載縣，賊以大股踞守不下。湘軍擊賊壘，盡平之。

二十日，劉于潯領水師克豐城縣。

南昌省城附近各城邑均陷於賊，建昌、進賢、東鄉、豐城四邑，經官軍收復，而賊踪猶往來不絶。

二十一日，奏報[一一二]『李元度等軍克復東鄉，破賊五營，圍攻撫州』一摺。

[又]奏報[一一三]『黄虎臣等水陸兩軍克復建昌，攻剿瑞州、奉新』一摺。附片[一一四]奏：『臣請撥上海關税銀兩，經户部議駁，臣等何敢再瀆。惟江西餉源已竭，補救無術，請旨仍飭江蘇督撫於上海税項籌撥銀十萬兩，以濟急需。』又片[一一五]奏稱：『吉、袁、臨、瑞、撫、建等府之賊，浚濠堅守。近省各

縣，亦有老賊踞守城池，蓋欲使省會坐困之勢。目前剿辦之法，惟當力保廣、饒，通蘇、杭之餉道。先剿撫、建，固閩、浙之藩籬。其南路贛州，必藉廣東之援；西路吉、袁，必藉湖南之援。請旨飭催廣東援兵，星馳踰嶺，保全贛州，不勝跂幸。」

又奏〔一一六〕「江西士民請建羅澤南專祠以伸愛慕」一摺。

二十八日，楊公載福焚漢陽賊船幾盡。

劉公長佑進軍袁州。蕭公啓江攻萬載。二十九日，克萬載。進軍合攻袁州。

耆齡公一軍防守饒州。賊屢犯境，公調派都司畢金科帶勇千人紮營童子渡以援之。

建昌府城陷後，知府何栻、團紳張家駒等招勇，謀收復。公派委都司黄虎臣、彭山屺，訓導羅萱等帶勇三千餘名，馳往助之。

五月初一日，楊公載福督水軍沿江下剿，破焚兩岸賊船，賊潰莫敢抵拒。

初三日，水軍直抵九江城外。

初四日，回舟溯江旋鄂。

公遣卒探知水軍江面之捷，函告楚軍各營，士氣爲之一振。

撫州城賊踞守益堅，屢攻不克。建昌、臨江之賊，各分股來援。城賊亦屢出撲營，李元度等均擊却之。

十二日，黄虎臣等軍至建昌，與何栻、張家駒分途進攻。

十三日，賊船犯吴城，彭公玉麟擊却之。

十五日，畢金科擊賊於由墩，破之。

十九日，賊援撫州，李元度等渡河擊賊，破之。

二十三日，公馳奏〔一一七〕『官軍攻剿撫州情形』一摺。又奏〔一一八〕『饒州防剿情形及畢金科在饒州勝仗』，奏稱：『畢金科身先士卒，驍勇冠倫，軍中稱爲塔齊布之亞。此次以少勝衆，請賞加勇號。』又奏〔一一九〕『建昌官紳辦理防剿并由省城撥兵會剿』一摺。附片〔一二〇〕奏報：『水師劉于潯克復豐城，彭玉麟吴城勝仗，水師分紮要地，均尚得力。但無陸軍以輔之，衹能扼守，未能進剿。』又片〔一二一〕奏報：

湖南援軍已至袁州，湖北援軍已克咸寧而進。兩湖集厚力以相拯救，賊亦出死力以相抗拒。臣等募長髮探卒，蠟丸隱語以通消息，但能知其大略而不能詳悉。浙江邊防孔亟，不暇議及援江。福建援軍亦無入境確信。每念贛州天險必争之地，非得厚援，終恐疏虞。懇恩飭下廣東督撫，迅撥兵勇，保守贛州。不獨江西之幸，亦廣東之先著也。

公是時注意贛州，而兵力不及，籲請援師疏已三上矣。

又奏〔一二二〕：

江西城池淪陷甚多，凡在地方有守土防汛之責者，固應一律嚴辦。其中不無情有可原之人，如建昌府知府何栻、萬載縣知縣李吉言、宜春縣知縣錫榮。此三人者，實係失守案内愧奮有爲之員，臣等責令襄辦一切，如果出力，再請寬免處分。

黄虎臣等攻建昌，未克。二十八日，福建援軍至建昌，副將陳上國、張從龍領之。

公調派參將阿達春帶勇赴饒州，與耆齡、畢金科合軍防剿。

公謂兵家以攻堅爲最忌，再三諭飭各營將領，勿徒事仰攻以損精鋭，而賊踞城壘，亦以堅守爲坐困我師之計。數月以來，無大戰事可紀，惟力支危局，以待援師而已。

江西學政廉兆綸奏陳江西軍務，奏參臬司鄧仁堃物議沸騰；其子捐職知府；鄧輔綸本不知兵，不宜管帶兵勇。公遂札撤鄧輔綸解兵回省。

周鳳山督勇攻撫州久未下，自請間道回湘招募舊部以援江西。公批答許之。周鳳山遂由建昌取道於閩、廣繞回湖南，其在撫州之勇，并歸李元度、林源恩兼轄之。

六月初二日，建昌援賊大至，都司黄公虎臣陣亡。

初五日，賊撲饒州，耆齡、畢金科、阿達春軍皆敗潰，府城失守。公聞警，急調建昌六營彭山屺、羅萱、李大雄、胡應元等撤回撫州，仍調回南昌。學使廉兆綸方駐河口，公又與咨商奏調建昌城外官兵，撤赴廣信防守。其福建援師在建昌者未撤也。

十九日，彭公玉麟帶水師收復南康府城。城荒不能守，乃回泊吴城鎮。

畢金科回南昌整輯弁勇，仍赴饒州。公調派總兵居隆阿、都司林葆帶勇會剿。二十二日，畢金科等力攻饒州，克之。

公弟國華總領劉騰鴻、普承堯、吴坤修等軍克咸寧、蒲圻、崇陽、通城四縣，轉戰而前，暑雨不息，進抵江西境。十八日，克新昌。二十四日，克上高。二十九日，軍抵瑞州城外，其鋒鋭甚。公聞上高之捷，急調彭山屺、李新華、滕加洪、胡應元等帶勇四千，先後拔營，馳赴瑞州以迎之。

南贛道汪報聞於春間剿賊泰和失利，退守贛州。阿隆阿、遮克敦布均以潰兵入城協守。賊來撲犯郡城，屢拒却之。五月，廣東援軍抵贛州入守。是月出攻賊營，破平之，贛郡解嚴。

三十日，馳奏『撫州攻剿情形』一摺〔一二三〕、『會剿建昌府城』一摺〔一二四〕。陣亡都司黃虎臣請恤。隨摺奏保李大雄、胡應元、江永和三弁。又奏〔一二五〕『水師收復南康府城』一摺。

又奏報〔一二六〕『饒州失守旋經克復』一摺。布政司耆齡專辦饒防，與知府張澧翰等均有應得處分，惟以克捷迅速，請免議。陣亡將弁李鶴齡、李遐齡請恤。附片〔一二七〕奏報：福建援江兵勇現到建昌者已有二千六百人；湖北援師已克新昌、上高，兩湖聲息可通；廣東援師已入守贛州，當可保全要郡。

先是，賊踪四布，贛、吉、袁、瑞聲息久不達於南昌。至是音問漸通。賊至江西以來，水師扼剿屢勝，賊不得逞。乃於吉、袁、瑞、臨各處，造戰船，製攻具，乘夏水漲盛時，齊舉以趨南昌。於瑞河口、臨河口、塘頭堎、生米司皆爲營壘。

七月初一日，賊舟下犯，劉于潯以水師擊賊瑞河口，破之。

湖北援軍抵瑞州。初二日，紮營西門外。初三日，拔瑞州之南城。

公之遺軍迎援軍也，賊之大股擾犯省河西岸，屯壘於沙井。初四日，營官羊瀛、萬泰、胡應元、李大雄、滕加洪帶勇五營，渡河擊賊，破之。

初五日，援軍攻瑞州，未克。水師擊生米司賊壘，賊潰走。

初九日，彭山屺、李新華拔營赴瑞州。瑞州城賊屢出撲營，援軍擊却之。

楚軍中以劉公騰鴻謀勇最著。公所派彭山屺、羊瀛等帶勇四千人，委彭山屺總理營務。又以訓導羅萱兼理各營營務。十五日，軍抵瑞州，與援師會合。公令羅萱與劉騰鴻合并爲營，以聯合江、楚兩軍之勢。十七日，瑞州賊出撲營，江軍稍却，劉騰鴻、普承堯擊破之。

公弟國華以暑月行師，得病甚劇，棹小舟至南昌見公，公爲之悲喜。吴公坤修偕至南昌，迎餉還瑞州。公與文俊公籌撥銀五千兩，以犒援軍。公弟國華留省養病，旬日漸愈。

二十七日，瑞州賊出撲營，楚軍、江軍合擊破之。

彭公玉麟以水師擊賊於南康，破走之。

劉于潯水師擊臨河口賊船，破之。

二十八日，水師攻臨河口賊壘，悉平之。

饒州之復，都司畢金科戰功爲最。藩司耆齡揭參畢金科，公與文俊公商調藩司回省履任，委畢金科駐軍饒州防剿。

楚軍既至瑞州，新昌、上高仍爲賊陷。吴坤修率勇收復二邑，回剿奉新，爲援軍之游兵。

是月，有邊錢會匪起於吉安、建昌之界，勾結粤匪游勇，有衆千數百人，竄陷廣昌、南豐、新城、瀘溪，復竄貴溪縣境。建昌府官軍分途援剿，賊勢飆忽不可遏。

八月初一日，賊大股援瑞州，城賊亦出撲營，官軍迎擊破之。初四日，瑞州軍擊賊壘，破之，賊潰走。楚軍、江軍立營始固。

初七日，馳摺〔一二八〕奏湖北援師進攻瑞州府城，江省派兵四千前往會合，屢獲勝仗，江、楚之路漸通，全局轉機胥係乎此。奏保：『知縣劉騰鴻謀勇爲全軍之冠，參將普承堯、同知吴坤修戰功卓著，請將該員等分別保奬。曾國華係臣胞弟，未敢仰邀奬叙〔一二九〕。』又奏〔一三〇〕劉于潯水師在瑞河口、臨河口勝仗，彭玉麟水師在南康勝仗。隨摺奏保劉于潯請賞戴花翎。

又奏〔一三一〕『攻剿撫州勝仗』一摺。附片〔一三二〕奏請：『敕山西、陝西兩省每月各籌銀三萬兩，撥解至江西瑞州等處，專供兩湖援師之用。』

又奏〔一三三〕：『虎字營哨長周萬勝私逃回籍，請敕湖南撫臣嚴拿正法。』又奏〔一三四〕遵奉諭旨咨催廣東提督崑壽赴江南大營。并奏稱江西賊勢浩大，黨類衆多，刻下兵力不爲不厚，鏖戰不爲不苦，迄未能克復要郡，挽回全局。臣惟當壹意鎮静，化大爲小，以安軍民之心。又具摺〔一三五〕奏報贛州府城解嚴并防守剿辦情形，『實爲江省大局轉旋之一端』。

又奏〔一三六〕：『查明吉安府陣亡及殉難文武員弁，請從優議恤。』又附報〔一三七〕瑞州勝仗一片。

建昌城外官軍設糧臺於新城縣，會匪竄陷新城，何栻率領兵勇援剿，在建昌者唯存福建援軍。賊出犯營，閩軍擊却之。

江西練勇曰『廣義營』者，道員石景芬等領之，由廣信赴貴溪，迎剿會匪失利。匪徒大熾，由弋陽竄陷河口鎮及鉛山縣，撲廣信府城，吏民驚走，城爲之空。署知府沈公葆楨登陴固守，飛函請援於浙江總兵。饒公廷選方駐防玉山，率浙兵二千赴援。十五日，浙軍擊賊於廣信城外，破之。賊潰走入徽州境，廣信以平。

瑞州援賊既退，城賊猶時出犯，官軍皆擊却之。吴坤修軍破賊於奉新，分軍收復靖安、安義二縣。

公弟國華，病痊愈，仍回瑞州營。

公弟國荃在長沙招募湘勇千五百人，周鳳山既抵長沙募勇千七百人，黃公冕、夏公廷樾督領以行，由南路直趨吉安。是爲楚軍援江之第三支。黃公冕時奉旨放吉安府知府。

三十日，馳奏〔一三八〕官軍攻圍瑞州，屢獲大勝，分軍出剿奉新，收復靖安、安義二縣。隨摺奏保營務處彭山屺、羅萱，將領萬泰、滕加洪、詹榮清、黃純珍、黃在玉七員。陣亡千總黃兆麟請恤。又具摺〔一三九〕奏報邊錢會匪竄陷各屬，圍攻廣信府城，浙兵援剿解圍。奏稱：

近年以來，江西連陷數十郡縣，皆因守土者先懷去志，惟沈葆楨守廣信，獨能伸明大義，裨益全局。參將榮壽、知縣楊昇、千總胡再陞協同堅守，請分別保獎。其在新城殉難之官紳楊堃、諸葛槐、馬長廞、吴毓濬、周光裕、陳德亮、陳濟之、何彥琦八員名，均請優恤。何栻之妻薛氏及其女三人、僕婢八人，全家盡節，請旨旌表。仍請分別建祠立坊，以慰忠魂。

又奏〔一四〇〕『閩兵援剿建昌府前後獲勝情形』，陣亡兵弁曾瑞英請恤。附片〔一四一〕奏：『閩軍都司玉亮在建昌軍營病故，請照陣亡例議恤。』又片〔一四二〕奏：『請飭湖南撫臣籌撥硝磺火藥十萬斤，迅解來江，以資攻剿。』又片〔一四三〕奏：『臣營發審委員李沛蒼，係何桂珍軍營差遣之員，因案革職交部治罪。現在營中實爲得力，懇恩免其治罪，留營當差。仍飭確具親供，咨皖定結。』奉上諭〔一四四〕：『李沛蒼著准其免罪，仍留江西軍營，交曾國藩差遣。欽此。』

九月初三日，公至瑞州勞師，巡視營壘。劉公騰鴻治軍嚴整，公深嘉獎之。

李元度等軍圍攻撫州數月，大小五十餘戰，雖屢攻未克，而江西東路十餘州縣賴以屏蔽無患。廣信、饒州通蘇、杭之道，許灣、河口，商販所集，餉需器械，賴以接濟。公飭誠平江各營壹意堅守，且令其退紮十里之外，勿事進攻。李元度志在克城，未能從也。是月初二日，分軍攻剿近縣。初四日，收復宜黃縣。初九日，收復崇仁縣。撫州之賊，乃自城出撲營。復有援賊擾犯東鄉至撫州。十七日，大營爲賊撲陷，林公源恩等陣亡，李元度力戰突圍以走崇仁。賊勢愈張，南昌戒嚴，廣信、建昌皆震。

二十日，公由瑞州營還至南昌。咨留浙軍饒廷選駐防廣信。調李元度收集潰勇，扼守貴溪以保河口。調吳坤修率勇赴廣信，吳坤修爲奉新紳民所留，未果往。

二十七日，瑞州軍分剿南路賊。二十八日，賊出撲營，擊破之。連日與賊戰，皆破之。

上高縣再陷，知縣傅自銘陣亡。

十月初四日，瑞州分軍收復上高縣。

初十日，軍回瑞州，遇賊，擊破之。

十一日，馳奏〔一四五〕『瑞州勝仗收復上高』一摺，陣亡知縣傅自銘、守備詹榮清請恤。

又奏〔一四六〕『撫州一軍被賊撲陷』一摺：『李元度調度失宜，請以知縣降補。殉難同知林源恩，請賞加道銜，照道員例議恤。營官唐得陞、耿光宣，委員周尚桂均請從優議恤。』附片〔一四七〕奏請旨：『飭浙江撫臣咨行總兵饒廷選，率得勝之師，仍駐廣信府城；臣等札飭李元度駐紮貴溪，則河口商民可以復業，饒廷選一軍仍可策應四路，於浙江兵力無損，於江西籌餉有益。』又片〔一四八〕奏：『新授吉安府知府黃冕與前任湖北藩司夏廷樾，在湖南勸捐募勇，規復吉安。已革副將周鳳山懷樟樹挫敗之恥，亦欲另募勁勇，力埽寇氛。兩軍合并，兵力較厚。臣等即飭徑搗吉安，取上游建瓴之勢。請飭頒部照二千張，發交黄冕、夏廷樾勸辦捐輸，專濟此軍之用，歸臣處糧臺報銷。』又片〔一四九〕奏：『江西捐輸，請照湖南章程，以制錢千六百文抵銀一兩，俾捐生踴躍樂輸，實於軍餉有濟。』

瑞州軍攻城未克，賊之出入接濟者，屢被各營截擊，仍不能絶。劉公騰鴻等督率弁勇、夫役，毁瑞州之南城，築新壘二座，以勁兵五千人堅守；分調各軍，分途雕剿，以扼截賊援。吴坤修擊賊於奉新，屢破之。

撫州既敗，建昌之賊屢出撲營，江西兵勇、福建援軍皆潰。二十五日，大營失陷。閩軍副將陳上國等死之，張從龍領閩兵退回杉關。

新淦縣復陷於賊，劉于潯以水師再克之。

是月，奉上諭〔一五〇〕：

曾國藩、文俊自八月三十日〔一五一〕奏報瑞州、建昌勝仗之後已及月餘，未見續報。前聞賊匪多回至金陵，而江西失陷各郡尚無一處克復。據江、浙各省奏報，皆言金陵内亂，恐石逆不得志於皖、楚，勢必竄入江西。該逆於諸賊之中最爲凶悍，若令回竄江西，占踞數郡，煽惑莠民，其勢愈難收拾。著曾國藩等乘此賊心涣散之時，趕緊克復數城，使該逆退無所歸，自不難窮蹙就擒。若徒事遷延，勞師糜餉，日久無功，朕即不遽加該侍郎等以貽誤之罪，該侍郎等何顔對江西士民耶！又聞石達開係湖南拔貢，現因〔一五二〕與韋逆不睦，頗有投誠之意。倘向曾國藩處乞降，應如何處置之法，亦當預爲籌畫，經權互用，以收實效。現在仍將失陷各城，先圖攻克,使該逆無所憑藉,不敢退至江西,是爲至要。欽此。

十一月初一日,劉公長佑、蕭公啓江等力攻袁州,克之。

十三日,公弟國荃、周鳳山會克安福縣城,進攻吉安。

十七日,馳奏〔一五三〕瑞州一軍屢次勝仗,現在新修南北兩城,并力堅守,以爲西路官軍根本,以通江、楚要路。并奏報吴坤修一軍在奉新勝仗;陣亡將弁王吉昌請恤。又具摺〔一五四〕奏:贛州、南安一路匪勢蔓延,兵勇戰守,漸形疲乏。贛南距省城千里而遥,路途多梗,實有鞭長莫及之勢,仍請添調粤兵來江會剿。又奏〔一五五〕『建昌官軍挫敗,營壘被陷,閩兵退回本境』一摺,陣亡副將陳上國與其殉難員弁蘇廷美、伍連青、吕文炌、丁開第請恤。又奏〔一五六〕報湖南援軍克復袁州一摺。又具摺〔一五七〕覆陳江西近日軍情,奏稱:

石逆若歸命投誠,當令其獻城爲質,乃爲可信,不敢貪招撫之虚名,弛防剿之實務。刻下瑞州、奉新,剿辦尚爲得手。周鳳山吉安之師,差稱勁旅。袁州新復,西路大有振興之機。水師則彭玉麟、劉于潯均甚得力。惟撫、建屢挫,東路空虚,惟當嚴飭諸將,克復數城,以副聖主拯民水火之意。

奉硃批〔一五八〕:『爾等主見,甚屬允妥。剿撫固應并用,尤重先剿後撫。可隨時審其機宜,好爲之。欽此。』

先是,湖南巡撫駱公秉章奏稱侍郎曾國藩招募鄉勇,屢著戰功,請加湘鄉縣文、武學額;江西巡撫文俊公奏保曾國華以同知選用，均奉旨允准。公於是日具二摺〔一五九〕恭謝天恩。又奏〔一六〇〕保『饒州、豐城等前後六案出力員弁彙單請獎』一摺，陣亡員弁汪焕文、趙德溶、黄邦治請恤。附片〔一六一〕奏：『彭澤、都昌、湖口、鄱陽四縣久陷賊中，其間頗有忠義之士，抗節不屈，辦團殺賊，忠憤激發，不避艱險，請將該四縣出力紳董，開單保獎。』

袁州克後，賊竄樟樹鎮，聚黨日盛。劉于潯以水師攻戰連日，擊破之。畢金科駐防饒州數月，破賊於泥灣，又破賊於陶溪渡，又破賊於綫洲〔一六二〕，鄱陽境内肅清。賊之初起，以飆忽見長。及去年再陷武漢，竄擾江西各府州縣，則堅壘浚濠，以困官軍，兵勇仰攻，累月不下。官文公、胡公林翼之師攻武漢兩城，叠奉嚴旨督促。李公續賓、楊公載福擊各路援賊，戡除幾盡，惟兩城未下。江西八府，惟南康賊衆不多，餘城則皆以悍賊數千守之。

公在軍，終日凝然，奏牘書札，躬親經理，不假手於人。益治書史，不廢吟誦。嘗謂軍事變幻無常，每當危疑震撼之際，愈當澄心定慮，不可發之太驟。蓋其數年所得力者在此，所以能從容補救，轉危爲安也。

二十二日，湖北官軍水陸大舉，克復武昌、漢陽兩城，乘勝東下江寧。將軍都興阿公總統馬隊，李公續賓總統步軍，楊公載福總統水軍，水陸并進，沿江賊黨望風瓦解。

二十四日，克武昌縣。

二十五日，克黄州府。遂連克興國、大冶、蘄州、蘄水四城。李孟群、王國才、石清吉等以兵勇從將軍都公。

十二月，克廣濟、黄梅。

水軍直抵九江，焚奪賊舟净盡，江面肅清，合力以攻九江。李公續賓一軍八千人，屯九江城外。楊公載福率戰艦四百號，泊江兩岸。都公馬隊益以副將鮑超之步軍三千六百人，扼小池口。兵威鼎盛。

公由南昌至吴城鎮巡視水師。十八日，馳至九江，迎勞諸軍。

二十三日，馳奏〔一六三〕『湖南援師周鳳山等克安福縣』一摺、『饒州防軍畢金科等屢次勝仗，鄱陽縣境肅清』一摺、『江西水師劉于潯再克新淦，在樟樹鎮叠次勝仗』一摺，隨摺奏保劉于潯、蔡康業二員。

又奏〔一六四〕保『瑞州援軍出力員弁開單請獎』一摺，陣亡將弁潘河清、李經元、咼長源、唐梅洪、李上安、彭益勝、姚長青、劉家全、吴秀山、向秀武請恤。附片〔一六五〕奏：

臣馳赴九江迎勞水陸各軍，見其軍威嚴肅，士氣樸誠，實爲不可多得之勁旅。請旨飭催山西、陝西將每月協江之餉，解交湖北撫臣胡林翼經收，專濟九江大軍之用。其江西分駐各府兵勇，再請敕廣東督撫，每月籌撥銀四萬兩，解交湖南撫臣駱秉章轉解江西各營。

夏間，奉旨〔一六六〕飭查鄧仁堃被參各款，是日具摺〔一六七〕覆奏請將臬司鄧仁堃交部嚴加議處，并陳明鄧輔綸帶勇原委。

自公入南昌以來，軍務章奏與文俊公會銜，均推公主稿。

二十八日，公旋至南昌。

是時，楚軍在江西東路者，李元度貴溪一軍，畢金科饒州一軍，勢稍單弱，裁足自守。西路軍勢大振，瑞昌、德安、武寧、建昌、新喻、永寧六縣城先後收復。劉公長佑、蕭公啓江等進軍臨江府。南昌、袁州兩郡，全境肅清。九江、南康、瑞、臨、吉安各屬邑，收復過半。賊勢益衰。湖北崇、通一帶，叠經官軍剿克，仍爲賊踪擾踞。王公鑫募勇一軍曰『老湘營』，既剿平湖南南路各匪，巡撫駱公調令赴鄂，進剿通城、崇陽、通山、咸寧等縣，皆破平之。

是年三月，揚州復陷。托明阿、陳金綬、雷以誠均革職。欽差大臣都統德興阿接統江北大營，翁同書幫辦軍務，收復揚州。賊陷寧國府城，皖南大擾，浙江戒嚴。鄧紹良率兵援之。四月，江蘇巡撫勇烈公吉爾杭阿陣亡，道員劉剛愍公存厚、副都統勇節公繃闊亦戰死。五月，江南大營失陷，向榮、張國梁退走丹陽。六月，賊攻丹陽，張公國梁擊破之。七月，向忠武公榮卒於丹陽。八月，金陵賊内亂。賊酋楊秀清、韋昌輝皆斃，石達開竄安慶。和春奉旨授欽差大臣，由皖北渡江接統江南大營。

〔一〕拜摺：見奏稿一，題作『謝賞穿黄馬褂等項恩摺』。

〔二〕馳奏：見奏稿一，題作『陸軍渡江剿小池口賊并陳近日賊勢軍情摺』。按該摺與塔齊布會奏。

〔三〕馳摺：見奏稿一，題作『大風擊壞戰船并近日剿辦情形摺』。按該摺與塔齊布等會奏。

〔四〕又奏：見奏稿一，題作『潯城賊出撲營迎剿獲勝摺』。

〔五〕上諭：見中國第一歷史檔案館編咸豐同治兩朝上諭檔〔五〕之軍機大臣字寄湖廣總督楊兵部侍郎曾湖南提督塔江西巡撫陳（咸豐五年正月二十七日）。又見奏稿一附録廷寄　分析軍事形勢指示進止（咸豐五年正月二十七日）。

〔六〕後：底本脱，今據軍機大臣字寄湖廣總督楊兵部侍郎曾湖南提督塔江西巡撫陳及附録廷寄　分析軍事形勢指示進止校補。

〔七〕既：軍機大臣字寄湖廣總督楊兵部侍郎曾湖南提督塔江西巡撫陳同。附録廷寄　分析軍事形勢指示進止作『原』。

〔八〕馳奏：見奏稿一，題作『賊匪撲營轟擊獲勝并近日軍情摺』。

〔九〕附片：見奏稿一，題作『惲光宸回江西臬司任片』。

〔一〇〕又片：見奏稿一，題作『請飭湖南撫臣嚴拿萬瑞書到案片』。按該片與塔齊布會奏。

〔一一〕又奏：見奏稿一，題作『謹遵五次諭旨保獎出力員弁兵勇摺』。按該摺與塔齊布會奏。

〔一二〕上諭：見清政府鎮壓太平天國檔案史料第十七册，題作『寄諭楊霈等著重整兵威與曾國藩派兵合剿并奏近日軍情（咸豐五年正月二十一日）』。又見奏稿一附咨文　咨陳啓邁塔齊布（轉録廷寄　賊擾漢鎮漢陽著速會合各兵迎剿）引。

〔一三〕馳奏：見奏稿一，題作『統籌全局摺』。按該摺與塔齊布會奏。

〔一四〕附片：見奏稿一，題作『請飭袁甲三招募壽勇迅出黄州片』。

〔一五〕又片：見奏稿一，題作『附奏遺失部照查明再行咨部片』。按該片與塔齊布會奏。

〔一六〕又片：見奏稿一，題作『請飭江西酌撥漕折銀閩浙各籌協濟銀解營片』。

〔一七〕又奏：見奏稿一，題作『謝寬免處分摺』。

〔一八〕四路分兵剿辦之策：即奏稿一統籌全局摺。

〔一九〕覆奏：見奏稿一，題作『謹陳水陸軍情摺』。按該摺與塔齊布會奏。

〔二〇〕上諭：見清政府鎮壓太平天國檔案史料第十七册，題作『寄諭曾國藩著乘春漲衝出鄱湖與塔齊布陸兵合攻九江（咸豐五年四月十四日）』。又見奏稿一附咨文　咨塔齊布陳啓邁（五月初二日）引。

〔二一〕後：寄諭曾國藩著乘春漲衝出鄱湖與塔齊布陸兵合攻九江作『復』。

〔二二〕馳奏：見奏稿一，題作『陸軍攻剿弋陽克復縣城摺』。按該摺與塔齊布會奏。

〔二三〕奏陳：見奏稿一，題作『湖北兵勇不可復用大江北岸宜添勁旅摺』。

〔二四〕寄諭：見奏稿一湖北兵勇不可復用大江北岸宜添勁旅摺後附。

〔二五〕欽遵：底本脱，今據奏稿一湖北兵勇不可復用大江北岸宜添勁旅摺後附文校補。

〔二六〕又奏：見奏稿一，題作『請撥浙引鹽抵餉以充軍用民食摺』。

〔二七〕附片：見奏稿一，題作『請飭大員總理鹽餉派員協理鹽運片』。

〔二八〕又奏：見奏稿一，題作『奏請胡大任甘晋二員委管糧臺片』。

〔二九〕綜理之：見奏稿一，題作『奏請胡大任甘晋二員委管糧臺片（咸豐五年四月初一日）』。

〔三〇〕馳奏：見奏稿一，題作『陸兵追剿廣信股匪克復郡城摺』。按該摺與塔齊布會銜。

〔三一〕馳奏：見奏稿一，題作『奏水師小挫一次小勝二次五月十三大戰獲勝摺』。按該摺與塔齊布會奏。

〔三二〕附片：見奏稿一，題作『塔齊布羅澤南兩軍未克會剿緣由片』。

〔三三〕上諭：見清政府鎮壓太平天國檔案史料第十七册，題作『寄諭曾國藩等著先將湖内敵船掃除再出江與塔齊布會剿（咸豐五年六月十二日）』。又見奏稿一附咨文　咨塔齊布陳啓邁駱秉章（六月二十九日）引。

〔三四〕馳奏：見奏稿一，題作『水師開仗獲勝奪回拖罟大船摺』。按該摺與塔齊布會奏。

〔三五〕專摺：見奏稿一，題作『奏參江西巡撫陳啓邁摺』。

〔三六〕上諭：見清政府鎮壓太平天國檔案史料第十七册，題作『諭内閣著文俊補授江西巡撫未到任前著陸元烺署理（咸豐五年七月初二日）』。又見奏稿一附録明諭二件　文俊補授江西巡撫周玉衡補授按察使（七月）引。

〔三七〕按察使：清實録咸豐朝實録卷二〇五『咸豐五年乙卯秋七月癸亥（初二日）』及奏稿一附録明諭　處置江西撫臣陳啓邁等溺職（七月）均無此三字。

〔三八〕均：底本脱，今據清實録咸豐朝實録及處置江西撫臣陳啓邁等溺職校補。

〔三九〕馳奏：見奏稿一，題作『潯城陸兵獲勝及水軍勝負摺』。按該摺與塔齊布會奏。

〔四〇〕附片：見奏稿一，題作『擬七月内與塔齊布會剿湖口片』。按該片與塔齊布會奏。

〔四一〕又片：見奏稿一，題作『奏請萬啓琛暫緩赴湖北糧道任片』。

〔四二〕馳奏：見奏稿一，題作『塔齊布病故出缺摺』。

〔四三〕附片：見奏稿一，題作『塔齊布靈柩甫行即與賊接戰二次獲勝片』。

〔四四〕又附片：見奏稿一，題作『羅澤南蕭捷三李元度各軍獲勝片』。

〔四五〕馳摺：見奏稿一，題作『攻剿義寧克復州城摺』。

〔四六〕又奏：見奏稿一，題作『水陸進攻湖口已入縣城摺』。

〔四七〕馳奏：見奏稿一，題作『會攻湖口陸營迭勝水師小挫摺』。

〔四八〕又奏：見奏稿一，題作『調派羅澤南一軍取道崇通回剿武漢摺』。

〔四九〕附片：見奏稿一，題作『派委周鳳山接統九江陸軍片』。

〔五〇〕又片：見奏稿一，題作『派長春等護送塔齊布靈柩回京片』。

〔五一〕專摺：見奏稿一，題作『何桂珍在江北攻剿英山蘄水羅田迭獲勝仗摺』。

〔五二〕附片：見奏稿一，題作『請飭何桂珍督辦楚皖交界團練片』。

〔五三〕具摺：見奏稿一，題作『遵旨奏保克復廣信勝仗出力弁勇摺』。按該摺末有曾公手批：『咨西撫、湘撫，札羅道。』

〔五四〕附片：見奏稿一，題作『請飭催浙江餉銀如數解營片』。按該片末有曾公手批：『咨閩督王懿德、湘撫駱秉章、西撫陸元烺。』

〔五五〕又片：見奏稿一，題作『請飭羅澤南自行奏報軍情片』。

〔五六〕奏稱：見奏稿一，題作『師久無功自請嚴處并兼保各員片』。按該片所署日期爲『九月初九日』，不當繫於此處。

〔五七〕上諭：見清政府鎮壓太平天國檔案史料第十七册，題作『諭内閣曾國藩自請嚴議之處著加恩寬免（咸豐五年九月二十六日）』。又見奏稿一附咨文　咨黄贊湯駱秉章（十月二十日）引。

〔五八〕後：底本脱，今據諭内閣曾國藩自請嚴議之處著加恩寬免校補。

〔五九〕馳奏：見奏稿一，題作『羅澤南一軍由義寧進克通城縣城摺』。

〔六〇〕附片：見奏稿一，題作『鄂省軍情由羅澤南徑報或胡林翼轉奏片』。

〔六一〕一摺：見奏稿一，題作『遵旨保舉堪勝總兵人員摺』。

〔六二〕上諭：見清實録咸豐朝實録卷一七六『咸豐五年乙卯九月甲子（初四日）』。又見奏稿一附咨文　咨陸元烺駱秉章（九月二十八日)引。

〔六三〕未到任前:底本缺,今據清實録咸豐朝實録校補。

〔六四〕具摺:見奏稿一,題作『謝補授兵部右侍郎恩摺』。

〔六五〕奏報:見奏稿一,題作『羅澤南一軍分剿崇陽及參將彭三元殉難摺』。

〔六六〕附片:見奏稿一,題作『殉難參將彭三元童添雲請准附祀塔齊布專祠片』。

〔六七〕具摺:見奏稿一,題作『謝寬免嚴議恩摺』。

〔六八〕又奏:見奏稿一,題作『九江湖口水陸接仗近日軍情摺』。

〔六九〕又奏:見奏稿一,題作『新昌萬載逆匪攻陷瑞州臨江并條陳處置摺』。

〔七〇〕上諭:見清實録咸豐朝實録卷一八六『咸豐五年乙卯十二月辛丑(初二日)』。又見奏稿一附咨文 咨文俊陸元烺(咸豐六年正月初三日)。

〔七一〕上諭:見清政府鎮壓太平天國檔案史料第十八册,題作『寄諭曾國藩等著飭屬剿洗瑞州等敵及嚴扼九江一路(咸豐五年十二月十五日)』。又見奏稿一附録廷寄 指示江西諸路防剿(咸豐六年正月)。

〔七二〕著:底本置『激勵』前,今據寄諭曾國藩等著飭屬剿洗瑞州等敵及嚴扼九江一路指示江西諸路防剿校改。

〔七三〕截:底本作『剿』,今據寄諭曾國藩等著飭屬剿洗瑞州等敵及嚴扼九江一路指示江西諸路防剿校改。

〔七四〕稍:底本脱,今據寄諭曾國藩等著飭屬剿洗瑞州等敵及嚴扼九江一路指示江西諸路防剿校補。

〔七五〕馳奏:見奏稿一,題作『九江湖口近日接仗水陸勝敗軍情摺』。

〔七六〕附奏:見奏稿一,題作『李錕劉希洛劉希濂殉難請准議恤片』。

〔七七〕又附報:奏稿一,題作『捷報周鳳山軍克復樟樹鎮片』。

〔七八〕一摺:見奏稿一,題作『周鳳山軍克復樟樹鎮旋復新淦縣城摺』。

〔七九〕具摺:見奏稿一,題作『遵旨彙保克復義寧州城攻破湖口縣城出力員弁兵勇請奬摺』。

〔八〇〕諭旨：參見奏稿一附咨文　咨陸元烺（咸豐五年十二月十五日）。

〔八一〕又奉：參見附咨文　咨文俊陸元烺（咸豐六年正月初四日）。

〔八二〕覆奏：見奏稿二，題作『迭奉諭旨縷陳各路軍情摺』。

〔八三〕馳摺：見奏稿二，題作『周鳳山軍瓦山大捷摺』。

〔八四〕附片：見奏稿二，題作『黄虎臣等攻九江勝仗片』。

〔八五〕又奏：見奏稿二，題作『請抽上海厘金專濟楚軍片』。

〔八六〕上諭：見清政府鎮壓太平天國檔案史料第十八册，題作『寄諭曾國藩等著會商進剿臨江瑞州并報德化被陷緣由（咸豐六年正月十七日）』。

〔八七〕倘：寄諭曾國藩等著會商進剿臨江瑞州并報德化被陷緣由作『儻』。

〔八八〕即與：底本脱，今據寄諭曾國藩等著會商進剿臨江瑞州并報德化被陷緣由校補。

〔八九〕從：寄諭曾國藩等著會商進剿臨江瑞州并報德化被陷緣由作『由』。

〔九〇〕具摺：見奏稿二，題作『會籌各路堵剿情形摺』。按該摺與文俊會銜。

〔九一〕又奏：見奏稿二，題作『請飭調羅澤南來江援剿片』。

〔九二〕又奏：見奏稿二，題作『請借撥上海關税銀片』。

〔九三〕又片：見奏稿二，題作『單舟晋省途次聞警片』。

〔九四〕專摺：見奏稿二，題作『謝賞福字荷包等恩摺』。

〔九五〕又奏：見奏稿二，題作『捐輸實官人員開單彙奏摺』。

〔九六〕附片：見奏稿二，題作『軍營未補實缺人員擇尤請給封典片』。

〔九七〕又片：見奏稿二，題作『水軍先勝後挫并參處營官片』。

〔九八〕又奏：見奏稿二，題作『奏留丁憂各員在營片』。

〔九九〕奏報：見奏稿二，題作『周鳳山陸軍在樟樹鎮勝敗情形摺』。按該摺與文俊會銜。

〔一〇〇〕附片：見奏稿二，題作『近日各路軍情片』。按該摺與文俊會銜。

〔一〇一〕湖口：底本脱，今據近日各路軍情片校補。

〔一〇二〕腹地無兵可調：底本脱，今據近日各路軍情片校補。

〔一〇三〕援防：近日各路軍情片作『防剿』。

〔一〇四〕再：近日各路軍情片作『再行』。

〔一〇五〕嚴防竄越：近日各路軍情片作『嚴密防堵，以免竄越』。

〔一〇六〕馳奏：見奏稿二，題作『陸軍平江營克復進賢縣城摺』。按該摺與文俊會銜。

〔一〇七〕又奏：見奏稿二，題作『吴城水師三獲勝仗摺』。按該摺與文俊會銜。

〔一〇八〕奏報：見奏稿二，題作『劉長佑統帶援師克復萍鄉縣城摺』。按該摺與文俊會銜。

〔一〇九〕附片：見奏稿二，題作『近日江省賊情片』。按該片與文俊會銜。

〔一一〇〕又片：見奏稿二，題作『請飭軍機處重爲抄寄諭旨片』。

〔一一一〕又專摺：見奏稿二，題作『遵保克復樟樹新淦水師出力員弁摺』。按該摺與文俊會銜。

〔一一二〕奏報：見奏稿二，題作『官兵克復東鄉縣城進剿撫州摺』。按該摺與文俊會銜。

〔一一三〕奏報：見奏稿二，題作『官兵克復建昌縣城摺』。按該摺與文俊會銜。

〔一一四〕附片：見奏稿二，題作『仍請撥上海關税銀片』。

〔一一五〕又片：見奏稿二，題作『江西近日軍情片』。

〔一一六〕又奏：見奏稿二，題作『江西士民請建羅澤南專祠摺』。按該摺與文俊會銜。

〔一一七〕馳奏：見奏稿二，題作『官軍攻剿撫州迭獲勝仗摺』。按該摺與文俊會銜。

〔一一八〕又奏：見奏稿二，題作『饒州防剿迭次接戰摺』。按該摺與文俊會銜。

〔一一九〕又奏：見奏稿二，題作『建昌官紳辦理防剿摺』。按該摺與文俊會銜。

〔一二〇〕附片：見奏稿二，題作『水師近日開仗情形片』。

〔一二一〕又片：見奏稿二，題作『陳明鄰近各省援兵協餉片』。

〔一二二〕又奏：見奏稿二，題作『何栻李吉言錫榮現在建昌萬載袁州出力片』。按該摺與文俊會銜。

〔一二三〕一摺：見奏稿二，題作『五六兩月攻剿撫州連獲勝仗摺』。

〔一二四〕一摺：見奏稿二，題作『官軍會剿建昌府城連獲勝仗摺』。按該摺與文俊會銜。

〔一二五〕又奏：見奏稿二，題作『水師連獲勝仗收復南康府城摺』。按該摺與文俊會銜。

〔一二六〕又奏報：見奏稿二，題作『饒州失守旋經克復摺』。按該摺與文俊會銜。

〔一二七〕附片：見奏稿二，題作『各路援師情形片』。

〔一二八〕馳摺：見奏稿二，題作『湖北援師進攻瑞州府城摺』。按該摺與文俊會銜。

〔一二九〕未敢仰邀獎敘：湖北援師進攻瑞州府城摺文俊奏稱：曾國華『經湖北撫臣委帶湘勇，兼統湘、寶各營，來江援剿。辛苦備嘗，戰功卓著。請以同知歸部盡先選用』。在附咨文咨兩江湖廣總督湖南湖北巡撫等（九月十四日）獎敘湖北援師員弁中，亦有『同知銜曾國華，著以同知盡先選用』之語。

〔一三〇〕又奏：見奏稿二，題作『水師迭獲勝仗摺』。按該摺與文俊會銜。

〔一三一〕又奏：見奏稿二，題作『六至七月攻剿撫州迭獲勝仗摺』。按該摺與文俊會銜。

〔一三二〕附片：見奏稿二，題作『請飭山西陝西兩省每月各籌餉銀三萬兩片』。

〔一三三〕又奏：見奏稿二，題作『請飭湖南撫臣嚴拿周萬勝片』。

〔一三四〕又奏：見奏稿二，題作『專弁咨催崑壽赴江南及江西近日軍情片』。按該摺與文俊會銜。

〔一三五〕又具摺：見奏稿二，題作『贛州府城解嚴并各屬剿辦情形摺』。按該摺與文俊會銜。

〔一三六〕又奏：見奏稿二，題作『查明吉安陣亡殉難文武員弁請恤摺』。按該摺與文俊會銜。

〔一三七〕又附報：見奏稿二，題作『報瑞州援軍勝仗片』。按該摺與文俊會銜。

〔一三八〕馳奏：見奏稿二，題作『圍攻瑞州收復靖安安義二縣摺』。按該摺與文俊會銜。

〔一三九〕又具摺：見奏稿二，題作『邊錢會匪圍攻廣信府城浙兵援剿解圍摺』。按該摺與文俊會銜。

〔一四〇〕又奏：見奏稿二，題作『閩兵援剿建昌府前後獲勝情形摺』。按該摺與文俊會銜。

〔一四一〕附片：見奏稿二，題作『玉亮病故請恤片』。按該摺與文俊會銜。

〔一四二〕又片：見奏稿二，題作『請飭湖南撫臣籌撥火藥硝磺片』。按該摺與文俊會銜。

〔一四三〕又片：見奏稿二，題作『李沛蒼免罪留營片』。

〔一四四〕上諭：見清實録咸豐朝實録卷二〇八『咸豐六年丙辰九月壬申（初三日）』。又見奏稿二附咨文　咨福濟（十月初九日）。

〔一四五〕馳奏：見奏稿二，題作『瑞州一軍九月接仗情形摺』。

〔一四六〕又奏：見奏稿二，題作『撫州分兵克復宜黃崇仁老營被賊撲陷摺』。

〔一四七〕附片：見奏稿二，題作『請飭饒廷選仍駐廣信李元度駐紮貴溪片』。

〔一四八〕又片：見奏稿二，題作『請飭部頒發執照交黃冕等勸捐濟餉片』。

〔一四九〕又片：見奏稿二，題作『請江西捐輸照湖南成案片』。

〔一五〇〕上諭：見清政府鎮壓太平天國檔案史料第十九册，題作『寄諭曾國藩等著乘金陵内訌之時克復數城并招降石達開（咸豐六年十月二十日）』。又見奏稿二江西近日軍情據實復奏摺（十一月十七日）引。

〔一五一〕三十日：底本脱，今據寄諭曾國藩等著乘金陵内訌之時克復數城并招降石達開等校補。

〔一五二〕係湖南拔貢現因：底本脱，今據寄諭曾國藩等著乘金陵内訌之時克復數城并招降石達開等校補。

〔一五三〕馳奏：見奏稿二，題作『瑞州奉新兩軍接仗情形摺』。按該摺與文俊會銜。

〔一五四〕又具摺：見奏稿二，題作『贛南匪勢滋蔓請添調粵兵會剿摺』。按該摺由文俊主稿，曾公會銜。

〔一五五〕又奏：見奏稿二，題作『建昌官軍獲勝旋挫摺』。按該摺與文俊會銜。

〔一五六〕又奏：見奏稿二，題作『湖南援師克復袁州摺』。按該摺與文俊會銜。

〔一五七〕又具摺：見奏稿二，題作『江西近日軍情據實復奏摺（咸豐六年十一月十七日）』。按該摺與文俊會銜。

〔一五八〕硃批：見江西近日軍情據實復奏摺後附。

〔一五九〕具二摺：見奏稿二，題作『謝賞加湘鄉縣文武學額恩摺』與『謝弟國華以同知盡先選用恩摺』。

〔一六〇〕又奏：見奏稿二，題作『遵保克復饒州豐城等前後六案出力員弁摺』。按該摺與文俊會銜。

〔一六一〕附片：見奏稿二，題作『湖口等縣團紳請奬片』。按該摺與文俊會銜。

〔一六二〕洲：奏稿二饒防軍進剿泥灣等處獲勝摺作『州』。

〔一六三〕馳奏：見奏稿二，三摺分別題作『周鳳山等一軍克復安福縣城摺』、『饒防軍進剿泥灣等處獲勝摺』及『劉於淳水師迭獲勝仗摺』。按三摺均與文俊會銜。

〔一六四〕又奏：見奏稿二，題作『遵保鄂省援師出力員弁摺』。按該摺與文俊會銜。

〔一六五〕附片：見奏稿二，題作『具陳近日軍情并請飭催各省協餉片』。按該摺與文俊會銜。

〔一六六〕奉旨：見清政府鎮壓太平天國檔案史料第十八册，題作『寄諭曾國藩等著將鄧輔綸撤回并查參鄧仁堃營私舞弊（咸豐六年五月二十一日）』。又見奏稿二遵查鄧仁堃被參各款據實復奏摺（十二月二十三日）引。

〔一六七〕具摺：見奏稿二，題作『遵查鄧仁堃被參各款據實復奏摺』。按該摺與文俊會銜。

曾文正公年譜卷五

丁巳　咸豐七年（一八五七），公四十七歲。

正月，公在南昌。

初五日，吴公坤修克奉新縣城。

畢剛毅公金科由饒州率軍剿賊於景德鎮，遇伏陣亡。

十七日，奏報〔一〕吴坤修一軍叠獲勝仗，克奉新縣城。隨摺奏保吴坤修請以道員用，并保杜霖、孔廣晋二員；陣亡勇弁陳有才、余瑞林請恤。

又奏報〔二〕江西官軍克建昌、武寧二縣，湖北援軍收復瑞昌、德安，湖南軍收復新喻、永寧等縣城。

附片〔三〕奏：九江南北兩岸水陸至二萬餘人之多，臣即日擬由瑞州前往九江料理聯絡。惟現患目疾，請賞假一月，即在軍營調理。

是日拜摺後，出至奉新，督帶吴坤修一軍赴瑞州。扼紥府城東面，始合長圍，掘塹周三十里，以斷賊之接濟。

西安將軍福興奉旨領兵千人，由浙江赴江西會剿，於是月抵南昌。

二月初四日，公由瑞州回至南昌，會商軍務。初九日，仍還瑞州營。

竹亭公以初四日薨於里第。十一日，訃至瑞州。公大慟，仆地欲絶。次日，赴告南昌及湘軍各營，設次成服。十六日，馳摺〔四〕奏報丁憂開缺，奏稱：

微臣服官以來，二十餘年未得一日侍養親闈。前此母喪未周，墨絰襄事；今兹父喪，未視含殮；而軍營數載，又功寡而過多。在國爲一毫無補之人，在家有百身莫贖之罪。瑞州去臣家不過十日程途，即日奔喪回籍。查臣經手事件，以水師爲一大端。提督楊載福、道員彭玉麟，外江、内湖所統戰船五百餘號，炮位至二千餘尊之多。此非臣一人所能爲力，合數省之物力，各督撫之經營，楊載福等數年之戰功，乃克成此一枝水軍。請旨特派楊載福總統外江、内湖水師事務，彭玉麟協理水師事務，該二人必能了肅清江面之局。并請飭湖北撫臣、江西撫臣每月籌銀五萬，解交水營，以免飢潰。仍懇天恩准臣在籍守制，稍盡人子之心，合家感戴皇仁，實無既極；抑或賞假數月，仍赴軍營效力之處，聽候諭旨遵行。

江西巡撫文俊公派委督糧道李桓至瑞州營，李公續賓之弟續宜自九江馳赴瑞州唁公。

二十一日，公與公弟國華自營啓行。二十九日，抵里門。越數日，公弟國荃自吉安營奔喪回籍。

湖南巡撫駱公秉章奏報公丁父憂一摺，奉上諭〔五〕：

該侍郎現在江西督師，軍務正當喫緊。古人墨絰從戎，原可奪情，不令回籍。惟念該侍郎素性拘謹，前因母喪未終，授以官職，具摺力辭。今丁父憂，若不令其奔喪回籍〔六〕，非所以遂其孝思。曾國藩著賞假三個月，回籍治喪，并賞銀四百兩，由湖南藩庫給發，俾經理喪事。俟假滿後，再赴江西督辦軍務。以示體恤。欽此。

三十日，具呈〔七〕駱公請代奏報奔喪到籍日期。

三月初一日，奉上諭〔八〕：『曾國藩奏丁憂回籍，請派員督辦軍務一摺。業經降旨，賞假三個〔九〕月，回籍治喪。所有曾國藩前帶水師兵勇，著派提督銜湖北鄖陽鎮總兵楊載福就近統帶，廣東惠潮嘉道彭玉麟協同調度。所需兵餉，并著官文、胡林翼、文俊源源接濟，毋使缺乏〔一〇〕。該侍郎假滿後，著仍遵前旨，即赴江西督辦軍務，以資統率。欽此。』

安徽官軍潰於桐城，皖北之賊大熾，官文公檄調李孟群督軍援皖。

二十六日，公具呈〔一一〕駱公請代奏謝恩賞假并銀兩。

四月，賊酋陳玉成由安徽糾黨犯鄂境，蘄、黄以北各州縣城皆擾陷，李公續宜由瑞州分軍回鄂以擊賊。

江西吉安、臨江、瑞州等府城久攻未克，賊酋石達開率賊黨往來江、楚境，爲城賊之援。駱公秉章檄調王鑫老湘營三千人，赴江西爲雕剿游擊之師。

五月，石逆大股援吉安，王公鑫馳往奮擊，大破之〔一二〕。

二十二日，公以假期將滿，具摺〔一三〕奏瀝陳下情，懇請終制：

臣在京十四年，在軍五年，祖父母、父母先後見背。生前未伸一日之養，没後又不克守三年之制，寸心愧負，實爲難安。臣恭閲邸鈔，大學士賈楨丁憂，皇上賞假六個月。旋因賈楨奏請終制，奉旨〔一四〕允其所請。臣葬事未畢，懇照賈楨之例，在籍終制。

閏五月，奉上諭〔一五〕：

曾國藩奏瀝情懇請終制一摺。曾國藩在江西軍營聞丁父憂，前經降旨賞假三個月回籍治喪，俟假滿時再赴江西督辦軍務，以示體恤。兹據該侍郎奏稱，假期將滿，葬事未畢，籲准在籍終制。曾國藩本以母憂守制在籍，奉諭幫辦團練。當賊氛肆擾皖、鄂，即能統帶湖南船勇，墨絰從戎。數載以來，戰功懋著，忠誠耿耿，朝野皆知。伊父曾麟書，因聞水師偶挫，又令伊子曾國華帶勇遠來援應，尤屬一門忠義，朕心實深嘉尚。今該侍郎以假期將滿，陳請終制，并援上年賈楨奏請終制蒙允之例。覽其情詞懇切，原屬人子不得已之苦心。惟現在江西軍務未竣，該侍郎所帶楚勇〔一六〕素聽指揮，當兹剿賊喫緊，亟應假滿回營，力圖報效。曾國藩身膺督兵重任，更非賈楨可比。著仍遵前旨，假滿後即赴江西督辦軍務，并署理兵部侍郎以資統率。俟九江克復，江面肅清，朕必賞假，令其回籍營葬，俾得忠孝兩全，毫無餘憾。該侍郎殫心事主，即以善承伊父教忠報國之誠，當爲天下後世所共諒也。欽此。

初三日，奉竹亭公葬於湘鄉廿四都周壁衝山内，丙山壬嚮爲塋。

李元度軍駐貴溪禦賊，屢有功，專弁詣公函商軍事，公覆書〔一七〕謂：

江西〔一八〕軍務，刻不去懷。所以奏請終制者，實以奪情兩次，乃有百世莫改之僭。至其所自愧憾〔一九〕者，上無以報聖主優容器使之恩，下無以答諸君子患難相從之義。常念足下與雪芹，皆有極不忘者。前年困守江西，賊氛環逼，雪芹之芒鞋徒步，千里赴援；足下之力支東路，隱然巨鎮。鄙人自讀禮家居，回首往事，眷眷於辛苦久從之將士，尤眷眷於足下與雪芹二人。雪芹，彭公玉麟字也。

王公鑫擊賊於寧都州、永豐縣境，皆大破之。

六月初六日，公具摺〔二〇〕恭謝天恩，請開兵部侍郎署缺。又具摺〔二一〕瀝陳歷年辦事艱難竭蹶情形：

臣處一軍，概係募勇，雖能奏保官階，不能挑補實缺。將領之在軍中，權位不足以相轄，大小不足以相維。臣居兵部堂官之位，而事權反不如提鎮。此其一端也。籌餉之事，如地丁、漕折、勸捐、抽厘，均須經地方官〔二二〕之手，臣職在軍旅，與督撫勢分主客，難以呼應靈通。此又一端也。臣辦團之始，仿照通例，刻木質關防文〔二三〕曰「欽命幫辦團防查匪事務前任禮部右侍郎之關防」；四年八月，剿賊出境，湖南巡撫咨送木印一顆，文〔二四〕曰「欽命辦理軍務前任禮部侍郎關防」；五年正月，换刻，文曰「欽差兵部侍郎銜前禮部侍郎關防」；秋間又换刻，文曰〔二五〕「欽差兵部右侍郎之關防」。臣前後所奉寄諭，援鄂、援皖，籌備船、炮，肅清江面，外間皆未明奉諭旨，時有譏議。關防更换既多，往往疑爲僞造。如李成謀已保至參將，周鳳山已保至副將，出臣印札以示地方官而不見信，反被詰責。甚至捐生領臣處實收，每爲州縣猜疑。號令所出，難以取信。此又一端也。三者其端甚微，關係甚大。臣處客寄虚懸之位，又無圓通濟變之才，恐終不免〔二六〕貽誤大局。目下江西軍勢，無意外之虞，無所容其規避，若果賊氛逼迫，當專摺馳奏，請赴軍營，不敢避難。若猶是平安之狀，則由將軍福興、巡撫耆齡〔二七〕兩臣會辦，事權較專，提挈較捷。臣在籍守制，多數月，盡數月之心；多一年，盡一年之心。

疏入，奉上諭〔二八〕：

曾國藩以督兵大員，正當江西喫緊之際，原不應遽請息肩。惟據一再陳請，情詞懇切，朕素知該侍郎并非畏難苟安之人，著照所請，准其先開兵部侍郎之缺，暫行在籍守制。江西如有緩急，即行前赴軍營，以資督率。此外各路軍營設有需才之處，經朕特旨派出，該侍郎不得再行瀆請，致辜委任。欽此。

王公鑫破賊於廣昌，又破賊於樂安。賊回竄吉安，周鳳山等軍敗潰。

胡公林翼督軍於黄州，擊賊，連破之。

王剛介公國才陣亡於黄梅。

七月，楚軍攻克瑞州府城，劉武烈公騰鴻陣亡。耆齡公檄調普承堯等移師會攻臨江府。

八月初四日，王壯武公鑫卒於樂安營次。其老湘營一軍，以張運蘭、王開化分領之。

十四日，奉上諭〔二九〕：

昨據給事中李鶴年奏，曾國藩自丁父憂後，疊蒙賜金給假，褒獎慰留。此後墨絰從戎，宜爲天下所共諒，豈容以終制爲守經，再三瀆請？請飭仍赴江西，及時圖報等語。軍務奪情，原屬不得已之舉。朕非必欲該侍郎即入仕途，然如該給事中所奏，亦可見移孝作忠，經權并用，公論自在人心。現在江西軍務有楊載福統帶，雖無須曾國藩前往，而湖南本籍逼近黔、粵，賊氛未息，團練、籌防均關緊要。該侍郎負一鄉重望，自當極力圖維，急思報稱。所有李鶴年原摺，著鈔給閱看。欽此。

李公續宜引軍渡江至黄州會鄂軍克蘄水、廣濟、黄梅，擊小池口賊壘，破平之。湖北全境肅清。胡公林翼至小池口，督諸軍合攻九江。

九月初八日，官軍水陸齊舉，克湖口縣城，攻破梅家洲賊壘，內湖、外江水師始合。

初九日，公具摺〔三〇〕覆奏：

臣兩奉諭旨，現在江西軍務，辦理得手，自可無庸前往。湖南目下全省肅清，臣仍當暫行守制〔三一〕。如果賊氛不靖，應須團練、籌防之處，届時商之撫臣，奏〔三二〕明辦理。臣自到籍以來，日夕惶悚。欲守制，則無以報九重之鴻恩；欲奪情，則無以謝萬世之清議。惟盼各路軍事日有起色，即微臣〔三三〕寸心亦得以稍安。

附片〔三四〕奏稱：『此後不輕具摺奏事。前在江西經手未完事件，擬函〔三五〕致江西撫臣耆齡，請其代奏。』疏入，奉硃批〔三六〕：

江西軍務漸有起色，即楚南亦就肅清，汝可暫守禮廬，仍應候旨。大臣出處，以國事爲重，抒忠即爲全孝，所云懼清議之訾，猶覺過於拘執也。欽此。

十三日，楊公載福督水師，破小姑山賊卡。二十一日，克彭澤縣〔三七〕，拔其僞城。乘勝而下，連克望江、東流〔三八〕，直抵安慶〔三九〕城外。進克銅陵縣〔四〇〕，又拔其僞城二座。逐北千里，遂與定海鎮之紅單船相接。紅單船見楚師旗幟，大驚以爲神。楊公分銀、米、火藥以餉下游船兵，皆大感服。仍率水師回泊湖口。

自公在衡州創立舟師，苦戰四載，至是克奏奇功，肅清江面之勢成矣。

胡公林翼以水面一軍，本自公建立，楊公載福、彭公玉麟皆經公識拔於風塵之中，所統將弁，皆公舊部。遂於二十四日，在九江營次馳奏〔四一〕『起復水師統將以一事權』一摺。奉上諭〔四二〕：『曾國藩丁憂後，奏派楊載福總統内湖、外江水師，彭玉麟協同辦理，業經明降諭旨，允其所請。朕因該侍郎懇請終制，情詞懇切，且江西軍務，漸有起色，是以令其暫守禮廬。等因。欽此。』

湘軍之攻吉安也，公弟國荃所部湘勇曰吉字營。夏間周鳳山之敗，公弟國荃方在籍，而吉字營獨全軍而退，保守安福。於是江西巡撫耆齡公奏請起復曾國荃治軍吉安，旋令總統吉安各軍。公居禮廬，惓念江西援軍連失劉騰鴻、王鑫二勁將。於國荃之行也，反覆訓誡以和輯營伍、聯絡官紳與夫攻戰之法，至數千言，并令辭總統之任。

十月，公弟國荃抵安福，約會各軍，并集吉安城外。

十一月，石達開糾賊黨由皖入江，犯湖口，李公續宜擊破之。賊由饒、撫疾趨吉安，官軍合力迎擊，破賊於吉水縣之三曲灘，城圍遂合。

十二月初八日，楚軍克臨江府城。

劉公長佑因病回籍，其所部勇并歸蕭公啓江總統，而以劉公坤一分領之，進攻撫州。張公運蘭等進軍建昌府。於時江西西路，僅吉安、九江兩城未復而已。

公治軍五載，糧臺無定處，經涉三省，頭緒繁多。公於讀禮之次，酌擬報銷大概規模。於是月具摺咨江西巡撫附奏〔四三〕，奏稱：

臣處一軍，未經奏派大員綜理糧臺，亦無專司之員始終其事。越境剿賊，用銀漸多，歷時既久，散漫難清。擬將水陸各軍分爲數大款，在臣處領餉之月日，截清起訖，歸臣處報銷。至若經手人員，如同知陶壽玉，知府李瀚章，道員裕麟、厲雲官，禮部員大郎胡大任、甘晋等，經臣前後派委，分處江楚各省。俟江西軍務將畢，即飭該員等爲臣辦理報銷事件，造册送部。如有款目不符，著賠追繳之處，皆臣一身承認，不與該員等相干。請旨飭部核議施行。

附奏報『鄧輔綸捐造戰船請叙』一片〔四四〕，『請注銷李新華捐案』一片〔四五〕。

是歲，安徽之賊與河南之捻匪相結，黨衆熾盛。安徽巡撫福濟罷職，以李孟群署理巡撫。欽差大臣都統勝保與副都御史袁甲三，均駐皖、豫之交，督辦軍務。又以翁同書爲安徽巡撫。十一月，德興阿公克瓜洲，張公國梁克鎮江府。

戊午　咸豐八年(一八五八),公四十八歲。

正月,公在里第卜宅兆,將謀遷葬。

公過羅忠節公家、劉武烈公家,慰其老親,撫其孤子。又至劉公蓉家,小住二日,暢談忘倦。

江西巡撫耆齡公奏委公弟國荃總理吉安攻剿事務。

二月,行小祥禮,公弟國華除服。

公與弟國華議立家廟,祀曾祖以下。置祭田四十六畝。廟中庋藏御賜衣物若干事,誥命十一軸,祖考遺念衣履、几硯、宗器、祭器若干件,書籍數千卷,分條記注於簿。公之爲學,雅重禮典。國朝尚書徐公乾學讀禮通考,秦文恭公蕙田更爲五禮通考,二書皆公素所服膺。自上年奉諱家居以來,日取二書,昕夕研校,讀之數反。凡几筵奠祭,必參考古今,衷於至是而後已。

三月,公弟國華出,從軍於九江。李公續賓留之軍中,遇事咨之。

户部議覆東征一軍水陸各營報銷規模,如公前疏中所擬,奉旨依議。

公初行軍,糧臺設於水次,總屬於内銀錢所。公之回里也,彭公玉麟兼綜理之。公致書胡公林翼商立報銷局。又致書彭公玉麟,籌撥恤銀數千兩,給内湖、外江水師殉難員弁及陸軍平江營殉難員弁之家,如褚汝航、夏鑾、林源恩、唐得陞、白人虎、伍宏鑑六人,尤公所加意;又如畢金科之在饒州力戰死綏,李元度之駐貴溪,堅忍扼守,屢捍巨股,均以公不在軍中,賞與恤爲之缺,然公恒自謂負之。

李元度軍駐貴溪兩年,賊酋石達開由江西竄入浙江之境,連陷城邑。胡公林翼奏保李元度請旨飭令率所部平江勇前赴浙江，擇要扼守，以遏賊鋒；并由鄂省籌銀一萬兩以資之。從公所請也。

四月初七日，水陸兩軍合攻九江府城，克之，屠戮無遺。

二十日，蕭公啓江、劉公坤一等克復撫州府城。

二十四日，張公運蘭、王公開化等克復建昌府城，賊悉竄入浙江境。將軍福興駐軍廣信，奉旨切責，以總兵周天受督辦浙江防剿事宜。尋詔和春兼督江、浙軍務。

李公續賓補授浙江布政使。既克潯城，軍威大振，浙人官都中者奏請其移軍援浙，浙中官紳争催其督師赴任。適逆酋陳玉成竄擾皖、鄂之交，城邑多陷，勢方大熾，李公續賓率師回援。五月擊賊於黄安、麻城，克之，楚境以清。

官文公、胡公林翼會奏統籌東征大局：先剿皖北，次及皖南，節節埽蕩，請以陸路軍事專屬之李續賓，奉旨嘉奬。尋復奉旨『李續賓加巡撫銜，軍入皖境後，得專摺奏事』，而調湘軍之在江西東路者，悉移師以援浙。

五月二十一日，奉上諭〔四六〕：

前因江西賊匪竄入浙江，恐周天受資望較淺，未能統率衆軍，復諭和春前往督辦。兹據和春奏，現在患病未痊，刻難就道。東南大局攸關，必須聲威素著之大員，督率各軍，方能措置裕如。曾國藩開缺回籍，計將服闋。現在江西撫、建均經克復，止〔四七〕餘吉安一府，有曾國荃、劉騰鶴等兵勇，足敷剿辦。前諭耆齡飭令蕭啓江、張運蘭、王開化等馳援浙江。該員等皆係曾國藩舊部，所帶勇丁，得曾國藩調遣，可期得力。本日已明降諭旨〔四八〕，令曾國藩馳驛前往浙江，辦理軍務。著駱秉章即傳旨令該侍郎，迅赴江西，督率蕭啓江等，星馳赴援浙境，與周天受等各軍，力圖埽蕩。該侍郎前此墨絰從戎，不辭勞瘁，朕所深悉。現當浙省軍務喫緊之時，諒能仰體朕意，毋負委任。何日起程，并著迅速奏聞，以慰廑念。欽此。

二十五日，駱公秉章具疏〔四九〕奏稱：『現在援江各軍將領，均前侍郎曾國藩所深知之人，非其同鄉，即其舊部。若令其統帶赴浙，則將士一心，於大局必有所濟。且江、浙本屬澤國，利用舟師楊載福、彭玉麟兩軍，皆係曾國藩舊部。［如］曾國藩統陸師赴浙，或從常山更造戰船，順流而下；或派船由長江入太湖，溯流而上。江南大軍既免後顧之虞，援浙陸軍亦得戈船之助。其勇餉一項，擬由湖南每月籌解餉銀二萬兩，請旨飭下湖北撫臣胡林翼，每月籌解銀二萬兩，專供曾國藩一軍之用。』

六月，奉上諭〔五〇〕：

駱秉章奏［擬］分撥楚軍援浙，并請飭曾國藩統率前往，與前降諭旨，適相符合。［擬由湖南］每月籌解銀二萬兩，作爲援浙勇餉，實能統籌大局，不分畛域，著即照辦。該侍郎兵力既精，餉需又足，必當迅奏膚功也。欽此。

初三日，接奉諭旨。

初七日，公治裝由家啓行。

初九日，過湘鄉縣城。

十二日，抵長沙。

與駱公秉章、左公宗棠會商軍事，刻木質關防，其文曰『欽命辦理浙江軍務前任兵部侍郎關防』。具札調派蕭啓江、張運蘭、王開化等湘軍，由江西撫、建一路，拔營進駐鉛山縣之河口鎮。公擬由水路東下，過九江登陸，會軍於河口，督師以赴浙。駱公派委主簿吴國佐、管帶練勇千二百人隸公麾下。公札令由陸路先赴江西。

十七日，具摺〔五一〕恭報起程日期，并陳明進兵援浙之道，奉硃批〔五二〕：『汝此次奉命即行，足徵關心大局，忠勇可尚。俟抵營後，迅將如何布置進剿機宜，由驛馳奏可也。欽此。』

是日〔五三〕，又會奏『蕭啓江請假兩月回籍』一片。

十九日，由長沙登舟。

二十四日，行抵武昌。與胡公林翼會商進兵之路、籌餉之數、大營轉運、糧臺報銷各事。留署中旬日。鄂省協餉二萬兩亦奉旨允准飭撥。

公素稱胡公才大心細，事無巨細，虚衷商度。胡公亦悉心力代爲之謀，談議每至夜分不息。

七月初三日，由武昌解纜。

初四日，泊巴河。

公弟國華，李公續賓、續宜，彭公玉麟等，先後謁見於巴河。籌商陸營統領營官、哨長及隨營委員章程，兵勇行軍、止營、出隊之法。李公續賓派撥湘勇二營，以副將朱品隆、唐義訓領之，隸公麾下，以爲親兵營。公與李公議改修湘鄉忠義祠，李公捐銀二千兩，公捐銀一千兩以爲之倡。

十一日，行抵九江府。致祭塔忠武公祠。楊公載福來見公。

十二日，舟次湖口。

彭公玉麟修建水師昭忠祠於石鐘山，祀楚軍水師之死事者，蕭公捷三以下弁勇夫役等凡數千人。十五日，公至昭忠祠致祭。遍賞外江、内湖水勇，爲錢二千二百餘貫。札調朱品隆、唐義訓率所部勇先行赴河口鎮。

公之初出也，以肅清江面爲期。公自駐水營，設糧臺於水次，至是楚、皖江面以漸廓清，下游雖有賊艓，勢不得復逞。賊酋石達開由江西竄擾浙、閩邊界，所陷郡縣不復踞守，漸成流寇之勢。公督師援浙，舍舟而登陸，治兵轉餉，均改前規。設立報銷總局於湖口，札調李瀚章來江總理報銷局，清厘東征水陸各軍餉糈，收發之數，分款核銷。設陸路隨營糧臺，派委喻吉三、彭山屺帶勇數百以護之。武昌、九江、貴溪皆設轉運局，南昌省城設支應局。札委道員李元度、知府王勛綜理營務處。札委陸營管理銀錢所、軍械所、發審所，公牘案卷各員弁十有餘人。

二十一日，舟抵南昌。與巡撫耆齡公會商軍餉。札撤前年江省所設楚軍支應、炮位、子藥三局，以所餘硝磺火器之屬，歸於陸軍支領。撤遣李大雄、滕加洪兩營，其上年在江西差委員弁，分别撤留。

是時楚軍在江西者，張運蘭、蕭啓江所領兩軍已集於河口鎮，合以朱品隆等軍共萬餘人。其劉公長佑一軍，經江西巡撫派委由撫州移防杉關，李元度一軍亦奏派由貴溪拔營援浙。賊既解浙江衢州之圍，由處州竄入福建，分股由浦城竄出二度關，圍攻廣豐、玉山二縣，廣信戒嚴。李元度力守二城，擊賊却之。尋接公札委辦營務處，以所部平江勇屬沈公葆楨權領之。

二十四日，公由南昌解纜，泊瑞洪。江西水師道員劉于潯來見公。途次奉上諭〔五四〕：

前因浙江軍務緊急，諭令曾國藩赴浙剿辦。現在衢州業已解圍，處州等府縣亦相繼克復。境内餘匪，不難剋日肅清。惟閩省浦城、崇安、建陽、松溪、政和等處，賊勢蔓延，亟應趕緊剿辦。和春等現飭總兵周天培於援浙兵勇内，挑選精鋭三千數百名，由龍泉一帶進剿。饒廷選帶漳州兵勇亦馳往浦城。曾國藩業已奏報起程，著即以援浙之師，由江西鉛山直擣崇安，相機進剿。迅將閩省各匪，一律埽除，毋少延誤。欽此。

又奉上諭〔五五〕：『總兵李定泰前令幫辦和春軍務，此時與〔五六〕周天受等會剿竄閩各匪，著總歸曾國藩調度。欽此。』又奉上諭〔五七〕：『署福建漳州鎮總兵周天受，著加恩賞還提督銜，即著馳往福建，與周天培、饒廷選、張騰蛟等分路進剿。俟前任侍郎曾國藩到後，即歸曾國藩調度。欽此。』

是月，胡公林翼丁母憂，解任回籍。詔官文兼署巡撫事。

八月初八日，公抵河口營。沈葆楨、李元度來見。

札各營營官支發勇糧，每日每名領銀一錢四分，夫糧每名一錢，畫一定制。

楚軍在江西境内者，疊被鄉團截殺，多至數十百人。公出示曉諭各兵勇，嚴禁騷擾。又出示曉諭團練，禁毋得妄殺人。委員提各案證，訊鞫得實，按法處辦。

十二日，馳奏〔五八〕『遵旨援閩，擬即日由崇安進剿，并陳明現在賊情軍勢』一摺。

又奏〔五九〕報『閩賊竄撲廣豐、玉山兩縣，官軍力戰獲勝，兩城解圍』一摺，奏稱：『李元度自從軍以來，備嘗艱險，百折不回。臣丁憂回籍，該員以孤軍支拄東路，屢能以少勝衆。此次力保兩城，有裨大局。請賞加按察使銜，并給勇號。』陣亡弁勇易金榜、李傳綸、龔茂發、張應龍、龔拱綸、李家純、黄查七名請恤。附片〔六〇〕奏調游擊喻吉三隨營差遣。

又奏〔六一〕：『此次由江入閩，應於廣信府城、鉛山縣城設立糧臺，轉運米糧、軍火等件，已札委駐防廣信之九江道沈葆楨兼理臣軍糧臺；并委在籍道員雷維翰經理鉛山水陸轉運。又札調李元度帶所部平江勇一營，隨臣赴閩辦理營務處。餘勇并交沈葆楨接管，留防廣信。札調王勛來營，會辦營務處。』又會奏〔六二〕：『九江府城建立提督塔齊布祠，湖口建立水師昭忠祠。臣在途次，經歷兩處，見其祠宇將次工竣，請敕下地方官，春秋致祭。』

又奏〔六三〕『湘鄉縣城捐建忠義祠，彙祀陣亡員弁勇丁』一摺。附片〔六四〕奏：『湖南補用知府李瀚章，在臣軍糧臺經手最久，該員現回廬州原籍，應令迅來湖口水營，辦理報銷。』

所請皆奉旨允之。

公弟國荃督各營攻克吉安府城，江西全省肅清。江西、湖南巡撫會奏，保曾國荃以知府遇缺即選，并加道銜。

賊由福建邵武分股竄出鐵牛關，劉公長佑擊賊失利，瀘溪、金溪皆失守，賊竄陷安仁縣。十五日，公率軍移駐弋陽縣。調張運蘭回軍截剿。十九日，克復安仁縣。賊由萬年竄入饒州境，屯踞景德鎮。公調吴國佐會剿安仁之賊。吴國佐追賊於萬年，小挫，幫辦營官劉本杰陣亡。

二十四日，馳奏〔六五〕『閩賊竄入江西，官軍克復安仁』一摺。隨摺奏保道員張運蘭、知府王文瑞二員，陣亡千總周玉田請恤。附片〔六六〕奏陣亡知縣劉本杰請恤。又片〔六七〕奏請旨敕四川督臣每月籌銀二萬兩，由湖北轉解行營。又片〔六八〕奏同知胡兼善在營病故，請恤。

二十七日，公拔營赴雲際關。

二十九日，行抵雙港，聞警駐營。

閩中之賊分大股回竄新城縣，吉安餘匪竄陷崇仁、宜黄兩縣，撫州、建昌兩郡戒嚴。公調張運蘭一軍進剿新城，公改道南趨建昌。

九月初二日，李元度請假回籍。

劉公長佑擊賊於新城，大破之。賊退回閩境，崇仁、宜黄股匪亦竄入閩境。

初七日，公行抵金溪，聞新城大捷。

初九日，抵建昌府，駐軍城外。劉公長佑來見公。

公登麻姑山，周覽建昌形勢。高下遠近攻守之途，浚濠堅壘，委弁勇嚴守壘門，每夜親巡查之。委員弁專司更鼓，晨昏漏刻，毋得參差。委員分巡營壘附近數里之地，嚴禁賭博及吸食鴉片之館。出示曉諭弁勇，嚴禁强索夫役，抑勒貨物。每日傳見哨長三人，察其材力能否，密爲記注。

十三日，馳摺〔六九〕奏移師建昌，商籌撫、建各府防剿事宜，擬從杉關入閩剿賊。附片〔七〇〕請給捐生紀以鳳等執照。

蕭公啓江假滿，還江西抵建昌大營。公調張運蘭一軍由杉關進剿，蕭啓江一軍由廣昌進剿，派吴國佐一軍爲後路策應。時閩中賊氛方熾，官紳函牘迭至，催公赴援，而嶺路崎嶇難行，天雨不止，疾疫大作，不能速進。

公弟國荃克吉安後，撤遣所部之勇回湘，所統湖南援軍各營亦先後遣回湖南境，自率所部勇千人從公於建昌。二十六日，抵大營。

公留其勇爲親兵，謂之護衛軍。其營官、哨長亦每日傳見數人，視其能者獎拔之。

公弟國荃留營十餘日。

李公瀚章由廬州應調來營。

公核定在營委員、夫役等薪水、口糧章程，查核火器，大小炮位，抬槍、鳥槍等項所食子藥多少，輕重之數，爲表以記之。

十月十一日，公弟國荃回湘，公送之行，以『課子讀書』爲屬。

十六日，具摺〔七一〕奏保玉山、廣豐守城案内出力員弁，開單請獎。

又馳奏〔七二〕『調派官軍分道入閩并陳現在辦理情形』一摺。附片〔七三〕奏報：『疾疫盛行，從前所未見。張運蘭、蕭啓江、吴國佐等軍，報病多者千數百人，少或數百人，臣亦不忍亟催其進。劉長佑一軍積勞過深，患病尤衆，請移駐撫州調理。』奉上諭〔七四〕：『曾國藩奏辦理情形，朕亦不爲遥制。該侍郎惟當督飭將士，相機勦辦。探知何處有賊，即由何處進勦，以期迅殲醜類。至建昌等屬，疾疫流行，各營兵勇，現多染病，著該侍郎妥爲拊循，俾得迅速調治，無誤軍行。欽此。』

李忠武公續賓、公弟愍烈公國華於巴河相見，别後督軍入皖。八月，克太湖、潛山。九月，克桐城、舒城。兵勢甚鋭。時廬州復陷，賊屯聚三河鎮，李公續賓督軍攻三河賊壘。是月，賊酋陳玉成糾合大股援賊，連營圍之。官軍全覆，李公赴敵陣亡，公弟國華及在軍員弁兵勇從殉難者六千人，湘軍精鋭殲焉。舒城、桐城後路之軍相率潰退，楚、皖之間大震。都興阿公由宿、太進攻安慶之師，亦退屯鄂境。李公續宜撫定潰卒，屯於黄州。官文公奏請公移師援皖。奉寄諭以江西援閩之軍疾疫方盛，難以跋涉長途，詔起復胡林翼署理湖北巡撫，督辦軍務，以援皖北。

是月，公編記江、浙、皖、閩各省府州縣所屬山川阨塞，逐日記注，以爲常課。出示曉諭被賊州縣流亡户口，招集復業。

十一月，公聞三河之警，悲慟填膺，減食數日。作母弟温甫哀詞。專遣弁勇間行入皖北，收覓骸骨。

公核定大營閲視操練之期：每月逢三日，閲步箭刀矛之屬；逢八日，閲馬箭火器之屬。其時江西鄉團猶有截殺楚勇之案，公作愛民歌一篇，令軍中習誦之。

張公運蘭進軍福建邵武府，賊已悉數南竄，由汀州竄擾江西贛州、南安之境。

蕭公啓江軍至石城縣，值潮勇爲匪，擾亂縣境，蕭公捕討平之。

皖北軍覆後，賊之在景德鎮者，乘勢益張，江西之兵進剿失利。公乃調蕭啓江剿江西南路之賊；調張運蘭回軍建昌，移剿景德鎮，與劉于潯水師會剿。

二十六日，馳奏〔七五〕『分調官軍追剿閩省竄賊，移剿景德鎮股匪』一摺，附片〔七六〕奏蕭啓江軍過石城討捕潮匪一案。又奏〔七七〕『探明賊踪大略』一片。

胡公林翼營葬甫畢，馳至湖北，接受關防，進駐黄州，拊循士卒，人心稍安。

劉公長佑因軍中多病，由撫州撤遣楚勇回籍。

駱公秉章奏陳軍情緩急，請公由江援皖，奉上諭〔七八〕：

皖北賊勢鴟張，楚省邊防喫緊，諒曾國藩亦必有探報。此時閩省之賊已南趨漳、泉，距江西漸遠。若照駱秉章所請，令該侍郎移師赴皖，而留蕭啓江所部四千餘人防守江西，亦未始非權衡緩急之計。惟曾國藩所部各軍，多染疾疫，前奏尚須休息；且景德鎮尚有大股逆匪，隨剿隨進，亦非計日可到。著曾國藩豫爲籌度，如果閩省兵勇〔七九〕足資剿辦，而江西邊境防剿有人，自以赴援皖省尤爲緊要。不獨〔八〇〕廬州、省城可收南北夾攻之效，即上竄湖北之路亦可藉資堵扼。儻因汀州〔八一〕等處尚須兵力，一時不能移軍，或須俟景鎮股匪殲除，再回楚北，亦著斟酌具奏。欽此。

十二月十一日，公具摺覆奏〔八二〕：

近日賊勢，以皖江南北兩岸爲最重。皖南大山綿亘，自山以北久爲粵匪出没之區，自山以南現惟婺源縣、景德鎮兩處有賊。皖北賊勢浩大，實倍甚於皖南。論大局之輕重，則宜并力江北，以圖清中原；論目前之緩急，則宜先攻景鎮，保全湖口。臣已札張運蘭一軍，馳剿景鎮。至福建之賊，爲數無多，其回竄江西者，已飭蕭啓江一軍迅速追剿。

奉硃批〔八三〕：『所擬尚屬妥協。欽此。』公又附片〔八四〕奏目疾請假一月，在營調理。

李公鴻章來謁於建昌，因留幕中。

十五日，李元度假滿來營。王勛請假回籍。

十七日，張公運蘭等軍至景德鎮。吴國佐遇賊軍敗，公批飭責之，令其撤營回湘。

賊陷南安府城，蕭公啓江進軍攻之。

張公運蘭擊賊於景德鎮，破之。

是歲，二月，和春公、張公國梁克秣陵關，復進攻金陵。詔授何桂清爲兩江總督；前江西巡撫張芾督辦皖南軍務，駐徽州。七月，江南大營築長圍於金陵以困賊。九月，德興阿軍大潰於浦口，賊復陷揚州府城及儀徵、天長、六合等縣。温壯勇公紹原死於六合。張公國梁引兵渡江，克揚州。十月，捻匪李兆受以天長歸順，更名世忠。十二月，戴武烈公文英、鄧忠武公紹良剿賊於寧國府之黄池、灣沚，先後陣亡。

〔一〕奏報：見奏稿二，題作『吴坤修軍克奉新縣城摺』。按該摺與文俊會銜。

〔二〕又奏報：見奏稿二，題作『官軍克復建昌武寧及兩湖諸軍收復各縣城摺』。按該摺與文俊會銜。

〔三〕附片：見奏稿二，題作『目疾請假摺』。

〔四〕馳摺：見奏稿二，題作『報丁父憂摺』。

〔五〕上諭：見清實録文宗實録咸豐七年（一八五七）二月己酉（二十七日）『諭内閣』。又奏稿二呈請代奏謝恩摺引。

〔六〕奔喪回籍：清實録文宗實録作『回籍奔喪』。

〔七〕具呈：見奏稿二，題作『呈請代奏奔喪到籍日期摺』。

〔八〕上諭：見清實録文宗實録咸豐七年（一八五七）三月癸丑（初一日）『諭内閣』。又奏稿二附録明諭　答報丁父憂摺。

〔九〕個：清實録文宗實録無此字。

〔一〇〕所需……缺乏：清實録文宗實録作『其水師軍營所需糧餉最關緊要，著文俊設法籌辦，并咨照官文、胡林翼一體籌撥接濟，毋使缺乏』。按該語乃見於同日『諭軍機大臣等前據駱秉章奏曾國藩現丁父憂』中，底本將二條諭旨合并而言。

〔一一〕具呈：見奏稿二，題作『呈請代奏謝恩摺』。

〔一二〕大破之：太平天國史事日志載：五月二十四日，『湘軍道員王鑫敗太平軍於江西吉安府』。

〔一三〕具摺：見奏稿二，題作『瀝陳下情懇請終制摺（咸豐七年五月二十二日）』。

〔一四〕奉旨：奏稿二瀝陳下情懇請終制摺作『又蒙諭旨』。

〔一五〕上諭：見清政府鎮壓太平天國檔案史料第十九册，題作『諭内閣著曾國藩假滿即赴江西督辦軍務并署理兵部侍郎（咸豐七年閏五月初五日）』。又見奏稿二恭謝天恩并籲請開缺摺引。按諭旨爲閏五月初五日，不當繫於『初三日』前。

〔一六〕勇：諭内閣著曾國藩假滿即赴江西督辦軍務并署理兵部侍郎、奏稿二恭謝天恩并籲請開缺摺作『軍』。

〔一七〕覆書：見書信一與李元度（閏五月初三日）。

〔一八〕西：書信一與李元度作『右』。

〔一九〕憾：書信一與李元度作『恨』。

〔二〇〕具摺：見奏稿二，題作『恭謝天恩并籲請開缺摺』。

〔二一〕又具摺：見奏稿二，題作『瀝陳辦事艱難仍籲懇在籍守制摺』。

〔二二〕均須經地方官：瀝陳辦事艱難仍籲懇在籍守制摺作『何一不經由州縣』。

〔二三〕刻木質關防文：瀝陳辦事艱難仍籲懇在籍守制摺作『鐫該木質關防其文』。

〔二四〕文：瀝陳辦事艱難仍籲懇在籍守制摺作『其文』。

〔二五〕秋間又換刻文曰：瀝陳辦事艱難仍籲懇在籍守制摺作『秋間補缺又換刻』。

〔二六〕免：瀝陳辦事艱難仍籲懇在籍守制摺作『免於』。

〔二七〕將軍福興巡撫耆齡：瀝陳辦事艱難仍籲懇在籍守制摺作『將軍巡撫』。

〔二八〕上諭：見清政府鎮壓太平天國檔案史料第十九册，題作『諭内閣著准曾國藩先開兵部侍郎之缺暫行在籍守制（咸豐七年六月十九日)』。又見奏稿二欽奉兩次諭旨復奏摺(九月初九日)引。
〔二九〕上諭：見清實録文宗實録咸豐七年(一八五七)丁巳八月壬戌(十四日)『諭軍機大臣等』。又見奏稿二欽奉兩次諭旨復奏摺。
〔三〇〕具摺：見奏稿二,題作『欽奉兩次諭旨復奏摺』。
〔三一〕湖南目下……守制：奏稿二欽奉兩次諭旨復奏摺作『目下湖南全省肅清,臣仍當遵前旨暫行守制』。
〔三二〕撫臣奏：奏稿二欽奉兩次諭旨復奏摺作『湖南撫臣,再行奏』。
〔三三〕臣：奏稿二欽奉兩次諭旨復奏摺作『臣恪守禮廬』。
〔三四〕附片：見奏稿二,題作『此後不輕具摺奏事片』。
〔三五〕江西……擬函：奏稿二欽奉兩次諭旨復奏摺作『江西尚有一二經手未完事件,擬即函』。
〔三六〕硃批：見奏稿二欽奉兩次諭旨復奏摺後附。
〔三七〕克彭澤縣：太平天國史事日志載：咸豐七年(一八五七)九月二十二日,『湘軍臬司李續賓克復江西彭澤』。
〔三八〕克望江東流：太平天國史事日志載楊公載福率水師克望江在二十三日,克東流在二十四日。
〔三九〕抵安慶：太平天國史事日志載二十五日,『楊載福水師衝過安慶,攻破樅陽鎮壘五座,燒船八十餘號』。
〔四〇〕克銅陵縣：太平天國史事日志載二十八日,楊載福、李成謀克安徽銅陵。
〔四一〕馳奏：見胡林翼奏議卷二一(民國二十五年大東書局鉛印胡林翼全集本),題作『起復水師統將以一事權并密陳進剿機宜疏(七年九月二十六日)』。
〔四二〕上諭：見起復水師統將以一事權并密陳進剿機宜疏後附。按胡疏起用曾國藩『以一事權』建議,諭旨并未允准,云：『朕因該侍郎懇請終制,情詞懇切,且江西軍務,漸有起色,是以令其暫守禮廬。楊載福等統帶水師,既已著有成效,自應仍歸該總兵等相機調度,以專責成。曾國藩離營日久,於現在進剿機宜,能否確有把握,尚未可知。若待其赴潯督辦,恐有需時日,轉懈軍心。胡林翼久歷戎行,於軍務尚爲熟悉,著將省城公事,趕緊料理,即行馳赴九江,與都興阿、楊載福等會商妥辦,務使各營將士同心勠力,以期迅殄逆氛,共膺懋賞。』

〔四三〕附奏：見奏稿二，題作『酌擬報銷大概規模摺（十二月初七日）』。

〔四四〕一片：見奏稿二，題作『鄧輔綸捐造戰船片（十二月初七日）』。

〔四五〕一片：見奏稿二，題作『請飭部查銷李新華捐銀片（十二月初七日）』。

〔四六〕上諭：見清實録文宗實録咸豐八年（一八五八）五月乙未（二十一日）『諭軍機大臣等』。又奏稿二恭奏起程日期摺引。

〔四七〕止：清實録文宗實録作『祗』。

〔四八〕明降諭旨：清實録文宗實録作『諭』。

〔四九〕具疏：見駱文忠公奏稿卷十二籌議分軍援浙摺。

〔五〇〕上諭：見清實録文宗實録咸豐八年（一八五八）戊午六月己酉（初五日）『諭軍機大臣等』。又胡林翼奏議卷三一密陳督署司道各員附片引。

〔五一〕具摺：見奏稿二，題作『恭奏起程日期摺』。按當日日記作『十六日』。

〔五二〕硃批：見奏稿二恭奏起程日期摺后附。

〔五三〕是日：當日日記作『十六日』。

〔五四〕上諭：見清實録文宗實録咸豐八年（一八五八）戊午秋七月癸未（初十日）『諭軍機大臣等』。又奏稿二遵旨移師援閩摺引。

〔五五〕上諭：見清實録文宗實録咸豐八年（一八五八）戊午秋七月癸巳（二十日）『諭内閣』。又奏稿二遵旨移師援閩摺引。

〔五六〕與：據清實録文宗實録等校補。

〔五七〕上諭：見清實録文宗實録咸豐八年（一八五八）戊午秋七月癸巳（二十日）『諭内閣』。又奏稿二遵旨移師援閩摺引。

〔五八〕馳奏：見奏稿二，題作『遵旨移師援閩摺』。

〔五九〕又奏：見奏稿二，題作『廣豐玉山兩縣解圍摺』。

〔六〇〕附片：見奏稿二，題作『調喻吉山隨營差遣片』。

〔六一〕又奏：見奏稿二，題作『遴員總理糧臺及辦理營務處片』。

〔六二〕會奏：見奏稿二，題作『湖口建昭忠祠九江建塔齊布祠摺』。
〔六三〕又奏：見奏稿二，題作『湘鄉縣城建忠義祠摺』。
〔六四〕附片：見奏稿二，題作『調李瀚章來營片』。
〔六五〕馳奏：見奏稿二，題作『官軍攻克安仁縣城摺』。
〔六六〕附片：見奏稿二，題作『劉本杰陣亡請恤片』。
〔六七〕又片：見奏稿二，題作『請飭四川按月協餉片』。
〔六八〕又片：見奏稿二，題作『胡兼善請照知府軍營病故例議恤片』。
〔六九〕馳摺：見奏稿二，題作『移師由杉關入閩摺』。
〔七〇〕附片：見奏稿二，題作『請飭部給紀以鳳王家瓚執照片』。
〔七一〕具摺：見奏稿二，題作『遵保防守廣豐玉山兩城出力員弁摺』。
〔七二〕馳奏：見奏稿二，題作『調派官軍分道入閩摺』。
〔七三〕附片：見奏稿二，題作『各營患病情形片』。
〔七四〕上諭：見清實録文宗實録咸豐八年（一八五八）戊午十一月甲戌（初三日）『諭軍機大臣等』。又奏稿二，題作『附録廷寄　答調派官軍分道入閩等兩摺片』。
〔七五〕馳奏：見奏稿二，題作『分軍追剿閩省竄賊并移剿景德鎮股匪摺』。
〔七六〕附片：見奏稿二，題作『剿辦石城潮勇片』。
〔七七〕又奏：見奏稿二，題作『石達開踪迹不明片』。
〔七八〕上諭：見清實録文宗實録咸豐八年（一八五八）戊午十一月壬午（十一日）『諭軍機大臣等』。又奏稿二遵旨斟酌具奏摺引。
〔七九〕閩省兵勇：文宗實録、遵旨斟酌具奏摺作『閩省匪賊，本省兵勇』。
〔八〇〕獨：文宗實録、遵旨斟酌具奏摺作『但』。

〔八一〕汀州：文宗實録、奏稿二遵旨斟酌具奏摺作「汀州、寧化」。

〔八二〕具摺：見奏稿二，題作「遵旨斟酌具奏摺」。

〔八三〕硃批：見奏稿二遵旨斟酌具奏摺後附。

〔八四〕附片：見奏稿二，題作「目疾請假片」。

曾文正公年譜卷六

己未　**咸豐九年（一八五九），公四十九歲。**

正月，公在建昌營中。奉諭旨〔一〕通籌全局。

十一日，公具摺〔二〕奏稱：

數省軍務，安徽喫重，江西次之，福建又次之。計惟大江兩岸，各置重兵，水陸三路，鼓行東下。剿皖南，則可以分金陵之勢；剿皖北，則可以分廬州之勢。北岸須添足馬、步軍三萬人，都興阿、李續宜、鮑超等任之；南岸須添足馬、步軍二萬人，臣率張運蘭等任之；中流水師萬餘人，楊載福、彭玉麟任之。至江西軍務，分南北兩路，臣當與撫臣耆齡分任之。粤賊勾結捻匪，近來常以馬隊衝鋒，擬調察哈爾馬三千匹，募馬勇數千，擇平曠之地，馳騁操習。臣願竭數月之力，訓練成熟，皖、豫軍務可期大有起色。

附片〔三〕請敕健鋭營、内外火器營，選派精練弓馬、曾經戰陣之員，咨送來營。并奏調翰林院編修郭嵩燾、禮部主事李榕二員。又片〔四〕奏江西南路防剿喫緊，暫難移師北行，請飭贛南鎮總兵饒廷選帶兵來江，駐防南路。

是日，又奏〔五〕陳明『李續賓死事甚烈、功績最多』一摺。又奏〔六〕陳『臣弟曾國華殉難情形』一摺。

奉上諭〔七〕：

巡撫銜浙江布政使李續賓前在三河陣亡，業經降旨優加褒恤。茲據曾國藩臚陳該員功績具奏，覽之益深悼惜。李續賓從軍數載，所嚮成功，及其見危授命，麾下將士無一偷生，實有古名將之風。允宜垂諸信史，百世流芳。著將曾國藩此奏交國史館采入列傳，以示褒嘉。欽此。』

又奉上諭〔八〕：『曾國藩奏伊弟曾國華殉難情形一摺。候選同知曾國華在三河鎮殉難，當經降旨追贈道員，從優議恤。該故員歷著戰功，一門忠義，著再加恩賞給伊父曾驥雲從二品封典，以示褒嘉。欽此。』同日，又奉上諭〔九〕：

曾國藩奏遵籌全局，請添馬隊進取一摺。該侍郎統籌全局，意在并力大江兩岸，爲節節進剿之計，所見甚是。惟現在江西南贛等處賊氛尚熾，該侍郎未能即日北行。俟南路稍鬆，再赴楚、皖交界，籌辦大局。編修郭嵩燾現隨僧格林沁前赴天津，俟該處撤防，再降諭旨。主事李榕已令赴營差委。汝弟曾國華在三河陣亡，可嘉可憫，業經追贈道員，從優賜恤。該員之子，例有應得世職。本日復明降諭旨，賞給伊父曾驥雲從二品封典，以示褒獎。欽此。

公作聖哲畫像記，圖畫昔時聖賢先儒三十三人，係之以說明，抗希古人之意。略依孔門四科及近世桐城姚氏論學以義理、考據、詞章三者，分門依類而圖之。

官軍攻景德鎮，小挫。公調駐防廣信之平江勇等營赴鎮助剿，飭張運蘭等堅守營壘，與賊相持，軍心以安。

蕭公啓江擊賊於南康縣，大破之，克新城墟及池江賊壘。

二月初三日，蕭公啓江等攻克南安府城，收復崇義縣城。賊酋石達開糾黨西竄，入湖南境。

初四日，公在營中行大祥祭禮。

初九日，奏報〔一〇〕蕭啓江一軍勝仗，陣亡將弁龍復勝等十七名請恤。又奏〔一一〕『張運蘭一軍攻剿景德鎮情形』一摺。彙奏〔一二〕水陸各軍陣亡、病故員弁何長庚等八十員名，開單請恤。又奏〔一三〕『彙保新城、安仁兩案老湘營、平江營出力員弁兵勇，開單請獎』一摺。

是日，又具摺〔一四〕謝弟國華從優賜恤恩。又摺〔一五〕恭謝年終恩賞。附片〔一六〕奏：『鄧輔綸捐造戰船請叙一案，經工部咨查何項工例。臣查江、楚創造戰船，本係臣新立規模，并未仿照他省戰船成式，實無工例可援。仍請照前案議叙。』奉硃批〔一七〕：『著照所請獎勵。該部知道。欽此。』

十一日，公查核報銷七柱清單。

公聞閩省已無賊擾。十二日，由建昌拔營，移駐撫州。

李忠武公遺骨，經難民收得，負送大營。胡公林翼遣弁覓得公弟愍烈公遺骨，而喪其元。公聞，而益悲之。胡公委員弁先後斂送回湘。

十五日，公在途次馳摺〔一八〕奏報：『蕭啓江一軍協同各勇攻克南安府城，現在引兵馳援信豐縣，江省南路可望肅清。』隨摺奏保道員蕭啓江，請加『勇』號。附片〔一九〕奏移軍撫州，距景德鎮較近，軍中聲息易通。

又具摺〔二〇〕恭謝天恩，并奏稱：『臣胞叔曾驥雲，臣在侍郎任内恭遇兩次覃恩，曾邀貤封至正一品光禄大夫，兹復渥荷褒嘉之典，誥軸則祇領新綸，頂戴則仍從舊秩。』奉上諭〔二一〕：『前因曾國藩奏伊弟曾國華殉難情形，當經賞給曾國華之父曾驥雲從二品封典。本日曾國藩謝恩摺内聲明，曾驥雲曾邀貤封正一品封典等語。所有曾國華之子曾紀壽，著再加恩，俟及歲時，由吏部帶領引見，以示朕褒崇忠節有加無已之至意。欽此。』

十六日，公至撫州，賃城内謝氏宅以爲行館。

蕭公啓江援剿信豐縣，力戰，賊解圍去。賊之竄湖南者，連陷桂陽、郴州各城邑，攻撲永州府，江西南境餘匪相繼西竄。公乃調蕭啓江一軍馳赴吉安府境，以爲湖南援應之師。駱公秉章亦奏調蕭啓江由間道回軍湖南，聽候調遣。自是南路軍餉不復關公慮矣。

公以景鎮之賊久攻未克，委副將朱品隆、游擊喻吉三、知縣張岳齡、縣丞凌蔭廷等回湖南，續招鄉勇四千人，赴撫州訓練，以備攻剿。

二十七日，派委員弁巡查撫州城防。

二十八日，具摺〔二二〕奏謝弟國荃保選用知府加道銜恩。

又奏報〔二三〕『蕭啓江一軍力解信豐城圍，現在飛調該軍馳赴吉安爲湖南援應』一摺，陣亡將弁李先益、李楚文、黄龍光、劉文友請恤。附奏〔二四〕『添招練勇，即由江西添籌月餉』一片。

三月，朱品隆等所募鄉勇先後抵撫州。公按日閲操，傳見各營哨官，時時訓飭之。

十三日，張公運蘭擊賊於景德鎮，軍勢復振。

劉公騰鶴領湘軍駐防湖口。皖南之賊竄陷建德，劉公進剿陣亡。公調派平江勇千人，委知府屈蟠領之，以防湖口。

二十六日，奏報〔二五〕『景德鎮官軍兩月以來攻剿情形』一摺，陣亡將弁喻福慶、易福陞等五十二員名，開單請恤。附片〔二六〕奏添募湘勇在撫州教練，俟吉安防務稍鬆，即調派各營合攻景鎮之賊。又具摺〔二七〕奏謝曾紀壽由吏部帶領引見恩。

是月，李武愍公孟群攻剿廬州陣亡。

四月，湖南永州解圍，賊以全股圍撲寶慶府城。

公弟國潢治團練於鄉邑。湘勇從軍在外者，人懷家鄉之慮，公札飭各營官禁勇丁告假回籍。委員至衡州府城，坐探湖南賊勢軍情，三日一報，隨時函告各營以慰之。公出城閱視操演，其隊伍整齊者，亟犒賞以獎勵之。

二十五日，拜發萬壽賀摺，專弁入都。

二十七日，公弟國荃到撫州營。

五月初九日，公與弟國荃設次行釋服禮，仿通禮中品官祭儀而略變通以行之。

初十日，派調湘軍之在撫州者，舊部四營、新募者七營，爲數共五千八百人，公弟國荃總領之，赴景德鎮助剿。李公鴻章同往贊畫。

二十二日，總兵饒公廷選來見公。

二十六日，奏報『楚軍進攻景德鎮連獲勝仗，現在添軍助剿』一摺〔二八〕。附片〔二九〕奏飭九江道沈葆楨赴本任，調總兵饒廷選接防廣信。

又奏〔三〇〕記名道編修李鴻章留營襄辦軍務，檄令會同曾國荃等督剿景鎮。又奏〔三一〕陳明服闋日期一片。

時公麾下各軍悉赴景德鎮，其留防撫州者千數百人，皆本歸江省調度之營籍，公爲之鎮撫而已。

六月初三日，禮部主事李榕來撫州見公。

湖南賊圍寶慶久不解，蕭公啓江軍亦至寶慶。總督官文公奏：『探知湖南賊勢將竄入蜀，請令公帶兵赴夔州一帶擇要扼守。』奉上諭〔三二〕：

官文奏請飭曾國藩迅赴夔州一摺。詳覽該大臣所奏各情，實爲通籌大局起見。本日已諭令有鳳派兵扼要嚴防。惟該省兵力恐不能當此悍賊。曾國藩前派蕭啓江帶兵援剿湖南，現在湖南喫重，此一軍自未能調回。此外如江西、湖北等〔三三〕兵，素稱得力，著曾國藩即日統帶由楚、江前赴四川夔州扼守，以據兩湖上游之勢。儻賊踪竄至，即可有備無患。至江西景德鎮之賊，尚未剿平，著曾國藩斟酌情形，咨商耆齡，妥爲布置。俾得迅埽逆〔三四〕氛，不至顧此失彼，是爲至要。欽此。

公弟國荃督軍至景德鎮，三戰皆獲勝。十四日，克景德鎮。賊竄浮梁縣。十五日，公弟國荃、張公運蘭等追擊賊於浮梁，克之。賊潰入徽州境。江西全省肅清。

十八日，復奏〔三五〕寄諭防蜀一摺，奏稱：『臣所部兵勇爲數無多，目下景德鎮攻剿之師，難以遽行抽動。若令由鄂赴蜀，應須兵力稍厚，乃可携以入峽。』

維時湖南寶慶賊勢猶盛，湘軍既克景鎮後，弁勇等思歸尤切，勢不能止。公乃調張運蘭引軍回湘，以援寶慶。擬自率六千人溯江西上，至宜昌駐軍，扼湖廣之西路。

二十二日，馳奏〔三六〕『克復景德鎮及浮梁縣城，江西全省肅清』一摺，奏稱：『曾國荃係臣親弟，不敢仰邀議叙。』隨摺奏保道員張運蘭、王文瑞、游擊任星元三員；陣亡都司李印典、守備向其昌、陳玉才、高成春請恤。附片〔三七〕奏：『調張運蘭一軍會剿寶慶，以副弁勇迫救桑梓之情，可期得力。臣擬先駐湖北宜昌等郡，如賊果入川，再行酌量前進。』

又奏〔三八〕保『已革編修吴嘉賓，前奏保升同知，經吏部核駁，請以内閣中書選用，并加五品銜』。又片〔三九〕奏副將黄翼升復姓歸宗一案。

二十八日，張公運蘭拔營回湘。

公弟國荃率吉字中營拔赴撫州。

公飭調朱品隆等軍由景鎮拔營，取道湖口，渡江駐軍於小池口。

七月初一日，公弟國荃至撫州。公作林君殉難碑記，刊石立於撫州城外林源恩殉難之處，以表其忠。

初六日，奏報〔四〇〕『景鎮官軍分兩路赴楚拔營日期』一摺。奏保〔四一〕蕭啓江一軍南安、信豐兩案出力員弁，開單請獎。附片〔四二〕奏：『臣前在江西重整水師，設立楚師、子藥、炮位三局，歷時三載有餘，始行裁撤，請將該局員量予保獎。』

公弟國荃以病留撫州數日。

初七日，公由撫州啓行，紳民酌酒於路，以餞公行。

初十日，公行抵南昌省城。奉上諭〔四三〕：『現在江西全省一律肅清，剿辦甚爲得力。曾國藩調度有方，著交部從優議叙。在事出力之道銜候選知府曾國荃，著免選知府，以道員用。欽此。』

李公續宜由黄州率軍回援湖南，擊賊於寶慶城外，大破之。石達開竄入廣西境，湖南解嚴。

公弟國荃病愈，由撫州拔營回湘。

公弟國葆更名『貞幹』，從軍於黄州，胡公林翼奏留辦理軍事。是月至撫州，旋至南昌見公。

沈公葆楨見公於南昌。

十五日，公登舟啓行，李公瀚章、鴻章皆從。

十七日，泊吴城鎮。李公瀚章所設報銷總局在焉。

十八日，核閲報銷清册。

十九日，泊湖口。彭公玉麟、楊公載福來見。

公棹小舟石鐘山下，作湖口水師昭忠祠記，彭公立石焉。

是月，奉上諭〔四四〕：『該侍郎原摺所稱駐紥宜昌等處，即可穩占上游。但〔四五〕爲鎮守湖北起見，尚未籌防蜀省。曾國藩當熟思大勢，應如何定計之處，詳悉馳奏，毋得遷延。欽此。』又奉上諭〔四六〕：『曾國藩雖先駐宜昌等處，仍當偵探賊情。如寶慶一帶未能遏其入川之路，即當親督兵勇赴蜀，以便調度，堵剿機宜，未可遷延貽誤。欽此。』又奉暫留兵勇赴徽州會剿之旨，又奉酌撥兵勇留防江西之旨〔四七〕。二十五日，『復奏四次諭旨』一摺〔四八〕，奏稱：

江西北路，饒州有劉于潯一軍，彭澤有普照承堯一軍。臣與耆齡熟商，擬令饒廷選、吴坤修各添置一軍，或以留防本省，或以助攻皖南。臣所帶領人數無多，不能抽撥赴皖，亦不能酌留防江。臣籌防全蜀，斷不能遷延貽誤。俟抵鄂後，察看賊勢，與官文、胡林翼會商，再行馳報。

是日，又奏摺〔四九〕恭謝天恩交部優叙弟國荃以道員用。

公舟次湖口。所調朱品隆、唐義訓等營咸集，駐營於江之兩岸，觸暑多病。公留湖口旬日，令各營休息醫調。

八月初一日，札調朱品隆等拔營，由陸路赴鄂，駐紮巴河。公舟解纜，溯江而上，泊九江，謁先賢周子墓。

十一日，行抵黄州。

與胡公林翼相見於行館。留七日而行。

公在舟中，定每日静坐讀書日課。武昌門人張裕釗謁見公舟中，公教以文詞甚詳。

途次奉到上諭〔五〇〕：『官文奏皖省賊勢日張，籌議由楚分路剿辦一摺。皖省粵匪與捻匪勾結，蔓延日甚。官文以寶慶解圍，敗賊悉數南竄，川省已有備無患，請飭曾國藩緩赴川省，暫駐湖口，分軍四路進剿皖省。所籌實於大局有益。曾國藩如已啓程赴鄂，著與官文商酌。如湖南大局已定，川境可保無慮〔五一〕，即暫駐湖北，調〔五二〕回湖南各軍，爲分路進剿皖省之計。等因。欽此。』

二十三日，公至武昌省城。

與官文公會商軍事。留旬日。

是月，公弟國潢、國荃還葬竹亭公、江太夫人於臺洲新塋。　胡公林翼委公弟貞幹回湘募勇二營，赴鄂助剿。

九月初三日，公由武昌解纜回黃州。

與胡公林翼商籌進兵皖省之途，須分四路：循江而下者爲南二路，循山而進者爲北二路。胡公撥派兵勇十營隸公麾下。

初五日，至巴河登陸，駐陸營中。

接見各營營官、哨長，簡校軍實。胡公林翼至公營視師。

十二日，馳奏〔五三〕『遵奉諭旨會商大略，由鄂省回駐巴河』一摺。催調蕭啓江一軍剋日前來，會師東下。

副都統多隆阿公攻克石牌賊壘，進規安慶。

二十五日，公至黃州。留二日，還營。

李公鴻章奉旨授福建延建邵遺缺道，留公營幕中，不之任。

兩淮賊氛肆擾，勝保、翁同書督師屢失利。漕運總督袁公甲三奏請以公一軍由河南光、固進剿，遏賊北竄，奉上諭〔五四〕：『袁甲三等所慮，不爲無見。著官文、曾國藩、胡林翼再行悉心籌酌。至此次官文等會籌大舉，關係全局利害，總須計出萬全，不妨稍遲時日，謀定後動也。欽此。』

十月初一日，核定馬隊營制章程。

初二日，公弟國荃領所部吉字營勇至巴河。

公弟貞幹領所招鄉勇至黃州。初八日，見公於巴河。

十七日，會奏〔五五〕悉心籌酌一摺，奏稱：

逆賊洪秀全踞金陵，陳玉成踞安慶，竊號之賊也；石達開竄擾楚、粵，流賊之象也；皖、豫諸捻，股數衆多，分合不定，亦流賊之類也。目前要策，必先攻安慶，以破其老巢，兼搗廬州，以攻其所必救。現擬四路進兵之局：第一路，由宿松、石牌以規安慶，臣國藩任之；第二路，由太湖、潛山以取桐城，多隆阿、鮑超任之；第三路，由英山、霍山以取舒城，臣林翼任之，先駐楚、皖之交，調度諸軍，兼籌轉運；第四路，由商城、固始以規廬州，調回李續宜一軍任之。湘勇久戰江濱，於淮北賊情地勢，不甚熟悉，能否繞出懷、蒙以北，應俟李續宜到後，察看情形，再行奏明辦理。

附片〔五六〕奏：李續宜因母病請假歸省，先調該道所部各營回鄂，由北路進發。

又具摺〔五七〕奏保員外郎胡大任、道員厲雲官，請特旨記名簡放，以昭激勸。又附片〔五八〕請旨飭浙江巡撫羅遵殿月籌餉銀四萬兩，解交湖北糧臺。

是日，公專銜奏〔五九〕保張運蘭等軍克復景鎮、浮梁案内出力員弁，開單請獎。附片〔六〇〕奏江西紳士劉錫綬報捐餉銀壹萬兩，請照例給奬。

又奏〔六一〕參將鄔世蓮復姓歸宗一案。又片〔六二〕奏報目疾未痊，兼患頭暈，請假一月，在營調理。

奉上諭〔六三〕：

曾國藩著賞假一月，在營調理。該侍郎一路兵勇，既待另籌，而李續宜亦係獨當一面，復因母病給假，是四路中已有二路急難進征。於皖北待援情形，實有緩不濟急之勢。至所稱『先圖安慶』『兼搗廬州』等語，所籌尚屬周妥。但恐言之易，而行之難。所有前諭派出〔六四〕一軍，取道光、固、潁州，繞出懷、蒙以北之處，仍著官文、曾國藩、胡林翼悉心籌酌辦理。欽此。

二十四日，公督各營拔營入皖，分爲前後幫啓行。

公弟國荃請假回湘。

十一月初三日，公駐軍於黄梅縣。

十三日，拔營進駐宿松縣。公統領步隊二十營、馬隊一營，派朱品隆、李榕總理營務處。

蕭公啓江、張公運蘭兩軍，由湖南分途出境，援剿兩粤。公兩次奏調蕭啓江一軍，諭旨飭調張運蘭赴皖，均經廣西、湖南奏留。

十九日，奏報〔六五〕『入皖日期』一摺，奏稱：『蕭啓江、張運蘭兩軍，均不調回。諭旨另籌一軍，繞赴淮北，由臣官文會奏辦理。』

前月，通籌四路進剿之議，由公主稿。其後奏報各路軍情，多由胡公林翼主稿，公會銜而已。

十二月，胡公林翼由黄州拔營進軍英山，公弟貞幹從之。公調派前幫十營，以朱品隆、李榕總領之，進駐太湖縣。派委彭山屺總理營務處。公與營官講求堅壘浚濠之法，濠深丈有五尺，躬親巡視量度，雖風雪不避也。

是月，公弟國潢、國荃遷葬星岡公、王太夫人於大界新塋。江西巡撫耆齡公調任廣東。公乃作畢君殉難碑記，刻石立於景德鎮畢剛毅公陣亡之處。

是歲，和春公奏劾德興阿罷職，江北大營不復置帥，詔和春兼轄之。周武壯公天培陣亡於浦口。勝保丁憂，陳請回京穿孝。以袁甲三爲欽差大臣，與南河總督庚長督辦軍務，攻克臨淮關，袁公駐守之。

庚申　咸豐十年（一八六〇），公五十歲。

正月，公在宿松大營。

賊酋陳玉成大股由安慶上犯小池驛，圍撲鮑超營甚急。公與胡公林翼調派各營援之，飛札調蕭啓江一軍馳回援皖。每遇寒風、雨雪、沈霾、陰曀之晨，則終日惶然以前敵爲慮。

二十五日，多隆阿、鮑超大破賊於小池驛。二十六日。擊破賊壘七十餘座，克太湖、潛山兩縣城。賊下竄。

公叔父高軒公，卒於家。

蕭公啓江軍至長沙，駱公秉章派令援皖。公以陳逆敗退，皖軍解嚴，而蕭啓江一軍叠奉旨令赴蜀，遂咨湖南，止其前來。蕭公乃引軍由常德入川。

是月，張公國梁攻克沿江賊壘。　袁公甲三克鳳陽府城，而穎州府又爲賊所陷。　石達開踞廣西之慶遠府，分擾湖南、廣東邊境。

二月初五日，聞高軒公訃，悲痛，目疾復劇。

初六日，專摺〔六六〕奏謝年終恩賞。專差賫部監執照一百八十七張，歷年籌餉勸捐所餘者，具摺〔六七〕奏繳。附片〔六八〕報：『官軍大捷，擬分路進剿。臣目疾復發，又得臣叔父曾驥雲病故之信，請假四十日，在營調理。』

初七日，公入宿松縣城，設次成服，設奠服衰。十有四日，公弟貞幹自太湖營來，就次成禮。

官文公、胡公林翼會奏〔六九〕小池驛大勝，克復太湖、潛山兩縣，奉上諭〔七〇〕：『官文、胡林翼、曾國藩督師進剿，調度有方，著先行交部從優議叙。欽此。』

二十日，公改服還營。

公每日黎明即出，巡視營牆，按期閲視操練。雖羽檄交馳，而不廢書史。是月，始輯録經史百家雜鈔，以見古文源流，略師桐城姚氏鼐之意而推廣之。

李公續宜假滿到鄂，尋赴大營。

張公國梁攻金陵上下關賊壘，克之。

皖南之賊陷涇縣及廣德州，竄入浙江境。張公玉良由金陵大營分兵援浙。

二十七日，杭州省城陷，羅壯節公遵殿等死之。

三月初一日，探明安慶城内賊踪之强弱多寡及城外賊壘拒守之形勢，定計攻之。

初五日，李公續宜來見，籌度分兵進剿。議以公所部攻圍安慶，多隆阿公圍攻桐城，李公駐軍於青草塥以爲援。

鮑超傷病發，請假回籍。

二十六日，公調所部吉字等營拔赴安慶。

是月，杭州將軍瑞昌公督駐防兵，堅守滿城，賊攻之不下。提督張公玉良以援兵至，克復杭州省城，尋收復廣德州。賊竄陷建平、東壩、溧陽，糾皖南大股，萃於金陵。

閏三月初五日，奏摺〔七一〕恭謝天恩交部優叙。又奏〔七二〕『景德鎮、浮梁案内保舉文員遵部議分晰開單,聲明各員勞績』一摺。

十一日,會奏鄂、皖軍情一摺。又奏〔七三〕保『小池口擊破援賊,克復太湖、潛山三案出力員弁,開單請獎』一摺。

十四日,作何君殉難碑記,立石於英山縣何文貞公殉難之處。

二十二日,編經史百家古文雜鈔成,又約選四十八篇以爲簡本。

公寄書家中,名其所居曰『八本堂〔七四〕』,其目曰:『讀書以訓詁爲本,詩文以聲調爲本,事親以得歡心爲本,養生以少惱怒爲本,立身以不妄語爲本,居家以不晏起爲本,居官以不要錢爲本,行軍以不擾民爲本。』

二十六日,李元度來見公。公派令綜理宿松大營營務處。

二十七日,公弟國荃到營。公令督勇攻安慶集賢關賊壘。

左公宗棠自英山來見公。

是月,賊攻陷江南大營,官軍潰走丹陽。張忠武公國梁陣亡。欽差大臣忠壯公和春受傷,卒於滸墅關。賊陷丹陽縣,攻常州府城。總督何桂清退走常熟,江、浙戒嚴。詔令公傳旨荆州將軍都興阿,馳赴江北,辦理軍務。

四月,奉上諭〔七五〕:

江、浙安危,在於呼吸。曾國藩現紮安慶,若與楊載福率領所部水陸各軍,迅由東流、建德一帶,分剿蕪湖,并入寧境,以分賊勢而顧蘇、常,於東南大局實有裨益。惟安慶賊勢頗衆,曾國藩能否舍安慶而東下，著酌度情形，相機辦理，迅速奏聞。有人奏『左宗棠熟悉形勢，運籌決策，所嚮克敵，現在賊勢披猖，東南蹂躪，請酌量任用』等語，應否令左宗棠仍在湖南本籍襄辦團練等事，抑或調赴該侍郎軍營，俾得盡其所長，以收得人之效，并著曾國藩酌量辦理。欽此。

初二日，羅壯節公靈柩自浙歸宿松，公派隊迎護。尋與胡公林翼詣其家祭之。

十三日，馳摺〔七六〕復奏：『臣軍萬餘人，兵力單薄，若盡撤赴蕪湖，則桐城之師不能獨立。左宗棠剛明耐苦，曉暢兵機，當此需才孔亟之時，無論何項差使，求明降諭旨，必能感激圖報。』附片〔七七〕奏：『目疾未痊，肝氣復發，軍中又乏著名統將，擬調張運蘭一軍前來，以厚兵力。』

左公宗棠留營中兩旬，昕夕縱談東南大局，謀所以補救之法。十八日，左公回湘募勇；奉旨以四品京堂候補，襄辦軍務〔七八〕。

二十日，公核定報銷稿案。

賊攻陷常州府城，連陷蘇州省城，江蘇巡撫徐莊愍公有壬死之。奉上諭〔七九〕：『曾國藩規取安慶，頓兵堅城，即使安慶得手，而蘇、常有失，亦屬得不償失。全局糜爛，補救更難，爲今之計，自以保衛蘇、常爲第一要務。著官文、曾國藩、胡林翼熟商妥議，統籌全局。等因。欽此。』

是時，都中猶未聞蘇、常已失。公接奉諭旨，咨商胡公林翼，稱蘇、常業已失守，救援不及。據安慶各營搜獲逆首陳玉成僞文，定於秋間兩路大舉，上犯湖北、江西。欲合江西、兩湖三省之力，防禦陳逆秋間大舉之狡謀。如能并力擊退，再行分兵馳赴下游，圖復蘇、常也〔八〇〕。又咨商江西、湖南巡撫。

賊由蘇州犯浙江，陷嘉興府，張公玉良引兵退守杭州。奉旨：何桂清革職逮訊〔八一〕，以張玉良暫署欽差大臣關防，總統江南諸軍〔八二〕。又奉上諭〔八三〕：『曾國藩著先行賞加兵部尚書銜，迅速馳往江蘇，署理兩江總督。欽此。』又奉上諭〔八四〕：『目下軍情緊急，曾國藩素顧大局，不避艱險，務當兼程前進，保衛蘇、常，次第收復失陷地方，重整軍威，肅清醜類，朕實有厚望焉。欽此。』

是月，蕭壯節公翰慶奉調援浙，陣亡於湖州。蕭壯果公啓江卒於四川省城。胡公林翼奏請以左宗棠入蜀，接統湘軍。劉公長佑、蔣公益澧克廣西慶遠府城，賊竄貴州境。

五月初三日，拜摺〔八五〕恭謝天恩署兩江總督。又馳摺〔八六〕復奏通籌全局并辦理大概情形，奏稱：

目下安慶一軍已薄城下，關係淮南全局，即爲克復金陵張本，不可以遽撤。臣奉恩命，權制兩江，必須帶兵過江，駐紮南岸，以固吴會之人心而壯徽、寧之聲援。無論兵之多寡、將之强弱，職應南渡，不敢稍緩。擬於江之南岸，分兵三路：一由池州進規蕪湖，與楊載福、彭玉麟水師就近聯絡；一由祁門進圖溧陽，與張芾、周天受等軍就近聯絡；一分防廣信以至衢州，與張玉良、王有齡等軍就近聯絡。臣函商官文、胡林翼酌撥萬人，先帶起程，仍分遣員弁回湘添募勁勇，趕赴行營，以資分撥。至於餉糈軍械，必以江西、湖南爲根本。臣咨商兩省撫臣，竭兩月之力，辦江、楚三省之防。布置漸定，然後可以言剿。

又具摺〔八七〕奏請起用告養回籍道員沈葆楨，馳赴江西，仍辦廣信防務。附片〔八八〕奏陳察看海漕兼保鹽場之利。又片〔八九〕奏請敕下湖南撫臣，迅催張運蘭一軍，取道江西至饒州一帶，聽候調遣。又奏〔九〇〕委道員李元度馳赴湖南，另募平江新勇三千，與饒廷選之平江勇五營合爲一軍，防剿廣信、衢州一路。又片〔九一〕奏：

請設糧臺於江西，委江西藩司總辦，添委道府數員幫同辦理。自咸豐三年至十年五月，由臣分作三案，造册報銷。自接受總督印務以後，即由江西藩司報銷，以專責成而免牽混。另設江西通省牙厘局，遴委大員專管。此後江西錢漕歸撫臣經收，以發本省兵勇之餉；牙厘歸臣經收，以發出境征兵之餉。

疏入，奉上諭〔九二〕：『曾國藩奏統籌全局并辦理大概情形，甚合機宜，即著照所擬辦理。胡林翼奏保之左宗棠一員，前已有旨賞給四品京堂，令其襄辦曾國藩軍務矣。欽此。』又奉上諭〔九三〕：『曾國藩現署兩江總督，軍務、地方均屬責無旁貸。所請調張運蘭一軍，本日已寄諭駱秉章，飭令該道前赴該署督軍營，聽候調遣。等因。欽此。』

公自奉到署兩江總督之旨，與胡公林翼函商兵餉大計：籌餉以江西爲本，籌兵以兩湖爲本。調鮑超所部六千人，朱品隆、唐義訓所領二千人，楊鎮魁所領千人，渡江而南，駐軍徽州之祁門。其圍攻安慶之師，堅壘不撤，攻剿之事，以公弟國荃任之。

初六日，專弁〔九四〕遞萬壽賀摺。又專摺〔九五〕奏：『歷年軍需支給官弁兵勇鹽糧等款，照例造册，分送部科核銷。自咸豐三年起至六年十二月止，是爲報銷第一案。』

初九日，李元度回平江募勇。

十五日，公登舟啓行。朱品隆等拔營由陸路至華陽鎮渡江，期集於祁門。

十六日，舟泊老洲頭，宿松紳民數千人，餞送於江干。

十七日，馳奏〔九六〕『欽奉諭旨先行覆陳并報起程日期』一摺。又具摺〔九七〕奏：

預籌三支水師，俟皖南賊勢稍定，即行分途試辦。查淮揚裏下河產米最多，而鹽場爲大利所在，非於淮安急辦水師，造船購炮，實有岌岌不保之勢。欲克金陵，必先取蕪湖。欲取蕪湖，必於寧國另立一支水師，徧布固城、南漪諸湖，與外江水師爲夾攻之勢。蘇州既失，四面皆水，賊若阻河爲守，陸軍無進兵之路。欲攻蘇州，必於太湖另立一支水師。此三者，皆目前之急務。如力不能兼，則先辦淮揚、寧國二支；力仍不逮，則專辦淮揚一支。蘇省財賦之區，淪陷殆遍，若不設法保全，則東南之利盡失矣。

附片〔九八〕奏保：『彭玉麟任事勇敢，勵志清苦，實有烈士之風。如須興〔九九〕辦水師，再行奏請簡派。湖南道員李瀚章，廉正樸誠，遇事精核，請以道員改歸江西，遇缺簡用，與署藩司李桓會辦江西通省牙厘事務。』又片〔一〇〇〕請：『敕下户部，查明京倉米石存餘若干，咨行到臣，俾得斟酌緩急，設法籌辦。』又奏〔一〇一〕：『調飭下游水師總兵吴全美、李德麟所領師船，分扼狼山、福山、焦山、瓜洲一帶江面，與揚州陸軍聯絡，無任賊船得渡北岸，以保全裏下河爲主。』又奏〔一〇二〕：

鄂省爲用兵之樞紐，據上游之形勝，全局攸關，一有疏虞，則南六省之奏報不能達於京師矣。臣與都興阿分調萬數千人，撥餉數萬，湖北之力，甚形竭蹶。應請嗣後無再抽撥該省兵勇，俾官文、胡林翼等勉力支持，不蹈金陵覆轍，天下幸甚。

二十日，李公瀚章赴江西辦理牙厘局。公行泊華陽鎮，彭公玉麟來見。

二十一日，泊黃石磯。公弟國荃、貞幹，楊公載福皆來見。公派委員弁察看皖南山路。

二十三日，札江西糧臺支發銀數千兩，委守備成名標赴廣東購買洋炮。

二十六日，飭諭巡捕、門印、簽押各員弁吏役，約以三條〔一〇三〕：

一、不許凌辱州縣；二、不許收受銀禮；三、不許薦引私人。

凡六百餘言。

二十七日，登陸，行至東流。

二十八日，至建德。巡視普承堯營壘，接見各營哨官。

是月，張玉良革職留營，以瑞昌公總統江南諸軍。江蘇巡撫薛煥駐上海，暫署兩江總督印務。

松江府失守，官軍旋復之。

六月初三日，公駐建德縣。馳摺〔一〇四〕奏：

安慶之圍不可撤動，蓋取以上游制下游之勢。臣南岸一軍，先守徽、寧要縣，暫不深入，庶免賊抄我後路之虞。至於地方公事，未可置爲緩圖。臣在皖南駐紮行營，仍於安慶水次設立老營，規模與行省衙署相似。歷年文卷，概存水次官署，專委司道大員經管。其地方尋常事件，即令代折代行，緊要者彙封送營核辦。此臣兼管地方，變通辦理之大概也。

附片〔一〇五〕奏已革守備成名標請開復原官。又片〔一〇六〕奏：『水師各營候補候選人員，請援照咸豐六年奏准前案，各照升銜，給予封典。』又片〔一〇七〕奏調四川萬縣知縣馮卓懷來營差委。又奏〔一〇八〕副將成發翔復姓歸宗一案。

初四日，拔營啓行。

初九日，途次奉到上諭〔一〇九〕：

曾國藩現已抽調兵勇萬人，由宿松進駐祁門，俟鮑超、張運蘭、李元度到後，即行分路進兵，具見胸有成竹，謀定後戰。惟蘇省待援迫切，該署督惟當催令鮑超等迅速來營，會籌進剿。但能援師早到一日，即早一日救民水火，實深殷盼。該署督現統兵勇較單，未可輕率前進，宜加持重爲要。欽此。

十一日，行抵祁門縣。各軍以次集，公調派擇要駐營。

十三日，派員專管地方案牘。

其時，文卷日以繁多，乃仿照平時衙署章程，分别吏、户、禮、兵、刑、工六科，擇書吏收貯，彙歸安慶老營。

十六日，奏報〔一一〇〕『行抵祁門日期』一摺，并奏陳：『鮑超、張運蘭均難刻期至皖；左宗棠、李元度新募之勇，則須七八月間陸續前來，臣兵力過單，未敢輕進。』又具摺〔一一一〕奏稱：

楊載福、彭玉麟本係臣之舊部，玆復奉旨歸臣調遣，自應欽遵辦理。惟軍情未可遥度，奏報不可太遲。楊載福統率水師，謀勇器識，度越諸將，所有江面戰守事宜，仍令該提督自行具奏。

附片〔一一二〕奏：

欽奉寄諭徽、寧等府，本曾國藩兼轄地方，該處軍務，并由該署督督辦，自覺事權歸一。等因。臣查詢徽、寧兩郡兵勇不能得力，臣初到祁門，情形未熟，兵將未齊，未便接辦皖南軍務。張芾所部各軍，應暫由該副都御史統籌調度。

是日，又與官文公、胡公林翼會奏〔一一三〕『請令左宗棠督勇來皖』一摺。維時張公芾在徽州被人糾劾，而左公宗棠曾奉旨赴川省督辦軍務也。

公治軍八載，轉戰兩湖、江、皖等省，與地方大吏分主客之勢。至是兼任疆圻，百務填委。乃以安慶水次爲老營，設立行署，奏派大員總理地方文卷。札委銀錢所、軍械所、發審所各員弁，刊發營制、營規，訓飭各營將領士卒。刊發居官要語一編，訓飭僚吏。密札司道，舉劾屬員；札各營統領，舉劾營官、哨弁，均得以密函上達。札飭道府州縣官，訪求地方利病，山川險要，留心所屬紳民之才俊，田野之樹畜。現前急應辦理事件，均用書函答覆。出示曉諭江南、北士民，凡六條：『其一，禁官民奢侈之習。謂吴中民俗好善，而遭禍之故，由於繁華。其二，令紳民保舉人才。以兩江之才，足平兩江之亂。其三，安插流徙。凡衣冠右族、經生大儒與殉難死事之家，均令地方官加意存恤，貧乏者給予口食之資。其四，求聞己過。凡己之過失與軍中各弊端，許據實直告。其五，旌表節義。於行營設立忠義局，委員采訪，詳覈事實，或由地方官彙報，或由該家屬、親鄰徑禀，隨時彙案具奏。請建總祠、總坊，其死事尤烈者，另建專祠、專坊，以慰忠魂而維風化。其六，禁止辦團。軍興以來，各省團練，未聞守城殺賊之功，徒有斂費擾民之害。自後，非其地非其人，毋得擅自舉辦。其從前各處練丁支領口糧者，概予裁撤。』又出示曉諭軍營兵勇，嚴禁騷擾。三令五申，詞極剴切。接見守令各員，教之以廉静爲體，以善聽斷爲用。雖軍事倥傯之時，而條理秩然不紊矣。

二十日，**公子紀澤來營省視。**

江蘇城邑，擾陷殆遍，避賊者群集於上海。賊復陷松江，撲犯上海，薛公焕督官軍固守。賊之入浙江者，圍湖州，逼近杭州，分陷各屬城邑。皖南之賊，攻圍寧國甚急，官紳皆望公以軍赴援，公牘私函至者日以十數，公以軍將未集，弗能遽進也。

公之在營也，未明即起，黎明出巡營壘，閲操練。日中清厘文卷，接見賓僚。以其餘時，披覽書史，不使身心有頃刻之暇逸。嘗稱：『時局艱難，惟勞勤心力者可以補救。』前後數十年，治軍治官，雖當困苦危險之際，以至功成名遂之時，不改其度焉。

二十四日，奉上諭〔一一四〕：『兩江總督著曾國藩補授，并授爲欽差大臣，督辦江南軍務。欽此。』

七月初三日，馳奏〔一一五〕『欽奉諭旨斟酌進兵兼顧皖南軍務』一摺，奏稱：

臣自行抵祁門後，瑞昌、王有齡迭次催臣援浙，張芾亦催撥兵赴援寧國，欽奉諭旨飭臣斟酌辦理。臣以鮑超尚未旋鄂；張運蘭一軍雖入江西境，又經撫臣毓科留防袁州；新軍未齊，統將未至，往返商辦，徒託空言。且待兵、將齊集，察賊勢最重之處，疾趨而痛剿之。至徽、寧兩處防軍，歷年取用浙餉約計千萬，浙中恃爲長城。本省別無防守之師，一旦藩籬盡撤，任賊長驅，杭人慘遭浩劫，周天受、張芾不能不任其咎。皖南地方遼闊，處處與江、浙毗連，一片逆氛，幾無完土。惟係臣兼轄地方，自應力籌兼顧。如奉旨歸臣督辦，斷不能更顧浙江。

又具摺〔一一六〕奏保道員李鴻章，請簡授江北地方實缺，興辦淮揚水師。附片〔一一七〕奏：『江南河道總督，奉諭旨裁撤，添設總兵一員，特保水師營官副將黄翼升，請簡授淮揚鎮總兵一缺。』

又具摺〔一一八〕奏：『湖南平江縣捐建忠義祠，彙祀陣亡員弁勇丁。請列入祀典，飭地方官春秋致祭。』附片〔一一九〕奏：『行營設忠義局，采訪江蘇、安徽等省歷年剿賊陣亡殉難官紳士女，隨時奏請，分別旌恤。茲以寧國縣殉難紳士程枚一家男女十人爲第一案。』

初七日，兵部火票遞到補授總督諭旨。同日奉上諭〔一二〇〕：

薛煥僻處海隅，兵力單弱，剿辦恐難得手。此時蘇、常一帶，并無重兵攻剿，都興阿尚在英山駐紮，江北各軍無人總統，深恐賊勢北趨，剿辦愈難措手。曾國藩現授爲欽差大臣，事權歸一，責無旁貸，大江南北，均應妥爲布置。著即飛催左宗棠、李元度、鮑超、張運蘭等到齊，由池州、廣德分路進兵，規復蘇、常。其江北一帶，尤爲緊要。應如何布置之處，并著先行籌畫，免至臨事周張。該大臣膺茲重任，務當統籌全局，迅埽逆氛，以副委任。欽此。

初十日，置木匭於營門外，許軍民人等投書言事。

十二日，公拜發恭謝天恩一摺〔一二一〕，奉硃批〔一二二〕：『卿數載軍營，歷練已深。惟不可師心自用，務期虛己用人，和衷共濟，但不可無定見耳。欽此。』公又奏〔一二三〕『通籌全局』一摺，奏稱：

左宗棠、李元度、鮑超、張運蘭均未到皖。頃聞竄杭之賊回撲，廣德州城失守；寧國一城群賊環萃，勢孤援絶，目下皖南危乎其危。臣軍調齊以後，須攻廣德，援寧國，不能繞越皖境，逕趨蘇、常。上海、嘉興相距愈遠，文報梗塞，實難兼顧。至江北軍務，迭奉諭旨，飭催都興阿馳赴揚州，迄今未能成行。以臣愚見，淮、徐風氣剛勁，不患無可招之勇，但患無訓練之人。擬即函商官文、都興阿，酌帶楚軍千人，先行馳往。到江北後，用楚軍之營制，練淮、徐之勇丁。若得一二名將出乎其間，則兩淮之勁旅，不減三楚之聲威。臣力所能勉者，當勤懇以圖之；力所不逮，亦不敢欺飾。

又奏〔一二四〕保『新授浙江温處道李元度調補皖南道缺』一摺。十四日，接奉由嚴州轉江、浙賊氛大熾，紛紛請援於公。十四日，接奉派兵援剿寧國之旨〔一二五〕。十五日，接奉由嚴州轉戰而東赴援浙江之旨〔一二六〕。十七日，接奉統師南下規復蘇、常郡縣之旨〔一二七〕。二十一日，接奉派兵救援浙省之旨〔一二八〕。

二十三日，馳奏〔一二九〕『覆陳四次諭旨』一摺，奏稱：

臣由皖南進兵，以急援寧國、急攻廣德爲要。力不能兼顧，則以專救寧國爲要。徽、寧等屬一片賊氛，皖南不安，臣軍且有岌岌不保之勢，何能屏蔽浙江？更何能規復蘇、常？目下兵力未齊，上不能分聖主宵旰之憂，下不能慰蘇人雲霓之望，寸心負疚，惶悚無地。

附片〔一三〇〕奏：『團練一事，實爲地方大弊。皖南嶺隘紛歧，若築碉設卡，尚可以資防守。在籍編修宋夢蘭，衆論稱許，請賞加侍講銜，令其董勸紳民，興築碉堡。』又片〔一三一〕奏保安徽臬司毛鴻賓堪勝江蘇藩司之任。又奏〔一三二〕報江長貴收復廣德州城一片。

是日，接奉上海危急設法救援之旨〔一三三〕。又奉派撥兵勇赴援寧國之旨〔一三四〕。

二十四日，張公運蘭到祁門營。二十八日，拔營由徽州旌德進援寧國。

是月，薛公焕擊賊，却之，上海解嚴。張玉良攻嘉興不克，全軍敗潰，杭州戒嚴。賊陷金壇縣，周威毅公天孚等死之，賊殺戮極慘。京口將軍巴棟阿守鎮江府，派提督馮子材攻丹陽。

八月初一日，公出至漁亭，巡視營壘。奉到上諭〔一三五〕：『張芾著即來京，所有皖南軍務統歸曾國藩督辦，周天受著交曾國藩差委。欽此。』又奉上諭〔一三六〕：『薛焕片奏江南賊匪滋蔓難圖，惟以重兵直搗金陵，該逆必回顧根本等語。著曾國藩體察情形，或即先搗金陵，亦可牽制賊勢。等因。欽此。』

公調派副將宋國永代領鮑超所部霆字營一軍，進攻涇縣，以援寧國。李元度新募平江勇，行抵江西貴溪，公亟調來徽州會剿。

初三日，馳奏〔一三七〕張運蘭、宋國永分路進兵日期一摺。附片〔一三八〕奏：『上海情形已鬆，臣軍未能即圖金陵。』又片〔一三九〕奏：

杭城危急，浙省賊勢浩大，非數千人所能救全。必須左宗棠新軍到後，配足萬人，乃可赴杭援剿。駱秉章奉命督辦四川軍務，奏請左宗棠入蜀。湖南本省空虛，人心驚恐，左宗棠未克成行。懇恩敕令駱秉章暫緩入蜀，俾左宗棠星夜兼程來皖，合兩湖、江西之全力，以救浙而攻蘇，或有補於萬一。

初七日，李元度領軍到祁門。

賊再陷廣德州，攻撲寧國府。初九日，朱威肅公景山陣亡。十二日，寧國府城失守，周忠壯公天受死之。於是周氏兄弟殉難者三人。

十四日，李元度赴徽州接辦防務。

二十日，鮑超到祁門，公飭令迅赴營中。公移駐祁門城北。

二十三日，馳摺〔一四〇〕奏報：

　　援軍甫進，寧國府城被陷，徽州戒嚴，自請交部議處。鮑超遷延不如期抵營，請革去『勇』號，仍責令督軍進剿。道員廖士彥委解浙餉，聞驚折回，以致寧國軍因飢敗潰，請即革職。周天受捐軀殉節，查明另摺請恤。

附片〔一四一〕奏瀝陳身在皖南，心懸江、浙，俟立脚稍穩，即當分軍先趨蘇境，以符原議。又片〔一四二〕奏：『臣軍及皖南防軍需餉甚巨，所收江西牙厘，實多不敷。請旨飭江西每月撥解漕折銀五萬兩以濟徽、寧之防；陝西每月協解銀二萬兩，專發安慶一軍，三月之後，即行截止。』又以前奏奉到批諭，啓牖愚蒙，指示親切，附片〔一四三〕覆陳懍遵感激之忱。

　　李元度率軍至徽州。賊以大股由績溪撲犯徽州，平江勇敗潰，原防官軍亦潰。二十五日，賊陷徽州府城，勢趨祁門。公飛調鮑超回軍漁亭，張運蘭回軍黟縣，以遏其鋒。左公宗棠軍行抵南昌，公飛咨調赴樂平、婺源之間，以防賊竄江西之路。

是月，僧王軍敗於天津，都城戒嚴，勝保奏請飛召外援。鑾輿巡狩熱河，恭親王留守京師。

九月初一日，公遣子紀澤赴安慶大營，由安慶回湘，爲書以訓之。

初四日，李公續宜率軍四營至祁門。

公聞都下之警，悲不自勝。初六日，馳摺〔一四四〕奏稱：

臣自恨軍威不振，甫接皖南防務，旬日之間，徽、寧失陷。又聞夷氛内犯，憑陵郊甸。東望吴越，莫分聖主累歲之憂；北望灤陽，驚聞君父非常之變。且愧且憤，涕零如雨。應懇天恩，於臣與胡林翼二人中飭派一人，帶兵北上，冀效尺寸之勞，稍雪敷天之憤。

又奏〔一四五〕報徽州失守一摺，自請交部議處。又咨呈恭親王文書一道。

公與李公續宜籌商北援之舉一切調度。李公留營旬日乃去。公又函致胡公林翼，作北援議八條。

尋以和議既成，奉上諭〔一四六〕：

皖南、北均當喫緊之時，該大臣等一經北上，難保逆匪不乘虛思竄，擾及完善之區，江西、湖北均爲可慮。曾國藩、胡林翼均著毋庸來京。該大臣甫接皖南防務，連失兩郡，雖因餉絀兵單，究屬籌畫未密。著即振作軍心，再接再厲，勿以一挫之後，即損軍威。李元度謀勇兼優，此次失衄，殊屬可惜。人材難得，著即迅速查明下落具奏。欽此。

十六日，馳摺〔一四七〕奏：『查明提督周天受殉節情形，請開復原官，從優賜恤，於寧國府建立專祠。

周天受之胞弟周天培、周天孚先後殉難，一門忠烈，請於四川本籍建立三人祠宇。署皖南道福咸、寧國知府顏培文、宣城縣令王乃晋、副將朱景山，均請優恤。皖南道李元度請革職拿問，徽州知府劉兆璜等請革職。其陣亡同知童梅華、守備張斐文二員請恤。』附片〔一四八〕奏請旨飭廣西藩司蔣益澧率所部三千人，迅由江西入皖，會合左宗棠一軍，并力東征。又奏〔一四九〕皖南、北近日軍情賊勢一片。

左公宗棠軍抵樂平縣。

賊由徽州分股竄浙江，陷嚴州府城。

十八日，接奉撥兵援救上海之旨〔一五〇〕。

二十八日，接奉撥兵援救鎮江之旨〔一五一〕。

是月，賊攻撲鎮江府，巴棟阿、馮子材拒却之。都興阿公抵揚州，接辦江北軍務。

十月初四日，馳奏〔一五二〕『統籌緩急機宜』一摺，奏稱：『臣處止左宗棠、鮑超、張運蘭三軍尚爲得力，已有應接不暇之勢。皖南立脚未穩，於鎮江、松江未能赴援也。』附片〔一五三〕奏報鮑超、張運蘭會攻休寧縣勝仗。又片〔一五四〕奏興辦淮揚水師，『擬於上游先造戰船，請截留江西應解江北餉銀二萬兩，通融接濟』。

又摺〔一五五〕奏：『查明江蘇金壇縣守城殉難官紳總兵蕭知音、參將周天孚、知縣李淮、紳董吴秉禮等七十三員名，開單請恤。於金壇縣建立總祠，彙祀各員。』附片〔一五六〕奏丹陽縣知縣方濬泰陣亡請恤。又片〔一五七〕奏『請展緩江南、江西各營將弁舉劾年限』。

初九日，公出營至黟縣，查閲嶺路。

十四日，回祁門營。

十九日，賊由羊棧嶺竄入，黟縣失守。公飭祁門各營嚴守。二十日，鮑超、張運蘭破賊於黟縣，賊退出嶺外。

廣東韶州股匪竄入江西贛南境，犯建昌，陷河口，連擾廣信、饒州各屬邑。左公宗棠軍至景德鎮。

二十二日，分軍破賊於貴溪，克德興、婺源二城。餘匪潰竄入浙境。

二十六日，馳奏〔一五八〕『休寧勝仗，黟縣克復』一摺。隨摺奏保鮑超請加清字勇號，張運蘭請交部從優議敘。又保營官楊鎮魁、婁雲慶、張玉田、余大勝四員。附片〔一五九〕奏鮑超營中副將宋國永、黃慶、陳由立，請先拔補實缺。

又奏〔一六〇〕『已故統兵臬司蕭啓江功績最多，懇恩賜謚，於湖南、江西建立專祠』一摺。代奏〔一六一〕『新授淮揚鎮總兵黃翼升謝恩』一摺。附奏〔一六二〕『安徽學政邵亨豫患病請開缺回籍』一片。又奏〔一六三〕『參代理懷寧知縣莫祥芝』一片。

二十七日，左公宗棠到祁門營，與公商度軍事。留數日回景德鎮。

是月，張公玉良克復嚴州府。　多隆阿公大破賊於桐城。

十一月初四日，賊陷建德縣，普承堯一軍敗潰。又陷東流縣。

時議借洋兵助剿金陵之賊；委洋商采米運天津，以代南漕，奉旨令公酌量具奏。初八日，公具摺〔一六四〕覆陳并陳明大西洋各國夷情，且云：

款議雖成，中國豈可忘備？河道既改，海運豈可不行？目前借其力以助剿、濟運，得紓一時之憂；將來師其智以造炮製船，尤可期永遠之利。

附片〔一六五〕奏報建德失陷及皖南、北近日軍情。又片〔一六六〕奏遵旨飭查安徽道員蕭盛遠在和春軍營僨事實迹，請革職發往新疆。

皖南鎮總兵陳大富駐軍南陵縣，督率軍民，堅守數月，糧盡援絶，四面皆賊。楊公載福率水師炮船駛入魯港，破平賊壘，拔出陳大富全軍及士民男婦十餘萬人，安置東流縣城，歡聲騰於江介。

建德既陷，普承堯退走九江，賊分股：一擾彭澤、湖口、都昌；一擾犯浮梁、鄱陽、景德鎮。彭公玉麟以水師赴湖口，收集陸路潰勇，協守湖口，城得以完。十四日，分軍收復都昌、鄱陽。楊公載福以水師收復東流、彭澤。左公宗棠分軍收復浮梁。十七日，公派唐義訓一軍克建德縣。

公之接統徽防也，調取原防兵勇，以副將楊名聲領一軍駐上溪口；副將王夢麟、程永年領一軍駐江灣，扼守東路；公調鮑超一軍回祁門。

賊撲陷上溪口、江灣各壘，兵勇潰退。公乃委提督江長貴收集簡汰，以成一軍。十九日，北路之賊踰嶺而入。二十日，鮑超回軍黟縣，與張運蘭軍合擊賊於盧村，大破之。

是時，皖南賊黨分三大股環繞祁門，欲以困公：一出祁門之西，至於景德鎮；一出祁門之東，陷婺源縣，復南竄玉山；一由祁門之北，越嶺南犯，直趨公營。盧村既捷，公乃調鮑超赴景德鎮，與左公宗棠合力堵剿，以保餉路。張公運蘭一軍仍防黟縣。當其賊氛四逼，羽檄交馳，日不暇給，文報、轉餉之路幾於不通，旬有五日之間，危險萬狀；復值寒風陰雨，自治軍以來，以此時最爲棘迫之境矣。二十一日，雨霽，賊退出羊棧嶺外，軍心乃安。

候選知府馮卓懷到營，公委令巡查皖南碉堡。

二十八日，馳摺〔一六七〕奏：『左宗棠一軍在貴溪大捷，克德興、婺源兩城。十日之内，轉戰三百餘里，實屬調度神速，將士用命。』隨摺奏保王開化、楊昌濬、劉典等十三員。又奏〔一六八〕：『建德失守，旋經官軍克復。請將九江鎮總兵普承堯革職拿問。』隨摺奏保唐義訓、朱聲隆、沈寶成、黄惠清、陳玉恒、葉光岳六員。附片〔一六九〕奏稱：

安慶合圍以來，江北則大戰於桐城，江南則麕集於徽州，無非欲救援安慶。此次南岸之賊，分三大支環繞祁門，作大圍包抄之勢，欲斷臣之糧路，掣臣之軍勢。賊之狡謀，顯而易見。今西路大股未退，而各城均經收復。東路賊已南竄。北路之賊，曾受大挫，當不敢再來犯嶺，可望轉危爲安。此近日軍情之梗概。

是月，援賊至安慶，公弟國荃擊却之。

十二月十三日，具摺〔一七〇〕馳奏：『賊犯湖口，彭玉麟以水師保守，并派船克復都昌縣城。彭玉麟請旨交軍機處記名，遇有按察使缺出，請旨簡放。』隨摺奏保副將成發翔、都司丁義方二員；陣亡勇弁李逢貴、吴修霖請恤。又奏〔一七一〕：『提臣楊載福水師拔出南陵全軍，救全百姓十餘萬人，處之善地。楊載福出奇制勝，請賞賚荷包、搬指等物，以示旌异。其出力將弁，由該提臣奏保。』又奏〔一七二〕『官軍在黟縣盧村大捷并迎剿小溪、漁亭等處接仗情形』一摺。

又奏〔一七三〕『上溪口、江灣兩處營盤失陷』一摺：『副將王夢麟、程永年請革職。楊名聲已經參革，不准留營。』另繕清單，開報上溪口、江灣兩營陣亡員弁徐祚明等二十名，休寧、黟縣陣亡、傷亡將弁陳青雲等二十一名，水陸各營前後陣亡、病故員弁張繼興等五十四名請恤。附奏〔一七四〕『陳明皖南、江西全局』一片。

前此賊氛環逼之時，有勸公移營江干以與水師相附，或退入江西境。公雅不欲輕退以摇軍心，堅忍數十日，勢乃稍定。既而隆冬盛寒，各軍與賊相持，無大戰事。公自言精力漸衰，若不克自持者，然胸懷豁達，成敗生死，不復計較，故不生煩惱耳。

浙江巡撫王公有齡奏調處州鎮總兵劉培元、候選道金國琛赴浙差委，公奉寄諭。二十八日，具摺〔一七五〕覆奏：『劉培元現在湖南，能否赴浙，應由湖南撫臣酌核覆奏。金國琛現在安徽李續宜營中綜理營務，不能馳赴浙江。』

又奏〔一七六〕：

湖南官紳設立東征局，於本省厘捐之外，酌抽厘金協濟皖南、北兩軍之餉。凡鹽、茶各商抽收較多者，應仿照江西茶捐之例，給予獎叙。請飭部頒發執照，寄交湖南經收填用。

附片〔一七七〕奏：

湖南一省向食淮鹽。自粤匪擾亂，運道梗塞，於是湖南盡食川私。本年川井被賊蹂躪，鹽價驟貴。臣在江西曾奏借浙鹽抵餉，擬仿照成案，借運粤鹽於湖南行銷，酌抽厘金，以抵淮課，猶不失爲兩江任内應籌之餉。請敕下户部查照辦理。

又奏〔一七八〕請簡放九江鎮總兵一缺。又奏〔一七九〕報近日江皖軍情一片。又奏〔一八〇〕桐城縣知縣杜滋、銅陵縣知縣柴時霖開缺改選教職一片。又奏〔一八一〕：

臣駐祁門，距京較遠，部文到營太遲，諸多不便。應請飭下軍機處，凡遇臣處奏事，批摺發下之日，即將本日諭旨隨同鈔發。

又具摺〔一八二〕奏采訪忠義第二案，官紳、士民、婦女共二百五十九名。附片〔一八三〕奏報：『常州武進縣舉人趙起闔家男婦共三十二人在常州府城殉難，陽湖縣職員曹禾守城傷亡，均請優恤。并請建立趙起專祠。是爲第三案。』

是歲，東南寇亂方劇，惟秦、晉差安，其餘各行省征戰之事，紛不可紀。公職任崇高，控馭廣遠，章奏較多於前。嗣是循例奏案，不能悉紀矣。

〔一〕奉諭旨：見清實録文宗實録咸豐九年（一八五九）己未正月丁酉（二十六日）『諭軍機大臣等』。又奏稿二通籌全局仍請添練馬隊摺引。

〔二〕具摺：見奏稿二，題作『通籌全局仍請添練馬隊摺』。

〔三〕附片：見奏稿二，題作『請調健鋭營内外火器營各員及得力文員赴軍營片』。

〔四〕又片：見奏稿二，題作『請暫緩移營并調饒廷選來江片』。

〔五〕又奏：見奏稿二，題作『李續賓死事甚烈功績最多摺』。

〔六〕又奏：見奏稿二，題作『曾國華殉難三河鎮摺』。

〔七〕上諭：見清實録文宗實録咸豐九年（一八五九）己未正月丁酉（二十六日）『諭內閣』。又奏稿二附咨文　咨官文胡林翼等（二月二十三日）（轉録明諭：著將李續賓事迹交國史館采入列傳及賞曾驥雲從二品封典事）。

〔八〕上諭：見奏稿二謝曾驥雲賜封典恩摺（二月十五日）引。

〔九〕上諭：見清實録文宗實録咸豐九年（一八五九）己未正月丁酉（二十六日）『諭軍機大臣等』。又奏稿二附咨文　咨官文王懿德等（二月二十三日）（轉録廷寄：答通籌全局仍請添練馬隊等摺片）。

〔一〇〕奏報：見奏稿二，題作『蕭啓江軍南康大捷并馳援信豐摺』。

〔一一〕又奏：見奏稿二，題作『張運蘭軍攻剿景德鎮情形摺』。

〔一二〕彙奏：見奏稿二，題作『水陸各軍陣亡病故各員彙案請恤摺』。

〔一三〕又奏：見奏稿二，題作『遵保新城安仁兩次出力員弁摺』。

〔一四〕具摺：見奏稿二，題作『謝曾國華追贈優恤恩摺』。

〔一五〕又摺：見奏稿二，題作『恭謝年終恩賞摺』。

〔一六〕附片：見奏稿二，題作『再陳鄧輔綸捐造戰船片』。

〔一七〕硃批：見奏稿二再陳鄧輔綸捐造戰船片附。

〔一八〕馳摺：見奏稿二，題作『蕭啓江軍攻克南安府城摺』。

〔一九〕附片：見奏稿二，題作『移駐撫州片』。

〔二〇〕具摺：見奏稿二，題作『謝曾驥雲賜封典恩摺』。

〔二一〕上諭：見奏稿二，題作『謝曾紀壽及歲引見恩摺（三月二十六日）』。

〔二二〕具摺：見奏稿二，題作『曾國荃保升道銜知府謝恩摺』。

〔二三〕奏報：見奏稿二，題作『信豐解圍并調蕭啓江軍赴吉安援應湖南摺』。

〔二四〕附奏：見奏稿二，題作『江西添濟月餉片』。

〔二五〕奏報：見奏稿二，題作『景德鎮官軍兩月以來攻勦情形摺』。
〔二六〕附片：見奏稿二，題作『新募兵勇在撫州教練及近日軍情片』。
〔二七〕具摺：見奏稿二，題作『謝曾紀壽及歲引見恩摺』。
〔二八〕一摺：見奏稿二，題作『楚軍連月進攻景德鎮獲勝及添兵進勦摺』。
〔二九〕附片：見奏稿二，題作『調饒廷選接防廣信片』。
〔三〇〕又奏：見奏稿二，題作『李鴻章留營襄辦片』。
〔三一〕又奏：見奏稿二，題作『陳明服闋日期片』。
〔三二〕上諭：見清實録文宗實録咸豐九年（一八五九）己未五月庚寅（二十一日）『諭軍機大臣等』。又奏稿二復陳防蜀緩急摺引。
〔三三〕如江西湖北等：清實録文宗實録、奏稿二復陳防蜀緩急摺作『江西、湖北、湖南、四川等』。
〔三四〕逆：清實録文宗實録、奏稿二復陳防蜀緩急摺作『賊』。
〔三五〕復奏：見奏稿二，題作『復陳防蜀緩急摺』。
〔三六〕馳奏：見奏稿二，題作『官軍攻克景德鎮及浮梁縣城摺』。
〔三七〕附片：見奏稿二，題作『調張運蘭會勦寶慶片』。
〔三八〕又奏：見奏稿二，題作『保吴嘉賓中書加五品銜片』。
〔三九〕又片：見奏稿二，題作『黄翼升歸宗片』。
〔四〇〕奏報：見奏稿二，題作『恭報景鎮兩路拔營回援湘楚日期摺』。
〔四一〕奏保：見奏稿二，題作『遵保蕭啓江軍南安信豐兩次出力員弁摺』。
〔四二〕附片：見奏稿二，題作『酌保楚師三局出力官紳片』。
〔四三〕上諭：見奏稿二謝交部優叙恩摺引。
〔四四〕上諭：見奏稿二復奏欽奉四次諭旨摺（七月二十五日）引。

〔四五〕但：復奏欽奉四次諭旨摺作『是但』。

〔四六〕上諭：見奏稿二復奏欽奉四次諭旨摺引。

〔四七〕又奉……之旨：見奏稿二復奏欽奉四次諭旨摺引。

〔四八〕一摺：見奏稿二，題作『復奏欽奉四次諭旨摺』。

〔四九〕奏摺：見奏稿二，題作『謝交部優叙恩摺』。

〔五〇〕上諭：見奏稿二遵旨會商大略摺（九月十二日）引。據該摺所稱奉到諭旨時間爲『咸豐九年八月十三日』。

〔五一〕慮：奏稿二遵旨會商大略摺作『虞』。

〔五二〕即暫駐湖北調：奏稿二遵旨會商大略摺作『即暫赴湖口，俟調』。

〔五三〕馳奏：見奏稿二，題作『遵旨會商大略摺』。

〔五四〕上諭：見奏稿二遵旨會籌規剿皖逆摺（十月十七日）引。按該摺與官文、胡林翼會銜。

〔五五〕會奏：見奏稿二，題作『遵旨會籌規剿皖逆摺』。

〔五六〕附片：見奏稿二，題作『李續宜請假片』。按該摺與官文、胡林翼會銜。

〔五七〕具摺：見奏稿二，題作『特保賢才請旨記名簡放摺』。按該摺與官文、胡林翼會銜。

〔五八〕附片：見奏稿二，題作『請飭浙江按月協餉片』。按該摺與官文、胡林翼會銜。

〔五九〕專銜奏：見奏稿二，題作『酌保攻克景德鎮浮梁縣城出力員弁摺』。

〔六〇〕附片：見奏稿二，題作『劉錫綬捐銀壹萬兩片』。

〔六一〕又奏：見奏稿二，題作『鄔世蓮歸宗片』。

〔六二〕又片：見奏稿二，題作『目疾請假片』。

〔六三〕上諭：見清實録文宗實録咸豐九年（一八五九）己未十月壬戌（二十六日）『諭軍機大臣等』。又奏稿二，題作『附咨文　咨官文胡林翼（轉録廷寄：答遵旨會籌規剿皖逆等摺片）』。

〔六四〕所有前諭派出：清實録文宗實録等作『所有前諭於四軍内派出』。

〔六五〕奏報：見奏稿二，題作『恭報入皖日期摺』。

〔六六〕專摺：見奏稿二，題作『謝年終恩賞摺』。

〔六七〕具摺：見奏稿二，題作『恭繳餘剩部照摺』。

〔六八〕附片：見奏稿二，題作『目疾請假片』。

〔六九〕會奏：見奏稿二，題作『皖逆糾合捻匪上犯楚軍剿辦大勝摺』。按該摺與官文、胡林翼會銜，官文主稿。

〔七〇〕上諭：見奏稿二附録上諭　咨楚軍征皖克復太湖城池摺引。又胡林翼集奏疏克復太湖縣城疏（二月初七日督發）附。

〔七一〕奏摺：見奏稿二，題作『謝交部從優議叙恩摺』。

〔七二〕又奏：見奏稿二，題作『遵議分析楚軍克復景德鎮浮梁縣城出力各員摺』。

〔七三〕又奏：見奏稿二，題作『官軍剿辦粤捻逆匪大勝克復太湖潛山三案會保摺』。按該摺與官文、胡林翼會銜。

〔七四〕八本堂：日記閏三月十八日云：『思凡事皆有至淺至要之道，不可須臾離者，因欲名其堂曰「八本堂」。』

〔七五〕上諭：見清實録文宗實録咸豐十年（一八六〇）庚申夏四月乙丑（初一日）『諭軍機大臣等』。又奏稿二復奏未能舍安慶東下并懇簡用左宗棠摺（四月十三日）引。

〔七六〕馳摺：見奏稿二，題作『復奏未能舍安慶東下并懇簡用左宗棠摺』。

〔七七〕附片：見奏稿二，題作『調張運蘭軍來皖片』。

〔七八〕襄辦軍務：見奏稿二附咨文　咨左宗棠（轉録明諭：左宗棠以四品京堂候補隨同曾國藩襄辦軍務）。

〔七九〕上諭：見清實録文宗實録咸豐十年（一八六〇）庚申夏四月壬午（十八日）『諭軍機大臣等』。又奏稿二附咨文　咨官文等（轉録廷寄：飭赴援蘇常）（四月二十六日）。

〔八〇〕蘇常……圖復蘇常也：奏稿二附咨文　咨官文等（五月初三日）（轉録廷寄：飭赴援蘇常）題注：『曾國藩於此處親筆加下列語：「查蘇、常業已失守，救援不及。昨據安慶各營搜獲逆首陳玉成僞文，定於秋間兩路大舉，上犯湖北、江西。鄙意欲合三省之力，於五、六兩個月竭力經營，以禦陳逆秋間大舉之狡謀。如能并力擊退，再行分兵下游，圖復蘇、常。是否有當，相應咨商貴大臣、署部院，請煩妥籌，迅賜咨復。仍請主稿會奏施行。須至咨者。」

〔八一〕何桂清革職逮訊：見清實録文宗實録咸豐十年（一八六〇）庚申夏四月乙酉（二十一日）『諭内閣』。

〔八二〕張玉良……諸軍：見清實録文宗實録咸豐十年（一八六〇）庚申夏四月乙酉（二十一日）『諭軍機大臣等』。

〔八三〕上諭：見奏稿二附咨文　咨官文等（五月二十七日）（轉録廷寄：賞曾國藩兵部尚書銜署理兩江總督并飭徑赴蘇州進剿）。

〔八四〕上諭：見奏稿二附咨文　咨官文等（五月二十七日）（轉録廷寄：賞曾國藩兵部尚書銜署理兩江總督并飭徑赴蘇州進剿）。

〔八五〕拜摺：見奏稿二，題作『謝署兩江總督恩摺』。

〔八六〕馳摺：見奏稿二，題作『蘇常無錫失陷遵旨通籌全局并辦理大概情形摺（五月初三日）』。

〔八七〕具摺：見奏稿二，題作『請起用沈葆楨摺』。

〔八八〕附片：見奏稿二，題作『察看海漕并保鹽場片』。

〔八九〕又片：見奏稿二，題作『催調張運蘭軍迅赴江西片』。

〔九〇〕又奏：見奏稿二，題作『委李元度另募新勇片』。

〔九一〕又片：見奏稿二，題作『擬設江西總辦糧臺及牙厘總局片』。

〔九二〕上諭：見清實録文宗實録咸豐十年（一八六〇）庚申夏五月甲辰（十一日）『諭軍機大臣等』。又奏稿二附咨文　咨官文等（五月二十七日）（轉録廷寄：咨通籌全局等摺）。

〔九三〕上諭：見清實録文宗實録咸豐十年（一八六〇）庚申四月甲申（十九日）『諭軍機大臣等』。又奏稿二附咨文　咨官文等（五月二十七日）（轉録廷寄：著遵前旨迅赴蘇州摺）。

〔九四〕專弁：當日日記云：『午刻派摺差二人進京，一萬壽摺，一報銷摺，并帶部飯照費銀△△兩，又余私帶買物銀二百四十兩。』

〔九五〕專摺：見奏稿二，題作『奏銷歷年軍需摺』。

〔九六〕馳奏：見奏稿二，題作『遵旨復陳并恭報起程日期摺（五月十七日）』。

〔九七〕具摺：見奏稿二，題作『預籌淮揚寧國太湖三支水師摺』。

〔九八〕附片：見奏稿二，題作『擬請簡派彭玉麟統寧國水師李瀚章會辦牙厘片』。

〔九九〕興：奏稿二擬請簡派彭玉麟統寧國水師李瀚章會辦牙厘片作『添』。

〔一〇〇〕又片：見奏稿二，題作『請查京倉存米片』。

〔一〇一〕又奏：見奏稿二，題作『飭吴全美等師船赴防江北片』。

〔一〇二〕又奏：見奏稿二，題作『請毋再抽調鄂省兵勇片』。

〔一〇三〕三條：見詩文雜著，題作『諭巡捕門印簽押三條』。

〔一〇四〕馳摺：見奏稿二，題作『遵旨妥籌辦理并酌擬變通章程摺』。

〔一〇五〕附片：見奏稿二，題作『請開復成名標原官片』。

〔一〇六〕又片：見奏稿二，題作『水陸營員請給予封典片』。

〔一〇七〕又片：見奏稿二，題作『調馮卓懷來營差委片』。

〔一〇八〕又奏：見奏稿二，題作『成發翔復姓歸宗片』。

〔一〇九〕上諭：見清實録文宗實録咸豐十年（一八六〇）庚申五月己未（二十六日）『諭軍機大臣等』。又奏稿二恭報行抵祁門日期摺引。

〔一一〇〕奏報：見奏稿二，題作『恭報行抵祁門日期摺』。

〔一一一〕具摺：見奏稿二，題作『遵旨調遣水師摺』。

〔一一二〕附片：見奏稿二，題作『皖南軍務暫時未便接辦片（六月十六日）』。

〔一一三〕會奏：見奏稿二，題作『請留左宗棠襄辦江皖軍務摺』。按該摺與官文、胡林翼會銜。

〔一一四〕上諭：見清實録文宗實録咸豐十年（一八六〇）庚申六月丙戌（二十四日）『諭軍機大臣等』。又奏稿二謝補授兩江總督并授欽差大臣恩摺引。

〔一一五〕馳奏：見奏稿二，題作『遵旨斟酌進兵暨兼顧皖南軍務摺』。

〔一一六〕具摺：見奏稿二，題作『遵旨興辦淮揚水師擬派李鴻章先往籌辦并請簡授實缺摺』。

〔一一七〕附片：見奏稿二，題作『遵保黄翼升堪任淮揚鎮總兵片』。

〔一一八〕具摺：見奏稿二，題作『平江縣城捐建忠義祠摺』。

〔一一九〕附片：見奏稿二，題作『行營設立忠義局采訪忠義第一案片』。

〔一二〇〕上諭：見清實録文宗實録咸豐十年（一八六〇）庚申六月丙戌（二十四日）『諭軍機大臣等』。又奏稿二復奏統籌全局摺引。

〔一二一〕一摺：見奏稿二，題作『謝補授兩江總督并授欽差大臣恩摺（七月十二日）』。

〔一二二〕硃批：見奏稿二謝補授兩江總督并授欽差大臣恩摺附。

〔一二三〕又奏：見奏稿二，題作『復奏統籌全局摺（七月十二日）』。

〔一二四〕又奏：見奏稿二，題作『奏請李元度簡放皖南道摺』。

〔一二五〕接……之旨：見奏稿二附咨文　咨張芾等（七月十八日）（轉録廷寄：飭派勁旅往援寧國）。又欽奉四次諭旨復陳摺引。

〔一二六〕接……之旨：見奏稿二附咨文　咨張芾等（七月十八日）（轉録廷寄：飭由淳安嚴州剿除陳逆）。又欽奉四次諭旨復陳摺引。

〔一二七〕接……之旨：見奏稿二欽奉四次諭旨復陳摺引。

〔一二八〕接……之旨：見奏稿二附録廷寄　飭遵前旨迅由淳安嚴州進兵（七月二十一日）。又欽奉四次諭旨復陳摺引。

〔一二九〕馳奏：見奏稿二欽奉四次諭旨復陳摺。

〔一三〇〕附片：見奏稿二，題作『派宋夢蘭辦理皖南團練片』。

〔一三一〕又片：見奏稿二，題作『保毛鴻賓任蘇藩片』。

〔一三二〕又奏：見奏稿二，題作『收復廣德州城片』。

〔一三三〕接……之旨：見奏稿二附咨文　咨瑞昌等（七月二十三日）（轉録廷寄：飭進攻蘇松并迅援寧郡）。

〔一三四〕又奉……之旨：見奏稿二附咨文　咨瑞昌等（七月二十三日）（轉録廷寄：飭進攻蘇松并迅援寧郡）。

〔一三五〕上諭：見清實録文宗實録咸豐十年（一八六〇）庚申七月丁未（十五日）『諭軍機大臣等』。又奏稿二附廷寄　皖南軍務統歸曾國藩督辦周天受交曾國藩差遣及籌辦淮揚水師等事（八月初一日）。

〔一三六〕上諭：見清實録文宗實録咸豐十年（一八六〇）庚申七月庚戌（十八日）『諭軍機大臣等』。又奏稿二上海情形已鬆目前未能即圖金陵片引。

〔一三七〕馳奏：見奏稿二，題作『恭報調派進兵日期摺』。

〔一三八〕附片：見奏稿二，題作『上海情形已鬆目前未能即圖金陵片』。

〔一三九〕又片：見奏稿二，題作『奏請駱秉章暫緩入蜀片』。

〔一四〇〕馳摺：見奏稿二，題作『寧郡被陷現籌堵剿摺』。

〔一四一〕附片：見奏稿二，題作『俟皖南立脚稍穩即分軍先趨蘇境片』。

〔一四二〕又片：見奏稿二，題作『請飭江陝兩省協餉片』。

〔一四三〕附片：見奏稿二，題作『欽奉訓飭懔遵復陳片』。

〔一四四〕馳摺：見奏稿二，題作『奏請帶兵北上以靖夷氛摺』。

〔一四五〕又奏：見奏稿二，題作『徽州被陷現籌堵剿摺』。

〔一四六〕上諭：見清實録文宗實録咸豐十年（一八六〇）庚申九月辛亥（二十一日）『諭軍機大臣等』。又奏稿二附咨文　咨左宗棠等（十月初九日）（轉録廷寄：曾國藩胡林翼鮑超毋庸來京并答徽州失守摺）。

〔一四七〕馳摺：見奏稿二，題作『周天受殉節請恤及陳奏徽寧在事人員摺』。

〔一四八〕附片：見奏稿二，題作『奏請蔣益澧帶勇來皖助剿片』。

〔一四九〕又奏：見奏稿二，題作『皖南北近日軍情片』。

〔一五〇〕接……之旨：見奏稿二遵旨統籌緩急機宜摺（十月初四日）引。

〔一五一〕接……之旨：見奏稿二遵旨統籌緩急機宜摺（十月初四日）引。

〔一五二〕馳奏：見奏稿二，題作「遵旨統籌緩急機宜摺」。
〔一五三〕附片：見奏稿二，題作「會攻休寧接仗獲勝片」。
〔一五四〕又片：見奏稿二，題作「截留江西漕捐銀二萬兩片」。
〔一五五〕又摺：見奏稿二，題作「奏請恩恤金壇殉難官紳摺」。
〔一五六〕附片：見奏稿二，題作「奏請優恤方濬泰片」。
〔一五七〕又片：見奏稿二，題作「展緩江南江西各營舉劾年限片」。
〔一五八〕馳奏：見奏稿二，題作「進攻休寧獲勝立復黟城摺」。
〔一五九〕附片：見奏稿二，題作「請將宋國永等撥補副將實缺片」。
〔一六〇〕又奏：見奏稿二，題作「請將已故統兵臬司蕭啓江賜謚建祠摺」。
〔一六一〕代奏：見奏稿二，題作「代奏黃翼升謝恩摺」。
〔一六二〕附奏：見奏稿二，題作「轉奏安徽學政邵亨豫籲請開缺養病片」。
〔一六三〕又奏：見奏稿二，題作「請參革莫祥芝片」。
〔一六四〕具摺：見奏稿二，題作「遵旨復奏借俄兵助剿髮逆并代運南漕摺」。
〔一六五〕附片：見奏稿二，題作「近十日軍情及僞王李秀成李世賢等四人行迹片」。
〔一六六〕又片：見奏稿二，題作「遵旨查復蕭盛遠實迹片」。
〔一六七〕馳摺：見奏稿二，題作「左宗棠軍連復德興婺源二城摺」。
〔一六八〕又奏：見奏稿二，題作「建德縣城失陷旋經官軍克復摺」。
〔一六九〕附片：見奏稿二，題作「皖南江西近日軍情片」。
〔一七〇〕具摺：見奏稿二，題作「水陸各師保守湖口并克復都昌縣城摺」。
〔一七一〕又奏：見奏稿二，題作「楊載福統軍救拔南陵軍民摺」。

〔一七二〕又奏：見奏稿二，題作『黟縣各軍四戰迭勝摺』。
〔一七三〕又奏：見奏稿二，題作『上溪口江灣兩營盤失陷現籌收集整理摺』。
〔一七四〕附奏：見奏稿二，題作『近日皖南江西軍情片』。
〔一七五〕具摺：見奏稿二，題作『復奏劉培元金國琛能否赴浙摺』。
〔一七六〕又奏：見奏稿二，題作『湖南設立東征局請頒發部照摺』。
〔一七七〕附片：見奏稿二，題作『奏請湖南借銷粵鹽片』。
〔一七八〕又奏：見奏稿二，題作『請簡放九江鎮員缺片』。
〔一七九〕又奏：見奏稿二，題作『近日皖南江西軍情片』。
〔一八〇〕又奏：見奏稿二，題作『奏請知縣杜滋柴時霖改教職歸部選用片』。
〔一八一〕又奏：見奏稿二，題作『請飭軍機處抄發諭旨片』。
〔一八二〕具摺：見奏稿二，題作『忠義局第二案摺』。
〔一八三〕附片：見奏稿二，題作『忠義局第三案片』。

曾文正公年譜卷七

辛酉　咸豐十一年（一八六一），公五十一歲。

正月，公在祁門營。

初六日，賊由石埭縣分二股：一由大洪嶺竄入；一由大赤嶺竄入，直趨祁門。公老營單薄，人心震恐，居民驚走。初七日，提督江長貴擊賊於大洪嶺，却之。初八日，公派唐義訓、朱品隆出隊擊賊於歷口，破之，追剿出嶺外。賊之内犯者殲焉。

初九日，左公宗棠、鮑公超合擊賊於洋塘，大破之。賊竄屯下隅阪，鮑超引軍擊之。賊之在祁門東路者，竄擾江西之玉山、鉛山，攻撲廣信府，内犯撫、建之境。公札飭劉于潯防守撫州，黄鳴珂守建昌，魏喻義防守南昌省城。左公宗棠一軍仍駐景德鎮，防剿婺源之賊。

二十四日，馳奏〔一〕『左宗棠、鮑超兩軍扼守景德鎮，迭獲勝仗，會剿洋塘大捷』一摺。又奏〔二〕『逆匪分犯大赤、大洪二嶺，進撲祁門老營，官軍迎剿獲勝，追賊出嶺』一摺。附單〔三〕彙奏陣亡員弁周芸亭等三十六人請恤。附片〔四〕奏報皖南、江西賊勢軍情。又片〔五〕奏：『請敕頒欽差大臣關防并令箭、旗牌等件，由江西遞至行營交領。』

二十六日，鮑超攻賊於黄麥鋪，左公宗棠分軍助剿，大破之。賊瀕江下竄。總兵陳大富收復建德縣，江西北路饒州、九江境内肅清。

是月，公作解散歌〔六〕一首，流布陷賊之境，於難民之久困賊中者，曲達其苦衷。士民讀之，莫不感泣，因此而自拔來歸者頗多。

二月初八日，馳摺〔七〕奏官軍擊賊黄麥鋪大捷，奏稱：『鮑超勇冠三軍，每戰必克，請以提督記名簡放。陣亡守備曹有餘請恤。』附片〔八〕奏：『逆匪李秀（城）成一股由廣信内犯，圍攻建昌府城，意圖竄江西腹地。陳玉成大股在皖北，亦須勁旅援剿。擬移駐東流、建德，防堵下游池州各股，而抽出鮑超一軍爲游擊之師，視其尤急者而應援之。』

是日，具摺〔九〕恭謝年終恩賞。

初九日，張運蘭、唐義訓、朱品隆等擊上溪口賊壘，破之，進攻休寧。十一日，收復休寧縣城。

胡公林翼移營太湖，合圍安慶。

賊酋陳玉成糾皖北大股犯霍山，總兵余際昌全軍敗潰。賊遂陷英山縣，直趨湖北之蘄水，撲黄州府，陷之。分陷德安、隨州，武漢戒嚴。李公續宜奉旨授安徽巡撫，率軍回援鄂省。

十七日，馳奏〔一〇〕『上溪口勝仗，克復休寧』一摺。道員張運蘭請以按察使記名簡放，總兵朱品隆、唐義訓請簡授實缺；并奏保葉光岳、胡玉元、朱聲隆、李公選、禹志漣五員。附片〔一一〕奏報江、楚軍情：

江西撫州喫緊，省城震動。飛調鮑超一軍由九江馳赴南昌，以固根本。臣因休寧新克，徽州可圖，暫緩移營，仍駐徽境，當力攻徽郡，以通江、浙之氣而開米糧之路。

二十三日，賊由櫸根嶺竄入箬坑，撲副將沈寶成之營於歷口。其北路一股，由禾戍嶺竄入，分擾各嶺路。二十四日，提督江長貴擊北路犯嶺之賊，却之。二十五日，朱品隆援歷口。二十六日，會剿箬坑之賊，破之。

左公宗棠由景德鎮移軍進剿婺源竄賊，分軍剿樂平竄賊，皆獲勝。賊大股繼至，左公駐軍樂平之境。

三十日，賊竄陷景德鎮，總兵陳威肅公大富陣亡，全軍挫潰。公所設轉運糧臺在景鎮者，水師救護以免。

是月，公於祁門修築碉堡，設局督工。公每日親出巡視，數旬而工畢。

三月初二日，公由祁門拔營。

初三日，駐休寧。調張運蘭、唐義訓等軍九千人集於休寧，分兩路進攻徽州。

初五日，唐義訓軍進攻失利而潰。

維時景鎮既失，祁、黟、休寧三縣四面皆賊，米糧接濟已斷，公軍有坐困之勢。公商之各軍統領、營官，擬再力攻徽州，以圖克復。函致左公宗棠、鮑公超，令其夾攻景鎮。

十二日，公督各軍進攻徽州，不克。

賊出迎戰，官軍敗退，夜還休寧〔一二〕。

十三日，賊跟踪來犯。公聞警憤甚，自書遺教〔一三〕二千餘言寄家，誓有進而無退。諸將力勸公回祁門。公乃飭張運蘭、朱品隆兩軍堅守休寧。

十八日，公回駐祁門。

左公宗棠大破賊於范家村，駐軍於樂平縣。賊由景鎮來犯，左公迭擊破之，乘勝進剿，前後六獲大捷，計殺賊逾萬人。賊乃潰走浮梁。樂平一帶肅清，轉運道通，皖南軍氣稍伸矣。

賊攻建昌、撫州兩郡，皆堅守得完。賊乃西竄，陷吉安府，旋經官軍收復。二十日，賊陷瑞州府城而踞之。

賊酋陳玉成由鄂竄皖，連陷黄梅、宿松，以爲安慶城賊之援。二十三日，公亟調鮑超一軍渡江援剿。多隆阿公截剿援賊於桐城、懷寧之境，大破之，賊悉竄踞集賢關。

二十四日，奏報〔一四〕『上月箬坑、禾戍嶺等處擊賊勝仗』一摺。又奏〔一五〕『進攻徽州未能得手』一摺。奏參營官總兵唐義訓、副將沈寶成、同知朱聲隆。其陣亡之副將葉光岳、胡玉元，千總梅魁員請恤。又奏報〔一六〕『上月左宗棠一軍分剿婺源、樂平等處先後接仗勝負情形』一摺。陣亡游擊陳明南，將弁陳石臺、趙玉蓮、曾文清、喻拔元、陳正彪請恤。

又奏報〔一七〕『景德鎮失陷』一摺：『總兵陳大富力戰捐軀，請照總兵例從優賜恤，并於南陵縣建立專祠，以表忠藎而留遺愛。所部將弁田應科、蕭傳科、胡占鰲、胡鳳雝、熊定邦、吴定魁、羅廷材七員請恤。』附片〔一八〕奏參：『婺源縣團紳余述祖、黟縣知縣王峻、婺源知縣申協煊，均請革職。』又片〔一九〕奏江、皖軍情：『賊匪約分四股，惟李秀成一股西竄，距祁門較遠；其三股環繞祁門，無日不戰。現已叠獲大勝，皖南軍務日有起色。惟安慶官軍危急，已調派鮑超一軍馳援，臣亦即日拔營移駐東流，就近調度。』

二十六日，公由祁門拔營。

飭派張運蘭守休寧，朱品隆守祁門，江長貴、沈寶成等分守嶺隘。暫輟進攻之謀，爲堅守之計。公自率親兵數百人以行。

三十日，行抵建德縣，鮑超迎見公。

四月初一日，公行抵東流縣，按視鮑超霆字軍營，飭催渡江會剿安慶援賊。

初二日，馳奏〔二〇〕『左宗棠一軍大破賊於樂平，景德、浮梁、鄱陽等處一律肅清』一摺。陣亡副將羅近秋、游擊史聿舟及其將弁李啓昭、聶棠〔二一〕本、張致和、聶福申、孫紹凱請恤；傷亡將弁趙克振、周崇高、楊清和請恤。隨摺保道員王開化、知縣劉典二員。三品京堂左宗棠疊破巨股，振江、皖之全局，勛績甚偉，請御賞珍物，以示旌异。又附奏〔二二〕：『請將左宗棠改爲幫辦軍務，俾事權漸屬，儲爲大用。』又附片〔二三〕奏：『移駐東流，援助江北。臣所統全軍，皆留徽州境内，布置防守。左宗棠一軍伺賊所嚮，跟踪追剿。』

是日，又具摺〔二四〕彙保左宗棠一軍出力員弁，開單請奬。又具摺〔二五〕彙保鮑超一軍出力員弁，開單請奬。

初四日，接奉欽差大臣關防。初七日，拜印開用。

初八日，諭文案委員書吏：凡軍務、地方、公私函牘，分條呈送核閲。

賊撲安慶官軍營，楊公載福派水師助守。多隆阿公連戰破賊，賊酋陳玉成遁走。其集賢關内賊壘十三座，公弟國荃掘長濠以困之，公弟貞幹移營菱湖以扼之。鮑公超率軍攻赤岡嶺賊壘，悍賊堅守不下。胡公林翼調副將成大吉一軍助剿，築炮臺進逼賊營，日夜攻之。

左公宗棠追擊賊於廣信府境。賊竄入浙江，陷金華府及所屬數城。

瑞州踞賊分擾武寧、義寧、奉新、靖安等縣，竄入湖北之境。

五月初一日，鮑超、成大吉合攻赤岡嶺賊壘，破之，搶斬數千人。

賊之由瑞州竄湖北者，分擾興國、大冶、通山、崇陽等屬。初二日，胡公林翼調成大吉一軍渡江剿之。鮑公超盡平赤岡嶺賊壘，搶斬賊目劉瑲琳。

初三日，訊失律營官李金暘、張光照，於軍前斬之。

徽州之賊犯羊棧嶺，竄陷黟縣。初五日，朱品隆、江長貴等攻黟縣賊壘，破之，收復縣城。初六日，張運蘭、唐義訓等擊犯嶺之賊，破之。初九日，諸軍進剿廬村賊壘，破之。十三日，徽州之賊弃城遁去。十四日，張公運蘭率軍收復徽州府城。

左公宗棠派軍擊敗竄賊於鄱陽縣，賊竄入浙境。

胡公林翼自太湖拔營回鄂省援剿，與公期相見於華陽鎮。公棹舟至香口候之。十五日，胡公來見，會議軍政，通籌大局。留三日。時胡公已病咯血。公則癬疾大作，如官京師時。

十八日，馳奏〔二六〕『鮑超、成大吉圍攻赤岡嶺賊壘，悍賊悉數殲除』一摺。隨摺奏保吴亮才、周開錫、余大勝、顔紹榮、王衍慶、李文益、明興、伍華瀚、曾昭仕、蕭玉元十員；陣亡副將蘇文彪等三十二員弁開單請恤。

又奏〔二七〕『江南鄉試未能舉行』一摺。附奏〔二八〕李金暘、張光照正法一片。

又奏〔二九〕代遞前太常卿唐鑑遺摺，奏請特旨賜謚。奉旨予謚『確慎』。

十九日，公還東流營。

左公宗棠由廣信回軍景德鎮，值池州之賊竄陷建德縣。二十二日，左公分軍擊賊，敗之，收復建德縣城。

二十四日，批飭鮑超引軍擊剿宿松、黄梅之賊。

二十八日，馳奏〔三〇〕『逆匪犯嶺，襲陷黟縣，旋經官軍克復，并乘勝收復徽州』一摺。隨摺奏保臬司張運蘭、總兵唐義訓、副將婁雲慶、知縣朱聲隆。奏參參將袁國祥、黄朝陞革職，不准留營。又奏〔三一〕：『遵旨酌保唐義訓升署皖南鎮總兵，江西知府姚體備以道員歸於安徽補用，即令署理皖南道缺。』又奏〔三二〕『提督楊載福請假四月回籍省親』一摺。附片〔三三〕奏參霆營將弁鄭陽和等，分別降革。又片〔三四〕奏飭水師營官陳金鰲赴南贛鎮總兵任。又片〔三五〕奏陳江、楚、皖三省賊勢軍情：『安慶賊糧垂盡，必須力争此城，而後大局有挽回之望，金陵有恢復之期矣。』

六月初一日，公弟國荃攻菱湖兩岸賊壘，悉破平之，安慶城外賊營俱盡。

福建汀州股匪竄江西境，又將竄徽州。左公宗棠由景德鎮拔營赴婺源扼剿。

賊犯祁門嶺路，朱品隆擊却之。

胡公林翼回駐武昌，派成大吉等擊賊，破之，收復武昌所屬各城邑。

初八日，奏『水陸各軍陣亡病故員弁彙案請恤』一摺〔三六〕，單開一百二十一員名。又奏〔三七〕『皖南、江西官軍克復黟縣、建德等城前後七案出力員弁，開單彙保』一摺。又具摺〔三八〕覆奏：

諭旨飭令左宗棠一軍應援浙江。臣查徽州一郡，群賊環伺，防守爲難。景德鎮、婺源縣皆皖、浙扼要，戰守事宜，均賴左宗棠就近維持。該軍縱横策應七百餘里，以目下形勢而論，實不能分身赴浙。

附片〔三九〕奏新授廣東按察使彭玉麟統帶水師，扼要駐守，暫難赴任。又片〔四〇〕奏遵旨查參江西藩司張集馨革職。

十三日，緝獲徽防將弁黄勝林，於軍前斬之。賊酋李秀成一股，擾逼南昌省城。公調鮑超一軍渡江，由九江進剿。

十八日，馳奏〔四一〕欽奉諭旨覆陳江西各路賊情，奏稱：『江西之賊凡五大股，其由皖境竄入者三股。惟李秀成一股深入江西腹地，占踞瑞州，旁擾各屬。其由兩廣竄入者二股。五股之中，或分或合，頭緒迷離。』并陳明斟酌緩急，調派援剿，先後節次，以及飭調官軍籌防江西南路大略情形。附奏〔四二〕『江、楚、皖三省戰守情形』一片。又奏〔四三〕『黄勝林正法』一片。

二十六日，左公宗棠分軍迎剿竄賊於德興縣境，破之。賊敗竄入浙境。

七月初四日，江蘇巡撫薛焕委員賫送兩江總督關防、兩淮鹽政印信到營。初六日，行禮拜印。

公聞胡公林翼病甚劇，委弁至武昌饋藥，且問之。

十一日，湖北官軍克復德安府城。賊酋陳玉成糾大股圍撲太湖縣，攻犯桐城圍師，多隆阿公擊却之。

十八日，馳奏〔四四〕彙報『左宗棠一軍五六兩月戰守情形』一摺。又奏〔四五〕覆陳恭親王弈訢等奏請購買外洋船、炮，實爲今日救時之急務。附奏〔四六〕：

請調現泊上海之輪船，由長江駛赴安慶，就近察看試用。令楚軍水師將弁預爲練習，俟明年購到洋船，庶收駕輕就熟之功。即與撫臣文報往來，數日可達，不致淹滯。請飭下江蘇撫臣薛煥，迅派幹員，押令上駛，以資演習。

附片〔四七〕奏派委員弁購買口外戰馬八百匹，請飭部查驗，免税放行。又片〔四八〕奏：『五月由驛拜發摺片，逾期已久，未奉批諭。請查驛遞在何處沈失，照例辦理。』又奏〔四九〕報『江、楚、皖軍情』一片。

公弟國荃攻安慶城外石壘，盡拔之。賊以大股來撲營，公弟國荃堅守，却之。

鮑公超軍渡九江進剿，賊退出瑞州，竄豐城。二十四日，鮑超引軍追擊於豐城西北岸，大破之，捦斬逾萬人。賊由撫州東竄。

二十七日，公弟國荃擊援賊於城外，破走之。

二十八日，專差奏報接印日期一摺〔五〇〕。

八月初一日，公弟國荃克安慶省城，賊黨殲焉。

初二日，馳奏〔五一〕『鮑超一軍進援江西，在豐城大獲勝仗』一摺，奏稱：『鮑超盛暑鏖兵，所嚮克捷，立功最偉，請賞賚珍物，以示旌异。』隨摺保『宋國永、陳由立、黃慶等十七員；陣亡知州袁觀豐、都司殷雄亮請恤』。附片〔五二〕奏報克復安慶省城大概情形，稱：

楚軍圍攻安慶，已逾兩年，晝謀决策，皆胡林翼一人所定，卒得克此堅城，殲除悍賊。臣即日前往部署，其詳細情形，另由官文、胡林翼、李續宜會銜具奏。

初三日，多隆阿公克復桐城縣。

初五日，楊公載福派水師克復池州府城。楊公謁辭回籍。

初七日，公舟抵安慶。

初八日，公與公弟國荃、貞幹入安慶省城，巡視城垣，安撫士民，治行館廨署。搜捡降賊之知縣孫潤，於軍前斬之。

多隆阿公分軍克舒城、宿松、黄梅等縣。

初十日，馳報〔五三〕『水師克復池州進攻銅陵』一摺。附片〔五四〕奏：『各營欠餉過多，請旨飭江西每月撥解漕折銀五萬兩，籌清欠餉；并請江西停解各省協餉，所有地丁入款、漕折厘税，先清本省守兵及臣處征兵欠餉，以免決裂之患。』

是日，接奉批摺及贊襄政務王大臣咨文，驚聞七月十六日文宗顯皇帝龍馭上賓。

公慟哭失聲，自以十餘年來，受上知遇，值四方多難，聖心無日不在憂勤惕厲之中。現值安慶克復，軍務方有轉機，不及以捷報博玉几末命之歡，尤爲感慟無已。

十一日，湖北官軍克廣濟縣，旋收復蘄州、蘄水等城。

十二日，水師進克銅陵縣。

十七日，賊撲浙江嚴州，府城失守。

十八日，接奉哀詔。

乃設次於安慶城中，率文武員弁成服，哭臨三日，日三哭。

鮑公超追賊至撫州，賊竄貴溪、雙港、湖坊、河口一帶，與閩、廣股匪合并，其數猶衆。鮑公追剿，連戰破之：二十二日，大破賊於雙港，平賊壘八十餘座，捡斬萬餘人。二十三日，克鉛山縣，追剿河口，賊悉潰竄浙境，江西全省肅清。

二十四日，湖北官軍克復黄州府城。

二十六日，胡文忠公林翼卒於武昌。

公聞胡公之卒也，悲悼不已。謂胡公：『赤心以憂國家，小心以事友生，苦心以護諸將，天下寧復有似斯人者哉〔五五〕？』

二十七日，專弁賫奏〔五六〕『恭慰大孝』一摺。

官文公奏請以李續宜署湖北巡撫，奉旨〔五七〕調授湖北巡撫。彭公玉麟補授安徽巡撫，毛公鴻賓補授湖南巡撫。

九月初二日，公弟國荃督軍循江北岸而下，派道員劉連捷等進軍廬江縣，總兵黄翼升以淮揚水師順流下駛。

初九日，公馳摺〔五八〕奏：『鮑超一軍追剿江西股匪於湖坊、河口等處，大獲勝仗，克復鉛山縣城，江西全省一律肅清。陣亡將弁王友得、黄友勝等十一名請恤。』隨摺保譚勝達、明興、李文益、劉玉堂等十一員。附奏〔五九〕稱：『提督鮑超轉戰三省，風馳電掣，驍勇罕匹，請旨授提督實缺。其部將宋國永、陳由立、黄慶、婁雲慶、張玉田等，請授總兵實缺，以示奬勵。』

又奏〔六〇〕『臣移駐安慶省城，酌派司道大員，分任責成』一摺。附片〔六一〕奏：『張運蘭奉旨補授福建按察使，例應赴任。該司帶勇徽州防剿喫緊，無人可以接辦。請俟軍務稍平，再請陛見。』又奏〔六二〕報孫潤正法一片。

十六日，公弟國荃克泥汊口賊壘。十九日，克神塘河賊壘。

官文公會奏安慶克復情形，奉上諭〔六三〕：『曾國藩調度有方，著加恩賞加太子少保銜。欽此。』又奉上諭〔六四〕：『官文等另片奏曾國荃等於圍攻安慶時，智勇兼施。道員曾國荃著賞加布政使銜，以按察使記名，遇缺題奏，并加恩賞穿黃馬褂，以示優奬。候選訓導曾貞幹，著免選本班，以同知直隸州知州儘先選用，并賞戴花翎。等因。欽此。』又奉上諭〔六五〕：『官文等奏請將殉難道員予謚等語。候選同知曾國華前在三河殉難，今其兄曾國藩，其弟曾國荃、曾貞幹率師剿賊，克復安慶，一門忠義，深堪嘉尚。曾國華著加恩予謚，以彰忠烈。欽此。』

二十日，公弟國荃克復無爲州城。

二十一日，公作勸誡淺語十六條，營官、僚屬〔六六〕、委員、紳士各四條。

二十二日，查閱城上防守兵勇，巡視城堞及城外營壘。

二十三日，公弟國荃克運漕鎮。

時外洋輪船由上海駛至漢口者漸多，上下往來，一日千里。奸商往往僱民船載貨繫於其後，拖帶以行，藉免課稅厘金，亦或藉以資賊。公咨行通商衙門，稱鹽、茶爲貨稅大宗，餉源所賴，請照會上海洋商，毋得攬帶民船貨物。

壽州練總苗沛霖，亦捻匪之黨，前歲與李世忠先後受撫，督師勝保公叠次奏保，補授四川川北道加布政使銜。李世忠升任江南提督，幫辦軍務。苗沛霖與在籍辦團之員外郎孫家泰等爲仇，率其黨圍攻壽州。巡撫翁同書屢出諭之，苗沛霖不退。孫家泰等自殺，苗沛霖攻陷壽州。袁公甲三派李世忠以兵擊之。詔命公移得勝之軍分討苗逆。

二十九日，公弟國荃克東關賊壘。前後所克城鎮，派軍扼守，乃還安慶。

是月，浙江之賊陷紹興、處州二府城，其餘州縣屬邑蹂躪殆遍。

十月初一日，公弟國荃還至安慶。商定增募湘勇、直搗金陵之計。

湖北官軍克隨州城。

初三日，頒發捐輸章程。札派委員，按貲填給。札飭水師營官嚴拿游勇。出示：撫恤殉難員紳家屬；被難流亡之士民，招集復業；清厘房産争訟。　左公宗棠軍至廣信。公調鮑超一軍回皖，進軍青陽。調朱品隆、唐義訓等軍進剿石埭，規復寧國。

初六日，接奉遺詔，設次行禮。　公弟國荃回湘，增募湘勇六千人。

初十日，彭公玉麟至安慶見公。彭公時奉安徽巡撫之命，具疏力辭。

十四日，公具摺〔六七〕奏陳湖北撫臣胡林翼忠勤盡瘁，勛績最多，乞飭付國史館，查照施行。

又馳摺〔六八〕奏報水陸各軍克復銅陵縣、無爲州、運漕鎮并沿江要隘三處。隨摺奏保王明山、黃翼升、李朝斌等二十員。附片〔六九〕奏：『官軍攻克運漕以後，本可直搗金陵，惟深入腹地，人數單薄，應令曾國荃添募湘勇六千，替出各城防守之師，進剿巢、和，與下游都興阿一軍聯絡剿辦，易於得勢。』

又奏〔七〇〕『保知府陳濬補安慶知府』一摺。附片〔七一〕奏：『前辦皖南軍務張芾所有文卷簿領，均因徽郡失陷，焚燬無存，請免造報。』又片〔七二〕奏稱：『軍興十載，凡地方查辦餽賊資糧、受僞官職之案，徒爲奸吏訟棍訛索之柄。江西新建縣候選通判程迪昌叠次以餽賊重罰誣告善良，請將程迪昌革職嚴辦，以儆刁風。』又片〔七三〕奏：『皖南督辦團練在籍編修宋夢蘭、知府張韶南與其子張同生，均以積勞病故，請恤。』

浙江杭、湖兩郡，久被賊擾，岌岌不保。公咨商左公宗棠，由廣信進軍衢州，以援浙江。調派張運蘭防徽之軍及江西東境防守之師，均歸左公調遣。

江蘇官紳棲葆上海縣。十六日，錢公鼎銘由輪船赴安慶見公，痛哭以請援師，且呈遞官紳公函，謂吴中有可乘之機而不能持久者三端：曰鄉團、曰槍船、曰內應是也。有僅完之土而不能持久者三城：曰鎮江、曰湖州、曰上海是也。公見而悲之。

時餉乏兵單，楚軍無可分撥，與李公鴻章籌議，期以來年二月濟師。

十八日，奉上諭〔七四〕：

欽差大臣兩江總督曾國藩，著統轄江蘇、安徽、江西三省并浙江全省軍務，所有四省巡撫、提鎮以下各官，悉歸節制。浙江軍務，著杭州將軍瑞昌幫辦；并著曾國藩速飭太常寺卿左宗棠馳赴浙江，剿辦賊匪。浙省提鎮以下各官，均歸左宗棠調遣。欽此。

二十六日，專摺〔七五〕奏謝天恩加宫保銜。又代奏〔七六〕弟國荃、貞幹謝恩晉秩一摺。又奏〔七七〕謝弟國華奉旨予謚恩一摺。

是月，湖北全境肅清，官文公調派成大吉等軍進駐霍山，以規壽州。　劉公蓉奉旨署四川布政使。

十一月初二日，公巡視安慶城垣，度地擬建試院一區，令上、下江分闈鄉試，既而不果。多隆阿公收復三河鎮。

十四日〔七八〕，奉到節制四省之旨〔七九〕，旋又奉酌保封疆將帥人才之旨〔八〇〕，又奉察看江蘇巡撫薛煥、浙江巡撫王有齡能否勝任據實具奏之旨〔八一〕。

公自以任大責重，值時事之艱難，彌覺惕然不敢自安。

十六日，馳摺〔八二〕奏：『左宗棠一軍定議援浙，請將廣信、徽、饒諸軍統歸節制，以一事權。該處一切軍情，即由左宗棠自行奏報，以昭迅速。信郡錢糧，河口、景德鎮厘金，撥歸左宗棠經收。其防剿進止，均由左宗棠相機辦理。』又具摺〔八三〕奏保江西署藩司李桓留辦糧臺，并請敕交軍機處記名，以藩、臬兩司遇缺題奏。

又具摺〔八四〕奏保道員萬啓琛署理安徽按察使，李榕署理江寧鹽巡道，均隨同駐安慶，籌辦善後事宜。附片〔八五〕奏新授衢州鎮總兵朱品隆現調令會合鮑超一軍進攻寧國，暫難赴任。又片〔八六〕奏：『兩江政務殷繁，現在行營一無成案可查，所有刑名錢穀及鹽員、武職補缺與夫地方尋常事件，應由臣衙門循例具題者，請暫行展緩，抑或改題爲奏，以歸簡易。』

是日，又奏〔八七〕『水陸各軍攻克赤岡嶺、菱湖賊壘，克復安慶省城三案出力員弁，開單請奬』一摺。又奏『克復休寧、黟縣及徽州府城，迭次攻剿各嶺隘出力員弁，開單請奬』一摺〔八八〕。又奏〔八九〕行營采訪忠義第四案。附片〔九〇〕奏刑部主事柯鉞之母柯王氏罵賊殉難，請建專坊。又查明柯氏一門殉節者五名，列爲第五案。

二十五日，奏『辭節制浙省』一摺〔九一〕，奏稱：

臣自受任兩江以來，祁門被困，僅得自全。至於安慶之克，悉賴鄂軍之功，胡林翼籌畫於前，多隆阿苦戰於後，非臣所能爲力。江蘇乃職分應辦之事，尚無一兵一卒達於蘇境。乃蒙寵遇非常，節制四省，自顧菲材，實難勝任。左宗棠之才實可獨當一面，即無庸臣兼統浙省，苟思慮所能到，才力所能及，必與左宗棠合謀，不分畛域，不必有節制之名而後盡心於浙事也。

又具摺〔九二〕覆奏查明蘇、浙兩省撫臣優劣情形，奏參候補鹽運使金安清，請即革職。附片〔九三〕奏保道員李鴻章可膺封疆重寄，現在臣處統帶水軍，請酌撥陸軍數千人駛赴下游，以資援剿。又奏〔九四〕保提督鮑超功績甚偉，請賞穿黃馬褂，以示旌异。又片〔九五〕奏：『常州一郡，士尚節義，多可用之材。就所知者奏保周騰虎、劉翰清、趙烈文、方駿謨、華蘅芳、徐壽六員名，請量材録用。』

二十六日，奉到大行頒賞遺念衣物一箱。公拜領，行禮謝恩。浙江賊攻撲徽州，左公宗棠派軍援剿，公調朱品隆回軍援徽。

是月，賊攻杭州，張忠壯公玉良陣亡。賊分陷寧波、台州各府城。二十八日，杭州省城失守。將軍忠壯公瑞昌、巡撫王壯愍公有齡、總兵饒莊勇公廷選等皆死之。

十二月，鮑公超擊賊於青陽，屢破之。進攻縣城，未克。張公運蘭病甚回籍，其弟運桂代領其軍守徽州。朱品隆軍至，擊賊破之。

十七日，奏遵旨籌商苗沛霖剿撫情形〔九六〕：

該練逆迹昭彰，斷無再撫之理。現在楚軍剿辦粵逆，難以同時并舉，須俟廬州克後，與袁甲三臨淮之師聯絡，乃可并力剿苗。彭玉麟素統水師，舍舟登陸，用違其長，且江面太長，照料非易。該撫兩次奏請開缺，應請旨另簡大員接任皖撫，俾得仍領水師，於南北大局，兩有裨益。

又『奉遵旨派員赴上海押解革員何桂清來京候訊』一片〔九七〕。又奏〔九八〕保『鮑超一軍攻克安慶賊壘、肅清江西全省兩案出力員弁，開單請獎』一摺。

十八日，恭接登極詔書。

是日，馳奏〔九九〕：

浙江省城失守，徽郡被圍，臣奉援浙之命赴救莫及，請交部嚴加議處。謹通籌全局，力圖補救之策，分條陳奏：其一，浙江全省惟衢州一府可以圖存，左宗棠一軍先固江、皖邊防，再籌進剿。其一，請敕下閩、浙督臣慶端速派勁旅，嚴守浦城，俾賊不得由閩境而竄江西。其一，請調廣西臬司蔣益澧帶領所部五六千人，迅赴浙江，隨同左宗棠籌辦防剿；道員陳士杰帶勇馳赴安慶，職候調遣；并請將該二員補授蘇、浙兩省實缺。其一，請飭下閩、廣督撫，粵海關、閩海關按月籌撥銀十三萬兩，解交左宗棠軍營。

附片〔一〇〇〕奏：『團練一法，不能剿大股悍賊，請將江南團練大臣裁撤。』

又奏〔一〇一〕：『左宗棠一軍樂平、建德、德興等處大捷，出力員弁，彙案請獎。』附片〔一〇二〕奏：『布政使銜道員王開化積勞病故，請照布政使例從優賜恤予謚。』奉旨予謚『貞介』。

二十六日，朱品隆等大破賊於徽州，左公宗棠分軍破賊於大鏞嶺，徽境肅清。

二十七日，奉到上諭〔一〇三〕：『曾國藩奏接奉節制江、浙等四省軍務，瀝陳懇辭一摺。謙卑遜順，具見悃忱真摯，有古大臣之風，深堪嘉尚。江、浙軍情，本屬相關一氣，凡該大臣思慮所到，諒無不協力同心，相資爲理。節制一事，該大臣其毋再固辭。欽此。』

二十九日〔一〇四〕，侍郎宋公晋奏〔一〇五〕請飭川、楚、江、皖五省會剿粵逆，詔〔一〇六〕公與官文、李續宜等詳議，公會奏〔一〇七〕稱：『增兵必先增餉，非一省所能爲力，必須五省合力籌畫，衆志一心，方於事有實濟。現擬咨商各省，詳議餉數。』

是月，公弟國荃奉旨賞加頭品頂戴；左公宗棠授浙江巡撫；沈公葆楨授江西巡撫；李公桓授江西藩司，暫署巡撫；彭公玉麟以兵部侍郎候補。詔公酌保皖撫。安慶復後，公至省城，招徠士人，修葺敬敷書院，每月按期課試，校閱文藝，其優等者捐廉以獎之。於嘉惠寒士之中寓識拔才俊之意，皖中人士莫不感奮。公札司道設立善後局，安撫遺黎，清查保甲，刊發勸誡淺語十六條。分設穀米局及製造、火藥、子彈各局，委員司之。又設内軍械所，製造洋槍洋炮，廣儲軍實。委員查核民田，分別荒熟。其已墾者，暫令按畝出錢四百文以助軍餉，謂之『抵徵』。除日，派忠義局委員協同街團紳士，施放錢米，以賑飢民。

是歲，親王僧格林沁與兵部侍郎勝保，皆奉旨授欽差大臣，督師剿辦捻匪。內閣學士毛昶熙，奉旨督辦河南團練。提督馮子材辦鎮江軍務，以副都統魁玉爲幫辦。

〔一〕馳奏：見奏稿三，題作『官軍扼守景德鎮會剿洋塘大捷摺』。

〔二〕又奏：見奏稿三，題作『逆匪分犯大赤大洪二嶺官軍迎剿獲勝摺』。

〔三〕附單：見奏稿三，題作『洋塘歷口等處陣亡員弁請恤單』。

〔四〕附片：見奏稿三，題作『近日江皖交界賊勢軍情片』。

〔五〕又片：見奏稿三，題作『請飭部另頒欽差大臣關防片』。

〔六〕解散歌：見王安定求闕齋弟子記卷二三軍謨上。

〔七〕馳摺：見奏稿三，題作『官軍破賊黄麥鋪等處江西饒九境内肅清摺』。

〔八〕附片：見奏稿三，題作『擬移駐東流建德抽出霆軍以備援應片』。

〔九〕具摺：見奏稿三，題作『謝賞福字荷包等項恩摺』。

〔一〇〕馳奏：見奏稿三，題作『官軍攻破上溪口賊巢進克休寧縣城摺』。

〔一一〕附片：見奏稿三，題作『近日江楚軍情片』。

〔一二〕夜還休寧：本日日記云：『睡至四更，聞攻徽官兵於二更時被賊放火偷營，官軍驚潰，已奔回休寧城下。憂灼之至，即披衣起坐達旦。四處問信，竟無確耗，浩然長歎，不知天意如何。情緒似四年十二月十二日聞湖口水師之敗，而老懷尤覺難遣。』

〔一三〕自書遺教：本日日記云：『未刻後，寫信與紀澤兒兄弟，略似寫遺囑之式。蓋軍勢不振，旦夕恐蹈不測，故將格言預先訓誡也，至夜寫畢。』

〔一四〕奏報：見奏稿三，題作『嶺外逆匪竄撲西北兩路官軍分剿大勝摺』。

〔一五〕又奏：見奏稿三，題作『官軍進攻徽州未能得手摺』。

〔一六〕又奏報：見奏稿三，題作『官軍分剿婺源樂平大股竄匪摺』。

〔一七〕又奏報：見奏稿三，題作『景德鎮失陷陳大富等殉節摺』。

〔一八〕附片：見奏稿三，題作『奏參余述祖申協煊王峻片』。
〔一九〕又片：見奏稿三，題作『再陳江皖大局并移駐東流片』。
〔二〇〕馳奏：見奏稿三，題作『官軍破賊樂平鄱景浮樂一律肅清摺（四月初二日）』。
〔二一〕棠：奏稿三官軍破賊樂平鄱景浮樂一律肅清摺作『常』。
〔二二〕附奏：見奏稿三，題作『請將左宗棠改爲幫辦軍務片（四月初二日）』。
〔二三〕附片：見奏稿三，題作『救援安慶及江皖軍事布署片』。
〔二四〕具摺：見奏稿三，題作『酌保左宗棠一軍出力員弁摺』。
〔二五〕具摺：見奏稿三，題作『酌保鮑超一軍出力員弁摺』。
〔二六〕馳奏：見奏稿三，題作『官軍圍攻赤岡嶺賊壘摺』。
〔二七〕又奏：見奏稿三，題作『江南鄉試未能舉行摺』。
〔二八〕附奏：見奏稿三，題作『李金暘張光照正法片』。
〔二九〕又奏：見奏稿三，題作『代遞唐鑒遺摺摺』。
〔三〇〕馳奏：見奏稿三，題作『收復徽州府城摺』。
〔三一〕又奏：見奏稿三，題作『遵保皖南鎮道摺』。
〔三二〕又奏：見奏稿三，題作『代奏楊載福請假摺』。
〔三三〕附片：見奏稿三，題作『奏參鄭陽和等縱勇鬧事及不遵軍令片』。
〔三四〕又片：見奏稿三，題作『飭陳金鼇赴南贛鎮新任片』。
〔三五〕又片：見奏稿三，題作『近日大江南北賊勢軍情片』。
〔三六〕一摺：見奏稿三，題作『水陸各軍陣亡病故各員弁請恤摺』。
〔三七〕又奏：見奏稿三，題作『克復黟縣建德等處出力員弁七案并保摺』。

〔三八〕具摺：見奏稿三，題作『復陳左宗棠軍暫難援浙摺』。
〔三九〕附片：見奏稿三，題作『奏請彭玉麟緩赴新任片』。
〔四〇〕又片：見奏稿三，題作『遵查張集馨畏葸并聲明張敬修病重片』。
〔四一〕馳奏：見奏稿三，題作『復陳華祝三臚奏摺』。
〔四二〕附奏：見奏稿三，題作『近日皖江鄂三省軍情梗概片』。
〔四三〕又奏：見奏稿三，題作『黄勝林率勇鬧餉正法片』。
〔四四〕馳奏：見奏稿三，題作『左宗棠軍五六兩月戰守情形摺』。
〔四五〕又奏：見奏稿三，題作『復陳購買外洋船炮摺』。
〔四六〕附奏：見奏稿三，題作『請先調上海舊有輪船試用片』。
〔四七〕附奏：見奏稿三，題作『口外購買戰馬請免馬税片』。
〔四八〕又片：見奏稿三，題作『請飭查奏摺沉失片』。
〔四九〕又奏：見奏稿三，題作『近日安慶及皖南江西湖北軍情片』。
〔五〇〕一摺：見奏稿三，題作『恭報兩次接印日期摺』。
〔五一〕馳奏：見奏稿三，題作『鮑超一軍豐城大捷摺（八月初二日）』。
〔五二〕附片：見奏稿三，題作『克復安慶省城片』。
〔五三〕馳報：見奏稿三，題作『水師克復池州府城摺』。
〔五四〕附片：見奏稿三，題作『奏撥江西漕折銀并停解江西協餉片』。
〔五五〕赤心……者哉：見書信三，題作『加左宗棠片（九月初三日午刻）』。又見九月初三日日記。
〔五六〕賫奏：見奏稿三，題作『恭慰大孝摺』。
〔五七〕奉旨：見清實録穆宗實録咸豐十一年（一八六一）辛酉八月戊辰（十二日）『諭内閣』。

〔五八〕馳摺：見奏稿三，題作『鮑超一軍追賊撫州克復鉛山縣城摺』。

〔五九〕附奏：見奏稿三，題作『請將鮑超補授提督實缺片』。

〔六〇〕又奏：見奏稿三，題作『安徽省城酌派司道大員分任責成摺』。

〔六一〕附片：見奏稿三，題作『請將福建按察使張運蘭留營片』。

〔六二〕又奏：見奏稿三，題作『降賊候補知縣孫潤凌遲處死片』。

〔六三〕上諭：見清實録穆宗實録咸豐十一年（一八六一）辛酉八月辛巳（二十五日）『諭内閣』。又見奏稿三謝賞加官保銜恩摺（十月二十六日）引。

〔六四〕上諭：見清實録穆宗實録咸豐十一年（一八六一）辛酉八月辛巳（二十五日）『諭内閣』。又見奏稿三謝兩弟國荃貞幹升秩恩摺（十月二十六日）引。

〔六五〕上諭：見清實録穆宗實録咸豐十一年（一八六一）辛酉八月辛巳（二十五日）『諭内閣』。又見奏稿三謝弟國華予謚恩摺（十月二十六日）引。

〔六六〕僚屬：詩文作『州縣』，次序排在『營官』前。

〔六七〕具摺：見奏稿三，題作『瀝陳前湖北撫臣胡林翼忠勤勛績摺』。

〔六八〕馳摺：見奏稿三，題作『官軍克復銅陵縣無爲州等處摺』。

〔六九〕附片：見奏稿三，題作『請令曾國荃回湘募勇來皖片』。

〔七〇〕又奏：見奏稿三，題作『請將陳濬簡放安慶府知府摺』。

〔七一〕附片：見奏稿三，題作『請將徽池軍需二三兩案免辦報銷片』。

〔七二〕又片：見奏稿三，題作『程迪昌誣告應請革職究辦片』。

〔七三〕又片：見奏稿三，題作『請將宋夢蘭張韶南張同生分別議恤片』。

〔七四〕上諭：見清實録穆宗實録咸豐十一年（一八六一）辛酉十月癸酉（十八日）『諭内閣』。又見奏稿三附録明諭　著曾國藩統轄江蘇安徽江西浙江四省軍務并著速飭左宗棠赴浙剿賊（十一月十五日）。

〔七五〕專摺：見奏稿三，題作『謝賞加宫保銜恩摺』。

〔七六〕代奏：見奏稿三，題作『謝兩弟國荃貞幹升秩恩摺』。

〔七七〕又奏：見奏稿三，題作『謝弟國華予謚恩摺』。

〔七八〕十四日：據奏稿三載，所奉到三封諭旨日期均爲『十五日』。

〔七九〕奉……之旨：見奏稿三附録廷寄　著曾國藩節制江皖贛浙四省軍務飭即統籌兼顧并命左宗棠赴浙督辦軍務（十一月十五日）。

〔八〇〕奉……之旨：見奏稿三附録廷寄　著曾國藩察看蘇撫薛焕浙撫王有齡能否勝任（十一月十五日）。

〔八一〕奉……之旨：見奏稿三附録廷寄　著曾國藩察看蘇撫薛焕浙撫王有齡能否勝任（十一月十五日）。

〔八二〕馳摺：見奏稿三，題作『左宗棠定議援浙請節制廣徽饒諸軍并自行奏報軍情摺』。

〔八三〕具摺：見奏稿三，題作『請署藩司李桓暫緩引見并保升兩司摺』。

〔八四〕具摺：見奏稿三，題作『揀員署理安徽臬司江寧鹽巡道摺』。

〔八五〕附片：見奏稿三，題作『朱品隆暫緩赴衢州鎮任片』。

〔八六〕又片：見奏稿三，題作『請改題爲奏片』。

〔八七〕又奏：見奏稿三，題作『官軍攻克赤岡嶺菱湖賊壘及克復安慶請獎摺』。

〔八八〕一摺：見奏稿三，題作『克復休寧黟縣及徽州府城三案并保摺』。

〔八九〕又奏：見奏稿三，題作『采訪忠義第四案摺』。

〔九〇〕附片：見奏稿三，題作『采訪忠義第五案片』。

〔九一〕一摺：見奏稿三，題作『懇辭節制浙省各官及軍務等情摺』。

〔九二〕具摺：見奏稿三，題作『查復江浙撫臣及金安清參款摺』。

〔九三〕附片：該片奏稿三未見。按奏稿三附録廷寄　答懇辭節制浙省各官并遵查各參款及保舉李鴻章才堪重寄各摺片（十二月）、奏稿四籌辦江浙軍務摺（同治元年正月二十二日）均提及該片。

〔九四〕又奏：該片奏稿三未見。諭旨見奏稿四附録明諭　著曾國藩授協辦大學士及鮑超湯雲松何桂清王開化蔣益澧曾國荃等八員任免處分優恤事（同治元年正月十七日）。

〔九五〕又奏：見奏稿三，題作『保奏周騰虎等片』。

〔九六〕奏……情形：見奏稿三，題作『苗沛霖應剿彭玉麟難離水營摺』。

〔九七〕一片：見奏稿三，題作『遵旨派員押解何桂清進京片』。

〔九八〕又奏：見奏稿三，題作『鮑軍攻圍赤岡嶺肅清江西全省兩案并保摺』。

〔九九〕馳奏：見奏稿三，題作『杭州失守徽郡被圍通籌全局摺』。

〔一〇〇〕附片：見奏稿三，題作『復奏裁撤江南團練大臣片』。

〔一〇一〕又奏：見奏稿三，題作『左軍樂平大捷及建德等戰彙案保奏摺』。

〔一〇二〕附片：見奏稿三，題作『請將王開化賜恤予謚片』。

〔一〇三〕上諭：見清實録穆宗實録咸豐十一年（一八六一）辛酉十二月丁卯（十四日）『諭内閣』。又見奏稿三附録廷寄　答懇辭節制浙省各官并遵查各參款及保舉李鴻章才堪重寄各摺片（十二月）。

〔一〇四〕二十九日：底本缺，今據奏稿三遵旨籌議五省合力會剿先陳大概情形摺奏報日期校補。

〔一〇五〕宋公晋奏：見奏稿三附録廷寄　宋晋奏請飭五省會剿著官文曾國藩駱秉章李續宜毛鴻賓彭玉麟妥議速奏（十二月初四日）附抄。

〔一〇六〕詔：見奏稿三附録廷寄　宋晋奏請飭五省會剿著官文曾國藩駱秉章李續宜毛鴻賓彭玉麟妥議速奏（十二月初四日）。

〔一〇七〕會奏：見奏稿三，題作『遵旨籌議五省合力會剿先陳大概情形摺（十二月二十九日）』。按該摺與官文、李續宜領銜具奏。

曾文正公年譜卷八

壬戌　同治元年（一八六二），公五十二歲。

正月，公在安慶。

初一日，内閣奉上諭〔一〕：『曾國藩著以兩江總督協辦大學士。欽此。』

初四日〔二〕，又奉上諭〔三〕：『曾國藩節制四省，昨又簡授協辦大學士，其敷乃腹心，弼予郅治，朕實有厚望焉。欽此。』

初十日，奏『遵旨保皖撫大員』一摺〔四〕。又奏〔五〕『再陳下情力辭節制浙、江〔六〕軍務』一摺，奏稱：

> 圖浙之道，必以廣信爲運糧之路，以嚴州爲進兵之路。現在惟左宗棠一軍，不能遽達於嚴州，必俟蔣益澧之軍到衢州後，兩路并進，取勢漸緊。所以規復浙江者在此，所以保全江西、皖南者亦在此。至臣所以再三瀆陳不願節制四省者，非因浙事既已決裂，有諉過之意。實因權位太重，恐開斯世爭權競勢之風，兼防他日外重内輕之漸。機括甚微，關係甚大。

又奏〔七〕遵旨保舉李朝斌、喻俊明、任星元、丁泗濱四員堪勝水師總兵之任。附片〔八〕奏：

> 前浙江巡撫羅遵殿殉難杭州，已奉旨賜恤，旋經御史高延祐奏請撤銷恤典。苛刻之論，殊

欠公允。仍請從優賜恤，并將隨同殉難之家屬等一并旌恤，以彰忠節。王有齡以糧盡援絶，見危授命。其在任時疊被參劾，難保無身後之訾議，請并從優議恤，以爲以死勤事者勸。

又片〔九〕奏參安徽巡撫翁同書釀成苗逆之禍，兩次失守，不能殉節。請旨革職議罪，不敢因其門第鼎盛，稍爲遷就。又片〔一〇〕奏報徽郡解圍及各路軍情大概。

是日，奉到諭旨〔一一〕：李續宜調安徽巡撫，嚴樹森調湖北巡撫。欽頒令箭、令旗、王命旗牌到營。

十一日，批飭江西藩司停止州縣官吏攤捐之案。公謂地方親民之官，必須令其曠然無累，然後可責之以民事，不至苛取民財也。

十七日，公奉到協辦大學士之旨〔一二〕。

公弟國荃授浙江臬司，蔣益澧授浙江藩司，陳士杰授江蘇臬司。鮑超補浙江提督并賞穿黃馬褂，從公奏也。

二十日，左公宗棠擊賊於開化縣，破之。

二十一日，新購外洋火輪船一號到安慶。

公出閲視，派委員弁管帶，配以兵勇，於江面試行之。

二十二日，拜摺〔一三〕恭謝天恩。附片〔一四〕奏稱：

自去秋以來，臣一門之内，疊荷殊恩，感激之餘，繼以悚懼。懇求於金陵未克以前，不再加恩於臣家，庶可以保全功名，永承聖眷。前此疊奉保薦督撫大員之旨。封疆將帥，乃朝廷舉措之大權，豈敢干預！疆臣既有征伐之權，不當更分黜陟之柄。不特臣一人爲然，凡爲督撫者，辨之不可不早。所以預防外重内輕之漸，兼杜植私樹黨之端，庶幾紀綱彌肅，朝廷愈尊矣。

賊竄吴淞口，上海告急；鎮江府城屢被賊攻撲；又分股渡江，撲江浦、浦口官軍營盤。趙公景賢堅守湖州府城一年有餘，糧援俱斷，文報亦梗阻不得達。大學士翁公心存奏〔一五〕：『蘇中士民結團抗賊，望曾國藩如慈父母，請飭該大臣派一素能辦賊之員，馳往援剿。』侍郎宋公晋條陳〔一六〕恢復江南大略。是時，公屢奉籌畫全局、派援江、浙之旨，於是日具奏〔一七〕：

浙江之事，必俟左宗棠進攻嚴州，蔣益澧進駐衢州，鮑超進抵寧國，乃有下手之處。江蘇之事，必先清江北，次及江南。現催李鴻章募練淮勇，酌撥湘軍數營，駛赴下游，察看情形，再行馳奏。江、浙賊勢浩大，盡占富庶之區，財力與人數皆數倍於官軍，不敢過求速效，以至僨事。

又奏〔一八〕『徽州官軍勝仗，郡城解圍』一摺。隨摺奏保張運桂、朱品隆、唐義訓、劉松山等十三員；陣亡參將黄和鳴等四十六員名，開單請恤。附片〔一九〕奏鮑超一軍在青陽大獲勝仗，陣亡弁勇唐泗和等十一名請恤。又片〔二〇〕奏江蘇紳士議借洋兵剿賊之事：

上海本通商之地，借洋兵以保守人財則可，若令攻剿蘇州、金陵，代復中國之疆土則不可。蓋以現在攻城，我無助剿之師；將來克城，又無防守之師。專恃洋兵，洋人或見德而生怨望，不可不慮。

維時上海已設立公局，會同洋人防守。公咨商〔二一〕巡撫薛煥，言『蘇州、金陵非可以幸襲而得。目前權宜之計，祇可借兵防守滬城。尤當坦然以至誠相與，不可稍涉猜疑，致礙大局』。其函致蘇州紳士，言之尤詳。

二十四日，奉到上諭〔一二二〕：『賊氛日熾，而該大臣等章奏寥寥，南服惓懷，殊深廑念。其如何通籌全局，緩急兼權，著將一切機宜，隨時馳奏，以紓懸係。欽此。』

李公鴻章募淮勇到安慶。公爲定營伍之法，器械之用，薪糧之數悉仿湘勇章程；亦用楚軍營規以訓練之，撥湘勇數營以助之。兩省將卒，若出於一家然，公所教也。

二十六日，咨瀕江各省督撫，商定長江通商章程。飭善後局查辦保甲，公自核定門牌、團册之式。

是月，李世忠收復江浦、浦口二城。賊糾捻匪圍攻潁州府，勝保公督師援之。彭公玉麟補授兵部右侍郎。

二月初二日，公拜摺〔一二三〕奏稱：

忝列戎行，奏報甚少，其所以硜硜自守者，蓋亦有故：一則不輕奏謠傳之言，一則不輕奏未定之事，一則不輕奏預計之説。因此三者，遂蹈遲延之咎。臣忝非常之遇，倚任彌重，延訪更殷。嗣後擬十日奏事一次，有急則加班具奏。所有諭旨垂詢之件，謹分條詳覆：其一，計曾國荃、楊載福、張運蘭回營之期。其一，李鴻章募練淮勇，二月可以成軍，擬由陸路馳至鎮江。其一，攻擣金陵必先清後路，脚跟已穩而後可進。其一，李續宜籌派兵勇，援潁州之路。其一，左宗棠援剿浙江，必從衢、嚴之間下手。其一，上海籌借洋兵以助防守之法。凡六條。

飭安慶藩司核定厘金卡局支發軍餉坐支章程。

初四日，閲視李公鴻章營勇及所部程學啓、滕嗣林等營。

多隆阿公大破賊於廬州城外，盡平賊壘。

初五日，奉到上諭〔二四〕：

曾國藩奏瀝陳下情、遵保皖撫各摺片，具見該大臣慮遠思深，實深嘉悦。已明白宣示，仍令該大臣節制四省矣。朝廷黜陟之權，原非封疆大吏所能侵越。第該大臣簡任綸扉，督師江、皖，膺股肱心膂之寄。朕疇咨岳牧，延訪甚殷。該大臣圖濟時艱，不當稍有避嫌之見，方合古大臣知無不言之義。嗣後如有所知，不妨密封呈進，以備采擇。欽此。

同日，奉上諭〔二五〕：

曾國藩曉暢戎機，公忠體國，中外咸知。當此江、浙軍務喫緊，生民塗炭，若非曾國藩之悃忱真摯，［亦］豈能輕假事權？所有江南〔二六〕、安徽、江西、浙江四省巡撫、提鎮以下，仍歸曾國藩節制。該大臣務當以軍務爲重，力圖攻剿，以拯生民於水火之中，毋許再行固辭。欽此。

時又因三載考績之典，奉上諭〔二七〕：

大學士湖廣總督官文，久任封圻，虛懷延攬，於吏治、戎行均能整飭，著交部從優議叙。協辦大學士兩江總督曾國藩，督軍辦賊，勤勞罔懈，於江、皖地方，叠復名城，戰功卓著；甄拔所部將士，賢能稱職。前經簡授協辦大學士，仍著交部從優議叙。四川總督駱秉章，前在湖南巡撫任内，剿辦賊匪，不分畛域。其所薦舉人才，尤爲有裨實用。自升任川督，辦理丹稜股匪及整頓地方，均能妥速，著賞加太子少保銜，用示嘉獎。欽此。

初六日，專弁入都，賫奏登極賀表。

初八日，張公運蘭假滿還皖。

初九日，李公續宜抵任，來見。

公派提督成大吉等進軍固始，以援潁州。

左公宗棠擊賊於遂安縣，大破之，克復縣城。

初十日，拜發萬壽賀摺，專弁入都。又代弟國荃奏謝天恩一摺〔二八〕。

十二日，馳摺〔二九〕奏：『安徽省城仍宜設於安慶，前此改建廬州，係一時權宜之計。安慶處濱江適中之地，足資控制，至大江水師戰船千餘號，炮位三千餘尊，逐年積累，成此巨觀。事定之後，江防仍不宜撤。請專設長江水師提督一員，添設將弁額缺若干，均候吏、兵二部詳覈議奏。』附片〔三〇〕奏：『江海雖同一水面，而風濤氣候各殊。楚軍水勇戰船，但可用之江面，未可以出重洋。臣料粤逆所掠江、楚之民，必無遽能縱横海上之事。』又附片〔三一〕奏浙江衢河淺窄，不宜水軍，江西劉于潯水師專防本省汛地，不能赴浙援剿。

又奏〔三二〕采訪忠義第六案。附片〔三三〕奏委員王敬恩請恤。

十五日，公弟國荃至安慶，所募湘勇以次集於皖境。

是日，奉到上諭〔三四〕：『江蘇布政使，著曾國荃補授，即赴新任，毋庸來京請訓。該員係兩江總督曾國藩之弟，例應迴避。惟該省軍務緊要，需員辦理，著毋庸迴避，以資得力。欽此。』又以李元度補授浙江臬司〔三五〕。

二十二日，拜摺〔三六〕代弟國荃奏謝天恩。附片〔三七〕奏參新授臬司李元度，請革職交左宗棠差遣。又具摺〔三八〕分條奏報軍情：

其一，曾國荃募勇已經抵皖，飭令進剿巢縣、含山一帶。其一，李鴻章帶勇擬會同曾國荃攻剿江邊一路，衝過賊中，以期速達鎮江。其一，多隆阿進攻廬郡大捷，傷亡亦多，需稍事休息，再圖進取。其一，李續宜派兵援潁情形，由李續宜具奏。其一，左宗棠剿賊大捷，克遂安城，由左宗棠詳報。其一，援浙之軍必須蔣益澧到後，乃能合力兜剿。其一，湖州孤懸賊中，無路赴援，惟聞城中糧米足支數月，或可保全。其一，徽州解圍後，改令朱品隆接防郡城，派張運蘭老湘營爲游擊之師。其一，上海有高橋、蕭塘之捷，當可保全，馮子材仍守鎮江。凡九條。

公出城巡閲新到之湘勇七營。

二十四日，公弟國荃啓行，督軍沿江岸進剿。

李公鴻章成軍八千人，擬瀕江而下，傍賊壘衝過，以援鎮江。計未决。二十八日，上海官紳錢公鼎銘等籌銀十八萬兩，僱洋人輪船七號，駛赴安慶，以迎李公鴻章之師，定以三次載赴上海。

是月，上海官紳借洋兵連破賊於浦東，賊少却。勝保公督兵援潁州，解圍。

三月初一日，札調張運蘭扼婺源白沙關，以防賊竄江西之路。

初七日，鮑公超擊援賊於青陽城外，破之。

初八日，李公鴻章領所部勇第一起三千人，由安慶附輪舟啓行赴滬。

公拜摺〔三九〕奏謝京察從優議叙恩。又馳報〔四〇〕『李鴻章一軍改由輪船赴滬啓程日期』一摺。

又馳摺〔四一〕奏稱：

東南寇氛，蔓延日久，生靈之塗炭深矣。臣受命兩年，無一兵達於蘇境，無一旅進攻寧國。左宗棠苦戰衢、嚴，獨任其難，不克分兵往助。趙景賢困守湖州，堅貞蓋世，不克設法往援。徒有兼轄之名，并無統籌之實。倘蒙聖恩收回成命，俾臣稍釋神魂之震懼，尤感聖慈之曲盡矣。又查廣東一省財力殷富，爲東南之冠。請特派大員馳赴廣東，辦理厘金，專供蘇、浙、皖三省之餉。

附片〔四二〕奏浙江殉難提督饒廷選請於廣信府建立專祠。又附片〔四三〕奏報各路軍情。又片〔四四〕奏：『新授河南歸德鎮總兵蕭孚泗，現在曾國荃軍營，隨同進剿；記名總兵陳由立，經河南撫臣奏調，現在鮑超軍營，圍剿青陽。該二員仍留原營，均未便飭赴河南。』

十三日，公弟貞幹破賊於荻港、舊縣、三山夾等處，賊壘皆平。

十四日，李公鴻章所部勇第二起由安慶啓行。公派黄翼升附輪船赴上海，察看下游地勢、賊情。李公續宜赴六安州督師，以規潁、壽。

十五日，公弟國荃破賊於望城岡。

十六日，鮑公超克復青陽縣城。

十八日，公弟國荃破賊於銅城閘。

十九日，克雍家鎮賊壘。

二十日，克巢縣、含山二城。

二十一日，公弟貞幹克復繁昌縣城。

二十二日，公弟國荃克復和州城。　鮑公超連克石埭、太平二縣城。　左公宗棠剿賊於江山、常山之境，連戰破之。

二十三日，公弟國荃攻克裕溪口。

二十四日，攻克西梁山。　沿江北岸賊壘悉破平之。

公馳摺〔四五〕奏報青陽克復。　隨摺奏保婁雲慶、馮標等二十七員；陣亡將弁羅春鵬、李遇春等十七員名，開單請恤。　附片〔四六〕奏水陸各軍破賊於荻港、舊縣、三山等處，一律肅清。　陣亡將弁劉照志、王虞廷、劉華泗三名請恤。　又片〔四七〕陳報皖、浙各路軍情。

又具摺〔四八〕覆奏江、浙紳士請借洋兵規復蘇、常各屬城邑：『臣謬膺重寄，治軍無狀，致使蘇省士民迫於水深火熱之中，爲此不擇之呼籲，此皆臣之咎也。　以目前之賊勢，度臣處之兵力，縱使洋人轉戰內地，實無大枝勁旅與之會剿，尤爲可愧。　請飭下總理衙門照會洋人，定議於先，或不至責怨於後。』又奏〔四九〕『擬結普承堯罪名』一摺。

二十七日，公弟貞幹破賊於魯港。

二十八日，鮑公超克復涇縣。　公札飭鮑超派兵援湖州。

三十日，公弟貞幹克復南陵縣城。

李公鴻章全軍抵上海，奉旨署理江蘇巡撫。薛焕授通商大臣，專辦中外交涉事件。詔以副都御史晏端書赴廣東辦理厘金稅務。

是月，金陵賊黨渡江北竄，都興阿等軍擊破之。

維時公統制各軍：公弟國荃循江北岸至於和州，公弟貞幹循江南岸至於南陵，彭公玉麟派水軍中江而下，助剿兩岸，是爲直搗金陵之師。李公鴻章領湘、淮陸勇，佐以黄翼升淮揚水軍，突過賊境，是爲援剿蘇、滬之師。大江以北，多隆阿公爲圍攻廬州之師；李公續宜有派援潁州之師。大江以南，鮑公超爲進攻寧國之師；張公運蘭等爲防剿徽州之師；左公宗棠爲規復全浙之師。十道并出，皆受成於公。公建節於安慶，居中控馭，廣輪數千里。此外如袁公甲三及李世忠淮上之師，都興阿公防江北之師，馮子材、魁玉守鎮江之師，或不出自楚軍，或不歸公節制，均奉旨統籌兼顧。軍書輻凑，英彦風驅，上而朝端倚畀之隆，下而薄海想望之切，洵千載一時矣。

四月初二日，張公運蘭等軍克旌德縣城。

初四日，公馳摺〔五〇〕奏水陸各軍克復北岸巢縣、含山、和州三城，奪銅城閘、雍家鎮、裕溪口、西梁山四要隘。隨摺奏保李成謀、李朝斌、劉連捷、張勝禄等二十四員。

又摺〔五一〕奏官軍擊敗大股賊衆於三山夾，乘勝攻克繁昌縣城。隨摺奏保曾正明、黄潤昌等七員。

附片〔五二〕奏報南陵克復，統計沿江兩岸克城池九座，關隘五處；并報廬州、寧國、湖州等處軍情。

又馳摺〔五三〕奏鮑超一軍連破賊壘，克復石埭、太平、涇縣三城。陣亡將弁劉蘭桂等二十四員名請恤。又奏〔五四〕『遵查閩浙總督慶端事迹』一摺。

初五日，水師進攻金柱關。

初六日，公出閱湘勇操演。

初七日，公巡視穀米局、火藥局。

十五日，馳摺〔五五〕奏水陸各軍會克魯港，陸師攻克南陵縣城，彭玉麟馳赴下游銅陵、西梁山一帶察看進兵形勢。又奏〔五六〕報『徽州防軍克復旌德縣城』一摺。

又奏〔五七〕『江南鄉試現難舉行，仍請展緩酌辦』一摺。附片〔五八〕請開復余述祖革職處分。

多隆阿公攻克廬州府城，賊潰走壽州，多公追擊，大破之。賊酋陳玉成自投壽州，苗沛霖縛獻勝保公軍前斬之。

二十日，公弟國荃引軍渡江南岸，會合水陸各軍，克太平府城。

二十一日，攻克金柱關、東梁山賊寨。

二十二日，克復蕪湖縣城，水師進攻江岸賊壘，下抵大勝關。

公核定賑廠章程，給與飢民錢米，毋或不均。出示曉諭城廂內外居民，綏輯約束。

李公鴻章會洋兵收復青浦、奉賢二城。

三十日，奉到上諭〔五九〕：

　　該大臣調度有方，深堪嘉尚。曾國荃等宣力戎行，連克要隘，洵足以褫賊魄而快人心。若不量予恩施，將何以昭激勸？頭品頂戴江蘇布政使曾國荃著交部從優議叙，候選同知直隸州知州曾貞幹著賞給迅勇巴圖魯名號，以示鼓勵。朝廷賞功罰罪，一秉大公，非獨有厚於該大臣也。該大臣惟當督飭曾國荃等乘勝進攻，盡殲醜類，同膺懋賞，毋再固辭。欽此。

是月，都興阿公軍破賊於揚州，李世忠追擊竄賊破之，江北肅清。浙江官軍收復台州府城，上海洋兵由海道收復寧波府城，浙東之賊少衰。皖北之賊由河南竄入陝西境，陝中亂作，回民交訌，詔多隆阿移軍入秦。公與官文公商留多公部將石清吉等十營防守廬州。

五月初三日，公馳摺〔六〇〕奏水陸各軍克復太平府城、蕪湖縣城，金柱關、東梁山要隘；開單奏保王明山、李成謀、李朝斌等二十七員。附片〔六一〕奏保道員黄冕、李瀚章、趙焕聯等九員，前往廣東隨同晏端書辦理分卡，抽收厘金。又附片〔六二〕覆奏：『奉旨籌議江蘇巡撫宜駐鎮江，居適中之地，扼形勝之區，責成新任巡撫李鴻章辦理。』又片〔六三〕奏結莫祥芝參案，留營差委。

是日，又具密摺覆陳勝保、袁甲三辦理軍務優劣情形；請責成李續宜專辦安徽軍務。其時曾奉密諭飭公籌議也。

湖州失守，趙忠節公景賢被執不屈，其後死於蘇州。

公弟國荃攻克大勝關、秣陵關、三汊河賊壘。會合水師攻克頭關、江心洲、蒲包洲賊壘，遂進軍金陵城外，駐營雨花臺。

初四日，鮑公超擊賊於寒亭、管家橋等處，大破之。

初五日，核減江西丁漕規費，永定章程。

初十日，核定皖南茶引捐厘章程，出示曉諭茶商，期歸畫一。

十三日，課試在皖委員。　公弟國荃破賊於六郎橋。

十五日，鮑公超破賊於抱龍岡，越敬亭山進攻寧國府。

十七日，馳摺〔六四〕奏官軍水陸并進，迭復秣陵關、江心洲等要隘六處，官軍駐金陵之雨花臺。附片〔六五〕奏報浙江、徽、寧等處軍情，并稱：『曾國荃一軍進逼金陵，屯紮南面一隅。洪逆見慣不驚，無恇懼之意。此時宜以全力會辦江南，先復財賦之區，則各省可以次剿辦矣。』

又奏〔六六〕『特參私行遠颺之將領以肅軍紀』一摺：『鮑超所部營官陳由立、余大勝、鄭陽和均保至總鎮，任意遠颺。請將該員等革職，并請敕下湖南撫臣，派員押回皖南原營。通諭各路軍營，不准輒留投效將弁，以懲跋扈之風，杜效尤之漸。』附片〔六七〕密陳軍營積習，設法懲究，并請將分統霆營宋國永授以總兵實缺。又片〔六八〕奏查覆馮子材所部兵勇滋事情形。

十九日，馳摺〔六九〕奏鮑超一軍進攻寧郡，破賊於寒亭、管家橋等處，逆壘悉平。陣亡將弁鄭永福等十八員名請恤。附片〔七〇〕奏淮揚鎮總兵黃翼升統帶水師戰船，於本月十二日駛過金陵，前赴鎮江、上海一帶。請令其接署江南水師提督員缺，節制松、滬各軍。又片〔七一〕奏參江西河口厘務委員向紹先弊混巧取，請即革職。又奏〔七二〕『遵查克復沿江兩岸城隘出力員弁六案，并保開單請獎』一摺。

二十日，出示曉諭江西通省軍民，札飭各府、州、縣，永定徵收丁漕畫一章程。

二十三日，楊公載福假滿回營，至安慶見公。尋出視水師於金陵。

李世忠降衆凡數萬人，不領官餉，專兩淮鹽利，委員至安慶請餉。公籌撥軍火銀米以給之，世忠感悅。

二十八日〔七三〕，拜發萬壽賀摺。又專奏〔七四〕『代弟國荃貞幹恭謝天恩』一摺。

是月，李公鴻章收復南彙縣。川沙廳賊大股犯青浦、嘉定，洋兵敗退，上海戒嚴。李公鴻章擊賊於虹橋，大破之。松江圍解，滬防亦解嚴。李公屢奉移駐鎮江之旨，至是以上海軍務吃緊，遂奏請直攻蘇州，不復移軍矣。

六月初三日，公與彭公玉麟修元臣余忠宣公墓工畢，詣墓前致祭。

時皖省印委各務懸缺以待人，乏員差委。公定以每日接見州、縣佐雜三人，與之久談，而訓之以吏治。

西洋兵既爲賊所敗，遂有調印度兵來滬大舉會剿之説。公接總理衙門咨文，深恐江、浙士民大遭蹂躪，慨然憂之。

初六日，具摺〔七五〕覆奏：請勿裁撤南洋通商大臣之缺，改爲長江通商大臣，專辦瀕江四省中外交涉事件。所有廣東、閩、浙三省，即由監督道員經理。

又奏〔七六〕揀員署理安徽各府、州、縣之缺，開單呈覽。附片〔七七〕奏稱：『安徽地方，漸次克復，急須講求吏治。請敕下吏部，於本年新進士、拔貢兩班掣籤分發之時，皖省多分十數員，庶幾正途較盛，氣象一新。』又片〔七八〕奏上海賊氛四偪，李鴻章不能移駐鎮江，多隆阿統軍入陝，不克會剿金陵。并附陳鮑超、曾國荃兩軍大概情形。又片〔七九〕奏新授甘肅臬司劉于潯，在江西本省防務緊要，暫難赴任。又奏報〔八〇〕『江西紳商捐餉，開單請奬』一摺。

公弟國荃擊援賊，却之。初十日，金陵大營營官張壯勇公勝禄擊賊陣亡。

十五日，鮑公超攻克寧國府城。

賊目洪容海以寧國縣城歸順，鮑公撫納之，因其衆收復廣德州城。公飭鮑超選留降衆二千人，其餘設法遣散。

十六日，金陵賊大股撲營，公弟國荃擊退之。

公咨覆總理衙門，力陳借印度兵助剿之爲害，宜設辭以謝之。

二十二日，具摺〔八一〕奏稱：

洋人有另調印度兵來，秋間大舉之説。臣以此事函商左宗棠、李鴻章二人，皆稱洋人未必果有其事。然既有所聞，宜由總理衙門與在京公使查詢確實，然後申大義以謝之，陳利害以勸之。如其不見聽，則須申明前議：進攻無助剿之師，克城無防守之卒。吾方以全力與粵匪相持，不宜再樹大敵，惟當以謙退忠信相與，不事猜疑，免生枝節，庶有忍有濟也。

附片〔八二〕奏報寧國克復及各路軍情。又片〔八三〕奏浙江失守，降賊之員林福祥、劉齊昂、米興朝，請由左宗棠訊明正法。又片〔八四〕奏提督江長貴請假回籍葬親，所部各營暫令唐義訓兼轄，酌量遣撤，以節餉需。

又奏采訪忠義第七案一摺〔八五〕。附片〔八六〕奏陽湖、休寧等縣紳士楊錫嘉、汪念祖、胡澤順等殉難情形，彙入第七案，分別請賜旌恤。

是月，公次子紀鴻以縣試案首入學。

七月初二日，馳摺〔八七〕奏金陵陸軍屢却悍賊，陣亡總兵張勝禄請從優議恤，將弁劉永祥、鄢蘭亭二員請恤。又奏〔八八〕鮑超一軍圍攻寧國，克復府城詳細情形，出力員弁開單請獎，陣亡將弁馬勝奎、楚訓武等十二員名請恤。附片〔八九〕奏賊目洪〔九〇〕容海投誠，酌籌招納。

又具摺〔九一〕奏查明江西被害州縣蠲免錢糧分數。附片〔九二〕奏：『請恩旨豁免江西各州、縣歷年攤捐之款，俾州、縣無賠累之虞，而民間無科勒之苦，吏治可臻上理。』又附奏〔九三〕『奉諭旨擇保西北各省藩臬人員』一片。又『請展緩江南、江西三省軍政』一片〔九四〕。

初四日，查閲輪船機器。

初六日，李公續宜聞訃丁憂，公兼署安徽巡撫印務。李公以所部成大吉、蕭慶衍、蔣凝學、毛有銘等軍歸公調度。

初十日，公馳摺〔九五〕奏安徽撫臣李續宜聞訃丁憂，請按照胡林翼丁憂之例，賞假數月，仍令回皖署理撫篆。附片〔九六〕奏報近日軍情梗概。

又奏〔九七〕采訪忠義第八案。又奏〔九八〕請展緩江南武闈鄉試。又片〔九九〕奏楊載福更名『岳斌』。

夏秋之間，暑雨失時，疾疫大作。各路軍營多染疾病，皖南諸軍爲最甚，死亡甚多；浙江大營次之；金陵大營亦染疫病。皆暫事休息，未遑攻剿也。

十七日，左公宗棠擊賊於油埠，破之。

袁公甲三告病卸任，奉旨授李續宜爲欽差大臣，督辦安徽全省軍務。

二十一日，公具摺〔一〇〇〕代李續宜奏陳請假回籍治喪，仍請仿胡林翼之例；又請袁甲三暫緩交卸督師之任。附片〔一〇一〕奏：『接奉寄諭飭查軍情奏報。袁甲三、李續宜駐紮之處，路近而較速。臣奏報往返，取道湖北、河南，道梗而較遲。茲開呈前三次拜發摺片，以備查核有無疏失之處，并陳明各路軍營疾病過多，未能進剿情形。』

袁公甲三委員押解已革鹽運使金安清等至安慶，歸公訊辦。其李世忠全軍歸公節制調遣。

李公續宜奏報丁憂之疏未入，接奉督師之旨，李公病已逾月矣。

是月，奉上諭〔一〇二〕：『該撫現丁母憂，著即在軍營穿孝，改爲署理巡撫，毋庸賞假回籍。欽此。』又奉上諭〔一〇三〕：『欽差大臣科爾沁博多勒噶臺親王僧格林沁著統轄山東、河南全省軍務，并調度直隸、山西兩省防兵。所有剿匪事宜，即著會商欽差大臣李續宜妥爲籌辦。等因。欽此。』又奉上諭〔一〇四〕：『勝保著以欽差大臣督辦陝西軍務。欽此。』於是多隆阿公一軍，有旨令公酌量調度。江北裏下河一帶、鎮江馮子材一軍，皆有旨令公統籌兼顧矣。　李公鴻章克青浦城，分軍會洋兵渡海入浙江境，收復餘姚縣。　蔣公益澧領湘勇五千人，由長沙啓行，取道江西以赴浙。

八月初二日，出示諭鄉民捕蝗。

初三日，李公續宜至安慶。

苗沛霖退出壽州城及正陽關。　李公續宜派蔣凝學引軍入守壽州，蕭慶衍守霍邱縣，成大吉、毛有銘兩軍分守三河尖及固始縣，總兵王載馹留守六安州城，而自扶病回省城見公，商奏力請回籍。

捻匪犯潁州境，各軍連擊破之。

十二日，馳奏〔一〇五〕『疊奉諭旨分條覆陳』一摺：

其一，多隆阿一軍援秦之局，中變回鄂，當駐紮南陽一帶鄂、豫、秦三省交彙之處，爲游擊之師。其一，裏下河之防，請責成都興阿嚴密防堵。現商令楊岳斌親赴下游察看布置；又擬趕造太湖水師戰船，防剿蘇、松，騰出黄翼升水軍專防淮揚，以符原議。其一，李世忠軍衆五六萬人，據有城池，自爲風氣，擅淮鹽厘金之厚利，勢難繩以法律，且其擊退賊股，功未可没。擬姑循其舊，不設機心，不禁過其利，不拒絶其求，但不甚資其力，亦不輕調其兵，暗銷其予智自雄之氣，將來或不至於决裂。其一，李鴻章不能離滬移駐鎮江，應責成馮子材耐苦堅守，不作出剿之計。凡四條。

附片〔一〇六〕奏稱：『曾國荃、鮑超、左宗棠各營，皆因患病者多，未能攻剿。李續宜患病未痊，繼以哀毁，肌肉全瘦，若不令離營回籍，恐難速痊。是以該撫自奏陳情，未便勸阻。』

又奏〔一〇七〕『籌辦廣德州受降事宜』一摺：『洪容海降衆數萬，但令選留三千人，編立五營，餘皆資遣回籍。請給洪容海游擊虚銜，其部下頭目等請分别給予頂戴。』附片〔一〇八〕奏：『豫省派員招募湘勇一節，請停止以節縻費。』又片〔一〇九〕請旨飭江西循照前案，按月撥解漕折銀四萬兩，協濟徽、寧餉需。

又奏〔一一〇〕『采訪忠義第九案』。附奏〔一一一〕『烈婦焦王氏等彙案請旌』一片。

李公續宜陳情疏入，奉旨賞假百日回籍，假滿仍出督師。以唐訓方署理安徽巡撫，袁公甲三仍留督防臨淮。

廣德州降衆叛亂，洪容海率其黨一萬人自拔奔回寧國。

二十九日，公馳奏〔一一二〕『遵旨查覆湖北撫臣嚴樹森被參各款』一摺。附奏〔一一三〕『遵旨查覆江蘇巡撫薛煥被參各款』一片。

又因何桂清逮訊時，呈出司道公稟請退守蘇州一節，奉旨飭將薛煥、查文經等查明參辦。公具摺〔一一四〕奏稱：『督撫權重，由來已久，司道以下，承迎風旨，不敢違拒，若此類者無庸深究。疆吏以城守爲大節，不當以僚屬一言爲進止；大臣以心迹定罪狀，不必以公稟有無爲權衡。』附片〔一一五〕奏廣德州降衆復叛，現籌辦理情形：『賊之大股將并竄皖南，而鮑超、張運蘭、朱品隆等軍疾疫大作，張運桂已病故，左宗棠軍病者過半，曾國荃金陵營中染病者亦逾萬數。深恐羸卒不足以當强寇，皆由臣以菲材妄竊高位，上干鬼神之譴，莫救厄運之灾。中夜以思，不勝焦灼。』

公每日以吏事、軍事、餉事、文事，分條分時以次清理，定爲日課。

是月，賊犯上海，李公鴻章力戰，破賊於七寶街。洋兵克慈溪縣。浙江官軍收復處州府。左公宗棠擊賊於龍游縣，大破之。

閏八月初四日，定江西厘局章程。

是時，厘金收數漸减，公札飭各卡局委員比較每月收數，以增減爲優劣。

十一日，葬桐城儒士方東樹〔一一六〕、戴鈞衡、蘇厚子等六人。皆因亂未葬者，并爲立石以表其墓。

十二日，馳摺〔一一七〕奏唐訓方暫署皖撫，仍應駐紮臨淮，接統袁甲三一軍，使楚、皖官軍聯爲一氣。

附片〔一一八〕奏陳：

大江以南，疾疫盛行。寧國境内最甚，金陵、徽州、衢州次之；水師及上海、蕪湖各軍，亦皆厲疫繁興，死亡相繼。鮑超一軍死者數千，其猛將如黄慶、伍華瀚等先後物故，鮑超、張運蘭、楊岳斌皆染病甚重。皖南道姚體備、營務處甘晉，則一病不起。天降大戾，近世罕聞。惡耗頻來，心膽俱碎。若被賊匪撲犯，戰守俱無把握，甚至欲逃走以待再振而不可得。臣自度薄德菲材，不足以挽厄運而支危局，請旨簡派在京親信大臣，馳赴江南，分重大之責任，挽艱難之氣數，庶幾補救於萬一。臣斷不敢稍存推諉，致誤戎機。

奉上諭〔一一九〕：

朝廷信用楚軍，以曾國藩忠勇發於至誠，推心置腹，倚以挽救東南全局。自諸軍進逼金陵，逆匪老巢已成阱檻。惟以艱難時會，誠不易得。叠經寄諭，總以毋徒求效旦夕，惟當立足不敗之地，以俟可乘之機。矧茲疾疫繁興，各軍將士疫病之餘，詎忍重加督責？該大臣惟宜愈矢忠誠，拊循加意，使軍心益固，沴氣潛除。各營病疫將士，其各傳旨，優加存問。本應明降諭旨慰勞，誠以事關軍務，或恐人心疑懼，奸宄從而生心，賊人轉益張其凶焰。我國家深仁厚澤二百餘年，當此艱危時勢，又益以疾疫流行，將士摧折，深虞隳士氣而長寇氛。此無可如何之事，非該大臣一人之咎。意者朝廷政事，多所闕失，足以上干天和。惟當齋心默禱，以祈全消沴戾。我君臣當痛自刻責，實力實心，勉圖禳救之方，爲民請命，以冀天心轉移，事機就順。至天灾流行，必無偏及，各營將士，既當其阨，賊中亦豈能獨無傳染？該大臣鬱憤之餘，未遑探詢。刻下在京，固無可簡派之人，環顧中外，才力氣量如曾國藩者，一時亦實難其選。該大臣素嘗學問，時勢艱難，尤當任以毅力，矢以小心，仍不容一息稍懈也。欽此。

公接奉此旨，讀之泣下。

十七日，專差奏『皖南加廣學額中額』一摺〔一二〇〕、『請奬徽州捐生』一摺〔一二一〕、『報銷淮北課鹽』一摺〔一二二〕。

二十日，蘇州賊大股援金陵，圍撲官軍營盤。

賊結壘二百餘座，日夜環攻，公弟國荃力戰禦之。

二十三日，李公續宜啓行回籍，唐公訓方到任。

鮑公超軍挫於新河莊。賊犯寧國府，鮑公入城拒守。

二十四日，拜發萬壽賀摺。

二十七日，馳摺〔一二三〕奏陳：『皖北一帶楚軍單薄，不能分撥。李續宜所部將領五人，才位相埒，難相統馭。并陳明苗沛霖詭譎多端，不易言撫。惟赦其罪而不資其力，猶不失爲中策。』附片〔一二四〕奏報：『金陵、寧國兩處軍營被賊大股撲犯，將領士卒皆爲病所苦，防守尚無把握。總由微臣德薄位尊，莫挽厄運之故，憂惶無已。』又片〔一二五〕奏：『臣軍前調黑龍江馬隊二百餘員名，隨同轉戰，屢有功績。因水土不宜，抱病者多，應資遣回旗，以資休息。』

是月，蔣公益澧軍至浙江，克復壽昌縣城。

九月初一日，安徽藩司馬新貽奉旨暫統臨淮官軍。

初六日，寧國縣城失守。

十二日，公馳奏〔一二六〕『彙報各路軍情』一摺：

雨花臺營壘，賊以大股百道環攻，此金陵之可慮也；寧國之賊，欲由間道上犯江西，此寧國之可慮也；小丹陽之賊，由東壩拖過戰船，時圖出江，衝斷江中糧路，此水師之可慮也；河南捻匪竄擾鄂境，有取道皖北回援金陵之説，而皖北各城空虚，深恐逆踪闌入，此皖北之可慮也。現在調派各軍，移緩就急，力圖挽救。惟皖北地廣兵單，現調提督成大吉一軍，由三河尖馳赴英、霍，相機防剿。仍請敕下多隆阿，迅速東還，駐軍舒、桐，兼顧皖、鄂兩省，大局幸甚。

附片〔一二七〕奏報：『寧國縣城失守，徽州、旌德兩城首當其衝。唐義訓守徽州，朱品隆守旌德，兩處兵力皆單，未知能堅守否。』又片〔一二八〕奏：『江西省釐務，數月以來，解數寥寥。藩司李桓總辦糧臺，兼管釐局，經理不善。已添委甘肅臬司劉于潯訪察商情，署鹽道孫長紱專司月報，整頓積弊。臣統軍過多，欠餉太久，徒受攬江右利權之名，究無濟蘇、皖飢軍之實，不能不力圖補救之法。』又片〔一二九〕奏查明巢湖水師營官黄國堯於咸豐八年在廬郡陣亡情形，請從優議恤。

時賊船過東壩者，分布固城、南漪諸湖，欲衝出大江。楊公岳斌力疾扼守金柱關。公派陸軍數營，往助防守。

金陵之賊，環雨花臺官軍營盤，日夜猛攻；挾西洋開花炮，自空中擊下，呼聲動地。公弟國荃督軍苦守不退，面受槍子傷，血流交頤，仍裹創巡營，以安衆心。公弟貞幹駐營江干，力戰以通餽運，大營軍火，賴以接濟。與賊相持兼旬，初五日擊賊，破之。十二日擊賊，又破之。攻撲之勢稍衰。都興阿公派兵千八百人，渡江助守。公念湘軍疾疫之餘，繼以大股逼犯，恐局勢决裂，日夕旁皇，寢不安席者數旬，而江西協餉多掣肘，公益憂之。

十四日，公作三字箴。其清字箴曰：『名利兩淡，寡欲清心。一介不苟，鬼伏神欽。』慎字箴曰：『戰戰兢兢，死而後已。行有不得，反求諸己。』勤字箴曰：『手眼俱到，心力交瘁。困知勉行，夜以繼日。』公言此十二語，當守以終身，遇大憂患、大拂逆之時，庶以此免於尤悔耳。

十八日，水陸軍合擊賊於金柱關，大破之。二十一日，連擊破之，燬賊船幾盡。金陵之賊，開地道，用火藥轟官軍壘壁。公弟國荃力戰，拒破之。令軍士於營内掘隧以迎之，賊不得逞。李世忠攻賊於九洑洲，稟請分兵援金陵，公批札止之。

二十七日，馳奏〔一三〇〕『彙報軍情』一摺：金陵、寧國、蕪湖、金柱關戰守大概，并陳明調度各軍，有與前奏不符者，視乎各路緩急之形。

又奏〔一三一〕采訪忠義第十案。附片〔一三二〕奏：『宿州二郎山練總馬維敏、喬元功結寨禦賊，爲賊攻陷，殉難者二千餘人。請照陣亡例賜恤建祠，以褒忠節。』又奏〔一三三〕『績溪縣孝烈婦胡程氏請旌』一片。

是月，李公鴻章克嘉定縣城。賊復犯青浦，李公大破賊於四江口，滬防肅清。賊攻鎮江，馮子材破賊於湯岡。多隆阿公督師入陝西。

十月初五日，公弟國荃擊賊，大破之，俘斬數萬。自閏月二十日以後，賊三十餘萬圍撲營盤，百計攻轟，公弟國荃苦守四十六日，至是大捷。賊乃解圍竄江北。

十一日，唐公訓方啓行赴臨淮關。袁公甲三回籍。

十二日，公馳摺奏〔一三四〕：『水陸官軍迭獲勝仗，力保蕪湖、金柱關要隘。賊舟存留無幾，江介肅清。陣亡副將郭明鼇請照提督例議恤；將弁洪得勝、王明元請恤。』

又摺奏〔一三五〕毛有銘一軍在潁州西路迭破捻圩，毁其老巢，仍回駐皖、豫邊境。附片〔一三六〕奏報：『金陵撲營之賊解退，蕪湖等處防守穩固。前奏可慮者四端，今三患稍舒，所慮專在寧國一路。若能支持一月，新募之勇漸集，或能力遏凶氛。』

是日，又具摺〔一三七〕奏保鮑超一軍疊克青陽、石埭等四城出力員弁，開單請奬。又奏保〔一三八〕曾國荃一軍疊克太平、蕪湖等各城隘出力員弁，開單請奬。附片〔一三九〕奏稱：『保案所開之員，有隨後病故者，不及查核扣除，俾逝者得奬榮以飾終，生者亦觀感而圖報矣。』

鮑公超軍在寧國府，賊擾灣沚，斷其糧路。公派陸軍由繁昌、南陵護陸運以接濟之。賊攻旌德縣，公咨商左公宗棠調所部王文瑞一軍援旌德。

十七日，賊大股攻撲九洑洲李世忠之營。旋渡江北竄。

十八日，張公運蘭離營至安慶見公。公令其買舟回籍養病，其所部老湘營以總兵易開俊、劉松山分領之。

朱品隆等軍破賊於旌德。十九日，賊解圍去。

湘軍在壽州、正陽防守者，時爲苗練所殺害。僧王督師河南，奏請撫苗以剿捻。苗沛霖上書僧王，極詆楚軍之失。公察苗沛霖有意挑釁，恐其沮壞大局也。又因皖北兵單，賊方北竄，調蔣凝學一軍移營而南，毛有銘、蕭慶衍等軍皆移駐廬州之境，以避苗練，即以防皖境也。

二十七日，馳摺〔一四〇〕奏縷陳金陵官軍苦守四十六日，力戰解圍情形；道員劉連捷等七十三員開單請獎；陣亡副將倪桂等二百七員名開單請恤。附片〔一四一〕奏：『金陵援賊雖退，傷亡將卒太多，寧國、旌德兩城同時喫緊。自金陵以至徽州，地段太長，賊股太衆，皖北十餘城，毫無準備，實恐潰敗決裂，盡隳前功。仍請簡派大臣會辦諸務，稍分臣之責任。』又片〔一四二〕奏：『湘勇駐防壽州正陽關，與苗練逼處太近，挑釁搆怨，無有已時。刻下皖北正苦無調防之兵，擬撤出蔣凝學一軍，并抽撥霍邱防兵，調防廬州、巢縣一帶，以遂苗練之私，以成僧格林沁急欲滅捻之志。』

是日，又具摺〔一四三〕奏保張運蘭、朱品隆、唐義訓戰守徽州軍中出力員弁，開單請獎。附片〔一四四〕奏張運蘭因病回籍，請旨將易開俊、劉松山二員授總兵實缺，以資鈐束。又奏〔一四五〕『請展緩三省查閱營伍之期』一摺。

賊之竄江北者，攻和州，陷含山縣。二十八日，陷巢縣。公乃札留新募淮勇之張樹聲、吴長慶等軍，暫緩赴滬，分守無爲州及盧江縣。調霍邱之湘軍駐防舒城。公弟國荃派軍回守西梁山。尋又派軍紮東梁山。　廣德州賊竄陷績溪縣。

是月，浙東官軍會洋兵收復上虞、嵊縣、新昌三城。　江忠濬補授安徽布政使。

十一月初一日，賊陷和州。

初二日，唐義訓、王文瑞收復績溪縣。

初三日，旌德之賊竄擾太平、黟縣之境，直趨祁門。

初四日，賊圍涇縣，易開俊引軍入城守禦，却之。

初七日，祁門縣失守。

初八日，奉上諭〔一四六〕：『江蘇布政使曾國荃著賞給江綢黃馬褂料一件、小卷江綢袍料一件、白玉喜字翎管一枝、白玉柄小刀一把。曾貞幹著加恩以知府用。欽此。』

初十日，唐義訓、王文瑞收復祁門縣城。賊回竄石埭。

十二日，公馳奏〔一四七〕彙報軍情一摺：江北含山、巢縣、和州失守，調度防剿；并陳明寧國各軍戰守情形；績溪、旌德、太平、黟縣賊踪，奏稱：

秋冬以來，群盜如毛，南北環逼。前奏請多隆阿移師東剿，今則秦人方痛深水火，何敢瀆請？惟請飭貴州提督江忠義統率所部赴皖防剿，大局幸甚。

附片〔一四八〕奏報祁門失守。又片〔一四九〕奏撤回蔣凝學一軍分防潁州、霍邱兩處；調毛有銘、蕭慶衍兩軍移駐舒城，以防賊上竄。

是日，又具摺〔一五〇〕奏保水師叠克沿江城隘出力員弁，開單請奬。又摺〔一五一〕奏浙江省城失守時潰走之副將陳步高等訊明定擬。

十八日，公弟靖毅公貞幹卒於軍，是日奉到『以知府用』之旨。公出城巡視鹽河，委弁勇修濠墻一百八十六丈，核定工程。

十九日，水師破賊於三汊河。

二十日，鮑超聞訃丁憂。公以寧國軍情緊急，批令在營穿孝。

二十一日，公出城巡視城濠。

二十二日，聞靖毅公之卒。公哭之慟，派弁赴金陵迎護其喪。

二十七日，馳奏〔一五二〕欽奉諭旨分條覆陳一摺：

其一，毛有銘、蕭慶衍之軍由舒城拔營，取道巢湖之南，進攻運漕鎮。其一，李世忠軍於九洑洲。此次賊竄北岸，該提督亦屢接戰，有所斬捦。惟賊股太衆，未能堵截。其一，曾貞幹已於十八日病故，由臣德薄，殃及手足。其蕪湖要地，留防兵力尚厚。其一，洋將白齊文奉調赴援金陵。該將遷延不進，且毫無紀律，應由李鴻章嚴行懲辦。其一，查賊酋李秀成踪迹。其一，催李續宜銷假回營。凡六條。

又奏〔一五三〕『旌德、涇縣解圍，績溪、祁門克復』一摺。奏保王文瑞、王開琳等五員；陣亡總兵胡太旂、參將劉永勝、游擊張仁興請恤。附片〔一五四〕奏：『寧國一帶軍勢漸穩，鮑超丁母憂，請毋庸開缺，改爲署理。』

又摺〔一五五〕奏結金安清、汪耀奎參案。

又奏〔一五六〕采訪忠義第十一案。附片〔一五七〕奏定遠縣練總陳鼎霈等殉難請恤。

賊自金陵解退後，其一股復由東壩拖過戰船，以圖出江。公所派水陸防軍破之於護駕墩，燬賊船二百餘號。

鮑公超擊賊於馬頭鎮楊柳鋪，大破之。

是月，左公宗棠克復嚴州府城。　李公鴻章克復常熟縣城。　多隆阿公奉旨授欽差大臣，接受關防。勝保革職逮問。

十二月初五日，石埭賊竄陷青陽縣，朱品隆弃旌德不守，移剿青陽。

初九日，靖毅公靈柩過安慶。公出迎，撫棺慟哭，入城受弔。

初十日，水師擊三汊河賊壘，破之。　蕭慶衍等會水師，克運漕鎮。　公調蔣凝學一軍移駐舒城。

十二日，具摺〔一五八〕奏遵旨籌派水師將弁兵勇演習輪船火器。奏保總兵蔡國祥堪以統轄，參將盛永清等七員堪以分領。又申明楚軍水勇難以出洋，輪船配用楚勇，須堅守前議，但用之於江面。又摺〔一五九〕奏賊由九洑洲分股上犯，李世忠一軍堵戰獲勝情形。請敕下山西巡撫，將應解月餉迅解該營，以資接濟。陣亡副將程自有、汪德喜，知縣胡學詩請恤。附片〔一六〇〕奏報各路軍情。又片〔一六一〕奏調道員隋藏珠回營當差。

是日，又具摺〔一六二〕奏保李續宜所部成大吉、蕭慶衍等軍，援剿潁州、霍邱出力員弁，開單請奬。又摺〔一六三〕奏：『夏秋以來，厲疫繁興，將士官吏嬰疾而殞命者，殆以萬計。其中功績卓著者九十六員名，彙案開單請恤。張運桂、黄慶、伍華瀚、沈寶成、周成南五員功績尤多，請從祀湖南昭忠祠。』附片〔一六四〕奏伍華瀚之父文生伍宏鑑於咸豐四年在寧鄉陣亡，請恤。

十三日，奉到上諭〔一六五〕：『曾國藩一門忠義，不避艱險，兄弟均在行間，爲國宣勞，深爲嘉悦。不料曾貞幹遽爾病故，覽奏曷勝悼惜。等因。欽此。』又奉上諭〔一六六〕：『曾貞幹自赴江南軍營，屢著戰功，朝廷早欲擢用，因曾國藩再三懇辭，擬俟江寧克復後從優奬勵。茲以力疾督戰，積勞病故，悼惜殊深，雖未經曾國藩奏請給恤，而曾貞幹係效力疆場、戰功卓著之員，著即追贈按察使，即照按察使軍營立功後病故例議恤，以示優异。欽此。』

十六日，公作季弟墓志〔一六七〕一篇。

二十日，靖毅公靈柩登舟回湘，公行遣奠禮。

毛有銘一軍進剿巢縣芙蓉嶺，小挫。

宣城縣屬之金寶圩爲賊所攻陷，殺掠甚慘。其練衆及難民之脱出者，公給銀米以賑之，編立營伍，安置於蕪湖縣，凡數千人。

二十一日，公弟國荃擊賊於谷里村六郎橋，破之。

二十二日，蕭慶衍擊賊於銅城閘，連破之。

二十三日，青陽之賊竄回石埭。

二十四日，具摺〔一六八〕代弟國荃、貞幹奏謝天恩。

二十五日，朱品隆軍收復青陽縣城。

二十七日，覆奏〔一六九〕『欽奉諭旨并案條陳』一摺：

其一，壽州撤回湘軍以後，苗練尚無據城以叛之迹，正宜推誠相待，無庸派兵戍守，使反側者無以自安。其一，李世忠驕亢任性，目前無甚扞格，將來或須示以檢制。其一，楊岳斌軍守金柱關，以防東壩賊船；彭玉麟駐守裕溪口，以防剿巢湖賊股。戰争方急，不能移札下游江面。其一，洋人用兵，其長處在器械精堅，步武齊整；其短處在口糧太重。若使官軍學習其法，恐未得其長而先圖增餉。其一，金陵賊勢方强，未易言撫。至其自拔來歸，當禁約軍士，不得妄加殺戮，以導向化之路。凡五條。

附片〔一七〇〕奏報水師攻三汊河，陸軍克運漕鎮及金陵官軍勝仗，皖南各路軍情。

又奏〔一七一〕保『湖南東征籌餉局出力官紳開單請獎』一摺。附片〔一七二〕奏保江西補用道黄冕、湖南署藩司惲世臨主持東征餉事，尤爲出力，請旨優獎。

是月，賊又由東壩拖過戰船，以窺蕪湖。於是賊船過東壩者，前後三起。

是歲，髮逆、捻匪糾合大股，迭犯湖北之西北境，官文公調楚軍擊退，全楚肅清。　駱公秉章、劉公蓉調派湘軍，大破賊酋石達開於叙州之境。　江公忠義剿匪於湖南、廣西之境。毛公鴻賓檄調回湘，募楚勇萬人以援皖。　都統富明阿幫辦江北軍務。吴公棠署漕運總督。

〔一〕上諭：見清實録穆宗實録同治元年（一八六二）壬戌春正月甲申朔『諭内閣』。又見奏稿四附録明諭　著曾國藩授協辦大學士及鮑超湯雲松何桂清王開化蔣益澧曾國荃等八員任免處分優恤事（正月十七日），又奏稿四謝協辦大學士恩摺（正月二十二日）引。

〔二〕初四日：底本缺，今據穆宗實録校補。

〔三〕上諭：見清實録穆宗實録同治元年（一八六二）壬戌春正月丁亥（初四日）『諭議政王軍機大臣等』。又見奏稿四附録廷寄　浙陷徽圍通籌全局事（正月十七日）。

〔四〕一摺：見奏稿四，題作『遵保皖撫大員摺』。

〔五〕又奏：見奏稿四，題作『再辭節制四省軍務摺』。

〔六〕浙江：據再辭節制四省軍務摺，當爲『江、浙等四省』之訛。

〔七〕又奏：見奏稿四，題作『遵保水師總兵摺』。

〔八〕附片：見奏稿四，題作『請優恤羅遵殿瑞昌王有齡片』。

〔九〕又片：見奏稿四，題作『參翁同書片』。

〔一〇〕又片：見奏稿四，題作『近日徽州寧國及各路軍情片』。

〔一一〕諭旨：見清實録穆宗實録同治元年（一八六二）壬戌春正月丁亥（初四日）、庚寅（初七日）『諭議政王軍機大臣等』。

〔一二〕奉……旨：見奏稿四，題作『附録明諭　著曾國藩協辦大學士及鮑超湯雲松何桂清王開化蔣益澧曾國荃等八員任免處分優恤事』。

〔一三〕拜摺：見奏稿四，題作『謝協辦大學士恩摺』。

〔一四〕附片：見奏稿四，題作『密陳金陵未克以前請勿再加恩片』。

〔一五〕翁心存奏：見奏稿四附録廷寄　飭會商翁心存宋晋籌劃江南軍務之『附翁心存力保通泰克復蘇常摺』。

〔一六〕宋晋條陳：見奏稿四附録廷寄　飭會商翁心存宋晋籌劃江南軍務之『附宋晋請合江北以圖江南摺』。

〔一七〕具奏：見奏稿四，題作『籌辦江浙軍務摺』。

〔一八〕又奏：見奏稿四，題作『徽州解圍摺』。

〔一九〕附片：見奏稿四，題作『鮑超在青陽大捷片』。

〔二〇〕又片：見奏稿四，題作『議復借洋兵剿賊片』。

〔二一〕咨商：見書信四，題作『復薛焕（二月十五日）』。

〔二二〕上諭：見清實録穆宗實録同治元年（一八六二）壬戌春正月丙申（十三日）『諭議政王軍機大臣等』。又見奏稿四附録廷寄　章奏寥寥飭將一切機宜隨時馳奏（正月二十四日）。

〔二三〕拜摺：見奏稿四，題作『遵旨統籌全局摺』。

〔二四〕上諭：見清實録穆宗實録同治元年（一八六二）壬戌春正月丙午（二十三日）『諭議政王軍機大臣等』。又見奏稿四附録廷寄　答各摺片并指授機宜（二月初五日）。

〔二五〕上諭：見清實録穆宗實録同治元年（一八六二）壬戌春正月丙午（二十三日）『諭内閣』。又見奏稿四附録廷寄　節制四省毋許再辭（二月初五日）。

〔二六〕南：奏稿四附録廷寄　節制四省毋許再辭作『蘇』。

〔二七〕上諭：見清實録穆宗實録同治元年（一八六二）壬戌春正月丙午（二十三日）『諭内閣』。又見奏稿四附録明諭　京察内外各官等事（二月初五日）。按本諭旨時間在二十三日，故不當繫於此。

〔二八〕一摺：見奏稿四，題作『謝弟國荃補授浙臬恩摺』。

〔二九〕馳摺：見奏稿四，題作『遵議安徽省城仍建安慶摺』。

〔三〇〕附片：見奏稿四，題作『奏楚師不能出洋片』。

〔三一〕附片：見奏稿四，題作『劉于潯未能赴浙片』。

〔三二〕又奏：見奏稿四，題作『行營采訪忠義第六案摺』。

〔三三〕附片：見奏稿四，題作『奏請王敬恩賜恤片』。

〔三四〕上諭：見清實録穆宗實録同治元年（一八六二）壬戌春二月丙辰（初三日）『諭内閣』。又見奏稿四附録明諭　曾國荃補授江蘇布政使李元度補授浙江按察使事（二月十五日）。

〔三五〕李元度補授浙江臬司：同上條校。

〔三六〕拜摺：見奏稿四，題作『謝弟國荃擢授蘇藩恩摺』。

〔三七〕附片：見奏稿四，題作『參李元度片』。

〔三八〕具摺：見奏稿四，題作『條陳旬日各路軍情摺』。

〔三九〕拜摺：見奏稿四，題作『謝京察從優議敘恩摺』。

（四〇）馳報：見奏稿四，題作『李鴻章改由輪船赴滬摺』。

（四一）馳摺：見奏稿四，題作『遵旨議復請派員督辦廣東厘金摺』。

（四二）附片：見奏稿四，題作『請於廣信建立饒廷選專祠片』。

（四三）附片：見奏稿四，題作『近日曾國荃左宗棠等各路軍情片』。

（四四）附片：見奏稿四，題作『蕭孚泗陳由立未能赴豫省片』。

（四五）馳摺：見奏稿四，題作『克復青陽縣城摺』。

（四六）附片：見奏稿四，題作『荻港舊縣三山一律肅清片』。

（四七）又片：見奏稿四，題作『近日李鴻章曾國荃左宗棠各路軍情片』。

（四八）具摺：見奏稿四，題作『籌議借洋兵剿賊摺』。

（四九）又奏：見奏稿四，題作『復奏革鎮普承堯酌擬罪名摺』。

（五〇）馳摺：見奏稿四，題作『克復巢含和三城并銅城閘等處四要隘摺』。

（五一）又摺：見奏稿四，題作『克復繁昌縣城摺』。

（五二）附片：見奏稿四，題作『近日各路軍情梗概片』。

（五三）馳摺：見奏稿四，題作『克復石埭太平涇縣三城摺』。

（五四）又奏：見奏稿四，題作『查復閩浙總督慶端事迹摺』。

（五五）馳摺：見奏稿四，題作『克復魯港及南陵縣城詳細情形摺』。按該摺與彭玉麟會奏。

（五六）又奏：見奏稿四，題作『克復旌德縣城摺』。

（五七）又奏：見奏稿四，題作『請展緩江南鄉試摺』。

（五八）附片：見奏稿四，題作『請開復工部郎中余述祖片』。

（五九）上諭：見清實録穆宗實録同治元年（一八六二）壬戌四月戊辰（十六日）『諭内閣』。又見奏稿四附録明諭　曾國荃交部從優議叙曾貞幹賞給勇號（五月初一日）。

〔六〇〕馳摺：見奏稿四，題作『官軍克復太平蕪湖兩城及金柱關東梁山各隘摺』。

〔六一〕附片：見奏稿四，題作『擬派辦理廣東厘金各員片』。

〔六二〕附片：見奏稿四，題作『議復王慶雲漕督兼巡撫應毋庸議片』。

〔六三〕又片：見奏稿四，題作『奏結莫祥芝參案請以縣丞留營差委片』。

〔六四〕馳摺：見奏稿四，題作『迭復秣陵關等要隘駐軍雨花臺摺』。

〔六五〕附片：見奏稿四，題作『近日軍情片』。

〔六六〕又奏：見奏稿四，題作『奏參陳由立等摺』。

〔六七〕附片：見奏稿四，題作『密陳參劾陳由立鄭魁士李元度三將之由片』。按此件末有曾公批語云：『後記：此片不應説及李元度，尤不應以李與鄭并論。李爲余患難之交，雖治軍無效，而不失爲賢者。此吾之大錯，後人見者不可抄，尤不可刻，無重吾過。七年八月國藩批。』

〔六八〕又片：見奏稿四，題作『遵查馮子材兵勇滋鬧情形片』。

〔六九〕馳摺：見奏稿四，題作『鮑超軍進攻寧郡剿平逆壘摺』。

〔七〇〕附片：見奏稿四，題作『黄翼升署江南水師提督片』。

〔七一〕又片：見奏稿四，題作『奏參河口同知向紹先暫行革職片』。

〔七二〕又奏：見奏稿四，題作『官軍迭復江岸各城隘出力員弁六案請奬摺』。

〔七三〕二十八日：當爲『二十七日』之訛。按日記所載，二十八日并未有『發摺』事。又謝弟國荃優叙貞幹加勇號恩摺之時間亦爲『五月二十七日』。

〔七四〕專奏：見奏稿四，題作『謝弟國荃優叙貞幹加勇號恩摺』。

〔七五〕具摺：見奏稿四，題作『議復兼攝通商大臣摺』。

〔七六〕又奏：見奏稿四，題作『揀員署理安徽府州縣各缺摺』。

〔七七〕附片：見奏稿四，題作『奏調各員并請飭部添配新進士新拔貢赴皖簽枝片』。

〔七八〕又片：見奏稿四，題作『近日李鴻章楊載福曾國荃鮑超各路軍情片』。

〔七九〕又片：見奏稿四，題作『請劉于潯暫緩赴甘肅臬司任片』。

〔八〇〕奏報：見奏稿四，題作『爲江西官紳商民捐輸請獎摺』。

〔八一〕具摺：見奏稿四，題作『議復調印兵助剿摺』。

〔八二〕附片：見奏稿四，題作『近日各路軍情片』。

〔八三〕又片：見奏稿四，題作『林福祥等三員交左宗棠迅辦片』。

〔八四〕又片：見奏稿四，題作『江長貴請假回籍奔喪片』。

〔八五〕一摺：見奏稿四，題作『采訪忠義第七案請旌恤摺』。

〔八六〕附片：見奏稿四，題作『奏請楊錫嘉等建立專祠專坊片』。

〔八七〕馳摺：見奏稿五，題作『金陵陸師勝仗并張勝禄等請恤摺』。

〔八八〕又奏：見奏稿五，題作『克復寧國府城并請獎恤出力員弁摺』。

〔八九〕附片：見奏稿五，題作『僞保王童容海投誠片』。

〔九〇〕洪：奏稿五附録廷寄　著調派多軍并分散處置洪容海降衆及楊載福毋庸專奏等題名同。奏稿五僞保王童容海投誠片及曾國荃復鮑春霆與附録廷寄　著調派多軍并分散處置洪容海降衆及楊載福毋庸專奏等文中則作『童』。復鮑春霆云：『欣悉麾下克復寧郡之後，收降僞保王童容海六萬餘衆。』〔見曾國荃曾忠襄公書札，清光緒二十九年（一九〇三）曾忠襄公全集本〕。按奏稿五籌辦廣德州受降事宜摺：『據童容海自陳，本係姓「洪」，因被脅所改，請即更正等情，臣以洪容海自拔來歸，應准復宗本姓。』故童容海與洪容海實爲一人。

〔九一〕具摺：見奏稿五，題作『查復江西被害州縣蠲免錢漕分數及被劾各員摺』。

〔九二〕附片：見奏稿五，題作『奏懇豁免江西歷案攤捐款項片』。

〔九三〕附片：見奏稿五，題作『復陳現無堪勝任北省藩臬人員片』。

〔九四〕一片：見奏稿五，題作『兩江軍政請展緩查辦片』。

〔九五〕馳摺：見奏稿五，題作『皖撫李續宜聞訃丁憂摺』。

〔九六〕附片：見奏稿五，題作『近日各路軍情片』。

〔九七〕又奏：見奏稿五，題作『采訪忠義第八案請恤摺』。

〔九八〕又奏：見奏稿五，題作『展緩江南武闈鄉試摺』。

〔九九〕又片：見奏稿五，題作『提督楊載福更名片』。

〔一〇〇〕具摺：見奏稿五，題作『據情代奏李續宜恭謝天恩摺』。

〔一〇一〕附片：見奏稿五，題作『奏報近日軍情并請查上三次摺片片』。

〔一〇二〕上諭：見清實録穆宗實録同治元年（一八六二）壬戌七月丙午（二十四日）『諭内閣』。又見奏稿五附録明諭 李續宜丁憂著賞銀治喪毋庸回籍。

〔一〇三〕上諭：見清實録穆宗實録同治元年（一八六二）壬戌七月丙午（二十五日）『諭内閣』。又見奏稿五附録明諭 著僧格林沁節制直隸山東河南山西四省。

〔一〇四〕上諭：見清實録穆宗實録同治元年（一八六二）壬戌七月庚子（十九日）『諭議政王軍機大臣等』。又見奏稿五附録明諭 著勝保以欽差大臣督辦陝西軍務。

〔一〇五〕馳奏：見奏稿五，題作『奉旨垂詢各路軍情分條復奏摺』。

〔一〇六〕附片：見奏稿五，題作『附陳金陵及各路近日軍情片』。

〔一〇七〕又奏：見奏稿五，題作『籌辦廣德州受降事宜摺』。

〔一〇八〕附片：見奏稿五，題作『復陳豫省停募湘勇片』。

〔一〇九〕又片：見奏稿五，題作『懇飭江西撥漕折以濟餉需片』。
〔一一〇〕又奏：見奏稿五，題作『采訪忠義局第九案請恤摺』。
〔一一一〕附奏：見奏稿五，題作『懇將焦王氏張氏等分別旌恤片』。
〔一一二〕馳奏：見奏稿五，題作『遵復嚴樹森被參各情摺』。
〔一一三〕附奏：見奏稿五，題作『遵復薛焕吴煦參款片』。
〔一一四〕具摺：見奏稿五，題作『查復何桂清退守情形摺』。
〔一一五〕附片：見奏稿五，題作『近日軍情形勢片』。
〔一一六〕葬……六人：本日日記云：『桐城方植之、戴存莊、蘇厚子、文鐘甫諸賢六人，亂後渴葬，余於五月出錢，令桐人甘紹盤玉亭買地葬之，頃已葬畢。本日寫碑六紙，將鐫立墳上。』陳澹然方柏堂先生事實考略云：『曾相國以先生言，出金使甘愚亭及先生及弟宗諧葬許東山玉峰、朱魯岑、蘇厚子、文斗垣諸先生，表其墓。』姚永樸舊聞隨筆卷四『方存之先生』條云：『道光、咸豐中，吾邑耆儒自方植之外，有朱魯岑(道文)、許玉峰(鼎)、文鐘甫、戴存莊、蘇厚子(惇元)諸先生。及粤匪亂定，皆物故矣。方存之先生爲言於曾文正公，各爲題墓碑，其貧者給貲，由是皆安窀穸。』鄭福照方儀衛先生年譜竟未言及其事，不知何故。
〔一一七〕馳摺：見奏稿五，題作『唐訓方駐紮臨淮摺』。
〔一一八〕附片：見奏稿五，題作『請簡親信大臣會辦軍務片』。
〔一一九〕上諭：見清實録穆宗實録同治元年(一八六二)壬戌閏八月辛丑(二十一日)『諭議政王軍機大臣等』。又見奏稿五附録廷寄答李元度軍請奬及各營疾疫盛行并請簡派大臣會辦諸務等摺片(九月初一日)。
〔一二〇〕一摺：見奏稿五，題作『徽寧池三屬捐助軍餉續請廣額摺』。
〔一二一〕一摺：見奏稿五，題作『查明徽州紳民捐項懇請奬叙摺』。
〔一二二〕一摺：見奏稿五，題作『乙卯綱淮北鹽課奏銷摺』。
〔一二三〕馳摺：見奏稿五，題作『復陳皖北軍情并察度苗練摺』。

〔一二四〕附片：見奏稿五，題作『近日金陵皖南等處軍情片』。按該摺與沈葆楨會銜具奏。
〔一二五〕又片：見奏稿五，題作『黑龍江二起馬隊請撤回旗片』。
〔一二六〕馳奏：見奏稿五，題作『彙報戰守軍情并請調多隆阿軍回皖摺』。
〔一二七〕附片：見奏稿五，題作『寧國縣城失守片』。
〔一二八〕又片：見奏稿五，題作『江西厘金整頓情形片』。
〔一二九〕又片：見奏稿五，題作『游擊黄國堯陣亡請恤片』。
〔一三〇〕馳奏：見奏稿五，題作『彙報金陵寧國及水師近日軍情摺』。
〔一三一〕一摺：見奏稿五，題作『采訪忠義第十案摺』。
〔一三二〕附片：見奏稿五，題作『宿州練總馬維敏等請恤片』。
〔一三三〕又奏：見奏稿五，題作『績溪胡程氏請恤片』。
〔一三四〕馳奏：見奏稿五，題作『水陸屢勝力保蕪湖金柱關要隘摺』。
〔一三五〕摺奏：見奏稿五，題作『官軍迭破潁西捻巢仍回駐皖豫邊境摺』。
〔一三六〕附片：見奏稿五，題作『近日北中南路軍情片』。
〔一三七〕具摺：見奏稿五，題作『遵旨彙報鮑超一軍攻克青陽等四城出力員弁摺』。
〔一三八〕奏保：見奏稿五，題作『遵保迭復沿江城隘之陸營員弁摺』。
〔一三九〕附片：見奏稿五，題作『陳明應保各案中病故人員不及扣除片』。
〔一四〇〕馳摺：見奏稿五，題作『縷陳金陵鏖戰四十六日得解重圍摺』。
〔一四一〕附片：見奏稿五，題作『附陳近日軍情仍請簡派大臣會辦諸務片』。
〔一四二〕又片：見奏稿五，題作『密陳苗練情形擬請撤壽州正陽關防兵片』。
〔一四三〕具摺：見奏稿五，題作『遵保徽州解圍出力員弁摺』。

〔一四四〕附片：見奏稿五，題作『張運蘭回籍養病并請簡易開俊劉松山總兵實缺片』。
〔一四五〕又奏：見奏稿五，題作『江皖贛三省查閱營伍循案展緩摺』。
〔一四六〕上諭：見清實録穆宗實録同治元年（一八六二）壬戌十一月丙辰（初八日）『諭内閣』。又奏稿五謝曾國荃曾貞幹加恩摺（十二月二十四日）引。
〔一四七〕馳奏：見奏稿五，題作『彙報近日各路軍情并請調江忠義軍移守皖北摺』。
〔一四八〕附片：見奏稿五，題作『祁門失守片』。
〔一四九〕又片：見奏稿五，題作『撤回壽州正陽關防兵片』。
〔一五〇〕具摺：見奏稿五，題作『彙保叠復沿江城隘諸水師員弁摺』。
〔一五一〕又摺：見奏稿五，題作『審明陳步高等潰走情形分别定擬摺』。
〔一五二〕馳奏：見奏稿五，題作『遵旨復陳南北兩岸軍情及李秀成踪迹并曾貞幹軍營病故摺』。
〔一五三〕又奏：見奏稿五，題作『旌德涇縣解圍皖浙各軍克復績溪祁門二城摺』。
〔一五四〕附片：見奏稿五，題作『寧國近日軍情及請准提督鮑超援成案在營服孝守制片』。
〔一五五〕又摺：見奏稿五，題作『查明金安清汪耀奎被參各款擬結摺』。
〔一五六〕又奏：見奏稿五，題作『采訪忠義第十一案請恤摺』。
〔一五七〕附片：見奏稿五，題作『定遠縣陳鼎霈闔家死難請恤片』。
〔一五八〕具摺：見奏稿五，題作『密陳購買外國船炮預籌管帶員弁摺』。
〔一五九〕又摺：見奏稿五，題作『李世忠軍節次堵戰獲勝摺』。
〔一六〇〕附片：見奏稿五，題作『附陳金陵大營及南北兩岸近日軍情片』。
〔一六一〕又片：見奏稿五，題作『奏請丁憂人員隋藏珠回營當差片』。
〔一六二〕具摺：見奏稿五，題作『遵保救援潁州克復霍邱出力文武員弁摺』。

〔一六三〕又摺：見奏稿五，題作『彙報軍營病故人員請恤摺』。
〔一六四〕附片：見奏稿五，題作『文生伍宏鑑前在寧鄉剿賊捐軀請恤片』。
〔一六五〕上諭：見清實録穆宗實録同治元年（一八六二）壬戌十二月癸未（初六日）『諭議政王軍機大臣等』。又見奏稿五附録廷寄　答曾國藩馮子材各摺片（十二月十三日）。
〔一六六〕上諭：見清實録穆宗實録同治元年（一八六二）壬戌十二月癸未（初六日）『諭内閣』。又奏稿六恭謝弟貞幹追贈按察使并議恤摺引。
〔一六七〕季弟墓志：見詩文，題作『季弟事恒墓志銘』。
〔一六八〕具摺：見奏稿五，題作『謝曾國荃曾貞幹加恩摺』。
〔一六九〕覆奏：見奏稿五，題作『迭奉諭旨復陳有關軍務各事摺』。按該摺日期爲本月二十四日，不當繫於此。
〔一七〇〕附片：見奏稿五，題作『大江南北近日軍情形勢片』。
〔一七一〕又奏：見奏稿五，題作『湖南東征局籌餉官紳請予獎叙摺』。
〔一七二〕附片：見奏稿五，題作『黄冕惲世臨主持東征局最力請從優奬勵片』。

曾文正公年譜卷九

癸亥　同治二年（一八六三），公五十三歲。

正月，公在安慶。

初二日，接奉年終賞『福』字荷包、錢粿、食物等項，再加賞『壽』字一張。

賊大股圍攻涇縣，易開俊等守禦却之。初五日，鮑公超馳援涇縣。初六日，擊賊，大破之。初七日，賊解圍去，鮑公追擊，破之。

十二日，馳摺〔一〕奏克復運漕鎮、進剿巢縣、銅城閘接仗情形；陣亡總兵彭星占請優恤，將弁胡得勝、劉義勝、陳東祥、謝齊倆、吕鴻榜、李春生請恤。附片〔二〕奏報青陽收復，涇縣大捷，并搜獲僞文。蘇省大股有再犯江北，上窺皖、楚之説。

又具摺〔三〕奏謝弟貞幹贈恤恩。附片〔四〕奏保葉兆蘭委署皖南道缺。

二十七日，馳摺〔五〕詳報鮑超一軍破賊於馬頭鎮、楊柳鋪，進援涇縣，大捷解圍；陣亡參將羅國才等六十七員弁開單請恤。附片〔六〕奏易開俊等保守涇縣情形，陣亡參將倪昌明等五十一員弁，開單請恤。又片〔七〕奏：『寧國金寶圩被賊攻破，蕪湖、金柱關防守難以鬆勁，九洑洲江面有賊船趕渡，臣當駛赴金陵察看前敵。』

是日，又代奏〔八〕『江南提督李世忠自請褫職立功以贖勝保之罪』一摺。

二十八日，公由安慶登舟啓行。

二十九日，泊池州，登岸攬視池州形勢。

是月，左公宗棠克復金華、紹興兩府城，湯溪、龍游、蘭溪、永康、武義、浦江、桐廬各縣，浙東肅清。

二月初一日，賊犯金柱關，水陸官軍擊破之。

賊逼近寧國府城，劉松山守禦却之。

鮑公超克西河賊壘，擊賊大破之。初二日，擊賊連破之。梅嶺、馬家園、小淮窑、麒麟山等處賊壘盡平，寧國近城百里之地肅清。

初三日，賊撲九洑洲，李世忠營盤失陷。賊渡江攻陷浦口城。公舟泊蕪湖，彭公玉麟來見公。

初四日，公登岸，按視蕪湖城守。行泊金柱關，楊公岳斌見公。

初五日，公舟泊大勝關，楊公岳斌從。水師攻克灣沚賊壘。

初六日，公登陸，駐雨花臺大營。與公弟國荃按行各壘，傳見各將弁，慰勞之。

十一日，公還舟次。

十二日，馳奏〔九〕查閱沿江各軍現抵金陵恭報近日軍情一摺。

十五日，奏謝年終恩賞一摺〔一〇〕、年終密考一摺〔一一〕、學政加考一片〔一二〕。

公坐舢板船探視九洑洲賊壘，回舟溯江按視三汊河營壘。

石埭之賊大股竄青陽，鮑公超引軍援剿。賊由建德竄擾江西彭澤、鄱陽之境。

太平縣賊竄入徽州境，擾及黟縣、祁門。十五日，攻撲休寧縣城。又有浙江於潛、昌化一股，亦竄入徽境，郡城戒嚴。左公宗棠派劉典一軍援徽州。

十六日，公舟泊烏江，按視楊公岳斌水師老營扼守之處。

賊大股撲犯金柱關，官軍水陸合擊，大破之於查家灣，賊乃却退。

渡江之賊，陷江浦縣城。

十八日，公舟泊金柱關，入小河，巡視水陸各營。

十九日，行視東、西梁山防軍營盤，舟泊裕溪口。

二十一日，換小舟入自裕溪口，按視運漕鎮、無爲州軍營。

二十三日，由神塘河出大江，回舟次。

二十七日，舟次大通鎮。馳奏〔一三〕由金陵回皖沿途查閱恭報近日軍情一摺。附片〔一四〕奏陳：

臣巡閱諸軍，詳觀賊勢，攬南北之形勝，察天人之徵應，竊以爲可懼者數端，可喜者亦數端。江岸難民，避居江心洲渚之上，死亡枕籍；蘇、浙之田多未耕種，賊無所掠食，壹意圖竄江西，窺皖、浙已復之土，恐其變爲流賊，更難收拾；李世忠心迹難信：皆可懼之端也。金陵之賊，糧源已竭，賊居不耕之地，其勢必窮，無能久之理；東南要隘多爲我有，水陸軍將頗能和衷，百姓仰戴皇仁，淪肌浹髓，久困水火之中，不聞怨咨之語：此皆可喜之端也。

附片〔一五〕奏新授安徽臬司萬啓琛請暫緩入都陛見。

又具摺〔一六〕彙報水陸各軍陣亡、傷亡、病故員弁一百八十九名，開單請恤。附片〔一七〕奏前祁門縣知縣唐治，咸豐四年在任死節，請建祠祁門。

又奏〔一八〕采訪忠義第十二案。附片〔一九〕奏舒城練總韋斌殉難請恤，并該團男、婦等百四十七人。

二十八日，公回至安慶。

公舟往來江中，見洲渚之上皆難民所聚，編葺葦茅以爲廬，一不戒於火，延燒數里，相率露處，呼號求救之聲，至不忍聞。公以賊踪蹂躪，各處無可安置之地，因札善後局委員議賑恤之。

是月，僧王擒捻酋張落行，斬之。劉公長佑由兩廣總督調任直隸總督，航海以北，達於畿疆。

三月初二日，賊自江浦上犯，圍毛有銘、劉連捷兩軍於石澗埠。公弟國荃派道員彭毓橘等領軍三千餘人，上援無爲州。

初八日，公急調鮑超一軍渡江而北，援石澗埠。

沈公葆楨調派江西各軍扼守景德鎮、樂平縣等處，防剿徽、池竄賊；派委同知王沐領軍進援徽州。

初十日，蕪湖水陸各軍克黄池賊壘。十一日，悉收内河要隘，毁賊舟凈盡，賊遁走金寶圩、溧水、丹陽一帶，金柱關防務解嚴。

劉典、王文瑞、王沐會擊賊於徽州休寧境，大破之。

十二日，馳摺〔二〇〕奏鮑超一軍大獲勝仗，攻克寧國近城諸要隘。陣亡參將李芳菲等二十六員弁，開單請恤。

又摺〔二一〕奏：『賊渡九洑洲，李世忠營盤及浦口、江浦兩城失陷，請將李世忠革職，不准留營。并自請交部嚴議。』附片〔二二〕鈔呈李世忠咨文二道，并稱：

李世忠前此曾立功績，此次力竭戰敗，亦足以雪物議。謂其通賊之誣，恐其懷疑生怨，激成他變。仍求明降諭旨，示以寬大，毋庸革職，仍准留營，獎其前功，責其後效，則恩出於朝廷，而怨歸於臣等，彼必感激圖報，不生疑貳。

又片〔二三〕報皖南、皖北近日軍情，奏稱：『江之南岸，徽州與江西同警；江之北岸，下游與上游同警。調度無方，實深憂灼。』又奏〔二四〕保王吉、彭楚漢、周惠堂、譚勝達四員堪勝水師總兵之任一摺。疏入，奉上諭〔二五〕：『李世忠著加恩撤去幫辦軍務，免其革職，以示薄懲。欽此。』

十七日，蕭慶衍、彭毓橘、毛有銘、劉連捷合擊賊於石澗埠，大破之。劉典、王文瑞、王沐克黟縣城。

十八日，苗沛霖復叛，引其黨圍攻壽州。知州毛維翼堅守。

十九日，賊大股圍攻廬江縣。

二十一日，賊圍攻舒城縣。蔣凝學禦却之。

二十二日，朱品隆攻石埭之賊，破之。髮、捻大股由湖北下竄，圍攻桐城縣，提督周寬世禦却之。賊竄孔城鎮，合并大股竄六安州。二十四日，賊圍六安州。

二十五日，劉公典擊賊於徽州，破之，徽境肅清。賊悉竄歸浙江。

江西之賊擾及浮梁，沈公葆楨調回王沐一軍剿之。

二十七日，馳摺〔二六〕詳報蕪湖、金柱關水陸各軍累月苦戰情形。陣亡游擊姜固國等三十六員弁，開單請恤。附片〔二七〕奏報皖南、江西、皖北、湖北賊勢軍情：『該逆蓄謀甚狡，無非欲掣動官軍之勢，以解金陵之圍。苗練叛迹大露，事變迭生，憂憤何極！』

又摺〔二八〕奏揀調良員留皖補用，并請本科新進士即用知縣一班，多發數員來皖，以資差委。附片〔二九〕奏保代理無爲州知州穆其琛堅忍鎮定，保守危城，厥功甚偉，請即補該州實缺。

又奏〔三〇〕采訪忠義第十三案。

是月，李公鴻章克太倉州城。　公弟國荃奉旨補授浙江巡撫。左公宗棠奉旨升授閩浙總督，兼署浙江巡撫。　萬啓琛授江蘇藩司。　馬新貽授安徽臬司。　郭嵩燾授兩淮運司。　李公鴻章奏陳公弟貞幹戰績，奉到上諭〔三一〕：『曾貞幹著加恩照二品例議恤，并准其予謚，於本籍及死事地方建立專祠，仍宣付史館，特予立傳，以彰忠藎。欽此。』

四月，公調鮑超、劉連捷等軍援六安。初二日，賊解圍東竄，鮑公引軍追擊之。初七日，鮑公超等陸軍、彭公玉麟等水師會克東關賊壘。初十日，克銅城閘。十二日，馳摺〔三二〕奏石澗埠、廬江、桐城、舒城、六安州先後解圍情形。隨摺奏保劉連捷、毛有銘等六員；陣亡參將黃仁親等十一員弁請恤。附片〔三三〕報近日軍情，奏稱：

徽郡防兵單薄，是臣布置最疏之處。賊之竄鄱陽者，逼近浮梁，江西之門户可慮。皖北之賊悉數東趨，并未西犯鄂疆，即屬大局之幸。現檄鮑超等進兵追擊，檄調蔣凝學、毛有銘、成大吉等會師壽州，共討苗黨。

是日，又具摺〔三四〕奏：『江、楚各省本淮鹽引地，被鄰私侵占日久，非一蹴所能規復，察核現在情形，暫難改辦官運。』又片奏〔三五〕在籍侍講吕錦文在寧國辦理團防捐輸被參各款，查明覆奏。又奏〔三六〕采訪忠義第十四案。

時都統富明阿駐軍江北，派委知府杜文瀾試辦官運淮鹽，行銷於楚岸。

十八日，易開俊擊賊於涇縣，破之。朱品隆擊賊於青陽，破之。

二十二日，具摺〔三七〕奏謝天恩：『臣弟國荃補授浙江巡撫，兄弟均當大任，受恩愈重，報稱愈難，請開浙撫一缺，以藩司效力行間。』附奏〔三八〕新授江蘇藩司萬啓琛呈請開缺一片。又以弟貞幹奉旨加銜議恤、予謚、建祠，專奏謝天恩一摺〔三九〕。

鮑公超等軍克復巢縣城。

公派李榕一軍渡江而南援池州。二十三日，克建德縣城。

二十四日，鮑公超等軍克含山縣城，進克和州城。皖北之賊全退。

二十七日，馳摺〔四〇〕奏水陸官軍會克東關、銅城閘兩隘。陣亡勇弁彭勝華、曾彩雲、胡德雲、石太和請恤。附片〔四一〕奏報軍情稱：

兵事遲鈍，半由餉需奇絀，鮑超、毛有銘兩軍均有餉匱逃散之事。臣治軍九年，不敢輕上請餉之奏，不欲以危詞上煩聖聽，又不欲以苦語涣散軍心。兹因有勇丁逃潰之案，不得不據實密陳。請於九江洋税項下月撥銀三萬兩以濟皖餉，并請特派大員來南，稍分臣之責任。

是日，又具摺〔四二〕奏保雨花臺解圍案内出力員弁，開單請獎。附片〔四三〕奏新授雲南迤東道黄冕，現辦東征籌餉局務，請緩赴任，并擬調該道來營，面商淮鹽事例，與運使郭嵩燾會籌鹺政。又片〔四四〕奏鳳臺縣知縣蔡鍔被苗練戕害請恤。

公之初任兩江也，奏撥江西漕折銀兩以供徽、寧防軍之餉，至是沈公葆楨奏留供江西本省防軍，經户部議准。公既失此巨款，於是籌餉之請，詞氣迫切，而請簡大臣以分責任之疏，已三上矣。

公弟國荃攻破雨花臺賊壘及金陵南門外石壘共十座，皆堅壘也。調彭毓橘一軍回金陵大營。

壽州知州毛維翼固守州城，兵少糧盡，堅守不懈。毛有銘、蔣凝學兩軍赴援，營於九里溝，阻於捻匪，未能進。

皖南之地，經亂最久，人相食者數月。公聞之愀然自咎，常曰：『亂世而當大任，人生之至不幸也。』

是月，李公鴻章克崑山縣城。

駱公秉章擒賊酋石達開，斬之。粵逆自永安州起事，始封之五僞王者，至是盡殲矣。

五月初三日，易開俊擊賊於涇縣，破之。

初五日，江北之賊由九洑洲渡江而南。

公調成大吉、周寬世兩軍進援壽州。調李朝斌領水師赴上海，騰出黄翼升水軍溯江入淮，以爲臨淮官軍之助。

初七日，李榕軍援剿湖口縣。

初十日，李朝斌水師東下浦口，扼截渡江之賊，賊大半不能渡。楊公岳斌以水師入浦口，收復江浦縣城。鮑公超、劉連捷等陸軍沿江追剿，與水師夾擊賊之未渡者殲焉，伏尸數萬。江北肅清。

十二日，馳摺〔四五〕奏報金陵官軍攻克雨花臺僞城及聚寶門外諸石壘。隨摺奏保總兵李臣典、晏澧周等八員。

又奏〔四六〕報水陸會克巢縣、含山、和州三城。隨摺奏保成發翔、彭毓橘、蕭慶衍等十員；陣亡參將陳邦榮等十二員弁請恤。附片〔四七〕奏報皖南、江西軍情，壽州危急，調派水陸官軍援剿，勢恐不及。

十三日，公弟國荃、楊公岳斌、彭公玉麟水陸會克下關、草鞵夾、燕子磯賊壘。

李朝斌、成發翔、劉連捷等軍攻九洑洲賊壘，力戰，大破之，殺賊二萬人，弁勇傷亡者亦二千人。十五日，攻克九洑洲，江面賊艅净盡。鮑公超等陸軍渡江，會攻金陵。

公自奉肅清江面之旨，創造舟師，至是十載，全功乃竟。長江上下，一律肅清。公由安慶發銀一萬兩，犒賞是役將卒。

蕪湖陸軍吴坤修等擊賊，破之，進收金寶圩。

易開俊、劉松山擊賊於涇縣，連破之。

十八日，公弟國荃攻長干橋賊壘，破之。

二十三日，朱品隆擊賊於青陽，連破之。

二十六日，劉典、王文瑞會江西官軍擊賊於陶溪渡，破之。景德鎮、鄱陽縣肅清，賊并歸湖口。

二十七日，馳摺〔四八〕奏水陸各軍會克江浦、浦口、草鞵夾、燕子磯諸城壘，力破九洑洲一關，江面一律肅清。隨摺奏總兵喻俊明、丁泗濱等二十六員；陣亡副將鄔桂芳、胡俊友請恤。附片〔四九〕奏報皖南、江西及壽州軍情；金陵城大賊衆，合圍不易，必須嚴斷接濟賊糧之船，請敕下總理衙門照會西洋各國，不得於金陵城外停泊輪船。

又摺〔五〇〕奏鮑超一軍克寧國府與涇縣、西河勝仗出力員弁，三案并保，開單請獎。

又摺〔五一〕奏保毛有銘一軍迭破潁西捻圩，會克運漕鎮出力員弁，開單請獎。附片〔五二〕舉劾江西厘局委員。

江公忠義領楚勇至江西，由九江渡軍，進剿湖口。

是月，公與李公鴻章會奏〔五三〕請旨核減蘇州、松江兩府，太倉州浮糧。

六月初二日，奉到上諭〔五四〕：『曾國藩奏爲伊弟國荃懇辭巡撫恩命，并曾國荃奏懇收回成命以開缺藩司專辦軍務各一摺。該大臣等，受寵若驚，固辭恩命，洵屬至誠，而朝廷懋賞懋官，權衡悉當。現在軍事方亟，時局孔艱，凡在臣工，正宜黽勉效忠，共期宏濟。該大臣惟當督率曾國荃忠誠報國，以副委任，正不必瀆辭朝命也。欽此。』

公子紀澤來安慶省公。

江西官軍韓進春挫於洋塘，湖口賊勢復張。江公忠義與李榕軍力擊之，賊稍戢。

鮑公超攻鐘山賊壘，破之，回駐江干。軍人多病，未能進剿。

初四日，苗練陷壽州，知州毛公維翼死之。成大吉駐守三河尖，周寬世、毛有銘等退守六安州境。

十二日，馳摺〔五五〕奏金陵圍師布置情形：

壽州失陷，現圖補救之法。知州毛維翼亮節孤忠，請旨追贈道員，從優議恤。臣調度各軍，顧此失彼，請交部嚴加議處。道員蔣凝學、提督成大吉赴救不力，請撤去升銜勇號，以示懲儆。

又具摺〔五六〕奏請裁南洋通商大臣一缺，交各省督撫兼理華、洋交涉事件。附片〔五七〕奏委員采買口外戰馬二千四百匹，請敕兵部查驗，免稅放行。

十六日，石埭賊竄陷黟縣。十八日，劉公典等軍收復黟縣，賊退歸石埭。

十九日，江公忠義與李榕軍擊賊於堅山，破之。

二十二日，專摺〔五八〕奏采訪忠義第十五案。附片〔五九〕奏歙縣殉難紳士程枚功請恤，并其家屬十人。

二十七日，馳奏〔六〇〕彙報各路軍情一摺：『金陵城下暫難合圍。皖南、江西濱江濱湖，一片逆氛。苗逆既破壽州，圍攻蒙城益急。鞭長莫及，徒深憂灼。』附片〔六一〕奏馬新貽遠在蒙城，勢方危急，其安徽臬司印務委萬啓琛暫行署理。

是月，李公鴻章克吴江縣城。　毛公鴻賓升授兩廣總督，奏調張運蘭募勇赴粤。

七月初三日，江公忠義等軍攻賊於湖口之文橋，克之。賊濱江下竄，江西全境肅清。

郭公嵩燾奉旨賞三品頂戴，署廣東巡撫。　李榕補授浙江鹽運使司。

初八日，公弟國荃克印子山賊壘。

十二日，馳奏〔六二〕彙報各路軍情一摺：

其一，群賊援救金陵，則蘇、常等處或有可乘之機。其一，張運蘭奉調入粤，原部老湘營現分守寧國府、涇縣兩城最要之地，未可掣動，應令該臬司另募新勇。其一，太平、石埭之賊，逾嶺竄入黟縣，王文瑞一戰克之，剿辦極速。其一，江忠義、李榕兩軍剿平湖口之賊，即令由皖南進取東壩。其一，李世忠一軍近頗愧悟斂抑，其與苗逆積怨甚深，若坦然相處，當不至別生枝節。其一，周寬世、蔣凝學、成大吉、毛有銘各軍防守要害，難以掣動。此外實無勁旅可援蒙城。凡六條。

附片〔六三〕奏黃翼升水師赴援臨淮，應令李朝斌接署江南提督印務。又片〔六四〕奏陝西巡撫英棨奏請籌撥陝省餉鹽一案：『現在苗逆叛亂，淮河梗阻，鹽無可運之道，請無庸置議。』

又奏〔六五〕采訪忠義第十六案。歙縣殉難紳士汪士勛〔六六〕請恤，并其家屬。

十七日，吴公坤修擊賊於雙斗門，破之。

二十日，賊由江西下竄者，大股圍攻青陽縣。朱品隆力疾督軍苦守。

二十七日，馳摺〔六七〕奏報湖口各軍叠挫賊鋒，會克文橋賊巢，群賊遁走。陣亡將弁張儀卿等十三名請恤。附片〔六八〕奏報金陵、蕪湖、青陽軍情及淮甸水陸布置情形。

又具摺〔六九〕奏保蕪湖、金柱關水陸防守攻克灣沚、黃池出力員弁，開單請奬。附片〔七〇〕奏江西茶商照辦落地稅。

又奏〔七一〕參盧江知縣吴燮和革職一摺。

三十日，公弟國荃攻上方橋賊壘，克之。

是月，李公鴻章攻克太湖賊營，進軍蘇州。　袁端敏公甲三卒於家。　公編録訓詁小記、雅訓雜記，每日記録數則，以爲常課。

八月十一日，易開俊、劉松山擊賊於涇縣，破之。

十二日，馳奏〔七二〕疊奉諭旨覆陳一摺，奏稱：『近淮諸軍扼要防守，難以調動。皖南各軍援剿方亟，不能調赴淮上。李世忠一軍調以剿苗，亦不可恃。俟皖南軍勢稍鬆，當另籌勁旅，馳往臨淮會剿。』附片〔七三〕奏查獲武職周瑞、知縣賈連城勾通苗逆，請革職訊辦。

公弟國荃攻江東橋賊壘，克之。

十八日，賊襲攻寧國府，劉松山自涇縣回援，破之。　公調鮑超一軍由金陵上援青陽。

二十四日，易開俊擊賊於涇縣，破之。

二十七日，馳摺〔七四〕奏報金陵陸軍攻克上方橋、江東橋諸堅壘，一律毀平。附片〔七五〕奏報青陽、涇縣等處軍情：

目下皖南群盜如毛，幾與去年冬月相似。壽州苗黨凶焰復熾。周寬世、成大吉、蔣凝學、毛有銘等勢鈞力敵，不相統屬。李續宜病勢日深，暫難東下，深恐軍志不齊，貽誤大局。請旨飭降調道員金國琛馳赴皖北軍營，綜理周寬世等四軍營務處，必能調護聯絡，無涣散之虞。

又片〔七六〕奏上年奏派委員經理廣東厘金，仍應調回各原省當差。候補知縣丁日昌等調回皖營，仍請酌予保奬。

朱品隆苦守青陽縣城，凡三十八日。江公忠義一軍，所部道員席寶田一軍、李榕一軍，先後赴援擊賊，大破之，殺賊萬人。賊解去，并歸石埭、太平一帶。

自江面梗阻以來，湖南北借食川鹽、粵鹽，江西借食浙鹽，兩淮引地皆失。至是江面肅清，公乃咨謀於諳悉鹽務之委員杜文瀾等，議復舊日引地，先行試辦官運淮鹽，行銷於江西一岸，核定西岸票鹽章程，招商領運。

是月，李公鴻章分軍克江陰縣城。左公宗棠克富陽縣城。調劉典、王文瑞引軍回浙，進攻杭州。唐公訓方奉旨總統皖北各軍。劉公蓉授陝西巡撫。

九月初八日，易開俊擊賊於涇縣，破之。

十二日，馳摺〔七七〕奏朱品隆苦守青陽，援師大捷，立解城圍。陣亡將弁李殿華、許和山等十六員弁請恤，江忠義、李榕、朱品隆、席寶田等開單保獎。附片〔七八〕奏報：『蒙城文報漸通，可期解圍。劉典回浙，徽州防兵單弱。鮑超軍至南陵，進規東壩。江忠義等分兵以攻石埭、太平之賊。但使皖南各股悉數驅除，則軍勢順矣。』

十九日，公弟國荃分軍克博望鎮賊壘，盡平之。

二十二日，具摺〔七九〕奏陳：『京倉需米甚殷，遵照部議，悉心妥籌。』并詳陳：『近年事勢，不得仍拘成例，擬將漕運、鹽引二大政變通辦理。』附片〔八〇〕奏請將道員黃冕留於蘇、皖經理漕政、鹽務。又片〔八一〕報皖、鄂軍情。

維時黃冕至安慶見公，稟請於皖省設立米鹽互市一局，招湖南米商運米至皖，由皖設法運至上海，以達於天津；招兩淮鹽商運鹽至皖，與楚中米商交易而退。是爲鹽、漕二政變通之法，既而不果行。

二十四日，公弟國荃攻克上方門、高橋門、土山、方山、七甕橋等處賊壘，凡二十餘座。

二十五日，進克中和橋賊壘。

二十七日，馳摺〔八二〕奏報寧國、涇縣防軍迭獲勝仗；陣亡勇弁鄧光武、雷國英請恤。又摺〔八三〕奏訊結已革總兵黃彬被參一案。

公弟國荃克秣陵關僞城。於是金陵西南、東南兩面往來之路已斷，官軍漸以合圍。是月奉到文宗御製詩文集〔八四〕，二十八日專摺〔八五〕奏謝天恩。

石埭賊目古隆賢率衆投誠，官軍收復石埭、太平二城。易開俊收復旌德縣城。

彭公玉麟水師克水陽、新河莊等處賊壘。

二十九日，歐陽夫人率眷屬到署。

是月，捻匪竄擾湖北德安、蘄、黄之境，官文公調成大吉、石清吉兩軍赴鄂援剿。

十月初一日，彭公玉麟水師克滄溪長樂鎮賊壘。

初二日，收復高淳縣城。

初三日，易開俊收復寧國縣。蔣凝學、成大吉收復潁上縣〔八六〕。

初六日，公弟國荃攻金陵城東賊卡五處，賊壘二十餘座，悉破平之。

初七日，鮑公超會水師克東壩。

十三日〔八七〕，馳摺〔八八〕奏金陵陸師叠克東南沿河八隘，并復秣陵關僞城，漸成合圍之局。又摺〔八九〕奏賊衆就撫，收復石埭、太平、旌德三城，請將降人古隆賢賞給虛銜頂戴。附片〔九〇〕奏報淮上軍情；皖南水陸官軍攻克東壩，得此要隘，皖南可冀肅清，金陵、蘇州攻剿之事較有把握。又片〔九一〕奏查明石埭、太平、旌德、寧國四縣前後失陷原委。又摺〔九二〕奏保金陵一軍迭克城隘出力員弁，六案并保，開單請獎。

鮑公超軍克建平縣，收復溧水縣，派營官宋國永招撫廣德州賊，未下。
江公忠義引軍回駐江西饒州境。
十五日，公弟國荃領蕭慶衍等軍扼紮孝陵衛。
僧王軍至淮北，苗沛霖衆潰走、死，蒙城解圍，練黨瓦解。　唐公訓方收復淮南各城邑。
公核定楚岸、皖岸票鹽章程刊發，委員招商辦運。
二十七日，馳摺〔九三〕奏水陸官軍剿撫兼施，叠復水陽、東壩等要隘，高淳、溧水、寧國、建平四縣。
現派鮑超扼守東壩，調各軍分守城隘。　請將就撫之張勝禄等三人賞給虚銜頂戴。　附片〔九四〕報提督王明山丁憂回籍。
是日，又具摺〔九五〕密陳彭玉麟戰績，并奏保金陵大營將領李臣典等四員請補提鎮實缺。
皖南經亂，凋殘特甚。　收復後，公亟派員散賑貧民，每縣籌銀數千兩，采買耕牛、耔種，頒給鄉農，民大感悦，流亡漸復。
是月，李公鴻章克復蘇州省城。　公奉旨交部從優議叙。　李勇毅公續宜卒於家。　江忠濬調四川布政使。
十一月初五日，金陵官軍治地道轟城，未克。
十二日，具摺〔九六〕彙奏李世忠一軍迭破苗逆各圩，會克懷遠縣，請開復革職處分。　附片〔九七〕奏報金陵城東百餘里内，一律肅清，賊之糧路已斷。　長淮一帶潁上、正陽、壽州、下蔡均已收復。
又摺〔九八〕奏保肅清皖北水陸出力員弁，四案并保，開單請獎。　又代奏〔九九〕提督楊岳斌請回籍養親一摺。又具摺〔一〇〇〕奏保員外郎范泰亨，御史周學濬，知府陳濬、孫衣言，同知李鴻裔，知縣鄧瑶、涂宗瀛、黎庶昌，訓導向師棣九員，皆學行修飭，可備任使。

是日，奉到上諭〔一〇一〕：『兵部侍郎彭玉麟著加恩賞穿黄馬褂，以示優獎。欽此。』從公奏也。

十三日，金陵城賊出撲營，公弟國荃擊破之。十六日，賊於城外修築營壘，又擊破之。

賊大股犯建平、溧水二城，官軍守禦却之。

公日課：於晡後披閱詩、古文、詞，讀誦經、子一卷。時讀孟子書，分四條編記：一曰性道至言，二曰廉節大防，三曰抗心高望，四曰切己反求。

二十七日，具摺〔一〇二〕彙奏水陸陣亡、傷亡、在營病故員弁，凡八百四十三員名，開單請恤；周萬倬、曾正明二員，請從祀湖南昭忠祠。

又摺〔一〇三〕奏安徽撫臣李續宜病故，録其臨終遺書呈覽，以明忠憤悱惻之忱。附片〔一〇四〕奏報：賊酋李秀成自蘇州逸出，已入金陵。官軍攻城獲勝二次，并調派各軍嚴防江西邊境。

又奏〔一〇五〕采訪忠義第十七案。附片〔一〇六〕奏定遠縣人陳鼎霈合族殉難，男、婦七十六人，彙請分别旌恤。

二十八日，接見安慶所屬各邑新入學生員七百餘名。

是月，李公鴻章克無錫縣城，分軍入浙江境，克平湖、嘉善、海鹽等縣。

十二月初二日，建多寶倉積貯穀米。核定斂散章程。

初十日，核定皖南開墾荒田章程。

十二日，馳奏〔一〇七〕疊奉諭旨分條覆陳一摺：

其一，查明李世忠在壽州、下蔡，與提督陳國瑞爭功搆釁之案。其一，查明蔣凝學收復正陽關時，與副將康錦文兵勇開炮誤傷之案。其一，賊之大股分屯梅渚，意在奪關上竄，鮑超力扼東壩，暫不能進取，以合金陵之圍。其一，周寬世軍調回安慶防守；毛有銘軍移駐皖南，作游擊之師；成大吉、石清吉兩軍現赴鄂省，或能撥赴陝西，應由官文調度。凡四條。

又摺〔一〇八〕奏保江西肅清、青陽解圍在事出力員弁，彙單請獎。附片〔一〇九〕奏陳明李世忠近日情狀。

二十日，委員蔡國祥新造小輪船一號成，公登船試行江面。

二十七日，拜摺〔一一〇〕奏謝天恩交部優叙，并奏陳近日軍情：『賊之大股圖犯江西，已飛咨左宗棠、沈葆楨并力扼守，以保上游完善之區；金陵賊氣尚固，一時恐難速克。』

又摺〔一一一〕奏保攻克九洑洲、肅清江面水師出力員弁，開單請獎。附片〔一一二〕奏總兵喻吉三請加提督銜，簡授實缺。

又摺〔一一三〕奏訊明周瑞、賈連城通苗一案，查無實據，應請無庸置議。

是月，江誠恪公忠義卒於軍。唐公訓方經僧王奏參，奉旨以藩司降補。喬公松年補授安徽巡撫。

甲子　同治三年（一八六四），公五十四歲。

正月，公在安慶。

初六日，賊由寧國縣上竄，陷績溪縣。初九日，唐義訓引軍收復績溪，追賊於歙縣南境，破之。賊竄遂安、開化之境，勢趨江西。

十二日，奏規復淮南鹽務一摺〔一一四〕，奏稱：

江路肅清，運道暢行無阻，所有楚西各岸，力圖整理，而籌辦之難有二大端：一則鄰私浸灌太久，積重難返，不能驟禁；一則厘卡設立太多，諸軍仰食，不能概裁。按今日時勢，仿昔年成法，惟有疏銷、輕本、保價、杜私四者，實力講求行之，以漸期於課、餉兩有裨益。

附片〔一一五〕奏報近日軍情：金陵城賊爲負嵎死守之謀，其一股由寧國竄績溪，意在衝過徽州，直上江西。

又摺〔一一六〕奏訊結貪鄙營私之將弁張禄等，請革職永不敘用。

時蘇、浙田荒，未耕已久，官軍攻剿，收復大半。賊飢無所得食，乃突竄徽、浙之交，就食於江西。十七日，賊大股續竄績溪，與遂安股匪分擾婺源、玉山，遂竄廣豐、鉛山一帶，廣、饒、撫、建皆爲戒嚴。

二十一日，公弟國荃攻克鐘山石壘僞號『天保城』，遂調派各軍，分扼太平門、神策門，城圍乃合。

二十七日，馳摺〔一一七〕奏賊陷績溪，旋經收復。毛有銘一軍由安慶渡江，計可抵徽。沈葆楨所派席寶田、韓進春兩軍，亦可到防。飭各軍扼要防堵，力保江西藩籬。附片〔一一八〕奏江寧藩司萬啓琛應赴江北督辦糧臺，安徽臬司英翰駐蒙、宿一帶襄辦剿捻，請催馬新貽赴藩司任，委何璟署臬司一缺。附片〔一一九〕奏陳李世忠近日情形：已交出五河縣城，撤遣所部弁勇，發給餉鹽，資以回籍，不至再有滋擾。又片〔一二〇〕奏江、楚米價翔貴，本届湖南漕米請仍解折色到部，就近采辦，以歸簡易。

二十八日，專奏〔一二一〕恭謝年終恩賞一摺、年終密考一摺、學政聲名一片。

是月，李公鴻章克宜興縣城。左公宗棠克桐鄉縣城。　都興阿公奉旨移防綏遠城，詔公揀派得力之員接統其軍。　河南髮、捻股匪竄擾湖北之境。

二月初三日，核定江寧七屬、揚州、儀徵等處鹽務章程。

初九日，席寶田收復金溪縣城。

十二日，馳摺〔一二二〕奏金陵官軍攻克鍾山僞城，遂合城圍，賊之外援將絶，糧米無多。唯是圍師不滿五萬，分布九十餘里，而賊衆數十萬，深有窮寇奔突之虞。附片〔一二三〕奏浙境股匪覓食偷生，鋭意上竄，絶不返顧，勢將蔓延江西腹地，窺伺撫、建兩郡。溧陽老巢新爲蘇軍所破，其黨歸并湖州。目下湖州賊數極多，若竄江西，毫無阻隔，防兵單薄，勢實可虞。又片〔一二四〕奏：

臣所部各軍，添募益多，將材益少，類皆樸謹自守之員，實乏統率一路之選。其都興阿所部一軍，請特簡大員接統。其水師紅單船等，即由臣兼轄，酌量裁撤，以節糜費。

十五日，喬公松年至安慶見公，接受巡撫關防，出防臨淮。

賊退出廣德州城，并入湖州。　鮑公超進軍攻句容。

江西之賊竄擾撫、建各屬邑。十八日，席寶田破賊於建昌城外。

十九日，李世忠委其部將王廷瑞、陳自明二員到安慶稟請交出各城、遣散所部，以三月爲期。公獎慰而遣之。

二十七日，具摺〔一二五〕奏籌議江蘇、安徽等省緑營額兵，經亂之後散亡殆盡。已潰之卒不准收伍，孱弱之兵即予裁撤，弁目出缺，停緩叙補。統俟軍事大定，乃復舊制，庶幾兵歸實用，餉不虛糜。又摺〔一二六〕奏湖北防務正殷，提督江長貴請飭赴本任。附片〔一二七〕奏：

金陵城賊放出老弱婦女萬餘人，爲節省米糧之計。湖州群匪麕集，皆思上犯江西，以覓生路。江西撫、建股匪人數實衆。請飭下閩、粤、兩湖一體嚴防，免致變成流寇，又煩兵力。江忠義舊部，交江忠朝統帶。

又片〔一二八〕奏遵旨提訊江西知縣石昌猷一案，派委刑部郎中孫尚紱會審。又片〔一二九〕奏保道員忠廉署理兩淮鹽運使，堪以勝任。又片〔一三〇〕奏李世忠呈請刻期遣散滁州等處兵勇，酌留千餘人，交總兵陳自明統帶。又與沈公葆楨會奏查參江西厘金委員萬永熙革職。

是月，李公鴻章分軍克溧陽縣城，又克浙江嘉興府城。程忠烈公學啓受傷，旋卒於蘇州。程公初陷賊中，投誠後，經公弟國荃拔擢立功，蘇省之復，戰功爲多。左公宗棠攻克杭州省城，餘杭縣城賊并入湖州，踞守不下。都興阿公領馬隊北上。富明阿公署江寧將軍，接辦揚州防務，派軍渡江會馮子材之軍進攻丹陽。

三月初五日，鮑公超攻破三坌賊卡。

初七日，克句容縣城。

初九日，克寶堰賊壘五座。

周寬世軍中營官楊復成侵吞軍餉，公親提訊得實，於軍前斬之。

江西賊勢日衆，沈公葆楨奏請截留江西厘金專充本省之餉，户部議准。公接户部咨文，深憂之。

十二日，馳摺〔一三一〕奏：『江西牙厘仍應歸臣處經收，以竟金陵將蕆之功。』附片〔一三二〕奏報軍情：金陵城賊堅忍不下，句容克復，賊之外援將盡。江西之賊擾犯南豐、新城、廣昌之境。又摺〔一三三〕奏結水師巡江釀命一案。又奏〔一三四〕采訪忠義第十八案。

十三日，浙江之賊續竄徽州，唐義訓、毛有銘擊賊小挫。

十四日，賊撲徽州城，官軍擊却之。

十五日，奉到上諭〔一三五〕：『協辦大學士兩江總督曾國藩，督軍剿賊，節制東南數省，盡心區畫，地方以次削平，舉賢任能，克資群力，著交部從優議敘。欽此。』

是歲，京察行省督撫奉優叙之旨者，曰官文公、曰駱公秉章、曰左公宗棠、曰李公鴻章，凡五人。

十七日，唐義訓、毛有銘兩軍擊賊於楊村，官軍大挫。賊勢日熾，大股竄婺源，入江西境。公調朱品隆軍馳援徽州，調鮑超軍回東壩，調周寬世、金國琛兩軍渡江進駐饒州之境。

二十日，鮑公超收復金壇縣城。

公既上江西牙厘一疏〔一三六〕，詞氣抗厲，於是沈公葆楨亦奏請開缺。詔慰留之。户部議以江西牙厘之半撥歸金陵、皖南大營，以其半留供本省之餉。公以是時金陵未克，江西流寇復盛，統軍甚多，需餉甚巨，既恐餉匱以致軍事决裂，又以握兵符掌利權爲時所忌，遂有功遂身退之志矣。

二十五日，馳摺〔一三七〕奏鮑超一軍克句容縣，生擒二酋，毁五賊壘。隨摺奏保總兵馮標、譚勝達、唐仁廉等二十員；陣亡知府田芬、參將陽茂泰等六員請恤。附片〔一三八〕奏：

徽州軍敗，遍地賊氛，前隊已竄江西，續至者絡繹不絶。金陵圍師，責成曾國荃經理，儻堅城幸克，即由曾國荃、彭玉麟、楊岳斌三銜馳奏大概，以慰聖懷。陝西漢中髮、捻各匪竄犯鄂豫之境，圖解金陵之圍。江面上下，皆宜籌防。

又片〔一三九〕奏身患嘔吐、眩暈之證，請假一月在營調理。又片〔一四〇〕奏降補藩司唐訓方請假回籍省墓。又片〔一四一〕奏浙江鹽運使李榕暫緩赴任，留營剿賊。又奏〔一四二〕楊復成正法一摺。

二十七日，專摺〔一四三〕奏謝京察優叙恩。

是日，奉到寄諭〔一四四〕：『總理衙門奏撥輪船經費改解京師一款，爲銀五十萬兩有奇，先行撥解金陵軍營，以資散放。』

二十八日，核定淮北票鹽章程。

是月，左公宗棠克武康、德清、石門三縣城。江西官軍克新城縣城，賊竄入福建邊境。陝西髮逆合捻匪竄湖北，成大吉擊賊於樊城，破之，賊竄河南境。西安將軍忠勇公多隆阿卒於盩厔營次。

四月初三日，設立書局，定刊書章程。

江南、浙江自宋以來，爲文學之邦，士紳家多藏書，其鏤板甚精緻，經兵燹後，書籍蕩然。公招徠剞劂之工，在安慶設局，以次刊刻經、史各種，延請績學之士汪士鐸、莫友芝、劉毓松、張文虎等分任校勘。

初九日，彭公玉麟過安慶見公，旋赴九江防守。

十二日，馳奏〔一四五〕徽州防軍挫失，未能遏賊西竄，自請交部嚴加議處；唐義訓、毛有銘分別革降；陣亡將弁金茂榮、李祖祥等十三員名請恤。又摺〔一四六〕奏鮑超一軍克復金壇，隨摺奏保游擊張遇春一員；陣亡將弁鮑昌齡、宋連陞、王正禮請恤。

又摺〔一四七〕奏：『江北一律肅清，提督李世忠遣散部衆，次第交出全椒、天長、來安、滁州、六合五城，呈請開缺回籍葬親。懇恩准予開缺回籍，保全令名。所遺江南提督一缺，懇迅賜簡放，以重職守。』

附片〔一四八〕奏：

接准户部文稱湖北、湖南、四川、江西、廣東、江蘇每月協供臣營之餉，爲數甚巨。查核湖南一省，除東征局半厘外，無有奏定協解之款。去夏奏撥江西洋税，旋即退還。廣東厘金，係臣所最抱疚之端，然本年僅解過九萬兩。江蘇厘金，係臣職分應籌之餉，本年亦僅解過三萬兩。四川、湖北兩省，則并無協解臣臺之款。户部所指六省供餉，不知以何處奏咨爲據，遂疑臣廣攬利權，收支巨款。臣以庸愚，謬當重任，局勢過大，頭緒太多。論兵則已成强弩之末，論餉則久爲無米之炊，萬一竭蹶顛覆，亦何能當此重咎？懇恩飭將皖北軍餉，責成喬松年、吴棠、富明阿共籌之。其蕭慶衍、毛有銘等數軍原支鄂餉，請飭下官文、嚴樹森一力供支，俾臣得少減謀餉憂灼之情，不勝大幸。

又片〔一四九〕奏報軍情：

金陵一軍，開地道以攻城，傷亡弁勇近三千人，此時惟有嚴圍猛攻，力禁接濟之法。江西續竄入之賊，又將延擾；腹地髮、捻巨股，突過隨、棗，意在假道皖、鄂，東援金陵。彭玉麟現赴上游，防扼江面。惟皖北兵單，空虛可慮。

又片〔一五〇〕奏江西南康知縣石昌猷供詞支吾，請革職以憑嚴訊。

十四日，丹陽之賊上竄，鮑公超截擊，大破之。常州之賊竄至徽州境，唐義訓、毛有銘、金國琛截擊破之，餘匪竄江西。

十九日，奉上諭〔一五一〕：『曾國藩奏徽軍挫失，自請嚴議之處，著加恩寬免。欽此。』又奉上諭〔一五二〕：『江南提督，著李朝斌補授。江南水師提督，著黄翼升補授。江南淮揚鎮總兵員缺，著陽利見補授。欽此。』

二十七日，馳摺〔一五三〕奏報鮑超截擊丹陽之賊大勝。

又奏〔一五四〕蘇賊續竄徽州，官軍擊剿獲勝，擒斬解散過其大半。附片〔一五五〕奏稱：

蘇、浙群賊由徽上竄者，約分六起：第一起，現踞江西之南豐，分竄福建汀州之境。第二起，延擾於鉛山、湖坊等處。第三起，攻撲撫州，退踞許灣。第四起，則爲徽軍所敗，入江境者人數無多；而廣德、湖州各賊酋尚有二起，圖犯徽境，并入江西。目下軍情，以江西爲最重。

又摺〔一五六〕奏請展緩江南本科鄉試。附片〔一五七〕奏陳：『臣於上月請假，現已期滿，病勢未能遽痊。惟湖北賊勢下竄金陵圍師，江西群賊均在危疑震撼之際，已力疾强起，照常治事。』

是月，江西贛水以東，廣信、撫州、建昌、寧都各屬，賊踪遍擾，失陷十數城。　江西官軍、浙江援軍破賊於玉山，又破之於撫州城外，又破之於弋陽、貴溪等處，而賊勢未衰。　張公運蘭軍在廣東，奉旨飭赴福建臬司任，率勇至閩境防剿。　李公鴻章克常州府城，揚州、鎮江官軍會克丹陽縣城，江蘇全境皆平，唯金陵未克。　李公鴻章撥派劉銘傳等軍進守句容、東壩。　公乃調鮑超一軍循江而上，援剿江西。楊公岳斌奉旨督辦皖南、江西軍務。　劉公典幫辦軍務。　李朝斌領太湖水師攻湖州城外賊壘，破之。李公鴻章委員解到上海餉銀二十二萬兩，公以其十三萬兩解付金陵大營，以五萬兩給付鮑超軍營，以四萬兩留安慶糧臺。　賊之竄湖北者，人數極衆，護軍統領貞恪公舒保陣亡。　僧王擊賊於隨州，破之。　逆首洪秀全於二十七日服毒自斃，李秀成立其子福瑱堅守金陵，祕不發喪，雖城中賊亦不知也。

五月初六日，專摺〔一五八〕恭謝天恩寬免嚴議。

鮑公超軍由蕪湖拔營，上援江西。

楊公岳斌領水師、陸軍共萬人，援江西。　初十日，來安慶見公，旋赴江西督剿。　公派提督黃翼升接領水軍，扼攻金陵。

十二日，馳摺〔一五九〕奏：『浙江提督鮑超請假四個月，回四川籍葬親，該軍將弁即令楊岳斌統率以行，必可指揮如意。　懇恩俯念鮑超苦戰功多，俾得成歸窆之禮，展烏私之誼，彌彰聖朝孝治之隆。』附片〔一六〇〕奏報軍情：　湖州、廣德尚爲賊踞。　江西省城戒嚴，調派水陸各軍入省防守。　鄂省髮、捻下竄，距皖甚近，調李榕等軍渡江北防。疏入，奉上諭〔一六一〕：『曾國藩奏帶兵大員請假葬親一摺。已明降諭旨，命鮑超俟金陵攻克，江、皖肅清，再行給假回籍，以遂孝思。等因。欽此。』

十四日，奉到寄諭〔一六二〕令李鴻章會軍攻金陵，公即日具咨李公催之。

十七日，鮑公超軍至九江，尋至南昌與沈公葆楨商度防剿，所部一軍由瑞州進剿。

二十二日，馳摺〔一六三〕奏稱：

蘇、常既克，本擬咨請李鴻章親來金陵會剿。前接李鴻章來文，言將士太勞，宜少休息，待湖州克後，再行撥兵助攻金陵等語。不知者，謂臣弟國荃貪獨得之美名，忌同列之分功，非臣兄弟區區報國之意。今幸欽奉寄諭，已恭録具咨加函催請。臣本欲前往金陵督剿，因皖中防剿喫緊，未可暫離，懇恩飭催李鴻章速赴金陵，實爲至幸。

二十七日，馳摺〔一六四〕奏：

續奉諭旨，飛催李鴻章會剿金陵。前此奉撥輪船經費一項，已解到銀二十三萬兩，分撥各軍，轉瞬已罄。不敢謂籌餉之太少，而深悔募勇之太多，惴惴焉恐生他變，或誤大局。既望李鴻章統兵來助，尤望其携餉以相遺也。

并奏稱：『楊岳斌、鮑超均赴江西，兵力極厚。改調周寬世一軍，令赴皖北，以防鄂省東竄之賊。擬令陳國瑞駐紮壽州，處淮南、江北適中之地，爲游擊之師，仍當防守要區，嚴扼江面，以免掣動金陵全局。』附片〔一六五〕奏：

臣於前年曾請添設長江水師提督，旋經部臣議准。此次欽奉諭旨〔一六六〕，李朝斌補授江南提督，自係李世忠所遺之缺；黃翼升所補水師提督，當係長江新設之缺。應請敕部撰擬字樣，新鑄印信，頒發來南，以昭信守。

又具摺〔一六七〕奏保鮑超一軍疊克東壩、句容、金壇三案出力員弁，彙單請獎。又奏〔一六八〕保高淳、溧水各城水陸會攻克復出力員弁，彙單請獎。

二十八日，核定石昌猷案卷。

江西道員周汝筠稟訐石昌猷袒匪殺良一案，卷宗繁，委公親訊，數次委藩司馬新貽、臬司何璟、道員勒方琦與奏委之郎中孫尚紱，反覆研鞫，至是定案擬結。

三十日，公弟國荃攻克龍脖子山陰堅壘，僞號『地堡城』，遂督軍日夜環攻，不少休息。

是月，李公鴻章克浙江長興縣城。　湖北捻匪竄擾英山、霍山之境。　楊公岳斌奉旨授陝甘總督。

六月初八日，覆訊周汝筠、石昌猷一案。

十二日，馳摺〔一六九〕奏稱：

旬日以來，歷奉寄諭，殷殷指示，不外迅剿。金陵及皖北、江西兩路軍務，所有近日籌辦情形分條詳覆：其一，李鴻章平日任事最勇，進兵最速，此次會攻金陵，稍涉遲滯，蓋無避嫌之意，殆有讓功之心。其一，中外匪徒，仍有偷濟賊糧、軍火之事，自合圍以來，搜查防範，何敢信其絶無疏漏？唯當諄飭各營，加意嚴防而已。其一，髮、捻東趨，竄入英山境内，調派江南岸各軍馳赴皖北，目下不能速到。其一，安慶人心震動，未可輕離，俟皖北稍安，即當前赴金陵，會商剿辦。凡四條。

十六日，金陵官軍治地道成，轟陷城垣二十餘丈。公弟國荃督領將弁衝殺入城，圍攻僞宫城。即日由驛八百里馳報〔一七〇〕金陵克復大概情形。

是夜攻克内城。搜殺三日夜。十九日夜〔一七一〕，擒賊酋李秀成、洪仁達。賊黨死者十餘萬人。公聞捷後，喜極而悲者良久乃已。

二十三日，會銜由驛六百里加緊馳奏〔一七二〕『克復金陵、全股悍賊盡數殲滅詳細情形』一摺，奏稱：

> 金陵一軍，圍攻二載有奇，前後死於疾疫者萬餘人，死於戰陣者八九千人，令人悲涕，不堪回首。臣等忝竊兵符，遭逢際會，既慟我文宗不及目睹獻馘告成之日，又念生靈塗炭，爲時過久，惟當始終慎勉，埽蕩餘匪，以蘇孑遺之困，而分宵旰之憂。此次應奬、應恤人員，另繕清單，籲懇恩施。

二十四日，公由安慶登舟，由火輪船駛赴下游，泊采石磯。

二十五日，抵金陵大營，見諸將領，慰勞之。親訊賊酋李秀成。札委員弁訪求咸豐三年城陷時殉難員紳遺骨。

二十六日，奉到上諭〔一七三〕：

楊岳斌、彭玉麟、曾國荃馳奏克復金陵大概情形一摺。逆首洪秀全〔一七四〕等以數十萬逆衆，久踞金陵，負嵎死守。曾國荃等督兵圍攻，所部不滿五萬。兩載以來，將城外賊壘，悉數埽蕩。兹復於炎風烈日之中，傷亡枕籍〔一七五〕之餘，并〔一七六〕力猛攻，克拔堅城，非曾國藩調度有方，曾國荃及各將士踴躍用命，不能建此奇勛。披覽之餘，曷勝欣慰。此次立功諸臣，將僞城攻破，巨憝就擒，即行渥沛恩施，同膺懋賞。欽此。

二十七日，公巡視金陵城垣地道攻入之處，按行城外各軍營壘。

二十八日，軍士得洪秀全逆尸，舁之江干，公親驗而焚之。

二十九日，奉上諭〔一七七〕：

本日官文、曾國藩由六百里加緊紅旗奏捷，克復江寧省城一摺。覽奏之餘，實與天下臣民同深嘉悦。此次洪逆倡亂粤西，於今十有五年，竊據江寧，亦十二年，蹂躪十數省，淪陷數百城，卒〔一七八〕能次第蕩平，殄除元惡，該領兵大臣等櫛風沐雨，艱苦備嘗，允宜特沛殊恩，用酬勞勩。欽差大臣協辦大學士兩江總督曾國藩，自咸豐三年在湖南首倡團練，創立舟師，與塔齊布、羅澤南等屢建殊功，保全湖南郡縣，克復武漢等城，肅清江西全境。東征以來，由宿松克潛山、太湖，進駐祁門，叠復徽州郡縣，遂拔安慶省城以爲根本，分檄水陸將士，規復下游州郡。兹幸大功告蕆，逆首誅鋤，實由該大臣籌策無遺，謀勇兼備，知人善任，調度得宜。曾國藩著加恩賞加太子太保銜，錫封一等侯爵，世襲罔替，并賞戴雙眼花翎。浙江巡撫曾國荃，以諸生從戎，隨同曾國藩剿賊數省，功績頗著：咸豐十年，由湘募勇，克復安慶省城；同治元、二年，連克巢縣、含山、和州等處，率水陸各營進逼金陵，駐紮雨花臺，攻拔僞城，賊衆圍營，苦守數月，奮力擊退；本年正月，克復〔一七九〕鐘山石壘，遂合江寧之圍，督率將士鏖戰，開挖地道，躬冒矢石半月之久，未經撤隊，克復全城，殄除首惡，實屬堅忍耐勞，公忠體國。曾國荃著賞加太子少保銜，錫封一等伯爵，并賞戴雙眼花翎。等因。欽此。

其同案奉旨錫封者：提督李臣典一等子爵、蕭孚泗一等男爵，均賞戴雙眼花翎；提督黄翼升、張詩日等，總兵朱洪章、熊登武等，按察使劉連捷等，凡百二十餘員，均奉旨獎叙。其陣亡總兵郭鵬程、王紹羲，副將陳萬勝等十六員，奉旨優恤。皆公前疏所請也。

同日又奉上諭〔一八〇〕：

粤逆久踞江寧，負嵎抗拒，實爲從來未有之悍寇。此次水陸各軍於溽暑炎蒸之際，猛力環攻，迅克堅城，悍黨悉除，渠魁就縛，非曾國藩運籌决策，督率有方，曾國荃等躬冒矢石，鼓勇先登，末由建此奇功，成乃丕績。朝廷嘉悦之懷，實難盡述。除曾國藩等已加恩錫封外，其出力員弁兵勇，并著查明保奏，候旨施恩。發去銀牌四百面，著曾國藩、曾國荃等擇其功績最著者，先行頒給，以勵戎行。欽此。

同日，又奉旨〔一八一〕賞賚東南各路統兵大帥及封疆大臣，普加异數。欽差大臣僧王、官文公、李公鴻章、楊公岳斌、彭公玉麟、駱公秉章、鮑公超等各有差。左公宗棠、沈公葆楨等有待也。

是月，左公宗棠克孝豐縣城。蕭公孚泗聞訃丁憂。

七月初一日，閱視金陵城北僞城、僞壘及官軍所開地道之處。派委道員龐際雲、知府李鴻裔會訊李秀成，令其自書供詞，前後凡四萬餘字。

初二日，李忠壯公臣典卒於軍。

金陵之克，以李公爲戰功之首，公弟國荃慟惜之。

初四日，周視金陵城垣，委員修築。定議裁撤湘勇。設善後局，撫恤難民。

鮑公超擊賊於撫州許灣，大破之，殺賊四萬人，賊大潰。

初六日，公親訊賊供，誅李秀成、洪仁達、洪仁發三名。

初七日，馳摺〔一八二〕奏：

洪秀全、李秀成二賊酋分別處治，僞幼主洪福瑱查無實在下落。李秀成供詞，謹鈔送軍機處，以備查考。歷年以來，中外紛傳逆賊之富，金銀如海，乃克復老巢而全無貨財，實出意計之外。目下籌辦善後事宜，需銀甚急，爲款甚巨。如撫恤災民，修理城垣，駐防滿營，皆善後之大端。其餘百緒繁興，左支右絀，欣喜之餘，翻增焦灼。

金陵之克，賊所造宫殿行館，皆爲官軍所燬。公乃於水西門内擇房屋稍完者，委員葺治，以爲衙署。

初十日，公設酒於城内，宴犒諸將領。

幼逆洪福瑱遁走廣德，賊黨争迎之。

十一日，鮑公超收復東鄉、金溪兩縣城。

十二日，江忠朝等克復崇仁、宜黄兩縣城，江西東路賊勢稍衰。

十三日，公札撤湘勇二萬五千人，留萬人防守金陵，留萬五千人派委劉連捷、朱洪章、朱南桂等領之，以爲皖南、北游擊之師。咨湖北、湖南督撫籌發撤勇欠餉。

十六日，專摺〔一八三〕奏謝天恩錫封侯爵，并賫所獲僞金、玉印三方，咨送軍機處。

十七日，巡視江南貢院，委員修葺。出示曉諭士民復業。核定金陵房産章程〔一八四〕，凡八條。

二十日，馳摺〔一八五〕奏福建陸路提督蕭孚泗聞訃丁憂，請開缺回籍。

又摺〔一八六〕奏一等子爵李臣典病故請恤，并將李臣典戰功開列清單，録呈御覽，請於江西之吉安府及安慶、金陵建立專祠。附片〔一八七〕奏李秀成業經正法，未及檻送京師；洪秀全戮尸焚化，未及傳首各省。又片〔一八八〕奏保金陵各軍將領：熊登武、朱南桂、張詩日、伍維壽、朱洪章皆有獨當一路之才，請次第簡放提鎮實缺。現守寧國之總兵劉松山，足以獨當一面，亦後起之將材也。又片〔一八九〕奏：

近歲以來，但見增勇，不見裁撤，無論食何省之餉，所吸者皆斯民之脂膏，所損者皆國家之元氣。前此賊氛方盛，不得已而增募，以救一時之急。今幸大局粗定，因與臣弟國荃商定，將金陵全軍裁撤其半，鎮江馮子材之兵全行裁撤，揚州富明阿一軍暫難遽撤。軍興日久，各有厭苦兵間之意，但使欠餉有著，當不至别生枝節。并陳明曾國荃克城之後困憊病狀，姑在金陵調養，料理善後。臣即日回安慶一次，布置上游軍事。江西軍事得手，即由楊岳斌主稿會奏。

公拜摺後，登舟上溯。

二十五日，舟泊銅陵夾。咨廣東督撫停止厘金，還歸本省經收。札委錢鼎銘、丁日昌等辦上海捐輸，分撥松滬厘金，以濟軍餉。

鮑公超軍克復南豐縣。續克新城縣，招降數萬人。賊黨南竄，南、贛、寧都三郡戒嚴，浸及閩、粤之境矣。

二十七日，李公鴻章、左公宗棠會克湖州府城。

二十八日，公舟抵安慶。

二十九日，馳摺〔一九〇〕奏廣東厘金一款：

兩年以來，深資餽運，私衷耿耿，如負重疚。請旨飭下廣東督撫，截至本年八月止，毋庸再解；并請照一百二十萬兩之數。加廣該省鄉試文武永遠中額四名，以彰粤人急公之義。

附片〔一九一〕奏稱：

湘勇召募之初，選擇鄉里農民，有業者多，無根者少，但使欠餉有著，當可安静回籍。昨奉諭旨，有挑補額兵一條，恐湖南之民必不願補三江緑營之額，臣以爲勇則遣回原籍，兵則另募土著，各返本而復始，庶經久而可行。至寄諭飭查洪福瑱實在下落，應俟查明續奏。

又片〔一九二〕奏補送李秀（城）成供詞。又片〔一九三〕奏報軍情：『江西兵威大振，無須添派援軍。所慮者皖南之廣德，皖北之英、霍。現在陳國瑞進剿麻城，英翰進紮商城，蔣凝學進紮英山，李榕調防桐城，布置尚密，但無大枝勁旅痛加剿洗耳。』

是日，具摺〔一九四〕奏結周汝筠、石昌猷一案。左公宗棠克安吉縣城，浙江全省皆平。李公鴻章派劉銘傳一軍克復廣德州城，賊黨挾洪福瑱遁走寧國山中。

是月,僧王由豫入楚,擊剿髮、捻各匪,破之。

八月初一日,湖州、廣德之賊竄徽州南境,劉松山截擊破之。

初三日,左公宗棠截擊竄賊於昌化、淳安之境,大破之,斬賊目黄文金。

初七日,唐義訓、易開俊截擊竄賊於歙縣南境,破之。

初九日,易開俊擊賊,大破之。

十三日,馳奏〔一九五〕欽奉諭旨分條覆陳一摺:

其一,江寧省城賊踞最久,居民流亡尚未復業。委記名臬司黄潤昌趕緊興修貢院,庶冀士子雲集,商民亦可漸歸。其一,駐防旗營,俟貢院工竣,以次修理。旗兵現存八百餘人,俟營房粗定,再議挑補足額。其一,蘇、皖兩省疆輿跨越江淮,據御史陳廷經陳請變通,畫江分省。臣以爲軍事、吏事之興廢,視疆吏之賢否,不必輕改成憲。其一,楊岳斌應赴陝西新任。江西軍務,應令鮑超專顧北路;劉典、席寶田、王文瑞、江忠朝等分剿南路,不必另派督辦大員。其一,皖北喫緊,飛催劉連捷等渡江防剿。凡五條。

附片〔一九六〕奏委道員龐際雲署江寧鹽巡道缺,仍飭辦善後局。

又具摺〔一九七〕奏保克復金陵陸軍出力員弁,開單請獎,陣亡、傷亡、病故員弁五百一名,開單請恤。

附片〔一九八〕奏稱:『臣自任兩江督師,東征數年,奏保積至二十二案之多,軍務倥偬,未及按名注考。懇敕部將臣軍保案,均照原單一體注册。』又附片〔一九九〕密奏:『大功粗立,臣兄弟及前後文武各員,均叨竊殊恩异數，追思昔年患難與共之人，其存者，如李元度一員，獨抱向隅之感；其没者，如江忠源、何桂珍、劉騰鴻、畢金科四人，皆有私衷抱疚之端，謹略陳一二，懇請恩旨。』

十四日，易開俊擊竄賊，破之。

十六日，唐義訓、金國琛擊竄賊，破之。餘匪挾洪福瑱竄入江西廣信之境，浙江官軍追擊之。

十七日，專摺〔二〇〇〕進呈安徽全省地圖并長江圖說，奏稱：『知府劉翰清、縣丞方駿謨，淹雅詳慎，臣派委該二員細查詳繪，裝成全册，恭呈御覽。』

賊圍撲英山縣，蔣凝學固守擊賊，破之。劉連捷、朱洪章、朱南桂領湘勇萬餘人渡江而北。公調派湘勇由桐城進剿英山，調派李榕、王可陞、何紹彩等軍八千人，由六安進援霍山。

二十七日，馳摺〔二〇一〕代奏：『臣弟國荃病勢日增，請開缺回籍調理。』

又摺〔二〇二〕奏湖州、廣德敗賊并犯歙南，官軍截剿屢勝，陣亡參將唐遠咄請恤。附片〔二〇三〕奏：『長江水師新定規模，應責成彭玉麟周歷巡察，區畫一切。其安慶善後事宜，札飭藩司馬新貽、臬司何璟、總兵喻吉三會同妥辦。』又片〔二〇四〕奏報江西、皖北軍情，調軍剿辦；并報定期起程，駐紮江寧舊治。

又奏〔二〇五〕『截停淮北餉鹽，規復票鹽舊制』一摺。

是月，楊公岳斌赴贛州督師防剿。王文瑞克復雩都縣城。

九月初一日，公由安慶登舟啓行赴金陵。

初八日，舟抵金陵。黄公潤昌監修貢院工畢。

初九日，公入城閱視貢院工程。

初十日，入居署中。

核定安徽全省丁、漕徵收章程。

是日，奉到上諭〔二〇六〕：

曾國荃督兵數載，克復江寧省城，偉績豐功，朝廷甚資倚畀。第櫛風沐雨，辛苦備嘗，致病勢日見增劇。若不俯如所請，不足以示體恤。本日〔二〇七〕已明降諭旨，准曾國荃開缺回籍，并發去人參六兩，以資調理。該撫其安心静攝，善自保衛，一俟病就痊愈，即行來京陛見，以備倚任。所有江寧省城一切〔二〇八〕善後事宜，即著曾國藩馳往江寧，斟酌機宜，妥籌辦理。欽此。

同日，奉到上諭〔二〇九〕：『浙江巡撫，著馬新貽補授。英翰著補授安徽布政使。安徽按察使，著何璟補授。欽此。』

十一日，馳摺〔二一〇〕奏：『江南貢院修建工竣，已通飭各屬，出示曉諭，定於十一月舉行鄉試。兩江人士，聞風鼓舞，流亡旋歸，商賈雲集，請旨簡放考官。』附片〔二一一〕奏札飭江西藩司趕辦江南硃墨卷各一萬八千套，定期解赴金陵。又片〔二一二〕奏札調藩司萬啓琛回駐江寧，運司忠廉由泰州移駐揚州。

湖北髮、捻大股圍英山城，蔣凝學堅守。賊退，其一股趨太湖。劉連捷等軍至太湖，賊均退回湖北蘄水、羅田之境。公札調朱南桂、朱洪章二軍駐宿松、太湖，劉連捷一軍駐安慶。

二十日，公弟國荃奉旨詣明孝陵致祭。

江西、浙江官軍會擊竄賊於廣信府境，大破之。洪福瑱遁走石城。江西東境肅清。二十五日，席寶田軍追擒幼逆洪福瑱，送南昌斬之。

二十六日，設發審局。

二十七日，馳摺〔二一三〕奏報官軍驅賊出境，全皖肅清。 隨摺奏保易開俊、唐義訓、劉松山、金國琛四員。 又具摺〔二一四〕奏續保彭玉麟水軍、王可陞陸軍，青陽、溧水、高淳、東壩各案出力員弁，開單請獎。 又奏〔二一五〕續保江忠義、席寶田兩軍青陽案内出力員弁，開單請獎。

是日，又具摺〔二一六〕奏稱：『安徽界連楚北，自楚師入境，疊復郡邑，按畝捐錢，支應兵差，百姓苦之。 安慶克後，停止畝捐，改辦抵徵。 現在札飭一律開辦丁漕，所有從前收過抵徵項下，應專案作正報銷。』

二十八日，札派鄉試内外官員。

是月，鮑公超擊賊於寧都州城外，大破之，州城解圍，賊潰竄閩、粵境，江西全省皆平。 左公宗棠奉旨錫封一等伯爵，鮑公超一等子爵。 楊公岳斌由贛州回南昌省城，奏請回湘增募陸勇赴甘肅剿辦。 甘賊之竄廣東者，攻撲南雄州；其竄閩者，陷武平縣城，張忠毅公運蘭死之。 賊遂徧擾汀州屬境，陷漳州府城而踞之。 湖北髮、捻大股圍撲蘄水官軍營盤，石威毅公清吉陣亡。

十月初一日，公弟國荃登舟回湘，公送之至采石磯乃還。

初四日，公還署。

初五日，專摺〔二一七〕奏謝弟國荃開缺恩旨。 又奏〔二一八〕謝弟國華、貞幹各加賞恩。

初七日，考試督署書吏。

李公鴻章委員解到上海協餉銀十七萬兩，支發江、皖各路湘軍欠餉。

公定議撤遣湘勇，什去八九。

十二日，具摺〔二一九〕代奏提督鮑超請假六個月，馳回四川本籍親營葬事，兼養傷病；令其部將宋國永、婁雲慶分領霆營之衆。附片〔二二〇〕奏金陵遣撤勇丁先後回籍，沿途安怗。并報皖、鄂軍情，檄調劉連捷等軍赴鄂援剿，調易開俊一軍渡江而北與李榕、王可陞等爲後路策應之師。又奏〔二二一〕采訪忠義第十九案。附片〔二二二〕奏安慶通判達凌阿在壽州殉難請恤。蘇州從九品蔣映杓、訓導梅振鑣請恤，并其家屬十一人。

十三日，奉上諭〔二二三〕：

現在江寧已臻底平〔二二四〕，軍務業經蕆事，即著曾國藩酌帶所部，前赴皖、鄂交界，督兵剿賊，務期〔二二五〕迅速前進，勿〔二二六〕少延緩。李鴻章前赴江寧，暫署總督篆務。江蘇巡撫，著吴棠暫行署理。欽此。

十七日，李公鴻章到金陵見公，公與商裁退楚軍進用淮勇。檄調劉銘傳、李鶴章等引淮軍渡江而北上援皖、鄂。

十九日，奉上諭〔二二七〕：

曾國藩奏提督鮑超遵奉前旨請假葬親一摺。已明降諭旨，賞假兩〔個〕月，回籍經理葬事矣。現在甘肅軍務未蕆，新疆回匪〔二二八〕日益蔓延，非得勇略出群如鮑超者前往剿辦〔二二九〕，恐難壁壘一新。著曾國藩傳旨鮑超，令其俟假期一滿，即行由川起程，出關剿辦回匪。其舊部兵勇及得力將弁，[并]准其酌量奏調，隨帶同行。從前回疆用兵，楊遇春即係川省土著，立功邊域，彪炳旗常。鮑超務當督率諸軍肅清西陲，威揚萬里，以與前賢後先輝映。該提督忠勇性成，接奉〔二三〇〕此旨，必即[欽奉]遵行，以副朝廷委任。欽此。

二十二日，奏『遵旨馳赴皖、鄂交界督兵剿賊』一摺〔二三一〕，奏稱：『臣用兵十載，未嘗親臨前敵，自揣臨陣指揮，非其所長。此次擬仍駐紮安慶、六安等處，派劉連捷等入鄂，聽候官文調遣。檄調淮勇兩軍隨臣西上，更資得力。』附片〔二三二〕瀝陳：『才力竭蹶，難勝重任。楚軍出征過久，漸成强弩之末，不如淮勇之方鋭。一俟皖、鄂肅清，即請開各缺，調理病軀，仍當效力行間，料理經手事件，如軍餉之報銷、撤勇之欠餉、安置降將部衆、區畫長江水師營汛，皆分内應了之事也。』

又摺〔二三三〕奏請於江寧省城建立昭忠祠，彙祀湘軍陣亡、病故將士。附片〔二三四〕奏廣東、江西厘金全歸本省經收，唯留饒州、景德鎮厘金之半撥解祁門糧臺以充皖南五軍之餉。

二十五日，作修治金陵城垣缺口碑記一篇，立石於龍膊子山下官軍攻入之處。

二十七日，奏報〔二三五〕淮南徵收鹽課第一案。

是月，僧王軍擊賊大破之。　官文公、喬公松年調派各軍防剿，招撫數萬人，餘賊竄德安。廣東賊陷嘉應州城、大埔縣城，與閩省汀、漳之賊延擾凡數百里。　左公宗棠移駐衢州，調派劉典等軍分道入閩進剿。　欽命劉琨典試江南，以平步青副之。

十一月初一日，委員擇地修建昭忠祠、靖毅公祠。設工程局，委員監督工役，次第修復學宫及群祠宇。

初三日，交卸總督關防。

初五日，奉到上諭〔二三六〕：『皖省一律肅清，楚境餘賊由黃、孝竄德安一帶，逆數無多，楚軍可敷剿辦。曾國藩無庸前赴安慶，亦無須交卸督篆，仍駐紮金陵，妥籌調度。李鴻章現在入闈監臨，俟出闈後，仍回江蘇巡撫本任。欽此。』

初六日，詣貢院迎主考官入闈。

初八日，得前總督陸公建瀛遺骸，改棺重斂，公出城弔而祭之。

初十日，作家訓四條。

十七日，李公鴻章派弁送還總督關防，公接印回任。

十八日，馳摺〔二三七〕奏交卸督篆、遵旨仍回本任日期，奏稱：『鄂、豫、皖三省，均捻匪往來熟徑。劉連捷等軍宜以黃州上巴河爲老營，派吴坤修料理營務；劉銘傳等軍宜以三河尖、固始爲老營，派李鶴章料理營務。』

又摺〔二三八〕奏續保克復金陵水陸各軍、隨營籌餉各員弁，彙單請獎。又片〔二三九〕奏請敕部添鑄淮揚鎮總兵新印頒發來營。又片〔二四〇〕奏國子監典籍錢繼文前在金陵殉難，請恤。

二十二日，會考江南拔貢、優貢。

十二月初三日，馬公新貽過金陵見公。旋赴浙江任。

初六日，李公鴻章還蘇州。

十三日，奏『叠奉諭旨分條覆陳』一摺〔二四一〕：

其一，前明孝陵勘估工程，目下無此巨款，應稍緩籌辦。其一，李秀成供詞前有删節之處，補鈔進呈。其一，張國梁忠骸訪求未得。其一，江北糧臺每月收銀不過五萬兩，酌解甘省及留供皖軍之數。其一，池州知府范先謨調省察看。凡五條。

附片〔二四二〕奏保四品京堂胡大任請旨簡用。又片〔二四三〕奏雲南迤東道黄冕請開缺。又片〔二四四〕奏知府范泰亨、主事柯鉞均在營積勞病故，請恤。

是日，又奏覆『御史劉毓楠條陳淮北鹽務』一摺〔二四五〕，附『請展緩江南武鄉試』一片〔二四六〕。

十五日，鄉試揭曉，公入闈鈴榜，取士二百七十三名。

二十八日，奏叠奉諭旨分條覆陳一摺〔二四七〕：

其一，剿辦捻匪，宜用淮勇，人地相宜。淮軍所用火器，須由水路運送河南，以周家口爲都會。其一，西路軍務，宜先清甘肅，次及關外。楚勇離甘太遠，不如川勇較近，宜用川北保寧、龍安兩府之人，與甘肅風氣不甚相遠。臣處餉項奇絀，不能協濟鮑軍。其一，楚勇必須多撤，金陵守兵已裁去七千人。朱品隆、唐義訓、劉連捷等軍應即先撤，庶騰出有用之餉，以濟西征之師。凡三條。

附片〔二四八〕奏覆陳何桂珍、劉騰鴻、畢金科三員忠績，請賜謚以表示來兹。

是日，又具摺〔二四九〕奏請蠲免安徽州縣錢糧雜税，并將各州縣克復年月、被擾輕重，分別開單呈覽。附片〔二五〇〕奏金壇、溧陽、丹陽、宜興、荆溪五縣，被賊蹂躪最甚，請豁免兩年錢漕。又片〔二五一〕奏遞進江南鄉試題名録。

是冬，捻匪由湖北襄陽竄擾河南之境，僧王督師追擊，連獲勝仗，而賊勢飆忽不可制。福建之賊踞漳州，左公宗棠督師入閩攻剿。

〔一〕馳摺：見奏稿六，題作『官軍攻克運漕鎮進剿巢縣小挫及銅城閘兩勝摺』。
〔二〕附片：見奏稿六，題作『附陳金陵大營及近日大江南北軍情梗概片』。
〔三〕具摺：見奏稿六，題作『恭謝弟貞幹追贈按察使并議恤摺』。
〔四〕附片：見奏稿六，題作『委署皖南道缺并請迅頒道鎮關防片』。
〔五〕馳摺：見奏稿六，題作『鮑超破賊馬頭鎮楊柳鋪進解涇縣城圍摺』。
〔六〕附片：見奏稿六，題作『涇縣守軍七營先後擊賊情形片』。
〔七〕又片：見奏稿六，題作『彙報近日軍情并親赴前敵察看片』。
〔八〕代奏：見奏稿六，題作『代李世忠奏請褫職立功代贖勝保之罪摺』。
〔九〕馳奏：見奏稿六，題作『彙報查閲沿江各軍軍情形勢摺』。
〔一〇〕一摺：見奏稿六，題作『同治元年年終賞賜謝恩摺』。
〔一一〕一摺：見奏稿六，題作『同治元年安徽江西文武各官密考摺』。
〔一二〕學政加考一片：奏稿六未見。
〔一三〕馳奏：見奏稿六，題作『彙報自金陵回皖行程及近日各路軍情摺』。

〔一四〕附片：見奏稿六，題作『密陳巡閱諸軍情況及可喜可懼形勢片』。
〔一五〕附片：見奏稿六，題作『萬啓琛補授安徽臬司請暫緩入都陛見片』。
〔一六〕具摺：見奏稿六，題作『補報兩年來東征水陸陣亡傷病身故人員請恤摺』。
〔一七〕附片：見奏稿六，題作『祁門知縣唐治死節請建專祠片』。
〔一八〕又奏：見奏稿六，題作『行營采訪忠義第十二案請恤摺』。
〔一九〕附片：見奏稿六，題作『舒城縣監生韋斌等請賜旌恤片』。
〔二〇〕馳摺：見奏稿六，題作『鮑超一軍攻克西河小淮窑各要隘摺』。
〔二一〕又摺：見奏稿六，題作『李世忠失陷九洑洲浦口江浦橋林諸要隘情形并請旨革職摺』。
〔二二〕附片：見奏稿六，題作『密陳李世忠失守數城别作處置片』。
〔二三〕又片：見奏稿六，題作『金陵寧國及皖南江西與江北上下游近日軍情形勢片』。
〔二四〕又奏：見奏稿六，題作『遵旨保奏堪任水師總兵人員摺』。
〔二五〕上諭：見清實録穆宗實録同治二年（一八六三）癸亥三月丁卯（二十日）『諭内閣』。
〔二六〕馳摺：見奏稿六，題作『蕪湖金柱關苦戰屢月獲勝摺』。
〔二七〕附片：見奏稿六，題作『彙報近日各路軍情片』。
〔二八〕又摺：見奏稿六，題作『奏請揀調各員來皖補用摺』。
〔二九〕附片：見奏稿六，題作『保奏穆其琛補授無爲州知州片』。
〔三〇〕又奏：見奏稿六，題作『采訪忠義第十三案請恤摺』。
〔三一〕上諭：見清實録穆宗實録同治二年（一八六三）癸亥正月丙寅（十九日）『諭議政王軍機大臣等』。又見奏稿六爲弟曾貞幹死事恩綸再賁謝恩摺（四月二十二日）引。按該諭旨二次下發時間與對象有别，但均非本月事。
〔三二〕馳摺：見奏稿六，題作『李秀成大股迭撲皖北各城官軍苦戰解圍摺』。

（三三）附片：見奏稿六，題作『近日大江南北防剿忠酋苗黨軍情片』。

（三四）具摺：見奏稿六，題作『遵旨議復淮南引鹽暫難改辦官運摺』。

（三五）又奏：見奏稿六，題作『遵旨查復吕錦文在鄉辦團騷擾殃民不實片』。

（三六）又奏：見奏稿六，題作『行營采訪忠義第十四案摺』。

（三七）具摺：見奏稿六，題作『懇辭曾國荃補授浙撫并謝恩摺』。

（三八）附奏：見奏稿六，題作『據情代奏萬啓琛懇辭江蘇藩司片』。

（三九）一摺：見奏稿六，題作『爲弟曾貞幹死事恩綸再賁謝恩摺』。

（四〇）馳摺：見奏稿六，題作『水陸各軍會克東關銅城閘二隘摺』。

（四一）附片：見奏稿六，題作『密陳近日大江南北軍情及餉缺兵逃大局決裂可虞片』。

（四二）具摺：見奏稿六，題作『雨花臺解圍出力員弁請奬摺』。

（四三）附片：見奏稿六，題作『黄冕暫緩赴滇新任仍留湖南綜理各局籌餉事宜片』。

（四四）又片：見奏稿六，題作『知縣蔡鍔爲苗練戕害請恤片』。

（四五）馳摺：見奏稿六，題作『官軍攻破雨花臺僞石城及聚寶門諸石壘摺』。

（四六）又奏：見奏稿六，題作『水陸各營會克巢含和三城摺』。

（四七）附片：見奏稿六，題作『近日金陵江北江西及援壽剿苗軍情片』。

（四八）馳摺：見奏稿六，題作『水陸各軍會克江浦浦口及九洑洲等要隘進圍金陵摺』。

（四九）附片：見奏稿六，題作『附陳近日壽州江西及金陵大江南北軍情形勢片』。

（五〇）又摺：見奏稿六，題作『彙保攻克寧郡進援涇縣迭復西河諸隘出力員弁摺』。

（五一）又摺：見奏稿六，題作『彙保迭破潁州西路捻匪及克運漕鎮出力員弁奬叙摺』。

（五二）附片：見奏稿六，題作『舉劾并優奬江西厘局各員以振厘務而裕餉源片』。

〔五三〕會奏：見李鴻章全集奏議一裁減蘇松太糧賦浮額摺（同治二年五月十一日）。

〔五四〕上諭：見清實録穆宗實録同治二年（一八六三）癸亥五月己巳（二十二日）『諭内閣』。又見奏稿六附録明諭　曾國荃毋辭浙撫勉該大臣兄弟效忠報國（六月初二日）。

〔五五〕馳摺：見奏稿六，題作『奉旨復陳江北二浦九洑諸隘次第克復情形及壽州蒙城臨淮軍情摺』。

〔五六〕具摺：見奏稿六，題作『南洋通商大臣一缺仍請裁撤摺』。

〔五七〕附片：見奏稿六，題作『鮑超曾國荃二軍添買戰馬請免關税放行片』。

〔五八〕專摺：見奏稿六，題作『行營采訪忠義第十五案摺』。

〔五九〕附片：見奏稿六，題作『程枚功等懇請分別旌恤片』。

〔六〇〕馳奏：見奏稿六，題作『彙奏金陵南北及壽州諸路軍情梗概摺』。

〔六一〕附片：見奏稿六，題作『江蘇藩司萬啓琛仍留皖營辦理牙厘乞緩陛見片』。

〔六二〕馳奏：見奏稿六，題作『條陳大江南北防務及暫無勁旅援助蒙城摺』。

〔六三〕附片：見奏稿六，題作『附陳黄翼升水師助剿滬上并請飭李鴻章接濟淮揚水師軍需片』。

〔六四〕又片：見奏稿六，題作『遵旨復陳瑛棨奏請淮鹽引項撥陝應毋庸議片』。

〔六五〕又奏：見奏稿六，題作『行營采訪忠義第十六案殉難官紳士女請旌恤摺』『封職訓導汪士熙等闔門殉難懇請旌恤片』。

〔六六〕汪士勛：奏稿六作『汪士熙』。

〔六七〕馳摺：見奏稿六，題作『湖口防軍屢勝群賊全遁摺』。

〔六八〕附片：見奏稿六，題作『附陳近日江南皖南江西淮甸各路軍情片』。

〔六九〕具摺：見奏稿六，題作『力保蕪湖金柱關及克復灣沚等處出力員弁請奬摺』。

〔七〇〕附片：見奏稿六，題作『江西遵按户部章程徵收茶葉落地税片』。

〔七一〕又奏：見奏稿六，題作『特參廬江縣知縣吴燮和貪劣科派請予革職摺』。

〔七二〕馳奏：見奏稿六，題作『遵旨復陳江南防務緊迫暫難全力援淮及相機馭使李世忠摺』。按該摺日期爲十三日，不當繫於此。
〔七三〕附片：見奏稿六，題作『附陳周瑞等通苗情形并請即行革職片』。
〔七四〕馳摺：見奏稿六，題作『金陵各軍攻破上方橋江東橋等處獲勝情形摺』。
〔七五〕附片：見奏稿六，題作『近日皖南皖北各路軍情并請調金國琛綜理皖豫交界剿苗營務片』。
〔七六〕又片：見奏稿六，題作『奏請調回派辦粤厘各員并請奬叙片』。
〔七七〕馳摺：見奏稿六，題作『援師苦戰經月立解青陽城圍情形摺』。
〔七八〕附片：見奏稿六，題作『附陳臨淮穩守并鮑超等進剿皖南情形片』。
〔七九〕具摺：見奏稿六，題作『遵旨復議南漕運京請准變通成例并飭王大臣及户部集議新章摺』。
〔八〇〕附片：見奏稿六，題作『附陳南漕試辦請准黄冕暫緩赴粤片』。
〔八一〕又片：見奏稿六，題作『附陳江浙防剿尚穩皖北軍力單薄等情片』。
〔八二〕馳摺：見奏稿六，題作『官軍駐守寧國涇縣歷戰獲勝情形摺』。
〔八三〕又摺：見奏稿六，題作『遵旨審明革鎮黄彬被參確情請發軍臺效力贖罪摺』。
〔八四〕文宗御製詩文集：故宫珍本叢刊第五百八十三册收有清文宗御製詩集八卷、清文宗御製文集二卷。
〔八五〕專摺：奏稿六未收，本日日記見載。
〔八六〕收復潁上縣：據王闓運湘軍志臨淮篇所載，蔣凝學等收復臨淮時間在十一月初二日。
〔八七〕十三日：底本作『十二日』，今據奏稿六所載奏稿日期校改。
〔八八〕馳摺：見奏稿六，題作『曾國荃等軍克復秣陵關等城隘并擬合圍金陵摺』。
〔八九〕又摺：見奏稿六，題作『招撫古隆賢等并復三城情形摺』。
〔九〇〕附片：見奏稿六，題作『皖北剿苗攻捻道州告警設防及江南軍情并克東壩等處情形片』。
〔九一〕又片：見奏稿六，題作『奉旨查明具奏石埭四城失陷緣由片』。

〔九二〕又摺：見奏稿六，題作『曾國荃等金陵一軍迭克城隘奉旨六案彙請獎恤摺』。
〔九三〕馳摺：見奏稿六，題作『官軍水陸各路剿撫兼施迭破水陽東壩等處并請酌賞投降頭目摺』。
〔九四〕附片：見奏稿六，題作『福建陸路提督王明山丁憂請即開缺守制片』。
〔九五〕具摺：見奏稿六，題作『附陳酌獎戰功卓著武員情由片』。按奏稿六所載本摺時間爲『十一月初五日』，故不當繫於此。
〔九六〕具摺：見奏稿六，題作『李世忠迭破苗圩會復懷遠請開復革職留用處分摺』。
〔九七〕附片：見奏稿六，題作『附陳曾國荃軍克復正陽關及李世忠部收復下蔡軍情片』。
〔九八〕又摺：見奏稿六，題作『水陸各軍肅清皖北江北出力員弁四案并保摺』。
〔九九〕代奏：見奏稿六，題作『代陳楊岳斌請假回籍省親養屙所遺水師及防務歸并彭玉麟統領摺』。
〔一〇〇〕具摺：見奏稿六，題作『奏陳酌保賢員以備器使摺』。
〔一〇一〕上諭：見奏稿六附録廷寄 彭玉麟著加恩賞穿黄馬褂（十一月十二日）。
〔一〇二〕具摺：見奏稿六，題作『水陸各營亡故員弁請恤摺』。
〔一〇三〕又摺：見奏稿六，題作『代陳前皖撫李續宜遺書摺』。
〔一〇四〕附片：見奏稿六，題作『設防堵剿忠逆李秀成自金陵突竄江西片』。
〔一〇五〕又奏：見奏稿六，題作『行營采訪忠義第十七案人員請恤摺』。
〔一〇六〕附片：見奏稿六，題作『陳何氏等遇賊殉難請旌片』。
〔一〇七〕馳奏：見奏稿六，題作『奉旨條對李世忠等軍争功互鬥及各處設防情形并皖北湘營暫難移陜摺』。
〔一〇八〕又摺：見奏稿六，題作『江西肅清及青陽解圍彙案請獎摺』。
〔一〇九〕附片：見奏稿六，題作『附陳籌商將李世忠調赴軍營片』。按該片乃本月二十日事，不當繫於此。
〔一一〇〕拜摺：見奏稿六，題作『恭謝獎賞并陳近日軍情摺』。
〔一一一〕又摺：見奏稿六，題作『今夏攻克九洑洲水師員弁請獎摺』。

〔一一二〕附片：見奏稿六，題作『喻吉三獎叙二品封典重復請予撤銷并懇准賞加提督銜簡授總兵實缺片』。
〔一一三〕又摺：見奏稿六，題作『奉旨訊結革員周瑞等通苗無據不予科罪摺』。
〔一一四〕一摺：見奏稿七，題作『淮南鹽運暢通力籌整頓摺』。
〔一一五〕附片：見奏稿七，題作『稟陳近日金陵城賊死守及蘇南皖南江西防守軍情片』。
〔一一六〕又摺：見奏稿七，題作『奏參安徽撫標將弁營私相互訐告一并革職摺』。
〔一一七〕馳摺：見奏稿七，題作『侍逆李世賢分黨上竄官軍攻復績溪并在歙南截剿獲勝摺』。
〔一一八〕附片：見奏稿七，題作『檄催皖藩馬新貽急速回省視事江寧藩司萬啓琛迅赴本任片』。
〔一一九〕附片：見奏稿七，題作『復陳李世忠遵旨交出城池厘卡捐繳炮位遣散部衆情形片』。
〔一二〇〕又片：見奏稿七，題作『湖南漕米仍請全解折色片』。
〔一二一〕專奏：見奏稿七，題作『謝年終賞賜恩摺』『奏爲循例密陳年終考語摺』『密陳江蘇安徽江西三省學臣情况摺』。
〔一二二〕馳摺：見奏稿七，題作『官軍攻克鐘山石壘合圍金陵城摺』。
〔一二三〕附片：見奏稿七，題作『具奏近日上游軍情片』。
〔一二四〕又片：見奏稿七，題作『復陳接統揚州防務大員人選片』。
〔一二五〕具摺：見奏稿七，題作『遵旨議復停補緑營額兵摺』。
〔一二六〕又摺：見奏稿七，題作『請准提督江長貴即赴湖北本任摺』。
〔一二七〕附片：見奏稿七，題作『稟陳近日軍情及楊岳斌師船無庸飭調仍駐金陵江面片』。
〔一二八〕又片：見奏稿七，題作『加派孫尚紱會審石昌猷袒匪殺良要案片』。
〔一二九〕又片：見奏稿七，題作『密陳奉旨察看兩淮鹽運使忠廉能否勝任片』。
〔一三〇〕又片：見奏稿七，題作『密陳奉旨籌畫妥速辦理李世忠及其部衆一案片』。
〔一三一〕馳摺：見奏稿七，題作『沈葆楨截留江西牙厘不當仍請由臣照舊經收充餉摺』。

〔一三二〕附片：見奏稿七，題作『附陳近日金陵以外城壘肅清及江西徽浙防守軍情片』。
〔一三三〕又摺：見奏稿七，題作『水師弁勇巡江釀命查明分別訊結摺』。
〔一三四〕又奏：見奏稿七，題作『爲采訪忠義第十八案請分別旌恤以昭激勸摺』。
〔一三五〕上諭：見清實録穆宗實録同治三年（一八六四）甲子正月乙丑（二十五日）『諭内閣』。又奏稿七優加甄叙恭謝天恩摺（三月二十七日）引。
〔一三六〕一疏：見奏稿七，題作『沈葆楨截留江西牙厘不當仍請由臣照舊經收充餉摺（三月十二日）』。
〔一三七〕馳摺：見奏稿七，題作『官軍攻復句容縣城生擒僞王項大英方成宗二酋正法并毁賨堰各壘摺』。
〔一三八〕附片：見奏稿七，題作『彙陳蘇浙髪逆紛假皖南圖竄江西漢中髪捻東下圖援金陵徽境賊勢浩大不克親赴金陵督剿仍命曾國荃經理圍師片』。
〔一三九〕又片：見奏稿七，題作『因患病請假調理摺』。
〔一四〇〕又片：見奏稿七，題作『降補藩司唐訓方請准回籍省墓片』。
〔一四一〕又片：見奏稿七，題作『軍情喫重請准李榕仍留軍營帶兵剿賊緩赴新任片』。
〔一四二〕又奏：見奏稿七，題作『副將楊復成克扣軍餉訊明正法以昭炯戒摺』。
〔一四三〕專摺：見奏稿七，題作『優加甄叙恭謝天恩摺』。
〔一四四〕寄諭：見清實録穆宗實録同治三年（一八六四）甲子三月癸亥（二十三日）『諭議政王軍機大臣等』。
〔一四五〕馳奏：見奏稿七，題作『徽防各軍堵剿失利未能遏賊西竄江西請懲臨敵僨事將領并優恤死難員弁摺』。
〔一四六〕又摺：見奏稿七，題作『克復金壇縣城并請奬恤諸員摺』。
〔一四七〕又摺：見奏稿七，題作『江北肅清提督李世忠散勇交城退卡并呈請開缺回籍摺』。
〔一四八〕附片：見奏稿七，題作『瀝陳餉缺兵弱職任太廣户部所奏不實片』。
〔一四九〕又片：見奏稿七，題作『前奏湖州丹陽已克常州得手不確并彙報金陵皖南皖北江鄂近日軍情梗概片』。

〔一五〇〕又片：見奏稿七，題作『請旨將石昌猷即行革職以憑嚴訊片』。

〔一五一〕上諭：見奏稿七徽軍挫失蒙聖慈曲加寬貸恭謝天恩摺引。

〔一五二〕上諭：見清實録穆宗實録同治三年（一八六四）甲子四月己丑（十九日）『諭内閣』。又奏稿七江南水師提督一缺質疑請旨片（五月二十七日）引。

〔一五三〕馳摺：見奏稿七，題作『東壩防軍截擊竄賊獲勝摺』。

〔一五四〕又奏：見奏稿七，題作『徽州防軍截擊竄賊獲勝摺』。

〔一五五〕附片：見奏稿七，題作『具陳近日軍情以江西情勢最重片』。

〔一五六〕又摺：見奏稿七，題作『金陵未復所有江南鄉試恭請展緩辦理摺』。

〔一五七〕附片：見奏稿七，題作『賞假調養一月期滿暫行銷假治事片』。

〔一五八〕專摺：見奏稿七，題作『徽軍挫失蒙聖慈曲加寬貸恭謝天恩摺』。

〔一五九〕馳摺：見奏稿七，題作『請准提督鮑超請假回籍葬親摺』。

〔一六〇〕附片：見奏稿七，題作『稟陳江皖近日軍務情形片』。

〔一六一〕上諭：見清實録穆宗實録同治三年（一八六四）甲子五月戊午（十五日）『諭内閣』。又見奏稿七附録廷寄　飭鮑超移孝作忠奮勉剿賊著各軍確保江西省垣速克南豐及蘇杭各軍迅拔湖州長興力籌皖南堵截并迅搗金陵嚴防湖北髮逆東竄（五月二十四日）。

〔一六二〕寄諭：參見奏稿七遵旨復奏與李鴻章曾國荃會籌速攻金陵并陳近日江西鄂皖軍情摺（五月二十七日）。

〔一六三〕馳摺：見奏稿七，題作『遵旨統籌會剿金陵摺』。

〔一六四〕馳摺：見奏稿七，題作『遵旨復奏與李鴻章曾國荃會籌速攻金陵并陳近日江西鄂皖軍情摺』。

〔一六五〕附片：見奏稿七，題作『江南水師提督一缺質疑請旨片』。

〔一六六〕諭旨：見清實録穆宗實録同治三年（一八六四）甲子四月己丑（十九日）『諭内閣』。又奏稿七江南水師提督一缺質疑請旨片

（五月二十七日）引。

〔一六七〕具摺：見奏稿七，題作『官軍迭克東壩各隘之陸師員弁請獎摺』。

〔一六八〕又奏：見奏稿七，題作『官軍會克高淳溧水東壩各城之水陸員弁請獎摺』。

〔一六九〕馳摺：見奏稿七，題作『復陳金陵皖北江西各路軍務籌辦情形摺』。

〔一七〇〕馳報：見曾國荃集一奏稿，題作『官軍克復金陵外城情形疏』。按該摺題注時間『六月二十一』乃欽定剿平粵匪方略刊載時間而非上報時間。

〔一七一〕夜：底本缺，今據曾國荃集一奏稿奏報攻克金陵盡殲全股悍賊并生俘逆酋李秀成洪仁達疏校補。

〔一七二〕馳奏：見奏稿七，題作『奏報攻克金陵盡殲全股悍賊并生俘逆酋李秀成洪仁達摺』。按該摺與官文會銜具奏，楊岳斌、彭玉麟、李鴻章、曾國荃附銜。

〔一七三〕上諭：見清實録穆宗實録同治三年（一八六四）甲子六月庚寅（二十一日）『諭内閣』。又見奏稿七附録廷寄　攻破金陵外城後指授軍事機宜（七月初一日）。

〔一七四〕全：清實録穆宗實録作『泉』。

〔一七五〕籍：清實録穆宗實録、奏稿七附録廷寄　攻破金陵外城後指授軍事機宜作『藉』。

〔一七六〕并：奏稿七附録廷寄　攻破金陵外城後指授軍事機宜作『拚』。

〔一七七〕上諭：見清實録穆宗實録同治三年（一八六四）甲子六月戊戌（二十九日）『諭内閣』。又見奏稿七附録明諭　江寧全城克復洪逆自焚賊黨悉殲嘉賞曾國藩等有功諸員仍命檻送李秀成諸逆來京訊明正法并覓獲洪秀全尸體剉尸梟示傳首（七月初十日）。

〔一七八〕卒：清實録穆宗實録作『率』。

〔一七九〕復：底本脱，今據清實録穆宗實録校補。

〔一八〇〕上諭：見清實録穆宗實録同治三年（一八六四）甲子六月戊戌（二十九日）『諭議政王軍機大臣等』。又見左宗棠全集附録上諭　諭僧格林沁曾國藩左宗棠等克復江寧給予獎賜并嚴密防剿奠定東南（六月二十九日）。

〔一八一〕奉旨：見前『上諭』條校。

〔一八二〕馳摺：見奏稿七，題作『洪秀全逆尸驗明焚化洪福瑱下落尚待查明李秀成等已凌遲處死抄送供詞彙送并粗籌善後事宜摺』。

〔一八三〕專摺：見奏稿七，題作『謝錫封侯爵恩摺』。

〔一八四〕金陵房産章程：求闕齋弟子記卷二七吏治上題作『金陵房産告示八條』。

〔一八五〕馳摺：見奏稿七，題作『蕭孚泗丁憂開缺摺』。

〔一八六〕又摺：見奏稿七，題作『李臣典病故請恤摺』。

〔一八七〕附片：見奏稿七，題作『復奏李秀成等囚未能檻送京師已先就地處決情由及洪逆三印已早解送軍機處片』。

〔一八八〕又片：見奏稿七，題作『密陳曾國荃所部實缺過少謹保薦熊登武朱南桂張詩日伍維壽朱洪章并劉松山懇恩簡放提鎮實缺及存記片』。

〔一八九〕又片：見奏稿七，題作『近日各路軍情并擬裁撤湘勇一半及曾國荃因病意欲奏請開缺回籍片』。

〔一九〇〕馳摺：見奏稿七，題作『奏請停解廣東厘金并加廣該省學額中額摺』。

〔一九一〕附片：見奏稿七，題作『再陳裁撤湘勇及訪查洪福瑱下落尚無端倪片』。

〔一九二〕又片：見奏稿七，題作『補送李秀成口供片』。

〔一九三〕又片：見奏稿七，題作『江鄂徽皖近日軍情及僞聽王陳炳文稟帖投誠片』。

〔一九四〕具摺：見奏稿七，題作『遵旨查辦道員稟訐知縣訊明定議摺』。

〔一九五〕馳奏：見奏稿七，題作『復奏諭旨垂詢諸事摺』。

〔一九六〕附片：見奏稿七，題作『江南鹽巡道因病懇請開缺并以候選道員龐際雲署理片』。

〔一九七〕具摺：見奏稿七，題作『攻克金陵陸軍員弁請獎請恤摺』。

〔一九八〕附片：見奏稿七，題作『歷年保案請免補注考語片』。

〔一九九〕附片：見奏稿七，題作『密陳録用李元度并加恩江忠源等四人摺』。

〔二〇〇〕專摺：見奏稿七，題作『遵旨繪呈安徽地圖并長江圖説摺』。按該摺時間爲『八月十六日』，故不當繫於此。

〔二〇一〕馳摺：見奏稿七，題作『曾國荃因病請開缺回籍調理摺』。

〔二〇二〕又摺：見奏稿七，題作『湖州廣德敗賊竄犯歙境官軍截剿屢勝摺』。

〔二〇三〕附片：見奏稿七，題作『長江水師責繁任重彭玉麟不能專駐安慶或兼顧陸路片』。

〔二〇四〕又片：見奏稿七，題作『簡報近日江西皖北皖南軍情及九月初移駐金陵片』。

〔二〇五〕又奏：見奏稿七，題作『截停淮北餉鹽并設法整理以復舊制摺』。

〔二〇六〕上諭：見清實録穆宗實録同治三年（一八六四）甲子九月壬寅（初四日）『諭内閣』。又見奏稿七附録廷寄　曾國荃准開缺回籍調理馬新貽簡授浙撫并盡力掃清皖南皖北逆氛（九月初十日）。

〔二〇七〕本日：底本脱，今據清實録穆宗實録等校補。

〔二〇八〕省城一切：底本脱，今據清實録穆宗實録等校補。

〔二〇九〕上諭：見前『上諭』校。

〔二一〇〕馳摺：見奏稿七，題作『江南貢院修復工竣擬即舉行鄉試請簡放考官摺』。

〔二一一〕附片：見奏稿七，題作『復陳補行鄉試事宜片』。

〔二一二〕又片：見奏稿七，題作『藩運兩司各回江寧揚州原駐地方片』。

〔二一三〕馳摺：見奏稿七，題作『皖南北兩岸肅清摺』。

〔二一四〕具摺：見奏稿七，題作『奏保上年進援青陽并克高淳溧水東壩各城隘出力水陸員弁請獎摺』。

〔二一五〕又奏：見奏稿七，題作『續保上年青陽解圍出力員弁摺』。

〔二一六〕具摺：見奏稿七，題作『報銷皖省抵徵摺』。

〔二一七〕專摺：見奏稿八，題作『曾國荃蒙准開缺回籍調理并賞人參謝恩摺』。

〔二一八〕又奏：見奏稿八，題作『曾國華曾貞幹悉蒙世賞謝恩摺』。按該摺與曾國荃會奏。

〔二一九〕具摺：見奏稿八，題作『代奏鮑超請假葬親摺』。

〔二二〇〕附片：見奏稿八，題作『金陵遣撤勇丁及近日湖北皖北援剿軍情片』。

〔二二一〕又奏：見奏稿八，題作『采訪忠義局第十九案摺』。

〔二二二〕附片：見奏稿八，題作『查復達凌阿殉難請恤片』及『蔣映杓等殉難請恤片』。

〔二二三〕上諭：見清實録穆宗實録同治三年（一八六四）甲子冬十月乙亥（初八日）『諭議政王軍機大臣等』。又奏稿八遵旨馳赴皖鄂交界督兵剿賊摺（十月初五日）引。

〔二二四〕平：清實録穆宗實録作『定』。

〔二二五〕期：清實録穆宗實録作『即』。

〔二二六〕勿：清實録穆宗實録作『毋』。

〔二二七〕上諭：見清實録穆宗實録同治三年（一八六四）甲子十月丙戌（十九日）『諭議政王軍機大臣等』。又見奏稿八附録廷寄　鮑超葬親假滿飭即在川募勇成軍出關援剿甘新回匪其在江遺部著宋國永婁雲慶分統迅即入閩剿賊并統歸左宗棠節制（十月二十五日）。

〔二二八〕匪：清實録穆宗實録作『氛』。

〔二二九〕剿辦：清實録穆宗實録作『協力』，奏稿八附録廷寄　鮑超葬親假滿飭即在川募勇成軍出關援剿甘新回匪其在江遺部著宋國永婁雲慶分統迅即入閩剿賊并統歸左宗棠節制作『協辦』。

〔二三〇〕奉：清實録穆宗實録等作『有』。

〔二三一〕一摺：見奏稿八，題作『遵旨復奏馳赴皖鄂交界督兵剿賊緣由并陳下悃摺』。

〔二三二〕附片：見奏稿八，題作『密陳蒲柳早衰難勝重任擬皖鄂肅清即請開缺并了結經手事件片』。

〔二三三〕又摺：見奏稿八，題作『請准江寧省城捐建昭忠祠摺』。

〔二三四〕附片：見奏稿八，題作『江粵鹽厘請酌實分解諸處濟軍片』。

〔二三五〕奏報：見奏稿八，題作『淮南上半年徵收課厘數目摺』。

〔二三六〕上諭：見清實録穆宗實録同治三年（一八六四）甲子十月丙申（二十九日）『諭議政王軍機大臣等』。又見奏稿八附録廷寄　曾國藩仍駐金陵調度毋須交卸督篆李鴻章吴棠富明阿亦各回本任并答密片及厘務片（十一月初五日）。

〔二三七〕馳摺：見奏稿八，題作『遵旨仍接兩江總督關防照常視事摺』。

〔二三八〕又摺：見奏稿八，題作『續保攻克金陵之水陸等軍及隨營籌餉各員弁摺』。

〔二三九〕又片：見奏稿八，題作『禮部咨送江南水師提督印信已轉發啓用并懇添鑄頒發淮揚鎮總兵新印片』。

〔二四〇〕又片：見奏稿八，題作『國子監典籍錢繼文全家殉難請恤片』。

〔二四一〕一摺：見奏稿八，題作『遵旨查明各事分條復陳摺』。

〔二四二〕附片：見奏稿八，題作『胡大任辦厘有功請仍以四品京堂遇缺開列在前片』。

〔二四三〕又片：見奏稿八，題作『迤東道黄冕年老疾劇請准開缺及緩撤東征厘局片』。

〔二四四〕又片：見奏稿八，題作『范泰亨柯鉞積勞病故請恤片』。

〔二四五〕一摺：見奏稿八，題作『奏復御史劉毓楠條陳淮北鹽務摺』。

〔二四六〕一片：見奏稿八，題作『請展緩江南武闈鄉試片』。

〔二四七〕一摺：見奏稿八，題作『奉旨分條復陳助剿中原餘燼及經營西北之道摺』。

〔二四八〕附片：見奏稿八，題作『何桂珍劉騰鴻畢金科請予賜謚片』。

〔二四九〕具摺：見奏稿八，題作『皖省蠲免各被灾州縣錢糧稅課摺』。

〔二五〇〕附片：見奏稿八，題作『奏金壇等五縣同治四五兩年錢漕請准豁免片』。

〔二五一〕又片：見奏稿八，題作『代遞江南鄉試副考官平步青請假片』。

曾文正公年譜卷十

乙丑　同治四年（一八六五），公五十五歲。

正月，金陵昭忠祠成。初十日，公率僚屬致祭。

十四日，具摺〔一〕奏兩淮運使忠廉因病出缺，揀委道員李宗羲署理，請旨簡放。附片〔二〕奏江南鄉試新中舉人來江寧請咨者，隨時通融，繕給咨文，以憑迅速起程會試，請敕禮部查照。又片〔三〕奏壽春鎮總兵易開俊調援皖北就近赴任。

又奏〔四〕采訪忠議第二十案。附片〔五〕奏石埭縣訓導朱彦昇請恤，并其家屬二十人。

二十日，設粥廠，令湘勇煮粥，以食飢民。

二十一日，拜摺〔六〕專奏恭謝年終恩賞。又奏〔七〕循例密陳文武考語一摺、三省學政聲名一片。又奏〔八〕采訪忠義第二十一案。

二月初三日，作江忠烈公神道碑。

初八日，通飭委員羅買積穀以備荒。

十四日，具摺〔九〕奏易開俊、劉松山兩軍堅守寧國、涇縣出力員弁開單請獎，并陳明應保之案久未奏保，自請交部議處。又彙案〔一〇〕奏參藐法滋事之將弁江發雲等，請革職訊辦。又摺〔一一〕奏上年奉撥輪船經費銀五十一萬餘兩，全數解清，彙入軍餉案内報部。

二十日，核定收養貧民章程，議挑補緑營弁兵章程。

二十三日，前雲貴總督潘忠毅公鐸之柩自雲南還葬，過金陵，公遣弁護送回籍。

二十七日，專摺〔一二〕奏營中欠餉，遵照部議新章發給餉票，准照實銀報捐請奬。

又奏〔一三〕酌度江寧現在情形，城外龍江關、西新關兩處，暫緩開關徵税，俟商民復業，再行奏復舊制。附片〔一四〕奏江、安兩省武營遺缺，請通融借補。

札委工程局員修葺江南鐘山書院、尊經書院。

是月，奉上諭〔一五〕：『上年江寧克復後，曾國荃因病陳請開缺回籍，當經降旨，令該撫病痊即行來京陛見。迄今已及半載，該撫病體當可漸次就愈。朝廷以該撫功績昭著，且年力盛强，正可借資倚任。著曾國藩傳知曾國荃，如病已就痊，即行來京陛見。現當勤求治理需才孔亟之時，該撫慎勿遽萌功成身退之志，以副期望。欽此。』　彭公玉麟奉旨署漕運總督，吴公棠署兩廣總督，李公瀚章授湖南巡撫。李公鴻章派提督郭松林等軍，由海道赴福建廈門助剿漳州之賊。　楊公岳斌募湘勇五千成軍，由長沙啓行赴甘肅。　公方議裁撤湖南東征厘局，於是楊公奏請改爲『西征局』，充甘肅軍餉。　貴州巡撫張公亮基，亦請以東征局餉協解黔中。

三月十五日，奏通籌滇黔大局一摺〔一六〕，奏稱：

行軍之道不一，而進兵必有根本之地，籌餉必有責成之人。謀滇者當以蜀爲根本，即以餉事責之四川總督；謀黔者當以湘爲根本，即以餉事責之湖南巡撫。湘、蜀兩省物力有限，倘任滇、黔之餉，則甘肅之餉應責之江、浙等省，不敢有所推諉。

又奏〔一七〕福建汀漳道彭毓橘因病未能赴任，請開缺。附片〔一八〕奏李世忠前後捐助軍餉銀十五萬九千餘兩，請并入河南捐款，爲將來加廣中額之地。又附片〔一九〕奏：

湖南設立東征局，當時實由黄冕主持，因此大招物議。上年金陵幸克，臣即議定期裁撤東征局。湘中商民，人咸知之。今楊岳斌請改供西征之餉，滇、黔各省亦指請協解。臣既奏停江、廣厘金，而於桑梓獨食其言，且令黄冕專受其謗，有甚不安於心者。謹先事瀝陳，俟四月間即專摺奏請裁停東征局務，另由江南籌解甘餉，俾湘民沾高厚之恩，臣亦稍釋隱微之疚。

又片〔二〇〕奏稱：

新疆之地，大漠苦寒，艱險异常。鮑超威嚴有餘，恩信不足，倘出關以後，部曲離怨，必爲回衆所輕。一有挫失，全局震動，後人更視關外爲畏途矣。且甘肅未平，遽謀新疆，則後路之根本不穩。鮑超歷年苦戰，臣豈忍忘其大功而摘其小過？惟有仰懇聖慈，飭令鮑超隨同都興阿、楊岳斌先清内地，再行出關，不宜輕於一發。不獨鮑超一軍爲然，自古有事塞外者，未有不慎於始謀者也。

又片〔二一〕奏：『臣弟國荃病尚未痊愈。欽奉寄諭，已恭録傳知。』

時有御史朱鎮奏參湖南兵勇在江南騷擾情形，請即遣散回籍。公於是札飭各軍，大加裁撤，在金陵者僅存四營而已。

二十五日，具摺〔二二〕奏續保攻克金陵水師員弁，開單請獎。附片〔二三〕奏：『彭玉麟固辭署漕運總督之任，并陳明捻匪飆忽，恐南入江境，調張樹聲一軍駐清江浦，調劉銘傳、周盛波兩軍由六安移防徐、宿。』時彭公玉麟已專奏力辭新任，而捻匪竄山東境，蔓延曹州、濟寧一帶，徐州、清江皆防竄越。吴公棠亦以防務留清江，未赴兩廣之任。

二十七日，公登舟出江，泊瓜洲。

二十八日，登焦山，彭公玉麟從。

二十九日，渡江登北固山，覽京口形勢。旋登金山，回瓜洲，查閱鹽江工程。

四月初一日，公抵揚州。

運司李宗羲稟商鹽政厘務：設鹽棧於瓜洲之新河口以利捆運，裁減江北厘卡，改定江北厘務章程。

初三日，還金陵署。

十五日〔二四〕，具摺〔二五〕奏黄翼升水師、張樹聲淮軍已到清江防所，劉銘傳、周盛波日内當抵邳、宿之境。

又摺〔二六〕奏前漕督袁甲三先經奉旨於臨淮建立專祠，旋因案撤銷，請仍准建復。附片〔二七〕奏：『皖南鎮總兵唐義訓開缺，以總兵劉松山、道員金國琛辦理徽、寧防務。該二員蒙恩授甘肅鎮道實缺，并催令赴任，請暫留皖南，仍即以劉松山調補皖南鎮實缺。』又片〔二八〕奏新授安徽臬司李宗羲暫留兩淮之任整理鹽務。

二十日，核定瓜洲鹽棧章程。

二十一日，接奉廷寄書公爵加稱曰『毅勇侯』〔二九〕。

鮑公超回川後，所部霆字營分爲兩軍：其一總兵婁雲慶領之入閩；其一總兵宋國永領之赴蜀，將率以出關也。入閩之軍，在上杭縣大嘩，回向江西索餉。江西藩司孫長紱急發銀六萬兩，迎解於軍前，衆稍定。入蜀一軍行至湖北金口登岸，嘩潰爲亂，竄陷咸寧縣，擾犯江西、湖南邊境。李公瀚章調軍平之。公久慮霆營之有變，至是聞警，適如前疏所慮。爲之憮然，憂念不已。

僧王追擊捻匪至於山東，日馳百數十里不息。捻匪勢亦飆忽，迭奉諭旨，以持重爲戒。公亦具密疏，請令僧邸一軍稍休暇以養鋭，疏未上也。二十四日，忠親王僧格林沁在曹州中伏陣亡。兖、豫之間賊勢益張，遠近人心爲之惶駭。

二十五日，公接見洋人，議江南通商事宜。

是月，公與李公鴻章會奏〔三〇〕遵旨核減蘇、松等屬浮糧一摺。鄭公敦謹奉旨授湖北巡撫，吴昌壽調河南巡撫。

五月初一日，馳摺〔三一〕奏疊奉諭旨，覆陳大略：

其一，鮑超霆營潰叛之故，固憚萬里長征之苦，實由積年欠餉之多，已飛咨鮑超迅赴鄂中調停解散。檄調劉連捷等軍南渡九江，咨彭玉麟調派水師扼防江西。其一，水師炮船宜用於長江大川之中，若運河水窄岸高，斷難施展。黄河與大江，船式迥殊，水性亦异，宜由山東、河南撫臣另造舢板，分防黄、運兩河，則畿輔永無捻患。凡二條。

附片〔三二〕奏稱：

金口霆營叛亂，容有別情。至婁雲慶一軍在閩鼓噪，則係因飢生變，實無他故。臣不在江西，不能籌發欠餉，又明知霆營出關必將生變，不能及早奏請停調，至釀今日之禍，皆由臣區畫不善，恩信不孚，無可辭咎。容俟查明原委，自請嚴處。

又代奏〔三三〕陝西臬司陳湜謝恩一摺，奏請應否陛見。

初二日，奉到寄諭〔三四〕：令公出省至淮、徐一帶，督率水陸援軍，相機剿賊。

初三日，公聞僧王陣亡之警。奉到上諭〔三五〕：『欽差大臣協辦大學士兩江總督一等毅勇侯曾國藩著即前赴山東一帶督兵剿賊，兩江總督著李鴻章暫行署理，江蘇巡撫著劉郇膏暫行護理。欽此。』又奉上諭〔三六〕：『曾國藩著即携帶欽差大臣關防，統領所部各軍星夜出省，前赴山東督剿。等因。欽此。』

初五日，奉到寄諭〔三七〕一道。初七日，奉到寄諭〔三八〕二道。皆催公迅速啓程。

初九日，馳摺〔三九〕奏遵旨前赴山東剿賊，瀝陳萬難迅速情形：

金陵楚勇裁撤殆盡，僅存三千人作爲護衛親兵。此外惟調劉松山寧國一軍。如楚勇不願遠征，臣亦不復相强。淮勇如劉銘傳等軍，人數尚少，不敷分撥，當酌帶將弁，另募徐州勇丁。以楚軍之規制，開齊、兖之風氣，期以數月訓練成軍。此其不能迅速者一也。捻匪積年擄掠，戰馬極多，馳驟平原，其鋒甚鋭。臣不能强驅步兵以當騎賊，亦擬在徐州添練馬隊，派員前赴古北口采買戰馬，加以訓練。此其不能迅速者二也。扼賊北竄，惟恃黄河天險。若興辦黄河水師，亦須數月乃能就緒。此其不能迅速者三也。直隸一省，宜另籌防兵分守河岸，不宜令河南之兵兼顧河北。僧格林沁剿辦此賊一年以來，周歷湖北、安徽、河南、江蘇、山東五省。臣接辦此賊，斷不能兼顧五省，不特不能至湖北也，即齊、豫、蘇、皖四省，亦不能處處兼顧。如以徐州爲老營，則山東祇能辦兖、沂、曹、濟四郡，河南祇能辦歸、陳兩郡，江蘇祇能辦淮、徐、海三郡，安徽祇能辦廬、鳳、潁、泗四郡。此十三府州者，縱横千里，捻匪出没最熟之區。以此責臣督辦，而以其餘責成本省督撫，則汎地各有專屬，軍務漸有歸宿。此賊已成流寇，飄忽靡常，宜各練有定之兵，乃可制無定之賊。方今賢帥新隕，劇寇方張，臣不能速援山東，不能兼顧畿輔，爲謀迂緩，駭人聽聞，殆不免物議紛騰，交章責備。然籌思累日，計必出此，謹直陳芻蕘，以備采擇。

附片〔四〇〕奏稱：『精力日衰，不任艱巨，更事愈久，心膽愈小。疏中所陳專力十三府州者，自問能言之而不能行之。懇恩另簡知兵大員督辦北路軍務，稍寬臣之責任，臣仍當以閒散人員效力行間。』

又摺〔四一〕奏保張樹聲補徐海道缺，吴世熊補淮揚道缺。

僧王没後，將軍國瑞革職留營，接護其軍，并護欽差大臣關防，軍心不固。公亟調劉銘傳一軍赴濟寧以助之，李公鴻章調派道員潘鼎新領淮勇五千人，由輪船航海赴天津，以衛畿輔。

是日，奉到上諭〔四二〕：『欽差大臣協辦大學士兩江總督一等毅勇侯曾國藩，現赴山東一帶督師剿賊，所有直隸、山東、河南三省旗緑各營及地方文武員弁，均著歸曾國藩節制調遣。如該地方文武不遵調度者，即由該大臣指名嚴參。欽此。』尋又奉督率親軍輕騎就道兼程北上之旨。於時公定計撤退湘軍，進用淮軍。酌留金陵湘勇四營，增募千人，凡六營，委道員羅麓森等領之，以爲親兵，隨同北征。其餘湘軍在江南者，全行撤遣回籍。

十三日，馳奏〔四三〕欽奉諭旨謹陳籌辦情形并請收回成命一摺，奏稱：『潘鼎新一軍，由輪船駛赴天津，可以壯畿輔之威，可以補臣迂緩之過，目前局勢似可無虞。至於節制三省，臣實不能肩此巨任。即才力十倍於臣者，亦不必有節制三省之名。』并稱：『河北宜責成直隸總督另籌防兵，不宜調南岸之師，往來渡黄，疲於奔命。各省巡撫，亦宜另籌防兵，不可使剿捻之師追逐千里，永無歸宿。』反覆申明前疏之説。附片〔四四〕奏潘鼎新、劉銘傳、張樹聲、周盛波等四軍皆係淮勇，經李鴻章兄弟苦心訓練而成者。已調甘凉道李鶴章辦理行營營務處，請旨准開甘凉道缺。并令李鴻章之季弟李昭慶赴營差遣。又片〔四五〕奏鎮江、揚州水陸防軍撤遣已竣，所有原調糧臺一并裁撤，另設報銷局，造册報銷。又片〔四六〕奏咸豐三年江寧城陷，將軍祥厚等殉難。布政使祁宿藻先在圍城中積勞病故，已奉旨優恤，仍請將祁宿藻祔祀祥厚專祠。

二十一日，公詣晋臣卞忠貞公祠。祠新葺成也。

二十二日，李公鴻章至金陵，公交卸總督關防。

二十三日，奉到上諭〔四七〕：『曾國藩懇辭節制三省之命，具見謙抑爲懷，不自滿假。該大臣更事既多，成效夙著，若非節制直、東、豫三省，恐呼應未能靈通，勿再固辭。欽此。』

二十四日，馳摺〔四八〕奏報交卸督篆帶兵出省日期，并報：『捻匪回竄皖、豫，山東情形漸鬆，當無渡河北犯之慮。』

又摺〔四九〕奏保肅清皖南出力員弁，開單請獎。附片〔五〇〕奏：『本年二月，提督鮑超委員赴口外采辦戰馬八百匹。今鮑超出關之行，已因兵變而中止。應請敕下兵部，令此項馬匹徑赴山東，解臣行營，俾資練習。』又片〔五一〕奏裁撤湖南東征局，其湖南協甘之餉，由撫臣李瀚章酌籌協解。

又具摺〔五二〕奏報淮南鹽課收數第二案。附片〔五三〕奏：『兩淮鹽課撥解京餉之銀五萬兩，請改解臣營以應急需。』

又奏〔五四〕：『查得已故兩江總督陸建瀛遺骸，護送回籍。』

二十五日，公由金陵登舟。

飭北征六營湘軍即日拔隊啓行。其所撤遣各湘勇，委員押令，悉數泝江西上，毋得停留。

二十八日，公舟解纜渡江，彭公玉麟從。公與彭公核定長江水師章程。

是月，唐義訓、金國琛所部徽州防軍索餉鼓噪。劉公長佑駐軍開州，督造防河戰船。左公宗棠克漳州府城。蘇省所派郭松林等軍克漳浦縣城。福建全省皆平，賊竄廣東之境。劉公坤一奉旨授江西巡撫。

閏五月初一日，公舟泊瓜洲。

初三日，泊揚州。

札委知府彭嘉玉辦理江寧糧臺。

初八日，抵清江浦。

十一日，馳摺〔五五〕奏：『捻匪南趨安徽，藩司英翰在雉河集被圍，調水師入洪澤湖以達臨淮；調劉銘傳、周盛波回援皖北。』附片〔五六〕奏道員羅麓森委辦營務處。又片〔五七〕奏力辭節制三省，懇請收回成命。

十二日，札委淮揚道吴世熊辦理轉運糧臺。

維時捻酋四人，曰張總愚、曰任柱、曰牛洪、曰賴文光。賴逆則粤匪之黨也。四股匪徒數十萬，馬數萬匹，分合不常，往來飆忽。官軍追逐，或求一戰而不可得，甚或委弃軍火、粟、馬以資賊。大河以南，淮、漢以北，蹂躪數千里。公既奏定專辦十三府州，扼要駐軍，不事馳逐，其用湘、淮各軍火器、餉需，由水道轉運，以江南爲根本，以清江爲樞紐，溯淮、潁而上者達於臨淮關、周家口，溯運河而上者達於徐州、濟寧州。治軍轉餉之規，與前此北方官軍迥殊矣。

札撤徐州鎮總兵詹啓綸一軍遣散回籍。出示曉諭淮北民圩，嚴緝奸匪。

二十日，劉松山軍到清江浦。

二十一日，馳摺〔五八〕奏：

群賊全萃皖境，英翰突出重圍以求援；壽春鎮總兵易開俊目疾增劇，擬親率湘軍赴臨淮駐紮，就近調度，派劉松山兼統易開俊之軍。臣初奏四省十三府州之地，安徽以臨淮爲老營，河南以周家口爲老營，江蘇以徐州爲老營，山東以濟寧爲老營，各駐重兵，多儲糧械，一處有急，三處往援，有首尾相應之象，無疲於奔命之虞，或可以速補遲，徐圖功效。至於目前諸將，劉銘傳、潘鼎新均可獨當一面，張樹聲、周盛波兩軍合當一面，劉松山、易開俊合當一面。另派郎中李昭慶訓練馬隊，合以親王舊部，同爲游擊之師。

又摺〔五九〕奏：『派委浙江運司李榕前赴濟寧，承領國瑞交代事件，并迎提親王舊部軍馬赴徐州調遣。飭潘鼎新一軍移駐濟寧，會同李榕料理接管。』附片〔六〇〕奏：『欽奉寄諭，陳國瑞、劉銘傳曾有互鬭之案，飭臣斟酌，妥爲調派。現在劉銘傳援剿皖北，應令陳國瑞暫駐河南境，不宜共事一處，以杜諸軍內訌之漸。』又片〔六一〕奏總兵陳國瑞優劣事迹，請旨飭歸河南巡撫節制調遣。

是日，前摺遞回奉到上諭〔六二〕：『曾國藩因節制三省，任大責重，復懇請收回成命，具見謙抑之忱。第賊氛猖獗，時事孔艱，事權不專，則一切調度事宜，深恐呼應不靈。該大臣惟當力任艱巨，與三省督撫和衷籌畫，將此股賊衆剋期殄滅。彼時三省軍務既平，自可毋庸該督節制。既爲其實，毋避其名，萬不可稍存顧〔六三〕慮之心，再有瀆請。欽此。』

二十二日，公由清江登舟換用淮船。

二十六日，渡洪澤湖。

二十八日，舟泊五河。

馳摺〔六四〕奏：『皖境一片逆氛，非馬隊不足以制勝。請將寄諭撥交河南之馬隊，一起凡四百九十六員名，調赴皖北助剿。』附片〔六五〕申陳：

精力衰頽，軍勢單弱，尚未開總督兩江之缺，而更增節制三省之名，耿耿寸衷，如負重疚。懇收回成命，但責臣以會辦剿捻，自當通力合作，不敢稍分畛域。如不蒙俞允，更當累疏瀆陳，不辭嚴譴。

二十九日，公舟抵臨淮關駐營。

是月，安徽雉河集解圍，賊竄河南許州境。湖北蔣凝學一軍奉調赴甘肅，行至襄陽嘩潰。

六月初六日，批總兵陳國瑞稟牘〔六六〕凡二千餘言，稱其所能，而歷數其過失。申明禁約凡三條：『一曰不擾民，二曰不私鬭，三曰不梗令。』詞旨嚴切。

陳國瑞覆稟，未能遵公約束也。

初八日，喬公松年來見公。

初十日，出示曉諭：『亳州、蒙城、宿州、永城四屬民圩，分別良莠，捡送捻匪赴軍營者重賞。并委員會同州縣嚴拿匪徒，就地懲辦。』

十二日，與喬公松年馳摺〔六七〕會奏援軍大捷，雉河〔集〕解圍。附片〔六八〕專奏：『陳州府庫存銀二十萬兩，擬與江蘇、安徽、河南分撥各五萬兩給付軍營，其李鴻章應得之餉，即就近撥發劉銘傳等軍月餉。』

十三日，公移駐陸營。

時淮水盛漲，各營多移淮南岸以避水。公營在北岸，築堤以捍之。

公弟國荃奉旨授山西巡撫。二十四日，奉到上諭〔六九〕：『曾國荃已簡授山西巡撫，曾國藩當囑該撫勉圖報效，作速赴任，勿以病辭。欽此。』

是月，賊西竄南陽、襄、陝一帶。

七月初八日，馳奏〔七〇〕欽奉諭旨覆陳一摺，奏稱：

雉河[集]解圍以後，賊分兩路西竄。檄調劉銘傳全軍馳赴周家口，添調馬隊以助之。山東撥交馬隊二起，係曹南新挫之餘，人馬俱疲，必須在徐州大加整理。細觀賊情，已成流寇。若賊流而官兵與之俱流，則節節尾追，著著落後。臣堅持初議，以有定之兵制無定之寇，令劉銘傳駐周家口，張樹聲駐徐州，劉松山駐臨淮，潘鼎新駐濟寧，賊至則迎頭擊之。請敕下河南、湖北督撫，於豫之鞏、洛、宛、鄧，楚之隨、棗、黄、麻，各駐勁兵一枝，專重迎剿，不事尾追，庶幾漸有歸宿。且此賊有不甚似流寇者，蒙、亳老巢田廬尚在，賊尚眷戀，既設法以遏其流，又擬查辦民圩以清其源。謹將告示一道，鈔呈御覽。

又摺〔七一〕奏徽、休防軍索餉嘩噪，已飭查拿侵餉之營官、倡亂之勇丁，認真嚴辦。請將唐義訓、金國琛交部議處。皖南道張鳳翥措置不善，先行撤任。并奏自請交部議處。附片〔七二〕奏委吴坤修署皖南道缺。

又摺〔七三〕奏揚防凱撤，借用漕折銀兩，目前無款歸還，請旨敕部暫緩催提。又奏〔七四〕謝弟國荃授山西巡撫恩，并陳明近日病狀，『未知現在是否痊愈，已恭録諭旨，馳函家中，囑其勉圖報效』。

十五日，奉到上諭〔七五〕：

曾國藩身任統帥，責無旁貸。前經叠諭該大臣籌撥一軍，兼顧晋省。并令劉銘傳等軍馳赴豫省北路，繞出賊前，防賊竄越秦、晋之路。又令派撥馬隊馳赴豫境助剿。復以賊去徐郡甚遠，令該大臣酌量前進駐紮。乃該大臣日久迄無奏報，於近來皖、豫軍情及各路如何布置情形均未陳奏，歷次所奉諭旨亦未答覆，實屬疲玩因循。若欲藉此獲咎，冀卸節制三省仔肩，何以仰副朝廷倚任之重！該大臣公忠體國之心，何忍出此？等因。欽此。

十八日，公渡淮按視劉松山老湘營。

二十三日，巡視鳳陽府城，行詣明陵。

二十四日，馳奏〔七六〕欽奉諭旨覆陳一摺，奏稱：

周家口八面受敵，最爲扼要。劉銘傳將略較優，人數較多，故以周家口重任付之。至秦、晋邊防五百餘里，實非該軍所能徧防，若令其西去，則無益於晋，而有損於豫。且湘、淮各軍不慣麵食，軍火炮械，挽運維艱。今河南等省用兵，全不講求轉運，糧械缺乏，莫肯盡力。頃在臨淮檄委編修張錫嶸招募淮勇，專取能食麥麵雜糧之人，冀備他日征剿西北之用。至於節制三省之命，臣已三疏固辭。自念賦性顓愚，即一省已難專任，然受恩深重，雖數省亦當通籌。計捻匪可到之處約有八省，皇上飭臣兼顧晋省，已在節制三省之外，而外間之責望尚不止此，臣何以堪此重任？又何能當此重咎？懇敕下九卿科道、八省督撫，會議剿捻事宜，各抒所見，恭請宸斷，定一不可改易之策，大局幸甚！至臣之不輕奏報，曾於同治元年具奏陳明，迄今不改此度。若欲因此獲咎以謝仔肩，則生平所志所學，斷不肯如此取巧。

又摺〔七七〕奏徐州鎮總兵詹啓綸、壽春鎮總兵易開俊均因病開缺，請旨簡放，以重職守。

又摺〔七八〕奏總兵陳國瑞與已革總兵郭寶昌，同爲親王軍翼長，曹南之役未能救護主將，該總兵同罪异罰，補行糾參，請撤去幫辦軍務，革去黄馬褂，責令戴罪立功，以示薄懲而觀後效。附片〔七九〕密陳前月給予陳國瑞批牘及陳國瑞稟覆之詞，尚無誠心悔過之意，原牘均鈔送軍機處備查。又片〔八〇〕奏保總兵董鳳高、李祥和二員，請補徐州、壽春兩缺。

是日，公拜摺後登舟啓行赴徐州。

二十六日，舟泊泗州。

二十八日，登陸啓行，宿靈（壁）璧縣。

三十日，宿宿州。

是月，賊竄湖北境。　公弟國荃具摺辭山西巡撫之命。陳湜入都，調授山西臬司，專辦防務，得專摺奏事。

八月初四日，公抵徐州府。

初八日，專摺〔八一〕奏查明寧國府宣城縣金寶圩殉難紳民，彙案開單，請分别旌恤。

十六日，出城點驗馬隊，閲視操練。

十七日，馳摺〔八二〕奏移駐徐州，整理馬隊。計馬隊已到徐州者前後四起，飭營務處李昭慶等認真挑選，編立隊伍，配齊器械，换補馬匹；其老病殘廢者，概行遣撤回旗。并奏報捻匪回竄皖境，調派各軍赴潁州會剿。附片〔八三〕奏稱此次實收到戰馬七百七十七匹，管解各官，异常勞瘁，應請奬敘。

二十四日，按視張樹聲淮軍營壘。

二十八日，閲淮軍操演陣法。

是月，迭奉寄諭，令公移駐許州，節制皖、鄂、豫三省軍務，居中調度。　捻匪任柱、牛洪、賴文光，由潁州、陳州竄山東之曹州，張總愚一股尚留屯南陽之境。

九月初一日，馳摺〔八四〕奏劉銘傳一軍迭獲勝仗，賊東竄曹州，趨重東路。調徐州全軍赴山東會勦，調臨淮軍接防徐州，調周盛波移駐歸德。惟馬隊無多，久未辦成游擊之師，自問尚無破寇之術。附片〔八五〕奏金國琛所部勇丁鬧餉一案，尚未訊辦就緒，不能赴甘肅鞏秦階道之任。又片〔八六〕奏湖北軍務請仍全歸官文節制調遣。

初三日，核定馬勇營制、營規及馬步合隊章程。

十五日，賊破辛家寨，徐州戒嚴。

十九日，馳摺〔八七〕奏：

接奉寄諭，欲令李鴻章親帶楊鼎勛等馳赴河、洛，將豫西股匪撲滅，兼顧山、陝門户，而以吴棠署理兩江總督。李宗義、丁日昌遞署漕督、蘇撫。飭臣函商，迅速覆奏。又奉寄諭，令鮑超馳赴河南歸臣節制。各等因。查近日賊勢東趨，距徐城不遠，當以全力專顧東路，已調郭松林、楊鼎勛兩軍防勦沂、海一帶。若李鴻章視師河、洛，别無可調之軍，以帶赴西路。近聞閩、粤兵威大振，髮逆窮蹙，若令鮑超改赴河南，實爲有益於豫。至李宗義、丁日昌權領封圻，未免嫌其過驟。數年以來，皇上求才若渴，於疆臣保薦人員破格超遷外，間疑爲非常之才責備吹求，於是臺諫彈劾生風，并歸咎於原保之員。若令循資漸進，少爲迴翔，則該員不至見妒於同僚，而言路亦不至仇視乎疆吏，實有裨於中外和衷之道。且廟堂之黜陟賞罰，非閫外諸臣所宜干預。今以督撫要缺，諭令臣等往返函商，尤覺非宜，因不俟李鴻章、吴棠商定，直抒管見。

附片〔八八〕奏報賊勢南趨，有回雉河［集］老巢之説，張總愚一股已近湖北之境。

是時，陝西巡撫劉公蓉爲御史陳廷經所劾，疏詞激切，獲譴甚重云。

是月，張總愚竄湖北境，回竄河南。　福建官軍進克廣東鎮平縣，賊踞嘉應州城。　左公宗棠奉旨節制廣東、江西各軍出境督剿，三省官軍合圍嘉應州。　鮑公超新募湘勇一軍赴江、廣會剿。

十月初九日，按視李昭慶所部馬隊、步隊，飭令訓練成軍，以出爲游擊之師。

十一日，馳摺〔八九〕奏徐州官軍擊賊獲勝，賊仍竄山東，潘鼎新破賊於豐縣，回駐濟寧。附片〔九〇〕奏：

賊所以注重山東者，以運河東岸平衍富饒，不似河南之荒瘠。臣所以注重東路者，以山東北鄰畿輔，天下之根本也；南鄰江蘇，湘、淮各軍之根本也。霜降以後，水落冰堅，河防尤急，請敕下直隸督臣嚴冬春之防，祇可增兵，斷難減戍。若賊回竄開封以西，當調大枝游擊之師赴豫會剿。

附片〔九一〕奏保吉林協領春壽、營總穆隆阿開復處分。又奏〔九二〕四川訓導唐焕章留營差遣。

是時，張總愚股匪由郟縣、禹州東竄開封之境，任柱、牛洪、賴文光等股由曹州西竄，與張總愚合股，擾犯襄城、舞陽，勢趨鄂境。

三十日，馳摺〔九三〕奏：

捻匪西竄，周盛波在寧陵擊賊獲勝，劉銘傳在扶溝擊賊獲勝。現在賊勢謀擾湖北，檄飭徐州馬、步各軍分駐周家口，騰出劉銘傳一軍爲游擊之師，不復拘泥『十三府州』之説，隨賊所嚮，跟踪追剿。李昭慶所領萬人，俟鞍馬齊備，即令馳赴河南縱横追剿。

附片〔九四〕奏資遣吉林、黑龍江、察哈爾應撤官兵九百員名起程回旗，參領三棟阿等病故請恤。

又奏〔九五〕邸軍辦捐委員前廣東臬司齡椿病故請恤。又片〔九六〕奏預籌鮑超一軍進兵之路，須以襄陽爲老營，由湖北糧臺照料銀米軍火。

是月，公讀左氏傳，記録分類事目。

十一月初七日，核定長江水師永遠章程及營制、營規等，閱兩旬核畢。

徐州、銅山、沛縣之境，有微山湖涸出地一區。咸豐四五年間，山東曹州之民因河水泛溢，避水南徙，占居其地。其後來者益多，至數萬人，占田浸廣。地方官因爲按畝徵税充餉，號曰『湖團』。與沛縣居民屢有争訟械鬬之案。捻匪東竄之時，與湖團相勾引，沛民詣公行轅控訴。公批飭嚴拿通捻之團民，訊明懲治，委員赴山東察看團民原籍之地，設法資遣回籍。

二十七日，馳摺〔九七〕奏稱：『捻匪全數西竄，本擬進駐周家口，因李昭慶一軍鞍馬未齊，未能前進。又因銅、沛湖團一案，與剿捻之事大有關係，俟料理安插有緒，即當赴豫督剿。』并奏：『粤中賊氛尚熾，悍黨數萬竄陷嘉應州，鮑超已由贛州進剿，暫難改調赴豫。』

又摺〔九八〕奏訊明徽州鬧餉一案，分别擬結，并將兩軍十七營全行遣撤回籍。附片〔九九〕奏前皖南道張鳳翥病故請恤。水師營官提督成發翔病故請恤。

是月，張總愚竄湖北襄陽邊境。任柱、牛洪等股由光、固竄安徽潁州邊境，旋竄入鄂。

十二月初二日，湖北成大吉軍在麻城潰叛，捻匪乘之，江漢以北賊氛肆擾，蔓延數百里。

十三日，按視張錫嶸淮北新營。

詳定長江水師營制事宜〔一〇〇〕。

二十五日，公子紀澤自金陵來營省視。

二十八日，馳摺〔一〇一〕奏兩路捻黨全萃湖北，又有叛勇之變，檄調劉銘傳率軍援楚。又奏〔一〇二〕『會議長江水師營制事宜〔摺〕』，凡水師事宜三十條，營制二十四條。又摺〔一〇三〕奏遵旨查明河南巡撫吴昌壽、總兵張曜等被參各款。

又奏〔一〇四〕遵旨密查山東巡撫閻敬銘、藩司丁寶楨被參各款。附片〔一〇五〕密奏稱：『山東、河南居四戰之地，閻敬銘、吴昌壽二人，軍務均非所長，而情形各自不同。謹鈔録河南紳士原稟呈覽。』

是月，公批結沛縣湖團各案，將安分之唐團、趙團等六團留住徐州，通捻之王團、刁團等勒限撤歸本籍。出示曉諭土客各民安業。　湖北襄樊之賊張總愚一股回竄南陽。

是歲，鄭公敦謹調户部侍郎，李公鶴年授湖北巡撫，張公樹聲授直隸臬司，均未赴任。張公所部樹字營淮勇，以其弟總兵張樹珊領之。

〔一〕具摺：見奏稿八，題作『兩淮鹽運使出缺請旨簡放摺』。

〔二〕附片：見奏稿八，題作『新中舉人通融給咨片』。

〔三〕又片：見奏稿八，題作『壽州鎮總兵易開俊赴任片』。

〔四〕又奏：見奏稿八，題作『忠義局第二十案摺』。
〔五〕附片：見奏稿八，題作『朱彦昇等陣亡請恤片』。
〔六〕拜摺：見奏稿八，題作『謝年終賞物摺』。
〔七〕又奏：見奏稿八，題作『年終密考摺』『三省學政密考片』。
〔八〕又奏：見奏稿八，題作『忠義局［第］二十一案請恤摺』。
〔九〕具摺：見奏稿八，題作『補陳寧國涇縣保案摺』。
〔一〇〕又彙案：見奏稿八，題作『將弁窺法滋事彙案參奏摺』。
〔一一〕又摺：見奏稿八，題作『報收輪船經費撥解銀兩摺』。
〔一二〕專摺：見奏稿八，題作『訓字營欠餉准照實銀請獎摺』。
〔一三〕又奏：見奏稿八，題作『江寧暫緩開關查案另籌辦貢摺』。
〔一四〕附片：見奏稿八，題作『酌補江安兩省武營各缺片』。
〔一五〕上諭：見清實録穆宗實録同治四年（一八六五）乙丑二月壬辰（二十六日）『諭議政王軍機大臣等』。又見奏稿八附録廷寄　曾國荃如病已就痊即來京陛見（三月初二日）。
〔一六〕一摺：見奏稿八，題作『通籌滇黔大局摺』。
〔一七〕又奏：見奏稿八，題作『道員彭毓橘未能赴任摺』。
〔一八〕附片：見奏稿八，題作『報李世忠捐餉銀數片』。
〔一九〕又附片：見奏稿八，題作『陳明請停湖南東征局片』。
〔二〇〕又片：見奏稿八，題作『密陳鮑超不能遽剿關外片』。
〔二一〕又片：見奏稿八，題作『録寄諭傳知曾國荃片（三月十五日）』。
〔二二〕具摺：見奏稿八，題作『攻克金陵水師員弁續行請獎摺』。

〔二三〕附片：見奏稿八，題作『復陳彭玉麟不能赴漕督署任片』。
〔二四〕十五日：據以下四份奏摺時間看當爲『十六日』之訛。
〔二五〕具摺：見奏稿八，題作『復奏劉銘傳等軍赴防摺』。
〔二六〕又摺：見奏稿八，題作『請復建袁甲三臨淮專祠摺』。
〔二七〕附片：見奏稿八，題作『唐義訓開缺及劉松山等緩赴甘肅片』。
〔二八〕又片：見奏稿八，題作『李宗羲暫留運司任片』。
〔二九〕毅勇侯：本日日記云：『是日接奉廷寄，「一等侯」之上加「毅勇」二字，李少泉「伯」之上加「肅毅」二字。日内正以時事日非，惄然不安，加此二字，不以爲榮，適以爲憂。』
〔三〇〕會奏：見李鴻章全集奏議二，題作『蘇省地漕錢糧一體酌減摺』。
〔三一〕馳摺：見奏稿八，題作『遵旨復陳霆營潰勇及籌辦東豫捻匪情形摺』。
〔三二〕附片：見奏稿八，題作『陳明霆營餉絀情形片』。
〔三三〕又代奏：見奏稿八，題作『陝西臬司陳湜應否陛見片』。
〔三四〕寄諭：見清實録穆宗實録同治四年（一八六五）乙丑三月辛酉（二十六日）『諭議政王軍機大臣等』。
〔三五〕上諭：見奏稿八附録明諭　曾國藩赴山東督師李鴻章暫署江督劉郇膏暫護蘇撫（五月初三日）。
〔三六〕上諭：見奏稿八附録廷寄　僧格林沁陣亡著曾國藩以欽差大臣赴山東督師（五月初三日）。
〔三七〕寄諭：見奏稿八附録廷寄　軍情緊急閻敬銘回守濟南并飭催江南援軍北上等事（五月初五日）。
〔三八〕寄諭：見奏稿八附録廷寄　著劉銘傳由黄河南岸向西兜剿并著曾國藩懔遵前旨統師北上（五月初七日）。
〔三九〕馳摺：見奏稿八，題作『遵旨赴山東剿賊并陳萬難迅速緣由摺』。
〔四〇〕附片：見奏稿八，題作『請另簡知兵大員督辦北路軍務片』。
〔四一〕又摺：見奏稿八，題作『揀補徐海淮揚兩道摺』。按該摺與吴棠、李鴻章會銜。

〔四二〕上諭：見奏稿八謹陳籌辦情形并請收成命摺（五月十三日）引。
〔四三〕馳奏：見奏稿八，題作『謹陳籌辦情形并請收回成命摺』。
〔四四〕附片：見奏稿八，題作『調李鶴章辦理營務片』。
〔四五〕又片：見奏稿八，題作『裁撤揚鎮糧臺片』。
〔四六〕又片：見奏稿八，題作『祁宿藻祔祀祥厚祠片』。
〔四七〕上諭：見清實録穆宗實録同治四年（一八六五）乙丑五月壬子（十八日）『諭内閣』。又見奏稿八附録廷寄　仍令曾國藩節制直東豫三省并李鶴章准其留營等事（五月二十三日）。
〔四八〕馳摺：見奏稿八，題作『恭報交卸督篆帶兵出省日期摺』。
〔四九〕又摺：見奏稿八，題作『肅清皖南出力員弁請奬摺』。
〔五〇〕附片：見奏稿八，題作『請飭鮑超營所買戰馬改解山東片』。
〔五一〕又片：見奏稿八，題作『裁撤湖南東征局片』。
〔五二〕又具摺：見奏稿八，題作『恭報同治三年下半年淮南徵收課厘數目摺』。
〔五三〕附片：見奏稿八，題作『兩淮籌定京餉五萬改解金陵片』。
〔五四〕又奏：見奏稿八，題作『查勘陸建瀛殉節情形片』。
〔五五〕馳摺：見奏稿八，題作『皖軍被困派兵援剿摺』。
〔五六〕附片：見奏稿八，題作『羅麓森暫緩守制募勇隨赴徐州片』。
〔五七〕又片：見奏稿八，題作『再請收回節制三省成命片』。
〔五八〕馳摺：見奏稿八，題作『賊衆全萃皖境擬先赴臨淮摺』。
〔五九〕又摺：見奏稿八，題作『派員迎提軍馬摺』。
〔六〇〕附片：見奏稿八，題作『請派陳國瑞赴河南片』。

〔六一〕又片：見奏稿八，題作『密陳陳國瑞事狀片』。

〔六二〕上諭：見清實録穆宗實録同治四年（一八六五）乙丑閏五月己卯（十六日）『諭軍機大臣等』。又見奏稿八仍請收回節制三省成命片（閏五月二十八日）。

〔六三〕顧：底本作『過』，今據清實録穆宗實録、仍請收回節制三省成命片等校改。

〔六四〕馳摺：見奏稿八，題作『調馬隊官兵赴皖北助剿摺』。

〔六五〕附片：見奏稿八，題作『仍請收回節制三省成命片』。

〔六六〕批……稟牘：曾國藩全集批牘，題作『批浙江處州陳鎮國瑞具稟暫駐歸德并餉項軍火如何籌措等情』。

〔六七〕馳摺：見奏稿八，題作『雉河官軍苦守四十日援軍大捷立解重圍摺』。按該摺與喬松年會奏。

〔六八〕附片：見奏稿八，題作『分撥陳州庫銀片』。

〔六九〕上諭：見清實録穆宗實録同治四年（一八六五）乙丑六月辛亥（十八日）『諭軍機大臣等』。又見奏稿八恭謝天恩并陳明曾國荃病未復原摺（七月初八日）。

〔七〇〕馳奏：見奏稿八，題作『欽奉諭旨復陳摺』。

〔七一〕又摺：見奏稿八，題作『徽休防軍索餉嘩噪情形及霆營潰變現擬查辦摺』。

〔七二〕附片：見奏稿八，題作『吴坤修署皖南道片』。

〔七三〕又摺：見奏稿八，題作『揚防凱撤借用漕折銀兩請敕部暫緩催提摺』。

〔七四〕又奏：見奏稿八，題作『恭謝天恩并陳明曾國荃病未復原摺』。

〔七五〕上諭：見清實録穆宗實録同治四年（一八六五）乙丑秋七月辛未（初九日）『諭軍機大臣等』。又見奏稿八遵旨復陳并請中外臣工會議剿捻事宜摺（七月二十四日）。

〔七六〕馳奏：見奏稿八，題作『遵旨復陳并請敕中外臣工會議剿捻事宜摺』。

〔七七〕又摺：見奏稿八，題作『徐州壽春兩鎮總兵因病開缺摺』。

〔七八〕又摺：見奏稿八，題作『補參陳國瑞摺』。

〔七九〕附片：見奏稿八，題作『再密陳陳國瑞事狀片』。

〔八〇〕又片：見奏稿八，題作『密薦徐壽兩鎮總兵人選片』。

〔八一〕專摺：見奏稿八，題作『金寶圩團練殉難請恤摺』。

〔八二〕馳摺：見奏稿八，題作『移駐徐州整理馬隊并陳近日軍情摺』。

〔八三〕附片：見奏稿八，題作『伊勒當阿等解馬勞績請賞片』。

〔八四〕馳摺：見奏稿八，題作『銘軍迭勝逼賊東竄現籌布置摺』。

〔八五〕附片：見奏稿八，題作『金國琛暫緩赴鞏秦階道本任片』。

〔八六〕又片：見奏稿八，題作『密陳湖北軍務請仍歸官文節制調遣片』。

〔八七〕馳摺：見奏稿八，題作『奉旨復陳近日軍情及江督漕督蘇撫事宜摺』。

〔八八〕附片：見奏稿八，題作『近日軍情片』。

〔八九〕馳摺：見奏稿八，題作『官軍迭勝恭報近日徐防等處軍情摺』。

〔九〇〕附片：見奏稿八，題作『籌商直隸河防片』。

〔九一〕附片：見奏稿八，題作『吉林協領春壽請免予處分片』『穆隆阿請開復升銜勇號片』。

〔九二〕又奏：見奏稿八，題作『江安縣訓導唐煥章仍請留營差遣片』。

〔九三〕馳摺：見奏稿八，題作『寧陵扶溝等處勝仗摺』。

〔九四〕附片：見奏稿八，題作『應撤官兵回旗日期并春壽赴部引見片』『三棟阿等病故請恤片』。

〔九五〕又奏：見奏稿八，題作『前廣東按察使齡椿病故請恤片』。

〔九六〕又片：見奏稿八，題作『擬調鮑超會剿西路片』。

〔九七〕馳摺：見奏稿八，題作『迭奉諭旨復陳各處軍情及湖團處置摺』。

〔九八〕又摺：見奏稿八，題作『查辦徽休鬧餉勇丁并將獲咎營官定擬摺』。

〔九九〕附片：見奏稿八，題作『徽寧池太廣道張鳳翥病故請恤片』。

〔一〇〇〕詳定……事宜：據日記同治四年十二月二十日載，詳定長江水師營制事應在本月二十日。

〔一〇一〕馳摺：見奏稿八，題作『賊萃湖北派大軍援鄂摺』。

〔一〇二〕又奏：見奏稿八，題作『會議長江水師營制事宜摺』。

〔一〇三〕又摺：見奏稿八，題作『查復吴昌壽張曜參案摺』。

〔一〇四〕又奏：見奏稿八，題作『查復山東撫藩參款摺』。

〔一〇五〕附片：見奏稿八，題作『密陳閻敬銘吴昌壽情形不同片』。

曾文正公年譜卷十一

丙寅　同治五年（一八六六），公五十六歲。

正月，公在徐州營。

初十日，專摺〔一〕奏謝年終恩賞。

派委劉松山率軍督遣王團、刁團回山東原籍。

十四日，馳摺〔二〕奏酌撥現防徐州之馬隊二起，共計九百餘人，馳赴奉天省城剿捕馬賊，聽候文祥調遣。附片〔三〕奏調侍講學士劉秉璋來營襄辦軍務。又片〔四〕奏報湖北軍情喫緊，張總愚折回河南，有東竄之意。湖團撤遣事竣，即調李昭慶軍馳赴周家口。又片奏〔五〕知縣向師棣在營病故請恤。

二十八日，劉銘傳軍克湖北黄陂縣城，賊竄河南。

是月，左公宗棠督諸軍克復嘉應州城。鮑公超追剿竄賊至大嶂嶺，破之，招降二萬餘人。粵逆盡滅，東南底平。左公宗棠暫駐廣東境，籌辦善後。公弟國荃奉旨授湖北巡撫。李公鶴年調補河南巡撫。三十日，奉到上諭〔六〕：『刻下捻匪竄擾湖北邊境，防剿正當喫緊，曾國荃素嫻軍旅，朝廷爲地擇人，正資倚任；且由湘赴鄂，相去甚近。著曾國藩、李瀚章即行知照該撫，迅速馳赴新任，力圖報稱，不得稍存推諉之念，有負屬望。欽此。』

二月初八日，馳摺〔七〕奏結湖團歷年訟案，剖别是非，平情論斷，不分土民、客民，但分孰良、孰莠。王團、刁團業已全數徙去，安静回籍，酌定善後事宜，飭地方官次第經理：一曰酌給錢文，以恤已逐之團；二曰設立官長，以安留住之團；三曰撥還田畝，以平土民之心，并請將罵賊殉難之團紳唐守忠、唐錫彤、唐振海三名，優恤建坊，以爲草莽效忠者勸。

又具摺〔八〕奏謝天恩：『已知照臣弟國荃招募舊部，迅赴新任。』又摺〔九〕奏浙江衢州鎮總兵朱品隆、河南歸德鎮總兵朱南桂均請開缺。

又奏〔一〇〕保總兵唐殿魁、徐鶚二員。附片奏報視師山東起程日期〔一一〕。又片〔一二〕奏張樹聲經手營務，俟料檢完畢，即起程北上，赴直隸臬司任。又片〔一三〕奏陣亡總兵夏金標請恤。

初九日，由徐州拔營啓行。

十五日，宿鄒縣。謁亞聖孟子廟，接見孟氏宗子孟廣均。

是日，馳摺〔一四〕奏報劉銘傳一軍援鄂，克復黄陂縣城。隨摺奏保劉銘傳及其營官唐殿魁、劉盛藻等十九員，陣亡勇弁陳福禄、張思聰、李先道、錢萬桂請恤。

十六日，行次曲阜縣。謁至聖先師廟，見衍聖公孔祥珂，觀金絲堂彝器。謁復聖顔子廟。

十七日，偕衍聖公孔祥珂出謁聖林及述聖子思子墓。

十八日，宿兖州府。

十九日，至濟寧州。

丁公寶楨護理山東巡撫，來濟寧見公。

二十一日，閲視潘鼎新一軍操演。

二十八日，巡視運河、泗水形勢。

是月，牛洪、任柱、賴文光由湖北竄河南汝寧，擾及潁州、陳州境。張總愚一股竄山東曹州。

三月初五日，馳摺〔一五〕奏報：

張總愚大股東竄，調潘鼎新全軍堵剿，李昭慶軍來山東會剿，調徐州楊鼎勛軍護衛孔林。任、賴等股回竄皖、豫之界，鋭志東趨。劉銘傳、周盛波合力剿辦。查捻逆西逼楚疆，東趨海岱，相去動三千里，馬、步以數萬計，必須鮑超、劉秉璋、劉松山等多成數路游擊之師，乃足以布遠勢。臣現駐濟寧，就近調度，東事定後，再行赴豫。

又摺〔一六〕奏：

遵調鮑超一軍北來剿捻，請飭江西月解七萬兩，湖北月解二萬兩，江蘇月解二萬五千兩，專供鮑超霆營之餉。請飭左宗棠、劉坤一將江、閩各軍分别遣撤，次第銷兵，以靖民氣。臣自抵臨淮，察看皖、豫等省行軍，每以柴草細故，兵民成仇，因令各營發價購買，不得妄取絲毫。鮑超所部，頗有騷擾之名，今籌定有著之款，於襄陽設糧臺，委員支應，俾得專精辦賊，且申明紀律，秋毫無犯，乃能軍民一氣，一以保全鮑超之令名，一以拊循河南之赤子，關係甚重。

二十一日，馳摺〔一七〕奏彙報『山東近日軍情，潘鼎新、李昭慶兩軍剿賊勝負情形』。任、賴等逆續竄曹州之境，張逆屯於濮、范之境，一片賊氛。劉銘傳、周盛波兩軍追賊均抵東境，現在調派各軍嚴扼運河，劉松山軍來濟寧會剿。陣亡將弁劉洪盛、裴兆宏二十八員名請恤。

又摺〔一八〕奏報劉銘傳、張樹珊兩軍在皖、豫之境，剿賊獲勝。陣亡將弁胡鳳喈、劉得發請恤。附片〔一九〕奏東、豫兩省車輛甚少，難於僱覓，派員前赴張家口采買駱駝五百匹來營應用，請飭部援照買馬成案，免税放行。又附片〔二〇〕瀝陳此股捻匪奔突六省，攻剿十年，久成流寇之證。中外論者，或輕此賊，以爲不足平；各路奏報，每多粉飾、虚浮，或并無戰事而開單請奬。臣受命剿賊已滿十月，制寇之方，尚無把握，終夜以思，且憂且愧。願我皇上弗輕視此賊，博儲將材，求爲可繼，稽核奏報，戒其勿欺，庶憑聖主朝乾夕惕之懷，以救中原火熱水深之厄。

又奏〔二一〕稱：『督師有年，損折將士甚多，凡當時未及奏報、漏未請恤之員弁，統計陣亡者一百四十四員名，傷亡七員名，病故者一百五員名，彙開清單，懇恩敕部分别議恤，以慰忠魂。』

是月，公弟國荃到湖北巡撫任。李公鶴年到河南巡撫任。捻匪由山東南竄淮、徐之境。

四月初三日，閻公敬銘來濟寧見公。

初七日，馳摺〔二二〕奏報：

捻匪自山東回竄，劉銘傳、周盛波等軍追剿疊勝。并陳明潘鼎新一軍力戰保全東境之功，山東官軍扼防運河之功。劉銘傳、周盛波、周盛傳竭力苦戰，冒險立功，容俟彙案請奬。

附片〔二三〕奏：

賊勢南趨，劉松山迴軍徐州。該處現有劉秉璋、楊鼎勛等軍，尚爲聯絡。臣軍注重東路，不得不藉運河以爲阻截之界，擬大加修浚，增堤置栅，以爲之防。

拜摺後，與閻公敬銘登舟查勘運河，以至黄河。

是日，泊分水龍王廟。

初九日，泊申家口。

劉公長佑來舟次見公。

十一日，渡河至張秋鎮。

十二日，迴舟次。

十三日，登南岸，宿東平州。

十五日，行抵泰安府。

謁東嶽廟。

十六日，登岱嶽，上至天柱峰。

十九日，公迴濟寧州。

二十五日，馳摺〔二四〕奏：『捻匪張總愚、牛洪一股竄擾曹州、徐州之交，任柱、賴文光等一股竄擾淮、泗一帶。』并陳湘、淮各軍防剿情形：『劉銘傳一軍，自去年臘月以來，馳驅四省，已飭該軍移赴濟寧，暫予休息，騰出潘鼎新軍代爲游擊之師。』附片〔二五〕奏查勘運河、黄河布置防守情形。

五月二十二日，馳摺〔二六〕彙奏劉秉璋、劉松山、劉銘傳、周盛波等軍與賊接仗獲勝情形。捻黨分股回竄，張總愚、牛洪入豫，任柱、賴文光入皖。飭潘鼎新、周盛波爲一路，劉秉璋、楊鼎勛爲一路，劉松山、張詩日爲一路，分途馳擊。劉銘傳、李昭慶兩軍分駐徐州、濟寧，暫予休息。附片〔二七〕奏黄、運兩河應劃分汛地，歸直隸、山東督撫派兵設防。又擬查閱運河南路興工修築隄牆。

是月，公録樸目雜記，分小學、修齊、禮、兵、經濟、詩文，凡六門。

六月初七日，行至嘉祥縣。謁宗聖曾子廟，接見曾氏宗子曾廣莆，公捐銀一千兩以助祀産之資。

初八日，出詣南武山宗聖林墓。

初九日，回濟寧。

十四日，馳摺〔二八〕奏捻匪西竄，官軍追剿情形。并稱：

中原平曠，四通八達，此剿彼竄，不能大加懲創，擬自周家口以下扼守沙河，周家口以上扼守賈魯河，自朱仙鎮以北至黄河南岸，無水可扼，擬掘濠守之。調派水師及劉銘傳等軍分段扼防，洛商河南、安徽兩撫臣調兵分守。至群賊南竄，不出南、汝、光、固、黄州、六安等處，則鮑超一軍，劉秉璋、楊鼎勛等之淮軍，劉松山、張詩日之湘軍，足敷剿辦。臣擬拔營東下，閲勘運隄，即由運入淮，逕赴周口。

附片〔二九〕奏：

防河之舉，地段太長，派劉銘傳、潘鼎新、張樹珊扼守朱仙鎮以下四百里之地，力任其難。自朱仙鎮以上，専咨河南兵力，已咨請李鶴年暫駐汴梁，調回各軍，先辦防務，主守而不主剿。誠恐李鶴年蒙頓兵不進之譏，設將來河防不成，臣願獨當其咎，不與李鶴年相干。

十五日，由濟寧登舟，行閲運河所修隄牆。

二十五日，舟泊宿遷，登岸駐營中。

時豫、皖大水，淮流盛漲，微山、南陽等湖與運河連成巨浸。公深以民間飢溺爲憂。

是月，捻匪在河南合股，既而張總愚、牛洪西竄，劉松山、張詩日截剿破之。任柱、賴文光東竄，潘鼎新迎擊却之。　公弟國荃調派郭松林、彭毓橘等軍防守德安、隨州。　鮑公超軍行抵湖北蘄、黄之境。

七月初四日，馳摺〔三〇〕奏報查閲運河隄岸情形：『任、賴股匪回竄東路，前奏扼守沙河之策，難遽興辦，現令劉銘傳、周盛波、潘鼎新赴東路馳剿。惟淮南、北大水，爲數十年所未有，既自憾軍務毫無起色，又恐飢民失所，從賊偷生，則剿撫兩俱棘手，實深憂愧。』

初六日，由宿遷解纜，下泊楊莊。

初七日，吴公棠來見公於舟次。

運河隄决於高郵州之清水潭二閘，浸興化、東臺、鹽城等縣之境。

初八日，公换船入淮。

初十日，渡洪澤湖，泊盱眙。

十五日，舟次王家圩。

大風，舟幾覆，水師舢板船覆者八號，弁勇死者五人。　公言生平經歷江湖風波之險：　道光戊戌之秋，在襄河遇風；　咸豐甲寅三月，在岳州水軍遇風；　并此爲三度矣。

十六日，抵臨淮，登岸駐營。

二十二日，巡閲張錫嶸淮勇營。

二十三日，公病〔三一〕暑濕證。

服藥閲數日乃愈。自是以後，遇有疾病，公恒持勿藥之説，蓋其視生死之際已脱然矣。

二十八日，馳摺〔三二〕奏潘鼎新一軍迎剿獲勝，任、賴一股竄至賈魯河以西，仍擬扼防賈魯河、沙河，杜其回竄。附片〔三三〕奏船遇大風，委員知縣譚鰲舟覆隕命，請恤。又片〔三四〕奏報劉松山、張詩日兩軍在西華、上蔡等處大捷，并自陳途中病狀，力疾西上。

公拜摺後登舟行，泊懷遠縣。

三十日，泊蒙城縣。

是月，官文公奏請以公弟國荃幫辦軍務。張總愚、牛洪西竄南陽，劉松山與河南官軍宋慶等追剿至新野、鄧州、南召、魯山之境。任柱、賴文光竄襄城以南。

八月初一日，公由蒙城换小舟泝渦河而上，派親兵由陸路先赴周家口，令輜重各船改道泝淮上潁，以赴周口。

初二日，泊雉河集。

初四日，行抵亳州。

初六日，由亳州登陸啓行。

初八日，行至陳州府。詣袁端敏公祠。

初九日，至周家口營。

十二日，馳摺〔三五〕詳報劉松山、張詩日勦賊勝仗，奏稱：『近年捻逆縱橫，從未大受懲創，此次湘軍奮擊，凶焰頓衰，容查明彙案奏奬。』附片〔三六〕奏患病未痊，請假一月，在營調理。又片〔三七〕奏任、賴一股，久踞舞陽、葉縣之交，有回竄東北之勢；張、牛一股，亦聞有回竄之意。調派各軍堵勦，鮑超由汝寧北出迎勦，力扼東竄之路；劉銘傳等仍興修隄牆分汛防守，以符初議。又附片〔三八〕奏：

臣向辦保案，極爲矜慎。金陵克復，續保六案，叠准部咨駁斥，查取考語申覆，自應遵部議辦理。惟原保各統領散處各省，行查爲難，懇恩俯念將士立功之苦，敕部准照原奏清單注册，以爲奮勇立功者勸。

劉銘傳等軍修築賈魯河隄牆工竣。李公鶴年調官軍六營於朱仙鎮以北開濠置守，淮軍復分衆助之。浮沙壅塞，難於挑濬。時捻逆全股由許州北竄。十六日，逼近汴梁，全股衝濠東竄，疾趨山東。

二十三日，馳摺〔三九〕奏捻匪東竄，河防無成，檄調劉銘傳、潘鼎新等赴山東追勦。附片〔四〇〕奏稱：『勦捻年餘，仍無成效，憂愧無極。請旨飭令李鴻章帶兩江總督關防出駐徐州，與山東撫臣會辦東路；湖北撫臣曾國荃携帶關防移駐南陽，與河南撫臣會辦西路；臣現駐周家口，居數省之中，庶可聯絡一氣，呼吸相通。』又片〔四一〕奏稱：『防守沙河、賈魯河，本係策之至拙者，惟以流寇難制，不得已而出於下策。此次捻匪東竄，出於豫軍汛地，或不免歸咎於撫臣李鶴年。謹縷陳持平之論，懇恩暫予免議，以期和衷共濟，爲將來同心設防之計。』又片〔四二〕奏調浙江處州鎮總兵馬得順帶所部馬隊來豫勦捻。

是日，又具摺〔四三〕奏：

捻逆以蒙、亳老巢爲歸宿，莠民勾引，居則爲民，出則爲捻，若商賈之遠行，恬不爲怪。臣於上年選委各員查辦民圩，搜斬著名積捻甚多，謹將蒙城、亳州、宿州、阜陽四屬已經正法之捻徒，彙單附呈爲第一案，以後續獲，逐案彙奏。

是月，捻匪竄撲運河，山東官軍堵禦却之，回竄河南。　左公宗棠調授陝甘總督，喬公松年調陝西巡撫，英翰公授安徽巡撫。

九月初四日，李公鶴年來營見公。

初六日，漕督張公之萬來營見公。

十三日，馳摺〔四四〕詳報劉松山等在新野、南陽等處迎剿張、牛逆股，迭次勝仗。奏稱：『劉松山等聞豫軍宋慶被圍，即日馳援，及解圍後，即與宋慶聯絡一氣，同心苦戰，尤得「師克在和」之義。』又摺〔四五〕奏劉銘傳、潘鼎新兩軍往來剿賊齊、豫之境，迭獲勝仗。捻匪既不得逞志於東，必仍狂竄而西。檄令劉松山由扶溝迎剿，鮑超由南陽進軍，遮截西竄之路。附片〔四六〕奏請續假一月，在營調理。

是日，又具摺〔四七〕奏彭玉麟所部水師報捐餉銀十萬兩，請加廣衡州府縣學額。附片〔四八〕奏彭玉麟報捐歷任應得養廉銀二萬餘兩，不敢仰邀議叙。

十九日，彭公玉麟來營見公。

是月，捻匪由山東竄河南，循河南岸至滎澤，决河隄，河南官軍堵塞之。捻復南竄。捻酋牛老洪死。張總愚西竄陝、汝，遂入陝西商州境。　任柱、賴文光仍竄山東，疾趨濟寧，攻撲運河，山東官軍扼之。

李公鴻章出視師於徐州。　公弟國荃出視師於襄陽，具疏劾官文公〔四九〕。

十月初九日，喬公松年來營見公，遂赴陝西任。

十二日，英翰公來營見公。

十三日，馳摺〔五〇〕奏彙報軍情，賊分東西兩路：東路任、賴逆股，劉銘傳、潘鼎新等追剿，逆踪盤旋於巨、鄆一帶；西路張總愚一股，已入陝西，鮑超軍馳至陝州，未及接仗。又摺〔五一〕詳報劉銘傳、潘鼎新在鄆城等處追剿勝仗。

又摺〔五二〕奏病難速痊，請開協辦大學士兩江總督之缺，并請另簡欽差大臣接辦軍務，自以散員留營效力，不主調度。附片〔五三〕奏陳剿捻無效，請將臣所得封爵暫行注銷，以明自貶之義。

又具摺〔五四〕續報水陸陣亡病故員弁，彙單請恤。又附片〔五五〕密陳山東撫臣閻敬銘、藩司丁寶楨澄清吏治，講求軍務實際，請開復處分。又片〔五六〕奏李鴻章已帶印出省，黄翼升回駐江寧，藉資鎮撫。

十五日，公子紀鴻來營省視。

十九日，奉到寄諭〔五七〕一道，詞旨嚴切，催令速籌援軍以赴陝、洛。

二十五日，奉到上諭〔五八〕：

該大臣勛望夙著，積勞致病，自係實情。著再賞假一個月，在營安心調理。欽差大臣關防著李鴻章暫行署理。曾國藩俟調理就痊，即行來京陛見一次，以慰廑係。朝廷賞功之典，具有權衡，該大臣援古人自貶之義，請暫注銷封爵，著無庸議。欽此。

三十日，任、賴捻股由山東回竄陳州境。公行營戒嚴，調親軍出隊截剿。

是月，公弟國荃出駐黄州。

十一月初二日，馳摺〔五九〕奏報：西路張逆深入秦境，尚無回竄之説，調鮑超一軍進荆紫關，以援秦中；東路任、賴一股回竄河南，飭劉松山迅赴汝州，遏其西竄之路。附奏〔六〇〕奉旨覆陳一片，稱行軍太鈍，精力日衰，俟病體稍痊，入都陛見自請辦捻不善之罪。又片〔六一〕奏楊鼎勛、張錫嶸追剿任、賴一股，捻踪直奔沙河以南。劉松山仍由汝、洛進兵，以力保黄河，先顧山西爲主。

初六日，奉到上諭〔六二〕：『曾國藩著回兩江總督本任，暫緩來京陛見。江蘇巡撫李鴻章著授爲欽差大臣，專辦剿匪事宜。欽此。』

十七日，馳摺〔六三〕奏酌籌西路軍務，鮑超一軍援秦，派委江蘇道員薛書常專辦霆營糧臺，采辦軍米。

又摺〔六四〕奏：『交卸欽差大臣關防，賫送徐州交李鴻章祇領。欽奉諭旨，飭臣竟回本任，臣自度病體不能勝兩江總督之任，若離營回署，又恐不免畏難取巧之譏，請仍在軍營照料一切，維係湘、淮軍心，庶不乖古人盡瘁之義。』附片〔六五〕奏刊用木質關防一顆，其文曰『協辦大學士兩江總督一等侯行營關防』。又片〔六六〕奏：『任、賴股匪奔擾信陽之南，將入鄂境，周盛波跟踪追剿，現飭張樹珊拔隊追擊。劉銘傳軍疲勞太久，在周家口稍休，即行赴鄂。又檄調李昭慶全軍由皖赴鄂，以收夾擊之效。』又附密片〔六七〕奏保湘、淮各軍將才，如道員劉盛藻，總兵戴春林、潘鼎立，提督章合才，均爲後起之選。前任大名道祝塏、編修張錫嶸，皆文員中出群之才。略陳品概，以備采擇。

十九日，委員賫送欽差大臣關防赴徐州營。

二十八日，奉到上諭〔六八〕：

曾國藩請以散員仍在軍營自效之處，具徵奮勉圖功，不避艱險之意。惟兩江總督，責任綦重，湘、淮軍餉尤須曾國藩籌辦接濟，與前敵督軍同爲朝廷倚賴。該督忠勤素著，且係朝廷特簡，正不必以避勞就逸爲嫌，致多顧慮。等因。欽此。

是月，公弟國荃駐軍德安。湖廣總督官文公奉旨開缺，入都供職。欽差户部侍郎譚公廷襄暫署總督。

十二月初三日，馳摺〔六九〕奏欽奉諭旨，再陳下悃，仍請開兩江總督協辦大學士缺。附片〔七〇〕奏任、賴一股竄擾孝感，鄂軍接仗獲勝，檄調劉秉璋與劉銘傳軍合爲一路，探踪追剿。

又具摺〔七一〕奏保劉銘傳一軍：克復黄陂，并在濟寧、雉河、阜陽、扶溝等處戰功最偉，勞苦尤甚。五案并保，開單請獎。附片〔七二〕奏保吏部主事錢應溥在營效力，請加四品卿銜。

十五日，奉到上諭〔七三〕：『曾國藩當仰體朝廷之意，爲國家分憂，豈可稍涉疑慮，固執己見？著即懔遵前旨，剋期回任，俾李鴻章得專意剿賊，迅奏膚功。等因。欽此。』

二十一日，馳摺〔七四〕奏：『遵旨回駐徐州，暫接兩江總督關防。臣病體未痊，仍懇另簡江督，而臣以散員效力行間。至中外交涉事件，素未講求，請旨令兩淮運司丁日昌護理通商欽差大臣關防，必能有裨時局。』附片〔七五〕奏：『東路任、賴一股，盤旋於安陸之境。劉銘傳等追剿，賊竄向鄂東一帶。西路張逆渡過渭北，鮑超自請移師赴鄂，先剿東股。因檄令劉松山、張錫嶸等由潼關入秦，即在陝州設立糧臺，仍派薛書常管理。』

是日，具摺〔七六〕奏江西南康縣查辦案内充公田産，分析辦竣。又奏〔七七〕保劉松山、張詩日等軍在西華、上蔡、新野等處大勝，彙案請獎。附片〔七八〕奏請酌提安徽丁漕，加該省兵勇之餉。又片〔七九〕『奏前年飭委運同銜容閎前往西洋，采辦機器百數十種，均交上海製造局收用。該員不避艱阻，請予獎勵，以昭激勸』。又片〔八〇〕奏參安徽渦陽縣知縣沈濂〔八一〕革職。

是月，楚軍、淮軍集於湖北之境，凡七萬餘人，會剿任柱、賴文光一股。郭松林軍挫於德安，總兵張壯勇公樹珊陣亡，賊益張。陝西官軍挫潰，張總愚逼近西安省城。喬公松年到陝後，亟檄劉松山一軍入援關中。公辦理捻匪一載有餘，初立駐兵四鎮之議，次設扼守兩河之策，皆未久而改變。其在臨淮搜捡蒙、亳匪徒，以絶捻之根株；在徐州辦結湖團巨案，以除捻之勾引。劉銘傳、劉松山、潘鼎新三軍，大小數十戰，賊衆縱横飆忽之勢，實因以少衰。

是冬，張逆入秦，任、賴入楚，中原稍得息肩矣；而是歲言路劾公辦理不善者，有御史朱鎮、盧士杰、朱學篤等疏，皆奉寄諭鈔發。御史穆緝香阿奏督師日久無功，請量加譴責一疏，奉上諭〔八二〕：『年餘以來，曾國藩所派將領，馳驅東、豫、楚、皖等省，不遺餘力，殲賊亦頗不少，雖未能遽蕆全功，亦豈貽誤軍情者可比？該御史所奏，著毋庸議。欽此。』是後，又有御史阿凌阿劾公驕妄各款，亦奉旨辨斥。公念權位所在，衆責所歸，惕然不敢安焉。

丁卯　同治六年（一八六七），公五十七歲。

正月，公在周家口營。

初六日，啓行赴徐州。

十三日，過碭山境。

散錢二十六緡給飢民。

十五日，公至徐州。

十九日，接受兩江總督關防、兩淮鹽政印信、通商大臣關防。與李公鴻章通籌西北大局。

二十一日，馳摺〔八三〕奏報回駐徐州接篆日期。附片〔八四〕奏賊在鄂中，官軍有合圍之勢，恐任、賴一股竄入秦，鮑超一軍應留豫西攔截，俟賊情定後，再調赴秦。又片〔八五〕奏：『彭玉麟報捐養廉銀兩，奉旨查明子弟，給予獎叙，該侍郎力辭，出於至誠，懇如所請，以遂其報效之誠。』

二十九日，奉到上諭〔八六〕：『曾國藩即經接受兩江督篆，所有察吏、籌餉及地方應辦事宜，均關緊要，且金陵亦不可無勛望素著大員坐鎮。著即回駐省城，以資鎮攝。該督公忠體國，自當仰體朝廷倚畀之隆，勉爲國家宣力。一切軍情調度，仍著李鴻章隨時咨商，以資裨益。欽此。』

是月，張公錫嶸在陝西陣亡。　鮑公超回軍襄陽，擊賊於楊家泍，大破之。追剿至豐樂河，復大破之，殺賊萬餘人。任、賴捻股竄河南境。　李公鴻章奉旨授湖廣總督。李公瀚章調授江蘇巡撫，暫署湖廣總督。　劉公琨授湖南巡撫。

二月初三日，李公鴻章拔營赴河南督師，仍駐周家口。

初八日，專摺〔八七〕奏謝年終恩賞。

又奏〔八八〕報軍需款目：自咸豐三年起，至金陵克復之日，凡爲時閱十二年之久，用款至二千一百三十餘萬之多，分爲四案，開列簡明清單，照例報銷。附片〔八九〕奏動用安徽抵徵一項，比例請銷。又片〔九〇〕奏江忠義、席寶田兩軍餉銀，歸入江西彙總造報。又片〔九一〕奏補發湘軍欠餉，作爲第四案續報之款。又奏〔九二〕新授江蘇布政使丁日昌請暫緩陛見。

十四日，馳摺〔九三〕奏疊奉諭旨移駐金陵，恭報起程日期。

又摺〔九四〕奏：『上年奉旨，發交臣營差委各員，道員鍾文、總兵沈宏富、提督何紹彩，分别發往各路差遣。』附片〔九五〕奏道員祝塏應仍交李鴻章隨營差遣。又片〔九六〕奏甘肅道員金國琛請開缺終養。又片〔九七〕奏陣亡編修張錫嶸請加恩其子。

又奏〔九八〕陣亡總兵張樹珊請於周家口建立專祠。又摺〔九九〕奏彭玉麟水師營、鮑超霆軍查辦滋事弁勇。

十六日，由徐州啓行，至韓莊登舟。

沿途查閲運河隄牆。

二十二日，至清江浦。張公之萬來見公。

二十三日，吴公廷楝來見公於舟次。

方舟從公赴金陵。

二十六日，查閲清水潭隄工。

三十日，抵揚州。

是月，任、賴捻股東竄安徽境，回竄湖北東境，湘軍敗挫，彭忠壯公毓橘陣亡於黄州。　劉松山軍入陝西，擊張逆一股，連破之。

三月初一日，公與官文公相見於舟次。

初二日，查閲瓜洲鹽棧。

初六日，抵金陵還署。

金陵之民，焚香於道以迎公。

初十日，按視新修江寧學宫工程。

十五日，劉公琨舟過金陵，見公。

二十日，馳摺〔一〇〇〕奏報回省日期，并陳鄂東之賊向西北竄走，張逆在秦與回逆合股，劉松山攻剿屢勝，尚有把握。附片〔一〇一〕奏酌撥軍餉協解陝、甘兩省。

是月，鮑公超在襄陽傷病大作，公委員賫藥餽問之。　左公宗棠赴陝甘任。行至湖北，接受欽差大臣關防。　丁公寶楨補授山東巡撫。

四月初七日，馳奏〔一〇二〕提督鮑超傷疾甚劇，請調直隸署提督婁雲慶南來接統霆軍。附片〔一〇三〕奏：『回任以後，通計餉需款目，入不敷出，且有萬不容緩之事，須行籌款者，如製造輪船，購買機器，湘軍入秦，淮軍在楚，多未發足軍餉，長江北岸擬添陸軍以爲防運河隄壩，險工林立，均屬刻不容緩。請旨將江海關洋税應解部之四成，酌留二成以濟要需。』

十六日，專摺〔一〇四〕奏謝京察從優議叙恩。又奏〔一〇五〕遵照新章，甄別勞績州縣，開單附呈。

江南苦旱，公出禱雨於甘露神祠〔一〇六〕。二十四日，雨。

是月，任、賴捻股由湖北竄河南南陽境。

五月十六日〔一〇七〕，馳奏〔一〇八〕續查民圩，捡斬捻黨，開單奏結，嗣後歸地方官辦理。附片〔一〇九〕奏：『任、賴逆股自鄂省竄出，有東趨之勢。本年天氣亢旱，農田枯坼，人心皇皇，皆由臣德薄，累及斯民，憂愧無地。且運河水涸，東路軍情可慮。又聞張逆有回竄出關之意。』

又摺〔一一〇〕奏本年鄉試依限舉行，并兼行（乙）丁卯科武鄉試。又片〔一一一〕奏保員外郎王家璧，請以五品京堂遇缺題奏。

公連日步出禱雨〔一一二〕。十九日〔一一三〕，公詣靈谷寺取水。二十日〔一一四〕，大雨。公籌銀四千兩修復靈谷神祠。

是月，任、賴逆股由河南竄山東，越運河而東犯青州之境。奉到上諭〔一一五〕：『曾國藩著補授大學士仍留兩江總督之任。欽此。』

六月初十日〔一一六〕，專摺〔一一七〕奏謝天恩補授大學士。

又摺〔一一八〕奏鮑超傷病深重，懇請回籍養病。附片〔一一九〕奏賊已渡運東竄，令黄翼升駐紥射陽湖，爲裏下河之防。又片〔一二〇〕奏江寧建立昭忠祠，其初專祀湘軍陸營將士，請并祀水師員弁。

又摺〔一二一〕奏本年鄉試，派學政鮑源深入闈監臨。又奏〔一二二〕請展緩本年軍政。

十八日，專摺〔一二三〕奏江南、江北糧臺收支軍需各款，分案開單奏銷。

是月，任、賴逆股東竄登、萊之境，李公鴻章、劉公長佑建議：合四省兵力合堵運河，就東境剿滅任、賴一股；河南、湖北兩省兵力嚴扼潼關，毋令東竄，就關中剿除張總愚一股。英翰公疏請合兵嚴守膠萊河，偪賊於海隅，聚而殲之。

七月二十九日，馳奏〔一二四〕霆營將領公禀不願隸婁雲慶部下，請將鮑超全軍撤遣大半，其餘令譚勝達等帶赴濟寧歸李鴻章調遣；并令婁雲慶另募新軍，以備防剿。

又奏〔一二五〕遵旨籌撥直隸賑灾一款、皖軍協餉一款。并陳現籌興復淮瀆，使水歸故道，以減淮揚水患；於清江設立導淮局，試辦挑濬。附鈔章程十六條咨送軍機處，以備查核。附片〔一二六〕奏籌撥本年大運銀兩，解交織造衙門應用，俟軍務平定，再議添撥。

是月，任、賴股匪回竄，越濰河擾犯沂州境，竄擾贛榆、海州、沭陽之境。

八月，接到總理衙門公文，預籌換約事宜。公飭屬吏悉心條議，擇其善者具咨與函，耑派員弁由滬入都呈覆。

議增修金陵昭忠祠，祀江南殉難官紳。

九月十八日，具摺〔一二七〕奏甄別府縣等官。

續奏〔一二八〕采訪忠義第二十八案。附片〔一二九〕奏水營記名提督馮標病故請恤，皖南殉難縣丞羅慶恩請恤，烈婦程胡氏請旌。

是月,海州捻股回竄山東境。

十月初五日,公下闈典校武鄉試,提督李朝斌會考。

十九日,試竣,取中武舉一百五十七名。

是月,山東賊復竄贛榆,劉公銘傳追剿破之,陣斃捻酋任柱。　公弟國荃開缺回籍。

十一月初三日,專摺〔一三〇〕奏報江南武闈鄉試事竣。

初六日,專摺〔一三一〕奏江北糧臺捐造船炮用過銀數,循例報銷。又奏〔一三二〕徐州善後局報銷。又摺〔一三三〕奏揚州虹橋鄉殉難紳民婦女請旌恤,巡檢陸炘請恤,澄海營副將陶位中、參將黃占魁出洋捕盜遇害請恤。

十五日,馳摺〔一三四〕奏遵旨預籌修約事宜。

二十七日,劉公銘傳擊賊於壽光彌河,大破之,捦斬數萬人。賊大潰,賴文光遁走,山東肅清。

是月,官文公署直隸總督。　丁公日昌授江蘇巡撫。

十二月初三日,奏查明本年江北新漕徵解實數,現在籌辦情形〔一三五〕。又奏〔一三六〕籌解明年協甘餉銀。

又摺〔一三七〕奏:

江寧省城自咸豐三年淪陷,向榮、和春等駐兵八載,陣亡之文武將弁、殉難之官紳士民,尚未建祠崇祀,實爲闕典。湘軍昭忠祠地基寬敞,因與僚屬議建三祠:中爲湘軍陸營,西爲湘軍水師，東爲金陵官紳。務使毅魄忠魂，萃於一處。其金陵官紳，綜舉約有六端：一曰咸豐三年城陷殉難之員；二曰向榮、和春營中陣亡病故之員；三曰江寧七屬殉難之紳；四曰江南大營援剿他處殉難之員；五曰鎮江、揚州兩軍陣亡病故之員，皆祔祀祠中；六曰滿漢婦女不屈而死者，別立貞烈祠祀之。懇飭令地方官一并致祭，實有裨於聖朝勸忠之道。

附片〔一三八〕奏霍邱縣殉難團紳李友張請恤，并其家屬五十一名。

初十日，揚州官軍捦捻酋賴文光斬之，餘黨迸散，東南蕩平。

二十二日，奉上諭〔一三九〕：『大學士兩江總督一等毅勇侯曾國藩著加恩加賞一雲騎尉世職。欽此。』

是月，張總愚捻股由陝西越黃河竄至山西境，東趨畿輔。

是歲，駱文忠公秉章奉旨以四川總督協辦大學士，尋卒於成都。李武壯公祥和在陝西宜川陣亡。

戊辰　同治七年（一八六八），公五十八歲。

正月初二日，接見西洋公使蒲安臣。

十七日，專摺〔一四〇〕奏謝天恩加賞世職。又摺〔一四一〕奏謝年終恩賞。又奏年終密考學政聲名〔一四二〕。又奏〔一四三〕江蘇臬司李鴻裔請假。

二十一日，定書局章程八條，又訓手民四條。委道員洪汝奎經理書局。汝奎，漢陽劉公傳瑩之門人也。

二十七日，核定長江水師未盡事宜及水師補缺章程。

是月，張總愚捻股竄直隸境，擾犯保定、河間、天津各屬境，畿輔戒嚴。丁公寶楨督軍入援，駐固安；左公宗棠督軍追剿，駐天津；李公鴻章駐軍大名；李公鶴年、英翰公皆引兵防河南、北。

二月十七日，劉公長佑過金陵見公。

三月初五日，馳奏〔一四四〕擬補長江水師各缺，并續陳未盡事宜十條。奏稱：

> 衡州試辦水師之始，非有舊例可循，屢試屢變，漸推漸廣。今已奏定章程，著爲令典，不敢謂立法之盡善而無弊，所願數十年後，督撫提鎮，隨時損益，遇事詳求，冀將材輩出，歷久常新，此則臣等所禱祀以求者也。

又摺〔一四五〕奏總兵張詩日病故請恤，并准加恩予謚。奉旨予謚『勤武』。

公又奏〔一四六〕上年江北冬漕并歸海運，詳議海運章程十條，開單附呈。附片〔一四七〕報江北漕糧起運實數。又片〔一四八〕奏籌解甘餉分數。又附片〔一四九〕奏陸營武職大銜借補小缺，請敕部核議准行。又片〔一五〇〕奏保總兵王可陞、章合才、易致中三員，皆足勝專閫之任。

二十日，作靈谷龍神祠碑記〔一五一〕。

二十八日，歐陽夫人至署。

四月初一日，江南苦雨，公出詣神祠祈晴。

李公瀚章調任浙江巡撫。初四日，過金陵見公。

初七日，奏結〔一五二〕霆營上年在襄陽鬧餉一案，查辦營官、哨官，審明定擬。又奏〔一五三〕上海鐵廠製造火輪船及廣東艇船，仍須酌改營制，略仿西洋之法，擬會同丁日昌履勘查閱，再將外海水師章程核議具奏。

二十日，調驗船廠所造八團舢板。

二十四日，由金陵登舟啓行。

公子紀澤從。

二十六日，至揚州查運庫。

二十九日，登金山。

觀蘇文忠公玉帶，爲詩紀之〔一五四〕。旋登焦山。

是月，直隸捻匪竄運河以東，分擾及山東東昌、武定各屬境。時河北水漲，官軍因扼運河以困之。

閏四月初一日，公舟泊丹陽。

初二日，泊常州。

初三日，泊蘇州省城。

留五日。

初八，出巡閲李朝斌太湖水師，遂行赴上海。丁公日昌從。

途次奉到上諭〔一五五〕：『曾國藩著授爲武英殿大學士。欽此。』

初十日，行至上海。

駐鐵廠。查閲輪船、洋炮工程。洋領事官白來尼等來見公。

十四日，會奏〔一五六〕撥解直隸軍餉，并彙陳近年協撥陝、甘軍餉情形。又奏〔一五七〕酌提制錢三十萬串，由輪船解運天津，請照銀價劃抵京餉。附片〔一五八〕奏上海舊存輪船兩號不能行駛外洋，適有福建華福輪船來滬，即令改調前赴天津，以備巡防之用。

公專奏〔一五九〕遵旨派員馳赴合肥，催令劉銘傳銷假，迅赴直隸、山東軍營。并瀝陳：

剿捻之師，謀勇以劉銘傳爲最，而勞苦疲乏，亦惟銘軍獨甚。念本年畿輔之警，若非去歲先滅任、賴一股，大局不堪設想。懇於寄諭中獎其勛謀而慰其勞苦，則天語一字之褒，勝於臣等函牘萬萬矣。

是日，公拜摺後登舟查閲吴淞口、狼山、福山各營。

十五日，由輪船回金陵署。

五月初八日，專摺〔一六〇〕奏謝天恩。附片〔一六一〕奏提督黃翼升、總兵歐陽利見所領水師已赴濟寧，并查看山東河防。提督劉松山添募湘勇。飭湖南鹽局撥銀二萬兩，以利遄行。

六月十八日，專摺〔一六二〕奏江北水災賑濟銀數，造册報銷。又摺〔一六三〕奏李鴻裔病狀，請開缺調理。

又摺〔一六四〕奏總兵婁雲慶撤營事竣，請開缺回籍養親。附片〔一六五〕奏保總兵譚勝達、王衍慶二員。

又摺〔一六六〕奏采訪忠義第二十九案。附片〔一六七〕奏已故總兵張運桂請祔祀張運蘭專祠。

又奏〔一六八〕常州殉難紳民史承簡等合族一百二十名，請於郡城建史氏忠節專祠；全椒縣知縣孟煊在任殉難，請建專祠。

是月，劉公銘傳赴直隸，時湘、淮各軍將領萃於三輔，詔都興阿出視師於天津。

七月，彭公玉麟經理長江水師事竣，奏請開兵部侍郎之缺，補行守制。奉旨允之。官軍會剿捻匪，破平之。張總愚走死直隸，山東肅清。李公鴻章以湖廣總督協辦大學士，劉公銘傳封一等男爵，封疆將領承恩賞各有差。

初十日，奉上諭〔一六九〕：『曾國藩籌辦淮軍後路軍火，俾李鴻章等克竟全功，著交部從優議敘。欽此。』

揚州民與天主教堂鬨鬭，公委藩司李宗羲、運司李元華、上海道應寶時提案會訊〔一七〇〕。

二十二日，專摺〔一七一〕奏前次有密疏一件，未能慎密，自請交部議處。又摺〔一七二〕奏東西捻股一律肅清，湘、淮各軍亟應趕緊裁撤，以節餉需而蘇民困。謹預籌經費，爲撤勇之用。又摺〔一七三〕奏查明運河水志情形。

又摺〔一七四〕奏查報陣亡、傷亡、病故員弁，彙單請恤。附片〔一七五〕奏河工道員潘鴻燾請恤。

又摺〔一七六〕奏江寧府屬查出熟田試辦抵徵。

二十七日〔一七七〕，奉到上諭：『曾國藩著調補直隸總督，兩江總督著馬新貽調補。欽此。』

八月初六日，專摺〔一七八〕奏謝天恩：一爲交部優叙，一爲調任直隸。籲懇陛見。附片〔一七九〕瀝陳：『丁憂兩次，均未克在家終制。從公十年，未得一展墳墓。瞻望松楸，難安夢寐。』又稱：『剿捻無功，本疚心之事，而回任以後，不克勤於其職，公事多所廢弛，皆臣抱歉之端。俟到京時，剴切具奏。』

十一日，作江寧昭忠祠碑記。

十三日，上海船廠造火輪船第一號成，駛至金陵。公登船試行至采石磯，命名曰『恬吉』，取『四海波恬、公務安吉』之意。

批發揚州教堂一案，具咨文呈報總理衙門。

是月，李公鴻章奏凱，撤剿捻官軍，唯留劉銘傳一軍駐紮畿南之張秋鎮。又奏籌款修葺孔林。湘勇劉公松山軍從左公宗棠入秦剿辦回逆。

九月初二日，奏報〔一八〇〕恬吉輪船工竣，并陳明上海機器廠籌辦情形。附片〔一八一〕奏金陵善後局經用之款，請免造册報銷。又片〔一八二〕奏內江水師糧臺委員、船廠委員彙案請獎。

初十日，酌定湖北撤勇一案。

十七日，核定外海水師章程。

丁公日昌至金陵，會議揚州教堂一案。

二十日，馬公新貽到金陵。

二十六日，交卸關防印信。

二十八日，公弟國潢來署。相見甚歡，大被同宿，縱談家鄉瑣事，以爲笑樂。又自書箴言六條贈之。

是月，公與漕督、河督會奏『滎工漫水漸入洪湖，會籌堵禦』一摺〔一八三〕。

十月初五日，具摺〔一八四〕奏報交卸日期，遵旨會商公事，暫緩啓程。

又具摺〔一八五〕奏請禁止川私行楚，收回淮南引地，以復舊制而整鹺綱。附片〔一八六〕奏劉松山一軍由江南協餉，請改道湖北襄陽轉解入秦。并稱：『臣交卸之際，應將經手事件略爲結束。』

又摺〔一八七〕奏原任廣西巡撫鄒鳴鶴在金陵殉節，請從優加恤，并准予謚，以彰忠節。又奏〔一八八〕水師營副將柳壽田病故請恤。

二十六日，李公鴻章赴湖廣任，過金陵見公。

十一月初三日，專奏〔一八九〕湘軍第五案軍需款目造册報銷一摺。奏稱：

從前軍營辦理報銷，中外吏胥互相勾結，以爲利藪。此次臣嚴飭屬員認定『實用實銷』四字，不准設法騰挪，不准曲爲彌縫。臣治軍十餘年，所用皆召募之勇，與昔年專用經制弁兵者情形迥异。其有與部例不符之處，請敕部曲爲鑒諒，臣初無絲毫意見欲與部臣違抗也。

是摺奉旨：『著照所請，該部知道。欽此。』

是日，又具摺〔一九〇〕奏酌議江蘇外海、内洋、裏河水師事宜十四條：『請敕下李鴻章、馬新貽、丁日昌各抒所見，妥爲核議，并求部臣詳核，不厭駁詰，以期利多弊少。臣不敢因係初議之人，稍涉迴護。』又摺〔一九一〕奏：『江、楚用兵太久，武職保舉太多，惟借補小缺一途，可以安置撤遣之將弁。謹將江南近年考試武職章程四條，録呈御覽。』

又摺〔一九二〕奏：『江、淮等屬，歷年墊應兵差，添設臺站，頭緒紛繁，州、縣交代，永無結算之期，實有妨於吏治。臣任兩江最久，惟此爲經手未完之件。現擬設法清厘，准仿照糧臺之例，開單報銷，仍按據金陵未克以前及既克以後年分，分別辦理。』附片〔一九三〕奏補發湘軍欠餉，歸案報銷。又片〔一九四〕奏：

臣未交卸之時，兩次接准造辦處來文，俱稱移會兩淮監督。查兩淮祇有鹽政，并無監督之官。造辦處係内務府司員，與部院司官體制相同，行文督撫，應用堂官之印。請旨敕下該衙門，嗣後遇有傳辦要件，統歸内務府大臣行文，不宜逕由造辦處移會，以符定制而杜弊端。

又片〔一九五〕奏報經手事竣起程北上日期。

初四日，公由金陵登舟啓行。

金陵士民焚香酌酒以餞送者，填咽街巷。於時歐陽夫人患欬喘甚劇，公長子紀澤留金陵侍疾，次子紀鴻從行。

初八日，泊揚州。

公弟國潢從公於揚州，乃別回湘。

十三日，抵清江浦。

十七日，由清江啓行。

江寧將軍魁玉公出都赴任，謁公於途次。

二十日，彭公玉麟從公於郯城境，乃別回南。

三十日，渡黄河，宿齊河縣。

丁公寶楨來見公。

十二月初四日，行抵直隸境。

公在途次，每日按輿圖稽查山川原委，尤詳考畿輔水利，隨時延訪官紳賢否，證以輿論而密記之。

十三日，入都門。

寓東安門外賢良寺。

十四日，昧爽趨朝，見軍機大臣於朝房。召見於養心殿，奏對數十語。賜紫禁城騎馬。退朝謁恭親王於邸第及軍機大臣文祥公等。

十五日，遞摺〔一九六〕奏謝天恩。召見，奏對十餘語。

十六日，又召見，奏對語尤詳，移時乃出。

時在廷諸臣,想望丰采,退朝之際,千官屬目焉。

十八日,至内閣上任。

接見侍讀中書各員。旋至翰林院上任,接見講讀學士以下各員。謁至聖廟及先儒韓文公祠。

十九日,公訪塔忠武公宅。

登堂見其母,厚餽之。

二十日,移寓城南法源寺。

二十四日,至内閣集議通商事宜。凡三日。

二十八日,會奏〔一九七〕議覆修約事宜一摺。

二十九日,遞摺〔一九八〕奏謝年終恩賞。

己巳　同治八年（一八六九），公五十九歲。

正月初一日，早朝，捧慶賀表從駕詣長信門行禮。天明，皇上升殿受賀，公與朱公鳳標上階展表。太常寺司員宣讀表文畢，公與内廷諸臣行禮而退。初二日，始爲無慢室日記，條記密事。初五日，公訪倭仁公宅，因偕至内閣。醇郡王與大學士會議奏陳機務六條，公手藁數千字，移時而成。初七日，趨朝奏事。初九日，至琉璃廠書肆縱觀書籍。十五日，趨詣保和殿侍賜宴藩王。十六日，賜宴廷臣於乾清宫。内監引入，皇上升座，倭仁公領滿大學士、尚書西嚮坐，公領漢大學士、尚書東嚮座。樂三闋，乃宴。倭仁公起，奉爵御座，皇上徧賜大臣爵。樂三闋，乃出謝恩，頒賞珍物。十七日，具摺請訓。又遞摺〔一九九〕奏略陳：

直隸應辦事宜，請酌調人才以資差委，酌撥銀兩以濟要需。直隸最大之政在於練兵飭吏，次則河工。請留劉銘傳一軍，長作拱衛之師，再練萬人，使成勁旅，則畿輔不患空虚。民間疾苦，由於積獄太多，差徭太重，屬僚玩上虐民，當以嚴法重懲之。永定、滹沱二河，常爲民患，亦宜大加疏濬。請敕下江蘇督撫，每月撥解銀三萬兩，稍資周轉。并開單奏調道員錢鼎銘、陳鼐，知府李興鋭，知州游智開、趙烈文，知縣方宗誠、金吴瀾及員外郎陳蘭彬八員召見。奏對數十語，皆疏中事也。

退朝謁恭親王邸第。

二十日，出都。

二十一日，巡視永定河堤工。

二十七日，行抵保定府。

二月初二日，接受直隸總督關防、長蘆鹽政印信。

初八日，拜發到任接印日期一摺〔二〇〇〕。附片〔二〇一〕奏試辦永定河工，請敕户部借撥銀兩，趕修要工。

初九日，送官文公入都。

十三日，札飭永定河道及河工委員擇日興工。

十六日，閲直隸選練六軍操演陣法。

時直隸營伍疲弱，劉公長佑爲總督時，遵部議於緑營弁兵中挑選數千人，酌加練餉。至是已五年矣。

十八日，作清訟事宜〔二〇二〕一編。

爲四柱册，通飭各州縣官，刻期清結積案，以爲課程。

二十三日，具摺〔二〇三〕奏查明州縣積潦大窪地畝，分别豁減糧賦。又奏〔二〇四〕糧臺循案報銷一摺。

三月初五日，刊發直隸清訟事宜十條。核定限期功過章程〔二〇五〕十四條。

初九日，三口通商大臣崇厚公來見。

十四日，劉公坤一入都，過保定見公。

直隸臬司張樹聲調山西臬司，新授臬司史念祖，詔公察看。

十六日，摺奏〔二〇六〕直隸訟案最多，積壓未辦，臬司張樹聲情形較熟，清厘甫有端緒，請暫留本任。并鈔呈清訟事宜十條。又摺〔二〇七〕奏舉劾屬員以飭吏治。又奏〔二〇八〕報上年搶修永定等河用過銀數。

二十八日，丁公日昌入都，過保定見公。史念祖到省，公派委綜理發審局。

四月初一日，專摺〔二〇九〕奏報查勘永定河工合龍出省日期。是日啓行。

初六日，驗收河工。

初八日，回署。

十四日，奏報〔二一〇〕勘工回省日期。又奏〔二一一〕直隸采訪節義第三案。

十七日，粤南使臣黎峻等過境見公。

二十日，公子紀澤奉歐陽夫人到署。

二十八日，郭公柏蔭入都，過保定見公。

五月初四日，專摺〔二一二〕奏：『劉松山軍在陝西宜君、綏德兩處有潰變之案，實因軍士久役思歸所致。該軍剿辦得力，鋭氣未減，未可遽議撤遣。』

初十日，楊公昌濬入都，過保定見公。

二十一日，具摺〔二一三〕奏稱：『近日内外臣工章奏，多主練兵，不主養勇。當此全境敉平，自不宜留勇隊於近畿，然目前練軍，實無化弱爲强之法，當參用東南募勇之意，仍須户部籌撥的餉，然後營務漸有起色。』

又摺〔二一四〕奏永定河工合龍，請開復河員處分。附片〔二一五〕奏報提用長蘆復價銀兩以濟河工，并擬酌加歲修領款。

二十二日，李公宗羲入都，過保定見公。

二十三日，永定河復決口。

六月初七日〔二一六〕，作客座示僚屬箴言四條。定以每日傳見州、縣二員。

十一日，奏遵照部議，裁撤長蘆總商，以杜把持之弊〔二一七〕。又摺〔二一八〕奏永定河水暴漲，道、廳各員搶護新工，竟於他處漫溢，請分別參辦，并自請交部議處。又奏〔二一九〕提督朱南桂、譚國泰病故，請恤。奏調〔二二〇〕瓊州總兵彭楚漢來直隸差委。

是月，作李忠武公、勇毅公神道碑銘二篇〔二二一〕。

七月初一日，奏永定河漫口搶堵，未能合龍，擬緩期秋後將挑濬中泓、疏濬下口二事認真籌辦〔二二二〕。

初四日，作勸學篇示直隸士子。

二十一日，奏酌議直隸、山西、河南三省毗連州縣會哨章程〔二二三〕。

二十四日，鄭公敦謹自山西入都，過保定見公。

八月初六日，奏續查屬員，據實舉劾〔二二四〕。

二十七日，奏『接准部咨再行酌議練軍事宜』一摺〔二二五〕，奏請『調南方戰將以練北方新兵，擬於古北口增練千人，提督傅振邦領之；正定府增練千人，總兵譚勝達領之；保定府增練千人，以彭楚漢領之』。附片〔二二六〕奏：『劉銘傳一軍護衛京畿，未可遽撤。該提督開缺回籍，其部將劉盛藻代領其軍，尚能勝任，毋庸另派統領之員。』又片〔二二七〕奏保道員蔣春元署永定河道。

九月初四日，作湘鄉昭忠祠碑記〔二二八〕。

初六日，奏采訪節義第四案〔二二九〕。

十二日，核定直隸練軍章程。

委知府李興鋭查訪長蘆鹽務。

二十一日，具摺〔二三〇〕奏：『試辦永定河挑濬中泓、下口二法，核定工程，請停止攤捐，發給現銀，使廳汛無所藉口，以作兵弁夫役之氣。』附片〔二三一〕請撥長蘆運庫銀兩以濟河工之用。

二十三日，作唐確慎公墓志銘。

十月初八日，作羅忠節公神道碑〔二三二〕。

初十日，公啓行出省勘河工。

十二日，抵固安。

巡視工程，驗收合龍。

十三日，奏報〔二三三〕勘工出省日期，并報循河勘驗下口。

十七日，登舟順流而下至天津府。

查勘鹽政，校閲洋槍、洋炮隊。

二十日，由天津啓行。

二十三日，回署。

十一月初一日，奏酌議長盧鹽政十條〔二三四〕。

又摺〔二三五〕奏查明州縣灾歉情形，分别蠲緩，以紓民力。大、順、廣一帶尤苦旱，恐須預籌賑濟。

附片〔二三六〕奏查工回省日期。

又奏〔二三七〕采訪節義第五案。

十九日，具摺〔二三八〕奏蘆綱憊累日甚，宜減輕成本以蘇商困而保頹綱，酌議五條。又摺〔二三九〕奏永定河漫口合龍暨疏濬中泓、下口，均屬穩固深通，請開復河員處分。又具摺〔二四〇〕奏遵旨察看臬司史念祖，請酌調刑名稍簡之省分，乃爲相宜。

是月，作王考星岡府君墓表〔二四一〕。

十二月十四日，奏銘軍將領劉克仁、劉盛瑺病故，請恤〔二四二〕。

二十四日，奏查明畿南各屬灾歉較重，擬於來春以貸爲賑，請於天津存儲項下撥制錢十萬串解至大名，預備散放〔二四三〕。附片〔二四四〕奏升任臬司錢鼎銘請暫留大名道任督辦賑貸。

又摺〔二四五〕奏滹沱河改道北流已閱兩年，亟應設法修治，謹陳大概情形，請敕部核議。

是歲，公壹意清厘獄訟，遇重大之案則親自鞫訊，每月數次。統計專摺奏結重案及京控發交之件，前後凡五十餘疏，不能悉紀。公自到任以後，定以每日分時清厘案牘，接見賓僚，吟覽經、史、詩、古文，以爲日課。每月以暇時爲文一二篇，計成碑、銘、序、記之屬凡十餘篇。

〔一〕專摺：奏稿九未收。本日日記載：『發謝賞「福」「壽」字恩摺』。

〔二〕專摺：見奏稿九，題作『遵旨酌撥馬隊馳赴奉天剿辦馬賊摺』。

〔三〕附片：見奏稿九，題作『陳請飭調劉秉璋來營幫辦軍務片』。

〔四〕又片：見奏稿九，題作『奏報湖北捻匪叛勇滋擾喫緊飭劉銘傳李昭慶等軍分防各處并清辦湖團分別撤留片』。

〔五〕又片奏：見奏稿九，題作『向師棣在營病故請准從優議恤片』。

〔六〕上諭：見清實録穆宗實録同治五年（一八六六）丙寅正月丙戌（二十六日）『諭軍機大臣等』。又見奏稿九附録廷寄　李鶴年曾國荃調補豫鄂巡撫速赴新任（正月三十日）。

〔七〕馳摺：見奏稿九，題作『查辦湖團甄別良莠并籌善後事宜及獎懲摺』。

〔八〕具摺：見奏稿九，題作『曾國荃調補鄂撫并負剿捻新命恭謝天恩摺』。

〔九〕又摺：見奏稿九，題作『請准總兵朱品隆朱南桂開缺并請旨簡放遺缺摺』。

〔一〇〕又奏：見奏稿九，題作『密奏唐殿魁徐鶴補授浙江衢州河南歸德兩總兵遺缺片』。

〔一一〕附片奏……日期：按奏稿九未見，又當日日記僅云『夜將明日起程之事清厘一番』，亦未言上奏事。
〔一二〕又片：見奏稿九，題作『飭催張樹聲李鶴年速赴新任片』。
〔一三〕又片：見奏稿九，題作『陳請從優議恤總兵夏金標片』。
〔一四〕馳摺：見奏稿九，題作『奏報援鄂銘軍克復黄陂縣城及自徐抵鄒摺』。
〔一五〕馳摺：見奏稿九，題作『陳報近日追剿竄捻軍情摺』。
〔一六〕又摺：見奏稿九，題作『遵調鮑超剿捻并籌定霆軍餉項摺』。
〔一七〕馳摺：見奏稿九，題作『奏陳山東近日軍情相機調度摺』。
〔一八〕又摺：見奏稿九，題作『銘樹兩軍在皖豫剿賊獲勝摺』。
〔一九〕附片：見奏稿九，題作『奏請免税放行采買之駱駝片』。
〔二〇〕又附片：見奏稿九，題作『密陳重視捻匪博貯將才核實奏報力戒虚浮以正風氣片』。
〔二一〕又奏：見奏稿九，題作『奏請議恤陣亡傷亡及在營病故各員弁摺(三月二十五日)』。按奏稿九該摺題注：『此件一九九五年嶽麓書社版頁末注：「此件原缺日期，現依曾氏家藏諭旨奏章的排列次序置於此。」現據臺灣「故宫博物院」先正曾國藩文獻彙編，以朱批之日作爲其日期。』按朱批之日顯然晚於上奏日期，依年譜近是。
〔二二〕馳摺：見奏稿九，題作『捻衆自山東回竄官軍追剿獲勝摺』。
〔二三〕附片：見奏稿九，題作『近日調度剿捻各軍情形并擬在運河增堤置栅防堵片』。
〔二四〕馳摺：見奏稿九，題作『官軍分路剿辦竄擾曹徐淮泗兩股捻逆摺』。
〔二五〕附片：見奏稿九，題作『查勘運河各段設防片』。
〔二六〕馳摺：見奏稿九，題作『官軍分路剿辦竄擾曹徐淮泗各股捻逆摺』。
〔二七〕附片：見奏稿九，題作『會商分兵防守黄運兩河保全運東完善之區片』。
〔二八〕馳摺：見奏稿九，題作『奏報近日剿捻軍情及檄調各軍防剿事宜摺』。

〔二九〕附片：見奏稿九，題作『奏陳聚兵防河請飭李鶴年暫駐汴梁調兵先辦朱仙鎮以北防務片』。

〔三〇〕馳摺：見奏稿九，題作『運河水勢陡漲暫緩防河任賴捻逆回竄東路擬調兵分投剿辦摺』。

〔三一〕公病：據日記載，曾公於二十二日即已發病，云：『體中甚覺不適，筋骨酸疼，畏寒頭疼，因加棉衣，蓋兩被。自酉正睡至四更，微汗，稍覺輕鬆。呻吟甚久，狼狽之至。衰病催迫，萬難當此巨任矣。』

〔三二〕馳摺：見奏稿九，題作『潘鼎新一軍迎剿捻逆獲勝任賴股匪西竄賈魯河仍可辦理河防摺』。

〔三三〕附片：見奏稿九，題作『江蘇補用知縣譚鰲因公溺斃請恤片』。

〔三四〕又片：見奏稿九，題作『湘軍劉松山張詩日軍剿捻大勝并臣患病稽延數日片』。

〔三五〕馳摺：見奏稿九，題作『湘軍在西華上蔡等處迎剿張逆四獲勝仗摺』。

〔三六〕附片：見奏稿九，題作『因病請假一月在營調理片』。

〔三七〕又片：見奏稿九，題作『調度各軍堵截追剿任賴張牛兩大股竄捻及防河布署軍情片』。

〔三八〕又附片：見奏稿九，題作『金陵克後奏保五案請免逐員加考片』。

〔三九〕馳摺：見奏稿九，題作『捻股東竄河防無成現正派軍追剿力圖挽救摺』。

〔四〇〕附片：見奏稿九，題作『密陳捻匪四竄追逐無功請派李鴻章曾國荃等聯絡會剿片』。

〔四一〕又片：見奏稿九，題作『密陳防河無成捻匪合股東竄請寬宥有關撫臣徐圖補救片』。

〔四二〕又片：見奏稿九，題作『調馬德順帶馬隊來豫助剿餉銀由浙協籌片』。

〔四三〕又具摺：見奏稿九，題作『查辦蒙亳宿阜民圩擒斬著名積捻摺』。

〔四四〕馳摺：見奏稿九，題作『官軍在新野南陽等處剿賊獲勝摺』。

〔四五〕又摺：見奏稿九，題作『淮勇劉潘二軍往來追剿捻賊迭獲勝仗并現籌防剿事宜摺』。

〔四六〕附片：見奏稿九，題作『奏請續假一月在營調理片』。

〔四七〕又具摺：見奏稿九，題作『水師各營報效銀兩懇請加廣本籍學額摺』。

〔四八〕附片：見奏稿九，題作『兵部右侍郎彭玉麟應得本任養廉銀悉數捐公片』。
〔四九〕劾官文公：家書二同治六年（一八六七）二月十三日諭紀澤云：『劾官之事，中外多不謂然。』
〔五〇〕馳摺：見奏稿九，題作『官軍追剿東西兩路捻逆摺』。
〔五一〕又摺：見奏稿九，題作『淮軍劉銘傳潘鼎新等部在鄆城等處追剿屢勝摺』。
〔五二〕又摺：見奏稿九，題作『病難速痊請開各缺仍留軍中效力摺』。
〔五三〕附片：見奏稿九，題作『剿捻無功請暫注銷封爵片』。
〔五四〕又具摺：見奏稿九，題作『奏爲節次陣亡及積勞病故各員弁請恤摺』。
〔五五〕又附片：見奏稿九，題作『密陳山東撫藩閻敬銘丁寶楨吏治軍務情形請旨開復處分片』。
〔五六〕又片：見奏稿九，題作『長江水師提督黄翼升巡視駐防水師并即回駐江寧片』。
〔五七〕寄諭：本日日記云：『是日接奉寄諭，嚴旨詰責，鬱抑久之。』
〔五八〕上諭：見清實録穆宗實録同治五年（一八六六）丙寅十月乙巳（二十日）『諭軍機大臣等』。
〔五九〕馳摺：見奏稿九，題作『恭報近日軍情并檄調鮑超劉松山二軍分路援剿捻逆摺』。
〔六〇〕附奏：見奏稿九，題作『奉到諭旨先行復陳片』。
〔六一〕又片：見奏稿九，題作『附陳追剿東西股捻軍情片』。
〔六二〕上諭：見清實録穆宗實録同治五年（一八六六）丙寅十一月丙辰朔『諭軍機大臣等』。又見奏稿九附録明諭　曾國藩仍江督本任李鴻章著授爲欽差大臣專辦剿捻事宜（十一月初六日）。
〔六三〕馳摺：見奏稿九，題作『酌籌西路軍務并派員辦理援秦剿捻霆營軍米摺』。
〔六四〕又摺：見奏稿九，題作『復陳病狀艱難請准不回江督本任仍命李鴻章暫行兼署摺』。
〔六五〕附片：見奏稿九，題作『繳送欽差大臣關防另刻木質關防暫用片』。
〔六六〕又片：見奏稿九，題作『陳東路近日剿捻軍情片』。

〔六七〕又附密片：見奏稿九，題作『附陳保奏賢員請旨簡放片』。

〔六八〕上諭：見清實録穆宗實録同治五年（一八六六）丙寅十一月戊寅（二十三日）『諭軍機大臣等』。又見奏稿九欽奉諭旨再陳下悃請開各缺摺。

〔六九〕馳摺：見奏稿九，題作『欽奉諭旨再陳下悃請開各缺摺』。

〔七〇〕附片：見奏稿九，題作『近日防剿東西兩路捻逆軍情片』。

〔七一〕具摺：見奏稿九，題作『劉銘傳軍攻克黄陂等處五案并保摺』。

〔七二〕附片：見奏稿九，題作『錢應溥隨軍營效力有功請賞加四品卿銜并予三品封典片』。

〔七三〕上諭：見清實録穆宗實録同治五年（一八六六）丙寅十二月甲午（初九日）『諭軍機大臣等』。又見奏稿九遵旨暫回本任仍駐徐州并再瀝陳下悃摺（十二月二十一日）。

〔七四〕馳摺：見奏稿九，題作『遵旨暫回本任仍駐徐州并再瀝陳下悃摺』。

〔七五〕附片：見奏稿九，題作『鮑超劉銘傳等軍追剿東西捻股片』。

〔七六〕具摺：見奏稿九，題作『江西南康縣查辦案内充公田産分析辦竣摺』。

〔七七〕又奏：見奏稿九，題作『劉松山等軍在上蔡等處迭獲大勝請奬摺』。

〔七八〕附片：見奏稿九，題作『皖軍餉低飢困已久懇准撫臣英翰請酌提丁漕充餉片』。

〔七九〕又片：見奏稿九，題作『容閎赴西洋采辦鐵廠機器有功請予奬勵片』。

〔八〇〕又片：見奏稿九，題作『嚴參知縣沈鐮貪殘害民斂錢肥私請旨即行革職永不叙用片』。

〔八一〕濂：嚴參知縣沈鐮貪殘害民斂錢肥私請旨即行革職永不叙用片作『鐮』。

〔八二〕上諭：見清實録穆宗實録同治五年（一八六六）丙寅十一月戊辰（十三日）『諭内閣』。

〔八三〕馳摺：見奏稿九，題作『奏報回駐徐州恭接兩江總督兩淮鹽政及通商欽差大臣關防印信日期摺』。

〔八四〕附片：見奏稿九，題作『彙報近日鄂省圍剿捻賊軍情并懇留鮑超軍於豫西防任賴捻股西竄暫緩援秦片』。

〔八五〕又片：見奏稿九，題作『兵部右侍郎彭玉麟懇辭獎叙片』。
〔八六〕上諭：見清實録穆宗實録同治六年(一八六七)丁卯正月己卯(二十四日)『諭軍機大臣等』。又見奏稿九附録廷寄　著曾國藩回駐金陵一切軍情及調度事宜仍與李鴻章咨商并速飭鮑超軍入陝不得延宕(正月二十七日)。
〔八七〕專摺：見奏稿九，題作『恭謝年終賞賜摺』。
〔八八〕又奏：見奏稿九，題作『造報歷年軍需收支款目分四案開列清單奏請報銷摺』。
〔八九〕附片：見奏稿九，題作『動用安徽抵徵款目乞准援例請銷片』。
〔九〇〕又片：見奏稿九，題作『江忠義席寶田兩軍前此自湘援贛所領餉項請統歸江西彙總造報核銷片』。
〔九一〕又片：見奏稿九，題作『處理清發同治三年六月前湘軍欠餉報銷片』。
〔九二〕又奏：見奏稿九，題作『新授江蘇藩司丁日昌因公請准暫緩陛見片』。
〔九三〕馳摺：見奏稿九，題作『遵旨移駐金陵奏報起程日期摺』。
〔九四〕又摺：見奏稿九，題作『奉旨發交臣營委用各員發往各路差遣摺』。
〔九五〕附片：見奏稿九，題作『祝塏才具堪濟時艱上年密保有據現該員在豫隨李鴻章差遣片』。
〔九六〕又片：見奏稿九，題作『甘肅鞏秦階道金國琛開缺終養片』。
〔九七〕又片：見奏稿九，題作『張錫嶸志行超絶在陝臨陣捐軀奏懇加恩其子片』。
〔九八〕又奏：見奏稿九，題作『提鎮大員張樹珊殉節疆場請循例宣付史館立傳并在周家口建立專祠片』。
〔九九〕又摺：見奏稿九，題作『據咨奏參彭鮑軍營滋事人員以肅營規摺』。
〔一〇〇〕馳摺：見奏稿九，題作『恭報回駐金陵日期并陳近日湖北陝西軍情及劉松山援秦迭勝摺』。
〔一〇一〕附片：見奏稿九，題作『通籌撥解協濟陝甘軍餉片』。
〔一〇二〕馳奏：見奏稿九，題作『鮑超在鄂力戰引發舊傷新疾甚重請准酌調婁雲慶南來接統霆軍摺』。
〔一〇三〕附片：見奏稿九，題作『奏請酌留解部之江海關洋稅二成以濟要需片』。

〔一〇四〕專摺：見奏稿九，題作『恭謝天恩摺』。

〔一〇五〕又奏：見奏稿九，題作『遵照部定新章甄别各道府州縣官摺』。

〔一〇六〕禱於甘露：據本月日記所載禱於甘露庵事乃在二十一日至二十五日，此前求雨在所居屋後花園中進行，蓋始於本月十五日，故本條所載似誤。

〔一〇七〕十六日：據各奏摺日期當作『十五日』。

〔一〇八〕馳奏：見奏稿九，題作『查圩緝捻一案續行開單奏結摺（五月十五日）』。

〔一〇九〕附片：見奏稿九，題作『近日軍情并呈報亢旱堪虞片（五月十五日）』。

〔一一〇〕又摺：見奏稿九，題作『本年江南鄉試依限舉行摺（五月十五日）』『丁卯科武闈鄉試一律舉行片（五月十五日）』。

〔一一一〕又片：見奏稿九，題作『王家璧請以四五品京堂候補片（五月十五日）』。

〔一一二〕連日步出禱雨：據本月日記所載：自本月初二起至二十一日，曾公每天均往甘露庵禱雨。

〔一一三〕十九日：據本月日記所載『公詣靈谷寺取水』在『十八日』。又二十一日日記云：『蓋請水四次均有靈驗：四月廿一日雨亭取水，五月十八余取水，均得大雨；初二日省三取水，十五日曉蓮取水，均得小雨。』

〔一一四〕二十日：據本月日記所載事在『二十一日』。

〔一一五〕上諭：見奏稿九奉旨補授大學士仍留兩江總督之任恭謝天恩摺（六月十八日）引。

〔一一六〕初十日：據奉旨補授大學士仍留兩江總督之任恭謝天恩摺時間在六月十八日。

〔一一七〕專摺：見奏稿九，題作『奉旨補授大學士仍留兩江總督之任恭謝天恩摺（六月十八日）』。

〔一一八〕又摺：見奏稿九，題作『提督鮑超傷疾深重懇恩准令回籍養病摺』。

〔一一九〕附片：見奏稿九，題作『黄翼升馳赴射陽湖駐紮蘇皖兩省大沛甘霖片』。

〔一二〇〕又片：見奏稿九，題作『江寧省城昭忠祠合祀楚軍水陸各營片』。

〔一二一〕又摺：見奏稿九，題作『江南鄉試請旨簡派學政監臨摺』。

〔一二二〕又奏：見奏稿九，題作『本年軍政届期仍擬展緩舉辦摺』。
〔一二三〕專摺：見奏稿九，題作『查明江南江北糧臺收支軍需各款報銷摺』。
〔一二四〕馳奏：見奏稿九，題作『霆字全軍分別撤留并檄婁雲慶另募新軍防剿摺』。
〔一二五〕又奏：見奏稿九，題作『籌撥直隸安徽協款及試辦興復淮瀆摺』。
〔一二六〕附片：見奏稿九，題作『籌撥江南織造丁卯大運銀兩及大婚皇后需用之件片』。
〔一二七〕具摺：見奏稿九，題作『遵照部定新章甄別勞績保奏之知府知縣摺』。
〔一二八〕續奏：見奏稿九，題作『兩江采訪忠義第二十八案奏請旌恤摺』。
〔一二九〕附片：見奏稿九，題作『馮標傷發病故奏請議恤片』。
〔一三〇〕專摺：見奏稿九，題作『江南同治丁卯武闈鄉試事竣會銜具報摺』。
〔一三一〕專摺：見奏稿九，題作『查明江北糧臺捐造炮船報銷摺』。
〔一三二〕又奏：見奏稿九，題作『查明徐州善後局收支造册奏銷摺』。
〔一三三〕又摺：見奏稿九，題作『江都虹橋鄉殉難官紳士民婦女請恤片』。
〔一三四〕馳摺：見奏稿九，題作『遵旨預籌與外國修約事宜密陳愚見以備采擇摺』。
〔一三五〕奏……情形：見奏稿九，題作『奏報本年江北新漕徵解實數及籌辦來歲漕糧情形并擬改由海運摺』。
〔一三六〕又奏：見奏稿九，題作『籌解來年協甘餉銀及協濟清淮軍餉情形摺』。
〔一三七〕又摺：見奏稿九，題作『金陵建立軍營官紳昭忠三祠摺』。
〔一三八〕附片：見奏稿九，題作『李友張闔門殉難請恤片』。
〔一三九〕上諭：見清實録穆宗實録同治六年（一八六七）丁卯十二月辛丑（二十二日）『諭内閣』。
〔一四〇〕專摺：見奏稿十，題作『加賞雲騎尉世職謝恩摺』。
〔一四一〕又摺：見奏稿十，題作『賞福字等項謝恩摺』。

〔一四二〕密考學政聲名：檢奏稿十未見有『密考學政聲名』，僅有密陳提鎮司道知府等官考語摺，疑此條有誤。
〔一四三〕又奏：見奏稿十，題作『江蘇臬司李鴻裔患病給假調理摺』。
〔一四四〕馳奏：見奏稿十，題作『擬補長江水師各缺并續陳未盡事宜摺』。
〔一四五〕又摺：見奏稿十，題作『宣化鎮總兵張詩日積勞病故請恤并請旨簡放遺缺摺』。
〔一四六〕又奏：見奏稿十，題作『同治六年江北冬漕并歸海運詳議辦理章程摺』。
〔一四七〕附片：見奏稿十，題作『淮揚通三屬漕糧除截撥兵米外應徵米數片』。
〔一四八〕又片：見奏稿十，題作『奏報協濟甘餉分解左宗棠穆圖善軍營情形片』。
〔一四九〕附片：見奏稿十，題作『武職各官大銜借補小缺請旨飭部核議片』。
〔一五〇〕又片：見奏稿十，題作『密保王可陞易致中簡放總兵片』。
〔一五一〕靈谷龍神祠碑記：見詩文，題作『靈穀龍神廟碑記』。
〔一五二〕奏結：見奏稿十，題作『審擬鮑超霆營勇夫在湖北東津灣鬨餉肇釁搶掠一案查辦營哨各官摺』。
〔一五三〕又奏：見奏稿十，題作『擬赴上海查閱鐵廠製造輪船片』。
〔一五四〕爲詩紀之：見詩集，題作『游金山觀東坡玉帶詩』。
〔一五五〕上諭：據清實録穆宗實録同治七年（一八六八）戊辰四月壬寅（二十四日）『諭吏部』及奏稿十恭謝授給武英殿大學士恩摺（五月初八日）所載，其時間應在四月二十四日，而非閏四月初八。
〔一五六〕會奏：見奏稿十，題作『奉旨籌撥直隸剿捻軍餉及近年協撥陝甘軍餉情形摺』。按該摺與丁日昌會銜具奏。
〔一五七〕又奏：見奏稿十，題作『遵旨酌提制錢解津謹陳大概情形摺』。按該摺與丁日昌會銜。
〔一五八〕附片：見奏稿十，題作『蘇省輪船不適用外洋擬派閩省輪船移緩就急片』。
〔一五九〕專奏：見奏稿十，題作『遵旨催劉銘傳赴營并密奏實情片』。
〔一六〇〕專摺：見奏稿十，題作『恭謝授給武英殿大學士恩摺』。

〔一六一〕附片：見奏稿十，題作『現籌圈制捻逆檄調水師分段設防凡提鎮大員出境北援及湘軍招募新勇馬步北上請飭沿途督撫知照以利遄行片』。

〔一六二〕專摺：見奏稿十，題作『江北水災賑濟災民實用銀兩錢米數目報銷摺』。

〔一六三〕又摺：見奏稿十，題作『江蘇臬司李鴻裔病難速痊奏請開缺調理摺』。按該摺與丁日昌會銜。

〔一六四〕又摺：見奏稿十，題作『請准直隸正定鎮總兵婁雲慶開缺回籍養親摺』。

〔一六五〕附片：見奏稿十，題作『密陳直隸正定鎮總兵之缺請在譚勝達王衍慶二人中簡授片』。

〔一六六〕又摺：見奏稿十，題作『兩江采訪忠義第二十九案請恤摺』。

〔一六七〕附片：見奏稿十，題作『張運桂生前功績卓著請祔祀湖南張運蘭專祠片』。

〔一六八〕又奏：見奏稿十，題作『常州陽湖縣史承簡一門殉難請建專祠片』與『前鳳臺知縣孟煊官全椒八年德政卓然迎剿力戰陣亡請在全椒建立專祠片』。

〔一六九〕上諭：清實録穆宗實録同治七年（一八六八）戊辰秋七月乙酉（初十日）『諭内閣』，又見奏稿十恭謝從優議叙恩摺（八月初六日）。按初十日上諭不當爲接旨時間。

〔一七〇〕揚州民……會訊：據日記所載，事在同治七年七月二十至二十一日。

〔一七一〕專摺：見奏稿十，題作『洩漏機密自請議處摺』。

〔一七二〕又摺：見奏稿十，題作『預籌裁撤湘淮軍經費摺』。

〔一七三〕又摺：見奏稿十，題作『遵查運河水志情形摺』。按該摺與張之萬、丁日昌會銜。

〔一七四〕又摺：見奏稿十，題作『續奏水陸各軍陣亡傷亡及病故各員弁請恤摺』。

〔一七五〕附片：見奏稿十，題作『候補道潘鴻熹積勞病故請予從優議恤片』。

〔一七六〕又摺：見奏稿十，題作『奏陳江寧府屬查出熟田試辦抵徵情形摺』。

〔一七七〕二十七日：誤。按清實録穆宗實録同治七年（一八六八）戊辰秋七月乙未（二十日）『諭軍機大臣等』云：『調兩江總督曾國藩爲直隸總督，閩浙總督馬新貽爲兩江總督，以福州將軍英桂爲閩浙總督，正藍旗漢軍都統文煜爲福州將軍。』又奏稿十恭奉調補直隸總督并擬入京陛見謝恩聽訓摺（同治七年八月初六日）載：『同治七年七月二十日内閣奉上諭：「曾國藩著調補直隸總督。」』又高尚舉主編馬新貽文案集録補授兩江總督兼通商大臣謝恩摺（同治七年八月十九日）載作：『十三日濟寧途次恭閱邸抄：同治七年七月二十一日内閣奉上諭：「兩江總督著馬新貽調補，毋庸來京請訓。欽此。」』按『二十一日』蓋爲邸抄刊登諭旨日期，而被誤作諭旨日期。故本條不當繫於此。

〔一七八〕專摺：見奏稿十，題作『恭謝從優議叙恩摺』。

〔一七九〕附片：見奏稿十，題作『附陳服中帶兵未能終制及未盡職守等情片』。

〔一八〇〕奏報：見奏稿十，題作『奏陳新造輪船及上海機器局籌辦情形摺』。

〔一八一〕附片：見奏稿十，題作『請准金陵善後總局用款免其造册報銷片』及『金陵善後捐輸及淮商捐助軍餉各員請奬摺』。

〔一八二〕又片：見奏稿十，題作『魏棟等在彭玉麟糧臺辦事出力人員請奬片』。按船廠委員請奬事在奏陳新造輪船及上海機器局籌辦情形摺中，本條混兩摺爲一摺。

〔一八三〕一摺：該摺奏稿十未收，僅見附録廷寄　答滎工漫水各情著即會商培築運河東西兩堤以防洪湖水患等事（九月二十九日）。

〔一八四〕具摺：見奏稿十，題作『奏報交卸總督篆務及通商鹽政關防印信日期摺』。

〔一八五〕又具摺：見奏稿十，題作『請禁川鹽私行楚省收復淮南銷鹽引地摺』。

〔一八六〕附片：見奏稿十，題作『陝甘協餉請歸湖北轉解片』。

〔一八七〕又摺：見奏稿十，題作『鄒鳴鶴在籍殉難請予優恤摺』。

〔一八八〕又奏：見奏稿十，題作『已故副將柳壽田請恤片』。

〔一八九〕專奏：見奏稿十，題作『彙陳湘軍第五案軍需款目報銷摺』。

〔一九〇〕又具摺：見奏稿十，題作『籌議江蘇水師事宜摺』。

〔一九一〕又摺：見奏稿十，題作『武職大銜借補小缺章程摺』。

〔一九二〕又摺：見奏稿十，題作『奏明江淮等屬歷年墊付支應兵差添設臺站錢糧款項酌擬辦法以清交代摺』。

〔一九三〕附片：見奏稿十，題作『附陳補發各軍欠餉情形片』。

〔一九四〕又片：見奏稿十，題作『內務府傳辦要件請統歸內務府大臣行文督撫以符定制片』。

〔一九五〕又片：見奏稿十，題作『謹陳經手事竣啓程北上日期片』。

〔一九六〕遞摺：見奏稿十，題作『恭謝賞賜紫禁城騎馬恩摺』。

〔一九七〕會奏：奏稿十未收。

〔一九八〕遞摺：奏稿十未收。

〔一九九〕遞摺：見奏稿十，題作『略陳直隸應辦事宜并請酌調人才酌撥銀兩摺』。

〔二〇〇〕一摺：見奏稿十，題作『恭報到任日期摺』。

〔二〇一〕附片：見奏稿十，題作『請准借撥户部銀兩舉辦永定河工片』。

〔二〇二〕清訟事宜：見詩文雜著，題作『直隸清訟事宜十條』。

〔二〇三〕具摺：見奏稿十，題作『請准安州等州縣同治七年積澇大窪地畝減免糧租摺』。

〔二〇四〕又奏：見奏稿十，題作『同治三年六月以後大名糧臺支發各款報銷片』。

〔二〇五〕限期功過章程：見詩文雜著，題作『直隸清訟限期功過章程』。

〔二〇六〕摺奏：見奏稿十，題作『復陳張樹聲請暫留任直隸臬司情由摺』。

〔二〇七〕又摺：見奏稿十，題作『參劾直隸劣員并報賢員摺』。

〔二〇八〕又奏：見奏稿十，題作『彙陳永定南北運三河同治七年搶修銀數情形摺』。

〔二〇九〕專摺：見奏稿十，題作『出省查勘永定河南上等工日期片』。

〔二一〇〕奏報：本日所奏勘工回省日期摺，奏稿十缺收。奏稿十有附陳查勘南上等處河工情形片言及此事：『所有臣回省日期，謹附片具奏，伏乞皇上聖鑒。』

〔二一一〕又奏：見奏稿十，題作『深州等地殉難紳民婦女人等懇請旌恤摺』。

〔二一二〕專摺：見奏稿十，題作『遵旨籌議劉松山所部老湘營未可撤遣摺』。

〔二一三〕具摺：見奏稿十，題作『遵旨籌議直隸練軍事宜摺』。

〔二一四〕又摺：見奏稿十，題作『永定河工各案被參各員弁因功請予開復原參處分片』。

〔二一五〕附片：見奏稿十，題作『附陳趕修永定河工撥用長蘆復價銀三萬兩片』。

〔二一六〕初七日：底本作『初六日』，今據日記校改。按同治八年（一八六九）六月初七日日記云：『作客座示僚屬四條。旋傳見州、縣二員，與之久談。』

〔二一七〕奏……之弊：見奏稿十，題作『謹遵部議將長蘆總商按山東成案撤留試辦摺』。

〔二一八〕又摺：見奏稿十，題作『永定河北四下汛漫溢有關道廳汛員奏請參處并自請議處摺』。

〔二一九〕又奏：見奏稿十，題作『已故記名提督朱南桂請恤摺』『譚國泰因傷病故請恤片』。

〔二二〇〕奏調：見奏稿十，題作『彭楚漢請留直隸差委片』。

〔二二一〕神道碑銘二篇：見詩文，題作『李忠武公神道碑銘』『李勇毅公神道碑銘』。

〔二二二〕奏……籌辦：見奏稿十，題作『附陳永定河北四下汛漫口緩至秋後合龍情由片』。

〔二二三〕奏……章程：見奏稿十，題作『遵旨嚴拿二字會匪及酌議會哨章程摺』。

〔二二四〕奏……舉劾：見奏稿十，題作『續查直隸各員據實舉劾摺』。

〔二二五〕一摺：見奏稿十，題作『遵旨續議直隸試辦練軍事宜摺』。

〔二二六〕附片：見奏稿十一，題作『附陳銘軍仍請歸劉盛藻統領毋另派員接管片』。

〔二二七〕又片：見奏稿十一，題作『永定河道遺缺請暫委蔣春元署理片』。

〔二二八〕碑記：見詩文，題作『湘鄉昭忠祠記』。

〔二二九〕奏……第四案：見奏稿十一，題作『安平等縣陣亡殉難紳民婦女請予旌恤摺』。

〔二三〇〕具摺：見奏稿十一，題作『據情核明永定河工程酌議辦法請撥款項摺』。

〔二三一〕附片：見奏稿十一，題作『請飭部核議加撥永定河每年額修工程銀兩片』。

〔二三二〕神道碑：見詩文，題作『羅忠節公神道碑銘』。

〔二三三〕奏報：見奏稿十一，題作『預報出省查勘北下汛合龍日期片』。

〔二三四〕奏……十條：見奏稿十一，題作『長蘆鹽務按照部議十條分條復奏摺』。

〔二三五〕又摺：見奏稿十一，題作『奏陳直境各州縣本年秋禾水旱雹風災歉情形摺』。

〔二三六〕附片：見奏稿十一，題作『查勘永定河工程及回省日期片』。

〔二三七〕又奏：見奏稿十一，題作『清苑等縣陣亡殉難紳民婦女懇請旌恤摺』。

〔二三八〕具摺：見奏稿十一，題作『蘆綱憊累請減成本摺』。

〔二三九〕又摺：見奏稿十一，題作『永定河北四下汛合龍請將被參各員悉予開復片』。

〔二四〇〕具摺：見奏稿十一，題作『遵旨復陳臬司史念祖操守情形摺』。

〔二四一〕墓表：據本月日記所載，該文始作於本月初五日至初八日，因不滿意，故於同治十年（一八七一）七月初四日至初七日又重作，題爲『大界墓表』（見詩文）。

〔二四二〕奏……請恤：見奏稿十一，題作『提督劉克仁在營立功後身故請加恩予謚議恤摺』『記名提督劉盛瑺在營立功後身故請恤片』。

〔二四三〕奏……散放：見奏稿十一，題作『查明畿南所屬灾歉輕重來春應行賑恤酌擬辦法摺』。

〔二四四〕附片：見奏稿十一，題作『升任臬司錢鼎銘現辦賑務請展緩陛見片』。

〔二四五〕又摺：見奏稿十一，題作『滹沱河改道北流各屬被害亟應設法修治摺』。

曾文正公年譜卷十二

庚午　同治九年（一八七〇），公六十歲。

正月十六日，專摺〔一〕奏年終密考。又奏〔二〕永定河工借撥運庫銀兩，請於應解京餉項内照數扣還。

二十四日，核直隸練軍馬隊章程〔三〕。

委陳蘭彬前往大名助辦賑貸。

是月，劉忠壯公松山在甘肅攻剿回逆於金積堡陣亡，其兄子錦棠接領其軍。

二月初二日，專摺〔四〕奏謝年終恩賞。又奏〔五〕直隸清理積獄舊案陸續完竣，新案辦理就緒。計審結并注銷之案四萬一千餘起，多年塵牘爲之一清。請將勤奮之員，酌予奬勵。又奏〔六〕州縣留支銀兩，請免提解四成，俾地方官有辦公之資，以爲振興吏治之助。又奏〔七〕直隸州縣應付兵差款項，酌議報銷。

二十一日，專摺〔八〕奏謝京察從優議叙恩。

又奏〔九〕湘、淮各軍勦捻軍需第一案報銷。附片〔一〇〕報洋槍洋炮教練勇糧款目附案請銷。

又具摺〔一一〕奏提督劉松山宣力最久，忠勇邁倫，力攻回寨，受傷殞命，謹臚陳事迹，請宣付史館，并於本籍建立專祠。

三月初五日，出城詣劉孝子墓〔一二〕及楊忠愍公祠。

初十日，奏〔一三〕直隸留防兵勇收支餉項，截數報銷。

二十九日，奏報〔一四〕『永定河凌汛安瀾』一摺。又奏〔一五〕『覆核部駁保案』一摺。又奏〔一六〕采訪節義第六案。

公自入春以來，屢患目光昏蒙，而治公牘、覽書史未嘗少息，至是驗知右目已失明〔一七〕，於是閉目静坐之時爲多。

是月〔一八〕，公子紀澤入都，赴蔭生試。

四月十一日，改定練軍馬隊步隊營制〔一九〕。

十六日，奏試辦練軍〔二〇〕，酌定營制，比照湘勇、淮勇軍營舊章參酌增損，次第推行。又以官馬不如私馬，亦欲仿募勇章程，自養營馬以冀練成勁騎。附鈔〔二一〕呈步隊營制十條、馬隊營制六條。附片〔二二〕奏籌議口北三廳防務。

是日，公眩暈病作〔二三〕，甚劇。

旬日漸平。

二十一日，奏陳〔二四〕病狀，請假一月調理。

二十五日，公子紀澤試竣〔二五〕，吏部帶領引見，奉旨以員外郎分部行走，簽分户部陝西司。

五月初八日，專摺〔二六〕奏謝子紀澤授員外郎恩。

二十二日，奏病尚未痊，續假一月〔二七〕。又摺〔二八〕奏畿南賑貸辦理事竣，各地方官賠累已甚，請免報銷以示體恤。又摺〔二九〕奏保永定河工出力員弁，開單請奬。又奏〔三〇〕采訪節義第七案。

二十五日，奉上諭〔三一〕：『曾國藩著前赴天津查辦事件。欽此。』同日，奉上諭〔三二〕：

崇厚奏津郡民人與天主教起釁，現在設法彈壓，請派大員來津查辦一摺。曾國藩病尚未痊，本日已再行賞假一月。惟此案關係緊要，曾國藩精神如可支持，著前赴天津與崇厚會商，妥籌〔三三〕辦理。匪徒迷拐人口，挖眼剖心，實屬罪無可逭。既據供稱牽連教堂之人，如查有實據，自應與洋人指證明確，將匪犯按律懲辦，以除地方之害。至百姓聚衆將該領事毆死，并焚燬教堂，拆毁仁慈堂等處，此風亦不可長。著將爲首滋事之人查拿懲辦，俾昭公允。地方官如有辦理未協之處，亦應一并查明，毋稍迴護。曾國藩務當體察情形，迅速持平辦理。以順輿情而維大局。原摺著鈔給閲看〔三四〕。欽此。

先是，天津境内屢有迷拐幼孩之案，并有剖心挖眼之謡，署天津知府張光藻捦獲拐匪張拴、郭拐二名嚴辦。旋有民團拿獲匪徒武蘭珍，供出法國教堂之王三授以迷藥，由是津民與教民屢有争鬨之事。三口通商大臣崇厚約法國領事官豐大業來署，提犯人對質。於時謡言四起，人情洶洶。豐大業在崇厚署中施放洋槍，崇厚亟起避之。豐大業忿而走出，遇天津縣知縣劉杰，復用洋槍擊傷其家丁。津民見之者，遂毆斃豐大業，燒燬教堂等處，洋人及本地從教之民男、婦死者數十名口。此五月二十三日事也。

二十七日，奉上諭〔三五〕：

崇厚奏津郡民教起〔三六〕釁争毆，自請治罪，并請〔三七〕將地方官分別嚴議革職一摺。崇厚、周家勛、張光藻、劉杰，著先行交部分别議處。仍著曾國藩於抵津後，確切查明，嚴參具奏。至迷拐人口匪徒及爲首滋事人犯，均著嚴〔三八〕拿懲辦，并〔三九〕會同崇厚徹底根究，秉公辦理，毋稍偏徇。欽此。

二十九日，公覆陳一摺〔四〇〕，奏稱：

據天津鎮道來禀，武蘭珍所供之王三，業經弋獲，必須訊取確供。武蘭珍是否果爲王三所使？王三是否果爲教堂所養？挖眼剖心之説是否憑空謡傳？抑係確有證據？此兩者爲案中最要之關鍵，從此兩層悉心研鞫，力求平允，乃可服中外之心。諭旨飭臣前往，仍垂詢臣病。臣之目疾，係根本之病，將來必須開缺調理，不敢以病軀久居要職。至眩暈新得之病，現已十愈其八。臣不敢因病推諉，稍可支持，即當前往。一面先派道員博多、宏武等，迅速赴津，會同天津道、府詳訊辦理。

六月初一日，奉上諭〔四一〕：『曾國藩奏所稱案中最要關鍵等語，可謂切中事理，要言不煩。日内如可支持，即著前赴天津，會同崇厚悉心商辦。欽此。』

崇厚駐天津近十年，調停於民、教之間，人頗譏之。事變之後，崇公出示解散，有『嚴禁聚衆滋事』之語，由是怨聲載道。崇公尋奉旨充出使法國大臣，其三口通商大臣以大理卿成林署理。

初四日，公將啓行，書遺教一紙，其略云：『余自咸豐三年募勇之初，自誓效命疆場，今年老病軀，危難之際，斷不肯吝於一死以自負其初心。』

初六日，由保定啓行，宿高陽縣。

初七日，宿任邱縣。

具摺〔四二〕奏報起程日期，并稱：『與崇厚往返函商，擬先將俄國誤傷之三人及英、美兩國之講堂，速爲料理，不與法國一并議結，以免歧混。』

初八日，奉上諭〔四三〕：

此案起釁之由，因迷拐幼孩而起，總以有無確據爲最要關鍵，必須切實根究，則〔四四〕曲直既明，方可另籌辦法。至洋人傷斃多名〔四五〕，情節較重〔四六〕，若不將倡首滋事之犯懲辦，此事亦難了結。曾國藩擬將俄國人命，英、美講堂，先行議結〔四七〕，所見甚是。欽此。

初十日，公至天津。

津郡民團，舊有『水火會』名目，人數甚衆，怨崇厚公之護教，咸望公至，必力反崇公之所爲。公奉命之初，凡詣公條陳此事者，或欲藉津人義憤之衆以驅逐洋人，或欲聯合俄、英各國之交以專攻法國，或欲參劾崇厚以伸士民之氣，或欲調集兵勇以爲應敵之師。公意在堅保和局，不與洋人搆釁以致啓兵端。其函致崇公，則稱『有禍同當，有謗同分』之語。既至津郡，出示曉諭士民，仍不獎其義憤，且亦有『嚴戒滋事』之語。由是津人以怨崇公者怨公矣。公初至時，出令放告，投訴牒者數百人。查訊挖眼剖心，并無事實；而拐匪一案，拿到教堂之王三、安三等，皆市井無賴，供詞反覆狡展，不能定案。公亦令委員暫予緩訊，以爲洋人轉圜之地，但飭緝拿天津滋事之民。由是都門士大夫中，譏議紛然起矣。

十一日，接到法國洋官照會一件，係都中洋人由總理衙門轉遞來津，詞氣尚順。

十二日,英國洋人來見。

十三日,美國洋人來見。

十四日,内閣學士宋晋奏〔四八〕和局固宜保全,民心未可稍失,請布置海口防兵,兼婉諭各國,以爲解散約從之策。奉旨〔四九〕令公酌量辦理,據實奏聞。

十六日,公咨覆總理衙門,爲洋人力辨挖眼剖心之誣〔五〇〕。

十八日,專摺〔五一〕奏報永定河南岸五工漫口,自請議處,并請河員處分。

十九日,法國洋官羅淑亞來見。

二十一日,崇厚來言洋人將大興波瀾,有以府、縣官議抵之説,公峻詞拒之。

二十二日,洋官羅淑亞復來,詞氣凶悍。又來照會一件,有『請將府、縣官及提督陳國瑞抵命』之語。

二十三日,公將現在查辦情形照復洋人〔五二〕,并駁詰之。

是日,遂與崇厚公會奏〔五三〕,奏稱:

王三雖經供認授藥武蘭珍,然且時供時翻。仁慈堂查出男女,訊無被拐情事。至挖眼剖心,則全係謡傳,毫無實據。此等謡傳,不特天津有之,各省皆然。以理決之,必無是事。至津民所以生憤者,則亦有故:教堂終年扃閉,莫能窺測,其可疑者一;中國人民至仁慈堂治病,恒久留不出,其可疑者二;仁慈堂死人,有洗屍封眼之事,其可疑者三;仁慈堂所醫病人,雖親屬在内,不得相見,其可疑者四;堂中掩埋死人,有一棺而兩三屍者,其可疑者五。百姓積此五疑,衆怒遂不可遏。仰懇明降諭旨,通飭各省,俾知謡傳之説多係虚誣,以雪洋人之冤,以解士民之惑。現已將天津道、府、縣三員均撤任，聽候查辦。

又奏〔五四〕委丁壽昌署天津道，馬繩武署天津府，蕭世本署天津縣。又附片〔五五〕奏稱：『洋人照會，挾制多端，請將知府張光藻、知縣劉杰二員革職，交刑部治罪；陳國瑞現在京城，請交總理衙門就近查辦。』

公雅意不欲加罪於府、縣，是日乃勉徇崇厚之請會奏。此疏拜發之後，公意痛悔之，病勢漸劇。

二十四日，奉到上諭〔五六〕：

有人奏風聞津郡百姓焚燬教堂之日，由教堂内〔五七〕起有人眼、人心等物，呈交崇厚收執。該大臣於奏報時并未提及，且聞現已消滅等語。所奏是否實有其事？著曾國藩確切查明。等因。欽此。

又奉上諭〔五八〕：

崇厚已派出使法國，自應及早啓行。著曾國藩體察情形，如崇厚此時可以交卸，即著該侍郎先行〔五九〕來京陛見，以便即日起程。其〔六〇〕通商大臣事務，著曾國藩暫時接辦，俟成林〔六一〕到時，即行〔六二〕交卸。欽此。

二十五日，接洋人照會一件，仍執前説。

二十六日，公照復洋人〔六三〕，仍駁詰之。

是日，奉到上諭〔六四〕：

曾國藩、崇厚奏查明天津滋事大概情形一摺〔六五〕。另片奏請將天津府、縣革職治罪等語。已均照所請，明降諭旨宣示矣。曾國藩等〔六六〕此次陳奏各節，固爲消弭釁端、委曲求全起見。惟洋人詭譎性成，得步進步，若事事遂其所求，將來何所底止？是欲弭釁而仍不免起釁也。欽此。

公前疏力辨洋人之誣，又陳五『可疑』〔六七〕之端，意在持平立論。内閣鈔發奏稿，文理不全。都人士見之，謂公偏護洋人，遂以詆崇公者詆公矣。責問之書日數至，公惟自引咎，不欲以自明也。崇厚公每日一來行館，力主府、縣議抵之説。公方在病中，置不答。崇厚乃馳奏〔六八〕法國勢將決裂，曾國藩病勢甚重，請由京另派重臣來津辦理。

二十八日，公覆陳〔六九〕諭旨垂詢之件，奏稱：

焚燬教堂之日，衆目昭彰，若有人眼、人心等物，豈崇厚一人所能消滅？其爲謠傳，已不待辨。至迷拐人口一節，實難保其必無。臣前奏請明諭力辨洋人之誣，而於迷拐一節，言之不實不盡，誠恐有礙和局。現在焚燬各處，已委員興修。王三、安三，該使堅索，已經釋放。查拿凶犯一節，已飭新任道、府拿獲九名，拷訊黨羽。惟羅淑亞欲將三人議抵，實難再允所求。府、縣本無大過，送交刑部已屬情輕法重。彼若不擬搆釁，則我所斷不能允者，當可徐徐自轉；彼若立意決裂，雖百請百從，仍難保其無事。崇厚與洋人交涉已久，應請留津會辦，暫緩來京。

又奏〔七〇〕稱：

中國目前之力，實難遽起兵端，惟有委曲求全之法。諭旨所示弭釁仍以啓釁，確中事理，且佩且悚。外國論强弱，不論是非。若中國有備，和議或稍易定。現令銘軍全隊，拔赴滄州一帶，稍資防禦。臣自帶兵以來，早矢效命疆場之志，今事雖急，病雖深，此心毫無顧畏，不肯因外國要挾，盡變常度。抑臣更有請者，時事雖極艱難，謀畫必須決斷。伏見道光庚子以後辦理夷務，失在朝和夕戰，無一定之至計，遂使外患漸深，不可收拾。皇上登極以來，外國盛强如故，惟賴守定和議，絕無改更，用能中外相安，十年無事。津郡此案，愚民憤激生變，初非臣僚有意挑釁。倘即從此動兵，則今年即能幸勝，明年彼必復來；天津即可支持，沿海勢難盡備。朝廷昭示大信，不開兵端，實天下生民之福。惟當時時設備，以爲立國之本，二者不可偏廢。臣以無備之故，辦理過柔，寸心抱疚，而區區愚慮不敢不略陳所見。

是日，接奉寄諭〔七一〕亦云：『張光藻、劉杰交部治罪已屬過當，若在津正法，萬難允准。等因。』

二十九日，奉到上諭〔七二〕：

據崇厚奏稱曾國藩觸發舊疾，病勢甚重，朝廷實深廑係。此案關係頗大，該督抱恙甚劇，恐照料或有未周，［本日］已諭令丁日昌星速赴津，［幫同該督］辦理。又以丁日昌由蘇赴京，即〔七三〕航海前來，至速亦〔七四〕須在旬日以外，［因］先派毛昶熙前赴天津會辦。惟該國兵船業已到津，意在開釁，［現亦］不可不預爲防範。已諭令李鴻章帶兵馳赴畿疆，候旨調派。等因。欽此。

又奉上諭〔七五〕：

曾國藩奏遵旨覆陳一摺〔七六〕。另片〔七七〕所陳善全和局，以爲保民之道；備豫不虞，以爲立國之本，甚屬曲中事理。即著該督堅持定見，悉心經理，用全大局。欽此。

七月初五日，毛公昶熙至天津，隨帶侍講吴元炳，刑部員外郎劉錫鴻，總理衙門章京陳欽、惲祖貽四員。公一見，皆歎异，以爲難得之才。

初七日，奏報〔七八〕永定河南岸五工續漫成口，再請議處。

英國洋官威妥瑪來天津，毛公昶熙約洋官會議。既集，陳欽按理抗辯，侃侃而談。洋人不能詰，羅淑亞猶執前説，徑行回京。崇厚亦奏疏自請入都陛見〔七九〕。

初九日，公與毛公會奏〔八〇〕羅淑亞回京緣由，請中外一體，堅持定見。并將連日在津會議問答情形咨報總理衙門。又奏〔八一〕請將福建船局購辦京米截留二萬石存儲津郡，以備李鴻章軍營及劉銘傳全軍之用。

時李公鴻章督軍至潼關，馳摺〔八二〕奏稱：『洋人照會内稱天津府、縣幫同行凶，主使動手等語。所聞得自何人？所查得有何據？必須將府、縣如何幫同主使證據交出，由中外大員會同提集〔該府、縣〕，當堂質訊，乃可以成信讞而服衆心。如果該府、縣等有實在重情，亦不能曲爲寬貸。』

十二日，奉上諭〔八三〕：『羅淑亞無理要挾，所請府、縣抵償一節，萬無允准之理。已傳諭錢鼎銘，將張光藻等解赴天津；并令曾國藩等取具該府、縣等親供，以期迅速了結。欽此。』

十三日，奉上諭〔八四〕：『崇厚著即來京。三口通商大臣，著毛昶熙暫行署理。欽此。』

丁公日昌奉旨啓行北上，馳摺〔八五〕奏稱：『自古以來，局外之議論，不諒局中之艱難。然一唱百和，亦足以熒聽而撓大計，卒之事勢決裂，國家受無窮之累，而局外不與其禍，反得力持清議之名。臣每讀書至此，不禁痛哭流涕。現在事機緊急，守備則萬不可缺。至於或戰或和，應由宸衷獨斷，不可爲衆論所摇。』又稱〔八六〕：『百姓紛紛聚衆，地方官不能認真彈壓，過誤似亦不輕。』

十六日，奉上諭〔八七〕：

該使臣非理之求，斷難遷就；而於近情之請，必當趕緊辦理，以示誠信。此時如將下手滋事之犯按律懲辦，則洋人自不至節外生枝，再歸咎於府、縣。等因。欽此。

十九日，公奏〔八八〕奉諭旨，檄催劉銘傳赴直隸統帶銘軍，并陳明江面水師與洋面不同，彭玉麟、楊岳斌在籍情形，因及捍禦外侮，徐圖自强之法。

二十日，奉上諭〔八九〕：

軍機大臣呈遞直隸按察使錢鼎銘禀函，不勝詫异。張光藻、劉杰，以奉旨治罪人員，即使患病屬實，亦應在天津聽候查辦。乃該革員等，一赴順德，一赴密雲，捏病遠避，尚復成何事體？朝廷令該革員赴津，實曲示保全之意。乃皆不能體會，置身事外。曾國藩率行給假他出，實屬不知緩急。等因。欽此。

二十三日，奉上諭〔九〇〕：

近來内外臣工，往往遇事機緊急，徒事張皇，迨禍患略平，則又泄沓成風。爲目前苟安之計，即使創立戰守章程，而在事諸臣奉行不力，有名無實，遂使朝廷深謀遠慮均屬具文。似此因循成習，何時可冀自强？何時可平外患？宵旰焦憂，無時或釋。欽此。

二十五日，劉杰到案。

丁公日昌到天津。即日懸賞勒限緝拿凶犯。

二十六日，奉上諭〔九一〕：

　　該督到津後統籌全局，次第辦理，其中委曲求全、萬不得已之苦衷，在稍達事理者，自無不諒。刻下府、縣一層堅持定見，當可就我範圍。如能將爲首滋事及下手之人嚴拿務獲，訊取確供，按律議抵，大局似可麤定。欽此。

二十七日，張光藻到案。

三十日，公與毛公會奏〔九二〕『已革天津府縣到津日期』一摺，奏稱：

　　該員自六月十六日撤任，即行請假。臣見其本無大過，故允其所請。其後奉到諭旨，即飛檄催提，目下均已到案。頃接總理衙門來信，云有法國照會言及該府縣主使證據，現飭同文館繙譯，應俟譯文寄津，按照所指情節，逐一質訊，再行取具親供，録送核辦。至查拿凶犯，現已獲三十七名，仍嚴飭盡數弋獲，從嚴懲辦，以杜外患。

八月初二日，總理衙門奏『天津一案與洋人照會來往辯論情形』一摺〔九三〕，奉諭旨〔九四〕鈔寄，令公迅速緝凶，詳訊嚴辦，催取府、縣親供，及早結案。

兩江總督馬端敏公新貽猝遇行刺，因傷出缺。初四日，奉上諭〔九五〕：『曾國藩著調補兩江總督，直隸總督著李鴻章調補。欽此。』

初七日，公具摺〔九六〕恭謝天恩，并奏稱：

前在假期之内馳赴天津，實因津事重大，不敢推諉。臣目病甚重，往來文件，難以細閱，幕僚擬稿，難以核改。江南庶政殷繁，若以病軀承乏，貽誤必多。目下津案未結，仍當暫留會辦。一俟奏結後，即請開缺，安心調理。

又特奏保〔九七〕：

刑部郎中陳欽在總理衙門當差多年，於中外交涉情形洞悉本末。頃來天津，與洋人諍論，其辯才足以折服强悍，其誠心足以感動彼族。請以署理天津府知府，必收折衝禦侮之效。

又奏〔九八〕江南月協直隸餉銀截數報銷。

三口通商大臣成林到任。

初九日，陳欽、劉錫鴻、丁壽昌等會訊府、縣親供。

十一日，公與毛公昶熙、丁公日昌覆訊府、縣親供。

十二日，奉到上諭〔九九〕：

曾國藩奏瀝陳病目情形請另簡賢能畀以兩江重任一摺。兩江事務殷繁，職任綦重，曾國藩老成宿望，前在兩江多年，情形熟悉，措置咸宜，現雖目疾未痊，但能坐鎮其間，諸事自可就理。所請另簡賢能之處，著毋庸議，仍著俟津案奏結，即著前赴兩江總督之任，毋再固辭。欽此。

十四日，奏呈〔一〇〇〕府、縣親供，請交部核議，并稱拿獲滋事凶犯八十餘名，俟訊明會奏。

十七日，毛公昶熙回京師。

十八日，奉上諭〔一〇二〕：『此案爲日已久，若不趕緊辦結，必致易生枝節。著李鴻章馳赴天津，會同督飭承審各員，認真研鞫，及早擬結。欽此。』

二十三日，公具摺〔一〇三〕奏審明天津案内第一批人犯，分別定擬。又奏〔一〇四〕咨送覆訊府、縣供詞，并陳明該員解送刑部，恐難定限。又奏〔一〇五〕稱辦理遲延，自請交部嚴加議處。

劉公銘傳至天津。

二十五日，李公鴻章至天津。

二十七日，陳國瑞到案。

二十八日〔一〇六〕，奏已革天津府、縣解部起程日期，并鈔呈陳國瑞供詞〔一〇七〕。附片〔一〇八〕奏稱：

府、縣本無大過，張光藻尤著循聲。臣之初意，豈肯加以重咎？過聽浮議，舉措失宜，遽將府、縣奏交刑部。此疏朝上，夕已悔憾。外間物議，紛紛不平。此次該革員等入獄，誠恐洋人執臣原奏欲得而甘心，則臣之負疚愈深。請敕刑部細核供詞，從輕定議，以平天下吏民之情，臣亦稍釋隱憾。

并申陳各省民教滋事實情，籌議預杜後患之法。

二十九日，奏開缺臬司史念祖請授以實缺〔一〇八〕。并陳軍營保舉記名人員，現經部議新章，保至藩、臬者，必先補道員，仍乞聖慈存記，每年於部章之外，特簡實缺數人，實振厲人材之道。

又奏〔一〇九〕天津道周家勛開缺，請以陳欽補授天津道缺。又代奏〔一一〇〕提督劉銘傳恭謝恩賞一摺。

九月初一日，奉上諭〔一一一〕：『陳國瑞所遞親供，既與津案并無干涉，毋庸再令總理衙門刑部覈辦。欽此。』

初三日，丁公日昌回江蘇任。

初六日，公交卸關防印信。具摺〔一一二〕奏報卸篆日期。

又摺〔一一三〕奏報閩省采辦京米十萬石，全數驗收。附片〔一一四〕奏調前臺灣道吴大廷隨至江南綜理輪船操練事宜。

刑部奏已革天津府、縣二員，擬發往軍臺效力。

十一日，奉上諭〔一一五〕：『張光藻、劉杰均著從重改發黑龍江效力贖罪，以示懲警。欽此。』

是案刑部奏結，照例從重定擬，諭旨又以該員私往順德、密雲逗留藐玩，再行從重也。

是日，奉上諭〔一一六〕：『經此次嚴辦之後，各直省地方務當曉諭居民，安分守法，毋任再滋事端。遇有中外交涉事件，并須按照條約，持平妥辦。總期中外商民，彼此相安，以靖地方。欽此。』

十三日，奏續訊〔一一七〕天津案内第二批人犯分別定擬。附片〔一一八〕奏署天津道丁壽昌攝篆已久，情形熟悉，措置裕如，請即補授天津道缺。并稱已保臬司劉盛藻與丁壽昌分領銘軍，皆司道中難得之才，亦請簡放道員實缺。

公以本年壽六十，奉旨賜壽，由軍機處咨交到御書『勛高柱石』匾額一面、御書『福』『壽』字各一方、梵銅像一尊、紫檀嵌玉如意一柄、蟒袍一件、吉綢十件、綫縐十件。

十六日，專摺〔一一九〕奏謝天恩。

又具摺〔一二〇〕奏遵旨赴任懇請陛見，奏稱：

臣前承乏江南，初無治狀，荷蒙獎勵，慚感交并。欲勉從後命，則病軀難供驅策，必致隕越貽羞；欲自遂初衷，則聖恩已極優容，何敢再三瀆請？揆諸古人鞠躬盡瘁之義，一息尚存，不敢稍耽安逸。

附片〔一二一〕奏刑部主事陳蘭彬，有任重致遠之志，不避艱險，仍擬帶至江南，講求防海製器操練輪船之事。

又奏〔一二二〕前次奏結人犯内有穆巴一名，查無行凶實據，請予開釋。另將續獲范永一名，歸案正法，以示慎重人命之意。

二十三日，由天津啓行入都。公子紀鴻奉歐陽夫人并眷口由運河南旋，公子紀澤從入都。

二十五日，入都門。

二十六日，早朝召見於養心殿，奏對十數語。

二十七日，又召見，奏對十數語。

十月初一日，奉派入坤寧宮喫肉。
初三日，張光藻、劉杰來見。
初六日，軍機大臣傳旨催公赴江南任。
初九日，遞摺請訓，傳宣召見，奏對十數語。
初十日，朝賀萬壽聖節。
十一日，公六十初度日。
湖廣同鄉官設宴於會館以爲公壽。
十五日，啓行出都。
十八日，次雄縣。
藩司錢公鼎銘來見公。
二十六日，抵濟寧州。
登舟與眷口船相維南行。
閏十月十三日，抵清江浦。
十六日，泊揚州。
查勘瓜洲鹽棧。
二十日，行抵金陵，借寓巡道署。
二十二日，接受關防印信。

十一月初一日，專摺〔一二三〕奏報接印日期。

初三日，作家訓日課四條：一曰慎獨則心安，二曰主敬則身强，三曰求仁則人悅，四曰習勞則神欽。

江蘇巡撫丁公日昌丁母憂開缺，張公之萬奉旨授江蘇巡撫。

十一日，公奏派應寶時署江蘇藩司，并暫護巡撫印務。

十七日，奉到上諭〔一二四〕：『曾國藩著充辦理通商事務大臣。欽此。』

二十二日，丁公日昌扶柩回粵，舟過金陵，公往弔於舟次。

十二月初二日，專奏〔一二五〕本年輪應查閱營伍請展緩於明年舉行。又奏〔一二六〕丹陽、金壇兩縣本年仍辦抵徵。又奏〔一二七〕揚軍廳堤工報銷。

十六日，奏籌撥湖南、陝、甘軍餉，分別起解，以資接濟。

馬端敏公被戕後，凶犯張汶詳〔一二八〕即時捡獲，詔派漕督張之萬與將軍魁玉會訊。都下言官，累疏奏請推究主謀，欽命刑部尚書鄭敦謹前往金陵查訊。二十九日，鄭公抵金陵。

辛未　同治十年（一八七一），公六十一歲。

正月初三日，核江蘇水師續議章程。

十二日，具摺〔一二九〕奏欽奉諭旨籌議海防、江防事宜一摺。附片〔一三〇〕奏預籌日本通商修約章程。

又摺〔一三一〕奏陳河運艱難情形，請旨飭各督撫通籌運道全局，爲可久之規。附奏〔一三二〕到任未久，請展緩文武密考一案。

二十九日，公與鄭公敦謹奏結張汶詳行刺一案〔一三三〕，仍照魁玉、張之萬原擬罪名定擬。附片〔一三四〕覆奏犯供實無主使别情。

二月初二日，專摺〔一三五〕奏謝年終恩賞。又摺〔一三六〕奏湘、淮各軍剿捻軍需報銷第二案。

又摺〔一三七〕奏接到部議，覆陳淮南鹽引礙難增價情形。附片〔一三八〕請停止場商内河鹽厘。

十五日，監視張汶詳正法。

二十四日，具摺〔一三九〕奏詳議河運章程。

又奏〔一四〇〕已故督臣馬新貽請於本籍建祠。附報〔一四一〕張汶詳正法日期。

是月，安徽建平縣境有土匪起，尋捕平之。歐陽夫人病疫，踰月乃愈。

三月初六日，張公之萬來見公。

十九日，專摺〔一四二〕奏湖南永州、寶慶二府引地未便，改運粤鹽，并陳明楚省引地被川鹽侵占太甚，請飭部核議。又續奏〔一四三〕采訪忠義第四十三案。

四月十四日，作江寧府學碑記〔一四四〕。

十六日，專摺〔一四五〕奏年終密考學政聲名。又摺〔一四六〕奏江寧府屬田地科則尚未查清，仍辦抵徵。

李世忠、陳國瑞在揚州舟中鬬毆，江岸商民大嘩。公派委瓜洲鎮總兵吴家榜、候補道袁保慶查訊。

是月，大學士文端公倭仁卒於位。

五月初一日，李公瀚章出都，過金陵見公。

十一日，具摺〔一四七〕奏結李世忠、陳國瑞尋仇鬬毆一案，請將提督李世忠即行革職，勒令回籍，交地方官嚴加管束；提督陳國瑞以都司降補，勒令速回原籍，不准在揚州逗留。

二十日，作湖南文徵序。

六月初二日，公携酒就飲吴公廷棟之宅。

吴公僦寓金陵五年，居宅甚隘，年八十歲，足病不能行步，終日端坐一室，校書不輟。公每月必一再過訪，談論移時。公前官京師時，相與講學之友巋然獨存矣。

初八日，泛舟城北玄武湖，回入秦淮，見商民稍復業，爲之欣然。

時奉到文宗聖訓全部。十三日，專摺〔一四八〕謝恩。又代遞〔一四九〕在籍前任總督張亮基遺摺。又奏〔一五〇〕采訪忠義第四十四案。

二十五日，作臺洲墓表。

七月初三日，公與李公鴻章會奏〔一五一〕派委刑部主事陳蘭彬、江蘇同知容閎選帶聰穎子弟，前赴泰西各國肄習技藝。

從前斌椿、志剛、孫家穀等奉命游歷海外，親見各國軍政、船政，皆視爲身心性命之學，中國當師仿其意，精通其法。查照美國新立和約，擬先赴美國學習，計其程途，由東北太平洋乘坐輪船，徑達美國，月餘可到。已飭陳蘭彬、容閎二員酌議章程，所需經費，請飭下江海關於洋税項下按年指撥，勿使缺乏。并請飭下總理衙門，將該員所議章程酌核。

八月初一日，專摺〔一五二〕奏湘、淮各軍剿捻軍需報銷尾案。

十二日，赴校場大閲江寧省城督標兵四營、緑營選練新兵五營、留防湘勇二營。

十三日，登舟出省大閲。

十九日，至揚州。

校閲鹽捕二營，洋槍炮隊二營，奇兵、泰州、泰興、三江、興化等五營，留防淮勇三營。

二十一日，專摺〔一五三〕奏報查閲營伍日期。

二十八日，至清江浦。

閲清河漕標七營、淮揚鎮標九營、選練新兵一營。

九月初三日，登陸啓行赴徐州。

初八日，至徐州。
閱徐州鎮標中軍營、城守營、蕭縣營、選練新兵二營、淮勇二營。
十五日，迴清江舟次。
十九日，泊金山寺。
二十日，舟入丹陽。
閱鎮江營、淞北營、淞南營。
二十二日，至常州。
閱常州營、孟河營、靖江營。
二十六日，至常熟縣。
閱狼山、福山鎮標二營、水師四營。登福山以望洋面。
二十七日，詣周虞仲墓、先賢子游墓。
二十八日，至蘇州省城。
閱撫標兵三營、太湖二營、淮勇二營。
十月初六日，至松江府。
閱提標八營、選練新兵二營、洋槍隊三營。
初七日，至上海。
查閱鐵廠、輪船、機器。洋領事官來見。

十一日，至吴淞口。

閲吴淞、川沙、南彙等八營，外海艇船六營，内洋八團舢板五營，并閲輪船新陣鐵廠造成輪船四號：曰恬吉、曰威靖、曰操江、曰測海，皆公所命名也。

十三日，乘威靖船，且操且行。

十五日，改登測海船迴金陵署。

十一月初一日，專摺〔一五四〕奏查閲營伍事竣。開單舉劾〔一五五〕各營員弁。又奏〔一五六〕遵籌協濟畿輔賑米，擬由江南撥解銀兩赴津，以便糴貸。又奏〔一五七〕運河堤工報銷。

初十日，奏報〔一五八〕奥斯馬加國在滬换約事竣。

金陵新修督署成。二十二日，移入署。

二十九日，奏查〔一五九〕明李世忠在籍情形。又奏〔一六〇〕派大員前赴安徽查辦天長縣令馮至沂自盡一案。

十二月初八日，核定江蘇水師續議事宜。

十六日，何公璟調任江蘇巡撫，過金陵見公。

二十二日，奏〔一六一〕江蘇水師續議章程二十一條。

又奏〔一六二〕采訪忠義第四十五案。附片〔一六三〕密保江寧鹽巡道孫衣言可備藩臬之選。

公右目失明已兩年，見者咸以静息爲勸，而公昕夕孜孜，未嘗倦怠。身體有不適，恒守勿藥之戒。視生死之際，彌覺怡然無累。平生以宋儒義理爲主，而於訓詁、詞章二途，亦研精覃思，不遺餘力。處功名之際，則師老、莊之謙抑；持身型家，則尚禹、墨之儉勤。

是歲爲詩凡數首，爲文十餘篇。其自書日記，尤多痛自刻責之語。

壬申　同治十一年（一八七二），公六十二歲。

正月初二日，公訪吴公廷棟宅。

暢談學業，語及邸鈔倭文端公遺疏，交口稱之，謂倘非自撰，不能抒寫其心中所欲言。因語及昔年故交零落殆盡，黯然而别。

十四日，值宣宗忌辰。

公言道光三十年供職禮部，聞遺命立皇太子之信，即時馳赴淀園，恭遞如意。途次聞升遐確耗，倉黄悲慟。今忽忽已二十三年，不堪迴首，言已泫然。

二十三日，公病肝風動，右足麻木，良久乃復。

自上年定以每日讀資治通鑑，隨筆録其大事，以備遺忘。是日已至二百二十卷，因病輟筆。猶取宋元學案、理學宗傳等書，披覽大意。自謂身心一日不能閒也。

前河道總督蘇公廷魁，亦畨歲都門講學之友也。二十六日，公聞蘇公將過金陵，出城迎之，又病風動，舌蹇不能語，遂迴署，旋愈。

二十八日，蘇公廷魁至，見公。

是日，與李公瀚章會奏〔一六四〕『淮鹽行楚章程』一摺，奏稱：

近年淮南銷引日疲，存鹽壅積，無術疏通，楚省引界，幾被川鹺占盡。今欲於積重難返之後挽迴一二，暫分疆界，徐圖規復，俟滇、黔肅清以後，仍還淮引之舊。

公自肅清江面以來，首整鹽政，刊定章程。各岸設招商局，各省設督銷局，於瓜洲建總棧，商民稱便。八年之中，徵收課銀凡二千萬兩有奇。

公之在軍中也，公牘私函，皆親治之，不以假人。晚年多令幕友擬稿，公自核改而已。右目失明後，其最要者，猶不假人也。是月，作劉忠壯公墓志〔一六五〕，屬草稿三百餘字，遂成絶筆。其日記自咸豐八年六月起，至於易簀之日，猶書前一日日記，未嘗閒也。

二月初二日，公方閲案牘，握筆而病作，遂止。病旋已。

初四日，午後，公乃散步署西花圃，子紀澤從。公連呼足麻，扶掖迴書房端坐。三刻乃薨，是日戌時也。

金陵微雨，天色陰慘，忽火光燭城中，江寧、上元兩縣令驚出救火，卒無所見。見有紅光圓如鏡面，出天西南隅，良久漸微。江南士民巷哭。

事聞，上震悼，輟朝三日。奉上諭〔一六六〕：

大學士兩江總督曾國藩，學問純粹，器識深宏〔一六七〕，秉性忠誠，持躬清正。由翰林蒙宣宗成皇帝特達之知洊升卿貳。咸豐年間，創立楚軍，剿辦粤匪，轉戰數省，疊著勛勞。文宗顯皇帝優加擢用，補授兩江總督，命爲欽差大臣，督辦軍務。朕御極後，簡任綸扉，深資倚任。東南底定，厥功最多。江寧之捷，特加恩賞給一等毅勇侯，世襲罔替，并賞戴雙眼花翎。歷任兼圻，於地方利病，盡心籌畫，老成碩望，實爲股肱心膂之臣。方冀克享遐齡，長承恩眷，茲聞溘逝，震悼良深。曾國藩著追贈太傅；照大學士例賜恤；賞銀三千兩治喪，由江寧藩庫給發；

賜祭一壇，派穆騰阿前往致祭；加恩予謚『文正』，入祀京師昭忠祠、賢良祠，并於湖南原籍、江寧省城建立專祠；其生平政迹事實，宣付史館；任内一切處分，悉予開復；應得恤典，該衙門察例具奏；靈柩回籍時，著沿途地方官妥爲照料；其一等侯爵，即著伊子曾紀澤承襲，毋庸帶領引見；其餘子孫幾人，著何璟查明具奏，候朕〔一六八〕施恩，用示篤念忠良至意。欽此。

何公璟奉旨署兩江總督，馳奏臚陳勛績一摺。何公旋至江寧，哭殯受篆，馳奏查明子孫詳晰覆陳一摺。李公瀚章、英翰公先後具疏臚陳事迹。

四月二十八日，奉上諭〔一六九〕：

據何璟、英翰、李瀚章先後臚陳曾國藩歷年勛績，英翰、李瀚章并請於安徽、湖北省城建立專祠；又據何璟遵查該故督子孫詳晰覆奏，披覽之餘，彌增悼惜。曾國藩器識過人，盡瘁報國，當湘、鄂、江、皖軍務棘手之際，倡練水師，矢志滅賊。雖屢經困阨，堅忍卓絶，曾不少渝，卒能萬衆一心，削平逋寇。功成之後，寅畏小心，始終罔懈。其薦拔賢才，如恐不及，尤得『以人事君』之義。忠誠克效，功德在民，允宜叠沛恩施，以彰忠藎。曾國藩著於安徽、湖北省城建立專祠；此外立功省分，并著准其一并建祠。伊次子附貢生曾紀鴻、伊孫曾廣鈞，均著賞給舉人，准其一體會試；曾廣鎔著賞給員外郎，曾廣銓著賞給主事，均俟及歲時分部學習行走。何璟、英翰、李瀚章摺三件，均著宣付史館，用示眷念勛臣有加無已至意。欽此。

公弟國潢聞訃，自長沙馳至金陵臨喪，率公子紀澤、紀鴻扶柩回籍。

五月二十日，公之喪抵長沙省城。

六月十四日，出殯於南門外金盆嶺之陽。

劉公坤一尋奏請於江西省城建祠，奉旨允准。其明年二月，李公鴻章奏天津郡紳士沈兆澐等聯名稟請建已故督臣專祠以資報饗一摺，奉旨：『著照所請，該部知道。欽此。』

公之爲學，其大綱宗略見於所作王船山遺書序，而備見於聖哲畫像記。自登第以還，於學無所不窺，九經而外，諸子百氏之書，靡不規得要領。其於莊子、史記、漢書、資治通鑑、明史、文獻通考、五禮通考數種，尤篤好不厭，治之三反。平生爲詩、古文辭，雅不欲存稿，應手散佚。公子紀澤等料檢手澤，門人李鴻裔、黎庶昌等爲蒐輯於知故之家，凡得詩四卷、文十二卷。其存官署者，批諭奏章凡百二十卷，政迹批牘二十四卷，書札六十卷。其存家中者，日記三十四卷、尺牘五十卷、家書二十八卷，皆公親手迹也。在京師時，著有茶餘偶談若干卷，久佚。又爲曾氏家訓長編。其成者，朱子小學一卷、冠禮長編一卷、歷朝大事紀數卷、藩部表一卷，鈔輯鹽漕、河工、水利、賦役成案各若干卷。餘則臚列序目，未有成編。選録十八家詩鈔三十卷。出都以後，治軍臨官，不廢書史，著有孟子四類編、左氏分類事目、禮記章句校評、樸目雜記、周官雅訓雜記，各若干卷。選録經史百家雜鈔，分十一類，爲二十六卷。又爲古文簡本二卷、鳴原堂論文二卷。晚年衰病，猶日從事於經史，爲論語言仁類記一卷、易象類記一卷，通鑑大事記未成書。又選録古詩之得閒逸意者，自陶淵明至陸放翁六家爲六家詩鈔亦未克成書。門人王定安輯録公所爲經史評注爲師訓彙記若干卷，又掇公平生言行爲求闕齋弟子記四十卷。

同治十三年八月十三日，歐陽夫人薨。

十一月初五日，公子紀澤等改葬公於善化縣湘西平塘伏龍山之陽，乾山巽嚮爲塋，奉夫人柩合葬。

黎庶昌爲編年譜，記公行事，乃書其後曰：

年譜非古也，近世刊刻前賢專集，乃必爲年譜一編，以考訂其所作詩文之先後歲月，蓋本孟子誦詩讀書、論世知人之意，固無傷於稽古之雅。國朝阿文成公年譜，累數十百卷，可謂至多。其所紀載，則奏案與其政迹爲詳。吾師曾文正公，蓋世忠勛，薄海宗仰，身没之日，知與不知，得公楮墨者，莫不私什襲以珍之，公鏤板以傳之，所在風行，争以先睹爲快。竊恐數十載後，流風漸遠，見聞异辭，而於當日事迹原委，或無資以質證，亦門人故吏之責也。不揣固陋，按據近年所睹記，麤紀其大略。自道光中葉以還，天地干戈，廟堂咨儆，二十有餘年，人才之進退，寇亂之始末，洵時事得失之林，龜鑑所在，而我公所以樹聲建績、光輔中興者，或籌議稍迂，而成功甚奇；或發端至難，而取效甚遠；或任人立事，爲衆聽所駭怪，而徐服其精；或爲國忘軀，受萬口之詆訾，而所全實大。凡若此類，不敢忽焉。宫牆美富，何敢妄云窺見？惟後世讀公書者，諒亦有取於此云。

〔一〕專摺：見奏稿十一，題作『年終密考摺』。

〔二〕又奏：見奏稿十一，題作『永定河加撥銀兩在於運庫應解京餉内扣還片』。

〔三〕章程：見奏稿十一本年四月十六日酌定營制辦理練軍事宜摺附練軍馬隊章程。

〔四〕專摺：見奏稿十一，題作『恭謝年終賞福壽字恩摺』。

〔五〕又奏：見奏稿十一，題作『直隸清訟完竣請將辦理勤奮各員酌奬摺』。

〔六〕又奏：見奏稿十一，題作『直隸州縣留支銀兩請免提解四成摺』。

〔七〕又奏：見奏稿十一，題作『直隸各屬兵差報銷章程奏咨立案摺』。

〔八〕專摺：見奏稿十一，題作『京察優叙謝恩摺』。

〔九〕又奏：見奏稿十一，題作『湘淮各軍剿捻軍需四年閏五月起至五年底止報銷摺』。按該摺與李鴻章會銜。

〔一〇〕附片：見奏稿十一，題作『洋槍炮隊等項附案請銷片』。

〔一一〕又具摺：見奏稿十一，題作『臚陳提督劉松山事迹據稟轉奏摺』。

〔一二〕劉孝子墓：日記同治九年三月初五日載：『劉名光顯，負販貧苦，而養母必豐。母死，鬻女乃能吊棺。廬墓三年，妻病及死，均置之不顧。劉印渠在此爲之立廟立碑。』

〔一三〕奏：見奏稿十一，題作『留防案内收支各款截數開單報銷摺』。

〔一四〕奏報：見奏稿十一，題作『永定河凌汛安瀾摺』。

〔一五〕又奏：見奏稿十一，題作『部駁保奬各員弁遵駁更正分別核准給奬摺』。

〔一六〕又奏：見奏稿十一，題作『直隸第六案被害紳民婦女請予分別旌恤摺』。

〔一七〕右目已失明：日記同治九年二月二十九日載：『眼蒙殊甚。令紀澤視吾目，右眼黑珠，其色已壞，因以手遮蔽左眼，則右眼已無光，茫無所見矣。紀澤言瞳人尚好，可望復明，恐未必然。因閉目不敢治事，酉初即睡。燈後起，亦閉目静坐，不閲一字。』其後日記中常言『閉目静坐』。

〔一八〕是月：當作『四月』。朱尚文曾紀澤先生年譜載曾紀澤入都赴蔭生試云：『三月二十四日巳〔初〕拜辭兩大人，入都赴蔭生試。四月二十四日，午飯後入京城，是夜宿國使館。二十五日，正午二刻點名考試……二十八日，接軍機函，抄上諭云：「本日引見之正二品蔭生曾紀澤，著加恩以員外郎分部行走。」』所載與曾紀澤日記同治九年（一八七〇）三、四月所記相同。檢潘德利等曾紀澤年譜却作『三月初五日，曾紀澤入都，等候參加蔭生測試。』又曾公日記三月初六日亦有『二更，與紀澤一談』之語，足見曾紀澤年譜及本譜該條所載有誤。

〔一九〕改定練軍馬隊步隊營制：日記同治九年（一八七〇）四月十一日：『核改馬、步隊營制，將即日入奏。』

〔二〇〕奏試辦練軍：見奏稿十一，題作『酌定營制辦理練軍事宜摺』。

〔二一〕附鈔：見奏稿十一酌定營制辦理練軍事宜摺後附練軍步隊章程、練軍馬隊章程。

〔二二〕附片：見奏稿十一，題作『現議辦理備防情形片』。

〔二三〕眩暈病作：家書二同治九年（一八七〇）四月十六日諭紀澤云：『今早寅正起，頭忽大眩暈，立即躺倒，脚若朝天，床若旋繞，心不能主持。如是者四次，終不能起坐。請竹舲開方，服大滋陰之劑。頃至辰末，始勉强起坐，進飯碗許。』

〔二四〕奏陳：見奏稿十一，題作『因病請假調理摺』。

〔二五〕試竣：見前『是月』條校。

〔二六〕專摺：見奏稿十一，題作『謝子紀澤授員外郎恩摺』。

〔二七〕奏……續假一月：見奏稿十一，題作『病尚未痊請續假一月摺』。

〔二八〕又摺：見奏稿十一，題作『畿南七屬縣賑恤用過銀兩請免報銷摺』。

〔二九〕又摺：見奏稿十一，題作『永定河歷次漫口辦工出力員弁請奬摺』。

〔三〇〕又奏：見奏稿十一，題作『第七次續奏永年等縣陣亡殉難紳民婦女請恤摺』。

〔三一〕上諭：見清實録穆宗實録同治九年（一八七〇）庚午五月庚寅（二十五日）『諭軍機大臣等』。又見求闕齋弟子記卷十七『同治九年五月二十五日』條。

〔三二〕上諭：即上條所言諭旨。

〔三三〕妥籌：底本脱，今據清實録穆宗實録校補。

〔三四〕給閲看：清實録穆宗實録作『給曾國藩閲看』。

〔三五〕上諭：見清實録穆宗實録同治九年（一八七〇）庚午五月壬辰（二十七日）『諭内閣』。

〔三六〕起：清實録穆宗實録作『啓』。
〔三七〕請：清實録穆宗實録無此字。
〔三八〕著嚴：清實録穆宗實録作『應查』。
〔三九〕并：清實録穆宗實録作『并著曾國藩』。
〔四〇〕一摺：見奏稿十一，題作『欽奉諭旨復陳赴津查辦夷務摺』。
〔四一〕上諭：見清實録穆宗實録同治九年（一八七〇）庚午六月丙申朔（初一日）。
〔四二〕具摺：見奏稿十一，題作『恭報啓程赴天津日期摺』。
〔四三〕上諭：見清實録穆宗實録同治九年（一八七〇）庚午六月癸卯（初八日）『諭軍機大臣等』。又見奏稿十一附録密諭　著曾國藩抵津後即會同崇厚妥爲商辦津案以免轇轕（六月初九日）轉『六月初八日奉上諭』。
〔四四〕則：底本脱，今據清實録穆宗實録、著曾國藩抵津後即會同崇厚妥爲商辦津案以免轇轕校補。
〔四五〕名：清實録穆宗實録、著曾國藩抵津後即會同崇厚妥爲商辦津案以免轇轕作『人』。
〔四六〕情節較重：底本脱，今據清實録穆宗實録、著曾國藩抵津後即會同崇厚妥爲商辦津案以免轇轕校補。
〔四七〕將……議結：清實録穆宗實録、著曾國藩抵津後即會同崇厚妥爲商辦津案以免轇轕原作『將誤斃俄國人命及誤毁英、美兩國講堂先行設法議結，不與法國牽混』。
〔四八〕宋晉奏：見朱金甫、吕堅主編清末教案第一册内閣學士宋晉奏爲天津教案似坐罪偏重百姓應飭曾國藩從實研訊摺、内閣學士宋晉奏爲請飭曾國藩將津案起釁情節向各國解諭摺（六月十四日）。
〔四九〕奉旨：見清末教案第一册著直隸總督曾國藩督同博多等將天津教案審明具奏事上諭（同治九年六月十四日）。
〔五〇〕公咨覆……之誣：本日日記載：『本日辦一咨文，力辨外國無挖眼、剖心等事。語太偏徇，同人多不謂然，將來必爲清議所譏。』
〔五一〕專摺：見奏稿十一，題作『永定河南岸五工漫口分别參辦并自請議處摺』。
〔五二〕照復洋人：見奏稿十一附録咨呈軍機處咨文　照録與法國駐京公使羅淑亞往來照會三件（六月二十三日）。

〔五三〕會奏：見奏稿十一，題作『查明天津教案大概情形摺』。

〔五四〕又奏：見奏稿十一，題作『天津道府縣各缺揀員署理片』。

〔五五〕附片：見奏稿十一，題作『天津知府張光藻知縣劉杰革職請旨交刑部議罪片』。

〔五六〕上諭：見清末教案第一册著直隸總督曾國藩確切查奏天津教堂内是否有人眼人心等物事上諭（同治九年六月二十三日）。又見奏稿十一復陳津事各情摺（六月二十八日）引。按該上諭乃六月二十三日，而非『二十四日』。

〔五七〕内：底本脱，今據該上諭校補。

〔五八〕又奉上諭：見清末教案第一册著直隸總督曾國藩速奏迷拐有無確據并暫接通商大臣事務事上諭（同治九年六月二十三日）。又見奏稿十一復陳津事各情摺（六月二十八日）引。錯誤同上條校。

〔五九〕該侍郎先行：底本脱，今據該上諭校補。

〔六〇〕其：底本脱，今據該上諭校補。

〔六一〕俟成林：該上諭原作『成林現已病痊銷假，不日亦可馳赴天津，俟該京卿』。

〔六二〕即行：該上諭原作『曾國藩即可將通商事務』。

〔六三〕照復洋人：據日記『中飯後改照會稿件』，則本日乃爲修改，而非正式『照復』。

〔六四〕上諭：見清末教案第一册著直隸總督曾國藩等體察人心向背通籌全局事上諭（同治九年六月二十五日），又見奏稿十一密陳津郡教案委曲求全大概情形片（六月二十八日）引。按該上諭乃『二十五日』，故不當繫於此。

〔六五〕一摺：底本脱，今據該上諭校補。

〔六六〕曾國藩等：底本脱，今據該上諭校補。

〔六七〕陳五可疑：見奏稿十一查明天津教案大概情形摺（六月二十三日）。

〔六八〕馳奏：見清末教案第一册三口通商大臣崇厚奏爲督臣曾國藩病重請派大臣來津會辦教案摺（同治九年六月二十八日）。

〔六九〕覆陳：見奏稿十一，題作『奉旨復陳天津教案辦理情形摺（六月二十八日）』。

〔七〇〕又奏：見奏稿十一，題作『密陳津郡教案委曲求全大概情形片（六月二十八日）』。

〔七一〕寄諭：見清實録穆宗實録同治九年（一八七〇）庚午六月壬戌（二十七日）『諭軍機大臣等』。按上諭爲『二十七日』，不當繫於此。

〔七二〕上諭：見清末教案第一册著直隸總督曾國藩等與毛昶熙等熟籌辦法以力保和局爲要事上諭（同治九年六月二十八日）。

〔七三〕由蘇赴京即：底本脱，今據該上諭校補。

〔七四〕至速亦：底本脱，今據該上諭校補。

〔七五〕上諭：見清末教案第一册著直隸總督曾國藩等督飭道府悉心研究天津教案起釁根由事上諭（同治九年六月二十九日）。又見奏稿十一附録密諭　復陳洋人挖眼剖心查無確據一摺著毋庸議并緝拿凶犯等事（七月初一）。

〔七六〕一摺：即奏稿十一奉旨復陳天津教案辦理情形摺（同治九年六月二十八日）。

〔七七〕另片：即奏稿十一密陳津郡教案委曲求全大概情形片（同治九年六月二十八日）。

〔七八〕奏報：見奏稿十二，題作『永定河南岸五工第十號續漫成口分別參處摺』。

〔七九〕陛見：清王之春國朝柔遠記卷十六『同治九年秋七月』條作『陛辭』。

〔八〇〕會奏：見奏稿十二，題作『法使徑行回京密陳在津辯論各節摺』。

〔八一〕又奏：見奏稿十二，題作『截留福建漕米二萬石留備軍米片』。

〔八二〕馳摺：見李鴻章全集奏議四質訊津案辦法片。按該片時間爲『七月初五日』，故不當繫於此。

〔八三〕上諭：見清末教案第一册，題作『著直隸總督曾國藩等仍將緝凶等事趕辦事上諭』。又見奏稿十二附録密諭　羅淑亞回京後中外一心堅持定見并截留福建京米等事（七月十四日）。

〔八四〕上諭：見清末教案第一册，題作『著直隸總督曾國藩等仍將緝凶等事趕辦事上諭（同治九年七月十二日）』。

〔八五〕馳摺：見清末教案第一册，題作『江蘇巡撫丁日昌奏陳籌防宜先備軍火情形片』（同治九年七月十五日）。又見奏稿十二附録密諭　丁日昌奏銘軍軍火缺乏著密由海運解津等事（七月十七日）所附丁日昌原片抄件。

〔八六〕又稱：見清末教案第一册，題作『江蘇巡撫丁日昌報北上日期并很難爲法使所信緣由摺（同治九年七月十五日）』。

〔八七〕上諭：見清末教案第一册，題作『著直隷總督曾國藩等將津案内正凶迅獲歸案訊究事上諭（同治九年七月十六日）』。

〔八八〕公奏：見奏稿十二，題作『復奏彭玉麟等近況及江海水師有別等情片』。

〔八九〕上諭：見清末教案第一册，題作『著直隷總督曾國藩傳諭錢鼎銘派員將張光藻等解津事上諭（同治九年七月二十日）』。

〔九〇〕上諭：見清末教案第一册，題作『著直隷總督曾國藩等統籌海防備禦之策事上諭』（同治九年七月二十二日）。又見奏稿十二附録密諭　答准曾國藩奏彭玉麟等能否再出俟接復函即行奏聞等事（七月二十三日）。

〔九一〕上諭：見清末教案第一册，題作『著直隷總督曾國藩等速奏該革員劉杰等確切親供事上諭』（同治九年七月二十五日）。又見奏稿十二附録密諭　著俟天津府縣到津後取具親供奏聞等事（七月二十六日）。

〔九二〕會奏：見奏稿十二，題作『奏陳已革天津府縣到津日期并現辦情形摺』。

〔九三〕一摺：見清末教案第一册，題作『恭親王奕訢等奏爲接法使照會津案仍歸咎官吏爲主摺（同治九年八月初二日）』。

〔九四〕諭旨：見清末教案第一册，題作『著直隷總督曾國藩等將津案在逃首要各犯盡數弋獲事上諭（同治九年八月初二日）』。

〔九五〕上諭：見奏稿十二附録密諭　著曾國藩調補兩江總督李鴻章調補直隷總督事（八月初四日）。

〔九六〕具摺：見奏稿十二，題作『恭謝調補兩江總督聖恩并陳下情摺』。

〔九七〕奏保：見奏稿十二，題作『海疆要缺擇員署理摺』。

〔九八〕又奏：見奏稿十二，題作『動支江南協餉初次報銷摺』。

〔九九〕上諭：見清實録穆宗實録同治九年（一八七〇）庚午八月甲辰（初十日）『諭内閣』。又奏稿十二赴任兩江恭請陛見摺（九月十六日）引。

〔一〇〇〕奏呈：見奏稿十二，題作『呈遞已革天津府縣親供并陳現辦情形摺』。

〔一〇一〕上諭：見清末教案第一册，題作『著李鴻章速赴天津會同及早擬結津案事上諭（同治九年八月十七日）』。

〔一〇二〕具摺：見奏稿十二，題作『審明津案各犯分別定擬摺』。

〔一〇三〕又奏：見奏稿十二，題作『附陳已革天津府縣未能克日解京情由片』。

〔一〇四〕又奏：見奏稿十二，題作『審明津案各犯分別定擬摺』。

〔一〇五〕二十八日：從恭報已革天津府縣派員解部起程日期摺、天津府縣解京請敕部從輕定擬并請嗣後各教堂由地方官管轄片所上時間爲『二十六日』看，此『二十八日』當爲『二十六日』之訛。

〔一〇六〕奏……供詞：見奏稿十二，題作『恭報已革天津府縣派員解部起程日期摺』。

〔一〇七〕附片：見奏稿十二，題作『天津府縣解京請敕部從輕定擬并請嗣後各教堂由地方官管轄片』。

〔一〇八〕奏……實缺：見奏稿十二，題作『史念祖開缺差委摺』。

〔一〇九〕又奏：見奏稿十二，題作『卸任天津道周家勛告病開缺摺』。

〔一一〇〕代奏：見奏稿十二，題作『代奏劉銘傳謝恩摺』。

〔一一一〕上諭：見清實録穆宗實録同治九年（一八七〇）庚午八月癸亥（二十九日）『諭軍機大臣等』。

〔一一二〕具摺：見奏稿十二，題作『恭報交卸直隸總督篆務日期摺』。

〔一一三〕又摺：見奏稿十二，題作『閩省采辦京米全數驗收摺』。

〔一一四〕附片：見奏稿十二，題作『奏調吴大廷綜理江南船政操練事宜片』。

〔一一五〕上諭：見清末教案第一册，題作『著將津案已革府縣從重改發黑龍江并將馮瘸子等十五人斬決事上諭（同治九年九月十一日）』。

〔一一六〕上諭：同上條校。

〔一一七〕奏續訊：見奏稿十二，題作『續訊天津教案内第二批人犯分別定擬摺』。

〔一一八〕附片：見奏稿十二，題作『復奏丁壽昌堪勝天津道員片』。

〔一一九〕專摺：見奏稿十二，題作『恭謝御賞壽物摺』。

〔一二〇〕具摺：見奏稿十二，題作『赴任兩江恭請陛見摺』。

〔一二一〕附片：見奏稿十二，題作『奏帶陳蘭彬至江南辦理機器片』。

〔一二二〕又奏：見奏稿十二，題作『津案第一批正法人犯内之穆巴開釋另將續獲范永歸入正犯片』。

〔一二三〕專摺：見奏稿十二，題作『恭報接印任兩江總督日期摺』。

〔一二四〕上諭：見清實録穆宗實録同治九年（一八七〇）庚午十一月戊申（十七日）『諭軍機大臣等』。按十七日之諭旨當天不會接到，故不當繫於此。

〔一二五〕專奏：見奏稿十二，題作『本年輪應查閱營伍展緩片』。

〔一二六〕又奏：見奏稿十二，題作『丹陽金壇二縣本年仍辦抵徵摺』。按該摺與張兆棟會奏，時間在初九日，故不當繫於此。

〔一二七〕又奏：見奏稿十二，題作『籌修馬棚灣堤工銀數報銷摺』。按該摺上奏時間亦在初九日，故不當繫於此。

〔一二八〕張汶詳：清史稿馬新貽傳及薛福成庸盦筆記卷四馬端敏公被刺等作『張汶祥』。

〔一二九〕具摺：見奏稿十二，題作『欽奉諭旨復陳夷務摺』。

〔一三〇〕附片：見奏稿十二，題作『預籌日本修約片』。

〔一三一〕又摺：見奏稿十二，題作『陳明河運艱難情形應行設法預籌摺』。

〔一三二〕附奏：見奏稿十二，題作『展緩年終密考片』。

〔一三三〕奏結張汶詳行刺一案：家書二同治十年（一八七一）正月二十五日致澄弟沅弟言及此事：『鄭小山尚書自除夕到此，初二日即督同司員審馬制軍之案，至今熬審將近一月。張汶祥毫無確供，即再熬亦屬無益，衹好仍照魁將軍等上年原定之案具奏。』

〔一三四〕附片：見奏稿十二，題作『復奏馬新貽被刺一案犯供無主使實情片』。

〔一三五〕專摺：見奏稿十二，題作『謝賞福壽字恩摺』。

〔一三六〕又摺：見奏稿十二，題作『湘淮各軍剿捻軍需第二案報銷摺』。按該摺與李鴻章會銜。

〔一三七〕又摺：見奏稿十二，題作『復陳淮南鹽價礙難議增摺』。

〔一三八〕附片：見奏稿十二，題作『停止淮南場商内河鹽厘片』。

〔一三九〕具摺：見奏稿十二，題作『酌議河運章程摺』。

〔一四〇〕又奏：見奏稿十二，題作『原任兩江總督馬新貽本籍建立專祠摺』。

〔一四一〕附報：見奏稿十二，題作『張汶祥凌遲處死日期片』。

〔一四二〕專摺：見奏稿十二，題作『議復永寶二府未便改運粵鹽摺』。

〔一四三〕又續奏：見奏稿十二，題作『忠義局第四十三案陣亡殉難官紳士民婦女懇請旌恤摺』。

〔一四四〕江寧府學碑記：見詩文，題作『江寧府學記』。

〔一四五〕專摺：見奏稿十二，題作『江蘇安徽江西三省學政加考片』。

〔一四六〕又摺：見奏稿十二，題作『江寧府屬田地科則尚未查清本年仍辦抵徵摺』。

〔一四七〕具摺：見奏稿十二，題作『李世忠陳國瑞尋仇構釁據實參奏摺』。

〔一四八〕專摺：見奏稿十二，題作『恭謝頒發聖訓恩旨摺』。

〔一四九〕又代遞：見奏稿十二，題作『代遞張亮基遺摺』。

〔一五〇〕又奏：見奏稿十二，題作『兩江忠義局第四十四案懇請旌恤摺』。

〔一五一〕會奏：見奏稿十二，題作『擬選聰穎子弟赴泰西各國肄業摺』。按該摺與李鴻章會銜。

〔一五二〕專摺：見奏稿十二，題作『湘淮各軍剿捻軍需報銷摺』。

〔一五三〕專摺：見奏稿十二，題作『查閱營伍起程日期片』。

〔一五四〕專摺：見奏稿十二，題作『查閱江蘇營伍事竣回省陳明大概情形摺』。

〔一五五〕舉劾：見奏稿十二，題作『查閱江南各營官弁分別舉劾摺』。

〔一五六〕又奏：見奏稿十二，題作『江省遵籌直隸賑米會商撥解銀兩摺』。

〔一五七〕又奏：見奏稿十二，題作『籌修運河東堤查明動用銀數核實報銷摺』。

〔一五八〕奏報：見奏稿十二，題作『奥斯馬加國換約事竣摺』。

〔一五九〕奏查：見奏稿十二，題作『復奏查明已革提督李世忠現在居家情形摺』。

〔一六〇〕又奏：見奏稿十二，題作『遵旨派委司道赴皖審案摺』。
〔一六一〕奏：見奏稿十二，題作『續議水師章程摺』。
〔一六二〕又奏：見奏稿十二，題作『兩江忠義第四十五案請恤摺』。
〔一六三〕附片：見奏稿十二，題作『密保孫衣言片』。
〔一六四〕會奏：見奏稿十二，題作『會商鄂湘淮鹽引地摺』。按該摺落款未提『李瀚章』。
〔一六五〕劉忠壯公墓志：見詩文，題作『劉忠壯公墓志銘』。
〔一六六〕上諭：見清實録穆宗實録同治十一年（一八七二）二月丙寅（十二日）『諭内閣』。
〔一六七〕深宏：清實録穆宗實録作『宏深』。
〔一六八〕朕：清實録穆宗實録作『旨』。
〔一六九〕上諭：見清實録穆宗實録同治十一年（一八七二）四月己卯（二十六日）『諭内閣』。

桐城派文庫

皖江歷史文化研究

桐城派名家年譜

（第三輯）下

汪長林 主編

北京师范大学出版集团
BEIJING NORMAL UNIVERSITY PUBLISHING GROUP
安徽大学出版社

目録

附録

附録

曾文正公大事記

王定安撰　李鴻章　曾國荃審定　吴良發整理

曾文正公大事記卷一

太傅曾文正公諱國藩，字滌生。原名子城，字伯涵。先世居楚之衡陽，國初有名孟學者始遷湘鄉之大界里，遂爲湘鄉人。孟學生元吉。元吉之仲子曰輔臣者，公之高祖也。輔臣生竟希，誥贈光禄大夫；妣彭氏，誥贈一品夫人。竟希生玉屏，字星岡，是爲公王父，初封中憲大夫，累贈光禄大夫；妣王氏，初封恭人，累贈一品夫人。

曾氏自明以來，世業農，積善孝友，而不顯於世。星岡公少時，喜任俠，已乃折節下士，嘗曰：

吾少耽游惰，往還湘潭市肆，與裘馬少年相逐。或日高酣寢，長老有譏以浮薄將覆其家者，余聞而立起自責，貨馬徒行，自是終身未明而起。余年三十五，始講求農事。居枕高嵋山下，壠峻如梯，田小如瓦。吾鑿石决壤，開十數畛而通爲一，然後耕夫易於從事。吾昕宵行水，聽蟲鳥鳴聲以知節候，觀露上禾顛以爲樂。種蔬半畦，晨而耘，吾任之；夕而糞，傭保任之。

入而飼豕,出而養魚,彼此雜職之。凡菜茹手植而手擷者,其味彌甘;凡物親歷艱苦而得者,食之彌安也。

吾宗自元明居衡陽之廟山,久無祠宇,吾謀之宗族諸老,建立祠堂,歲以十月致祭。自國初遷居湘鄉,至吾曾祖元吉公基業始宏。吾又謀之宗族,别立祀典,歲以三月致祭。世人禮神徼福求諸幽遐,吾以爲神之陟降莫親於祖考,故獨隆於生我一本之祀,而他祀姑闕焉。後世雖貧,禮不可隳;子孫雖愚,家祭不可簡也。

吾早歲失學,壯而引爲深恥。既令子姓出就名師,又好賓接文士,候望音塵,常願通材、宿儒接迹吾門,此心乃快;其次,老成端士,敬禮不怠;其下泛應群倫。至於巫醫、僧徒、堪輿、星命之流,吾屏斥之唯恐不遠;舊姻窮乏,遇之唯恐不隆。識者觀一門賓客之雅正疏數,而卜家之興敗,理無爽者。

鄉黨戚好,吉則賀,喪則吊,有疾則問,人道之常也,吾必踐焉,必躬焉。財不足以及物,吾以力助焉。鄰里訟争,吾常居間以解兩家之紛。其尤無狀者,厲詞詰責,勢若霆摧,而理如的破,悍夫往往神沮,或具尊酒通殷勤,一笑散去。君子居下則排一方之難,在上則息萬物之囂,其道一耳。津梁、道路廢壞不治者,孤嫠衰疾無告者,量吾力之所能,隨時圖之,不無小補。若必待富而後謀之,則天下終無可成之事矣。

星岡公生三子:長曰竹亭,諱麟書,累封光禄大夫,公之父也;仲曰上臺,早卒;季曰驥雲,以公貴貤封光禄大夫〔一〕。竹亭封翁生子五人:公居長;次國潢,字澄侯;次國華,字温甫;次國荃,字沅浦;次國葆，字事恒。

封翁積苦力學，久困於學政之試。徒步橐筆以干有司，年四十三始補縣學生員。事星岡公以孝聞。星岡公生平督子最嚴，往往稠人廣衆，壯聲呵斥；或有不快於他人，亦痛繩其子，竟日嗃嗃，詰數愆尤，封翁屏氣負墻，踧踖徐進，愉色如初。星岡公晚年病痿痹，動止不良，又瘖不能言，即有所需，以頤使，以目求；即有苦，蹙額而已。封翁朝夕奉事〔二〕，常先意而得之。夜侍寢處，星岡公雅不欲頻煩驚召，而他僕殊不稱意。前後溲益數，一夕六七起。封翁時其將起，則進器承之，少間，又如之。聽於無聲，不失分寸。嚴寒大溲，則令他人啓移手足，而身翼護之。或微沾汙，輒滌除易中衣，拂動甚微，終宵愓息。明旦則驥雲入侍，奉事一如封翁之法。久而諸孫孫婦、内外長幼，感化訓習，争取垢汙襦褲浣濯爲樂，不知其有臭穢；或挽筐輿〔三〕，游戲庭中，各有常程。病凡三載，封翁未嘗一日安枕也。

妣江太夫人，同邑江沛霖女。事舅姑四十餘年，饎〔四〕爨必躬，在視必恪，賓祭之儀，百方檢飭。尺布寸縷，皆一手拮据。江太夫人以嘉慶辛未年十月十一日亥時誕公於白陽坪里第。是時，竟希公年七十矣，忽夢有巨物蜿蜒自空而下，首屬於梁，尾蟠於柱，鱗甲森然，不敢逼視。竟希公驚寤，已而公生。年十六應郡縣試，旋取佾生。

道光十三年

學使岳鎮南按臨，補縣學生員。

明年，甲午科鄉試中式第三十六名舉人，時年二十四。座主爲徐雲瑞、許乃安，房師爲張啓庚。

道光十八年

戊戌科會試中式第三十八名貢士。座主爲穆彰阿、朱士彦、吴文鎔、廖鴻荃，房師爲季芝昌。正大光明殿覆試一等，殿試三甲第四十二名，賜同進士出身。朝考進呈擬一等第三名，宣宗拔置第二名，改翰林院庶吉士。

庚子散館，二等第十九名，授檢討。旋派順天鄉試磨勘[官]。

道光二十一年

十月，充國史館協修官。

道光二十三年

三月，大考翰詹列二等第一名，奉旨以翰林院侍講升用。

六月，詔以公爲四川正考官，趙楫副之。

七月，補翰林院侍講。
十一月，回京，充文淵閣校理。

道光二十四年

二月，侍班於文淵閣，觀經筵大典。
五月，召見於勤政殿，充翰林院教習庶吉士。
十二月，轉補翰林院侍讀。

道光二十五年

乙巳科會試，充第十八房同考官。
五月，升授詹事府右春坊右庶子。
九月，擢翰林院侍講學士。謝恩，召見。
十二月，補日講起居注官，充文淵閣直閣事。

道光二十七年

大考翰詹列二等，奉旨記名遇缺題奏，賞大卷緞二件。
六月，升授内閣學士兼禮部侍郎銜。謝恩，召見於勤政殿。充考試漢教習閲卷大臣。

七月，公弟國荃補縣學生員。
十月，充武會試正總裁。又派殿試讀卷大臣。

道光二十八年

七月，公弟國荃補廩膳生。
九月，充稽察中書科事務。

道光二十九年

正月，詔授禮部右侍郎。謝恩，召見，上嘉勉焉。
三月十四日，值班，召見。
三十日，又召見。每有奏對，上輒嘉賞。
八月，兼署兵部右侍郎。充宗室舉人覆試閱卷大臣。
九月，充順天鄉試覆試閱卷大臣。
十月，充順天武鄉試校射大臣。

道光三十年

正月十四日，宣宗成皇帝升遐，文宗嗣位，咨以郊配、廟祔大禮，公具疏條陳，上嘉納之。

二月，内賜遺念衣一件、玉珮一事。

三月，應詔陳言，奉旨獎許舉行日講事宜。

四月，充庚戌科會試覆試閲卷大臣。又派朝考閲卷大臣。

五月，禮部考試優貢。

六月，兼署工部右侍郎。充朝考拔貢閲卷大臣。

七月，公弟國葆補縣學生員。

八月，召見，詢以工部職務，奏封稱旨。充考試國子監學正學録閲卷大臣。

九月，充宣宗梓宫前恭捧册寶大臣。禮畢加二級。

十月，兼署兵部左侍郎。

咸豐元年

三月,疏陳〔五〕簡練軍實以裕國用,召見嘉勉。

四月,上『敬陳聖德』一疏〔六〕,語多切直,朝士皆憂其獲譴。及優詔褒答,一時稱盛事焉。

五月,兼署刑部左侍郎。

八月,充順天鄉試搜檢大臣。

十月,充順天鄉試正考官,沈兆霖副之。試竣覆命,召見。

十一月,監視郊壇開工。

十二月,上『備陳民間疾苦』一疏〔七〕,奉旨交部議奏。監視墓陵隧道開工。

咸豐二年

正月，兼署禮部左侍郎。

二月，隨扈祇謁慕陵。

三月，疏請〔八〕寬免勝保處分以廣言路，上嘉納之。　充壬子科會試搜檢大臣。　又派恭送

太廟册寶大臣。

四月，以宣宗升配恩加一級。

六月，詔以公爲江西正考官。謝恩，附奏試竣回籍，硃批允之。

七月，行次安徽太湖縣，聞母江太夫人之訃，匍匐奔喪。八月，抵家。

九月，葬江太夫人。

時粵匪洪秀全等由廣西竄長沙，圍攻三閱月，不克〔九〕。十月，解圍去，掠船浮洞庭湖而下，陷岳州。十一月，陷漢陽。十二月，陷武昌省城，巡撫常大(淳)淳等死之。大江南北，土匪蜂起。詔諭〔一〇〕湖南巡撫張亮基曰：『丁憂侍郎曾國藩，籍隸湘鄉，於湖南地方人情自必熟悉。著該撫傳旨，令其幫同辦理本省團練、搜查土匪事宜。伊必盡心，不負委任。欽此。』公以奉諱歸〔一一〕家，不宜與聞軍事，草疏懇請終制。方發使就道，適庶吉士郭嵩燾至，力勸公出；公弟國荃亦贊之。於是始治兵於長沙，命羅澤南、王鑫等領湘勇三營，仿明戚繼光束伍成法，逐日操練。是爲湘軍創立之始。

咸豐三年

正月，編查保甲，設發審局。

一時巨奸大憝，多被誅戮。盗賊屏息，莠民多改而從善，遠近大歡。遣劉長佑、李輔朝、王鑫搜剿常寧、耒陽土匪，賊聞風驚潰。遣羅澤南討衡山土匪，破平之。奉上諭〔一二〕：『封疆大吏翦除百惡，即可保衛善良。著該署督撫等，會同在籍侍郎曾國藩體察情形。應如何設法團練，以資保衛之處，悉心妥籌辦理。欽此。』

粤匪洪秀全弃武昌，劫衆東下，男婦數十萬人，舳艫蔽江，叠陷沿江郡縣。十七日，陷安慶省城。二月初十日，陷金陵，據爲僞都。將軍祥厚、總督陸建瀛等死之。欽差大臣向榮追師駐金陵城外，號『江南大營』。詔授江忠源爲湖北按察使，飭赴江南大營幫辦軍務。會湖北崇、通兩邑土匪大起，公遣軍與忠源會剿，平之。忠源遂率師而東。

三月，詔以駱秉章署理湖南巡撫。

時永、桂以上，會匪充斥，亂者紛起。每警報至，公酌量緩急，分譬往捕。議定，即傳檄促行，遣左右料簡軍裝、火藥，軍行無逾兩日者。所至捕斬首惡，搜查餘黨，數日而定，鄉里晏然。

四月，江忠源師次九江。

值安慶再陷，賊船上犯湖口，忠源偵知賊所向，即日間道馳赴南昌。部署略定而賊至。忠源告急於湖南，公檄江忠淑由瀏陽赴江西，朱孫詒、羅澤南等由醴陵繼進；另派鎮筸兵千人，令夏廷樾總統之。

會朱孫詒有違言，湘勇〔一三〕無統帥，郭嵩燾説孫詒率所部以行，嵩燾因亦隨行。是爲湘軍出境剿賊之始。

六月，公疏薦參將塔齊布、千總諸殿元，請破格超擢。奉旨塔齊布賞副將銜，諸殿元以守備用。

七月，湘軍抵南昌。

南昌城外賊壘惟文孝廟數座，官軍屢攻不能克，日有死傷。郭嵩燾偶獲賊諜，訊之，則賊皆舟居；文孝廟賊壘，環三面築墻而虚其後，專以翼蔽賊舟而已。嵩燾因獻議曰：『東南各行省州縣多阻水江湖，一日遇風，可數百里，賊舟瞬息可達；官兵率由陸路躡之，其勢常不及，長江數千里之險，遂獨爲賊所有。且賊上犯以舟楫，而官軍以營壘禦之，求與一戰而不可得，宜賊勢之日昌也。』忠源大韙之。即日具疏：『請飭湖南、湖北、四川仿照廣東拖罟船式，各造戰艦數十。飭廣東製備炮位以供戰艦之用，并交曾國藩管帶部署。』奉旨允行。長江水師之議自此始。

八月，公疏稱〔一四〕：『衡、永、郴、桂，匪徒聚集之藪，數月以來，巨案迭出。即日移駐衡州，就近調度。』

蓋提督鮑起豹與公時相齟齬，營兵與湘勇齗齗不和，至有械鬬之案。衡州之行，所以避之也。公既至衡州，衡陽廪生彭玉麟故有名，公一見器之。又調湘陰外委楊載福至，并令幫辦弟國葆營務。國葆力薦彭、楊之才當任一軍，不宜屈爲幫辦。公方謀治水師，乃檄二人各募水勇，領一營。彭、楊受命治水師自此始。

南昌解嚴，賊陷九江府，分股竄湖北。署湖廣總督張亮基〔師〕潰於田家鎮。江忠源聞道馳援，戰不利,北屯廣濟,賊逆趨武昌。詔以吴文鎔爲湖廣總督。文鎔,公座師也。聞警,急馳赴鄂,而賊已陷黄州、漢陽,北擾德安,南及興國,岳州戒嚴。公與湘撫駱秉章籌辦防堵,檄調援江西諸軍回湘。奉上諭〔一五〕:

長江上游,武昌最爲扼要。若稍有疏虞,則全楚震動。著駱秉章、曾國藩選派兵勇,并酌撥炮船,派委得力鎮將,馳赴下游,與吴文鎔等會合剿辦,力遏賊鋒,毋稍延誤。欽此。

十月,奉上諭〔一六〕:『曾國藩團練鄉勇甚爲得力,剿平土匪,業經著有成效。著酌帶練勇馳赴湖北,所需軍餉等項,著駱秉章籌撥供支。兩湖唇齒相依,自應不分畛域,一體統籌也。欽此。』

吴文鎔屢請援師,朝廷以武昌萬分危急,趣公督帶兵勇炮船,馳赴下游會剿,以爲武昌策應。公疏稱〔一七〕:『武昌聞已解嚴,臣暫緩赴鄂。』又言:『該匪以舟楫爲巢穴,欲加攻剿,必以戰船爲第一要務。臣擬在衡州試辦,俟有頭緒,即請親自統帶,馳赴下游。』奉硃批〔一八〕:『所慮甚是。汝能斟酌緩急,甚屬可嘉。欽此。』

江忠源疏請飭公以所練六千人出省剿賊,奉上諭:『湖北情形緊要,已有旨令江忠源暫留剿賊,著曾國藩帶楚勇六千人,酌配炮械,籌雇船隻,駛出洞庭湖,由大江迎頭截剿,肅清江面賊船。欽此。』

江忠源回軍漢陽,詔授忠源爲安徽巡撫,并諭:『楚、皖一體,斟酌緩急,相機進剿〔一九〕。』時安慶已爲賊踞,議建廬州爲省會。忠源受命,力疾北趨廬州。

十一月,奉上諭〔二〇〕:

宋晋奏『曾國藩鄉望素孚，人樂爲用，請飭挑選練勇，雇覓船隻，順流東下，與江忠源水陸夾擊』等語。現在安徽逆匪連陷桐城、舒城，逼近廬郡，呂賢基殉難，江忠源患病，皖省情形危急，總由江面無水師攔截進剿，任令賊踪往來自如，該侍郎前奏亦曾慮及。著即趕辦船隻、炮位，并前募勇六千，由洞庭湖駛入大江，與江忠源水陸夾擊。該侍郎忠誠素著，兼有膽識，朕所素知，必能統籌全局，不負委任也。欽此。

公疏稱〔二一〕：『籌備水陸各軍赴援安徽，而船、炮未齊。須俟購買夷〔二二〕炮、廣炮千尊解到，乃可成行。』

又請〔二三〕設立水路糧臺，奉硃批〔二四〕：

現在安省待援甚急，若必偏執己見，則太覺遲緩。朕知汝尚能激發天良，故特命汝赴援，以濟燃眉。今觀汝奏，直以數省軍務，一身克當。試問汝之才力，能乎？否乎？平時漫自矜詡，以爲無出己之右者，及至臨事，果能盡符其言甚好，若稍涉張皇，豈不貽笑於天下？著設法趕緊赴援，能早一步，即得一步之益。汝能自擔重任，迥非畏葸者比。言既出諸汝口，必須盡如所言辦與朕看。欽此。

公疏稱〔二五〕：『餉乏兵單，成效〔二六〕不敢必。與其將來毫無功效，受大言欺君之罪，不如此時據實陳明，受畏葸不前之罪。』奉硃批〔二七〕：『成敗利鈍，故不可逆睹。然汝之心可質天日，非獨朕知。若甘受畏葸之罪，殊屬非是。欽此。』

常寧土匪攻陷縣城，連陷嘉禾、藍山二縣，遣弟國葆及儲玫躬等討平之。

十二月，疏稱〔二八〕：『衡、永、郴、桂尚有會匪餘黨，實爲湖南巨患，亦是臣經手未完之件。』奉硃批〔二九〕：『汝以在籍人員，能如是出力，已屬可嘉。著知會撫臣剿辦；或有汝素來深信之紳士，著量辦理亦可。欽此。』

賊陷廬州府，巡撫江忠源死之。

咸豐四年

正月，湖廣總督吴文鎔戰殁於黄州，武昌戒嚴。奉上諭：『此時惟曾國藩統帶炮船兵勇，迅速順流而下，直抵武昌，可以扼賊之吭。此舉關係南北大局，甚爲緊要。該侍郎應能深悉緊〔三〇〕急情形，兼程赴援。欽此。』

初〔三一〕，公在衡州創立水師，前無成法。每遇廣東員弁及長年、三老〔三二〕能行（般）船者，周咨博采，屢更其制。後乃稍仿廣東拖罟、快蟹、長龍之式，增置槳座，命守備成（日）名標監督之。另檄廣西之同知褚汝航、夏鑾等，分設一廠於湘潭。既成軍，邀長沙黄冕觀之，冕獻言曰：『吾出入兵間十餘年，所見軍容整齊無及此者。然長江千里，港汊紛歧，賊船易於藏匿。江南小戰船曰「三板」者，每營請添十號，以備搜剿港汊之用。』公大韙之。即日改定營制：每營置快蟹一，營官領之；長龍十，曰正哨；三板十，曰副哨。快蟹槳工二十八人，櫓八人；長龍槳工十六人，櫓四人；三板，槳工十人。每船另置炮手三人，槍長一人，頭工二人，柁工一人，副柁二人。水師之制，於是大備。

公既聞江忠源、吴文鎔相繼殉節，乃經營東征。募水師五千人，以褚汝航爲總統，而成名標、諸殿元、楊載福、彭玉麟、鄒漢章、龍獻琛等分領之；又募陸師五千人，以塔齊布爲先鋒，而周鳳山、儲玫躬、林源恩、鄒世琦、鄒壽璋、楊名聲及弟國葆等分領之。始設立八所：曰文案所，曰内銀錢所，曰外銀錢所，曰軍械所，曰火器所，曰偵探所，曰發審所，曰采編所，皆委員司之。賫米、煤、鹽、油及軍火器械，載民船百數十號以行〔三三〕，員弁、勇夫共一萬七千餘人，軍容於斯爲盛！

二月，賊陷岳州府，遂由湘陰趨靖港，陷寧鄉。駱秉章遣王鑫敗賊於喬口。公舟師次長沙，遣弟國葆及儲玫躬、趙焕聯等分途攻剿。玫躬破賊於寧鄉，追北陣亡。賊大奔潰，遣舟師追擊走之。

時貴州候補道胡林翼，應前總督吴文鎔之調，帶練勇六百名由黔赴鄂。行次金口，聞文鎔已殁，賊舟上犯，阻隔不能進。公急調之回湘，咨商駱秉章支給餉糈。胡林翼以一軍從公剿賊自此始。奉上諭〔三四〕：『據青麟奏稱，探聞曾國藩帶勇已距金口百有餘里，貴州道員胡林翼隨同前來，現復退往上游。賊船飆忽上竄，急須出其不意，順流轟擊。該侍郎炮船早入楚北，胡林翼何以退守金口？著曾國藩飭知該道迅速前進，毋稍遲延。欽此。』公疏陳胡林翼未能赴鄂之由，且稱〔三五〕『林翼之才勝臣十倍，將來可倚以辦賊』。旋檄林翼剿崇陽、通城土匪，又令塔齊布往助之。

官軍既克湘陰，賊之在岳州者全數遁去。

三月，公至岳州，搜捕西湖餘匪。

巡撫駱秉章疏請〔三六〕留公暫緩赴鄂，奉〔三七〕硃批〔三八〕：

楚南之賊，明係分竄。現在湖北尚有多賊，曾國藩炮船原爲肅清江面，第〔三九〕此時道路不通，暫可留在湖南剿辦，亦不能專待事竣緩緩北上。楚南辦有頭緒，仍應速赴湖北爲是。曾國藩素明大義，諒不至專顧桑梓，置全局於不問。北重於南，皖、鄂重於楚南，此不易之局〔四〇〕也。欽此。

又奉寄諭：『此時得力舟師，專恃曾國藩水師一軍，倘涉遲滯，致令漢陽大股竄踞武昌，則江路更形阻隔。朕即以剿賊重任畀之曾國藩，一切軍情不爲遥制。欽此。』

先是，公派陸軍由崇、通剿賊，冀以次掃蕩，進援武昌，而自統水師順流而下。既至岳州，遭風撞損炮船，而王鑫之軍抵羊樓司者遇賊潰回，賊乘勢上犯。公弟國葆及鄒壽璋、楊名聲等營，皆潰退入城。賊攻城甚急，公檄舟師登岸擊賊，拔出城中軍民，退保長沙。因上疏自劾，奉上諭〔四一〕：『曾國藩奏水陸各軍接仗情形，并自請治罪一摺。此次岳州水軍雖獲小勝，惟因陸路失利，以致賊匪復行上竄。曾國藩統領水陸諸軍，調度無方，實難辭咎。著交部嚴加議處，仍著管帶師船，迅速攻剿，克復岳州，即行赴援武昌，毋得再有遲誤。欽此。』

又奉上諭：

曾國藩所統各勇，爲數過多，既須剿辦粵匪，又須搜捕土匪。即如所奏，有撥赴平江、通城者，有撥赴臨湘、蒲圻者，又有不能依限前進者，散布各處，照料既不能周，剿捕自難得〔力〕。一有敗衄，人無固志，似此何能力圖進取？此時肅清江面專恃此軍，曾國藩初次接仗即有挫失，且戰船被風沉損多隻，何事機不順若是？現在湖北待援孔亟，曾國藩以在籍紳士專顧湖南，不爲通籌大局之計，平日所以自許者何在？欽此。

先是，公在衡州奏請原任湖北巡撫楊健入祀鄉賢祠，部議革職，至是奉旨改爲降二級調用。

胡林翼敗賊於上塔市，塔齊布敗賊於河坪。公因長沙戒嚴，檄胡林翼、塔齊布回湘助防。

賊踞靖港，分股由寧鄉陷湘潭，遂於湘水上游掠民船數百，豎立本〔四二〕城，以阻援師。二十八日，塔齊布率師赴援，大捷於湘潭，斬馘數千級。

四月初一日，公遣楊載福等率水師助剿，復會陸軍，大破之。

初二日,公親督師邀擊賊於靖港,西南風發,水勢迅急,爲賊所乘。公自投於水,左右救之獲免;而是日水師之在湘潭者復大捷。

初三日,水師焚賊船净盡,塔齊布諸軍復獲大勝。

初五日,克湘潭縣。

自粤逆稱〔四三〕亂以來,此次始受大創,官兵亦稍能自奮,人人有殺敵致果之心矣。

公回長沙,重整水陸各軍,因言『吾水陸萬人非不多,而遇賊即潰。岳州之敗,水師拒敵者〔四四〕楊載福一營;湘潭之戰,陸師塔齊布兩營,水師楊載福兩營。用此益知兵貴精不貴多』,而引諸葛公祁山之敗,且謀減兵省食,勤求己過。又曰:『古人用兵,先明功罪、賞罰。今時事艱難,賢人君子大半潛伏。吾以義聲倡導鄉人同履危亡之地,諸君之初從我,非以利動也,故於法亦有所難施。所以兩次致敗,其弊亦由於此。』

公奏湘潭、靖港勝負各情,并上疏自劾〔四五〕,奉上諭〔四六〕:

屯聚靖港逆船,經曾國藩親督舟師進剿,雖小有斬獲,旋以風利水急,戰船被焚,以致兵勇多有潰敗。據曾國藩自請從重治罪,實屬〔四七〕咎有應得。姑念湘潭全勝,水勇甚爲出力,著加恩免其治罪,即行革職,仍趕緊督勇剿賊,帶罪自效。湖南提督鮑起豹,自賊竄湖南以來,并未帶兵出省,叠次奏報軍務,僅止列銜會奏。提督有統轄全省官兵之責,似此株守無能,實屬大負委任。鮑起豹著即革職,所有湖南提督印務,即著塔齊布暫行署理。該部知道。欽此。

又奉上諭〔四八〕:

曾國藩統領舟師，屢有挫失。此摺所陳紕繆各情，朕亦不復過加譴責。現在所存水陸各勇，僅〔四九〕集有四千餘人，若率以東下，誠〔五〇〕恐兵力太單。該革員現復添修戰船，招募水勇，據稱一兩月間當有起色。果能確有把握，亦尚不難轉敗爲功。目下楚北賊踪由應山竄回德安，隨州之賊亦回武漢，是鄂省望援甚急。該撫等務當即飭水陸各軍，迅〔五一〕將此股敗竄之匪殲滅淨盡，兼可赴援武昌，以顧大局。欽此。

五月，公疏稱〔五二〕：『現將水陸各軍，嚴汰另募，重整規模。一俟料理完竣，即星夜遄征，誓滅此賊，以雪挫敗之恥，以贖遲延之罪。』奉上諭〔五三〕：『曾國藩添募水陸兵勇及新造、重修戰船，既據奏稱已可集事，則肅清江面之舉，仍藉此一軍以資得力。塔齊布膽識俱壯，堪膺剿賊之任，著駱秉章即飭統領弁兵，迅速出境。曾國藩與該署提督共辦一事，尤應謀定後戰，務期確有把握，萬不可徒事孟浪，再致挫失。欽此。』

是時〔五四〕，湖南郡縣如岳州、華容、常德、龍陽等城，多被賊陷，而湖北之賊由宜昌、枝江、松滋入太平口，與西湖賊合，連陷澧州、安鄉等城，兩湖糜爛不堪。湖北巡撫青麟糧盡，弃城走長沙，賊入武昌據之。詔誅青麟於荆州，以楊霈署湖廣總督。

公整軍東下。水師分三起，先遣褚汝航率炮船四營，當前敵。陸師亦分三路：以塔齊布爲中路，駐新墻；胡林翼等由西路趨常德；江忠淑、林源恩等由東路趨崇、通。賊聞官軍大至，弃常德、澧州，并力守岳州。公檄羅澤南、周鳳山等助攻岳州。塔齊布破賊於新墻，水師破賊於南津港。

七月初一日，官軍克岳州府。捷聞，奉上諭〔五五〕：『覽奏稍慰朕懷。汝能迅速東下，藉此聲威，或可掃除武漢之賊。朕日夜焦盼，憂思彌增。護船陸勇，終恐未可深靠。欽此。』又奉上諭〔五六〕：『此次克復岳州，大獲勝仗，湖南逆踪業就肅清，江路已通，重湖無阻。即著塔齊布、曾國藩會督水陸兵勇，乘此聲威，迅速東下，力搗武漢賊巢，以冀蕩平群醜。欽此。』

官軍破賊於城陵磯，乘勝逐北。值南風大作，師船不能回營，爲賊所乘，褚汝航、夏鑾、陳耀龍、何鎮邦、諸殿元等前後戰殁。

塔齊布破賊於擂鼓臺，擒賊酋曾天養斬之。羅澤南破賊於城陵磯，水師毀賊船幾盡。公疏稱岳州四次獲勝情形，奉上諭〔五七〕：『塔齊布、曾國藩自帶兵以來，既未嘗遇敗而怯，定不致乘勝而驕。總宜於妥〔五八〕速之中，持以慎重，則楚省賊踪漸可掃蕩。欽此。』

七月初三日，塔齊布等率陸軍會李孟群、楊載福等水師，盡平〔五九〕沿江兩岸諸賊壘，窮追二百餘里至嘉魚縣境，賊衆〔六〇〕悉數東竄。公進駐螺山。捷聞，奉旨賞給三品頂戴，公疏稱〔六一〕：『臣墨經從戎，不敢仰邀議叙。嗣後湖南一軍再立功績，無論何項褒榮概不敢受。』奉硃批〔六二〕：

知道了。殊不必如此固執。汝能國爾忘家，鞠躬盡瘁，正可慰爾亡親之志，盡孝之道莫大於是。酬庸褒績，國家政令所在，斷不因汝一請，稍有參差。汝之隱衷，朕知之，天下無不知也。欽此。

公疏陳〔六三〕：『道員李孟群忠勇奮發，思報父仇。該員服猶未闋，請從權統領水師，以專責成。』旨報可。

楊載福、彭玉麟等水師乘勝東下，搜捕沿江汊港賊船，焚毁略盡，遂抵金口。

塔齊布陸軍破賊於羊樓司。八月初四，克崇陽縣，又破賊於咸寧。公進駐嘉魚，奉硃批〔六四〕：『汝等自湘潭大捷後屢次得手，有此聲威，豈可自餒？惟利在速戰，莫待兩下相持，師勞餉乏，大有可慮處。塔齊布不致爲崇陽一股牽制方好。欽此。』

公進駐金口。塔齊布、羅澤南破賊於横溝橋，遂與公師會合。適荆州將軍官文遣魁玉、楊昌泗等軍五千人亦會於金口，因遣魁玉等擊破沌口賊。

公集諸將商取武昌之策，羅澤南袖圖進曰：『洪山、花園兩路，皆賊重兵所在。花園瀕江環城，尤賊勢所注。賊壘九座，每壘數千人，長壕巨障，袤延數里。吾所部不滿三千，以當洪山之賊有餘，以擊花園則〔六五〕不足，請塔將軍分任之。花園、洪山賊壘破，武昌無自固之勢，賊將自遁無憂也。』公曰：『羅君勝算，虜在吾目中矣。花園賊壘，仍煩君一行，請加派兵二千以助君。』澤南悉衆攻花園，賊迎拒者望風披靡，乃據壘以守。澤南令軍士皆手槍持滿〔六六〕，伏地行，近壘始起立施槍，前者既登，後者繼進，賊衆自亂。自辰至酉，九壘皆克。水師同時并進，環壘賊船數千皆毁沈之。塔齊布另從他道攻克洪山，遂薄武昌城。環城賊壘悉破平之，城内之賊果宵遁，遂收復武昌省城。漢陽賊亦遁。是月二十三日也。捷聞，奉硃批〔六七〕：『覽奏感慰實深。獲此大勝，殊非意料所及。朕惟兢業自持，叩天速救民劫〔六八〕也。欽此。』

又奉上諭〔六九〕：

此次克復兩城，三日之内，焚舟千餘，蹋平賊壘浄盡，運籌决策，甚合機宜。允宜立沛恩施，以酬勞勩。曾國藩著賞給二品頂戴，署理湖北巡撫，并加恩賞戴花翎；塔齊布著賞穿黄馬褂，并賞給騎都尉世職。欽此。

又奉上諭〔七〇〕：『楚省大局已定，亟應分路進剿，由九江、安慶直抵金陵。沿江剿賊之事，朕以責之曾國藩、塔齊布。楚省防務及搜捕餘匪事宜，朕以責之楊霈。欽此。』

公疏稱母喪未除，遽就官職，得罪名教，不敢接受關防，仍由督臣收存，奉硃批〔七一〕：『朕料汝必辭，又念及整師東下，署撫空有其名，故已降旨，令汝毋庸署理湖北巡撫，賞給兵部侍郎銜。汝此奏，雖不盡屬固執，然官銜竟不書署撫，好名之過尚小，違旨之罪甚大。著嚴行申飭。欽此。』

九月，詔以陶恩培爲湖北巡撫。奉上諭〔七二〕：『曾國藩既無地方之責，即可專力進剿，但必須統籌全局，毋令逆匪南北分竄，方爲妥善。并隨時知照江、皖各撫及托明阿、向榮等，四路兜擊，以期直搗金陵，迅奏膚功。欽此。』

公統師東下，遣楊載福等破賊於蘄州，塔齊布克大冶縣，羅澤南克興國州。捷聞〔七三〕，奉

上諭〔七四〕：

蘄州賊勢尚衆，水師既經攻剿得手，何以桂明等陸路一軍未能趕到？曾國藩經朕畀以剿賊重任，事權不可不專。自桂明以下文武各員，均歸節制。儻有不遵調遣，或遷延畏葸貽誤事機者，即著該侍郎專銜參奏，以肅戎行。欽此。

十月初一至初五日，官軍連破賊於半壁山，斬馘萬人。

初八日，水師破賊於蘄州，賊退至田家鎮。

十三日，楊載福、彭玉麟等攻斷横江鐵鎖，破賊於鄔穴，賊弃田家鎮而遁。是夕蘄州賊亦遁，水師徑抵九江城下。

塔齊布攻破富池口賊壘，遂與羅澤南率師北渡。

二十一日〔七五〕，公進駐田家鎮，奉硃批〔七六〕：『獲此大勝，皆因汝等和衷共濟，調度有方，故能將士用命，以少擊衆。朕披覽之餘，感慰莫能言喻。欽此。』

二十八日，塔齊布、羅澤南克廣濟縣。

十一月初四日，克黄梅縣，奉上諭〔七七〕：『楊霈奏克復廣濟、黄梅一摺，所叙進攻九江情形，似該郡賊黨尚復不少。塔齊布渡江而北，南岸官軍即不能得手，是江西陸路兵勇殊不足恃，塔齊布仍須渡回南岸。倘南北兩岸專恃一塔齊布奔馳追剿，則湖北、江西兩省官兵豈不皆成虚設耶？欽此。』

十二日，塔齊布、羅澤南破賊於孔壠驛，復捷於小池口。

十四日，水師至湖口。

公進駐九江城外；塔齊布率師南渡，駐軍九江南門，公疏稱〔七八〕：『湖北臬司胡林翼識略冠時，調令來潯助剿。副將王國才、都司畢金科馭軍有法，請歸調遣。』奉旨報可。又奉上諭〔七九〕：

曾國藩、塔齊布運籌决勝，戮力同心，麾下將士，率皆轉戰無前，争先用命，皆由曾國藩等調度有方。覽奏之餘，實堪嘉尚。曾國藩著賞穿黄馬褂，并發去狐腿黄馬褂一件、白玉四喜搬〔八〇〕指一個、白玉巴圖魯翎管一枝、玉靶小刀一柄、火鐮一把，交曾國藩祇領〔八一〕，以示優獎。欽此。

十二月初一日，水陸官軍合攻九江城，賊堅守不能下，奉上諭〔八二〕：『我軍自肅清潯江進扼湖口以後，滿擬九江郡城乘勝可克。乃連日毀焚賊船，踢破賊壘，而該逆死黨仍負固堅守，殊屬凶悍，賊情變幻靡常。著曾國藩、塔齊布相機籌畫，不可稍有孟浪，致誤事機。欽此。』

初六日，胡林翼、羅澤南破賊於梅家洲。水師大捷於湖口，破其木簰〔八三〕賊卡。

十二日，水師舢板駛入鄱陽湖，追賊至大姑塘。賊築壘斷其後路，遂與外江水師隔絶。

二十五日，賊以小艇夜襲我營。公座船陷於賊，文卷蕩然無存。急掉小舟，馳入羅澤南營以免。公欲以身殉國，草遺疏千餘言，羅澤南力諫乃止。因上疏自劾，奉上諭〔八四〕：『水師鋭氣過甚，由湖口馳至姑塘以上，長龍、舢板各船與外江水師船隔絶，以致逆氛頓熾，兩次被賊襲營，辦理未爲得手。曾國藩自出岳州以後，與塔齊布協力同心，掃除群醜，此時雖有小挫，尚於大局無損。曾國藩自請嚴議之處，著加恩寬免。欽此。』

年終恩賞福字、荷包、銀錢、銀錁、食物等件。

咸豐五年

正月，皖賊大舉犯湖北，總督楊霈退守德安。公遣胡林翼、王國才、石清吉等率六千人回援武漢，李孟群率舟師四十號援蘄、黄。

初四夜，東北風(天)大作，師船泊九江者多被撞損。公飭外江炮船西赴鄂之金口，命李孟群、彭玉麟領之，而另設船廠於新堤鎮，添製〔八五〕修補，以爲後勁。其陷入内湖之水師，駛赴南昌，歸江西巡撫調遣〔八六〕。

公自督〔八七〕陸軍攻九江未克，因疏陳〔八八〕辦理錯誤之處：

一、在武漢既克，未留重兵防守；一、在九江未克，遽攻湖口。目前籌辦之法凡四條：一、添修炮船以固荆、湘之門户；一、飭胡林翼等軍回援武昌；一、親至南昌修整内湖水師；一、圍攻九江陸軍有進無退，潯城既克，仍當直擣金陵。

奉上諭〔八九〕：

覽奏殊深懸係。所稱辦理錯誤之處，如水師衝入内湖，以至聲勢隔絶，誠不免鋭進貪功。至武漢收復未留後路聲援一節，則其勢本有不及。水陸兩軍全數追剿，猶恐兵力單弱，若彼時即分剿武漢，兵數愈少，刻下更不知如何棘手。曾國藩等既定直擣金陵之計，即著迅速設法攻克九江，合軍東下，毋得再存顧慮。欽此。

十六日,公抵南昌。籌畫添製炮船之制,内湖水師於是復振。

胡林翼率師援武昌,駐軍沌口。石清吉繼之。賊由富池口渡江而南,連陷興國、通山、崇陽、通城、咸寧等州縣,武昌戒嚴。巡撫陶恩培飛書告急,公檄促王國才由武寧轉戰而西。奉上諭〔九〇〕:『楚北賊焰復然,於曾國藩等剿賊機宜大有關係。此時惟有會合各兵,使曾國藩等軍無腹背受敵之患,方爲妥善。欽此。』

公遣内湖水師進駐康山。

賊由都昌陷饒州府,分犯樂平、景德鎮、祁門、徽州、廣信等處。遣羅澤南由南昌繞出湖東迎剿。

胡林翼退駐於金口。

二月十七日,賊陷武昌省城,巡撫陶恩培等死之。賊溯漢而上,由岳家口、仙桃鎮窺犯荆、襄。詔授胡林翼爲湖北布政使,署理湖北巡撫。

時總督楊霈駐軍德安,屢蹶不振。胡林翼扼紮金口,屏蔽荆、襄。李孟群、彭玉麟、王國才等水陸堵禦,上游賴以粗安。

三月二十日,羅澤南破賊於貴溪。次日,遂克弋陽縣。

二十三日,賊陷廣信府,羅澤南追剿破之。

二十七日,羅澤南〔九一〕克廣信府。

公進駐吴城鎮,奉上諭〔九二〕:

自師船陷入鄱湖,賊匪再擾武漢,廣、饒一帶復有賊踪竄突。該侍郎水陸兩軍,自有不能不分之勢。該侍郎所謂『千里馳突，不如堅扼中段〔九三〕』，所奏不爲無見。當此上下皆賊，總宜計出萬全，勿以浪戰失機，勿以遲延誤事，一切機宜，朕亦不爲遥制。塔齊布攻剿九江情形，未據奏及，豈爲賊氛阻隔聲息不通耶？欽此。

四月，公疏稱湖北兵勇不可復用，大江北岸宜添勁旅。奉旨交楊霈、胡林翼辦理。公又屢書與胡林翼，論東南大勢，以武昌據金陵上游爲必争之地，宜厚集兵力，爲恢復之計。林翼深韙其言。羅澤南剿賊於景德鎮，賊竄徽州。澤南因移軍饒州，以圖湖口。

十三日，公進駐南康。

二十一日，水師大捷於馬家堰，追及於〔九四〕都昌城下，焚賊船百數十號。

湖北之賊由興國、崇、通等州縣竄江西，陷義寧州。

五月初八日，水師搜賊於都昌。十三日，大捷於青山，追賊至鞋山。三十日，敗賊於青山，獲賊船甚夥，奪回拖罟大船，即前失公座船也。

初，楊載福傷病回湘，湖南巡撫駱秉章檄令添募水師，赴鄂助剿。至是由岳州出大江，剿賊於蒲圻，駐軍金口。

六月，公疏參江西巡撫陳啓邁劣迹較多，恐誤大局，奉旨〔九五〕：『陳啓邁著即革職，按察使惲光宸先行撤任，交新任巡撫文俊查辦。欽此。』

先是，萬載縣知縣李皓與其縣舉人彭壽頤以團事互相揭。劉蓉適在江西，廉得其情，頗謂壽頤才氣可用，召至營。公亦器之，即檄令管帶一營。啓邁不允，益收縶之。郭嵩燾爲之解説，啓邁意亦釋，南昌府知府史致諤遂釋壽頤。啓邁怒其遽也，拘壽頤急，臬司惲光宸因執壽頤撲之。公既與啓邁牴牾，於是應解營餉、軍火，啓邁輒與留難駁斥。公積憤久，故有此奏。

水師破賊於徐家埠，毀賊船八十餘號。塔齊布破賊於新壩。湖北之賊陷德安府，楊霈退走襄陽，奉旨革職。詔以荊州將軍官文爲湖廣總督。羅澤南軍抵義寧州，連破賊於梁口、乾坑、鰲嶺、雞名山等處，斬馘六千。　蕭捷三破賊於鞋山。

十六日，羅澤南克義寧州。

十八日，湖南提督塔齊布卒於軍，公馳赴九江撫其衆。

李元度破賊於蘇家渡，遂會水師攻湖口，破賊壘數座，焚賊船幾盡。炮船駛出大江，蕭捷三戰歿，公馳赴青山撫其衆。

二十五日，公回駐南康。

八月，羅澤南上書陳利病，以爲：『東南大勢，尤在武昌。得武昌乃可控制江、皖，江西亦有所屏蔽。株守江西，如坐甕中，日與賊搏戰，無益大局。請率所部，由義寧出崇、通，進援武昌，引軍東下，以取建瓴之勢，而後内湖水師與外江聲息可通，進攻九江始有把握。此時但留周鳳山一軍駐江西以綴賊勢，必俟武昌克復，大軍全注九江，東南大局乃有轉機。』公深韙其言。澤南因自義寧單騎詣南康謁公，面陳機宜。適劉蓉在座，謂公曰：『公所賴以轉戰者，塔、羅兩君。今塔公亡，諸將可恃獨羅公，又資之遠行，脱有急，誰堪使喚者？』公曰：『吾固知其然。然計東南大局宜如此，今俱困江西無益。此軍幸克武昌，天下大勢猶可爲，吾雖困猶榮也。』

是時，江西郡縣惟九江、湖口未克，梅家洲、下鍾山兩賊壘未下。澤南謂湖口諸軍但當堅守，不宜數攻，乞公戒諸將堅持弗動。公悉從之，檄寶勇千五百人助澤南西行。劉蓉亦偕郭嵩燾送至柴桑村，因言：『江西三面距賊，此軍去，必不能支，計將安出？』澤南曰：『曾公所治水師，幸能自立。但留曾公一人在，均無足計。』嵩燾曰：『曾公意求有益於天下大局，其視此身如鴻毛，不自今日始也。』澤南曰：『天苟未亡〔九六〕本朝，此老必不死。』相與嘆息而別。

胡林翼由金口渡江，軍於奓山。楊載福、彭玉麟率水師進駐沌口，毀賊船數百號。李孟群師潰於金口，賊大舉援漢陽。胡林翼師亦潰，因退軍新堤，以圖再舉。羅澤南部署援鄂之師，自領中營，以李續賓領右營，劉蓉領左營，以彭三元、普承堯分領寶勇營，合爲五千人，由義寧趨通城。

九月初五日，公進駐屏風，疏稱〔九七〕『師久無功，請交部嚴議』，奉上諭〔九八〕：『曾國藩督帶水師，屢著戰功。自到九江，雖未迅即克復，而鄱湖賊匪已就肅清。所有自請嚴議之處，著加恩寬免。欽此。』

初六日，羅澤南克通城縣。十四日，克崇陽縣。適湖南援鄂之師潰於羊樓司，江忠濟死之。澤南遣李續賓進剿羊樓司，彭三元進剿濠頭堡，三元戰殁。二十六日，澤南親督軍至羊樓〔司〕，擊賊破之。

湖北巡撫胡林翼進軍六溪口。

詔以公爲兵部右侍郎〔九九〕。

公弟國荃中是科優貢〔一〇〇〕。

十月初三日，羅澤南大破賊於羊樓司。

二十一日，羅澤南克蒲圻縣。劉蓉之弟蕃，首先登城，中炮死之。

楊載福破賊於金口。

初，賊酋石達開由崇、通等縣竄江西，陷新昌縣，而粵東匪徒竄吉安者，連陷安福、分宜、萬載等縣，與石逆合。於是贛水以西，亂民響應，瑞、臨、袁、吉同時告警。

十一月初十日，賊陷瑞州府。十一日，陷臨江府，袁、吉二郡被圍。南昌戒嚴。

十五日，公檄周鳳山率九江全軍回南昌，以爲剿辦西路賊匪之計。奉上諭〔一〇一〕：

石逆賊黨雖多，一經羅澤南痛剿，即連次挫敗。可見兵不在多寡，全在統領得人。著曾國藩激厲在事文武，奮勉圖功，殄此巨寇。至九江一路，能否足資堵禦？倘有疏懈，不特江西内地堪虞，并礙長江大局，該侍郎不可顧此失彼。欽此。

羅澤南克咸寧縣，乘勝至金口。與胡林翼會攻武昌，大破城外賊壘，駐營洪山。

三十日，賊陷袁州。

彭玉麟前乞假回衡州，聞江西緊急，間關徒步，行七百里抵南康。公見大喜，派領水師赴臨江扼剿。

賊既踞臨江，分股踞樟樹鎮。

十二月初四日，周鳳山克樟樹鎮。

初十日，周鳳山克新淦縣。

賊攻吉安，江西按察使周玉衡入城守之。

年終恩賞如例。

咸豐六年

正月初二日，賊犯樟樹鎮，劉于潯以水師擊却之。周鳳山自新淦回援樟樹鎮，遇賊於瓦山，擊破之。

初七日，彭玉麟大破賊船於樟樹鎮。初九日，攻臨江賊壘，又破之。

十六日，林源恩等擊賊於九江，破之。

二十五日，賊陷吉安府，按察使周玉衡死之。奉上諭〔一〇二〕：

文俊甫經到任，於該省地勢、軍情一時未能周悉。現當萬分棘手之時，倘布置稍疏，難免貽誤。曾國藩自抵江西，爲時已久，賊情亦所深悉。此時江西匪踪，幾欲蔓延全省。既不能處處調兵，又不能顧此失彼，自應擇其最要之處先爲攻剿。著曾國藩與文俊妥速會商馳奏，以慰廑念。欽此。

二月〔一〇三〕，江西官軍潰於樂安。賊犯撫州、建昌，城邑多不守。

十八日，周鳳山師潰於樟樹鎮，南昌戒嚴。公急回省助守，人心始定。

湖南巡撫駱秉章遣劉長佑、蕭啓江分道赴援。皆募死士，臘丸隱語，間行入省城，旬月始達。是時，江西八府五十餘縣，皆陷於賊，所存南昌、廣信、饒州、贛州、南安五郡耳。

三月，遣彭玉麟扼扎吴城鎮。鄧輔綸、林源恩進剿撫州，周鳳山、畢金科等助之。

初八日，布政使銜寧紹臺道羅澤南卒於軍。

澤南自駐洪山，武昌城外賊壘鏟除殆盡，殄滅有日矣。忽以霧中搏戰中槍子，傷創甚，卒於洪山營次。湖北巡撫胡林翼檄李續賓統其軍。

十一日，鄧輔綸、林源恩克進賢縣。

十二日〔一〇四〕，彭玉麟禦賊於吴城，却之。

二十日，李元度克東鄉縣，鄧輔綸、周鳳山率師來會。

二十三日，彭玉麟、黄虎臣克建昌縣。

二十七日，李元度、林源恩擊賊於撫州，破之。

四月，劉長佑攻萬載縣，盡平城外賊壘。

二十日，劉于潯克豐城縣。

二十八日，楊載福大捷於漢陽，毁賊船幾盡。

二十九日，蕭啓江克萬載縣。

五月〔一〇五〕，楊載福率水師由鄂東下，搜毁沿江賊船，耀兵九江城外而還。

十三日，賊犯吴城，彭玉麟擊却之。

十五日，畢金科破賊於油墩。

十九日，賊援撫州，李元度擊却之。

六月初二日，黄虎臣戰歿於建昌。

初五日，賊陷饒州府。

公弟國華自湖南間關走武昌，乞師拯〔一〇六〕江西。湖北巡撫胡林翼以國華爲總統〔一〇七〕，而劉騰鴻、普承堯、吴坤修等副之。國華率師五千人，連克咸寧、蒲圻、崇陽、通城四縣。轉戰而東，克新昌、上高各城，遂抵瑞州府。

七月初四日，賊犯南昌省，河西岸官軍渡江擊破之。

初九日，彭山屺、李新華赴瑞州助剿。

賊屢出撲營，官軍擊却之。

公弟國華因病來南昌就醫。

八月，賊大股援瑞州，城賊亦悉鋭出犯，官軍力戰走之。　吴坤修收復靖安、安義二縣。　公弟國華由南昌回瑞州。　公弟國荃募勇於長沙。

時長沙黄冕新授吉安府知府，吉安府縣均陷於賊，冕知國荃有奇略，就商防剿之策，國荃曰：『方吾兄戰利，事無所須於我，我亦從未至營相視。今坐困一隅，我義當往赴，然苦無資力募勇。君但能治餉，我當自立一軍，以赴國家之急。』冕請於巡撫駱秉章，募勇三千人，以周鳳山副之。以其始攻吉安，號其軍曰『吉字營』。公弟國荃以一軍立功天下自此始。

九月初三日，公至瑞州勞師。

初四日，李元度復宜黄縣。　初九日，復崇仁縣。

元度久攻撫州不下，賊悉鋭出城，與城外援賊合，官軍大敗，林源恩死之，元度走崇仁，南昌戒嚴。公由瑞州回南昌。

二十八日，瑞州賊出城撲營，公弟國華遣軍復之〔一〇八〕。

十八日〔一〇九〕，賊陷上高縣。

十月初四日，公弟國華遣軍復上高縣〔一一〇〕。

國華攻瑞州，賊之出入之接濟者，屢被官軍截擊。劉騰鴻毀瑞州南城，築新壘二座，以勁兵五千守之，賊援始絶。

二十五日，江西官軍、福建援軍大潰於建昌，副將陳上國等死之。

賊陷新淦縣，劉于潯攻克之。奉上諭〔一一一〕：

曾國藩、文俊自八月奏報瑞州、建昌勝仗之後，已及月餘未見續報。前聞賊匪多回至金陵，而江西失陷各郡，尚無一處克復。據浙江各省奏報，皆言金陵内亂，恐石逆不得志於皖、楚，必竄入江西。該逆於諸賊之中最爲凶悍，若令回竄江西，占據數郡，煽惑莠民，其勢更難收拾。著曾國藩乘此賊心涣散之時，趕緊克復數城，使該逆退無所歸，自不難窮蹙就擒。若徒事遷延，勞師糜餉，日久無功，朕即不遽加以貽誤之罪，該侍郎何顔見江西士民耶？又聞石達開與韋逆不睦，倘向曾國藩處乞降，應如何處置之處，亦當預爲籌畫。欽此。

公疏稱〔一一二〕：『石逆若歸命投誠，當令獻城爲質，不敢貪招撫之虚名，弛防剿之實務。』奉硃批〔一一三〕：『爾等主見，甚屬允妥。剿、撫宜并用，先剿後撫，可隨時審其機宜好爲之。欽此。』

十一月初一日，劉長佑、蕭啓江攻克袁州府。

十三日，公弟國荃克安福縣，進攻吉安。

江西巡撫文俊奏保公弟國華，奉旨：『以同知選用。欽此。』

胡林翼攻克武昌省城，官文克漢陽府。武、漢既克，胡林翼與官文商籌東征，以都興阿統馬隊，李續賓統步軍，楊載福統水師，而李孟群、王國才、石清吉等隸都興阿部下。連克武昌縣、黄州府、興國、大冶、蘄州、蘄水、廣濟、黄梅各城，耀兵九江城外。

十二月，公至九江勞師，旋回南昌。

年終恩賞如例。

〔一〕貤封光禄大夫：底本脱，今據年譜校補。

〔二〕奉事：民國葉玉麟、朱太忙等整理曾文正公全集本（以下簡稱『葉本』）作『恭敬奉事』。

〔三〕篌輿：葉本作『衡輿』。

〔四〕饍：葉本作『膳』。

〔五〕疏陳：見奏稿一，題作『議汰兵疏（咸豐元年三月初九日）』。

〔六〕一疏：見奏稿一，題作『敬陳聖德三端預防流弊疏（咸豐元年四月二十六日）』。

〔七〕一疏：見奏稿一，題作『備陳民間疾苦疏（咸豐元年十二月十八日）』。

〔八〕疏請：見奏稿一，題作『請寬勝保處分疏（咸豐二年四月初五日）』。

〔九〕不克：葉本作『却之』。

〔一〇〕詔諭：見奏稿一，題作『敬陳團練查匪大概規模摺（咸豐二年十二月二十二日）』。

〔一一〕歸：葉本作『回』。

〔一二〕上諭：見奏稿一嚴辦土匪以靖地方摺（咸豐三年二月十二日）後附。

〔一一三〕勇：葉本作『營』。
〔一一四〕疏稱：見奏稿一，題作『移駐衡州摺（咸豐三年八月十三日）』。
〔一一五〕上諭：見清政府鎮壓太平天國檔案史料第十册，題作『寄諭駱秉章等著選派兵勇并酌撥船炮與吴文鎔等會剿（咸豐三年九月二十七日）』。
〔一一六〕上諭：見清政府鎮壓太平天國檔案史料第十册，題作『寄諭駱秉章等著曾國藩即帶練勇馳赴湖北合攻并籌撥軍餉（咸豐三年十月初三日）』。
〔一一七〕疏稱：見奏稿一，題作『暫緩赴鄂并請籌備戰船摺』。
〔一一八〕硃批：見暫緩赴鄂并請籌備戰船摺附。
〔一一九〕斟酌緩急相機進剿：曾公江忠烈公神道碑作『當相緩急爲去留，不必拘於成命』。郭嵩燾贈總督安徽巡撫江忠烈公行狀作『當相其緩急爲去留，不必拘於成命』。薛福成庸盦筆記江忠烈公殉難廬州作『當相其緩急爲去留，不必以成命爲拘』。
〔一二〇〕上諭：見清政府鎮壓太平天國檔案史料第十一册，題作『寄諭曾國藩著趕辦船炮帶勇入江東下與江忠源合擊（咸豐三年十一月十二日）』。又見奏稿一籌備水陸各勇赴皖會剿俟粤省解炮到楚乃可成行摺摘引。
〔一二一〕疏稱：見奏稿一，題作『籌備水陸各勇赴皖會剿俟粤省解炮到楚乃可成行摺（咸豐三年十一月二十六日）』。
〔一二二〕夷：葉本作『洋』。
〔一二三〕又請：見奏稿一，題作『請提用湖南漕米片（咸豐三年十一月二十六日）』。
〔一二四〕硃批：見奏稿一籌備水陸各勇赴皖會剿俟粤省解炮到楚乃可成行摺附。
〔一二五〕疏稱：見奏稿一，題作『瀝陳現辦情形摺（咸豐三年十二月二十一日）』。
〔一二六〕效：葉本作『敗』。
〔一二七〕硃批：見瀝陳現辦情形摺後附。
〔一二八〕疏稱：見奏稿一，題作『衡永一帶剿匪未畢摺（咸豐三年十二月二十一日）』。

〔二九〕硃批：見衡永一帶剿匪未畢摺後附。

〔三〇〕緊：底本爲墨丁，今據『近代中國史料叢刊』本曾文正公（國藩）事略（以下簡稱『事略』）及葉本校補。

〔三一〕初：事略作『先是』。

〔三二〕每遇……三老：葉本作『每詢廣東員弁及長年之人』。

〔三三〕以行：葉本作『一行』。

〔三四〕上諭：見清政府鎮壓太平天國檔案史料第十二册，題作『寄諭曾國藩著飭知胡林翼迅速前進并知照臺湧合力剿辦（咸豐四年二月十三日）』。

〔三五〕且稱：奏稿未見，想已散佚。據曾國藩咸豐十一年（一八六一）十月四日所呈瀝陳前湖北撫臣胡林翼忠勤勛績摺（奏稿三）有『咸豐四年，曾奏推胡林翼之才，勝臣十倍。近年遇事咨詢，尤服其進德之猛』云云，蓋其賞鑒胡林翼之語爲不虛。

〔三六〕疏請：見奏稿一，題作『黄州逆賊上竄漢陽并陷岳州』（二月十五日）。按該摺由駱秉章主稿，曾國藩後銜會奏。

〔三七〕奉：底本脱，今據葉本校補。

〔三八〕硃批：見清政府鎮壓太平天國檔案史料第十二册駱秉章奏陳鄂省情形較緩擬俟南省事竣即派兵赴鄂追擊片（咸豐四年二月二十三日）後附。

〔三九〕第：葉本作『但』。

〔四〇〕局：葉本作『事』。

〔四一〕上諭：見清實録文宗實録咸豐四年（一八五四）甲寅三月丁卯（二十八日）上諭。又見清政府鎮壓太平天國檔案史料第十三册，題作『諭内閣岳州陸路失利著將曾國藩交部嚴議仍著督帶師船克復岳城』。

〔四二〕本：葉本作『木』。

〔四三〕稱：葉本作『反』。

〔四四〕拒敵者：葉本作『拚敵祇』。

〔四五〕上疏自劾：見奏稿一，題作『靖港敗潰自請治罪摺（咸豐四年四月十二日）』。自劾，葉本作『陳罪狀自劾』。

〔四六〕上諭：見清政府鎮壓太平天國檔案史料第十四册，題作『諭内閣著駱秉章等乘湘潭水陸獲勝掃除靖港股衆（咸豐四年四月二十三日）』。又駱文忠公奏稿卷一靖港擊賊互有勝負湘潭大捷克復縣城摺後附『咸豐四年四月二十三日内閣奉上諭』。

〔四七〕屬：葉本作『係』。

〔四八〕上諭：見清政府鎮壓太平天國檔案史料第十四册，題作『寄諭駱秉章著督飭水陸各軍迅殲靖江股衆（咸豐四年四月二十三日）』。又見奏稿一恭謝天恩曲貨前愆復勉後效摺摘引。

〔四九〕僅：葉本作『祇』。

〔五〇〕誠：葉本作『深』。

〔五一〕迅：葉本作『速』。

〔五二〕疏稱：見奏稿一，題作『恭謝天恩曲貨前愆復勉後效摺（咸豐四年五月初八日）』。

〔五三〕上諭：見清政府鎮壓太平天國檔案史料第十四册，題作『寄諭駱秉章著督飭塔齊布統兵赴楚與曾國藩會剿武漢之股（咸豐四年五月十八日）』。

〔五四〕是時：事略作『當是時』。

〔五五〕上諭：見奏稿一水師前後起行日期片（咸豐四年七月十一日）後附。

〔五六〕上諭：見清政府鎮壓太平天國檔案史料第十五册，題作『諭内閣著塔齊布曾國藩會督水陸兵勇迅速東下力搗武漢（咸豐四年七月二十三日）』。

〔五七〕上諭：見清政府鎮壓太平天國檔案史料第十五册，題作『寄諭駱秉章等速剿城陵磯餘敵即日東下直搗武漢（咸豐四年閏七月十三日）』。又見附録廷寄　水陸四獲勝仗後指揮軍事機宜（閏七月二十五日）。

〔五八〕妥：葉本作『安』。

〔五九〕平：葉本作『平毁』。

〔六〇〕賊衆：底本、事略均訛作『群衆』，今據葉本校改。

〔六一〕疏稱：見奏稿一，題作『恭謝三品頂戴恩摺（咸豐四年八月十九日）』。

〔六二〕硃批：見恭謝三品頂戴恩摺後附。又見清實録咸豐朝實録卷一四四『咸豐四年甲寅九月己巳（初三日）』。

〔六三〕疏陳：見奏稿一李卿穀請恤片（咸豐四年八月十九日）。

〔六四〕硃批：見奏稿一附録硃批　諭利在速戰（八月二十六日）。又見清政府鎮壓太平天國檔案史料第十五册塔齊布等奏報水陸連獲勝仗即搗武昌摺後附『咸豐四年八月十五日硃批』。

〔六五〕則：底本、事略脱，今據葉本校補。

〔六六〕手槍持滿：葉本作『手持槍』。

〔六七〕硃批：見奏稿一官軍水陸大捷武昌漢陽兩城同日克復摺（咸豐四年八月二十七日）後附。又見清實録咸豐朝實録卷一四四『咸豐四年甲寅九月辛未（初五日）』。

〔六八〕劫：葉本作『急』。

〔六九〕上諭：見清政府鎮壓太平天國檔案史料第十五册，題作『諭内閣武昌漢陽同日克復曾國藩等允予立沛殊恩（咸豐四年九月初五日）』。又見奏稿一附録明諭　嘉獎攻克武昌漢陽有功人員（九月十二日）。

〔七〇〕上諭：見清政府鎮壓太平天國檔案史料第十五册，題作『寄諭楊霈等務當協力妥籌進剿機宜不可稍存大意（咸豐四年九月初五日）』。又奏稿一附録廷寄　武昌漢陽攻克後應速掃清四廓會兵進剿九江直搗金陵（九月十二日）引。

〔七一〕硃批：見奏稿一謝恩仍辭署鄂撫摺（咸豐四年九月十三日）附録。

〔七二〕上諭：見奏稿一附録廷寄　武昌黄州收復著曾知照江皖各撫各軍合力兜剿毋失事機（咸豐四年九月二十五日）。又見清實録咸豐朝實録卷一四五『咸豐四年九月初六日』。

〔七三〕捷聞：底本缺，今據事略校補。

〔七四〕上諭：見清政府鎮壓太平天國檔案史料第十六册，題作『寄諭曾國藩等著相機籌攻半壁山并統籌全局（咸豐四年十月初九日）』。

又見奏稿一附録廷寄　設法毀賊横江鐵鎖并飭桂明以下文武概歸節制調遣（咸豐四年十月十七日）引。

〔七五〕二十一日：底本缺，今據太平天國史事日志校補。

〔七六〕硃批：見清政府鎮壓太平天國檔案史料第十六册曾國藩等奏報水陸攻剿半壁山屢獲勝仗摺後附『咸豐四年十月二十二日硃批』。又見奏稿一附録明諭　褒奬南路陸軍及水師機智獲勝（咸豐四年十月三十日）引。

〔七七〕上諭：見清政府鎮壓太平天國檔案史料第十六册，題作『寄諭楊霈等著分兵渡江合力攻克九江以通江路（咸豐四年十一月十五日）』。又見奏稿一附録廷寄　諭各軍合力會剿共圖九江及惲光宸等歸曾國藩調度（咸豐四年十一月十五日）。

〔七八〕疏稱：見奏稿一，題作『調胡林翼來潯助剿片（咸豐四年十一月二十一日）』。

〔七九〕上諭：見清政府鎮壓太平天國檔案史料第十六册，題作『諭内閣九江江面肅清曾國藩調度有方著賞穿黄馬褂（咸豐四年十二月初二日）』。又見奏稿一附咨文　咨塔齊布楊霈駱秉章陳啓邁（十二月初二日）（轉録明諭　嘉奬灌港大捷九江江面肅清）。

〔八〇〕搬：葉本作『扳』。

〔八一〕祇領：葉本作『領收』。

〔八二〕上諭：見清政府鎮壓太平天國檔案史料第十六册，題作『寄諭曾國藩等著統師先剿湖口吴城再設法攻取九江（咸豐四年十二月十五日）』。又見奏稿一附録廷寄　九江未克應會合江軍并剿（咸豐四年十二月十五日）引。

〔八三〕篺：葉本作『筏』。

〔八四〕上諭：見清政府鎮壓太平天國檔案史料第十七册，題作『寄諭曾國藩等著加恩寬免議處并令合攻湖口一關（咸豐五年正月二十二日）』。又見奏稿一附録廷寄　飭水陸依輔内河外江聯絡并速奏李孟群回援楚北事（咸豐五年二月十一日）。

〔八五〕製：葉本作『造』。

〔八六〕歸江西巡撫調遣：底本缺，今據事略校補。

〔八七〕督：葉本作『命』。

〔八八〕疏陳：見奏稿一，題作『大風擊壞戰船并近日剿辦情形摺（咸豐五年正月初八日）』。

〔八九〕上諭：見中國第一歷史檔案館編咸豐同治兩朝上諭檔（五）之軍機大臣字寄湖廣總督楊兵部侍郎曾湖南提督塔江西巡撫陳（咸豐五年正月二十七日）。又見奏稿一附録廷寄　分析軍事形勢指示進止（咸豐五年正月二十七日）。

〔九〇〕上諭：見清政府鎮壓太平天國檔案史料第十七册，題作『寄諭楊霈等著重整兵威與曾國藩派兵合剿并奏近日軍情』（咸豐五年正月二十一日）。又見奏稿一附咨文　咨陳啓邁塔齊布（轉録廷寄　賊擾漢鎮漢陽著速會合各兵迎剿）引。

〔九一〕羅澤南：底本脱，今據事略校補。

〔九二〕上諭：見清政府鎮壓太平天國檔案史料第十七册，題作『寄諭曾國藩著乘春漲衝出鄱湖與塔齊布陸兵合攻九江（咸豐五年四月十四日）』。又見奏稿一附咨文　咨塔齊布陳啓邁（五月初二日）引。

〔九三〕千里……扼中段：奏稿一謹呈水陸軍情摺原作：『與其千里馳逐，卒以餉匱而至意外之虞，又不如堅扼中段，保全此軍，猶得以供皇上之驅策。』

〔九四〕及終：事略作『至』。

〔九五〕奉旨：見清政府鎮壓太平天國檔案史料第十七册，題作『諭内閣著文俊補授江西巡撫未到任前著陸元烺署理（咸豐五年七月初二日）』。又見奏稿一附録明諭二件　文俊補授江西巡撫周玉衡補授按察使（七月）引。

〔九六〕苟未：葉本作『若不』。

〔九七〕疏稱：見奏稿一，題作『師久無功自請嚴處并兼保各員片（九月初九日）』。

〔九八〕上諭：見清政府鎮壓太平天國檔案史料第十七册，題作『諭内閣曾國藩自請嚴議之處著加恩寬免（咸豐五年九月二十六日）』。又見奏稿一附咨文　咨黄贊湯駱秉章（十月二十日）引。

〔九九〕兵部右侍郎：年譜繫於『二十七日』。

〔一〇〇〕中是科優貢：年譜作『夏秋之間』。

〔一〇一〕上諭：見清政府鎮壓太平天國檔案史料第十八册，題作『寄諭曾國藩等著飭屬剿洗瑞州等敵及嚴扼九江一路（咸豐五年十二月十五日）』。又見奏稿一附録廷寄　指示江西諸路防剿（咸豐六年正月）。

〔一〇二〕上諭：見清政府鎮壓太平天國檔案史料第十八册，題作『寄諭曾國藩等著會商進剿臨江瑞州并報德化被陷緣由（咸豐六年正月十七日）』。
〔一〇三〕二月：底本缺，今據太平天國史事日志校補。
〔一〇四〕十二日：底本缺，今據太平天國史事日志校補。
〔一〇五〕楊載福大捷於漢陽……五月：底本脱此二十六字，今據事略及葉本校補。
〔一〇六〕拯：葉本作『援』。
〔一〇七〕統：葉本作『制』。
〔一〇八〕遣軍復之：事略及葉本作『擊破之』。
〔一〇九〕十八日：底本缺，今據奏稿二撫州一軍九月接仗情形摺校補。
〔一一〇〕賊陷……復上高縣：底本脱此二十字，今據事略及葉本校補。復上高縣，葉本作『復之』。
〔一一一〕上諭：見清政府鎮壓太平天國檔案史料第十九册，題作『寄諭曾國藩等著乘金陵内訌之時克復數城并招降石達開（咸豐六年十月二十日）』。又見奏稿二江西近日軍情據實復奏摺（十一月十七日）引。
〔一一二〕疏稱：見奏稿二，題作『江西近日軍情據實復奏摺（咸豐六年十一月十七日）』。
〔一一三〕硃批：見江西近日軍情據實復奏摺後附。

曾文正公大事記卷二

咸豐七年

正月初五日，吴坤修克奉新縣。

初四日〔一〕畢金科戰歿於景德鎮。

十七日，公赴瑞州視師。

二月初四日，公父竹亭封翁薨於里第。十一日，訃至營。公與弟國華自瑞州奔喪，公弟國荃自吉安奔喪，并奏陳〔二〕丁憂回籍情形，薦楊載福、彭玉麟接統水師〔三〕。駱秉章〔四〕亦代奏丁艱日期，奉上諭〔五〕：

該侍郎現在江西督師，軍務正當喫緊，古人墨絰從戎，原可奪情不令回籍。惟念該侍郎素性拘謹，前因母喪未終授以官職，具摺力辭；今丁父憂，若不令其奔喪回籍，非所以遂其孝思。曾國藩著賞給三個月回籍治喪，并賞銀四百兩，由湖南藩庫給發，俾經理喪事。俟假期滿後，再赴江西督辦軍務，以示體恤。欽此。

三月，奉上諭〔六〕：『曾國藩奏丁憂回籍，請派員督辦軍務一摺，業經降旨賞假三個月回籍治喪。所有曾國藩前帶水師兵勇，著派提督銜湖北鄖陽鎮總兵楊載福就近統帶，廣東惠潮嘉道彭玉麟協同調度。所需兵餉，并著官文、胡林翼、文俊源源接濟，毋使缺乏。該侍郎假滿後，著仍遵前旨，即赴江西督辦軍務，以資統率。欽此。』

四月，公奏請在籍終制〔七〕，奉上諭〔八〕：

曾國藩瀝情懇請終制一摺，據稱『假期將滿，葬事未畢，籲請在籍終制』。曾國藩本以母憂守制在籍，奉諭幫辦團練。當賊氛肆擾皖、鄂，即能統帶湖南船勇，墨絰從戎。數歲以來，戰功卓著，忠誠耿耿，朝野皆知。伊父曾麟書，因聞水師偶挫，又令伊子曾國華等帶勇遠來援〔九〕應，尤屬一門忠義，朕心實深嘉尚。今該侍郎以假期將滿，陳情終制，并援上年賈楨奏請終制蒙允之例。覽其情詞懇切，原屬人子不得已之苦心。惟現在江西軍務未竣，該侍郎所帶楚軍，素聽指揮，當兹剿賊喫緊，亟應假滿回營，力圖報效。曾國藩身膺督兵重任，更非賈楨可比。著仍遵前旨，假滿後即赴江西督辦軍務，并署理兵部侍郎以資統率。俟九江克復，江南肅清，朕必賞假令其回籍營葬，俾得忠孝兩全，毫無遺憾。該侍郎殫心事主，即以善承伊父教忠報國之誠，當爲天下後世所共諒也。欽此。

五月，葬竹亭封翁。李續賓連破賊於九江〔一〇〕。

閏五月，胡林翼督師黄州〔一一〕。

六月，公疏請開兵部侍郎署缺，仍瀝請終制，奉上諭〔一二〕：

曾國藩以督兵大員，正當江西喫緊之時，原不應遽請息肩。惟據一再陳請，情詞懇切。朕素知該侍郎并非畏難苟安之人，著照所請，准其先開兵部侍郎之缺，暫行在籍守制。江西如有緩急，即行前赴軍營，以資督率。此外，各路軍營設有需才之處，經朕特旨派出，該侍郎不得再行瀆請，至辜委任。欽此。

蔣凝學破賊於童司牌。

時李續賓攻九江急，城垂克，陳玉成糾大股來援，踞童司牌，圍都興阿營。續賓檄凝學率四營救之。賊衆我寡，衆恇懼，凝學激厲將士力戰，破之〔一三〕。

八月，王鑫卒於樂安軍〔一四〕。給事中李鶴年奏言：『曾國藩自丁父憂後，叠蒙賜金給假，褒獎慰留。此後墨經從戎，宜爲天下所共諒，豈容以終制爲守經，再三瀆請？請飭仍赴江西及時圖報。』上以疏示公，諭曰〔一五〕：

軍務奪情，原屬不得已之舉，朕非必欲該侍郎即入仕途。然如該給事中所奏，亦可見移孝作忠，經權并用，公論自在人心。現在江西軍務有楊載福統帶，雖無須曾國藩前往，而湖南本籍逼近黔、粤，賊氛未息，團練籌防，均關緊要。該侍郎負一鄉重望，自當極力圖維，急思報稱〔一六〕。所有李鶴年原摺，著鈔給閲看〔一七〕。欽此。

九月初九日，楊載福、彭玉麟、李續賓會克湖口縣。

二十二日，楊載福克彭澤縣。遂克望江、東流、銅陵三縣〔一八〕。公復奏〔一九〕：『兩奉諭旨，江西軍務辦理得手，自可無庸前往；湖南全省肅清，臣仍當在籍終制。』奉硃批〔二〇〕：『江西軍務漸有起色，即楚南亦就肅清，汝可暫守禮廬，仍應候旨。大臣出處，以國事爲重，抒忠即爲全孝。所云懼「清議」之訾，猶覺過於拘執也。欽此。』

湖北巡撫胡林翼奏請起復水師統將以一事權，奉上諭〔二一〕：『曾國藩丁憂後，奏派楊載福總統内湖、外江水師，彭玉麟協同辦理，業經明降諭旨，允其所請。朕因該侍郎懇請終制，情詞懇切，且江西軍務漸有起色，是以令其暫守禮廬。欽此。』

江西巡撫耆齡奏請起復公弟國荃治軍吉安，奉旨敦促。

先是，國荃奔喪回籍，所部吉字營勇交文翼、陳湜統帶。五月，石達開大股援吉安，王鑫擊走之。七月，王鑫破賊於廣昌。樂安賊回竄吉安，周鳳山軍潰敗〔二二〕，惟文翼、陳湜統帶吉字全軍退守安福。於時〔二三〕王鑫、劉騰鴻相繼淪喪，湘軍連失健將，巡撫耆齡奏派公弟國荃爲總統。公念國事方艱，勉弟速行。

十月，國荃抵安福，進兵薄吉安城。

十一月，僞翼王石達開由饒、撫疾趨吉安，衆號數十萬。國荃迎擊於吉水縣之三曲灘，大破之，城圍遂合。

十二月，楚軍〔二四〕克臨江府。

年終恩賞如例。

咸豐八年

正月二十九日，蕭啓江、劉坤一克新淦縣。

二月，公在籍行小祥禮。弟國華降期服闋。

十五日，張運蘭、王開化克樂安縣〔二五〕。

三月，公弟國華出贊李續賓軍事於九江。　張運蘭、王開化收復宜黄、南豐二縣。　劉坤一等克崇仁縣〔二六〕。

四月初七日，李續賓、楊載福會克九江府，僞貞天侯林啓榮伏誅〔二七〕。

二十日，蕭啓江、劉坤一克撫州府。

公弟國荃克吉水、萬安二縣。

李續宜克麻城縣，遂克黄安縣〔二八〕。

張運蘭、王開化克建昌府。　賊竄入浙江境。

五月，奉上諭〔二九〕：

　　前因江西賊匪竄入浙江，恐周天受資望較淺，未能統率衆軍，復諭和春前往督辦。和春現在患疾未痊，刻難就道。東南大局攸關，必須聲威素著之大員督辦各軍，方能措置裕如。曾國藩開缺回籍，計將服闋。現在江西撫、建均經克復，止餘吉安一府，有曾國荃、劉騰鶴等兵勇，足敷剿辦。前諭耆齡飭令蕭啓江、張運蘭、王開化等馳〔三〇〕援浙江，該員等皆係曾國藩舊部，所帶兵勇得曾國藩調遣，可期得力。本日已明降諭旨，令曾國藩馳驛前往浙江辦理軍務。著駱秉章即傳旨，令該侍郎迅〔三一〕赴江西，督率蕭啓江等星馳赴浙，與周天受等力圖掃蕩。該侍郎前此墨経從戎，不辭勞瘁，朕所深悉。現當浙省軍務喫緊之時，諒能仰體朕意，毋負委任。何日起程，并著迅速奏聞，以慰廑念。欽此。

六月，公治裝由湘鄉至長沙，奏報〔三二〕起程日期，奉硃批〔三三〕：『汝此次奉命即行，足徵關心大局，忠勇可尚。抵營後，迅將如何布置進剿機宜，由驛馳奏可也。欽此。』

七月，公由武昌歷九江、湖口，以達南昌。援浙江諸軍俱集於河口鎮，公由南昌進發河口，途次奉上諭〔三四〕：

前因浙江軍務緊急，諭令曾國藩赴浙剿辦。現在衢州解圍，處州等州縣相繼克復，境内餘匪不難剋日肅清。惟閩省浦城、崇安、建陽、松溪、政和等處，賊勢蔓延，亟應趕緊剿辦。和春等現飭周天培於援浙兵勇内挑選精鋭三千數百名，由龍泉一帶進剿；饒廷選帶漳州兵勇亦馳往浦城。曾國藩業已奏報起程，即以援浙之師由江西鉛山直擣崇安，相繼進剿。迅將閩省各匪一律掃除，毋少延誤。欽此。

是月，胡林翼丁母憂解任回籍，詔官文兼署湖北巡撫〔三五〕。

八月，公抵河口營。　閩賊竄撲廣豐、玉山兩縣，官軍擊却之。　公弟國荃攻克吉安府，江西全省肅清。奉旨：『曾國荃以知府遇缺即選，賞加道銜。』　閩賊陷安仁縣，公遣張運蘭克其城〔三六〕。

劉長佑敗賊於新城，賊退入閩境。

九月，公駐建昌府。弟國荃率師來會，旋回湘。

十月，李續賓偕公弟國華戰歿於三河鎮。

先是，八月間李續賓督兵入皖，連克太湖、潛山、桐城、舒城，軍鋒甚鋭，當者披靡，遂以孤軍深入，爲賊所圍，全軍六千人殉焉。國華英略蓋世，李續賓尤中興名將，於是全楚大震。

詔起復胡林翼視師黃州〔三七〕。湖廣總督官文、湖南巡撫駱秉章并奏請公移師援皖，奉

上諭〔三八〕：

皖北賊勢鴟張，楚省邊防喫緊。此時閩省之賊南趨漳、泉，距江西漸遠，若照駱秉章所請〔三九〕，令該侍郎移師赴皖，而留蕭啓江所部四千餘人防守江西，亦未始非權衡緩急之計。惟曾國藩所部各軍，多染疫疾，前奏尚須休息。且景德鎮尚有大股逆匪，隨剿隨進，亦非計日可到。著曾國藩預爲籌度。如果閩省兵勇足資剿辦，而江西邊境防剿有人，自以赴援皖省尤爲緊要，不獨廬州省城可收南北夾攻之效，即上竄湖北之路，亦可藉資堵扼。倘因汀州等處尚須兵力，一時不能移軍，或須俟景德鎮股匪殲除再回楚北，亦著斟酌具奏。欽此。

公復奏〔四〇〕：『論大局之輕重，宜并力江北，圖清中原。論目前之緩急，宜先攻景德鎮，保全湖口。』旨如所議。

十二月〔四一〕，翰林院編修李鴻章至建昌大營，公留贊幕府〔四二〕。

年終恩賞如例。

咸豐九年

正月，上以公弟國華殉難三河，追贈道員，飭部優恤，賞給其父驥雲從二品封典，公疏稱〔四三〕：『胞叔〈曾〉驥雲，臣在侍郎任内恭遇兩次覃恩，貤封正一品光禄大夫，兹復渥荷褒嘉，誥軸則祇領新綸，頂戴則仍從舊秩〔四四〕。』奉上諭〔四五〕：

曾國藩奏伊弟曾國華殉難情形一摺。候選同知曾國華在三河鎮殉難，當經降旨追贈道員，從優議恤。該故員歷著戰功，一門忠義。著加恩賞給伊父曾驥雲從二品封典，以示褒嘉。欽此。

又奉上諭〔四六〕：

曾國藩奏遵籌全局，請添馬隊進取一摺。該侍郎統籌全局，意在并力大江兩岸，爲節節進剿之計，所見甚是。汝弟曾國華在三河陣亡，可憫可嘉！該員之子例有應得世職。本日復明降諭旨，賞給伊父曾驥雲從二品封典，以示褒嘉矣。欽此。

［又］奉上諭〔四七〕：

前因曾國華殉難，賞給伊父曾驥雲從二品封典，本日曾國藩謝摺内聲明曾驥雲曾邀正一品封典等語。所有曾國華之子曾紀壽著加恩，俟及歲時，由吏部帶領引見，以示朕褒崇忠節有加無已之至意。欽此。

二月初三日，蕭啓江攻克南安，收復崇義縣。

是時，閩省肅清，公移駐撫州。

四月，公弟國荃到撫州營，偕公行釋服禮。旋派國荃統湘軍五千八百人，赴景德鎮助剿。

時湖南寶慶之賊圖竄四川，湖廣總督官文奏請飭公帶兵入蜀，奉上諭〔四八〕：

官文奏請飭曾國藩迅赴夔州一摺，詳覽該大臣所奏各情，實爲通籌大局起見。本日已諭令有鳳〔四九〕派兵扼要嚴防。惟該省兵力恐不能當此悍賊，曾國藩前派蕭啓江帶兵援剿湖南，現在湖南喫重，此一軍自未能調回。此外如江西、湖北等兵，素稱得力，著曾國藩即日統帶，由楚、江前赴夔州扼守，以據兩湖上游之勢。倘賊踪竄至，即可有備無患。至江西景德鎮之賊，尚未剿平，著曾國藩斟酌情形，洛商耆齡，妥爲布置，俾得迅掃逆氛，不至顧此失彼爲要〔五〇〕。欽此。

六月，公弟國荃至景德鎮，三戰皆捷。十四日，克景德鎮。賊竄浮梁縣，國荃追敗之。十五日，克浮梁縣。賊竄徽州，江西肅清。公疏稱〔五一〕：『曾國荃係臣親弟，不敢仰邀議叙。』奉上諭〔五二〕：『現在江西全省一律肅清，剿辦甚爲得手。曾國藩調度有方，著交部從優議叙。在事出力之道銜候選知府曾國荃，著免選知府，以道員用。欽此。』

七月，公弟國荃率師至撫州。公由撫州至南昌。公弟貞幹原名國葆。從軍於黄州，鄂撫胡林翼奏留贊助軍事。

公疏稱〔五三〕：『臣擬先駐湖北宜昌等郡，如賊果入川，再行酌量前進。』奉上諭〔五四〕：『該侍郎所稱駐紮宜昌等處，即可穩占上游。但〔五五〕爲鎮守湖北起見，尚未籌防蜀省。該侍郎當熟思大勢，詳悉馳奏。欽此。』又奉上諭〔五六〕：『曾國藩雖先駐宜昌等處，仍當偵探賊情。如寶慶一帶未能遏〔五七〕其入川之路，即當親督兵勇赴蜀，以便調度堵剿機宜，未可遲延貽誤。欽此。』旋〔五八〕又奉暫留兵勇赴徽〔五九〕會剿及酌撥兵勇留防江西之命〔六〇〕。

八月十一日，公至黄州，途次奉上諭〔六一〕：

官文奏皖省賊勢日張，籌議由楚剿辦一摺。皖省粤匪與捻匪勾結，蔓延日甚。官文以寶慶解圍，敗賊悉數南竄，川省已有備無患，請飭曾國藩緩赴川省，暫駐湖口，分軍四路，進剿皖省。所籌實於大局有益，曾國藩如已起程赴鄂，著與官文商酌。如湖南大局已定，川境可保無虞，即暫駐湖北，調回湖南各軍，爲分路進剿皖省之計。欽此。

二十三日，公至武昌。

胡林翼委公弟貞幹回湘募勇。

九月，公回駐黄州之巴河。

漕督袁甲三奏兩淮糜爛，請飭公軍由河南光、固進剿，遏賊北竄，奉上諭〔六二〕：『袁甲三等所慮不爲無見，著官文、曾國藩、胡林翼再行悉心籌酌。此次官文等會籌大舉，關係全局利害，總須計出萬全，不妨稍遲時日也。欽此。』

十月，公弟國荃率所部吉字營〔六三〕至巴河，請假回籍。　公弟貞幹領所招湘勇至鄂。

十七日〔六四〕，公獻〔六五〕四路進兵之計，略云：

第一路，由宿松、石牌以窺安慶，臣國藩任之；第二路，由太湖、潛山以取桐城，多隆阿、鮑超任之；第三路，由英山、霍山以取舒城，臣林翼任之；第四路，由商城、固始以窺廬州，調回李續宜任之。

旋〔六六〕因目疾請假，奉上諭〔六七〕：

曾國藩著賞假一月，在營調理。該侍郎一路兵勇既待另籌，而李續宜亦係獨當一面，復因母病給假，是四路中已有二路急難進征，於皖北待援情形，實有緩不濟急之勢。至所稱『先圖〔六八〕安慶』『兼搗廬州』等語，尚屬周妥，但恐言之易而行之難。所有前諭派出一軍取道光、固、（潁）潁州，繞出懷、蒙以北之處，仍著悉心籌酌辦理。欽此。

十一月，公由黃梅移駐宿松縣。

十二月，胡林翼進軍英山，公弟貞幹從之。

年終恩賞如例。

咸豐十年

正月，僞英王陳玉成犯小池驛，多隆阿、鮑超合擊破之，毀賊壘七十餘座，克太湖、潛山等縣。捷聞，詔公交部優叙。

二月，公叔父高軒封翁訃至，公請假四十日。

三月，李續宜假滿來皖會議，以公所部攻圍安慶，多隆阿攻圍桐城，李續宜駐軍青草塥以爲援。

閏三月，公弟國荃自湘來營，率師攻安慶，駐紮集賢關。是爲規取安慶之始。

江南大營潰敗，和春、張國梁死之。江南總督何桂清退走常熟〔六九〕，蘇、浙戒嚴。

四月，奉上諭〔七〇〕：

江、浙〔七一〕安危在於呼吸，曾國藩現紮安慶，若與楊載福率領所部水陸各軍，迅由東流、建德一帶，分剿蕪湖，并入寧境以分賊勢而顧蘇、常，於東南大局實有裨益。惟安慶賊勢頗重，曾國藩能否舍安慶而東下，著酌量情形，相機辦理。有人奏『左宗棠熟悉形勢，運籌決計，所向克敵。現在賊勢猖狂，東南蹂躪，請酌量任用』等語，應否令左宗棠仍在湖南本籍襄辦團練等事，抑或調赴該侍郎軍營，俾得盡其所長，以收得人之效。并著酌量辦理。欽此。

公疏薦〔七二〕『左宗棠剛明耐苦，曉暢兵機』，『請破格簡〔七三〕用』。奉旨〔七四〕：『左宗棠以四品京堂候補，襄辦曾國藩軍務〔七五〕。欽此！』

是時蘇、常相繼失守，巡撫徐有壬殉難，總督何桂清逮問。詔假〔七六〕公兵部尚書銜，署理兩江總督，并諭〔七七〕：『軍情緊急，務當兼程前進，保衛蘇、常，收復失陷地方。』於是公悉以圍攻安慶之師，命弟國荃任之，且疏稱〔七八〕：『圍攻安慶，爲克復金陵張本，此軍斷不可撤。』因獻進兵之策〔七九〕，奉上諭〔八〇〕：『曾國藩奏統籌全局一摺，甚合機宜，著照所擬辦理。胡林翼奏保之左宗棠一員，已有旨賞給四品京堂，令其襄辦曾國藩軍務矣。欽此。』

五月十五日，公自宿松進發祁門。奏報起程日期〔八一〕，并疏陳〔八二〕預籌淮揚、寧國、太湖三支水師；薦保〔八三〕彭玉麟任事勇敢，勵志清苦，有古烈士風，堪勝總辦水師之任。

六月十一日，公至祁門縣，奉上諭〔八四〕：

曾國藩現已抽兵萬人進駐祁門，俟鮑超、張運蘭、李元度到後，即行分路進兵，具見胸有成見，謀定後戰。惟蘇省待援迫切，該署督惟當催令鮑超等迅速來營，會籌進剿。但能援師早到一日，即早一日救民於水火，實深殷盼。該署督兵勇較單，未可輕率前進，宜加持重爲要。

欽此。

又奉上諭〔八五〕：『徽、寧等府，本曾國藩兼轄地方，該處軍務并由該署督督辦，自覺事權歸一。欽此。』蓋皖南督師張芾被人所彈劾也。

二十〔八六〕四日，奉上諭〔八七〕：『兩江總督，著曾國藩補授，并授爲欽差大臣，督辦江西軍務。欽此〔八八〕。』

七月，奉上諭〔八九〕：『薛煥僻處海隅，兵力單弱。此時蘇、常一帶，并無重兵攻剿，都興阿尚在英山，江北各軍無人總統，深恐賊勢北趨。曾國藩現授爲欽差大臣，事權歸一。著即飛催左宗棠各軍到齊，由池州、廣德分路進兵，規復蘇、常。其江北一帶，尤爲緊要，應如何布置之處，著先行籌畫。欽此。」公具疏謝恩〔九〇〕，奉硃批〔九一〕：「卿數載軍營，歷練已深。惟不可師心自用，務期虛己用人，和衷共濟，但不可無定見耳。欽此。」

是時，江、浙徧地皆賊，紛紛請援。或請救援寧國，或請由嚴州進援浙江，或請統師南下規復蘇、常。朝旨日相尋問，公疏稱〔九二〕：「左宗棠、李元度、鮑超、張運蘭均未到皖，皖南危乎其危，何能屏蔽浙江？更何能規復蘇、常？目下惟有急援寧國而已。」

八月，詔罷張芾皖南督師〔九三〕。奉上諭〔九四〕：「張芾著來京，皖南軍務總歸曾國藩督辦，周天受著交曾國藩差委。欽此。」　張運蘭、李元度、鮑超相繼到祁門。

十二日，賊陷寧國府，周天受死之。

公〔九五〕遣李元度接辦徽州防務，任事十日而城陷。賊趨祁門甚急。適左宗棠軍次南昌，公檄赴樂平、婺源之間以備截擊。

九月〔九六〕，聞〔九七〕夷氛犯闕，鑾輿出狩熱河。公與胡林翼疏請帶兵入衛，日夜籌商北援之策。尋和議成，奉上諭〔九八〕：

皖南、北均當喫緊之時，該大臣等一經北上，難保逆匪不乘虛思竄，擾及完善之區。江西、湖北均爲可慮。曾國藩、胡林翼均著無庸來京。該大臣甫接皖南防務，連失兩郡，雖屬餉絀兵單，究屬晝策未密。著振作軍心，再接再厲，萬勿以一挫之後，即損軍威。李〔九九〕元度謀勇兼優，此次失䘏，殊屬可惜。人才難得，著即迅速查明下落。欽此。

十月，賊由羊棧嶺陷黟縣，鮑超、張運蘭擊走之。　左宗棠軍次景德鎮，大破賊於貴溪，連克德興、婺源二縣。

十一月，賊陷建德、東流兩縣。　楊載福擊賊於南陵縣，拔出難民十餘萬人。　賊犯湖口，彭玉麟擊却之。　賊屢次規犯祁門，鮑超、張運蘭邀擊於盧村，大破之。賊出羊棧嶺，公營始安。

是月，僞英王陳玉成大舉援安慶，公弟國荃擊走之。

年終恩賞如例。

咸豐十一年

正月，鳳臺練總苗沛霖叛，圍攻壽州〔一〇〇〕。　賊由石埭縣分兩路趨祁門，江長貴敗之於大洪嶺。　賊犯景德鎮，左宗棠、鮑超擊賊於洋塘，大破之。

賊之窺祁門者，屢被官軍擊退，遂悉鋭再犯景德鎮，冀絶官軍餉道。　二月，陷之。　公度糧路已斷，惟急復徽州，可通浙江之米。

三月，親至休寧督攻徽城，不克；　仍回祁門，而賊之環攻者不已，誓以身殉國，自書遺囑二千餘言寄其家。

公生平〔一〇一〕艱苦之境，以靖港、鄱湖、祁門三處爲最。

左宗棠大破賊於樂平，三戰皆捷，斬馘〔一〇二〕數萬。

〈賊〉賊竄建昌、撫州，圍攻不下〔一〇三〕，遂陷吉安府。　官軍旋復之，乃陷瑞州府，據之，於是祁門之路始通。

四月，公移駐東流縣，疏稱〔一〇四〕：　『三品京堂左宗棠，迭破巨寇，勛績〔一〇五〕甚偉，請御賜珍物，以示旌异。』又請〔一〇六〕『將左宗棠改爲幫辦軍務，俾事權漸屬，儲爲大用』。　旨均報可〔一〇七〕。

左宗棠追擊賊於廣信府，賊竄入浙江境。　瑞州踞賊分擾武寧、義寧、奉新等縣，遂竄入湖北，連犯興國、大冶、通山、崇陽諸州縣。　胡林翼遣軍堵剿之。

五月，賊由羊棧嶺陷黟縣，朱品隆、江長貴、張運蘭等攻克之。

十四日，張運蘭克復徽州府。

二十二日，左宗棠收復建德縣。

六月，胡林翼自太湖回援武昌省，遣兵收復武昌所屬各城邑。　僞忠王李秀成犯南昌，公遣鮑超馳援之。

七〔一〇八〕月，胡林翼遣軍克德安府。　鮑超追擊賊於豐城，大破之，斬馘萬人。　公疏稱〔一〇九〕：『鮑超盛暑鏖兵，所向克捷，請頒珍物，以示旌异。』旨報可。

八月初一日，公弟國荃攻克安慶省城。

先是，公弟國荃圍攻安慶甚急，僞英王陳玉成屢援不利，仍由英、霍上犯湖北，連陷黃州、德安各郡縣，派其黨守之，牽制鄂軍，而自率悍賊三萬，東援安慶，紮營菱湖中段，隔斷國荃與其弟貞幹之師〔一一〇〕。公派楊載福助守營壕〔一一一〕，而另〔一一二〕調多隆阿邀擊於桐城之練潭，斬馘萬計，以分援賊之勢。陳玉成於三月十八日〔一一三〕至安慶，撲攻二十餘日。國荃憑壕堵禦，賊百計弗能犯〔一一四〕。四月初八日，陳〔一一五〕玉成遁至桐城。十一日，國荃偕鮑超分攻菱湖、赤岡嶺賊壘，弗克。國荃掘長壕以困之。菱湖賊壘十九座，并包於長圍之内〔一一六〕。四月，鮑超、成大吉攻赤岡嶺賊壘，七日始下之，盡殲其衆。六月，國荃大捷於菱湖，毁賊壘十九座，斬級八千。七月十六日，陳玉成率僞輔王、僞章王、僞(干)玕王衆十餘萬，以少半駐桐城，牽制多隆阿一軍；以多半趨安慶，拊〔一一七〕官軍之背。攻撲六晝夜，國荃力戰却之。廿二日，賊復悉鋭來犯，國荃破之，賊衆大潰。八月初一日，國荃用地道轟裂，克其城，城中悍賊無一漏網者。於時〔一一八〕安慶陷賊九年矣，公弟國荃日夜圍攻，克此雄都，而肅清東南之基始立〔一一九〕。

初七日，公至安慶受俘。

初十日，接贊襄政務王大臣咨文，驚聞七月十六日文宗顯皇帝賓天。公自以十餘年來受大行皇帝知遇，值四方多難，聖心無日不在憂勤惕厲之中。今安慶克復，不及以捷報博玉〔一二〇〕几末命之歡，伏地慟絶。

十八日，接奉哀詔，設次行禮。又奉贊襄王大臣寄奉〔一二一〕上諭〔一二二〕：

曾國藩馳奏克復安慶省城等語，據稱即用道曾國荃禀稱『官軍用地雷轟倒安慶北門城垣，逾壕登城，殺斃長髮老賊二萬餘人。該逆赴江内、湖内凫水遁竄，又經水師截殺，城内悍賊無一得脱。逆首陳玉成膽落退去』等情，洵足以伸天討而快人心。所有詳細情形，著官文等查明速奏。欽此〔一二三〕。

又諭〔一二四〕：『曾國藩調度有方，著賞加太子少保銜。曾國荃於圍攻安慶時，智勇兼施，著賞加布政使銜，以按察使記名，遇缺題奏，并賞穿黄馬褂。候選訓道曾貞幹，著免選本班，以同知直隸州知州選用，并賞戴花翎。欽此〔一二五〕。』又諭〔一二六〕：『候選同知曾國華前在三河殉難，今〔一二七〕其兄曾國藩，其弟曾國荃、曾貞幹率師剿賊，克復安慶，一門忠義，深堪嘉尚。曾國華著加恩予謚，以彰忠烈。欽此。』予謚愍烈。

於是楊載福克池州府、銅陵縣；多隆阿克桐城、舒城、宿松、黄梅四縣；鮑超追賊於撫州等處，大破之，江西肅清。凡公部諸軍所嚮皆捷。

二十四日，胡林翼克黃州府。

林翼檄彭玉麟水師、蔣凝學等陸師會攻黃州，城堅猝難下。蔣凝學以計誘賊出城，我軍乘之，賊弃城遁〔一二八〕。

二十六日，湖北巡撫胡林翼卒於武昌軍〔一二九〕。詔以李續宜爲湖北巡撫。

九月，公弟國荃進軍廬江縣，連克無爲州〔一三〇〕、泥汊口、神塘河、運漕鎮、東關等隘。軍威所至，勢如破竹，駸駸有直搗金陵之勢矣。苗沛霖陷壽州，詔公與李續宜撥兵赴援〔一三一〕。

十月初六日，公弟國荃回湘募勇，旋奉旨賞給頭品頂戴。

十八日，奉上諭〔一三二〕：

欽差大臣兩江總督曾國藩，著統轄江蘇、安徽、江西三省，并浙江全省軍務，所有四省巡撫、提鎮以下，悉歸節制。浙江軍務著杭州將軍瑞昌幫辦。并著曾國藩速飭太常寺卿左宗棠赴浙剿賊，浙省提鎮以下，均歸左宗棠調遣。欽此。

又諭〔一三三〕：

本日已明降諭旨，令曾國藩節制四省軍務，該大臣自不能不統籌兼顧。至都興阿在江北剿辦粵匪，袁甲三在皖北剿辦捻匪，遇有緊要軍務，已諭令該將軍等會商曾國藩辦理。欽此。

公上疏〔一三四〕力辭，且薦：『左宗棠前在湖南贊助軍謀，兼顧數省，其才實可獨當一面。請明降諭旨，令其督辦浙江全省軍務。』奉上諭〔一三五〕：

曾國藩奏瀝忱懇〔一三六〕辭一摺。該大臣謂『遥制浙軍，不若以左宗棠專辦浙事，請收回成命』等語，具見悃忱真摯，有古大臣之風，深堪嘉尚。惟左宗棠業已降旨，令其督辦浙江軍務，并准其自行奏事。江浙軍情本屬一氣相關，該大臣思慮所至，諒無不協力同心，相資辦理。節制一事，該大臣無得固辭。欽此。

十一月，多隆阿收復三河鎮。

二十六日，奉到大行皇帝頒賞遺念衣〔一三七〕一箱。

二十八日，賊陷杭州省城。張玉良戰殁，將軍瑞昌、巡撫王有齡等死之。

十二月，鮑超破賊於青陽。朱品隆破賊於徽州。左宗棠分兵破賊於大鏞嶺。

詔授左宗棠爲浙江巡撫，彭玉麟爲安徽巡撫。玉麟兩疏力辭巡撫之命，公疏稱〔一三八〕：『玉麟素統水師，舍舟登陸，用違其長；且江面太長，照料匪易。請另簡皖撫，俾得仍領水師，於南北大局兩有裨益。』奉旨彭玉麟以兵部侍郎候補，旋授兵部右侍郎。以李續宜調授安徽巡撫，嚴樹森調授湖北巡撫〔一三九〕。

先是，公奏稱在籍道員沈葆楨堪膺封疆之寄，累疏請旨起用。是月，詔特授葆楨江西巡撫〔一四〇〕。

年終恩賞如例。

同治元年

正月初一日，詔授公以兩江總督、協辦大學士。

初四日，詔授公弟國荃爲浙江按察使。

公因浙江失守，自請嚴議，并與左宗棠通籌全局，以圖補救。疏入，奉上諭〔一四一〕：

曾國藩、左宗棠各奏浙陷、徽圍，通籌全局，以圖補救，并請調各路兵餉各摺片，當即降旨，均照所請矣。曾國藩自請嚴議之處，前因浙省失陷，已將該督交部議處，毋庸更議。當兹時勢阽危，該大臣受國重任，惟當與左宗棠同心戮力，以挽東南全局，方爲不負委任，不在區區小節，引咎自責也。浙、蘇兩省膏腴，盡爲賊有。全浙所存，尚有湖郡、海寧州，兩城又孤懸賊中，獨衢州一府尚可圖存。左宗棠當如該大臣所議，擇要於衢、徽、廣信三府之間，相機調度，以固江西、皖南邊防。一俟徽圍得解，調齊各軍，分路進取。浙江按察使曾國荃回籍募勇，即可到營。該員久歷戎行，與該大臣講求親切，庶足與左宗棠指臂相聯，以期有濟。左宗棠雖經簡放浙撫，一切進兵機宜，仍著與曾國藩通籌大局，不可因身任地方，爲職守牽制，稍涉拘泥。曾國藩節制四省，昨又簡授協辦大學士，其敷乃腹心，弼予郅治，朕實有厚望焉。欽此。

大學士翁心存奏稱〔一四二〕：『蘇、常紳民結團自保，盼曾國藩如慈父母。請飭該大臣派一素能辦賊之員，馳赴通、泰，由江陰、常熟進擣。』奉旨〔一四三〕：『曾國藩能否派員前往？著迅速籌辦，以慰民望，以紓朕南顧之憂。欽此。』又諭〔一四四〕：

賊匪陷杭城後，勢將窺伺松、滬。曾國荃募勇是否回營？著曾國藩催令統帶老勇八千人，赴滬助剿。既可防守上海，兼可乘虛襲攻青浦等處，爲規復蘇、常之計，毋失事機。欽此。

公疏薦〔一四五〕福建延邵建［遺缺］道李鴻章：『才大心細，勁氣内斂，堪膺封疆重寄。擬酌撥數千人，駛赴下游，以資援剿。俟該員到鎮江後，請明降諭旨，令其署理江蘇巡撫。』奉旨俞允。

先是，李鴻章贊公幕府，公疏請簡放江北地方實缺，興辦淮揚水師，事未果行。咸豐十一年十月，江蘇舉人〔一四六〕錢鼎銘等〔一四七〕賫吴中官紳書函，御輪船來皖乞師。公以鴻章才足辦賊，且淮南風氣剛勁，欲另立一軍以爲中原平寇之用；而是時公弟國荃屢建奇功，威望大著，朝意欲其由滬圖蘇。公以商之國荃，國荃謂金陵爲賊根本，急攻金陵，賊必以全力援護，而後蘇、杭可圖。公壯其謀，因以圍攻金陵屬之國荃，而以浙事屬左宗棠，蘇事屬李鴻章，於是東南肅清之局定矣。

苗沛霖犯潁州府，詔諭李續宜飭催蔣凝學等軍援潁〔一四八〕。

賊攻鎮江甚急。奉上諭〔一四九〕：

鎮江爲江南北樞紐，馮子材等堵剿，未能得手，業經都興阿派詹啓綸前往救援。現在賊勢趨重鎮江，而金陵、蘇、常各匪圖援江北。李鴻章所統水陸各軍六七千人，如能早到，不獨鎮江可資保衛，亦可壯江北聲援。著曾國藩催令該員迅即起程，毋稍延緩。欽此。

江蘇巡撫薛焕奏〔一五〇〕：『江、浙兩省逆匪糾衆數十萬，并力東趨，竄陷奉賢、南匯、川沙三廳縣。寶山、吴淞口情形喫重，松江、上海危急萬分！』奉上諭〔一五一〕：

逆賊李秀成悉衆東趨，垂涎松、滬，上海兵力不厚，豈能當此大敵？著曾國藩飛催曾國荃，將所募湘勇留防安慶，剋日督帶老營八千，救援上海。倘曾國荃尚無實在消息，即著該大臣另派勁兵前往援〔一五二〕應爲要〔一五三〕。欽此。

金陵援賊渡江，都興阿擊賊於天長，獲勝〔一五四〕，奉上諭〔一五五〕：

都興阿奏進攻天長獲勝一摺。楚師進規金陵，必由天、六爲進兵之地。該逆踞守天長，金陵援賊渡江，已抵儀、六，聲稱攻撲淮揚。都興阿兵力不厚，曾國藩節制兩江，自當通籌兼顧。惟該大臣分兵援浙，防剿徽、寧，又籌進剿苗練及沿江列戍之兵，爲數已屬不少，恐致兵分力薄。前因諭令將江南北等處餉需通籌協濟，并諭派員整頓兩淮鹽務，若得此巨款，不必專仰給湖北、江西餉項，自可裁汰疲弱，添募新勇，撥給都興阿統帶。至上海關税，每歲可得數百萬。昨諭曾國荃帶勇八千赴滬，力〔一五六〕保該大臣餉源，且可進攻蘇、常，牽制賊勢。現在江、浙徧地賊氛，祇有鎮江一隅爲進兵適中之地。著催李鴻章迅速赴鎮，遲則此著又恐落後。該大臣身任統帥，事非越俎，不必稍避嫌怨，總期於〔一五七〕事有濟。江、浙軍務，朕惟該大臣是賴。欽此。

是時衆論紛歧，多以圖浙、圖蘇期效旦夕。公力主持重，扼上游以固根本，不敢爲輕易進兵之謀，亦不敢以未來之事率爾入奏。奉上諭〔一五八〕：

曾國藩、左宗棠、李續宜均負時望，卓著戰功。疊經先後簡任督撫，畀以重任，原冀合力通籌，挽回東南大局。前經曾國藩等奏稱克復漕鎮、無爲，方冀東征之師，可以直下江南。乃自去冬以來，該督撫等奏報甚稀，幾於月僅一至，而浙省府縣疊次報陷，蘇省松、滬警報頻來，皖北則苗練與髮逆交乘，圍潁甚急。朕以冲齡踐祚，荷蒙兩宫皇太后孜孜求治，舉賢任能，每於該大臣等所陳規畫，言聽計從，而該大臣等章奏寥寥，南服惓懷，殊深廑念。現在曾國荃是否到營？李鴻章是否到鎮？鮑超進規寧國是否得手？多隆阿等曾否分攻廬、壽？楊載福何時銷假與彭玉麟并圖東下？著分别速奏。欽此。

公分條復奏〔一五九〕：

一、曾國荃新募湘勇，二月底可抵安慶，擬令其進攻巢縣、和州、含山等處，以達金陵。楊載福〔一六〇〕回湘後，因辰、沅有賊，留湘防守，已催令二月回營。一、李鴻章新募淮勇五營，另撥湘勇數營，二月可以成軍，擬由陸路赴鎮江。一、進攻金陵，必俟脚跟已穩，而後可圖進取。一、（潁）潁州被圍，李續宜已派兵赴援。一、謀浙宜從衢、嚴之間下手。現在左宗棠屢獲大勝。一、松、滬告急，擬借洋兵防守。

并陳奏報甚少，蓋亦有故：『一則不輕奏謡傳之言，一則不輕奏未定之事，一則不輕奏預計之説。嗣後擬十日奏事一次，有急則加班具奏。』　奉上諭〔一六一〕：

前因該大臣奏報稀至，寄諭垂詢。兹據歷陳所以奏報較稀之故，不欲以未定之事、預計之説及謡傳等詞遽行入告，係屬敬慎將事。各路軍營往往以游移無據等詞輕率馳奏，本屬近來軍營陋習。曾國藩自前次寄諭之後，業已兩次奏到軍情，已屬不少。此次奏稱擬定十日奏事一次，有警則再加班，轉覺近於拘滯。况軍營〔一六二〕奏報，原無定期，其疏數視軍情之緩急。該大臣仍當毋失常度，力求實濟，正不必變更前轍也。原摺存留備覽。欽此。

二月，上以公屢疏力辭節制四省，諭曰〔一六三〕：

前因江、浙軍務統帥需人，令曾國藩節制四省，以重事權。旋據該大臣奏陳『自受任兩江總督，於皖則無功可叙，於蘇則負疚良深』，并稱『用兵之道，貴得人和，而勿尚權勢；貴求實濟，而勿争虚名。懇請收回成命』。據曾國藩奏辭節制四省等語〔一六四〕，當諭令仍遵前旨，節制四省，以收實效。兹據該大臣奏稱『接承恩諭，再陳下情。現在諸道出師，將帥聯翩，權位太重，重開斯世争權競勢之風，兼防他日外重内輕之漸，懇仍收回成命』等語。在曾國藩遠避權勢，自應如此存心，方不至啓驕矜之漸；而國家優待重臣，假以事權，從前本有成例。曾國藩曉暢戎機，公忠體國，中外咸知。當此江、浙軍務喫緊，生靈塗炭，我兩宫皇太后孜孜求治，南望深憂，若非曾國藩之悃忱真摯，亦豈能輕假事權？該大臣務當力圖攻剿，拯生民於水火之中，毋許再行固辭。欽此。

適值三載考績，朝廷舉行黜陟巨典，奉上諭〔一六五〕：

協辦大學士兩江總督曾國藩，督軍剿賊，勤勞罔懈，於江、皖地方叠復名城，戰功卓著。甄拔所部將（行）士，賢能稱職。前經簡授協辦大學士，仍著交部從優議叙。欽此。

同時疆臣膺上考者，大學士湖廣總督官文、四川總督駱秉章二人而已。

公疏陳〔一六六〕：『謀浙之事，必〔一六七〕俟左宗棠進攻嚴州，蔣益灃進駐衢州，鮑超進抵寧國，乃有下手之處，不敢過求速效，以至僨事。』并報徽州解圍情形。奉上諭〔一六八〕：

曾國藩所籌浙省〔一六九〕進兵情形，雖辦理稍形遲緩，然舍此別無可籌之策，已照〔一七〇〕該大臣所擬，諭知左宗棠妥籌辦理。徽郡解圍，則朱品隆一軍自可節節進剿，與鮑超會攻寧國。鮑超前已賞穿黃馬褂，昨又簡放浙江提督，自當益加奮厲，疏通入浙之路。其餘將弁中有勇往直前者，該大臣不妨先行奏請，以鼓其氣。操縱駕馭，全在該大臣調度得宜，不必稍涉嫌疑。前諭該大臣保奏閩省督撫及江、浙等省司道，諒已斟酌有人，如有堪膺封疆之任者，該大臣仍當訪察具奏。朝廷黜陟之權，原非封疆大吏所能侵越，第該大臣簡任綸扉，督師江、皖，膺股肱心膂之任，朕疇咨岳牧，詢訪甚殷。該大臣圖濟時艱，不當稍有避嫌之見，方合古大臣知無不言之義。嗣後如有所知，不妨密封呈進，以備采擇。欽此。

初九日，左宗棠克遂安縣。

十五日，公弟國荃率湘勇六千人抵安慶。

詔授國荃爲江蘇布政使，并諭〔一七一〕：『該員係兩江總督曾國藩之弟，例應回避。惟該省軍務緊要，需員辦理，無庸回避，以資得力。欽此。』公具疏〔一七二〕謝恩，且云：

臣弟國荃暫不接印視事，飭令攻取巢縣、含山、和州、西梁山等處，冀與袁甲三、都興阿各軍粘連一片，庶金陵有規復之期，大局有轉旋之勢。

二十四日，公弟國荃率師東下，前鋒陳湜、蕭孚泗等破賊於銅城閘。

三月初十日，李鴻章師次上海。

初，公〔一七三〕議定李鴻章一軍取道巢、含，前赴鎮江，朝旨敦促者屢矣。適江蘇紳士錢鼎銘、潘馥等備銀十八萬兩，雇輪船來皖迎師。公遂檄鴻章初八日開行。湘、淮各軍，分起下駛，徑抵上海。鴻章部將程學啓者，桐城人，自賊中自拔來歸，舊隸公弟國荃部下，最稱驍猛〔一七四〕。郭松林者，湘潭人。始以親兵隨公弟國荃攻安福縣，首先登城，遂爲國荃所知賞。厥後克吉安府、景德鎮、浮梁縣，無役不從。國荃之克安慶也，學啓與松林戰功尤多。二人者，皆湘軍之良也。淮軍之興，肇端於六安李元華，一時名將如劉銘傳、潘鼎新等，多半爲元華舊部。鴻章之赴上海也，擇湘軍之精者挾之以行〔一七五〕。初至時，洋人見我軍衣冠樸陋，輒譏笑之，鴻章曰：『兵貴能戰，豈在華美？迨吾一試，笑未晚也。』旋奉旨以李鴻章署理江蘇巡撫。

十三日，公弟貞幹破賊於荻港、舊縣、三山夾等處。

十五日，公弟國荃破賊於望城岡。

十六日〔一七六〕，鮑超克青陽縣。

十八日，國荃破賊於銅城閘。遂克雍家鎮、巢縣、含山縣。

二十一日，貞幹克繁昌縣。

二十二日，國荃克和州。鮑超連克石埭、太平二縣。

二十三日,國荃克裕溪口。遂克西梁山,沿江北岸賊壘悉破平之。

二十七日,貞幹破賊於魯港。

二十八日,鮑超克涇縣。

三十日,貞幹克南陵縣。

當是時〔一七七〕,公弟國荃、貞幹,分南北岸東下,浹旬之内,連克名城要隘十數〔一七八〕。西梁山,古稱天險,逆賊所恃爲金陵門户,竟以輕兵奪獲雄關〔一七九〕,而左宗棠之軍連獲勝於江山、常山之境,聲威大振。公疏稱〔一八〇〕:『曾國荃、曾貞幹係臣胞弟,不敢仰邀議叙。』奉上諭〔一八一〕:

曾國藩調度有方,深堪嘉尚。本當再沛恩施〔一八二〕,用彰殊眷。惟該大臣前次疏稱『一門之内,數月之間,异數殊恩,有加無已,感激之餘,繼以悚懼,懇求金陵未克以前不再加恩』等語,應即俯如所請。至曾國荃等宣力戎行,連克要隘,洵足以褫賊魄而快人心。曾國荃著交部從優議叙,曾貞幹著賞給『迅勇巴圖魯』名號。朝廷賞功罰罪,一秉至公,非獨有厚於該大臣也。該大臣惟當督飭曾國荃等,乘勝進攻,盡殲醜類,同膺懋賞。毋再固辭。欽此。

四月初二日,張運蘭克旌德縣。

初五日,彭玉麟率水師進攻金柱關。

十五日,多隆阿克廬州府。僞英王陳玉成遁入壽州,苗沛霖縛獻勝保軍前斬之。

二十日,公弟國荃引軍南渡,會彭玉麟克太平府。遂克金柱關、東梁山、蕪湖縣。

逆匪竄踞金陵,以蕪湖爲屏障,以東、西梁山爲鎖鑰,尤以金柱關爲關鍵。彭玉麟、曾國荃定計水陸會攻，曾國荃率馬步十五營近逼金柱關，彭玉麟派水師從上游環擊。該逆被我軍牽制，曾國荃乘間疾抵太平府北門，該逆駭走，閉關不及。我軍擁進，斬馘三百餘級，遂將府城克復。彭玉麟瞭見曾國荃繞出三汊河，遂分水師爲三隊，以二隊守險，以一隊攻金柱關。賊於烈焰中衝突而出，積骸滿渠，即時攻克金柱關，并將三汊河、上駟渡數十壘，一律毁平。彭玉麟另派黄翼升襲破東梁山，進次蕪湖。曾貞幹率所部循江而進，與黄翼升會攻，群賊潰奔，立將蕪湖克復，并攻克烈山石壘二座〔一八三〕。奉上諭〔一八四〕：『曾國藩調度各軍，叠克名城要隘，現在九洑洲亦將得手，指日可抵金陵。惟江北都興阿一軍，尚形單薄。宜如何添兵布置，以防逆匪北竄，該大臣亦須妥籌兼顧。欽此。』

五月初一日，公弟國荃進攻秣陵關。

秣陵關者，金陵之雄鎮，亦大勝關之右輔也。維時賊備未嚴，官軍掩至，守關賊酋舉關降。官軍繞出三汊河後，進逼大勝關，編木作橋。

初二日，國荃派軍先伏橋邊，而以後隊六營捲旗疾進。賊見我軍抄後，懼爲長圍所困，乘夜縱火，弃巢而走。官軍追擊敗之，遂奪大勝關、三汊河兩壘，平之。

時彭玉麟駐金柱關，聞國荃懸軍深入，恐爲賊乘，急調水師策應，由烈山駛近頭關。適國荃亦於初三日昧爽整旅而來，水師於狂風巨浪之中排炮仰擊無少休，陸軍乘之，立拔頭關。彭玉麟進攻江心洲。洲有石壘雙峙，屹若堅城。水師飛炮入壘，賊亦穴牆環擊。戰至日晡，水師挾火具登岸，蛇行蘆葦中，逼壘縱焚，火光燭天。我軍跳入賊牆燒薙，群醜〔一八五〕撲火溺水，橫塞江流。水師乘勝鼓枻飛行，立奪蒲包洲，遂泊金陵之護城河口。國荃由陸路倚護水師，驅軍直入，逼紮雨花臺，距城僅四里耳。公弟貞幹駐三汊河、江東橋一帶，傍水築壘，以保西路糧道。是爲規取金陵之始。

初四日，鮑超敗賊於寒亭、管家橋等處，逆壘悉破平之。

十二日，賊糾衆二萬犯雨花臺〔一八六〕營，公弟國荃設伏擊却之。

十五日，鮑超擊賊於抱龍關，進攻寧國府。

奉上諭〔一八七〕：

都興阿奏『上游水陸各軍乘勝東下，將沿江各郡縣及各要害次第攻克，現已進攻雨花臺。都興阿派兵由瓜洲起碇，進攻觀音門，踹平賊卡，并將燕子磯賊壘踏毁，期與楚軍聲勢聯絡』。辦理甚屬認真。所稱金陵逆首現在飛調僞忠逆由蘇、常統帶大隊援救金陵，一經官軍剿敗，勢必鋌走下游，所慮不爲無見。李鴻章駐軍上海，近因嘉定復被賊踞，滬城軍情又緊，該署撫能否抽身赴鎮？著曾國藩兼權緩急，酌量辦理。欽此。

於時，李鴻章初受兵事，令程學啓、劉銘傳、郭松林、滕嗣武、潘鼎新、韓正國進南匯縣之周浦鎮，爲北路；而英、(德)法兵自淞江進金山衛，爲南路。四月十九日，常勝軍會英、(德)法兵克奉賢縣，遂克柘林。學啓追賊至南匯縣城。值李慶琛軍潰，太倉賊悉鋭攻青浦、嘉定，洋兵敗走，嘉定復陷。賊規〔一八八〕上海，鴻章遣學啓等扼守虹橋，大破之。時南匯踞賊吴建瀛、劉玉林送款於周浦守將劉銘傳、潘鼎新。五月初一日，鴻章令南匯令鄧賢芳入城受降，部署其衆，遂收復南匯縣城。賊率衆萬餘來争，建瀛等以降衆擊却之。初四日，復合川沙賊來犯，銘傳督建瀛等固守，而以伏兵夾擊之，賊始遁，乘勝收復川沙廳。賊既圍松江、青浦，復以大隊分屯廣福、林塘橋，而厚集於泗涇〔一八九〕以拒我軍。距學啓新橋營十餘里，新橋距上海三十里，賊狃官軍難猝進，增壘爲久踞計。鴻章親督各軍，深夜疾行，黎明入賊卡，毁之，復以劈山炮斃賊數百。僞聽王陳炳文、僞納王郜雲官，以數萬人分十二支圍學啓營，縱火周麾而呼，填壕拔鹿角。學啓以槍炮禦之，不及則擲磚石擊賊尸平壕，將藉以登，學啓開壁門大呼，賊稍却，而賊之分股已逾新橋十餘里，勢且逼上海。李鴻章自統七營往援，遇賊徐家驛，奮力擊之，賊乃駭散。學啓瞭見旗幟，大呼出營，賊大奔。是役也，斬馘三千人，解脅從數千人，奪獲器械無算。於是洋人皆服鴻章之英偉，翕然聽命。鴻章因疏陳助防洋兵之難恃，舍滬赴鎮之非便，詔許之，遂不復議移師鎮江矣。

二十二日，公弟國荃敗賊於六郎橋。

六月，公子紀鴻補縣學生員。

初六日，賊犯雨花臺，公弟國荃擊却之。

初十日，賊復來窺營，官軍復擊却之。

十五日，鮑超克寧國府。

賊酋洪容海以寧國縣城降，超用其衆，克廣德州，奉上諭〔一九〇〕：

曾國藩奏『踞守廣德州之僞保王洪容海，自詣鮑超軍營乞降』等語。洪容海投誠後，率所部攻取廣德州城，將守城悍賊闕天義、馬桂功擒殺，收其衆六七萬人，一律薙髮，呈繳僞印三百餘顆、僞官照九百餘張。其被脅良民，經曾國藩飭令宋國永發給護照、川資〔一九一〕遣散。洪容海自拔來歸，計取堅城，著賞給游擊銜，以示鼓勵。此外如有獻城自贖、殺賊立功者，該督撫及統兵大臣，即不准過事苛求，一經奏聞，無不予以自新，恩施并沛也。欽此。

十六日,金陵援賊大舉撲營,分二十餘支,牽制各壘,而以悍黨猛撲雨花臺長壕。公弟國荃憑壕拒守,互有損傷。部將劉連捷等拔卡而出,陣斬二千餘人,僞對王殲焉,賊奔潰。國荃冒雨修牆。〈而〉寧國餘賊嘯聚於雄黄鎮者約二萬人。二十四日夜,勾通城賊謀襲我營。二十五日,國荃遣部將易良虎、劉連捷等擊走之。

七月,詔授安徽巡撫李續宜爲欽差大臣。

時李世忠投誠已久,扼守江北,與賊相距。欽差大臣袁甲三因病求去,朝廷許之。世忠向受甲三節制,甲三既去位,詔世忠歸公節制,并諭李續宜接辦後,亦應妥爲駕馭。值續宜丁艱,公兼署安徽巡撫,代請賞假數月回籍治喪,并請袁甲三暫緩交卸督師之任〔一九二〕。均奉俞允〔一九三〕。

十五日,李鴻章克青浦縣。

鴻章之圖青浦也,令程學啓等屯北簳山,郭松林等屯塘橋,其弟鶴章督之,連毁城外三賊卡。洋人華爾以輪船大炮助攻,城裂毁十餘丈,軍士咸登。賊奪路而逃,官軍復截殺之,遂拔其城。鴻章遣往寧波之常勝軍,亦會張景渠軍攻克餘姚縣。捷聞,得旨嘉獎。

十七日,左宗棠破賊於油埠。

八月,僞慕王譚紹洸率十餘萬衆犯上海之北新涇,李鴻章遣程學啓、郭松林等分路堵禦,大破賊於七寶街。紹洸走野雞墩,糾衆復圍北新涇。鴻章督軍至虹橋,賊方憑河據壘,松林以五百人擊破之,賊始遁。淮揚水師敗賊於淀山湖。洋將華爾克慈溪縣,創甚,死焉〔一九四〕。左宗棠克處州府,復大捷於龍游縣〔一九五〕。

閏八月〔一九六〕，苗沛霖獻壽州城及正陽關，李續宜命〔一九七〕蔣凝學等入守。

先是，凝學由六安、霍邱進兵，叠平逆圩賊黨，潘愷、朱品三、黄毛獸、趙春和、文瞎子等相繼就撫，遂渡淮平潁州。沛霖畏楚軍威，詣凝學獻正陽關水陸厘卡及壽州城。凝學分兵駐紮，沛霖退居下蔡。於是〔一九八〕續宜力請回籍終制，奉旨賞假百日，以唐訓方署理安徽巡撫。

〈閏八月〉賊犯寧國府，鮑超入城守之。

先是，公奏調廣西按察使蔣益澧率所部五六千人迅速赴浙。十三日〔一九九〕，蔣益澧軍至浙江，克壽昌縣。

公疏陳〔二〇〇〕大江以南疾疫盛行，請簡派在京親信大臣馳赴江南會辦軍務，奉上諭〔二〇一〕：

大江南岸疾疫盛行，前據該大臣奏到，即深軫念，曾經寄諭：『進攻金陵，不必急求速效，惟求有以自立。傷亡戰士，并須加意拊循。』兹據疏稱：『近日秋氣已深，而疫病未息，寧國、金陵、徽、衢、上海、蕪湖各軍，皆以癘疫死亡相繼，猛將如黄慶、伍承翰〔二〇二〕等先後物故，鮑超、張運蘭、楊岳斌等均各抱病軍中，甚至炊爨寥寥。』覽奏情形，尤深廑念〔二〇三〕。此時戰守均無把握，自屬實在情形。惟『懇請由京簡派親信大臣前往會辦，以分責任之重大，挽氣數之艱難』，諒該大臣亦爲憂勞焦灼所迫。朝廷信用楚軍，以曾國藩忠勇發於至誠，推心置腹，倚以挽救東南全局。自諸軍進逼金陵，逆匪老巢已成阱檻。惟以艱難時會，誠不易得，叠經寄諭，總以毋徒求效旦夕，惟當立足不敗之地，以俟可乘之機。矧兹疾病〔二〇四〕繁興，各軍將士疲病之餘，詎忍重加督責？該大臣惟宜愈矢忠誠，拊循加意，使軍心益固，沴氣潛除。各營疾疫將士，其各傳旨，優加存問。本應明降諭旨慰勞，誠以事關軍務，或恐人心疑懼，且致奸宄從而生心，賊人轉益張其凶焰。我國家深仁厚澤二百餘年，當此艱危時勢，又益以疾疫流行，將士摧折，深虞隳士氣而長寇氛。此無可如何之事，非該大臣一人之咎。意者朝廷政事多闕，足以上干天和，惟當齋心默禱，以祈上蒼眷佑，沴戾全消。我君臣當痛自刻責，實力實心，勉圖禳救之方，爲民請命，以冀天心轉移，事機就順。至天災流行，必無偏及，各營將士既當其阨，賊中亦豈能無傳染？想該大臣鬱憤之餘，未遑探詢。刻下在京固無可簡派之人，環顧中外，才力器量如曾國藩者，一時實難其選。該大臣素嘗學問，時勢艱難，尤當任以毅力，矢以小心，仍不容一息稍懈也。欽此。

是時士卒死亡大半，而僞忠王李秀成率蘇、常悍賊二十餘萬人援金陵。十九日，圍攻公弟國荃大營。

賊用西洋落地開花炮前後轟擊，聲動天地，我軍百道堵禦，賊更休迭進，歷十五晝夜，迄未休息。我軍以大炮、火毬擊之，燒賊無算，抵死勿去。

九月初三日，僞侍王李世賢自浙江率衆數十萬繼至，攻撲愈猛。我軍傷亡甚衆，而賊之死者倍之。初五日，官軍出壕擊賊，破逆壘十三座，斬首數十級。

十二日，賊埋地道兩穴，同時轟發，土石上飛。

賊衆逾牆而進，前者既殪，後者復登。官軍拋打火毬，間以槍炮。搶險三時，堵塞缺口，擊斃悍賊數千，賊焰少衰。白晝不甚環攻，夜間仍輪班逼撲。連紮百餘營〔二〇五〕於官軍營壕之外，相距僅二十丈，仍暗開地道，冀乘雨夜轟裂。國荃命各軍修内壕、内牆以禦之，分兵連破其地洞七處。

十月初五日，我軍出壕破賊壘數十座，賊悉衆奔潰，自相踐踏，死者無算。僞忠王、僞侍王計窮遁去，金陵大營之圍始解。

是役也，忠、侍兩逆悉鋭合撲，志在必逞；而鮑軍之在寧國者，爲悍酋楊輔清、黄文金所圍，不能赴援金陵；公所調浙軍之蔣益澧、蘇軍之程學啓，皆以有故不得至。公弟國荃堅守四十六日，公弟貞幹力戰以通餉道，前後破賊壘數十，斬馘數萬。營中火藥用盡，乃告貸於湖北、江西。將士獰目髮面，皮肉幾盡，國荃左頰爲洋槍所傷。軍興以來，未有如此之苦戰也。

賊分股竄江北，攻九洑洲，連陷含山、巢縣〈國〔二〇六〕〉。

廣德州之賊攻陷績溪縣。國荃遣軍分守東、西梁山以禦之。

公疏陳金陵戰狀，奉上諭〔二〇七〕：

此次逆目李秀成等乘我軍疾疫之時，糾衆來犯，情形危險。該大臣調度合宜，曾國荃等水陸各軍均能裹創血戰，轉危爲安，深堪嘉尚。第回思從前危迫之際，我君臣尤當同深儆懼，以迓天庥。寧國雖偶然小挫，鮑超謀勇兼優，諒能支持。金陵援賊經曾國荃〔二〇八〕等斬殺數萬，逆膽已寒。該藩司兵力本不甚厚，頓兵堅城之下，進退兩難，恐日久逆黨復生詭計，非鮑超之軍由東壩馳往會剿則成相持之勢。故寧防甚關緊要，非獨逆賊内犯南陵，掣動大局爲可慮也。欽此。

又諭〔二〇九〕：

蘇、浙諸賊酋，因官軍逼攻金陵老巢，大舉來援，號稱數十萬衆。明攻暗襲，意圖吞噬各營，合犯上游，賊計甚爲狡惡。經曾國藩飭令曾國荃督率各營將士，以孱病之餘，當窮凶之寇，苦戰力守四十餘日，以寡敵衆，出死入生，竟能力挽危機，保全大局。僞忠、侍兩逆渠計索鼠竄而去，金陵大營危而復安。詳覽摺中所叙戰狀，各營將士堅忍奮力，謀勇兼施，深堪嘉尚。金陵各營〔二一〇〕立脚已定，仍應嚴密防守，徐圖進攻之策。蘇州等處援賊，經此懲創，自不復敢正視。惟僞忠逆回蘇之後，分黨留守金陵，并分股力攻九洑洲，李世忠未知能否堵禦。寧國、旌德同時喫緊，鮑超、張運蘭、朱品隆諸軍尚屬羸病之餘。著曾國藩照所擬各策，分兵往援。欽此。

旋奉旨〔二一一〕：『江蘇布政使曾國荃著賞給江綢黄馬褂料一件、小卷江綢袍料一件、白玉喜字翎管一枝、白玉柄小刀一把。曾貞幹著加恩以知府用。欽此。』

當李秀成圍犯金陵大營之時，譚紹洸、陳炳文復糾蘇、杭、嘉興賊十餘萬，分道自崐山、太倉東犯。李鴻章令弟鶴章敗賊陸家行，郭松林敗賊方泰鎮，劉士奇、鄭國魁會程學啓破賊三江口、四江口等處。賊連營數十里，大河支港俱設浮橋，遂犯黄渡。鶴章會學啓，分道擊賊，松林逾橋敗之〔二一二〕。賊築卡以阻我師，松林值其半渡而擊之，賊大潰，追北至安亭河。

時四江口守將劉士奇等被圍已久，鴻章親督軍至黄渡。紹洸部賊屯吴淞江北，炳文踞南岸。九月二十二日，鴻章令劉銘傳當其中，松林當其左，學啓當其右。自辰至未，鴻章望賊旗益無際，籲刪〔二一三〕督戰益急。松林、銘傳皆逼賊營，拔籤逾濠，伏而前，斃黄衣賊酋數人。賊少動，乃冒烟直入。

學啓胸中炮子傷，裹創疾前。賊由南岸潰而北，我軍三路掩殺，四江口之圍始解。

十月，公檄蔣凝學撤壽州、正陽防兵，分守潁州、霍邱。時苗沛霖黨李萬春等在潘家圩殺湘軍、樵夫多人，白僧親王撥兵守壽。凝學白公，故有是舉〔二一四〕。

洋將白齊文閉松江城索餉，遂至上海大嘩。李鴻章奪其兵，捕治之，裁常勝軍爲三千人，以戈登、李恒嵩同領之。白齊文，美國人，後降賊。同治四年，郭松林援閩，獲之於廈門，將解上海訊治，至浙境覆舟，斃於水。

十一月初一日，賊陷和州。

初二日，唐義訓、王文瑞克績溪縣。

初七日，賊陷祁門縣。初十日〔二一五〕，唐義訓、王文瑞復之。

十八日，公弟候選知府貞幹卒於軍。

十九日，水師破賊於三汊河。

二十七日，官軍破賊於護駕墩，毀賊船二百餘號。鮑超擊賊於馬頭鎮、楊柳鋪，大破之。

是月，左宗棠遣軍〔二一六〕克嚴州府。李鴻章克常熟縣。僞忠王李秀成自金陵回蘇州，悉鋭争常熟，鴻章遣軍援之。程學啓敗崐山賊於蟠龍鎮。郭松林、李鶴章等破賊於太倉境。

十二月初五日，賊陷青陽縣。

初九日，公弟貞幹柩至安慶。公撫棺大慟，入城受弔。奉上諭〔二一七〕：

前因知府曾貞幹擊退援賊，降旨詢問該知府紮營何處。茲據曾國藩覆奏『該知府自五月馳赴江寧大營，秋間遘疾。適值賊援大至，力疾督戰。解圍後，積勞身故』等語。曾貞幹自赴江南軍營，屢著戰功，朝廷早欲擢用，因曾國藩再三懇辭，擬俟江寧克復後從優獎勵。兹以力疾督戰，積勞病故，悼惜殊深！雖未經曾國藩奏請給恤，而曾貞幹係效力疆埸、戰功卓著之員，著即追贈按察使，照按察使軍營立功後病故議恤，以示優异。欽此。

嗣〔二一八〕李鴻章臚陳曾貞幹生前戰績，懇請逾格優恤，奉上諭〔二一九〕：

已故知府曾貞幹，隨同伊兄曾國藩從事戎行，治軍有紀律，善拊循戰士，履危蹈險，堅固不摇。咸豐十年克復太湖縣城，十一年克復安慶省城，本年肅清江北各城，進攻金陵，曾貞幹立功甚多。八、九月間，援賊數十萬人圍撲雨花臺，屢争官軍餉道，該故員力戰苦守四十餘日，使賊卒不能逞，被創遁去。乃因勞苦憂思，遂致一病不起，可嘉可憫。曾貞幹著照二品例議恤，并准其予謚，於本籍及死事地方建立專祠，仍宣付史館立傳，以彰忠藎。欽此。予謚『靖毅』。

二十一日，公弟國荃破賊於谷里村六郎橋。

二十二日，蕭慶衍敗賊於銅城閘。

二十五日，朱品隆收復青陽縣。

都察院奏江蘇監生周同穀條陳分兵攻剿常州，略云〔二二〇〕：『金陵大營自曾國荃力戰解圍後，賊膽已寒。惟忠逆剽狡善戰，必更徵調援賊，并力抗拒。我軍頓於堅城之下，兵家大忌。若飭都興阿一軍速由靖江潛渡，襲取常州，使賊首尾不能相顧，金陵孤立無援，必有擒首逆以獻者。』奉上諭〔二二一〕：

現在江南大股賊匪連陷和、含、巢三城，并欲分股突竄儀、揚，江北萬分喫緊，都興阿斷無撤令由靖江進兵之理。第蘇、常千里陸沈，百姓慘遭荼毒，果有機勢可乘，則早復一城，即早脱一日之涂炭。且奇正相生，制勝之長策；頓兵堅城，兵家之大忌，該監生所論，亦不爲無見。著曾國藩酌籌辦理。欽此。

年終恩賞如例。

〔一〕初四日：底本缺，今據太平天國史事日志校補。

〔二〕奏陳：見奏稿二，題作『報丁父憂摺（二月十六日）』。

〔三〕薦楊載福彭玉麟接統水師：底本脱，今據事略校補。

〔四〕駱秉章：葉本作『湖南巡撫』。

〔五〕上諭：見清實録文宗實録咸豐七年（一八五七）二月己酉（二十七日）『諭内閣』。又奏稿二呈請代奏謝恩摺（三月二十六日）引。

〔六〕上諭：見清實録文宗實録咸豐七年（一八五七）三月癸丑（初一日）『諭内閣』。又奏稿二附録明諭　答報丁父憂摺。

〔七〕在籍終制：事略作『假期將滿，葬事未畢，籲（準）准在籍終制』。

〔八〕上諭：見清政府鎮壓太平天國檔案史料第十九册，題作『諭内閣著曾國藩假滿即赴江西督辦軍務并署理兵部侍郎（咸豐七年閏五月初五日）』。又見奏稿二恭謝天恩并籲請開缺摺引。

〔九〕援：葉本作『屬』。

〔一〇〕李續賓連破賊於九江：底本脱，今據事略校補。

〔一一〕閏五月胡林翼督師黄州：底本脱，今據事略校補。

〔一二〕上諭：見清政府鎮壓太平天國檔案史料第十九册，題作『諭内閣著准曾國藩先開兵部侍郎之缺暫行在籍守制（咸豐七年六月十九日）』。又見奏稿二欽奉兩次諭旨復奏摺（九月初九日）引。

〔一三〕蔣凝學……破之：底本缺此六十四字，今據事略校補。

〔一四〕王鑫卒於樂安軍：底本缺，今據事略校補。

〔一五〕給事中……諭曰：底本作『奉上諭昨據給事中李鶴年奏曾國藩自丁父憂後叠蒙賜金給假褒獎慰留此後墨絰從戎宜爲天下所共諒豈容以終制爲守經再三瀆請請飭仍赴江西及時圖報等語』，今據事略校改。諭旨見清實録文宗實録咸豐七年（一八五七）丁巳八月壬戌（十四日）『諭軍機大臣等』，又見奏稿二欽奉兩次諭旨復奏摺。

〔一六〕報稱：事略作『報稱爲要』。

〔一七〕看：葉本作『看之』。

〔一八〕初九日……三縣：底本脱此三十八字，今據事略校補。克復三縣時間見年譜咸豐七年『九月二十一』條校。

〔一九〕復奏：見奏稿二，題作『欽奉兩次諭旨復奏摺（九月初九日）』。

〔二〇〕硃批：見奏稿二欽奉兩次諭旨復奏摺後附。

〔二一〕上諭：見年譜咸豐七年九月『二十一日』條校。

〔二二〕軍潰敗：事略作『敗績』。

〔二三〕時：事略作『是』。

〔二四〕楚軍：事略作『蕭啓江、劉坤一』。

〔二五〕正月……樂安縣：底本脱此四十五字，今據事略校補。

〔二六〕張運蘭……克崇仁縣：底本脱此二十二字，今據事略校補。

〔二七〕僞貞天侯林啓榮伏誅：底本脱，今據事略校補。

〔二八〕公弟……克黄安縣：底本脱此二十三字，今據事略校補。按事略訛『李續宜』作『李續賓』，今據胡林翼集各軍攻剿麻城大獲勝仗疏校改。

〔二九〕上諭：見清實録文宗實録咸豐八年（一八五八）五月乙未（二十一日）『諭軍機大臣等』。又奏稿二恭奏起程日期摺引。

〔三〇〕馳：葉本作『赴』。

〔三一〕迅：葉本作『速』。

〔三二〕奏報：見奏稿二，題作『恭奏起程日期摺（咸豐八年六月十七日）』。

〔三三〕硃批：見恭奏起程日期摺後附。

〔三四〕上諭：見清實録文宗實録咸豐八年（一八五八）五月乙未（二十一日）『諭軍機大臣等』。又奏稿二恭奏起程日期摺引。

〔三五〕是月……巡撫：底本脱，今據事略校補。

〔三六〕其城：事略作『之』。

〔三七〕詔起復胡林翼視師黄州：底本脱，今據事略校補。

〔三八〕上諭：見清實録文宗實録咸豐八年（一八五八）戊午十一月壬午（十一日）『諭軍機大臣等』。又奏稿二遵旨斟酌具奏摺引。

〔三九〕請：葉本作『奏』。

〔四〇〕復奏：見奏稿二遵旨斟酌具奏摺（咸豐八年十二月十一日）。

〔四一〕十二月：底本缺，今據年譜校補。

〔四二〕翰林院編修李鴻章至建昌大營公留贊幕府：底本脱，今據事略校補。

〔四三〕疏稱：見奏稿二謝曾驤雲賜封典恩摺（咸豐九年二月十五日）。

〔四四〕上以公弟……從舊秩：底本脱此七十七字，今據事略校補。又『公疏稱……仍從舊秩』底本原置於下文『以示褒嘉矣欽此』之後，今據事略移前。

〔四五〕上諭：見奏稿二謝曾驤雲賜封典恩摺（二月十五日）引。按本條諭旨事略省。

〔四六〕上諭：見清實録文宗實録咸豐九年（一八五九）己未正月丁酉（二十六日）『諭軍機大臣等』。又奏稿二附咨文　咨官文王懿德等

(二月二十三日)(轉録廷寄：答通籌全局仍請添練馬隊等摺片)。按本條諭旨事略省。

〔四七〕上諭：見奏稿二，題作『謝曾紀壽及歲引見恩摺(三月二十六日)』。

〔四八〕上諭：見清實録文宗實録咸豐九年(一八五九)己未五月庚寅(二十一日)『諭軍機大臣等』。又奏稿二復陳防蜀緩急摺引。

〔四九〕有鳳：葉本作『該撫』。

〔五〇〕爲要：底本脱，今據事略校補。

〔五一〕疏稱：見奏稿二，題作『官軍攻克景德鎮及浮梁縣城摺(六月二十二日)』。

〔五二〕上諭：見奏稿二謝交部優叙恩摺(七月二十五日)引。

〔五三〕疏稱：見奏稿二，題作『調張運蘭會剿寶慶片』。事略作『公奏援蜀方略』。

〔五四〕上諭：見奏稿二復奏欽奉四次諭旨摺(七月二十五日)引。

〔五五〕但：復奏欽奉四次諭旨摺作『是但』。

〔五六〕上諭：見復奏欽奉四次諭旨摺引。

〔五七〕遏：底本作『邀』，今據復奏欽奉四次諭旨摺校改。

〔五八〕旋：事略作『是月』。

〔五九〕徽：葉本作『皖』。

〔六〇〕又奉……之命：見奏稿二復奏欽奉四次諭旨摺引。

〔六一〕上諭：見奏稿二遵旨會商大略摺(九月十二日)引。據該摺所稱奉到諭旨時間爲『咸豐九年八月十三日』。又所引文字安排等與事略有差异。

〔六二〕上諭：見奏稿二遵旨會籌規剿皖逆摺(十月十七日)引。

〔六三〕營：葉本作『軍開』。

〔六四〕十七日：底本缺，今據年譜校補。

〔六五〕獻：事略作『奏陳』。見奏稿二遵旨會籌規剿皖逆摺。

〔六六〕旋：事略作『公』。

〔六七〕上諭：見清實録文宗實録咸豐九年（一八五九）己未十月壬戌（二十六日）『諭軍機大臣等』。又奏稿二，題作『附咨文　咨官文胡林翼（轉録廷寄：答遵旨會籌規剿皖逆等摺片）』。按本節文字安排與事略有所不同。

〔六八〕圖：底本作『圍』，今據清實録文宗實録、附咨文　咨官文胡林翼（轉録廷寄：答遵旨會籌規剿皖逆等摺片）校改。

〔六九〕常熟：葉本訛作『常州』。

〔七〇〕上諭：見清實録文宗實録咸豐十年（一八六〇）庚申夏四月乙丑（初一日）『諭軍機大臣等』。又奏稿二復奏未能舍安慶東下并懇簡用左宗棠摺（四月十三日）引。

〔七一〕江浙：底本、事略及葉本均訛作『浙江』，今據清實録文宗實録等校改。

〔七二〕疏薦：見奏稿二復奏未能舍安慶東下并懇簡用左宗棠摺（四月十三日）。

〔七三〕簡：底本訛作『録』，今據復奏未能舍安慶東下并懇簡用左宗棠摺校改。

〔七四〕奉旨：見奏稿二附咨文　咨左宗棠（五月二十七日）（轉録明諭：左宗棠以四品京堂候補隨同曾國藩襄辦軍務）。

〔七五〕襄辦曾國藩軍務：奏稿二附咨文　咨左宗棠作『隨同曾國藩襄辦軍務』。

〔七六〕假：葉本作『加』。

〔七七〕并諭：見奏稿二附咨文　咨官文等（五月二十七日）（轉録廷寄：賞曾國藩兵部尚書銜署理兩江總督并飭徑赴蘇州進剿）。

〔七八〕疏稱：見奏稿二，題作『蘇常無錫失陷遵旨通籌全局并辦理大概情形摺（五月初三日）』。按該摺時間爲五月初三日，不當繫於此。

〔七九〕獻進兵之策：即奏稿二蘇常無錫失陷遵旨通籌全局并辦理大概情形摺（五月初三日）。

〔八〇〕上諭：見清實録文宗實録咸豐十年（一八六〇）庚申夏五月甲辰（十一日）『諭軍機大臣等』。又奏稿二附咨文　咨官文等（五月二十七日）（轉録廷寄：答通籌全局等摺）。

〔八一〕奏報起程日期：見奏稿二，題作『遵旨復陳并恭報起程日期摺（五月十七日）』。

〔八二〕疏陳：見奏稿二，題作『預籌淮揚寧國太湖三支水師摺（五月十七日）』。

〔八三〕薦保：見奏稿二，題作『擬請簡派彭玉麟統寧國水師李瀚章會辦牙厘片（五月十七日）』。

〔八四〕上諭：見清實録文宗實録咸豐十年（一八六〇）庚申五月己未（二十六日）『諭軍機大臣等』。又奏稿二恭報行抵祁門日期摺引。

〔八五〕上諭：見奏稿二皖南軍務暫時未便接辦片（六月十六日）引。

〔八六〕二十：底本作『念』，上下行文不統一，今據事略及葉本校改。

〔八七〕上諭：見清實録文宗實録咸豐十年（一八六〇）庚申六月丙戌（二十四日）『諭軍機大臣等』。又奏稿二謝補授兩江總督并授欽差大臣恩摺引。

〔八八〕奉上諭……欽此：事略作『詔以公補授兩江總督，授爲欽差大臣，督辦江南軍務』。

〔八九〕上諭：見清實録文宗實録咸豐十年（一八六〇）庚申六月丙戌（二十四日）『諭軍機大臣等』。又奏稿二復奏統籌全局摺引。按事略此處未全引諭旨，而是據以改寫，表達上較底本爲勝。

〔九〇〕具疏謝恩：見奏稿二，題作『謝補授兩江總督并授欽差大臣恩摺（七月十二日）』。具疏謝恩，事略作『復陳方略且謝恩』，較底本嚴密。

〔九一〕硃批：見奏稿二謝補授兩江總督并授欽差大臣恩摺後附。

〔九二〕疏稱：見奏稿二，題作『復奏統籌全局摺（七月十二日）』。

〔九三〕詔罷張芾皖南督師：底本缺，今據事略校補。

〔九四〕上諭：見清實録文宗實録咸豐十年（一八六〇）庚申七月丁未（十五日）『諭軍機大臣等』。又奏稿二附録廷寄　皖南軍務統歸曾國藩督辦周天受交曾國藩差遣及籌辦淮揚水師等事（八月初一日）。

〔九五〕公：底本缺，今據事略校補。

〔九六〕九月：底本作『又』，訛入八月，今據年譜校改。

〔九七〕又聞：事略作『是時』。

〔九八〕上諭：見清實録文宗實録咸豐十年（一八六〇）庚申九月辛亥（二十一日）『諭軍機大臣等』。又奏稿二附咨文　咨左宗棠等（十月初九日）（轉録廷寄：曾國藩胡林翼鮑超毋庸來京并答徽州失守摺）。按事略據諭旨改寫，與底本略异。

〔九九〕李：底本訛作『先』，今據事略、曾國藩胡林翼鮑超毋庸來京并答徽州失守摺及葉本等校改。

〔一〇〇〕鳳臺練總苗沛霖叛圍攻壽州：底本缺，今據事略校補。

〔一〇一〕平：底本作『生』，今據事略及葉本校改。

〔一〇二〕緘：葉本訛作『首』。下同不注。

〔一〇三〕竄建昌撫州圍攻不下：事略作『攻建昌撫州不下』。

〔一〇四〕疏稱：見奏稿三，題作『官軍破賊樂平鄱景浮樂一律肅清摺（四月初二日）』。

〔一〇五〕勛績：葉本作『功績』。

〔一〇六〕又請：見奏稿三，題作『請將左宗棠改爲幫辦軍務片（四月初二日）』。

〔一〇七〕報可：事略作『如議』。

〔一〇八〕七：底本訛作『六』，今據事略校改。

〔一〇九〕疏稱：見奏稿三，題作『鮑超一軍豐城大捷摺（八月初二日）』。

〔一一〇〕國荃與其弟貞幹之師：事略作『我師』。

〔一一一〕壕：底本、事略均作『濠』，今據下文『憑壕堵禦』及葉本校改。

〔一一二〕而另：事略無此二字。

〔一一三〕陳玉成於三月十八日：事略作『三月十八日玉成』。

〔一一四〕犯：事略作『逞』。

〔一一五〕陳：事略無此字。

〔一一六〕菱湖賊壘……之内：事略無此十四字。

〔一一七〕拊：葉本作『柎』。按二字通。

〔一一八〕時：事略作『是』。

〔一一九〕而肅清東南之基始立：事略作『是爲肅清東南之始』。

〔一二〇〕玉：底本訛作『王』，今據事略及葉本校改。

〔一二一〕又奉贊襄王大臣寄奉：事略無此九字。

〔一二二〕上諭：見奏稿三附咨文　咨官文等（九月）（轉録明諭：答上片）。

〔一二三〕所有……欽此：事略無此十六字。

〔一二四〕又諭：見清實録穆宗實録咸豐十一年（一八六一）辛酉八月辛巳（二十五日）『諭内閣』。又奏稿三謝賞加官保銜恩摺（十月二十六日）引。

〔一二五〕欽此：事略無此二字。

〔一二六〕又諭：見清實録穆宗實録咸豐十一年（一八六一）辛酉八月辛巳（二十五日）『諭内閣』。又奏稿三謝弟國華予謚恩摺（十月二十六日）引。

〔一二七〕今：底本訛作『令』，今據事略及葉本校改。

〔一二八〕二十四日……弃城遁：底本脱此五十一字，今據事略校補。

〔一二九〕武昌軍：事略作『軍』，葉本作『武昌城』。

〔一三〇〕無爲州：底本缺，今據事略校補。

〔一三一〕苗沛霖……赴援：底本缺，今據事略校補。

〔一三二〕上諭：見清實録穆宗實録咸豐十一年（一八六一）辛酉十月癸酉（十八日）『諭内閣』。又見奏稿三附録明諭　著曾國藩統轄江蘇安徽江西浙江四省軍務并著速飭左宗棠赴浙剿賊（十一月十五日）。

〔一三三〕上諭：見奏稿三懇辭制浙省各官及軍務等情摺(十一月二十五日)引。

〔一三四〕上疏：見奏稿三，題作『懇辭節制浙省各官及軍務等情摺(十一月二十五日)』。

〔一三五〕上諭：見清實録穆宗實録咸豐十一年(一八六一)辛酉十二月丁卯(十四日)『諭内閣』。又見奏稿三附録廷寄　答懇辭節制浙省各官并遵查各參款及保舉李鴻章才堪重寄各摺片(十二月)。

〔一三六〕懇：葉本作『嚴』。

〔一三七〕頒賞遺念衣：事略作『遺念御衣』。

〔一三八〕疏稱：見奏稿三，題作『苗沛霖應剿彭玉麟難離水營摺(十二月十七日)』。

〔一三九〕李續宜調安徽巖樹森調湖北：據穆宗實録事在同治元年(一八六二)正月。

〔一四〇〕先是……巡撫：底本脱，今據事略校補。

〔一四一〕上諭：見清實録穆宗實録同治元年(一八六二)壬戌春正月丁亥(初四日)。又見奏稿四附録廷寄　浙陷徽圍通籌全局事(正月十七日)。

〔一四二〕奏稱：見奏稿四附録廷寄　飭會商翁心存宋晋籌畫江南軍務之『附翁心存力促通泰克復蘇常摺』。

〔一四三〕奉旨：見奏稿四籌辦江浙軍務摺(同治元年正月二十二日)。

〔一四四〕又諭：見奏稿四附録廷寄　浙省失守等事(同治元年正月初九日)。

〔一四五〕疏薦：見奏稿二遵旨興辦淮揚水師擬派李鴻章先往籌辦并請簡授實缺摺(七月初三日)。

〔一四六〕舉人：事略作『紳士』。

〔一四七〕等：底本脱，今據事略校補。

〔一四八〕苗沛霖……援潁：底本缺，今據事略校補。

〔一四九〕上諭：見奏稿四附録廷寄　飭令李鴻章赴鎮江籌防等事(正月十九日)。按事略未直引諭旨，而是據以改寫。

〔一五〇〕薛焕奏：見奏稿四附録廷寄　飭催李鴻章赴鎮曾國荃赴滬事(正月二十三日)引。

〔一五一〕上諭：見奏稿四附録廷寄　飭催李鴻章赴鎮曾國荃赴滬事（正月二十三日）。

〔一五二〕援：葉本作『救』。

〔一五三〕爲要：底本缺，今據事略校補。

〔一五四〕獲勝：事略作『敗之』。

〔一五五〕上諭：見奏稿四附録廷寄　江浙等處軍務惟曾國藩是賴（正月初九日）。

〔一五六〕力：葉本作『既』。

〔一五七〕於：葉本作『與』。

〔一五八〕上諭：見奏稿四附録廷寄　章奏寥寥飭將一切機宜隨時馳奏（正月二十四日）。

〔一五九〕復奏：見奏稿四遵旨統籌全局摺（二月初二日）。

〔一六〇〕擬令……楊載福：底本缺，今據事略及葉本校補。

〔一六一〕上諭：見奏稿四遵旨統籌全局摺（二月初二日）。

〔一六二〕營：葉本作『情』。

〔一六三〕二月……諭曰：底本作『公屢疏力辭節制四省命，二月，奉上諭』，今據事略校改。諭曰，見奏稿四附録明諭　節制四省毋許再辭（二月初五日）。

〔一六四〕據曾國藩……等語：底本、事略均無，今據葉本校補。

〔一六五〕上諭：見奏稿四謝京察從優議叙恩摺（三月初八日）引。按事略僅引『交部從優議叙』，文字安排與此有別。

〔一六六〕疏陳：見奏稿四，題作『籌辦江浙軍務摺（正月二十二日）』。

〔一六七〕之事必：事略作『方略』。

〔一六八〕上諭：見奏稿四附録廷寄　答各摺片并指授機宜（二月初五日）。

〔一六九〕省：底本訛作『人』，今據奏稿四附録廷寄　答各摺片并指授機宜及事略、葉本等校改。

〔一七〇〕照：底本訛作『用』，今據奏稿四附録廷寄　荅各摺片并指授機宜及事略校改。
〔一七一〕并諭：見奏稿四謝弟國荃擢授蘇藩恩摺（二月二十二日）引。
〔一七二〕具疏：見奏稿四謝弟國荃擢授蘇藩恩摺（二月二十二日）。
〔一七三〕公：底本訛作『八』，今據事略校改。
〔一七四〕最稱驍猛：事略作『驍果善戰』。
〔一七五〕淮軍之興……以行：事略作『自賊擾淮南，一時豪杰皆以辦團殺賊自奮，而劉銘傳、潘鼎新、張樹聲、周盛波、吴長慶名尤著。鴻章招令各募一營以行，淮軍之興自此始矣』。
〔一七六〕十六日：底本作『十五日』，今據年譜校改。
〔一七七〕當是時：底本作『此次』，今據年譜校改。
〔一七八〕十數：底本缺，今據年譜校補。
〔一七九〕奪獲雄關：事略作『之』。
〔一八〇〕疏稱：見奏稿四克復繁昌縣城摺（四月初四日）。
〔一八一〕上諭：見奏稿四附録明諭　曾國荃交部從優議叙曾貞幹賞給勇號（五月初一日）。
〔一八二〕深堪嘉尚本當再沛恩施：底本訛作『文以五河恩施』，葉本改作『自宜叠沛恩施』，今據附録明諭　曾國荃交部從優議叙曾貞幹賞給勇號校改。
〔一八三〕逆匪竄踞……二座：底本誤入上諭中，今據事略及奏稿四所載上諭校改。本節文字與事略略有出入。
〔一八四〕上諭：奏稿四附録廷寄　江北兵單飭籌防務并准派隨員赴粵辦理厘務（五月二十六日）。
〔一八五〕醜：葉本作『賊』。
〔一八六〕雨花臺：底本缺，今據事略校補。
〔一八七〕上諭：奏稿四附録廷寄　飭會商李鴻章能否赴鎮李續宜有無兵力可分等事（六月初三日）。

〔一八八〕規：葉本作『窺』。按二字通。

〔一八九〕涇：底本訛作『濱』，今據葉本校改。

〔一九〇〕上諭：奏稿五附録明諭　答廣德州受降事宜（八月三十日）。

〔一九一〕川資：事略作『行資』。

〔一九二〕代請賞假……之任：見奏稿五皖撫李續宜聞訃丁憂摺（七月初十日）。

〔一九三〕俞允：據奏稿五附録廷寄　李續宜著仍遵前旨毋庸賞假奔喪（八月十四日）看，并未准假。

〔一九四〕焉：事略作『之』。

〔一九五〕僞慕王……龍游縣：底本接於『以唐訓方署理安徽巡撫』後，今據事略及太平天國史事日志等校改。

〔一九六〕閏八月：底本作『八月』，今據事略校改。

〔一九七〕命：事略作『遣』。

〔一九八〕先是……於是：底本缺，今據事略校補。

〔一九九〕先是……十三日：底本缺，今據事略校補。

〔二〇〇〕疏陳：見奏稿五請簡親信大臣會辦軍務片（閏八月十二日）。

〔二〇一〕上諭：見清實録穆宗實録同治元年（一八六二）壬戌閏八月辛丑（二十一日）『諭議政王軍機大臣等』。又奏稿五附録廷寄　答李元度軍請獎及各營疾疫盛行并請簡派大臣會辦諸務等摺片（九月初一日）。

〔二〇二〕伍華翰：底本、事略均作『伍承翰』，今據清實録、奏稿五校改。

〔二〇三〕覽奏情形尤深廑念：底本、事略均脱，今據清實録、奏稿五校補。

〔二〇四〕矧兹疾病：葉本作『况兹疾疫』。

〔二〇五〕營：底本作『里』，今據事略校改。

〔二〇六〕國：衍文。今據事略、年譜及太平天國史事日志校删。葉本臆改作『寧國』。按上文言『竄江北』，而寧國在江南，顯然不符。

〔二〇七〕上諭：見奏稿五附録廷寄　飭疏通寧國糧道并嚴防胡三麻等捻竄入湖北河南（十一月初九日）。
〔二〇八〕荃：底本訛作「藩」，今據事略、附録廷寄　飭疏通寧國糧道并嚴防胡三麻等捻竄入湖北河南及葉本校改。
〔二〇九〕又諭：見奏稿五附録廷寄　答縷陳金陵鏖戰四十六日得解重圍等摺片（十一月十八日）。
〔二一〇〕金陵各營：底本作「金營」，事略作「全營」，葉本作「各營」，今據附録廷寄　答縷陳金陵鏖戰四十六日得解重圍等摺片校改。
〔二一一〕奉旨：見清實録穆宗實録同治元年（一八六二）壬戌十一月丙辰（初八日）「諭内閣」。又奏稿五謝曾國荃曾貞幹加恩摺（十二月二十四日）引。
〔二一二〕逾橋敗之：葉本作「敗賊於浮橋」。
〔二一三〕籤删：事略無此二字。
〔二一四〕公檄蔣凝學……是舉：底本缺，今據事略校補。
〔二一五〕初十日：底本缺，今據事略校補。
〔二一六〕遣軍：底本缺，今據事略校補。
〔二一七〕上諭：見奏稿六恭謝弟貞幹追贈按察使并議恤摺（正月十二日）。
〔二一八〕嗣：底本缺，今據事略校補。
〔二一九〕上諭：見奏稿六爲弟曾貞幹死事恩綸再賁謝恩摺（四月二十二日）。
〔二二〇〕略云：見奏稿五附録廷寄　抄發周同珏原摺飭妥籌辦理（十二月十六日）引。
〔二二一〕上諭：見奏稿五附録廷寄　抄發周同珏原摺飭妥籌辦理（十二月十六日）。

曾文正公大事記卷三

同治二年

正月，賊大股圍攻涇縣，易開俊擊却之。鮑超自寧國援涇縣，攻附城賊壘，悉破平之，賊解圍去。公搜獲僞文内稱『僞忠王李秀成，調集群賊圍攻常熟，擬率二十萬衆再犯江北，下擾揚州，上窺皖、楚』等語，朝廷飭公〔一〕先事籌防，并飭李鴻章進取太倉，援應常、昭，俾該逆回顧蘇、常巢穴，不暇徑趨江北。時李鴻章遣諜密書諭常熟死守，而檄潘鼎新、劉銘傳、張樹珊以三千人乘輪船赴福山。樹珊營蘆蒲港西；銘傳營其南，跨海塘爲壘；鼎新由同觀山繼進。壘未就而賊至，銘傳、樹珊擊却之。鴻章遣常勝軍往助銘傳，復大捷。

是時，浙江左宗棠之軍，連克金華、紹興兩府，湯溪、龍游、蘭溪、永康、武義、浦江、桐廬各縣，浙東肅清，江、浙軍事駸駸日有起色矣。

二十八日，公自安慶東下視師。

二十九日，抵池州府。

二月初一日，聞蕪湖、金柱關軍情喫緊。

初三日，駛至蕪湖。

初四日，周歷城壘。旋赴裕溪口，侍郎彭玉麟來會。由東、西梁山駛赴金柱關。

初五日，抵烏江水營。與提督楊岳斌同至金陵之大勝關。

初六日，入雨花臺營。

初七日，偕弟國荃周察營壘。

十五日，由大勝關赴九洑洲。

十六日，回舟西上。

十八日，入金柱關小河，查閱龍山橋、三汊河、查家灣等處。

十九至二十二等日，由東、西梁山入裕溪口小河，查閱雍家鎮、運漕鎮、石澗埠、無爲州等處。

二十三日，由神塘河出江。

二十七日，次大通。

二十八日，回至安慶。疏陳巡閱諸軍，詳觀賊勢情形，奉上諭〔一〕：

曾國藩奏由金陵回皖，沿途查閱近日軍情及密陳可懼可喜數端各摺片。逆賊績由江浦縣新河口營壘，迤邐西竄巢、含、全椒之間。九洑洲逆壘尚未攻克，賊踪紛竄江北，時切憂思。南岸則金柱關、徽州、休寧紛紛告警，該大臣已令鮑超等軍分道馳援。著即與左宗棠所派劉典之軍，合力攻剿，保全徽境。其劉連捷、毛有銘等營分紮地面甚寬，務與西梁（西）山、運漕鎮及無爲州、廬州竭力固守，俟李續宜、江忠義到皖，兵力較厚，再行相機進取。至池州兩岸及西梁山、大勝關等處難民，編葦而棲，析骸以食，死亡灰燼之餘，不堪目擊等情，閱之殊深憫惻。如有可爲倡率捐賑之處，著該大臣酌量辦理。欽此。

當公之東下視師也，賊攻常熟益急。李鴻章遣軍攻太倉、崐山，冀分賊勢，而另遣戈登助劉福山，遂破其城，擒賊首孝天義朱衣點，常熟解圍。

三月初二日，賊自江浦上犯，圍劉連捷、毛有銘於石澗埠。公弟國荃遣彭毓橘援無爲以禦之。

初十日，蕪湖水陸各軍克黄池賊壘。

十一日，悉收内河要隘，毁賊舟净盡。賊遁走溧水、丹陽一帶，金柱關防務解嚴。劉典等破賊於休寧。

十五日〔三〕，李鴻章克太倉州。郭松林破賊於茜堙支塘。

十七日，蕭慶衍、彭毓橘、毛有銘、劉連捷合擊賊於石澗埠，大破之。劉典等克黟縣。

十九日，賊犯廬江縣。

二十一日，賊犯舒城縣，蔣凝學擊却之。

二十二日，朱品隆破賊於石埭。

二十四日，賊圍六安州。

二十五日，劉典破賊於黟縣，賊遁入浙江界。

詔授公弟國荃爲浙江巡撫，左宗棠爲閩浙總督兼署浙江巡撫，并諭〔四〕：

閩、浙兩省軍務、兵勇，均歸左宗棠節制。耆齡所部廣勇，著左宗棠揀員統帶。曾國荃即著仍統前敵之軍，駐紮雨花臺，一意相機進取，以圖金陵，毋以浙事爲念。東南軍務，惟在該督撫等戮力同心，共圖挽救。國家异數酬庸，諒能兼矢公忠，以副委任也。欽此。

公與國荃交疏懇辭，略云〔五〕：

功名之際，終之殆〔六〕難；消長之機，盈則必缺。臣與弟函商兩次，欲固辭則頗涉矯情，思立异於當世；欲受事則不自量力，懼貽譏於將來。不如稍安愚拙之分，徐圖尺寸之功。懇乞天恩，收回成命，俯准以開缺藩司效力行間。

疏入，奉上諭〔七〕：

曾國藩奏爲伊弟國荃懇辭巡撫恩命，并曾國荃奏懇收回成命各摺。曾國荃自統師南下以來，迭復沿江各〔八〕城要隘，駐軍雨花臺，連破逆壘，與彭玉麟、鮑超等水陸諸軍爲規取金陵之計。朝廷以曾國荃勛績卓著，擢授浙江巡撫，并令仍統前敵之軍，一意進取。論功行賞，國家自有權衡。兹覽該大臣及該撫所奏，深以金陵未復，兵頓堅城，而該大臣兄弟异數頻邀，既榮授以封圻，復令駐軍江南，遥領疆寄，深虞隕越，弗克負荷。在該大臣受寵若驚，固辭恩命，洵屬至誠，而朝廷懋賞懋官，權衡悉當。現在軍事方亟，時局孔艱。凡在臣工，正宜黽勉效忠，共期宏濟。該大臣惟當督率曾國荃忠誠報國，以副委任，正不必瀆辭朝命也。欽此。

四月初二日，鮑超、劉連捷等擊賊於六安州。

苗沛霖圍壽州，公檄蔣凝學、毛有銘援之，賊解圍去〔九〕。

初七日，公弟國荃、彭玉麟會克東關賊壘，遂克銅城。

時公弟國荃圍攻金陵已久，賊百計欲解圍，分股由徽、寧窺伺江西，由（利）和、含一帶圖犯湖北；而由湖北下竄之捻匪，自蘄水分爲兩股：一股回竄黄州，一股竄撲宿松，越潛、太以撲盧、桐。髮、捻兩逆，聯成一片。公搜獲僞文，有『由舒、六而竄英、霍，分道援鄂』之語，因疏陳逆謀甚狡，而規畫甚大情形。

奉上諭〔一〇〕：

此時曾國荃雨花臺之軍，自不能輒自移動，墮賊詭計。湖北爲數省樞紐，誠不可稍有疏失。嚴樹森出駐團風，當不至任賊竄入。群醜蓄謀紛竄，曾國藩所部各軍，幾於應接不暇。該大臣素能鎮定，惟當毅力精心，以圖萬全。其浙、滬兩軍事機尚順，左宗棠以杭城不難即克，而難於杜賊分竄，是以不急旦夕之效，固屬老謀。此時賊既紛竄北岸及長江上游，浙、滬兩軍，如能一克富陽以取杭州，一克崐山以取蘇郡，則金陵之賊，腹背受敵，或可即收擣穴擒渠之效。該大臣等必能因時審勢，以赴事機也。

又諭〔一一〕：

曾國藩現駐皖省，爲中權扼要。其北自巢、含、舒、桐以至英、霍，賊氛密布，髮、捻交乘。又值苗沛霖復叛，（穎）潁、壽、六安逆賊，紛紛撲擾，凶焰頓張。金陵逆黨自九洑洲北渡，聲言就食，不即擾及裏下河等處，而直上和、含，且與捻、苗各匪均相勾結，殊恐賊之蓄謀故爲此包抄大舉，勢將圍裹安慶，以解金陵之圍。曾國荃之軍逼城爲陣，不能遽撤；曾國藩所部桐、舒守將，僅能自固；鮑超一枝勁旅，往來策應，兵力已不甚厚。恐賊乘兵分備單之時，麕集群醜，四面圍逼。該大臣駐紮江滸，實爲東南大局安危所繫，南顧彌增廑念。刻下皖事孔亟，計惟浙軍尚屬切近。左宗棠務與曾國藩聲息相通，緩急可爲援應，方爲妥善。欽此。

二十二日，鮑超軍克巢縣，遂克含山、和州。皖北之賊遁去，而皖南之建德亦被官軍收復，賊焰稍衰。

李鴻章克崐山縣。

鴻章之圖崐山也，部將程學啓、郭松林獻策曰：『崐山環城皆水，上有陽澄、巴城兩湖，下有清陽江，皆阻絶不能飛渡。由陸路至蘇州，必道正義鎮，舊有四賊營，蘇州援賊屯(馬)焉。我奪而據之，斷其援而絶其竄路。賊膽既墮，破之易，且殲其衆。』鴻章從其謀，命松林會程學啓〔一二〕攻正義，斬馘三千餘。戈登率常勝軍繼至，賊盡潰。僞慕王譚紹(洸)洸，率衆四萬來争，并力敗之。松林、滕嗣武扼守隘口，學啓會諸將極力攻城。紹洸遁去，遂克崐、新兩縣。時劉銘傳駐常熟之鹿苑，聞崐山既克，進攻楊舍汛，克之。

公弟國荃攻克雨花臺僞城及聚寶門外石壘九座，皆下之。

初，僞忠王李秀成自六安敗後，率衆東竄，聲言回救蘇州。李鴻章函商公弟國荃，力攻上游，以分賊勢。國荃度忠逆不回援蘇巢，即竄犯揚州裏下河，計莫如急争金陵老巢，攻其所必救，使城中賊不暇遠趨蘇郡，而北岸之賊亦不敢專注揚州。乃於四月二十七日，激厲各軍，先登者賞，退後者誅。漏甫二下，齊隊出濠，六路并進。各路以一營爲前鋒，兩營爲策應。令李臣典、趙三元、武交清等專攻雨花臺石城，趙清河等攻聚寶門外南卡石壘，晏澧周等攻西卡石壘〔一三〕，何玉貴等攻東卡石壘。又令陳湜出中路應之,蕭孚泗出右路應之,易良虎出左路應之。前鋒各營於三更時匍伏蛇行,偷近石城石壘,束草填濠,架梯欲上。賊遽驚覺,然炮外擊,我勇中炮而踣者五人,衆勇辟易。李臣典立斬二卒,搴旗直前,軍中無敢少後者。群以火箭、火毬盤空飛擲,悉入石城。天漸嚮明,趙三元率中軍親兵從炮臺下蟻附而升;李臣典、武交清率所部從中、右兩路,肉薄齊登。維時敵樓火發,賊方争相奔救,不料烟霾中,人聲鼎沸,亂鋒交下,我軍已奪僞城一座矣。諸將乘勝猛攻東、西、南各卡,九壘皆克,群賊潰奔。蕭孚泗、易良虎、陳湜追擊於長干橋,蹙逼入水者無數。國荃以雨花臺地段遼闊,近接城闉,賊所必争,乃抽四營駐守石城,增修六新壘,以接各營之氣。未幾,城賊大出,潜匿附郭屋舍以誘敵。我軍蓄鋭不發,賊不得逞,遂繞雨花臺,乘我〔一四〕新營未定,悉鋭猛攻,抵死不退。我軍四面搏擊,死者大半,餘賊負創,鼠竄入城。是役也,俘獲二百餘名,殲戮六千餘人,奪獲炮械無算,賊勢從此衰减矣。

五月初三日,太平、石埭賊分竄茂林、涇縣,易開俊擊敗之,斬首千級。

初五日,江北賊由九洑洲南渡。

初十日,楊岳斌以水師入浦口,復江浦縣。鮑超、劉連捷等率陸軍沿江進剿,與水師夾擊,賊之未渡者殲焉,伏尸數萬。江北肅清。

十三日,公弟國荃、彭玉麟、楊岳斌會克下關、草鞋峽、燕子磯賊壘。劉連捷等會水師〔一五〕,攻九洑洲賊壘,大破之,殺賊二萬人。

十五日,克九洑洲。長江上下一律肅清。易開俊、劉松山連破賊於涇縣。

十八日,公弟國荃攻長干橋賊壘,破之。

二十三日，朱品隆連破賊於青陽。

蔣凝學、毛有銘大捷於壽州，攻克東皋賊壘。

時壽州城糧罄，殺馬食士，凝學以重金啖賊黨，夜（掉）棹小舟運麥入城。公飭周寬世紮迎河集，保凝學後路；檄成大吉自麻城趨壽州會戰〔一六〕。

是月，僞忠王李秀成渡江至無錫，率五僞王水陸號數十萬，冀援江陰，竄常熟。李鴻章遣弟鶴章、松林、劉銘傳等分禦之。

松林敗賊陳市，銘傳敗賊華墅。鶴章登顧山，吹角趣諸軍，賊勢厚，我軍多傷亡。松林越南㴩，趨長涇，賊大駭愕。松林戴板揮刀蕩賊陣，血染衣盡赤，賊乃潰，追至祝塘，而北㴩賊援長涇，斷我歸路。鶴章約銘傳携板曳柴，潛設浮橋，以火器攻賊營，而伏大陣隘口殺賊，賊大亂。是役也，銘傳破北㴩賊營二十七，松林破南㴩賊營三十五，滕嗣武等破麥市橋賊營二十三，殺賊數萬，擒僞王朝將數百酋，獲賊馬五百匹，船三十艘，僞印二百顆。自顧山以西賊皆盡。

六月初二日，鮑超移紮金陵神策門。

初四日，苗沛霖陷壽州，知州毛維壽死之。沛霖既得壽州，圍蒙城益力，遣黨西伺霍邱。公檄蔣凝學移軍溜子口，周寬世、毛有銘分駐迎河集、老廟集以禦之〔一七〕。

十四日，李鴻章遣軍攻吴江縣，賊以城降。

十六日，石埭賊陷黟縣，劉典攻克之。

二十二日，金陵城賊出儀鳳門犯鮑超營，又出太平門犯劉連捷營，我軍皆擊却之。

七月初一日，賊以西瓜炮攻下關石壘，李成謀、劉連捷力戰却之。

初七日，江忠義等攻賊於湖口之文橋，克之。賊沿江下竄，江西肅清。

初八日，公弟國荃攻克印子山賊壘。李鴻章攻克太湖賊壘，進軍蘇州。

十七日，吴坤修破賊雙斗門。蔣凝學擊苗黨倘貫金於劉家臺，破之，焚其米船，賊圩悉平之。遂破苗家老巢〔一八〕。

三十日，公弟國荃攻上方橋賊壘，克之。奉上諭〔一九〕：

金陵逆匪，聚集悍黨，堅守老巢，時復伺隙出戰，并有白齊文投入賊中，廣置炸炮，分解金陵。曾國藩務飭各營，預爲布置，以防轟撲。并著李鴻章於滬上沿江各隘口，嚴密搜查，毋令洋人賣給粤匪槍炮，以斷該逆接濟。逆首畢萃金陵，蘇、常等處賊勢必單，李鴻章正可乘機克復蘇、常〔二〇〕，爲步步進逼之計。欽此。

又諭〔二一〕：

金陵賊勢窮蹙，官軍攻剿喫緊之際，該逆困獸猶鬭，勢必拼死抵拒。曾國荃所奏旬日間戰守各情，諸軍將士皆能奮勇，倍加喋血苦戰。曾國荃現在調集江浦、浦口之蕭慶衍七營，過江駐紮七甕橋河邊，扼守秣陵關小河進城之路；并以金陵城大，尚須添募萬人，以冀合圍，剋期掃蕩。惟江浦、浦口等處防兵，亦不可過於單弱。著曾國藩與曾國荃妥籌，相機辦理，仍須謀出萬全，以期必勝。欽此。

八月初一日，李鴻章遣軍克江陰縣。

初，劉銘傳攻江陰，僞護王陳坤書來援，屢戰未克，乃召郭松林會剿。松林破祝塘、横塘賊巢，追逐四五十里，遂抵江陰。賊方傍河築木城自守，銘傳出隊誘賊，松林軍突自山巔下，大呼『斫賊』，銘傳益奮擊，賊大潰，遂克其城。

程學啓破賊於寶帶橋，毁其石壘一、土壘三。

郭松林大捷於無錫，奪賊船百餘艘，賊死者萬人，失兩僞王。李秀成痛哭，弃無錫而遁。奉上諭〔二二〕：

李鴻章奏官軍會攻蘇州獲勝，并蹋平無錫賊壘各摺。蘇州寶帶橋爲水陸要區，現經我軍攻克，則規取蘇城已成破竹之勢。至無錫一路，經郭松林等協力進攻，東、南兩城門賊壘一律踏平，攻剿甚爲得手。僞忠王李秀成已於八月十一日由金陵回蘇，所帶賊黨甚衆，金陵老巢勢必空虚，我軍正可乘此機會，迅圖攻取。著曾國藩督飭曾國荃乘機進搗，俾金陵之賊首尾不能兼顧，庶我軍於該二城或可有以〔二三〕得手之處。欽此。

十一日，易開俊、劉松山擊賊於涇縣，破之。

十二日〔二四〕，公弟國荃攻江東橋賊壘，克之。

十八日，賊襲寧國府，劉松山破之。

二十四日，易開俊敗賊於涇縣。

是時，金陵城東尚有數隘未下，近城者曰中和橋，曰雙橋門，曰七甕橋；稍遠者曰方山、土山，曰上方門、高橋門；迤南則爲秣陵關，以至於博望鎮，亦金陵之外輔也。

公弟國荃以東路未平，不能制賊之死命，遂令蕭慶衍、彭毓橘、蕭孚泗等擇小河紆曲之處，架橋結筏，謀東渡立營拒賊。賊已先據河東，築數壘以拒我。蕭慶衍迭用巨炮隔河迎擊。九月十八日，派朱吉玉、李祥和在西岸修三營，爲進兵之計。賊復列洋槍數千枝於堤埂，與我軍對擊，相持不下者兩晝夜。二十日四更，李祥和等率隊從下游渡河，蕭孚泗等率隊從上游渡河，破五土壘，殲賊甚衆。俄而城賊蜂擁來争，蕭慶衍一面搶築營壘，一面麾軍環進，挫賊前鋭，逾時却走，而東岸之營壘已成。二十四日，賊又諸道并出，鋭不可當。陳湜、彭毓橘、蕭孚泗派兵扼駐其中，使雙橋門以東不能通城賊之氣。蕭慶衍率部進取中路，戰入垓心，我軍小却，將士憤甚，相排競進，賊乃靡然返竄。蕭慶衍以騎隊邀斷歸路，遂克上方門、高橋門諸石壘；而右路方山、土山之賊，經熊登武等分道馳剿，亦各弃壘而奔。於是七甕橋踞賊惶遽欲遁。

蕭孚泗、彭毓橘等扼定東岸之左，李臣典等遮擊西岸之前。正謀前後合圍，城中忽出大股，抵死來援，兩軍相搏，互有死傷。蕭孚泗等急督各軍，擊退援賊，仍復逼壘環攻。二十四日夜，令死士前往縱火，賊衆冒烟突出，遂將七甕橋攻克。由方山而南爲秣陵關，關以南爲博望鎮，賊環鎮設卡者二，築壘者七，上可以應水陽，旁可以控金柱關。守關者爲朱南桂，亦國荃部將也。

九月十八日，聞鮑超將有事於水陽。朱南桂約會朱洪章、武明良等進次小丹陽，謀襲博望鎮，使不能爲水陽之援。夜漏四下，朱南桂銜枚疾進，以武明良爲右翼，朱洪章爲左翼。十九日昧爽，各軍齊抵博望卡。卡賊負固死守，槍炮横飛，猝不能進。朱洪章俟賊少懈，舁巨炮至左卡，壹發而殪數賊。武明良又用火箭攢射，燔及右卡，群賊駭懼〔二五〕，撲火爭竄。我軍正乘勝殺入，毀其堅卡，而壘内之賊傾巢驟至。朱南桂往來猛撲，未能略挫其鋒。武明良陰率哨勇，繞出頭壘，逾墻而登。賊聞後路人聲若沸，返顧群壘，已易官軍旗幟，錯愕不知所爲。朱南桂等縱兵夾剿，追賊至長流嵛地方，墮河而溺者强半。乃引軍回駐博望，奪獲米二千石。

國荃以博望既得，則秣陵關之勢孤；七甕橋既得，則中河橋之勢孤。二十五日，派趙三元、伍維壽共帶馬、步九營南略秣陵關；又派陳湜、黄潤昌出七甕橋之西，與熊登武會師於中和橋，一戰克之；而秣陵關之賊見我馬、步馳至，即弃釜奔潰，各營追至河干，深不可涉，僅斬尾賊二百餘人而還。自是紫金山西南無一賊巢矣。

二十七日，公弟國荃親督蕭慶衍、蕭孚泗、彭毓橋、陳湜〔二六〕、李臣典等往勘孝陵衛地勢。將欲分營移駐，賊自朝陽、太平兩門突出二枝前來搦戰。蕭慶衍、陳湜率所部各當一路；蕭孚泗、李臣典〔二七〕傍城鈔入。鏖戰方酣，俄有一酋指麾督陣，公弟國荃知爲巨目，乃匿洋槍隊於山麓，伺其近而擊之。該酋中槍墮馬，賊隊遽〔二八〕亂，有敗往城中者，有不及回城轉嚮淳化鎮大路而逸者。蕭慶衍、陳湜等率騎兵追至三十里外，俘獲百數十人。僞章王、僞順王仍退入城，不敢復出矣。公疏稱〔二九〕：

金陵一城，面面布置，據有重險，爲洪逆堅不可拔之基。自克九洑洲、江東橋數隘，而西南一面已爲我有。兹又克七甕橋、秣陵關等隘，而東南一面又爲我有。現令蕭慶衍進紮孝陵衛，經營城北，漸成合圍之局。

得旨嘉奬。

二十八日，石埭賊酋古隆賢率衆降，官軍收復石埭、太平二縣。　易開俊克旌德縣。　彭玉麟克水陽、新河莊等壘。

李秀成之自無錫而遁也，仍圖大舉。聚賊八九萬，踞金匱之后宅。李鴻章令弟鶴章營大橋角。秀成犯安鎮，郭松林擊却之。賊麕集西路，意在保無錫以援蘇州。鴻章令程學啓、戈登逼齊門，擊破城中援賊；而松林設伏安鎮、興隆橋，賊至伏發，駭而奔，遂毁后宅賊十一營，復進毁梅村賊十餘營。秀成由麻塘來援，松林邀擊走之。

是月，僧親王軍誅苗沛霖於蒙城。　唐訓方克懷遠縣〔三〇〕。　公〔三一〕奉到頒賞文宗顯皇帝御製詩文集。

十月初一日，彭玉麟克滄溪、長樂賊壘，遂復高淳縣。

初三日，易開俊復寧國縣。

初七日，彭玉麟、鮑超克東壩。

初九日，程學啓克滸墅關。

十二日，鮑超克建平縣，遂復溧水縣。

二十五日，李鴻章克復蘇州省城。

先是，程學啓攻蘇州，累月未克，鴻章親至學啓營，周察城東南，益下令破賊。十六日夜漏四下，軍士銜枚，設浮橋猛攻之。賊伏斷橋下，以洋槍狙〔三二〕擊。戰已達其壘矣，而常勝軍傷亡多，不得進。僞忠王李秀成方由間道入城，助譚紹洸爲守。十九日，我軍盡出，炸炮二十餘轟其壘。學啓援南岸，戈登援北岸，鴻章親督之。日過午，墻傾十餘處，賊當者輒碎，伏窟中。秀成、紹洸率萬人突出婁門拒戰。學啓令驍將王永勝、陳忠德、陳有昇、周良才、龔生陽、朱寶元等分應之，稍却；常勝軍肉薄以登。長城石壘皆破，秀成、紹洸遁入城。陳東友水師由黃天蕩登岸，擊賊婁、葑門外，賊二十餘營悉盡。二十日，齊門賊自驚擾，黃翼升、况文榜水陸乘之而潰；而嘉善守將楊鼎勛以洋槍隊千人會張遇春，克盤門賊壘。於是我軍水陸三面薄城，賊洶懼。譚紹洸最名凶忍，所部粵賊皆悍黨，至是猶死守；而郜雲官等有貳心，密款於副將鄭國魁乞降。學啓單舸見郜雲官等於城北洋澄湖，備得其要領，命斬秀成、紹洸以獻，諸酋不忍於秀成，諾圖紹洸。二十一日，秀成微覺之，顧事已無可爲，涕泣握紹洸手爲别，乘夜出胥門，由靈巖、木瀆水道以去。官軍攻益急。二十四日，紹洸以事召雲官，携僞天將汪有爲往，即坐刺殺紹洸，并殺其黨千餘人，夜開齊門迎降。學啓令鄭國魁以二營入城。二十五日，獻僞慕王譚紹洸首請驗，學啓入城撫視。時降酋之列名者八人，精壯猶逾十萬。酋方歃血誓生死，乞學啓請於鴻章，要總兵、副將官，署其衆爲二十營，仍屯閶、胥、盤、齊四門，雲官且未薙髮。學啓密白鴻章：『恐不可制，必誅之以定衆。』二十六日上午，僞納王郜雲官，僞比王伍貴文，僞康王汪安均，僞寧王周文佳，僞天將范啓發、張大洲、汪懷武、汪有爲并出城，請鴻章受謁。察其狀，誠叵測，乃駢戮焉。各軍搜戮拒命者復二千餘人。

二十七日，鴻章整部入城。捷聞，奉上諭〔三三〕：

李鴻章奏克復蘇州省垣一摺，覽奏曷勝欣慰。本日已明降諭旨，將曾國藩交部優叙，李鴻章賞加太子少保銜，并賞穿黃馬褂矣。逆匪盤踞蘇城，與金陵、杭州互爲犄角。此次蘇城得手，他處自不難迎刃而解。惟忠逆率部萬人出胥門，由光福、靈巖一帶小路，搭船而去。此路係前次該逆由滸[墅]關潛入蘇城之路。恐復自立一幟，擁衆據我要隘，或竄出重圍，紛擾他處。著李鴻章迅即查明忠逆下落具奏。該逆不得志於蘇，必將肆毒於浙。左宗棠務飭蔣益澧嚴行防剿。蘇垣既克，杭城賊勢漸孤，著即奮力攻克，以成破竹之勢。金陵至蘇之路已斷，恐該逆仍思鋌走。曾國荃須加意慎防，乘隙圖取石城。曾國藩總統諸軍，尤當督飭各處帶兵大員，慎益加慎，以成全功，同膺懋賞。欽此。

十一月初一〔三四〕日，李鴻章遣弟鶴章、郭松林克無錫縣。松林擒僞潮王黄子澄及其子黄德懋，斬之。

捷聞，奉上諭〔三五〕：

李鴻章奏，忠逆李秀成自十年春間，疊陷蘇、杭各處，盡得東南財賦之區，日益强悍。至去歲，賊勢屢挫，各城反正，精鋭散亡。洪逆驚惶失措，猶賴忠逆回援金陵，主持守局。該逆以蘇州爲分地，事急仍須反顧。其部衆逆酋尤以譚紹洸、郜雲官、陳炳文、鄧光明、黄子澄等爲尤衆且悍。此次蘇、錫兩城之克，剿除逆酋殆盡，解散逆黨數逾億萬。李秀成之巢穴既失，黨羽亦孤。該撫據獲賊供稱：『該逆蹌踉西走，隨行僅止兩萬餘人，將赴金陵解圍，計不得施，則挾洪逆并其母妻眷屬，由浙、皖交界竄走江、閩，以尋回粵之路。』李鴻章自入蘇城，偏察賊中規畫守禦，頗饒賊智，深以此酋逸出江、閩，仍恐蔓延爲患。其常州護逆陳坤書不甚耐戰，杭州之陳炳文、鄧光明聞忠逆勢敗思歸，多不願從。惟溧陽侍逆李世賢戰守俱悍，且與忠逆同惡相結，而陳、鄧兩逆以嘉、湖蓄糧〔三六〕甚多，必須死守。幸而官軍各路布局皆穩，金陵、杭州再有一處得手，賊更瓦解。該撫擬即日馳赴錫城，籌布進取，令程學啓等軍由平望、太湖兜剿，冀與左宗棠、蔣益澧之軍前後夾擊；李鶴章、劉銘傳等軍進圖常州、宜興，兜剿蘇城之賊，冀與曾國荃、鮑超之軍前後夾擊，所籌均極周至。即著曾國藩飭令曾國荃及左宗棠聯絡進取，與李鴻章相爲策應。該督撫等務須隨時函商，層層進逼，萬不可稍涉遲延。欽此。

初三日，蔣凝學等克(穎)潁上縣，苗景和、苗景花伏誅。

初四日，毛有銘收復正陽關。

苗沛霖既誅，餘黨未殄，公飭蔣凝學等清厘圩寨，緝渠魁置之法，餘皆繳械免死。淮甸大定〔三七〕。

初五日，公弟國荃治地道轟城，未克。十三日，金陵城賊撲營，國荃擊却之。十六日，賊於城外修築營壘，又擊破之。

賊大股犯建平、溧水，官軍力禦却之。

十二月，奉上諭〔三八〕：

據馮子材奏接據曾國荃函稱『忠逆已於十一月十一日帶馬隊數百人潛入金陵，步賊仍紮句容等處』。現在金陵業經合圍，著曾國藩敕令曾國荃密速圍攻，斷不可令忠逆乘隙他竄。欽此。

十四日，郭松林、劉銘傳破賊奔牛鎮。

先是，松林、銘傳偕張樹聲進攻常州城外賊壘，所嚮皆捷，遂克孟河鎮。僞章王自句容赴援，合僞護王、治王衆五六萬，遮蔽城西南隅。周盛波等率千人繞其外，松林猛擊南門賊卡。賊各道受敵，乃大潰。

陳坤書乞救於丹陽踞賊，城卒難下，於是松林、銘傳由西門至奔牛。賊嚴陣以待，銘傳以炸炮擊其西橋前營，松林由上游攻賊東南，犄角而進，冒烟突入，斬賊數百，賊皆亂，咸奪門走。松林以馬隊數十，突賊陣馳驟，縱横斫賊，賊奔丹陽。是役也，以官軍四千摧悍賊數萬，將士咸稱快焉。

時〔三九〕苗練反側淮上，而江南之廣德亦喫緊。公疏陳〔四〇〕：『李世忠、蔣凝學〔四一〕在正陽、壽州等處啓釁情節，及〔四二〕鮑超祇能力扼東壩，暫難分攻廣德。成大吉、石清吉兩軍已由官文調赴鄂省防剿，其餘未可輕動。』奉上諭〔四三〕：

覽奏均悉。即著照該大臣所擬妥籌辦理。惟蘇、常一帶軍情正在得手，賊勢趨重；丹陽、句容、金陵意圖突圍上竄，馮子材兵力苦單，鮑超之軍又不能分攻，祇是相持局面，日久終慮變生。該大臣仍當於慎重之中，力求出奇制勝之策，方爲妥善。欽此。

年終恩賞如例。

同治三年

正月初六日，寧國之賊陷績溪縣，唐義訓擊走之。

二十一日，公弟國荃攻克天保僞城，分兵扼截〔四四〕太平、神策兩門，金陵城圍遂合。奉

上諭〔四五〕：

曾國荃親督諸將，攻破鍾山石壘，奪回天保僞城，金陵城北之圍自此始合，所辦甚合機宜。惟是官兵不滿五萬，分布地段太長，深慮困獸猶鬭，亟思一逞。曾國荃穩慎進攻，晝夜嚴防，必須就地殄除，毋任竄突他處，以竟全功而膺懋賞。欽此。

二十四日，李鴻章軍克宜興、荆溪二縣。

初，鴻章令郭松林徇宜興，洋將戈登欣然請從。十九日，松林率隊偵賊，敗賊北門，焚其卡。東、西、北三門出賊，欲困官軍。水陸分道迎擊之，擒斬賊數百，松林被創。二十一日，常勝軍進河東，松林等陸軍進河西，水軍溯流而上。二十三日，東門及上湖橋賊壘俱破。僞代王黄靖忠由張渚達西氿登陸，分犯城東西，水陸官軍擊敗之。自東氿至西氿追三四十〔四六〕里，奪賊船千餘艘，餘衆涕泣請降。次日，遂克宜興、荆溪城。

是月，左宗棠克桐鄉縣。

二月初一日，李鴻章軍克溧陽縣。

鴻章檄郭松林由宜興徇溧陽，沙棠港賊二千來降，松林受之，遂敗賊於建渚，攻毁張渚賊十營。僞

侍王李世賢踞溧陽久，其下吴人杰、梁柏和等思反，正未得間。及是世賢由張渚敗歸，人杰等誓衆閉城不納。粤賊悉從世賢於外，乃遁湖州、泗安。人杰迎降，松林入收其城。遂進軍金壇，盡毁城外賊壘。

初九日，席寶田克金溪縣。

十六日，李鴻章軍大捷於常熟。

初，常州賊陳坤書合丹陽、句容踞賊衆十餘萬，繞出常州城北，築營數十，日犯我軍，劉銘傳屢擊退之。鴻章弟鶴章令楊鼎勛、周盛波由南門移營城西。坤書率萬餘賊來争，我軍力戰竟日，賊始退。賊覘圍城之師無可乘，乃圖繞竄腹地。值陰雨旬日，賊捲旗薙髮，冒雨奔馳至江陰之南閘，遂犯常熟、福山。於是蘇州以西皆震。鴻章檄郭松林弃金壇勿攻，倍道歸援；飭常州諸軍堅壁勿戰；令弟鶴章守無錫，楊鼎勛、張樹聲横截江陰之焦店、青（腸）暘，以阻其歸，而調嘉興、無錫、蘇州各軍赴常熟助守。賊方并集江陰、無錫、常熟間，而圍攻常熟尤急，官軍分門禦賊。賊勢蔓延張涇橋、東亭，直趨無錫。鶴章登陴督守，松林援軍適至，擊賊於堰橋，賊始退；而賊之分犯江陰者，我軍復力擊敗之。賊遂并趨常熟，北至楊舍、福山，南至顧山、王莊，數十里皆賊。我軍越虞山而下，并出東、北門擊賊。松林援軍復由嚴家橋至，賊出不意，驚怖，乃大破之，毁其營。松林方過王莊，僞滕王、利王衆三萬踞焉。松林軍突賊陣，黄式壽死之。賊旋敗潰，追殺二十餘里。顧山、陳市賊皆盡，常熟圍乃解。

十八日，李鴻章軍克嘉興府。

程學啓攻嘉興急，以洋炮毁城垣百餘丈，賊負土堵城。學啓揮旗，詭欲登城，俟賊益聚，乃然炮，所〔四七〕中輒死。數百賊亦鑿城根，實炮於中以拒我；而湖州賊僞堵王黄文金由新塍犯我後，學啓遣張家瑜等擊走之。城賊漸不支，學啓促將士梯而登，死者相枕藉。學啓憤，躍逾浮橋，肉薄登〔四八〕，賊槍子〔四九〕中左腦，昏絶，舁歸營。其下益裹創冒死争進，賊始亂。潘鼎新、劉秉璋率水陸登城，城乃破。學啓創重，歸蘇州旋卒，公聞而痛惜之。

是月，閩浙總督左宗棠攻克杭州省城，遂克餘杭縣城。餘賊竄入湖州。奉上諭：

左宗棠奏攻克杭州并餘杭兩城一摺，本日已將左宗棠賞加太子少保銜，并賞穿黄馬褂矣。杭州敗匪竄嚮德清，餘杭敗匪亦竄踞瓶窑鎮。左宗棠既須剿辦瓶窑之賊，又須赴杭城布置，兼須進剿湖郡，用兵處所甚多，且距浙省邊界漸遠。所有浙江及江西交界邊防，著曾國藩、左宗棠會商兼顧，嚴斷賊匪竄越之路，斷不可爲其所乘，致掣全局。欽此。

三月初七日，鮑超克句容縣，擒僞漢王項大英、僞列王方成宗等。

金陵城賊自入春以來，常放婦孺出城，以爲節食之計。官軍兩次穿掘地道，又用雲梯猛攻，均未得手。自句容克復，賊已成檻獸，不能復振矣。

李鴻章督軍破賊於楊舍、沙山、華墅、三河口等處。

鴻章既克嘉興，檄劉士奇、王永勝統程學啓舊部，會郭松林循福山進擊。鴻章自赴江陰、長涇督戰。賊方自楊舍至華墅，夾山爲營。鴻章率弟鶴章、昭慶由南路，松林、士奇、永勝等由北路，抵沙山，距華墅三里。賊列隊山阿，倚營抗拒。我軍猛攻，破其營。賊大潰，追奔四十里，毁城卡累百。日已暮，遂令松林等繞至江陰，會張樹聲等，自北擊之。士奇、永勝駐周莊，邀擊楊舍賊。鴻章率水陸疾抵青暘、楊舍。賊惶遽夜竄雲亭，欲過三河口而西。鴻章令諸軍絶其竄路，賊益致死，我軍横截之，松林大破三河口賊營。賊爭道，浮橋盡斷，尸積水不流。樹聲擊其已渡者，賊號泣就縛，斬獲近二萬人，沿江竄賊乃盡。

時值三載考績〔五〇〕，十五日，奉上諭：

協辦大學士兩江總督曾國藩，督軍剿賊，節制東南數省，盡心區畫，地方以次削平。舉賢任能，克資群力。著交部從優議叙。欽此。

同時疆臣膺上考者，湖廣總督官文、四川總督駱秉章、閩浙總督左宗棠、江蘇巡撫李鴻章，凡五人。

二十日，鮑超克金壇縣。

公弟國荃遣軍在朝陽、金川、神策等門外開挖地道十數處，賊於附城一帶築月圍以拒之〔五一〕。二十二至二十六等日，官軍攻破月圍，焚其火藥，殲賊數萬，我軍傷亡亦近三千人。

是月，左宗棠軍克武康、德清、石門三縣。

四月初六日，李鴻章攻克常州府。

初，鴻章至常州督諸軍攻城時，城西賊營猶二十餘〔五二〕里，夾運河左右環列〔五三〕。鴻章令劉銘傳攻西北賊六營，盡破之；郭松林、楊鼎勛攻陳渡橋賊大營，又破之，餘十營皆潰。張樹聲、鄭國魁、周盛波等會擊河干賊二十餘營，又盡平之。於是，賊西道皆絕。維小南門、西門附城有十餘營，官軍復擊破之。陳坤書恐官軍躡敗賊入城，閉門拒不納，悍賊盡死城下，乃合圍。三月二十二日，壞城垣數十丈，遣死士樹梯登，坤書率悍賊悉力堵缺口，火藥雜磚石俱下，官軍與賊皆死枕藉。會天雨，弗克。鴻章益繕攻具，築長墻，伏奇兵出擊，顧久雨不霽。四月初六日加午，天大霽，反風，烟焰撲城頭，水陸砲聲發如雷，舊壞城復傾數十丈。賊以人塞缺，值炸炮，則手足、旗幟、磚石紛激起天際。然旋死旋集，終不退。

鴻章益〔五四〕揮軍登城，郭松林〔五五〕、王永勝、劉士奇接刃趣隊，携藤牌、噴筒薄城。賊傾火藥，以長矛格刺，軍士十墮六七，不顧，卒擁而登，接刃戰城頭。久之，賊始潰。坤書率僞烈王費天將巷戰，松林生擒坤書，周盛波擒費天將。松林、銘傳令於城：『弃械者免！』於是跪而降者萬人。官軍亦亡千餘人。

常州以咸豐十年四月初六日陷，越四年而復，日月時皆不爽，亦奇矣。

初八日，富明阿、馮子材收復丹陽縣。

時郭松林、劉銘傳將徇丹陽，師至奔牛，聞丹陽已克，乃還。

僞侍王李世賢、僞康王汪海洋、僞聽王陳炳文，先後由安徽休、歙、祁門、績溪等縣分竄江西。公檄鮑超自句容赴援，而咨李鴻章遣軍代防。

鴻章檄劉銘傳屯句容，鄭國魁屯東壩，周盛波屯溧陽之南渡、定埠。於是江蘇所屬六十餘郡縣皆復，惟金陵未克〔五六〕。

十四日，鮑超擊賊於丹陽，大破之。

常州餘賊竄徽州，唐義訓、毛有銘、金國琛截擊破之，餘匪竄江西。公以徽州失利，自請嚴議〔五七〕，奉旨寬免。

五月初八日，奉上諭〔五八〕：

李鴻章所部兵勇，攻城奪隘，所嚮有功，炮隊尤爲得力。現在金陵功在垂成，髮、捻蓄意東趨，遲恐掣動全局，李鴻章豈能坐視？著即近調勁旅數千及得力炮隊，前赴金陵，會合曾國荃相機進取，速奏膚功。李鴻章如能親督各軍，與曾國荃會商機宜，剿辦尤易得力。曾國藩身爲統帥，全局在胸，尤當督同李鴻章、曾國荃、彭玉麟，和衷共濟，速竟全功，掃穴擒渠，同膺懋賞。總以大局爲重，不可稍存畛域之見。欽此。

公疏稱〔五九〕：

蘇、常克復之後，臣本擬咨請李鴻章親來金陵會剿，特以該撫係封疆將帥之臣，又值苦戰積勞之際，非臣所敢奏調。函詢臣弟國荃，亦以師久無功，不敢更求助於人，近於畏難卸責，始勤終怠者之所爲。乃兩月以來，百計環攻，傷亡至四千餘人。所挖地道，已被該逆從内掘出三洞，此外諸洞亦難奏效；而曾國荃焦勞致疾，飲食漸減，餉項奇窘，尤爲可慮。臣已恭録諭旨，加函催請李鴻章親來金陵。使僅派將前來，其知者以爲憐該撫之過勞，信蘇將之可恃；不知者，以爲臣弟貪獨得之美名，忌同列之分功，尤非臣兄弟平日報國區區之意。

旋兩次奉旨催李鴻章助攻金陵，公疏稱〔六〇〕：『李鴻章平日任事最勇，此次稍涉遲滯，（益）蓋絶無世俗避嫌之意，殆有讓功之心，臣亦未便再三瀆催矣。』奉上諭〔六一〕：

據曾國藩奏『曾國荃焦勞致疾，餉項奇絀，尤爲可慮』等語。前據李鴻章將輪船經費五十萬兩解赴大營，曾國藩何時收到，即行具奏。曾國荃積勞致疾，聞之深爲廑念。現在大暑炎蒸，該大臣即傳知該撫，善爲調攝。金陵城大而堅，賊悍且衆，困獸之鬭，不可不防。該撫務當拊循士卒，嚴防竄突，『先爲不可勝，以待敵之可勝』。欽此。

二十二日，李鴻章遣郭松林等軍攻克長興縣。

三十日，公弟國荃攻克龍膊子山石壘，賊所稱『地保城』也。

我軍自得天保城後，城中防守益密，地保城阨在要害，百計環攻不下。國荃遣李祥和等攻克之，遂築炮臺其上，日發大炮擊賊。居高臨下，城中形勢皆在掌握矣。

六月十六日，公弟國荃攻克金陵僞都。僞幼主洪福瑱遁走，僞忠王李秀成及洪仁達等就擒〔六二〕。

先是，四月二十七日，僞天王洪秀全見勢窮援絶，服毒身死。群酋私瘞僞宫内，祕不發喪，而内外喧傳已徧，乃立其子洪福瑱爲幼主。官軍自六月朔日輪流苦攻，晝夜不息。國荃度城内賊糧足支數月，我軍地道三十餘穴俱未奏功，將士疲敝，恐生他變，益誓師督戰，飭李臣典率吴宗國等從賊炮極密之處重開地道，蕭孚泗、黄潤昌、熊登武、王遠和等距城十餘丈築炮臺數十；令諸軍積濕蒿，覆以沙土，肉薄相逼，死亡枕藉。十五日，國荃率李臣典親詣地道洞口，指揮士卒埋藥。忠酋李秀成突出死黨數百人，由太平門傍城根，直犯地道大壘；别從朝陽門出數百人，裝官軍號衣，持火蛋延燒各砲壘及附近濕蘆蒿草。官軍久勞之餘，幾爲所乘，賴伍維壽、彭毓橘等左右分擊獲免。十六日嚮明，國荃飭各營穩站墻濠，嚴防衝突，而另軍力攻太平門、龍膊子一帶。至午刻，李臣典報地道封築口門，安放引綫。國荃懸不資之賞，嚴退後之誅，各將士誓死報國。登時火發，霹靂一聲，轟開城垣二十餘丈。烟塵蔽空，磚石如雨。李臣典率官軍蟻附争登，直衝倒口而入。賊以火藥傾盆燒我士卒，大隊稍却。彭毓橘、蕭孚泗等手刃數人，由是弁勇無一退者。群賊抵死巷戰，我軍分路齊進：王遠和、王仕益、朱洪章、羅雨春、沈鴻賓、黄潤昌、熊上珍等進擊中路，攻僞天王府之北；劉連捷、張詩日、譚國泰、崔文田等進擊右路，由臺城趨神策門一帶。適朱南桂、朱惟堂、梁美材等，亦從神策門地道之旁梯攻而入，兵力益厚，直鏖戰至獅子山，奪取儀鳳門；其中左一〔六三〕路則彭毓橘、武明良等，由内城舊址直擊至通濟門；左路則蕭孚泗、熊登武、蕭慶衍、蕭開印等分途奪取朝陽、洪武二門。守陴之賊，誅戮殆盡。〈而〉羅逢元等從聚寶門西舊地道缺口，仰攻而入；李金洲等從通濟門月城緣梯而上；陳湜、易良虎等猛攻旱西、水西二門月城。僞忠王李秀成方率黨狂奔，將向旱西門奪路衝出，適爲陳湜大隊所阻，乃轉回清涼山，隱匿民房。黄翼升率水師攻奪中關攔江磯石壘，乘勝至旱西門，遂與陳湜、易良虎等奪取旱西、水西兩門。由是全城各門皆破。日已暝矣，而賊猶守僞王城。朱洪章與賊搏戰，沈鴻賓等從左路捲旗疾趨，繞僞城之東設伏出奇。值洪章馬傷，賊扼石橋，我軍不能渡，遂由僞城〔六四〕東迤邐而南。三更時，僞天王府及各僞王府同時舉火，突出悍賊千餘人，手執洋槍，向民房街巷而走。其時僞城火已燎原，不可嚮邇。其僞宫女縊於前苑内者不下數百人，死於城河者不下二千人。奪獲僞玉璽二方〔六五〕，金印一〔六六〕方。僞幼主洪福瑱率死黨二千餘人，乘官兵夜戰之時，由缺口遁走。國荃傳令閉城，分段搜殺。三日夜，火光不絶，斃賊十餘萬人。凡僞王、僞主將及大小酋目約三千餘名，死於亂軍之中者居其半，死於水火者居其半。

十九日，提督蕭孚泗搜獲僞王兄洪仁達、僞忠王李秀成等。於是各營救火，掩埋賊尸。拔出難民數十萬人。公弟國荃馳驛報捷，奉上諭〔六七〕：

楊岳斌、彭玉麟、曾國荃馳奏克復金陵大概情形一摺。逆首洪秀全等以數十萬逆衆，久踞金陵，負嵎死守。曾國荃等督兵圍攻，所部不滿五萬，兩載以來將城外賊壘悉數掃蕩。兹於炎風烈日之中，傷亡枕藉之餘，并力猛攻，克拔堅城，非曾國藩調度有方，曾國荃及將士踴躍用命，不可建此奇勛。披覽之餘，曷勝欣慰。此次立功諸臣，將僞城攻破，巨憝就擒，即行渥沛恩施，同膺懋賞。其洪秀全及著名巨酋，必須悉數擒獲，毋使免脱。此外被脅難民，仍著設法安插，以示寬大之仁。金陵巢穴已覆，各路餘匪自必聞風喪膽。著左宗棠、李鴻章乘此聲威，迅克湖郡。楊岳斌計已行抵南昌，即著迅將江右逆氛掃蕩，俾東南數省咸就肅清。登吾民於衽席，有厚望焉。欽此。

公以大功不易居，乃讓湖廣總督官文居首，連銜入告，略云〔六八〕：

臣等伏查，洪逆倡亂粤西於今十有五年，竊據金陵亦十二年，流毒海内，神人共憤。我朝武功之盛，超越前古，屢次削平大難，焜耀史編。然如嘉慶川、楚之役，蹂躪僅及四省，淪陷不過十餘城；康熙三藩之役，蹂躪尚止十二省，淪陷亦第三百餘城。今粤匪之變，蹂躪竟及十六省，淪陷至六百餘城之多；而其中凶酋悍黨，如李開方守馮官屯，林啓容守九江，蕭芸來守安慶，皆堅忍不屈。此次金陵城破，十餘萬賊無一降者，至聚衆自焚而不悔，實爲古今罕見之劇寇。然卒能次第蕩平，剷除元惡。臣等深惟其故，蓋由我文宗顯皇帝盛德宏謨，早裕戡亂之本。宫禁雖極儉嗇，而不惜巨餉以募戰士；名器雖極慎重，而不惜破格以獎有功；廟算雖極精密，而不惜屈己以從將帥之謀。皇太后、皇上守此三者，悉循〔六九〕舊章而加之，去邪彌果，求賢彌廣〔七〇〕；用〔七一〕能誅除僭僞，蔚成中興之業。臣等忝竊兵符，遭逢際會，既慟我文宗不及目睹獻馘告成之日，又念生民塗炭爲時過久，惟當始終慎勉，掃蕩餘匪，以蘇子黎之困，而分宵旰之憂。

疏入，奉上諭〔七二〕：

本日官文、曾國藩由六百里加緊紅旗奏捷克復江寧省城一摺。覽奏之餘，實與天下臣民同深嘉悦。髮逆洪秀全，自道光三十年倡亂以來，由廣西竄兩湖三江，并分股擾及直隸、山東等省，逆蹤幾徧天下。咸豐三年，占踞江寧省城，僭稱僞號。東南百姓，遭其荼毒，慘不忍言，罪惡貫盈，神人共憤。我皇考文宗顯皇帝赫然震怒，恭行天罰，特命兩湖總督官文爲欽差大臣，與前任湖北巡撫胡林翼肅清楚北上游。胡林翼駐紮宿松一帶，籌辦東征。復特授曾國藩爲兩江總督，并命爲欽差大臣，東征江、皖。號令既專，功績日著。十一年七月，我皇考龍馭上賓。其時江、浙郡縣半就淪陷，遺詔諄切，以未能迅殄逆氛爲憾。朕以沖幼寅紹丕基，祗承先烈，恭奉兩宫皇太后垂簾聽政，指示機宜，授曾國藩協辦大學士，節制四省軍務，以一事權。該大臣自受任以來，即建議由上游分路剿賊，飭彭玉麟、楊岳斌、曾國荃等水陸并進，疊克沿江城隘百餘處，斬馘外援逆匪十數萬人，合圍江寧，斷其接濟。本年六月十六日，曾國荃率諸將克復江寧外城，殺賊數萬。逆首仍據内城，抵死抗拒。三更時，僞天王府及各僞王府同時火起，洪逆衝出僞殿，往南門竄至民房。四更後，賊股千餘人，假裝官軍號衣，向太平門缺口衝出。經曾國荃親訊李萬材，供稱『城破後，僞忠王之兄巨王、幼西王、幼南王、定王、崇王、璋王乘夜衝出，被官軍大隊追及，將各頭目全行殺斃』。又據城内各賊供稱『首逆洪秀全實於本年五月服毒而死，瘞於僞宫院内。僞幼主洪福瑱重襲僞號』。李秀成一犯城破受傷，匿於山内民房，經蕭孚泗親自搜出，并搜擒僞王次兄洪仁達。其餘兩廣兩湖等處多年悍賊，經各將士於十七八日搜殺淨盡。三日之内，斃賊十餘萬人。僞王、僞主將、僞天將及大小酋目三千餘名，無一得脱者。此皆仰賴昊蒼眷佑，列聖垂庥，兩宫皇太后孜孜求治，識拔人材，用能内外一心，將士用命，成此大功，上慰皇考在天之靈，下孚薄海臣民之望。自惟藐躬涼德，何以堪此？追思先皇未竟之志，不克親見成功，悲愴之懷，何能自已。此次洪逆倡亂粤西，於今十有五載，竊據金陵亦十有二年，蹂躪十數省，淪陷百餘城。卒能次第蕩平，殄除元惡。該領兵大臣等，櫛風沐雨，艱苦備嘗，允宜特沛殊恩，用酬勞勩。

欽差大臣協辦大學士兩江總督曾國藩，自咸豐三年在湖南首倡團練，創立舟師，與塔齊布、羅澤南等屢建殊功，保全湖南郡縣，克復武漢等城，肅清江西全境。東征以來，由宿松克潛山、太湖，進駐祁門，叠復徽州郡縣，遂拔安慶省城以爲根本；分檄水陸將士，規復下游州郡。兹幸大功告蕆，逆首誅鋤，實由該大臣籌策無遺，謀勇兼備，知人善任，調度得宜。曾國藩著賞加太子太保銜，錫封一等侯爵，世襲罔替，并賞戴雙眼花翎。

浙江巡撫曾國荃，以諸生從戎，隨同曾國藩剿賊數省，功績頗著。咸豐十年由湘募勇，克復安慶省城。同治元、二年，連克巢縣、含山、和州等處，率水陸各營逼進金陵，駐紮雨花臺，攻拔僞城，賊衆圍營，苦守數月，奮力擊退。本年正月，克鍾山石壘，遂合江寧之圍。督率將士鏖戰，開挖地道，躬冒矢石，半月之久，未經撤隊，克復全城，殄除首惡，實屬堅忍耐苦，公忠體國。曾國荃著賞太子少保銜，錫封一等伯爵，并賞戴雙眼花翎。

記名提督李臣典，於槍炮叢中開挖地道，誓死滅賊，從倒口首先衝入，衆即隨之，因而得手，實屬謀勇過人。著加恩錫封一等子爵，并著賞穿黄馬褂，賞戴雙眼花翎。

蕭孚泗督辦炮臺，首先奪門而入，并搜獲李秀成、洪仁達巨逆，實屬勛勞卓著。著加恩錫封一等男爵，并賞戴雙眼花翎。欽此。

其餘文武百二十餘員，論功進秩有差。

又奉上諭〔七三〕：『軍興以來，各路統帥疆臣，公忠體國，共濟時艱。現在紅旗報捷，東南軍務，即可從此底定。各路統帥疆臣，允宜特加异數，以昭恩渥。欽此。』於是欽差大臣科爾沁親王僧格林沁，加賞一貝勒。欽差大臣大學士湖廣總督官文，錫封一等伯爵，世襲罔替，并將本支内務府旗籍擡入滿洲正白旗〔七四〕，賞戴雙眼花翎。江蘇巡撫李鴻章，錫封一等伯爵，賞戴雙眼花翎。陝西總督楊岳斌、兵部右侍郎彭玉麟，均賞給一等輕車都尉世職。太子少保銜四川總督駱秉章，賞給一等輕車都尉世職，并賞戴雙眼花翎。浙江提督鮑超，賞給一等輕軍都尉世職。西安將軍都興阿、江寧將軍富明阿、廣西提督馮子材，均賞給騎都尉世職。署京口副都統魁玉，賞給雲騎尉世職。漕運總督吴棠，賞給頭品頂戴。惟閩浙總督左宗棠及杭州將軍國瑞、江西巡撫沈葆楨，但奉優旨褒奬，俟浙江、江西肅清，再行加恩。

又奉上諭〔七五〕：

粤逆久踞江寧，負嵎抗拒，實爲從來未有之悍寇。此次水陸各軍，於溽暑炎蒸之際，猛力環攻，迅克堅城，悍黨悉除，渠魁就縛，非曾國藩運籌决策，督率有方；曾國荃等躬冒矢石，鼓勇先登，末由建此奇功，成乃丕績。朝廷嘉悦之懷，實難盡述。除曾國藩等已加恩錫封外，其出力員弁兵勇并著查明保奏，候旨施恩〔七六〕。發去銀牌四百面，著曾國藩、曾國荃等擇其功績最著者，先行頒給，以勵戎行。各路賊匪皆視金陵爲趨嚮，此時巢穴既覆，其餘竄逸之匪，自必聞風喪膽。逆首李秀成、洪仁達等均係内地亂民，不必獻俘，第該逆等罪惡貫盈，自應檻送京師，審明後盡法懲治，以洩神人之憤。欽此。

又奉上諭〔七七〕：『咸豐三年，洪逆竄陷江寧省城，竊據者十有餘年。百姓遭其荼毒，或被裹脅而鋒刃頻罹，或轉徙他鄉而溝壑難免。蚩蚩何辜，罹此殘酷！著曾國藩、李鴻章查明江蘇地方應徵錢漕，分別應蠲應緩，候旨施恩。欽此。』

二十四日，公由安慶御輪船東行。

二十五日，至孝陵慰勞將士。

二十八日，巡視城垣。

二十九日，親訊僞宮婢黄氏。

始〔七八〕於僞宮中掘出洪秀全尸首，徧體皆用繡龍黄緞包裹，頭禿無髮，鬚已間白。遵尚邪教，不用棺木。因戮尸而焚之。

七月初二日，一等子記名提督〔七九〕李臣典卒於軍。

初四日，設善後局，賑難民。

公親訊逆酋李秀成、洪仁達、洪仁發等。秀成書親供四萬餘字，歷述賊中興敗始末，冀貸一死。公以該逆〔八〇〕罪大，駢戮之。因疏陳處治逆酋、粗籌善後事宜，略云〔八一〕：

臣抵金陵，周歷各營，接見諸將，均有憔悴可憐之色。蓋自五月三十日攻破地保城後，連攻十五晝夜，但出行隊，未支帳棚。晝則日炙，宵則露處；又出入地洞之中，面目黧黑，雖與臣最熟〔八二〕之將，初見幾不相識。其論功最首之李臣典，因〔八三〕冒暑受傷，一病不起。諸將弁亦傷病山積，死亡相屬。臣弟曾國荃前病業已痊愈，近因隨衆露處過〔八四〕久，又復徧發濕毒。臣帶兵多年，克城數十，罕見如此次之勞苦者。臣宣道皇仁，多方撫慰，既獎其可憫可敬之功，復勖以忘死忘勞之義。至僞天王洪秀全逆尸，將士積憤之餘，皆欲得而甘心。直至六月二十七日，始從僞宫内掘出。二十八日，扛至營次。臣與臣弟國荃驗看，臣所帶委員中有曾任刑部秋審處之勒方錡、龐際雲、孫尚紱〔八五〕等暨各文武，公同相驗：該逆尸遵尚邪教，不用棺木；徧身皆用繡龍黄緞包裹，雖纏〔八六〕脚亦係龍緞；頭秃無髮，鬚尚全存，已間白矣；左股右膀肉猶未脱。驗畢戮尸，舉烈火而焚之。有僞宫婢者，係道州黄姓女子，即手埋逆尸者也。臣親加訊問，據供：『洪秀全經年不見僞臣僚。四月二十七日，因〔八七〕官軍攻急，服毒身死。祕不發喪，而城内群賊、城外官兵，喧傳已徧，十餘日始行宣布』等語。僞幼主洪福瑱，繞室積薪，爲城破自焚之計，衆供皆合。連日在僞宫灰燼之中，反復搜尋，茫無實據。觀其金、玉二印皆在巷戰時所奪，又似業已逃出僞宫者。李秀成之供，則稱曾經挾之出城，始行分散。然此次逃奔之賊，僅十六夜從地道缺口逸出數百人，當經騎兵追至湖、熟，圍殺净盡。自十七日後，曾國荃即〔八八〕將缺口封砌，關閉各城，搜殺三日。洪福瑱以十六齡童騃，縱未斃於烈火，亦必死於亂軍，當無疑義。所有僞玉璽二方、金印一方，臣當專差賫送軍機處，俾修方略者有所考焉。李秀成之被擒也，各營之降卒，附城之居民，人人皆識，觀者如堵。臣甫至金陵，親訊一次，旋派委員鞫訊累日，令寫親供多至數萬字，叙髮逆之始末，述忠酋之戰事，甚爲詳悉。臣復詢以江西李世賢、湖北馬融和、湖州黄文金各股賊情，據李秀成供：『湖州、廣德之賊，即可不攻自遁。馬融和一股，本由陝西調援金陵，因長江阻隔，久無來信。李世賢係李秀成堂弟，與之約定，八月以前，則擄江西之糧以救侍逆之饑；八月以後，全數回竄，圖解長圍，則擄寧國之糧以救金陵之饑』等語。又力勸『官兵不宜專殺兩廣之人，恐粤匪愈孤，逆黨愈固，軍事仍無了日』。其言頗有可采。日來在事文武，皆請將李秀成檻送京師，即洋人戈登、雅妥瑪等來賀者亦以忠逆解京爲快。臣竊以爲聖朝天威，滅此小醜，除僭號之洪秀全外，其餘皆可不必獻俘，陳玉成、石達開既有成例可援。且自來元惡解京，必須誘以甘言，許以不死。李秀成自知萬無可逭，在途或不食而死，或竄奪而逃，翻恐逃〔八九〕顯戮而貽巨患。臣與臣弟國荃熟商，意見相同。

又李逆權術要結，頗得民心。城破後竄匿民間，鄉民憐而匿之。蕭孚泗生擒李逆之後，鄉民竟將親兵王三清捉而殺之〔九〇〕，投諸水中，若代李逆發私忿者。李秀成既入囚籠，次日又擒僞松王陳德風到營，一見李逆即長跪請安。聞此二端，惡其民心之未去，黨羽之尚堅，即决計就地正法，以絶後患，遂於初六日行刑。其洪仁達一犯，係洪秀全之胞兄，與其長兄洪仁發皆暴虐恣横，多行不義，爲李秀成所深恨；且如醉如癡，口稱『天父』不絶，無供可録，因其抱病甚重，已於初四日先行處死矣。

奉旨〔九一〕：『所辦甚是。著即將洪、李二逆首級傳示被擾地方，以快人心，而儆凶頑。欽此。』

鮑超破賊於撫州許灣，斬馘四萬。

十一日，鮑超克復東鄉、金溪兩縣。

十二日，江忠朝等克復崇仁、宜黄兩縣。

十三日，公札撤湘勇二萬五千人，留萬人防守金陵，留萬五千人爲皖南、北游擊之師。

十七日，巡視貢院。榜示金陵房屋章程八條。

二十五日，鮑超克南豐、新城兩縣。

二十七日，左宗棠、李鴻章會〔九二〕克湖州府。

湖州西南倚叢山，東北多水道，險固可守，故趙景賢措拄賊中，而陷亦獨後，僞堵王黄文金，猶擁衆十萬踞之。浙師既克孝豐，遂進安吉。宗棠方注意安吉，圖截賊竄道，并令總兵高連升、王月亮，降將蔡元吉、鄧光明等，進湖州東南。五月初，攻克菱湖、東林山，進營妙喜鎮。鴻章以蘇、湖接壤，命郭松林、楊鼎勛屯長興，吴毓芬屯夾浦口，爲湖西之師。松林分軍會潘鼎新屯平望、吴漊、南潯，爲湖東之師。浙師蔡元吉方軍長超山，賊圍攻之急。統領浙軍布政司蔣益澧函屬鼎新攻晟舍，鼎新以炸炮隔水擊壞其營。賊布樁水中，鼎新以小火輪船駛入，盡拔其營樁。浙軍張景渠亦出師，次第毁其石壘，乃大破之；而湖州之西吕山、尹隆橋、大德橋皆達（四）泗安、廣德之地。六月二十二日，郭松林由長興南進跨塘橋，自至吕山察賊勢。二十三日，往攻之。先拔山腹賊營，山巔賊亦潰，追殺千餘人。賊遁尹隆橋。二十七日，劉士奇、王永勝、楊鼎勛皆率師至，進扼尹隆橋、大德橋，與賊隔水而軍。二十八日，松林、士奇、鼎勛分道敗賊。鴻章察知賊困窘必將西趨，益促松林等進軍。賊先於尹隆橋設立十數營，臨橋築石卡，圍以月墻，外濠二重，引河水灌之，可滅頂。於是松林等亦築長墻，置炸炮。七月十五日，炮毁其月墻，湖州賊來援。十六日，松林等令潛拔其濠外木。十七日，軍士奮而登，松林督之，以抵内濠。會松林中槍，復遇雨，火藥盡濕，乃退。二十日，賊自尹隆橋至白龍洞，袤延二十餘里來犯。松林令易用剛迎賊，自督李長樂等斷後，士奇、永勝由吕山夾擊，敗賊，擒斬數千人。二十六日夜，松林等銜枚趨大德橋，渡河圍攻賊營，賊大駭愕，悉破之，并破沿山賊十餘營〔九三〕。士奇率所部移屯焉。廣德、（四）泗安之道遽絶〔九四〕。二十七日，城賊傾巢出争，松林等約各路軍疾攻城，分伏六營於尹隆橋、八字橋河干伺之。黄文金挾悍賊數萬至，勢甚驟。松林率水陸軍迎其左，永勝由山徑迎其右，文金袒而銜刀，狂突數回，槍炮密格之，不得前。我軍益奮呼：『斫！』賊乃反奔，追之横塘渡、尹隆橋，伏起，松林繼至，守賊亦潰，盡破其營。鼎新遂會浙軍奪府城。敗賊奔安吉，松林追至梅溪鎮，逼之山谷間，殲斃無算，文金猶逸去。

二十八日，公回至安慶。　左宗棠克安吉縣，浙江平。

二十九日，李鴻章遣劉銘傳克廣德州。

僞昭王黄文金方挾僞幼主洪福瑱踞廣德，聞銘傳軍至，挾福瑱出走寧國山中，餘賊猶迎拒。銘傳追至廣德西門，賊由南門逸，遂收其城。

是時，江蘇、浙江皆肅清，惟江西、皖、楚尚有餘匪。公既撤湘勇二萬五千人，而朝廷恐散勇嘯聚爲亂，御史陳廷經條陳勇補兵額，寄諭垂詢，公前後具疏，略云〔九五〕：

臣初到金陵，擬令將士休息一月，即派剿廣德等處，乃諸將盛暑鏖兵，病者甚多，紛紛禀請撤勇回籍。臣以皖、浙未靖，本不欲遽撤多營。惟念近歲以來，但見增勇，不見裁撤，無論食何省之餉，所吸者皆斯民之脂膏，所損者皆國家之元氣。前此賊氛方盛，萬不得已，屢募屢增，以救一時之急。今幸老巢既破，大局粗定，裁一勇即節一勇之糜費，亦即銷無窮之後患。諸將之願遣散歸籍，蓋未始非臣之幸，未始非大局之幸。臣弟曾國荃困憊殊甚，徹夜不寐，有似怔忡，據稱心血過虧，欲請回籍調理，一面親率遣撤之勇，部勒南歸，求可爲善聚不如善散、善始不如善終之道。湘勇召募之初，選擇鄉里農民，有業者多，無根者少，但使欠餉有著，當可安静回籍，不至别生枝節。至挑補兵額之説，近多建此議者，臣竊不以爲然。蓋勇丁之口糧，一倍於馬兵，三倍於守兵。馬糧之缺極少，守糧月支一兩，不足供衣食之需，誰肯於數千里外補一衣食不敷之缺？欲以湖南樸實之勇補三江緑營之兵，必不情願；其願補者，皆游惰無歸者也。臣愚以爲勇則遣回原籍，兵則另募土著，各返本而復始，庶爲經久可行之道。

奉旨〔九六〕：

均照所議辦理。惟據曾國荃『因病回籍，部勒散勇南歸』等語，該撫所見雖合於出處之道，而於藎臣謀國之誼，尚未斟酌盡善。況遣散勇丁，祇須分派妥靠之員沿途照料。現在江寧、安慶等城均須督兵鎮守，該撫正宜駐紮江寧，安心調理，一俟就痊，即可幫同曾國藩分任其勞。即著曾國藩傳旨存問，無庸遽請開缺回籍。欽此。

公復疏〔九七〕曾國荃病狀，力請開浙撫缺回籍調理，奉上諭〔九八〕：

曾國荃自隨同曾國藩剿賊以來，迭克名城，勛績卓著。本年親督將士，苦戰數月，攻拔江寧省城，殲除巨逆，厥功尤偉。乃以連年辦理軍務，心力交瘁，遂致憂勞成病，請假開缺回籍，情詞極爲懇摯。若不俯如所請，惟恐爲職守所羈，未能從容静攝，轉非體恤功臣之道。曾國荃著准其開缺回籍調理，并著賞給人參六兩，交該撫祗領，用資保衛。該撫係有功國家之臣，朝廷正資倚畀，尚其加意調治，一俟病痊，即行來京陛見。欽此。

又諭〔九九〕：『曾國荃督兵數載，偉績豐功，朝廷甚資倚畀。第櫛風沐雨，辛苦備嘗，致病日劇。已明降諭旨准開缺回籍，并賞給人參六兩，以資調理。所有江寧善後事宜，即著曾國藩馳往江寧斟酌機宜，妥籌辦理。欽此。』

八月初一日，湖州餘賊竄寧國，劉松山迎擊於錢村鋪，降四千餘人，賊竄歙縣。初七日，唐義訓、易開俊夾擊，大敗之，擒斬三千有餘。開俊乘勝逐北，連捷於六甲嶺、胡須嶺等處。義訓連捷於豹嶺、佛嶺、鎮口等處，殲酋目九人，僞幼孝王斃焉。左宗棠擊賊於昌化、淳安之境，大破之，斬賊首黄文金，餘匪挾洪福瑱竄入江西之廣信境。

於時金陵克復歷兩月，朝旨詢問善後事宜甚多，公分條覆奏〔一〇〇〕：

其一，江寧省城賊踞最久，居民流亡殆盡。此次官兵克復，群酋縱火焚燒，昔年巨室富家改僞府，微有存者。此外，房屋極少，街市尚未復業。臣嘗至貢院履勘一次，號舍一萬六千餘間尚完好，惟監臨、主考、房官及各所片瓦無存。現經委員廣集工匠，趕緊興修，擬於冬十一月舉行鄉試，庶冀士子雲集，商民亦可漸次來歸矣。其一，駐防旗營，亟宜修理。擬俟貢院工竣，次修江寧旗營，次修京口旗營。工作〔一〇一〕有先後之分，庶籌辦有措手之處。昔歲逆陷金陵，旗營三萬餘人幾同一燼，被害之慘甚於京口，殉節之烈甲於天下。十餘年來，陸續增添，現存不過八百餘人，籌餉甚易爲力。至挑閒散京旗以實江寧兵額，亦俟修蓋營房規模粗定，續奏辦理。其一，御史陳廷經條陳疆域略爲變通。臣查蘇、皖未分之時，跨江、淮而爲省，古人經畫疆里具有深意，我朝聖君賢相，未嘗輕議更張。若必畫江而分南北兩省，則亦宜畫淮而爲南北兩界。淮北如蘇之徐州、皖之潁州，將割隸何省乎？唐之十道、宋之十五路，其如江南江北皆截然分而爲二，與該御史所奏大指略同。然唐自中興以後，號令并不行於江北。畫疆太明，未必果能久安。論形勝控扼之道，守江南必須先固淮甸，弃淮則江南不可保。昔人如吴師道、胡安國、楊萬里暨趙範、葉適輩，言之詳矣。臣愚以爲疆吏苟賢，則雖跨江、跨淮而無損於軍事、吏事之興；疆吏苟不賢，則雖畫疆分治而無補於軍事、吏事之廢。此等大政，似不必輕改成憲。

奉旨如議。

九月初八日，公至金陵。

二十日，公弟國荃遵旨詣明孝陵致祭。

［是月］，江西、浙江官軍會〔一〇二〕破賊於廣信府，洪福瑱遁走石城。二十五日，席寶田追擒洪福瑱，送南昌斬之。鮑超破賊於寧都州，賊竄閩、粤境，江西平。閩浙總督左宗棠錫封一等伯爵，葆楨一等輕車都尉〔一〇三〕，提督鮑超錫封一等子爵。賊之竄廣東者，攻撲南雄州；竄閩者，陷武平縣，張運蘭死之。賊遂徧擾汀州屬境，陷漳州府而踞之。

十月初一日，公弟國荃回湘。

時捻、髮各匪麕集湖北，擾及皖之六安、英山、太湖。公遣蔣凝學、劉連捷分道堵禦，凝學扼賊於英山。賊重圍裹我軍，凝學晝夜鏖戰歷四十餘日〔一〇四〕，賊退入蘄水、羅田，依山據嶮，綿亘幾二百里。石清吉陣亡。僧親王由商城進駐黄岡之上巴河。[成大]吉軍解圍，賊竄英山等處，經僧格林沁等督師進剿，擒斬首逆。朝旨〔一〇五〕詰問湖廣總督官文，屢次敗衄，挫失名將，自問當得何罪〔一〇六〕；又以逆酋陳得才、馬融和、倪瀧、吴義汰人數尚衆，非楚、皖、豫三省通力合作不能殲滅，於是飭公前赴皖〔一〇七〕、鄂交界督兵剿賊，而以李鴻章暫署兩江總督，吴棠暫署江蘇巡撫。

十七日，李鴻章至金陵。公與商裁退楚軍、進用淮軍之策。又以蘄、黄四百里之内，公與僧親王、官文欽差三人萃於一隅，恐啓賊匪輕視將帥之心，擬仍駐安慶、六安等處，上疏〔一〇八〕陳狀。會僧親王破賊黄州，僞扶王陳得才服毒死。蔣凝學率師追賊，掘得才尸解僧親王大營剉戮之。於是僞朝將魏康福等詣凝學降，凝學擇精鋭三千人署爲兵，而僞天將馬融和等相繼乞降，皖中大定〔一〇九〕。奉上諭〔一一〇〕：

前因楚、皖賊勢甚衆，僧格林沁、官文均未得手，是以諭令曾國藩督師剿賊。嗣據僧格林沁等先後奏報，蘄水獲勝，成大吉軍解圍。賊竄英山等處，經僧格林沁等督師進剿，擒斬首逆〔一一一〕多名，降者十余萬衆。昨又據喬松年奏報，扶逆陳得才自戕，髮逆剿除浄盡，皖省一律肅清。是楚、皖近日軍情，較之半月以前大不相同。現在楚境餘賊由黄州竄德安一帶，逆數無多，楚軍可敷剿辦。曾國藩無庸前赴安慶，亦無須交卸督篆，仍駐紮金陵，妥籌調度。李鴻章現在入闈監臨，俟出闈後仍回江蘇巡撫本任。江蘇各郡縣新復，一切理財用人、撫綏安輯諸事宜，非老成碩畫、真能視國如家者，不克勝此巨任。曾國藩惟當仰體朝廷倚畀之重，次第經畫，奠安黎元。欽此。

十一月初八日，改殮前總督陸建瀛遺骸，公親詣祭弔。

二十二日，會考拔貢、優貢。

十二月十五日，鄉試揭曉，取士二百七十三名。

是月，左宗棠督師入閩剿賊。湖北捻匪由襄陽竄河南，僧親王追擊之。

年終恩賞如例。

〔一〕朝廷飭公：見穆宗實録同治二年（一八六三）正月丙寅（十九日）『諭議政王軍機大臣等』。

〔二〕上諭：見奏稿六附録廷寄　答密陳近日軍情諸摺片并指示軍事機宜及酌核吴文錫條陳（三月二十四日）。

〔三〕十五日：底本、事略將本條訛置下條『十七日』後，今改。又據太平天國史事日志載：『總兵程學啓俘獲太倉州太平軍炮船，斬際天福李文熙。』則『克太倉州』當在前一日。

〔四〕并諭：見奏稿六附録廷寄　耆齡左宗棠等人補授新職後通籌協調福建浙江兩江軍政事務（三月二十八日）。

〔五〕略云：見奏稿六懇辭曾國荃補授浙撫并謝恩摺（四月二十二日）。

〔六〕殆：底本訛作『始』，葉本改作『實』，今據事略校改。

〔七〕上諭：見奏稿六附録明諭　曾國荃毋辭浙撫勉該大臣兄弟效忠報國（六月初二日）。

〔八〕各：底本、事略作『名』，今據葉本校改。

〔九〕苗沛霖……解圍去：底本脱，今據事略校補。
〔一〇〕上諭：見奏稿六附録廷寄　髮捻紛竄圖解金陵之圍雨花臺曾軍不可移動李續宜速回皖剿苗（四月十一日）。
〔一一〕又諭：見奏稿六附録廷寄　分析當前江鄂皖浙形勢指授軍事機宜并飭水師攻搗九洑洲要害（四月二十七日）。
〔一二〕松林會程學啓：事略作『學啓會郭松林』。
〔一三〕石城……西卡石壘：底本缺，今據事略校補。
〔一四〕我：底本作『戎』，今據事略及葉本校改。
〔一五〕劉連捷等會水師：事略作『楊岳斌、彭玉麟會劉連捷等』。
〔一六〕蔣凝學……會戰：底本缺，今據事略校補。
〔一七〕沛霖既得……以禦之：底本缺，今據事略校補。
〔一八〕蔣凝學……老巢：底本缺，今據事略校補。
〔一九〕上諭：見奏稿六附録廷寄　著李鴻章乘機剿克蘇常并准江北漕米仍按定例折徵留充揚營軍餉（七月二十七日）。
〔二〇〕等處賊勢……克復蘇常：底本缺，今據事略及葉本校補。
〔二一〕又諭：見奏稿六附録廷寄　著曾國藩與曾國荃等慎使左右妥籌金陵合圍并知會擬與荷蘭國訂立條約（八月初二日）。
〔二二〕上諭：見奏稿六附録廷寄　著李鴻章等速克蘇城劉銘傳等規取無錫曾國荃軍乘虚進圍金陵（九月十一日）。
〔二三〕可有以：事略作『有可以』，著李鴻章等速克蘇城劉銘傳等規取無錫曾國荃軍乘虚進圍金陵作『有一處可以』。
〔二四〕十二日：年譜同。事略作『十三日』。
〔二五〕駭懼：事略作『震怖』。
〔二六〕彭毓橘陳湜：底本缺，今據事略校補。
〔二七〕等往勘孝陵衛地勢……李臣典：底本缺，今據事略校補。
〔二八〕遽：底本缺，今據事略校補。

〔二九〕疏稱：見奏稿六曾國荃等軍克復秣陵關等城隘并擬合圍金陵摺（同治二年十月十二日）。
〔三〇〕僧親王……懷遠縣：底本缺，今據事略校補。
〔三一〕公：底本脱，今據事略校補。
〔三二〕狃：事略作『狃』，葉本作『轟』。
〔三三〕上諭：見奏稿六附録廷寄　蘇州已克著飭查明李秀成下落嚴防髮逆紛竄并籌速克杭州及嘉獎戈登與官軍出力諸員（十一月十一日）。
〔三四〕初一：事略作『初二』。
〔三五〕上諭：見奏稿六附録廷寄　金陵合圍時勢可圖著水陸官軍嚴防各屬并防忠逆李秀成他竄（十一月二十一日）。
〔三六〕糧：底本作『積』，今據金陵合圍時勢可圖著水陸官軍嚴防各屬并防忠逆李秀成他竄及事略校改。
〔三七〕初三日……大定：底本缺，今據事略校補。
〔三八〕上諭：見奏稿六附録廷寄　著左宗棠李鴻章等會剿江浙安撫蘇州降衆難民并著沈葆楨嚴防忠逆入贛及都興阿等查明張九元投誠等事（十二月初一日）。
〔三九〕時：事略作『先是』。
〔四〇〕疏陳：見奏稿六奉旨條對李世忠等軍争功互鬥及各處設防情形并皖北湘營暫難移陜摺（十二月十二日）。
〔四一〕李世忠蔣凝學：事略作『蔣凝學李世忠』。
〔四二〕及：事略作『并言』。
〔四三〕上諭：見清實録穆宗實録同治二年（一八六三）癸亥十二月壬辰（二十日）『諭議政王軍機大臣等』。
〔四四〕截：事略作『紮』。
〔四五〕上諭：見奏稿七附録廷寄　金陵合圍嚴防城賊竄逸并飭水陸各軍扼堵侍逆率黨紛竄江西（二月二十六日）。
〔四六〕三四十：事略作『四十』。

〔四七〕所：底本缺，今據事略校補。

〔四八〕登：事略及葉本作『登城』。

〔四九〕賊槍子：事略作『飛鉛』。

〔五〇〕時值三載考績：底本缺，今據事略校補。

〔五一〕遣軍在……以拒之：事略作『鑿地道於朝陽、金川、神策等門，賊附城築月圍以拒我師』。

〔五二〕餘：底本缺，今據事略校補。

〔五三〕夾運河左右環列：事略作『環列運河左右』。

〔五四〕益：事略無此字。

〔五五〕郭松林：事略作『劉銘傳』。

〔五六〕初八日……惟金陵未克：底本、事略葉本均次『五月初八日』前，排列錯亂，今移於『十四日』前。

〔五七〕自請嚴議：據年譜事在『十二日』。

〔五八〕上諭：見奏稿七遵旨統籌會剿金陵摺（五月二十二日）。

〔五九〕疏稱：見奏稿七，題作『遵旨統籌會剿金陵摺（五月二十二日）』。

〔六〇〕疏稱：見奏稿七，題作『復陳金陵皖北江西各路軍務籌辦情形摺（六月十二日）』。

〔六一〕上諭：見奏稿七附録廷寄　答遵旨會師籌剿金陵摺指授戎機防賊他逸并速報解餉情形（六月初四日）。

〔六二〕就擒：底本作『伏誅』，今據事略、年譜校改。據年譜，其『就擒』時間在十九日夜。

〔六三〕一：底本缺，今據奏稿七金陵克復全股悍賊盡數殲滅摺（同治三年六月二十三日）校補。

〔六四〕之東設伏出奇……遂由僞城：底本缺，今據事略校補。

〔六五〕方：底本缺，今據事略校補。

〔六六〕一：底本作『二』，今據事略及金陵克復全股悍賊盡數殲滅摺校改。下同不注。

〔六七〕上諭：見清政府鎮壓太平天國檔案史料第二十六册，題作『寄諭曾國藩等著督軍乘勝進攻毋使金陵各股漏網竄逸（同治三年六月二十一日）』。

〔六八〕略云：見奏稿七奏報攻克金陵盡殲全股悍賊并生俘逆酋李秀成洪仁達摺（六月二十三日）。

〔六九〕循：底本作『由』，今據事略及奏報攻克金陵盡殲全股悍賊并生俘逆酋李秀成洪仁達摺校改。

〔七〇〕廣：底本作『殷』，今據事略及奏報攻克金陵盡殲全股悍賊并生俘逆酋李秀成洪仁達摺校改。

〔七一〕用：底本作『遂』，今據事略及奏報攻克金陵盡殲全股悍賊并生俘逆酋李秀成洪仁達摺校改。

〔七二〕上諭：見清實録穆宗實録同治三年（一八六四）甲子六月戊戌（二十九日）『諭内閣』。又見奏稿七附録明諭　江寧全城克復洪逆自焚賊黨悉殲嘉賞曾國藩等有功諸員仍命檻送李秀成諸逆來京訊明正法并覓獲洪秀全尸體剉尸梟示傳首（七月初十日）。

〔七三〕上諭：見清實録穆宗實録同治三年（一八六四）甲子六月戊戌（二十九日）『諭内閣』。又見奏稿七附録明諭　江寧克復剿逆大捷有功大臣僧格林沁官文李鴻章楊岳斌彭玉麟駱秉章鮑超都興阿富明阿馮子材吴棠左宗棠國瑞沈葆楨特加懋賞（七月初十日）。

〔七四〕正白旗滿洲：事略作『滿洲正白旗』。

〔七五〕上諭：見清實録穆宗實録同治三年（一八六四）甲子六月戊戌（二十九日）『諭議政王軍機大臣等』。又見左宗棠全集附録上諭　諭僧格林沁曾國藩左宗棠等克復江寧給予獎賜并嚴密防剿奠定東南（六月二十九日）。

〔七六〕其出力……施恩：底本脱，今據事略及諭僧格林沁曾國藩左宗棠等克復江寧給予獎賜并嚴密防剿奠定東南等校補。

〔七七〕上諭：見清實録穆宗實録同治三年（一八六四）甲子六月戊戌（二十九日）『諭内閣』。又見奏稿七附録明諭　江寧克復全省底定著查明被難地方應蠲應緩錢漕入奏施恩（七月初十日）。

〔七八〕始：事略作『旋』。

〔七九〕記名提督：底本缺，今據事略校補。

〔八〇〕該逆：事略作『其』。

〔八一〕略云：見奏稿七洪秀全逆尸驗明焚化洪福瑱下落尚待查明李秀成等已凌遲處死抄送供詞匯送并粗籌善後事宜摺（七月初七日）

（以下簡稱『善後事宜摺』）。

〔八二〕熟：底本作『習』，今據事略及善後事宜摺校改。

〔八三〕因：底本缺，今據事略及善後事宜摺校補。

〔八四〕處過：底本訛作『過處』，今據事略、善後事宜摺及葉本校改。

〔八五〕紱：底本空格缺字，今據事略及善後事宜摺校補。

〔八六〕褌：底本作『纏』，今據事略及善後事宜摺校改。

〔八七〕因：底本缺，今據事略及善後事宜摺校補。

〔八八〕即：底本訛作『迅』，今據事略及善後事宜摺校改。

〔八九〕逃：底本作『翻』，今據事略及善後事宜摺校改。

〔九〇〕而殺之：事略作『去殺之而』。

〔九一〕奉旨：見奏稿七附録廷寄　李秀成洪仁達二逆就地正法應傳首各處以正視聽而杜流言并飭悉心調度一切善後裁撤勇丁務宜審慎并准奬恤李臣典（七月二十五日）。

〔九二〕左宗棠李鴻章會：底本作『左宗棠軍會李鴻章軍攻』，今據事略校改。

〔九三〕營：底本訛作『人』，今據事略校改。

〔九四〕絶：底本作『滅』，今據事略校改。

〔九五〕略云：見奏稿七近日各路軍情并擬裁撤湘勇一半及曾國荃因病意欲奏請開缺籍片（七月二十日）。

〔九六〕奉旨：見奏稿七附録廷寄　江寧勇丁妥慎遣撤及曾國荃毋庸回籍等事（八月初三日）。

〔九七〕復疏：見奏稿七曾國荃因病請開缺回籍調理摺（八月二十七日）。

〔九八〕上諭：見奏稿七附録明諭　曾國荃著准開缺回籍調理俟病痊來京陛見（九月初十日）。

〔九九〕又諭：見奏稿七附録廷寄　曾國荃准開缺回籍調理馬新貽簡授浙撫并盡力掃清皖南皖北逆氛（九月初十日）。

〔一〇〇〕覆奏：見奏稿七復奏諭旨垂詢諸事摺（八月十三日）。

〔一〇一〕作：底本脱，今據復奏諭旨垂詢諸事摺及事略校補。

〔一〇二〕江西浙江官軍會：事略作『沈葆楨軍會浙軍』。

〔一〇三〕葆楨一等輕車都尉：底本脱，今據事略校補。

〔一〇四〕凝學……四十餘日：底本脱，今據事略校補。

〔一〇五〕朝旨：見奏稿八附録廷寄　飭李成謀等速解楚北之圍劉連捷歸官文調遣并察看彭毓橘等員能否講求吏治（十月初七日）。

〔一〇六〕朝旨詰問……何罪：底本作缺，今據事略及葉本校補。

〔一〇七〕皖：底本作『郢』，今據事略及同治三年（一八六四）十月十三日日記校改。日記云：『（十三日）夜，接奉廷寄，命餘帶兵至皖、鄂交界剿賊。』

〔一〇八〕上疏：見奏稿八遵旨復奏馳赴皖鄂交界督兵剿賊緣由并陳下悃摺（十月二十二日）。

〔一〇九〕會僧親王……皖中大定：底本脱，今據事略校補。

〔一一〇〕上諭：見奏稿八附録廷寄　曾國藩仍駐金陵調度毋須交卸督篆李鴻章吴棠富明阿亦各回本任并答密片及厘務片（十一月初五日）。

〔一一一〕大吉軍解圍……首逆：底本缺，今據事略、奏稿八附録廷寄　曾國藩仍駐金陵調度毋須交卸督篆李鴻章吴棠富明阿亦各回本任并答密片及厘務片及葉本校補。

曾文正公大事記卷四

同治四年

正月，江寧〔一〕昭忠祠成。　設粥廠，以食飢民。

二月，飭各屬置積穀。　定收養貧民、挑補緑營章程。　葺鍾山、尊經兩書院。

時公弟國荃回湘已久，散勇歸農，俱各安堵，奉上諭〔二〕：

上年江寧克復後，曾國荃因病陳請開缺回籍，當經降旨，令該撫病痊即行來京陛見。迄今已及半載，該撫病體當可漸次就痊。朝廷以該撫功績昭著，且年力强盛，正可藉資倚任。著曾國藩傳知曾國荃，如病已就痊，即行來京陛見。現當勤求治理、需才孔亟之時，該撫慎勿遽萌功成身退之志，以副期望。欽此。

公奏疏稱〔三〕：『臣弟國荃病尚未愈。欽奉寄諭，已恭録傳知。』

公復札飭各軍大裁湘勇，駐金陵者，僅存四營耳。

三月，李鴻章檄郭松林率軍四千人航海赴福建，助剿漳州賊。松林破賊於東山、恒倉社、東嶽廟等處。

四月二十一日，左宗棠督軍攻漳州府，郭松林率師助剿，克其城，遂克雲霄、詔安兩廳、縣。松林剿平同安土匪，福建平，賊竄廣東。

中興將帥錫封侯伯者，奉旨錫以美名：公曰『毅勇侯』，公弟國荃曰『威毅伯』，官文曰『果威伯』，左宗棠曰『恪靖伯』，李鴻章曰『肅毅伯』。

二十四日，科爾沁親王僧格林沁戰殁於曹州。詔公攜帶欽差大臣關防赴山東督兵剿賊〔四〕，以李鴻章暫署兩江總督，劉郇膏護理江蘇巡撫。

先是，捻酋張總愚、宋景詩、陳大澯、牛老洪、任柱、李允等與粤匪僞遵王賴汶光合股竄擾山東、河南、安徽、湖北等省。僧親王奉命討賊，前後斬馘近十萬，剗平賊圩無算。賊深畏僧軍，聞僧軍至，輒飈去。會山東、河南舉行堅壁清野之法，賊無所掠食。僧親王度賊糧匱，令軍士橐餱餌，日夜窮追賊，喘息不得休。僧親王手疲不能舉繮索，以布帶束腕繫肩上馭馬。賊知僧軍疲，益狂奔，或分東、西走，牽我軍，我軍馳逐無虚日。朝旨屢慰僧親王擇平原休養士馬，且誡勿輕臨前敵。公亦草密疏，稱『賢王不可久勞，宜假〔五〕休息，養鋭氣』，會有故未上。是月，賊自菏澤、碭山，東趨滕、嶧，南竄海、贛，復折回東境，蔓延於范、濮、曹、單之間。僧親王跟踪擊〔賊〕，賊佯敗走，自汶上縣之袁路口渡河，竄至鄆城西北水套，勾結鄆北土匪，聚馬、步數萬以待。僧親王大軍追至，伏賊盡出，圍我軍。僧親王奮斬數百人，賊圍益厚，不得出，遂殁於陣。部弁奪遺骸，瘞麥地中。事聞，上震悼，賜恤有加。禮翼長成保逮問，自將軍國瑞以下分别譴處，惟陳國瑞以苦戰獲免〔六〕。

五月初九日，奉上諭〔七〕：『欽差大臣協辦大學士兩江總督一等毅勇侯曾國藩，現赴山東一帶督師剿賊，所有直隸、山東、河南三省緑旗各營及文武員弁，均著歸曾國藩節制調遣。如該文武不遵調度者，即由該大臣指名嚴參。欽此〔八〕。』

時李鴻章遣潘鼎新率師由輪船至天津，保衛畿輔。優旨嘉勞〔九〕，公疏稱〔一〇〕：

潘鼎新一軍，由輪船駛赴天津，可以壯畿輔之威，可以補臣迂緩之過。至於節制三省，臣實不能肩此巨任。即才力十倍於臣者，亦不必有節制三省之名。懇乞收回成命。

奉上諭〔一一〕：『曾國藩懇辭節制三省之命，具見謙抑爲懷，不自滿假。該大臣更事既多，成效夙著，若非節制直、東、豫三省，恐呼應未能靈通，勿再固辭。欽此。』

公檄提督劉銘傳赴濟寧，會國瑞籌商防務。

先是，公以湘軍强弩之末，力不足以制捻，遺書〔一二〕李鴻章曰：『將來戡定兩淮，必須淮軍。幸爲證成此言。兵端未息，自須培養朝氣，滌除暮氣。淮勇氣方强盛，必不宜裁，而湘勇則宜多裁。』至是，公益決計用淮軍撤湘軍，仍酌留金陵之四營湘勇，增募千人，凡六營，隨同北征〔一三〕。

二十五日，公由金陵啓行。疏報〔一四〕曹州、濟寧捻匪回竄皖、豫，山東情形較鬆，當無渡河北犯之慮。又奏〔一五〕：『提督鮑超委員赴口外買馬八百匹，請飭下兵部令將此項馬匹徑解山東行營。』奉旨允行。

賊自城武、定陶南竄。張總愚股由永城趨宿州、亳州，皖軍迎擊於龍山。總愚由王家窑陷高爐集，牛老洪、賴汶光、任柱等股繼至，遂圍雉河集。公檄黃翼升水師赴臨淮，周盛波由徐州赴蒙、亳，劉銘傳由濟寧赴徐州，以拯皖北之危。

是時，山東已無賊踪。上命國瑞送僧親王靈柩回旗。所過，士女焚香哭送者數十萬人，自山東達京師，千里絡繹不絶，獻萬民傘數百柄。各處建祠私祭，遇忌日設齋醮，村堡父老及婦孺咸來祠燒紙錢，如祀其祖禰焉〔一六〕。

閏五月初三日，公次揚州〔一七〕。

初八日，抵清江浦。復具疏〔一八〕辭節制三省之命，奉上諭〔一九〕：

曾國藩因節制三省任大責重，復懇收回成命，具見謙抑爲懷。第賊氛猖獗，時事孔艱，事權不專，則一切調度事宜，深恐呼應不靈。該大臣惟當力任艱巨，與三省督撫和衷籌畫，將此股賊衆剋期殄滅。彼時三省軍務既平，自可無庸該督節制。既爲其實，毋避其名。萬不可稍存過慮之心，再有瀆請。欽此。

二十日，劉松山軍抵清江。

公疏言〔二〇〕：『賊圍雉河集，臣若先赴徐州，則去賊遠，擬先赴臨淮駐紮。將來安徽即以臨淮爲老營，江蘇即以徐州爲老營，山東以濟寧爲老營，河南以周家口爲老營，四路各駐大兵，多儲糧草、子藥，爲四省之重鎮。一省有急，三省往援，庶幾往來神速，呼吸相通。此外，另籌游兵一枝，庶四省有首尾相應之策，而諸軍無疲於奔命之虞。』上嘉納之〔二一〕。

二十二日，公由〔二二〕清江泝淮西上。

二十九日，抵臨淮關駐營。定委員查圩之法〔二三〕，榜示民圩：一、堅壁清野；二、分别良莠；三、發給執照；四、詢訪英賢。

六月，公遣周盛波會皖、豫各軍破（敗）賊於渦河，雉河解圍〔二四〕。

十三日，公弟國荃簡授山西巡撫。

二十四日，奉上諭〔二五〕：『曾國荃已簡授山西巡撫，曾國藩當屬該撫勉圖報效，作速赴任，勿以病辭。欽此！』

七月初八日，公具疏〔二六〕謝恩，并陳明弟國荃病狀：『未知現在是否痊愈，已恭録諭旨，囑其勉圖報效。』公弟國荃具摺辭山西巡撫之命。

張總愚、任柱竄許州，陳國瑞追擊敗之。賊由襄、郟赴汝、洛，河南巡撫吴昌壽遣軍扼虎牢關以禦之。

賴汶光、李允由太和竄商邱，遂犯周家口，公檄劉銘傳、烏爾圖那遜等擊之。

〈七月〉十八日，公渡淮按視劉松山老湘營。

張總愚、任柱竄魯山、南召，將趨淅川廳、荊紫關以窺湖北。賴汶光、牛老洪竄西華、扶溝、許州，遂由舞陽西去，將與張總愚等會合南奔。時朝旨飭劉銘傳循河西上，馳赴洛陽，公疏言〔二七〕：

周家口最爲扼要之區，若令劉銘傳移駐洛陽，反置勁旅於無用之地。自古行軍皆以糧運爲先務。臣與李鴻章所部歷年行兵於江湖水鄉，糧運最便。今改運於濟寧、周家口等處，已覺十分艱難。若再令遠征秦、晉，不能多運大米，不能多運洋炮，恐淮勇遷地弗良。請飭山西、河南速辦舟師，守禦黄河。

旨報可〔二八〕。

八月初四日，公抵徐州。

是時，馬隊到徐州者凡四起，共二千七百七十二人，皆僧親王舊部。公分別汰留，交色爾固善、托倫布温、德勒克西、烏爾圖那遜分領之。時陳大譆、牛老(紅)洪、任(拄)柱、賴汶光等股回竄阜陽，占踞民圩。公檄色爾固善率馬隊由徐州援潁，周盛波由亳州赴太和，劉銘傳由周家口并力援潁州〔二九〕。

十五日，捻匪破辛家集，徐州戒嚴。　張總愚攻南陽城，楚軍會豫軍擊走之。

劉銘傳連破賊於阜陽、沈邱。

先是，銘傳遣劉盛藻由周家口赴潁州。行次沈邱，與豫軍蔣希夷、皖軍康錦文會。十二日，至凹張寨。賊覘我營未定，以馬、步萬餘撲陣，劉盛藻等分左右迎擊，蔣希夷等從中路繼進，賊大潰，追至洪河南岸，斬獲無算，連破賊寨二十餘。十四日，賊折回洪河之北洋埠，兩日夜竄至項城之南頓集，距周家口僅五十里。銘傳督軍由項城間道，一日夜馳抵南頓，會烏爾圖那遜馬隊，三路并進。賊大披靡，乘夜越周家口，徑渡沙河而北，由西華竄太康。十九日，銘傳追至，賊奔睢河。二十日，銘傳至睢州，賊先時遁。銘傳乃弃步軍，獨督馬隊行三十餘里追及之。賊弃輜重狂奔，敗潰十餘里，復聚馬賊數百迎敵，張景春、白圖善擊走之。遂竄考城之保庶寨、曹州之魏灣，游弋定陶境内。是役也，窮追四百餘里，斬馘數千人，爲公北征第一次大捷。

張總愚圍新野不克，退竄南陽，張(曜)曜等擊走之〔三〇〕。

是月，福建官軍進克廣東鎮平縣。　賊酋汪海洋〔三一〕踞嘉應州，左宗棠督兵圍攻之。

九月，上諭〔三二〕：

任、賴各逆結黨東趨，得潘鼎新迎頭截擊，曾國藩又派張樹珊等馳往協剿，自可無虞北竄。

惟張總愚尚在南陽，該逆不西趨秦境，必北擾晉疆。陝、豫毗連處甚多。山西雖有黄河之險，而霜降水落，搶渡甚易。該省素稱完富，且爲畿輔屏蔽，曾國藩現在徐州調度，正當喫緊，若復令分兵進駐豫西邊境，實有鞭長莫及之勢。但河洛現無重兵，豫省又無著名宿將可以調派，因思李鴻章謀勇素著，年力壯盛，可以親歷戎行。著即督帶楊鼎勛等馳赴河洛，扼要駐紮，以顧山、陝門户。似此東西兩路通力合作，曾國藩既無西顧之憂，剿辦更易得手。兩江總督即著吴棠暫行署理。

時賴汶光、牛老(紅)洪、陳大憘、任柱等馬、步六七萬衆，偏布菏澤、曹、定等處，分黨攻陷銅山民圩；另股竄濟寧之長溝，將趨運河而東。公檄色爾固善、張樹珊由濟寧迎戰，潘鼎新由鉅野夾擊。因疏言〔三三〕：『賊勢東竄，不特秦、晉無患，即宛、洛患亦稍輕。諭旨飭李鴻章視師河洛，該處現無可辦之賊，淮勇亦别無可調之師。』旨罷前議。

初，牛、賴等股至長溝，爲官軍所遏，由菏澤竄定陶，又被民勇截擊，遂南竄豐、沛、碭山，蔓延於銅山、湖團一帶。公檄色爾固善、張樹珊回軍追剿，潘鼎新由單縣夾擊。二十三日，樹珊等遇賊於谷亭，敗之。二十八日，公遣李昭慶擊賊徐州北境。二十九日，烏爾圖那遜破賊張谷山，淹斃湖中者百數十人。賊由劉家集竄蕭縣，色爾固善遇於郝家集，敗之。賊竄豐縣、魚臺，潘鼎新復連敗之〔三四〕。

十月初九日，徐州官軍擊賊獲勝，賊竄山東。

江長貴、姜玉順連敗張總愚於棗陽、新野。賊竄裕州賒旗店，豫軍復截擊之。賊竄魯山，嵩洛戒嚴。

任柱、賴汶光圍睢州，劉銘傳、周盛波擊走之。

張總愚竄禹州、新鄭，馬德昭等迎擊，敗之，賊奔長葛。

十一月，賴汶光等自蕭、碭西竄，與張總愚合。前股由襄城、葉縣擾舞陽；後股出臨潁，奔郾城、西平、遂平。游擊王應龍、千總魏占奎、防禦奇珍委、驍騎校常清〔三五〕皆戰歿。　蔣希夷敗賊於遂平、上蔡等處。　賴汶光竄魯山，擾及汝寧。　張總愚竄唐縣，鄂軍劉維楨擊敗之，斬其弟張總志。任柱、陳大澐、賴汶光、牛老（紅）洪合竄葛灘，陳二老坎、三老坎竄岡頭、沙堰寨〔三六〕。

十二月，張總愚由潦口襲踞構林關，鄂軍姜玉順擊走之。

賴汶光、牛老（紅）洪竄光州、官渡、白鴨江，築壘盤踞，分擾商城、固始，遂犯信陽州，黃、孝大震。

時捻匪萃湖北，而成大吉軍嘩於宋埠，游匪唐姓藉索餉燒營謀變，黃岡、黃安、黃陂、孝感皆困於賊。

詔公弟國荃調補湖北巡撫。　公檄劉銘傳自周家口赴援湖北〔三七〕。

二十二日，左宗棠克嘉應州，汪海洋伏誅〔三八〕，粵匪剿滅净盡，東南底平〔三九〕。

年終恩賞如例。

同治五年

正月，公疏請飭翰林院侍講學士劉秉璋襄辦軍務。　張總愚竄裕州，遂犯樊城，江長貴等擊却之。　賴汶光、牛老洪陷黄陂縣。　梁宏勝擊牛、賴股匪於黄岡衛埠，援賊大至，死之〔四〇〕。

二十八日，公遣劉銘傳克湖北黄陂縣，捻賊竄河南。

初，銘傳自周家口行次羅山，大雪，弗能進。比至河口，聞賊猶踞黄陂城，即由長仙嶺達壬家河，距縣城二十五里。賴汶光突出馬賊數千來犯，提督唐殿魁擊却之。劉銘傳分三路攻城，部將王德成首登，丁汝昌、田履安繼之。賊弃城遁新洲，救出難民萬餘人。捷聞，奉旨給奬有差〔四一〕。

公弟國荃簡授湖北巡撫，奉上諭〔四二〕：

刻下捻匪竄擾湖北邊境，防剿正當喫緊。曾國荃素嫻軍略，朝廷爲地擇人，正資倚任，且由湘鄉赴鄂，相去甚近。著曾國藩、李鴻章即行知照該撫，迅赴新任，力圖報稱，不得稍存推諉，致負屬望。欽此。

二月，公奏結徐州湖團之案〔四三〕。

初九日，公自徐州拔營啓行〔四四〕。

十五日，宿鄒縣，謁孟子廟。

十六日，次曲阜縣，謁至聖先師孔子〔四五〕廟。

十七日，偕衍聖公孔祥珂出謁聖林。

十九日,至濟寧州駐營。

初,張總愚自新野北竄舞陽、郾城、禹州、新鄭等處,規渡黄河,崔廷柱擊走之。賊遂東竄曹州,攻破鉅野之太平寨,踞之。擄人掠糧,將渡運河而東。公遣潘鼎新率師進剿,楊鼎勛自徐州赴曲阜護衛孔林,且杜賊渡運之路。

任柱、賴汶光自黄陂竄光息、沈項等處,張樹珊敗之於槐店。賊折而南趨,一日夜行二百里,遂犯江口集,劉銘傳、周盛波復追擊之。

公初議四鎮外另設游兵數支,冀與賊縱横追逐。經營半載,甫成劉銘傳、李昭慶兩軍,而賊西逼楚、豫,東趨海岱,相去動三千里,馬、步以數萬計。官兵步多騎少,每失之不及。因檄催鮑超、劉松山、劉秉璋來營,以備游擊之用。

三月,李昭慶敗張總愚於蕭廳寨。潘鼎新敗賊於紅川口。劉銘傳擊任、賴股匪於潁州,大破之。賊竄周家口,張樹珊邀擊走之。公疏言〔四六〕:『賊馬逾萬,數倍我兵。平原曠野,步不敵騎。湘、淮各渠,騎射非其所長,所派兩起買馬之員,因去冬大雪,口外馬瘦且少,不敷購辦,未知成軍何日。臣受命剿捻已滿十月,制寇之方,尚無把握。既將各軍痛加儆戒,尤願我皇上常以流寇難治爲慮,博儲將才,以求爲可繼。稽核奏報,以戒其勿欺,庶憑聖主朝乾夕惕之懷,終救中原火熱水深之阨。』

二十二日,劉銘傳、周盛波合擊張、牛股匪於鉅野,大破之。

二十五日,周盛傳敗賊於城武。

二十六日,周盛波敗賊於菏澤之侯家集。

二十八日，周盛波敗賊於方埠。　劉銘傳敗賊於曹縣。

四月，張總愚、牛老洪竄虞城，遂竄單縣。　任柱竄宿遷。　公疏言〔四七〕：『徐州爲四鎮適中之地，東北則畿輔，爲天下之根本，東南則江蘇，爲臣軍之根本。既以東路爲重，不得不藉運河衣帶之水，以爲流寇阻截之界。惟河淺且窄，汛長千有餘里，防不勝防，擬會同閻敬銘等大加修浚，增堤置柵。能否確有把握，俟查勘後續行會奏〔四八〕。』

〈四月〉初七日，公偕山東巡撫閻敬銘巡視運河，泊分水龍王廟。

初九日，泊申家口。　直隸總督劉長佑來會〔四九〕。

十一日，公渡黃河至張秋鎮。

十三日，次東平州。

十五日，次泰安府。　謁岱廟〔五〇〕。

十六日，登岱嶽，宿於碧虛宮。　幕僚方宗誠、王定安、王鎮墉等咸作詩文以紀其勝〔五一〕。

十九日，回濟寧軍次〔五二〕。　拔營舟行，查視運河堤墻，疏稱〔五三〕：

長溝以北至開河，嚮恃有南旺湖水。　茲已全涸，由閻敬銘添撥防兵。　開河以北至靳口，水勢較淺，墻壘較低；靳口至安山戴廟，水勢甚深，差爲可恃；戴廟至沈家口，夏秋黃河灌運，水極深廣，冬、春沙淤河乾，殊難守禦。　現經閻敬銘督同文武將領剋期興工，無論河深河淺，均增高墻深壕以輔之。　其沙地及民圩不能掘壕者，酌立木柵以補之。　自濟寧以下，微山湖長一百八十里，無須設防。　自湖以南，運河淺深不等，議定入閘暨宿遷等處由劉秉璋派兵防守。　窑灣、成子河等處由吴棠派兵防守。總期力扼此河，不使該逆流竄，以保齊、蘇膏腴之地。

旨如議。

十六日，劉松山、李昭慶擊賊於徐州、曹州等處，大破之。

先是，張總愚、牛老洪犯徐州、湖團，松山擊退，遂圍曹縣。昭慶適由城武追至，與松山合擊，立解城圍。我軍乘勝追剿，甫數里，賊分道來撲。昭慶飭各營屹立不動，伺賊隊將亂，以馬隊從林中掩至，賊右路大潰。松山率兵擊其左，賊益不支，乃奔曹南。適銘軍由碭山遇於王閆集，復大敗之。

時賴汶光、任柱、李允等盤踞泗州、靈璧，將割麥以療飢。公檄王永勝渡淮就剿，劉士奇渡江紮宿遷，而移劉秉璋、楊鼎勛兩軍作游兵；又令周盛波由宿州進剿，張錫鉄會水師防守臨淮，扼賊渡淮之路。

二十五日，張總愚、牛老洪竄豐縣。二十六日，竄沛縣。二十七日，犯徐州，董鳳高、李祥和擊走之。

二十八日，張總愚等竄宿遷洋河集。

三十日，劉秉璋敗賊於洋河集。

五月初三日，劉松山敗賊於王家林。

初五日，張總愚竄銅山。

初八日，劉松山、劉銘傳擊賊於銅山之趙莊，敗之。　張總愚竄虞城、睢州。　任柱、賴汶光竄宿州，遂竄鳳臺、懷遠，渡渦河而南。

二十一日，張總愚犯陳州。二十二日，犯周家口。適牛老洪亦由苑寨偷渡河南，仍與總愚合。於時潘鼎新、劉松山、張詩日三軍尾追數百里，張樹珊亦自周家口分隊雕剿。賊渡沙河而逸。

二十三日，王永勝追賊至懷遠。

二十五日，劉秉璋追賊至蒙城。適周盛波亦自馬家寨回援，任、賴等賊聞援師四集，遂由潁州留陵口偷渡沙河。遇盛波軍，折竄烏江上游，將抄我後。盛波麾軍齊進，賊敗，竄入太和境。

六月十四日〔五四〕公疏言〔五五〕：

捻匪各股回竄豫、皖兩省，中原平曠之地四通八達，若不擇地設防，此剿彼竄，終不能大加懲創。上年劉銘傳帶兵入豫，即創扼守沙河之議，臣以兵力未齊，未遽允行。今張、牛等逆既渡沙河以南，任、賴等逆亦將渡沙、渡淮，并趨南路。本年防守運河粗有成效，應即仿照於沙河設防，俾賊騎稍有遮攔，庶軍事漸有歸宿。惟查沙河上流直至郟縣、汝州，地段太長，幾無止境。臣博詢衆議，擬自周家口以下至槐店扼守沙河，自周家口以上至朱仙鎮扼守賈魯河，由臣派兵設防；自朱仙鎮以北四十里至汴梁以北三十里至黄河南岸，無河可扼，挖壕守之，由李鶴年派兵設防；自槐店至正陽關仍守沙河，由喬松年派兵設防；自正陽關以下即係淮河，由臣派水師與皖軍會防。皆憑人力以堅守，不以地險爲可恃。至群賊南竄，不出南、汝、光、固、黄州、六安等處，則鮑超所統之霆軍、劉秉璋等所統之淮軍、劉松山等所統之湘軍，分路游擊，足敷剿辦。劉銘傳首畫此策，即令其與潘鼎新、張樹珊會防，力任其難，扼守朱仙鎮以下四百餘里。其自朱仙鎮以上，必須專資河南兵力。

旨如議。

十五日，公舟發濟寧，巡視運河。

時山東大水，南陽、微山等湖連成巨浸，居人廬舍半没水中。官軍所修堤墻，積雨坍塌。其存者隨地勢高低或數尺，或數寸，亦皆有决口可通舟。官軍既阻於水，賊亦輟渡運之謀，皆西奔。

二十五日，泊宿遷，憩於極樂寺。

潘鼎新敗賊於太康。

初，任柱、賴汶光竄張市、朱仙鎮，值河水驟漲，不能西渡，折而東竄至太康、杞縣境内。適鼎新行次西華，令軍士凫水而進。二十二日，達太康。二十五日，擊賊於崔橋，敗之。二十六日，鼎新裹糧疾進，遇賊於石頭岡，復擊敗之。賊渡賈魯河西奔。

劉松山、張詩日、李祥和、朱式雲擊賊於西華、上蔡等處，四戰皆捷。

初，張總愚渡沙河西竄。松山、詩日行次西華之萬金寨遇賊，敗之，追至上蔡之雙廟。雙廟者，賊新踞之巢也。守巢悍賊齊出接戰，兵勇混戰一時，日暮收隊，我軍築壘於永平寨。是時各營輜重尚在歸村，相距三十餘里。松山聞賊將求援於牛老洪，道必經歸村，遂調輜重移至永平寨。賊以千騎劫掠，祥和督隊護送，賊不敢追。松山與詩日、祥和、式雲分左右擊賊。賊以大隊團結十餘處前來迎戰。詩日等力戰斃賊，追至洪河岸，賊紛紛落水。松山追賊至雙廟，賊忽回頭衝擊，以馬隊千餘抄我後。松山揮令易致麟從陣中横出，截馬賊爲兩段。唐光輝以槍炮連環轟擊。馬賊向高粱林遁逸，步賊涉水狂奔，自相踐踏，死者三千餘人。松山追至歸村、召陵，復斬二千餘人，騾馬器械弃泥途者無算。捷聞，奉旨給奬有差。

賊全股窺犯楚邊，湖北巡撫曾國荃檄提督郭松林赴德安駐守。

七月初六日，公發宿遷。

初七日，漕運總督吴棠來會。

時淮流甚漲，運河堤决於高郵之清水潭、二閘等處，興化、東臺、鹽城皆被灾〔五六〕。

初八日，入淮河〔五七〕。

初十日，渡洪澤湖，泊盱眙縣。

十四日，泊五河縣〔五八〕。

十五日，發五河縣，次王家圩〔五九〕。

途遇大風，公舟幾覆，幸風將船篷吹去，始獲安。委員、軍士有溺死者〔六〇〕。

十六日，抵臨淮駐營，患病〔六一〕。

二十一日，劉松山敗任、賴股匪於尹家寨。

二十二日，劉松山、朱式雲合擊任、賴股匪於新野之上仙岡，大破之。賊由南召、汝山竄禹州，馬德昭復擊走之，遂向郟縣、禹川鑽山而逸〔六二〕。

二十八日，公力疾登舟，發臨淮，泊懷遠縣〔六三〕。

三十日，泊蒙城縣。

由蒙城赴周家口，道應出潁州，公以亳州、雉河集皆捻巢，改道渦河西行。衆以伏莽堪虞，宜厚護衛兵，互相諫阻，公不從。令章合才率五百人先導，仍减侍從，輕舸溯渦河而上〔六四〕。

八月初二日，泊雉河集。

初四日，抵亳州。

初六日，自亳州陸行。

初八日，次陳州〔六五〕。

初九日，抵周家口駐營。

十二日，公上疏乞假〔六六〕，奉旨賞假一月。又奏〔六七〕查圩各員著有成效，請附案保奬。旨報可。

自捻逆擾亂以來，據蒙、亳村堡爲老巢，居則爲民，出則爲寇，若商賈之遠行，時出時歸。其回竄也，皆有莠民勾引。公前定查圩之法，檄知府桂中行等會同州縣選擇紳耆挨户搜查，獲積捻數百人，置之法。嗣任柱、賴汶光由泗、宿入懷遠，牛老洪由永城入亳州，皆欲回巢裝旗。各圩寨閉絶不與通，賊徘徊懷遠幾一月，卒不得逞。從此遂四出不歸，以迄於滅。蓋查圩之消患於未形者，其功巨矣。

十六日，賊全股犯汴梁，堤墻陷之，遂竄山東。

初，張總愚、牛老洪與任柱、賴汶光合股竄至許州。時劉銘傳、潘鼎新修築賈魯河堤墻已成；李鶴年飭豫軍六營於朱仙鎮迤北開濠，浮沙壅塞，急難竣工，銘傳率淮軍助之。賊聞長城將成，乘夜潮湧而至，直撲堤墻。撫標三營皆衝破，遂越而東。公聞山東大警，檄劉銘傳、潘鼎新趨虞城、單縣，劉秉璋、楊鼎勛由徐州、韓莊前赴山東追剿，張樹珊赴曲阜衛護孔林，因疏言〔六八〕：

防守沙河、賈魯河，本策之至拙者。無奈馬隊遠不如賊，自去秋以來，派員七起出口買馬，至今無一匹回營。專恃步隊追剿，斷不能制流寇，不得已乃出於防河之下策。若賊再回竄，仍當扼防沙、賈兩河，遏賊不得復東，庶軍務漸有歸宿〔六九〕。

時公猶患盜汗、舌蹇之證，精神困憊。因疏請李鴻章視師徐州，當東路；弟國荃視師南陽，當西路；公駐周家口，當中路，上諭〔七〇〕：

曾國藩現駐周家口，距濟南、徐州較遠，難於兼顧。著李鴻章迅即携帶關防，馳赴徐州駐紮，就近調度湘、淮各軍，防衛淮、徐以東，并與閻敬銘商辦山東軍務，互相策應。倘賊折向豫西，曾國荃亦當督率鄂軍越境馳赴南陽，會同豫師合剿，并隨時與李鶴年商辦河南軍務。總期聯數省之力，迅掃狂氛，不可稍分彼此。曾國藩總理師幹，尤宜統籌全局，毋得專諉地方督撫，致軍事漫無紀律。

賊合股犯鉅野，東軍王成謙、王正起擊走之。賊遂竄逼運河，攻撲濠墻。我軍扼守三晝夜，賊不得逞。

九月初一日，劉銘傳、潘鼎新擊賊於梁山，大破之。賊竄鄆城、菏澤、曹縣、東明，銘傳、鼎新復連敗之，乃由杞縣悉衆西奔。

初四日，河南巡撫李鶴年來會。

十三日，公上疏續假，奉旨再賞假一月。

賊自山東回竄河南，仍分兩股。任柱、賴汶光竄黑岡，掘滎澤壩二十餘丈，冀引河水灌汴城。豫軍宋慶會水師擊走之。張總愚由扶溝竄許州，張樹珊追擊，敗之。劉秉璋、楊鼎勛復敗賊於溴河東岸。牛老洪已死，其子牛喜接統其衆，或曰隨任、賴東竄，或曰隨張總愚西竄，蓋已零落不能成軍矣。

十八日，公檄劉銘傳、潘鼎新、張樹珊專剿東路之賊，鮑超、劉秉璋、楊鼎勛專剿西路之賊。

十九日，兵部右侍郎彭玉麟來會。

任柱、賴汶光竄曹縣，乘夜犯袁口，東軍擊却之。

二十八日，潘鼎新敗賊於嘉祥。

二十九日，劉銘傳敗賊於鉅野。

是月，署兩江總督李鴻章移駐徐州。

十月初一日，劉銘傳敗賊於梁山，追至金鄉之周圩。

初二日，張總愚竄陝州之章茂砦。

總愚被鮑超追擊，將由豫入陝。適劉秉璋、楊鼎勛追軍亦至，遂由閿鄉之太峪口繞潼關犯商州。

張總愚犯華陰，遂至朝邑。適甘回犯寧州、涇州，又有潰勇之變，陝西巡撫疏請飭公撥兵赴援，

上諭〔七一〕：

陝省東北、東南兩路均有賊踪，張總愚又有竄漢中之説，彭體道在華陰被挫。著曾國藩迅催鮑超入關助剿。襄、鄖一帶，官文、曾國荃亦宜撥兵設防。同州、朝邑與晋省僅隔一水，儻令賊匪東渡黄河，惟趙長齡、陳湜是問。

張總愚窺渡黄河，陳湜水師擊却之〔七二〕。

蓋長齡時爲山西巡撫，湜以山西按察使督辦河防，故詔書切責之。

十三日，公疏稱〔七三〕病難速痊，請開協辦大學士、兩江總督之〔七四〕缺，并請另簡欽差大臣接辦軍務，自以散員留營效力，奉上諭〔七五〕：

該大臣勛望夙著，積勞致疾，自係實情。著再賞假一月，在營安心調理，欽差大臣關防著李鴻章暫行署理。曾國藩俟調理〔七六〕就痊，即行來京陛見一次，以慰廑係。朝廷賞功之典，具〔七七〕有權衡。該大臣援古人自貶之義，請暫注銷封爵，著無庸議。欽此。

劉銘傳敗任、賴股匪於豐縣。追至渠家寨，又敗之。賊并入沛縣、湖團。

劉銘傳、張樹珊敗賊於曹縣。

任柱、賴汶光竄太康，周盛波擊敗之。

二十七日，公檄鮑超進荆紫關援陜。劉銘傳赴陜州，與陳湜夾河設守以保山西。

十一月初二日，公疏陳〔七八〕臘底春初入京陛見，并言李鴻章難離江境，請另簡大臣來豫接辦〔七九〕。

初六日，奉上諭〔八〇〕：『曾國藩著回兩江總督本任，暫緩來京陛見。江蘇巡撫一等肅毅伯李鴻章，著授爲欽差大臣，專辦剿匪事宜。欽此。』

又奉上諭〔八一〕：

曾國藩即遵前旨，將軍務交與李鴻章接辦，該督即回兩江本任，辦理餉需軍火，源源籌解，俾李鴻章得離江境，統兵追剿，則籌餉與剿匪之功，均爲國家倚重，正不必以開缺赴營始足爲朝廷宣力也。欽此。

公疏稱〔八二〕：『病體難勝重任，若離營回署，又不免畏難取巧之譏。請仍在軍營照料，維繫湘、淮軍心，庶不乖古人盡瘁之義。』奉上諭〔八三〕：

　　曾國藩請以散員仍在軍營自效之處，具徵奮勉圖功、不避艱險之意。惟兩江總督責任綦重，湘、淮軍餉尤須曾國藩籌辦接濟，與前敵督軍同爲朝廷所倚賴。該督忠勤素著，且係朝廷特簡，正不必以避勞就逸爲嫌，致多顧慮。著遵奉前旨，仍回本任，以便李鴻章酌量移營前進，并免後顧之憂。欽此。

十九日，委員賫送欽差大臣關防赴徐州。

任柱、賴汶光竄麻城，擾及黄岡之新洲、倉子埠，武昌戒嚴。

公弟國荃遣譚仁芳敗賊於孝感。賊陷雲夢、應城兩縣，遂攻德安府。國荃遣郭松林擊破之，應城、雲夢以次收復。

二十五日，郭松林敗賊於應城之王家廟。

二十六日，郭松林敗賊於皂阿，復大捷於楊澤、楊墩，［奉］上諭：

　　曾國荃奏官軍扼剿獲勝一摺。任、賴等逆突攻德安府，郭松林親督各營連番追擊，陣斃悍賊多名，賊衆大潰。該逆現經挫敗，必圖上竄，京山、天門一帶甚屬空（虐）虛。曾國荃已檄劉維楨等由棗陽、襄陽分隊攔擊。曾國藩、李鶴年亦當分飭劉銘傳、周盛波會合鄂軍兜剿，不可縱出鄂境。

張總愚犯灞橋，西安戒嚴。公檄劉松山率師援秦。

十二月〔八四〕，郭松林擊任、賴股匪於安陸、林乘、舊口，連破之。

初六日，郭松林擊賊羅家集，敗績，松林受創；弟芳鉁及總兵張鳳鳴等死之。

十一日，公弟國荃遣彭毓橋、譚仁芳、熊登武等敗賊於沙港。

十二日，任柱、賴汶光犯安陸府，公弟國荃遣劉維楨擊却之。

時公弟國荃以任、賴股匪麕集鄂境，遺書鮑超移師東剿。公檄劉銘傳、劉秉璋馳赴麻城。李鴻章亦遣周盛波、張樹珊、李昭慶等分道援鄂。［奉］上諭：

曾國荃奏霆軍、淮軍、豫軍次第入鄂布置合圍一摺。賊由舊口出竄，譚仁芳無日不戰，屢獲勝仗。初六日之戰，郭松林先勝後挫，受傷甚重，覽奏曷勝廑係。刻下鄂省追軍緊躡賊尾，曾國荃已派劉維楨從吴家店攔頭迎擊，唐協和繼之；復飭姜玉順由雲夢進紮應城，以防回竄。著即督飭諸將前截後追，仍規取遠勢，務殲賊於唐白河、襄河之間。

十八日，張總愚犯灞橋，陝軍敗績，總兵蕭德揚死之。

二十一日，張樹珊擊任、賴股匪於德安之新家閘，敗績，樹珊獨率親兵數十人陷陣死之。任柱、賴汶光竄豐樂河，詐稱難民，將渡漢而北，公弟國荃遣水軍擊却之〔八五〕。

是月，公再疏力辭回江督任〔八六〕，奉上諭〔八七〕：『曾國藩爲國家心膂之臣，誠信相孚已久，當此捻逆未平，後路糧餉、軍火無人〔八八〕籌辦，豈能無誤事機？曾國藩當仰體朝廷之意，爲國家分憂，豈可稍涉疑慮，固執己見？著即懍遵前旨，剋期回任，俾李鴻章得專意剿賊，迅奏膚功。該督回任以後，遇有湘、淮軍事，李鴻章仍當虛心咨商，以期聯絡一氣，毋許再有固請，用慰廑念。欽此。』公疏稱〔八九〕遵旨暫接兩江總督關防，駐紮徐州。　御史穆緝香阿劾公督師日久無功，請量加譴責，奉上諭〔九〇〕：『年餘以來，曾國藩所派將領馳驅東、豫、楚、皖等省，不遺餘力，殲賊亦頗不少。雖未能遽蕆厥功，亦豈貽誤軍情者可比？該御史所奏，著毋庸議。欽此。』

年終恩賞如例。

同治六年

正月初六日，公自周家口啓行。

十五日，抵徐州府。

十九日，接兩江總督篆〔九一〕，與欽差大臣李鴻章商籌兵餉大計，奉上諭〔九二〕：

曾國藩既經接受兩江督篆，所有察吏、籌餉及地方應辦事宜均關緊要，且金陵亦不可無勛望素著大員坐鎮。著即回駐省城，以資鎮攝。該督公忠體國，自當仰體朝廷倚畀之隆，勉爲國家宣力。一切軍情調度，仍著李鴻章隨時咨商，以資裨益。欽此。

詔授李鴻章爲湖廣總督。

鮑超擊任、賴股匪於楊家洚、拖船埠、豐樂河等處，大破之，斬馘萬數千人。

劉松山、張錫嶸合擊張總愚於西安雨花寨，錫嶸死之〔九三〕。

二月初三日，李鴻章前赴河南督師〔九四〕。

任柱、賴汶光竄麻城、蘄水、廣濟、黄梅、邊馬，擾及宿松，公弟國荃遣彭毓橘追擊之。

十五日，劉松山攻破銀渠、金渠賊壘，張總愚走渭北〔九五〕。

十六日，公發徐州，至韓莊登舟。

三十日，次揚州。查看形勢，飭道員吴毓蘭率華字五營駐防扼守裏下河門户。　彭毓橘擊任、賴股匪於黄州，敗績，死之〔九六〕。

三月初一日，劉松山擊張總愚於鄜縣，大破之〔九七〕。

初六日，［公］抵金陵總督〔九八〕署，居民焚香跪道以迎。

時值三載考績〔九九〕，奉上諭：『協辦大學士兩江總督曾國藩，公忠素著，保障東南，著交部從優議叙。欽此。』

四月，公疏言〔一〇〇〕：

臣回任以後，通計餉需一年，入數不敷出數。如劉松山一軍，例支月餉六萬兩，入秦後添發米價、運費將近七萬，今年僅解兩關。淮軍人數較多，上年僅發九關。久欲略爲添增，而計無所出。近則蘇局厘金大減，滬厘亦遠不如前，鹽務則久無起色，似此并不能足九關之數。又如添造輪船、運河堤工，皆萬不容緩之事。查江海關洋税一項，自扣款結清以後，提解四成，另款存儲部庫，本係奏定專撥之款，不敢動用絲毫。惟餉項萬緊，仰懇天恩俯准酌留二成，以一成爲專造輪船之用，以一成酌濟淮軍。

又奏〔一〇一〕：鮑超病重，請開缺，以婁雲慶統其衆。均奉旨允行。

任柱、賴汶光竄南陽。　張總愚竄入北山，將由保德州渡河犯晋。詔左宗棠、趙長齡、陳湜辦理河防〔一〇二〕。

五月，奉上諭：『曾國藩著授爲體仁閣大學士，仍留兩江總督之任。欽此〔一〇三〕。』　任柱、賴汶光竄山東，攻陷運河堤墻，遂犯泰安，濟南戒嚴，登、萊、青三郡皆震。　李鴻章移駐歸德督師。山東巡撫丁寶楨敗賊於馬蘭堡。　李鴻章移駐濟寧督師，建倒守運河之策。因公所修東岸堤墻移置西岸，又欲防守膠萊河，殲賊於海隅。適直隸總督劉長佑、安徽巡撫英翰相繼上疏，皆主守運河，與鴻章論略同。上嘉納之。

六月，任柱、賴汶光竄登州、萊州，李鴻章遣軍扼膠萊河，築墻以禦之。

七月，任柱、賴汶光撲濰河，防軍敗績。賊越河西竄，至贛榆、青口復折而北，遂竄郯城、蘭山。

八月，李鴻章至臺莊〔一〇四〕督師。劉銘傳、牛師韓敗賊於郯城、贛榆等處。

九月，任柱、賴汶光竄海州，李鴻章遣劉銘傳追擊之，賊回竄山東〔一〇五〕。

十月，公弟國荃以舊疾復發〔一〇六〕奏請開湖北巡撫之缺，回籍調理。奉旨報可〔一〇七〕。

十七日，李鴻章遣劉銘傳破賊於安邱，任柱、賴汶光潰而南奔。

二十四日，劉銘傳擊〔一〇八〕賊於贛榆，大破之，捻酋任柱伏誅。

二十八日，李鴻章遣潘鼎新敗賊於海州之上莊。

十一月十一日，李鴻章遣郭松林、楊鼎勛敗賊於濰縣。

二十九日，劉銘傳、郭松林、楊鼎勛合擊賊於壽光、瀰河，大破之，斬馘二萬，生擒萬餘，奪獲騾馬二萬餘。賴汶光僅率千餘騎而逸〔一〇九〕。

十二月，李鴻章剿平東捻。

賴汶光率餘黨竄江蘇，吴毓蘭擒獲於揚〔一一〇〕州。毓蘭即公前設揚防軍也。既獲賴酋，送鴻章大營鞫訊，賴酋自書口供千餘言，述粵逆事甚詳。凌遲處死，餘匪由天長竄盱眙，剃髮而散，東捻平。捷聞〔一一一〕，奉上諭：『大學士兩江總督一等毅勇侯曾國藩，著加恩加一等雲騎尉世職。欽此〔一一二〕。』

諸將給獎有差〔一一三〕。

年終恩賞如例。

同治七年

正月，詔李鴻章移師赴直隸督剿西捻。

先是，張總愚盤踞陝西，上命左宗棠以剿回之師分軍剿捻。六年六月，宗棠率師入潼關。時張總愚渡渭北，盤旋蒲、富、高、渭之間，宗棠遣劉松山、郭寶昌、黄鼎會擊，破之。七月，賊由臨潼、三原、咸陽竄興平。八月，宗棠移駐臨潼督師。賊渡涇而東，值大雨阻水，我軍不得進。九月，宗棠遣劉松山進軍富平，劉典、高連升進軍相橋、康橋。賊由蒲城竄入北山。十月，宗棠遣軍敗賊於沟川。賊犯鄜州、甘泉、宜川。劉松山等率師跟追，次洛川。復遇回匪大至，李祥和戰歿。賊連陷延州、綏德州。十一月，劉松山、郭寶昌等克綏德州。賊由宜川之龍王廟渡黄河，犯山西，連陷吉州、鄉寧兩縣。宗棠親率師入晋追賊，克吉州、鄉寧縣。十二月，劉松山破賊於洪洞。賊由垣曲竄河南濟源縣，犯衛輝府。宗棠遣喜昌全、福安住偕劉松山、郭寶昌馬、步各軍，由懷慶趨彰德，以嚮直隸。明年正月，賊由臨漳、内黄渡漳河，大股由平鄉、雞澤、南和直趨畿輔，遂由邯鄲〔一一四〕、順德犯定州，保定戒嚴，京師大震。於是官文、左宗棠、李鴻章俱奉嚴旨詰責。

時山東巡撫丁寶楨帶兵入衛，次固安。鴻章遣潘鼎新、善慶温、德勒克西兼程由東阿、德景進發，唐仁廉、郭松林、楊鼎勛陸續北上。

二十日，鴻章親督周盛波等由山東赴直隸援剿。侍郎李鴻藻奏請簡派親王爲大將軍，左宗棠、李鴻章爲參贊，上命恭親王會同神機營王大臣節制各軍，罷大將軍、參贊之議。

二月初四日，左宗棠師次定州。

劉松山、郭寶昌敗賊於獻縣商家林。　張總愚竄深州。

初七日，左宗棠師次保定。

初十日，劉松山、郭寶昌敗賊於深州窩鋪頭。

十二日，劉松山敗賊於博野。

十六日，郭松林、楊鼎勛敗賊於安平。

十七日，李鴻章師次景州〔一一五〕。

十八日，劉松山、郭松林敗賊於饒陽。

二十四日〔一一六〕，張總愚渡滹沱河，劉松山躡擊，敗之。

三月初一日〔一一七〕，張總愚渡漳河，竄彰德府，直隸肅清。

十三日，李鴻章移駐開州。　左宗棠移駐大名府。

郭松林、劉松山、宋慶等擊賊於滑縣、封邱之交，大破之。

二十八日，郭松林敗賊於茌平。

四月初一日，張總愚乘雨趨東光，犯運河，郭松林擊走之。

初三日，郭松林、楊鼎勛、潘鼎（勛）新敗賊於滄州。

初七日，郭松林敗賊於天津，張總愚由鹽山竄山東之陽信、海豐。

時通商大臣崇厚奏請派輪船赴津助防，上飭公與丁日昌撥上海捕盜輪船至津巡查海口。　適福建所造『華福寶』輪船因購米在滬，公添給洋炮，檄令北行。

朝廷以劉銘傳回籍假滿，飭公催赴前敵，公疏言〔一一八〕：

上年秋冬運河之守，任、柱之戮，其謀皆自劉銘傳發之，而勞苦疲乏亦惟銘軍獨甚，此次該提督自必迅速就道。惟念張總愚縱横畿輔將近半年，各軍均極疲乏，若非去年先滅任、賴一股，大局不堪設想。劉銘傳既有偉績於前，又將策成效於後，銘軍應需餉項，自應設法籌給，以期迅奏膚功。

上韙之〔一一九〕。

二十四日，公自金陵啓行。

二十六日，至揚州查運庫。

二十九日，登金山〔一二〇〕，觀蘇文忠玉帶，爲詩記之。旋登焦山，巴陵吴敏樹從游，公賦簁部詩〔一二一〕贈之，一時和者百數十人〔一二二〕。

閏四月初三日，抵蘇州省垣。游天平、木瀆、穹窿、鄧尉諸勝。將放舟太湖，登東、西洞庭山，座舟爲橋所阻而止〔一二三〕。

初十日，至上海縣。駐鐵廠，查閱輪船、洋炮工程。

洋人聞公將至，遣巡捕呵禁行車，掃道以待。既至，諸洋官皆來謁，公禮遇之〔一二四〕。

十五日，公由輪船回金陵。

時張總愚由泊頭、下口撲運河，劉松山等擊走之。賊竄吴橋，聞左宗棠駐軍扼守，乃折竄平原、茌平、博平。陳國瑞追及，敗之。賊由武定竄海豐，郭松林、陳國瑞夾擊，復大破之〔一二五〕。

二十四日，奉上諭〔一二六〕：『曾國藩著授爲武英殿大學士。欽此〔一二七〕。』

五月，劉松山、郭寶昌擊賊於海豐、鹽山等處，敗之。李鴻章築長墻成，自臨邑、陵縣迄於恩縣、德州境，遣郭松林、王心安等分兵守之。郭松林擊賊於商河、惠民等處，大破之。

六月初四日〔一二八〕，張總愚竄武定，將渡徒（駱）駭河，郭松林躡擊走之。

十五至十六日〔一二九〕，劉松山剿賊於寧津、吴橋等處，連破之。

二十八日，郭松林、劉銘傳擊賊於徒駭河，大破之，捻酋張總愚伏誅，西捻平〔一三〇〕。

七月，上以公籌辦淮軍後路軍火，俾李鴻章克竟全功，飭部優敘。旋奉旨以公調補直隸總督，馬新貽調補兩江總督。公疏請陛見，奉旨：『著來見〔一三一〕。』

十一月初四日，公自金陵啓行，士民攀送，填塞街巷，爲詩歌以餞者數十百人。

十二月十三日，抵京，寓東安門外賢良寺。奉旨賞紫禁城騎馬。

十四日，召見養心殿〔一三二〕。

昧爽趨朝，見軍機大臣於朝房。巳正叫起，奕〔一三三〕公山帶領入養心殿之東間。皇上向西坐，兩宫皇太后在後黄幔之内，慈安太后在南，慈禧太后在北。公入門跪奏稱：『臣曾國藩恭請聖安。』旋免冠叩頭，奏稱：『臣曾國藩叩謝天恩。』畢，起行數步，跪於墊上。慈禧皇太后詢問江南撤勇及直隸練兵事宜〔一三四〕，問：『汝在江南事都辦完了？』對：『辦完了。』問：『勇都撤完了？』對：『都撤完了。』問：『遣散〔一三五〕幾多勇？』對：『撤的二萬人，留的尚有〔一三六〕三萬。』問：『何處人多？』對：『安徽人多。

湖南人也有些，不過數千；安徽人極多。』問：『撤得安静？』對：『安静。』問：『汝〔一三七〕一路來可安静？』對：『路上很安静。先恐有游勇滋事，却倒平安無事。』問：『汝出京多少年？』對：『臣出京十七年了。』問：『汝帶兵多少年？』對：『從前總是帶兵。這兩年蒙皇上恩典，在江南做官。』問：『汝從前在禮部？』對：『臣前在禮部當差。』問：『在部幾年？』對：『四年。道光二十九年到禮部侍郎任，咸豐二年出京。』問：『曾國荃是汝胞弟？』對：『是臣胞弟。』問：『汝兄弟幾個？』對：『臣兄弟五個。有兩個在軍營死的，曾蒙皇上非常天恩。』碰頭。問：『汝從前在京，直隸的事自然知道。』對：『直隸的事，臣也曉得些。』問：『直隸甚是空虚，汝須好好練兵。』對：『臣的才力怕辦不好。』旋叩頭退出。

十五日，復召見〔一三八〕。

辰初趨朝，巳正叫起。六額駙帶領入養心殿東間，即叩頭奏稱：『臣曾國藩叩謝天恩！』起行數步，跪於墊上。皇太后問製造輪船之事〔一三九〕，問：『汝造了幾個輪船？』對：『造了一個。第二個現在方造，未畢。』問：『有洋匠不〔一四〇〕？』對：『洋匠不過六七個，中國匠人甚多。』問：『洋匠是那國的？』對：『法國的。英國的〔一四一〕也有。』問：『汝的病好了？』對：『好了些。前年在周家口很病，去年七八月便好些。』問：『汝喫藥不？』對：『也曾喫藥。』退出。

十六日，復召見〔一四二〕。

辰正趨朝，巳正叫起。僧王之子伯王帶領入見。進門即跪墊上。皇太后問歷年將才優劣，并勖以直隸吏治、練兵兩事，獎勞備至〔一四三〕。問：『汝此次來，帶將官不？』對：『帶了一個。』問：『叫甚麽名字？』對：『叫王衍慶〔一四四〕。』問：『他是甚麽官？』對：『他是記名提督，是〔一四五〕鮑超的部將。』

問：『汝這些年見得好將官多不？』對：『好的〔一四六〕倒也不少。多隆阿就是極好的，有勇有謀，此人可惜了。鮑超也很好，勇多謀少。塔齊布甚好，死得太早。羅澤南是好的。楊岳斌也好。目下的將官〔一四七〕，就要算劉銘傳、劉松山。』每説一名，伯王在傍疊説一次。太后問水師的將，對：『水師現無良將。長江提督黄翼升尚好可用〔一四八〕，但是第二等人才。』問：『楊岳斌他是水師的將，陸路何如？』對：『楊岳斌長於水師，陸路調度差些。』問：『鮑超病〔一四九〕好了不？他現在那裏？』對：『聽説病好些。他在四川夔州府住。』問：『鮑超的舊部撤了不？』對：『全撤了。本存八九千人，今年四月撤了五千，八九月間臣調直隸時恐怕滋事，又將此四千人全行撤了。皇上如要用鮑超，尚可再招得的。』問：『汝幾時到任？』對：『臣離京多年，擬在京過年，朝賀元旦，正月再行到任。』問：『直隸空虚，地方是要緊的，汝須好好練兵。吏治也極廢弛，汝須認真整頓。』對：『臣也知直隸要緊，天津海口尤爲要緊。如今外國雖和好，也是要防備的。臣要去時總是先講練兵，吏治也該整頓〔一五〇〕。但是臣之精力現在不好，不能多説話，不能多見屬員。這兩年在江南見屬員太少，臣心甚是抱愧。』太后説：『汝實心實力去辦。』伯王又幫太后説：『直隸省現無軍務，去辦必好。』太后説：『有好將，盡管往這〔一五一〕裏調。』對：『遵旨竭力去辦，但恐怕辦不好。』太后説：『盡心竭力，没有辦不好的。』又問：『汝此次走了多少日？』對：『十一月初四日啓行，走了四十日。』退出。

十八日，至内閣到大學士任。

先至誥敕房更衣，在公案一坐，次至滿本房公案一坐，次至大堂一坐。横列六案，滿東三案，漢西三案。公在西之第一案一坐，畫稿二件。侍讀中書等數十人來，三揖，公答揖。旋至翰林院到任。先在典簿廳更衣，次至昌黎廟大堂一坐，次至聖廟行禮。次至典簿廳更衣，次至昌黎廟行禮。次至清祕堂一坐，學士、編檢等以次來，三揖，公答揖。

年終恩賞如例。

同治八年

正月初一日，寅初一刻趨朝，行慶賀禮〔一五二〕。卯初一刻，至景運門，旋過隆宗門，捧慶賀皇太后表文進至慈寧門之東階案上，内監接入。同事者閣學宋晋從内閣捧表，禮侍温葆深、李鴻藻前引也。旋在工部朝房等候。辰初，隨同皇上行慶賀皇太后禮。皇上在慈寧門行禮，一二品大臣在長信門外行禮。禮〔一五三〕畢，至太和殿。辰正，皇上升殿受賀。公與大學士朱鳳標在殿門正中闑〔一五四〕外展表，太常寺司官宣讀表文。皇上退，諸大臣補行三跪九叩禮。

十六日，辰初二刻趨朝。是日賜廷臣宴，公與焉〔一五五〕。午正，入乾清門内。由甬道至月臺，用布幔帳臺之南，即作戲臺之出入門。先在階下東西排立，大學士倭仁在殿上演禮。午正二刻，皇上出，奏樂升寶座。太監引大臣入左右門。東邊四席西嚮：倭仁首坐，二座文祥，三座寶鋆，四座全慶，五座載齡，六座存誠〔一五六〕，七座崇綸，皆滿尚書也。西邊四席東嚮：公列首座，朱相次之，三座單懋謙，四座羅惇衍，五座萬青藜，六座董恂，七座譚延襄，皆漢尚書也。桌高尺許。升墊叩首，旋即盤坐。每桌前有四高裝碗，如五供之狀；後八碗，亦雞、鴨、魚、肉、燕菜、海參、方餑、山查糕之類。每人飯一碗；雜膾一碗，内有荷包蛋及粉條。唱戲三齣。皇上及大臣各喫飯菜畢，旋〔一五七〕將前席撤去。皇上前之菜及高裝碗，太監八人輪流撤去；大臣前之菜，兩人抬出一桌，抬畢，另進一桌。皇上前之碟不計其數，大臣前之每桌果碟五、菜碟十。重奏樂，倭相起，衆皆起立。倭相脱外掛，拏酒送爵於皇上前，退至殿中叩首，衆大臣皆叩首。倭相又登御座之右，跪領賜爵，退至殿中跪。太監易爵，另進杯酒。倭相小飲，叩首，衆大臣皆叩首。旋各賜酒一杯。又唱戲三齣。各賜奶茶一碗，湯圓一碗，山茶飲一碗。每賜皆在墊上叩首。旋將賞物抬於殿外。各起，出至殿外謝宴、謝賞，一跪三叩，依舊排立東西階下。皇上退，奏樂。

宴畢〔一五八〕，蒙賞如意一柄，磁瓶一個，蟒袍一件，鼻烟一瓶，江〔一五九〕綢袍褂料二付。各中堂〔一六〇〕、尚書之賞同一例也。

十七日，辰初二刻趨朝。是日請訓。

午初，召見於養心殿〔一六一〕。皇太后問：『汝〔一六二〕定於何日起身出京？』對：『定二十日起身出京。』問：『汝到直隸，辦何事爲急？』對：『臣遵旨以練兵爲先。其次整頓吏治。』問：『你打算練二萬兵？』對：『臣擬練二萬人。』問：『還是兵多些，勇多些？』對：『現尚未定，大約勇多於兵。』問：『劉銘傳之勇現紮何處？』對：『紮在山東境内張秋地方。他那一軍有一萬一千餘人。此外尚須練一萬人，或就直隸之六軍增練，或另募北勇練之。俟臣到任後察看，再行奏明辦理。』問：『直隸地方也不乾净，聞尚有些伏莽。』對：『直隸、山東交界地〔一六三〕本有梟匪，又加降捻游匪，處處皆有伏莽，總須練兵，乃彈壓得住。』問：『洋人的事也是要防。』對：『天津、海口是要設防的。此外，上海、廣東各口都甚要緊，不可不防。』〔一六四〕問：『近來外省督撫也説及防海的事不？』對：『近來因長毛、捻子鬧了多年，就把海防〔一六五〕的事都看鬆些。』問：『這是一件大事，總擱下未辦〔一六六〕。』對：『這是第一件大事，不定那一天他就翻了〔一六七〕。兵是必要練的，那怕一百年不開仗，也須練兵防備他〔一六八〕。』問：『他多少國連成一氣，是一個緊的。』對：『我若與他開釁，他便數十國聯成一氣〔一六九〕。兵雖練得好，却斷不可先開釁。講和也要認真，練兵〈兵〉也要認真，講和是要件件與他磨〔一七〇〕。二事不可偏廢，都要細心的辦。』問：『也就靠你們替我辦一辦。』對：『臣盡心竭力去辦。凡有所知，隨時奏明請示。』問：『直隸吏治也疲玩久了，你自然也都曉得。』對：『一路打聽，到京又問人，也就曉得些。屬員全無畏憚，臣到任後，不能不多參幾人。』問：『百姓也苦得很。』對：『百姓也甚苦，年歲也不好。』問：『你要的幾個人，是跟你久了的？』對：『也跟隨臣多年。』太后顧帶見之惠郡王云：『叫他就跪安。』起身走數步，復跪奏云：『臣曾國藩跪請聖安！』退出。

二十日，出都。

二十一日，巡視永定河堤工。

二十七日，抵保定省垣。

二月初二日，接篆視事。

三月初五日，刊發直隸清訟事宜十條〔一七一〕。

四月初六日，驗收河[工]。

初八日，回署。

[五月二十一日]，公疏稱〔一七二〕直隸練兵：『當參用東南募勇之法，仍須户部籌餉，然後營務方有起色。』旨報可。

二十三日〔一七三〕，永定河復決，公自請議處。

十月初十日，公出省驗收河工。

二十三日，回署。

十二月，公疏稱〔一七四〕：『畿南各屬災歉較重，擬於來春以貸爲賑，請於天津存儲項下撥制錢十萬串，解至大名豫備散放。』

年終恩賞如例。

同治九年

正月，核練軍馬隊章程。

二月初二日，公疏稱：『清理積案，計審結及注銷之案四萬一千餘起，請將勤奮之員酌獎。』旨報可〔一七五〕。

三月，公右目失明。

四月二十一日，公患眩暈，請假一月調理。

公子紀澤赴蔭生試。奉旨以員外郎分部行走，籤分户部陝西司。

五月二十二日，［公］因病尚未痊，展假一月。

二十三日，天津民、教相訌。

二十五日，上命公赴天津查辦民、教相訌之案。

初，天津有奸民張拴、郭拐以妖術迷拐人口，知府張光藻、知縣劉杰拿獲正法。旋據桃花口民團緝獲迷拐李所之、武蘭珍訟縣供稱，受迷藥於教民王三。於是閭閻喧傳天主教堂遣人迷拐幼孩，挖眼剖心以爲藥料。又云義冢内尸骸暴露，皆教堂所弃，人情洶洶。三口通商大臣崇厚率天津道周家勛等會法國領事官豐大業，帶蘭珍赴堂質訊。蘭珍語言支離，多與原供不符，案弗能决，崇厚遂回署。適士民觀者麕集，偶與教堂人有違言，抛磚相擊。豐大業徑至崇厚署内咆哮忿詈，崇厚撫慰之，不從。以洋槍擊崇厚，不中。路遇杰，復以槍擊之，誤傷其僕。居民見者皆忿怒，遂毆斃豐大業，鳴鑼集衆，焚毁教堂、洋房數處，教民及洋人死者數十人。崇厚上疏自劾，并請飭地方大吏來津查辦。

時公猶在假，力疾請行。作遺囑〔一七六〕誡其二子，略云：

> 外國性情凶悍，津民習氣浮囂，俱難和協，將來構怨興兵，恐致激成大變。余自咸豐三年募勇以來，即自誓效命疆場。今年老病軀，危難之際，斷不肯吝於一死，以自負其初心。恐邂逅及難，而爾等諸事無所禀承。茲略示一二，以備不虞。

所囑凡二千餘言。

六月初十日，公至天津。

天津舊有水火會，諸少年豪俠，矜尚義氣，不畏彊禦。咸豐初年，粵賊北竄，津郡士民倡團擊退之，畿輔賴以保全。自西洋通商，民、教時時相訌，當事者委曲求全，或未能持平。津人怨民氣之不伸也，冀公至力反所爲，摩刃以待戰。公以捻寇初平，西陲未靖，海内凋瘵，方資休息，未可遽肇邊釁，勞敝中國；又鑒於旋戰旋和之失，一意保全和局。始至即諭天津士民，宣布聖主懷柔外國、息事安民之意。是時，至公署條陳者，或欲藉津民義憤驅逐洋人，或欲聯俄、英之交以攻法國，或欲調集兵勇以爲應敵之師。公既諭津民不許擅起兵端，其致崇厚書有『禍則同當，謗則同分』之語，報友人書則云：『寧可得罪於清議，不敢貽憂於君父。』噫！公之公忠體國，千載下當諒其苦衷矣。

十九日，法國公使羅淑亞來見，以四事相要：曰賠修教堂，曰埋葬豐大業，曰查辦地方官，曰懲究凶手。

二十一日，羅淑亞遞照會，欲將府、縣官及提督陳國瑞抵命，公竣辭拒之。

二十三日，公與崇厚會奏〔一七七〕大概情形，并代洋人辨明挖眼剖心之誣。

公既與羅淑亞屢争府、縣抵命之説，而該公使要求不已，因奏參張光藻、劉杰請交刑部治罪。於是中外嘩然，貽書相責。公常引爲愧恨，其家書〔一七八〕有云：『府、縣二人俱無大過，張守尤洽民望。吾此舉，内疚神明，外慚清議，不料老年遘此大難。余才衰思枯，竟無善策。惟臨難不苟免，此則雖耄不改耳。』

光藻、杰既解任，奏委丁壽昌署天津道，馬繩武署天津知府，蕭世本署天津知縣〔一七九〕。奉上諭〔一八〇〕：『曾國藩奏遵旨覆陳一摺；另片所陳善全和局，以爲保民之道，豫備不虞，以爲立國之本，甚屬曲當事理。即著該督堅持定見，悉心經理，用全大局。欽此。』

七月，奉上諭〔一八一〕：

該督至天津後，統籌全局，次第辦理。其中委曲求全、萬不得已之苦衷，在稍達事理者自無不諒。刻下府、縣一層堅持定見，當可就我範圍，如能將爲首滋事及下手之人嚴拿，務獲訊取確供，按律議抵，大局似可粗定。欽此。

上命崇厚出使法國；毛昶熙至天津會辦教案，隨行者侍講吴元炳、員外郎劉錫鴻、總理衙門章京陳欽。

適英國公使威妥瑪亦至，昶熙約洋官會議，抗辨詰難，羅淑亞固執前説，議未協。

初九日，羅淑亞入都，遞照會一件，總理衙門王大臣駁斥之。

上命丁日昌赴津幫辦教案〔一八二〕。

是月，兩江總督馬新貽爲刺客張汶祥所害〔一八三〕。詔以公調補兩江總督，李鴻章調補直隸總督。

公具疏懇辭，奉上諭〔一八四〕：

曾國藩奏瀝陳病目情形，請另簡賢員畀以兩江重任一摺。兩江事務殷繁，職任綦重。曾國藩老成宿望，前在兩江多年，情形熟悉，措置咸宜，現雖目疾未痊，但能坐鎮其間，諸事自可就理。所請另簡賢員之處，著毋庸議。欽此。

八月十四日，公奏訊取府、縣親供交部核議一疏，〔奉〕上諭〔一八五〕：『天津教案尚未辦有端倪，著李鴻章馳赴天津會同曾國藩、丁日昌辦理。毛昶熙著即回京。』

二十三日，公奏分別定擬一疏〔一八六〕，計訊定供證確實者十一人，無供而有確證者四人，共計可以正法者十五名，擬辦軍流者四人，徒罪者十七人。

二十五日，李鴻章至天津。

二十七日，陳國瑞到案。

二十八日，公疏報〔一八七〕解送府、縣赴部日期。并飭呈陳國瑞親供，密陳府、縣無罪之狀。又附奏〔一八八〕請飭丁日昌回任江蘇。旨報可。

九月初六日，公交卸督篆，李鴻章接篆受事。

〔奉〕上諭〔一八九〕：

前因天津知府張光藻、天津知縣劉杰於民、教啓釁一案，事前既疏於防範，事後又不能迅速獲犯，當經降旨革職，交刑部治罪。嗣經曾國藩等取具親供，并將該革員等押解到部。兹據刑部奏請,按照刁民滋事,地方文武不能彈壓撫恤革職例,從重發往軍臺效力,并以案情重大應如何從重改發之處請旨等語。該府、縣責任地方,乃於津民滋事不能設法防範,致匪徒乘機戕害多命,又未將凶犯趕緊拿獲,情節較重;且該革員等於奉旨交部治罪後,張光藻竟敢私往順德,劉杰亦私往密雲,任意逗留,尤屬藐玩。張光藻、劉杰均著從重改發黑龍江效力贖罪,以示懲警。至津民因懷疑激忿,不遵地方彈壓,輒敢逞凶殺害至二十餘命之多,且將其仁慈堂内貞女殺害,尤爲凶殘。現經曾國藩等拿獲滋事人犯審明,分别情節輕重,將馮瘸子等十五犯擬以正法,小錐王五等二十一犯擬以軍徒。既屬情真罪重,即照所擬將馮瘸子等即行處決,小錐王五等分别發配安置。經此次嚴辦之後,各省地方官務當曉諭居民安分守法,毋任再生事端。遇有中外交涉事件,按照條約持平妥辦,務使中外商民彼此相安,以靖地方。

十三日,公奏續訊第二批人犯定擬一疏〔一九〇〕,略云:

兩旬以來,嚴飭地方文武續行訪拿,晝夜研訊,又獲應正法者五人,應辦軍徒者四人。此案事起倉卒,并無豫先糾集之人,其後殺人放火,萬衆喧雜,亦非百姓始意所能料。今中國力全鄰好,先後兩次共得正法之犯二十人,軍徒各犯二十五人,辦理不爲不重,不特足對法國,亦堪徧告友邦。

旨如議。於是馮瘸子等皆斬決,小錐王五等分别軍徒,津案始結〔一九一〕。

是年,公壽六十。奉旨賜壽,御書『勛高柱石』匾額一面,福、壽字各一方,梵銅像一尊,紫檀嵌玉如意一柄，蟒袍一件，吉綢十件，綫縐十件。公具疏謝恩，并懇辭請陛見，奉旨：『著來見。』

二十五日，入都。

二十六日，早朝〔一九二〕。巳正三刻，入〔一九三〕養心殿之東間，叩謁皇太后、皇上聖安，旋即叩頭恭謝天恩。

慈禧皇太后問曰：『你何日自天津起程？』對：『二十三日自天津起程。』問：『天津正凶曾已正法不？』對：『未行刑。旋聞領事之言，俄國公使即將到津，法國羅使將派人來津驗看，是以未能遽殺。』問：『李鴻章擬於何日將伊等行刑？』對：『臣於二十三日夜接李鴻章來信，擬於二十五日將該犯等行刑。』問：『天津百姓現尚刁難好事不？』對：『此時百姓業已安謐，均不好事。』問：『府、縣前逃至順德等處，是何居心？』對：『府、縣初撤任時并未擬罪，故渠等放膽出門。厥後遣人諭知業已革參交部。該員等惶駭，始從順德、密雲次第回津云云〔一九四〕。』問：『你右目現尚有光能視不〔一九五〕？』對：『右目無一隙之光，竟不能視；左目尚屬有光。』問：『別的病都好了麽？』對：『別的病算好了些。』問：『我看你起跪等事，精神尚好。』對：『精神總未復原。』問：『馬新貽這事豈不甚奇？』對：『這事很奇〔一九六〕。』問：『馬新貽辦事很好？』對：『他辦事精細和平〔一九七〕。』退出。

二十七日，辰初三刻入朝，巳初三刻後蒙召入對，巳正三刻進見。皇太后問：『你在直隸練兵若干？』對：『臣練新兵三千，前任督臣官文練舊章之兵四千，共爲七千。擬再練三千，合成一萬。已與李鴻章商明，照臣奏定章程辦。』問：『南邊練兵也是最要緊的，洋人就很可慮〔一九八〕，你們好好的辦去。』對：『洋人實在可慮〔一九九〕。現在海面尚平安〔二〇〇〕，惟當設法防守。臣擬在江中要緊之處修築炮臺，以防輪船〔二〇一〕。』問：『能防守便是好的。這教堂就常常多事。』對：『教堂近年到處滋事，教民好欺不吃教的百姓，教士好庇護教民，領事官好庇護教士。明年法國换約，須將傳教一節加意整頓。』問：『你幾時出京？』對：『萬壽在邇，臣隨班行禮後，再行跪安請訓。』退出。

十月初一日，奉派入坤寧宫喫肉。

寅正一刻，入朝。卯正二刻，傳入乾清宫，與衆王大臣立談。三刻，入過交泰殿，至坤寧宫。皇上坐西南隅榻上，背南窗北向而坐。各王大臣以次向西而坐，以南爲上。第一排，南首爲惇王、恭王，以次而北；第二排，又自南而北。公坐第五排之南首一位。初進釘盤小菜，醬瓜之類一碟，次進白肉一大銀碟，次進肉絲泡飯一碗，次進酒一杯，次進奶茶一杯。約二刻許退出。

初九日，趨朝請訓〔二〇二〕，召見於養心殿。

慈禧皇太后問：『你幾時起程赴江南？』對：『臣明日進内隨班行禮，禮〔二〇三〕畢後三兩日，即起程前赴江南。』問：『江南的事要緊，望你早些兒去。』對：『即日速去，不敢耽擱〔二〇四〕。』問：『江南也要練兵。』對：『前任督臣馬新貽調兵二千人在省城訓練。臣到任，當照常訓練。』問：『水師也要操練。』對：『水師操練要緊。海上現造有輪船，全未操練，臣去擬試行操練。長江之中擬擇要隘處試造炮臺。海面雖安静〔二〇五〕，也須設法防守。』問：『你從前用過的人，此刻好將尚多麽？』對：『好將現在不多。劉崧山便是好的，今年蹧蹋了。可惜。』問：『實在可惜。文職小官也有好的麽？』對：『文職小官中〔二〇六〕省省都有好的。』問：『水師還有好將〔二〇七〕麽？』對：『好將甚少。若要操練輪船，必先〔二〇八〕多求船主。』太后少停未問，旋告六額駙曰：『令他即可跪安。』公立起，退至簾前。復跪請聖安，旋即出。

〈十月〉十一日，公六十初度，湖廣同鄉京官稱觴於湖廣會館。

十五日，出都。

閏十月二十日，抵金陵，（往）住巡道署。

二十二日，接篆視事。

年終恩賞如例。

同治十年

正月，公與欽差刑部尚書〔二〇九〕鄭敦謹奏結〔二一〇〕盗魁〔二一一〕張汶祥行刺馬新貽一案。該犯實無主使，應凌遲處死。旨如議〔二一二〕。疏陳〔二一三〕河運艱難，請旨飭各督撫通籌運道全局，爲可久之規。

二月，疏復〔二一四〕淮南鹽引礙難增價。

三月〔二一五〕，又奏〔二一六〕永州、寶慶引地未便改運粤鹽，并川鹽侵占淮南引地，宜議規復。

六月初八日，公泛舟城北玄武湖〔二一七〕，游歷秦淮諸勝。見畫舸往來，笙歌雜遝，大有承平之象，公爲欣然。

七月，公與李鴻章會奏〔二一八〕：『派刑部主事陳蘭彬、江蘇同知容閎選帶聰穎子弟赴泰西各國肄習技藝。從前斌椿、志剛、孫家穀等奉使海外，親見各國軍政、船政，皆視爲身心性命之學，中國宜規仿其意。查照和約，先赴美國學習，計程月餘可到。所需經費，請飭下江海關按年指撥，毋使缺乏。』

八月十三日，出省大閲〔二一九〕。

十九日〔二二〇〕，至揚［州］。

二十八日，至清江浦。

九月初三日，至徐州。

十五日，回清江舟次。

二十日，至丹陽。
二十二日，至常州。
二十六日，至常熟。登福山以望洋面。
二十八日，至蘇州。
十月初六日〔二二一〕，至松江。
初七日，至上海。
十一日，至吴淞口。校閲〔二二二〕已畢，因演試輪船〔二二三〕，凡四號：曰『恬吉』，曰『威靖』，曰『操江』，曰『測海』，皆公所命名也。
十五日，回金陵。
十一月二十二日〔二二四〕，移居新修督署，即僞天王府〔二二五〕故址也。
年終恩賞如例。

同治十一年

正月二十三日，公病肝風，右足麻木，良久乃愈。

二十六日，前河道總督蘇廷魁過金陵，公出城迎候。輿中背誦『四書』，忽手指戈什哈，欲有所言，口噤不能出聲，遂回署。

二十九日，公自書日記云：『余病患不能用心。昔道光二十六、七年間，每思作詩文，則身上癬疾大作，徹夜不能成寐。近年或欲〔二二六〕作詩文〔二二七〕，亦覺心中恍惚，不能自主。故眩暈、目疾、肝風等症，皆心肝血虚之〔二二八〕所致也。不能溘先朝〔二二九〕露，速歸於盡；又不能振作精神，稍治應盡之職事〔二三〇〕，苟活人間，慚悚何極。』次日又曰：『余精神散漫已久，凡遇應了結之件，久不能完；應收拾之件，久不能檢，如敗葉滿山，全無歸宿。通籍三十餘年，官至極品，而學業一無所成，德行一無所就〔二三一〕，老大徒傷，不勝悚惶慚赧。』

二月初二日，公方閱案牘，執筆而手顫，欲言而不能出聲，有頃復愈。因告公子紀澤〔二三二〕，喪事宜遵古禮，勿用僧、道。

初三日，閱理學宗傳中張子一卷，又有手顫心搖之象。

初四日午後，公周歷署西花園，公子紀澤從。游畢將返，忽呼足麻，扶掖至廳事，端坐而薨，是日戌刻也，享年六十有二〔二三三〕。城中驚傳火起，救視無見。他處皆見大星隕於金陵城中。士民巷哭野祭，如喪慈母。事聞，上震悼，輟朝三日。

奉上諭〔二三四〕：

大學士兩江總督曾國藩，學問純粹〔二三五〕，器識宏深，秉性忠誠，持躬清正，由翰林蒙宣宗成皇帝特達之知洊升卿貳。咸豐三年間創立楚軍，剿辦粤匪，轉戰數省，迭著勛勞。文宗顯皇帝優加擢用，補授兩江總督，命爲欽差大臣，督辦軍務。朕御極後，簡任綸扉，深資倚任。東南底定，厥功最多。江寧之捷，特加恩賞給一等毅勇侯，世襲罔替，并賞戴雙眼花翎。歷任兼圻，於地方利病盡心籌畫，老成碩望，實爲股肱心膂之臣。方冀克享遐齡，長承恩眷，兹聞溘逝，震悼良深。曾國藩著追贈太傅；照大學士例賜卹，賞銀三千兩治喪，由江寧藩庫發給；賜祭一壇，派穆騰阿前往致祭；加恩予謚『文正』；入祀京師昭忠祠、賢良祠，并於湖南原籍、江寧省城建立專祠；其生平政績〔二三六〕事實宣付史館，任内一切處分悉予開復，應得卹典，該衙門察例具奏。靈柩回籍時，著沿途地方官妥爲照料。其一等侯爵，即〔二三七〕著伊子曾紀澤承襲，毋庸帶領引見。其餘子孫幾人，著何璟查明具奏，候旨施恩，用示篤念忠良至意。欽此。

於是江蘇巡撫何璟、安徽巡撫英翰、湖廣總督李瀚章交章述公平生勛績，請付史館〔二三八〕。

十八日，奉上諭〔二三九〕：

前據穆騰阿等并梅啓照同日奏到：曾國藩因病出缺，當降旨優予卹典，并於湖南原籍、江寧省城建立專祠，生平政績事實宣付史館；一等侯爵即著伊子曾紀澤承襲；其餘子孫幾人，令何璟查明具奏，候旨施恩。兹據何璟歷陳曾國藩公忠體國，懋著賢勞，覽奏尤增悼惜。何璟原摺著暫行留中，即將該故督之孫何名、年歲若干，查明具奏，再降諭旨。欽此。

四月二十八日，奉上諭〔二四〇〕：

大學士兩江總督曾國藩於本年二月間，因病出缺，當降旨優予恤典，并於湖南原籍、江寧省城建立專祠，生平政績事實宣付史館。一等侯爵即令伊子曾紀澤承襲；其餘子孫幾人，令何璟查明具奏，候旨施恩。據何璟、英翰、李瀚章先後臚陳曾國藩歷年勛績，英翰、李鴻章并請於安徽、湖北省城建立專祠。又據何璟遵查該故督子孫詳晰復奏。披覽之餘，彌增悼惜。曾國藩器識過人，盡瘁報國。當湘、鄂、江、皖軍務棘手之際，倡練水軍，矢志滅賊，雖屢經困厄，堅忍卓絕，曾不少渝。卒能萬衆一心，削平逋寇。功成之後，寅畏小心，始終罔懈。其薦拔賢才，如恐不及，尤得『以人事君』之義，忠誠克效，功德在民。允宜迭沛恩施，以彰忠藎。曾國藩著於安徽、湖北省城建立專祠。此外，立功省分并著准其一體建祠。伊次子附貢生曾紀鴻、伊孫曾廣鈞，均著賞給舉人，准其一體會試；曾廣鎔〔二四一〕著賞給員外郎，曾廣銓著賞主事，均俟及歲時分部學習行走。何璟、英翰、李瀚章摺三件，均著宣付史館，用示眷念勛臣有加無已至意。欽此。

又奉御賜祭文曰：

朕惟功懋懋賞，信圭表延世之勛；思賛賛襄，雕俎厚飾終之典。爰申牟奠，用賁絲言。爾原任大學士兩江總督一等毅勇侯贈太傅曾國藩，賦性忠誠，砥躬清正。起家詞館，屢持節而掄才;薦陟卿曹,輒上書而陳善。值皇華之載賦,聞風木而遄歸。忽鄉鄰有門之頻驚,潢池盜弄;懍戰陣無勇之非孝,墨絰師興。奇功歷著於江淮,大名永光於竹帛。俾正鈞衡之位,仍兼軍府之尊。一等酬庸,錫侯封於帶礪;雙輪曳羽,飄翠影於雲霄。重鎖鑰而任北門,百僚是式;還敬戒而惠南國,萬衆騰歡。方期碩輔之延年,豈意遺章之入告。老成忽謝,震悼良深。頒厚賻於帑金,遣重臣而奠醊。特易名於上謚,贈太傅之崇階。列祀典於昭忠、賢良,建專祠於金陵、湘渚。彝章載考,初祭特頒。於戲!天不憖遺一老,永懷翊贊於元臣;人可贖兮百身,用寄咨嗟於典册。靈其不昧,尚克歆承。

又奉御賜祭文曰:

朕惟位兼將相,仗經文緯武之才;氣壯山河,懋崇德報功之典。爰陳芳奠,用奬成勞。爾原任大學士兩江總督一等毅勇侯贈太傅曾國藩,學有本原,(氣)器成遠大;忠誠體國,節勁凌霜;正直律躬,心清盟水。初聯班於玉署,芸省蜚聲;旋獻(賊)賦於鑾坡,芝坊晋秩。叠司文柄,先蜀郡而後洪都;頻進讜言,因疾風而知勁草。卿階超擢,荷先朝特達之知;忠悃彌攄,篤臣子靖共之誼。乃乘軺而奉使,旋持服以去官。值粤逆之紛來,遂楚軍之創立。援墨絰從戎之義,俾移孝以作忠;勵丹心報國之誠,每出奇而制勝。選將不拘常格,募壯士於三科;分軍屢拔逆巢,懾長城於萬里。秩隆總制,節授專征。洎朕寶祚誕膺,皖江告捷,特晋鈞衡之位,仍持旄鉞之權。掃穴擒渠,告成功於建業;酬庸錫爵,膺懋賞於通侯。叠翠羽以增輝,貢黄裳而耀采。未幾畿疆移節,藉修三接之儀;既因南服需才,仍莅兩江之任。方冀長承湛露,恩眷優隆；何期遽隕大星，老成凋謝。覽遺章之入奏，震悼良深；予恤典以從優，哀榮是備。諭重臣而致奠，給國帑以治喪。崇階贈太傅之銜，秩祀永賢良之譽。并專祠之分建，宜世爵之欽承。特沛丹綸，增光青史。謚爲『文正』，允副嘉名。於戲！日贊黄扉，勛業永思夫補袞；風淒丹旐，愴懷倍切於騎箕。歆是苾芬，榮兹俎豆。

又奉御賜入祀賢良祠祭文，曰：

聞鼓鼙而思將帥，每深良弼之懷；治馨香而感神人，用永明禋之報。崇祠載列，元祀攸隆。爾原任大學士兩江總督一等毅勇侯贈太傅曾國藩，學蔚儒宗，忠全令德。早入承明之選，玉尺提衡；洊躋卿貳之班，冰壺挈操。歷華省而讜言屢上，議禮制而正論無阿。迨奉諱以旋湘，乃盡哀於廬墓。值戎車之告警，奮集鄉兵；爰墨絰以誓師，恪遵朝命。勇呼爪士，率長沙子弟以先來；捷奏膚公，挽半壁河山而永定。綸扉懋贊，總制仍兼。雙輪揚上將之華，輝增翠羽；一等錫通侯之貴，服稱黄褂。延爵賞於後人，畀宫銜於太保。節制甫資於北道，旌麾旋轉於南方。歌遵渚而人望鴻飛，奠長江而民争蛾伏。范希文以天下自任，志事終酬；李西平爲社稷而生，身名俱泰。江淮流惠，草木知名。方倚元老以圖功，忽悵臺星之斂耀。披章軫惻，厚禮飾終。晋太傅之崇封，易嘉名於上謚。念經天而緯地，斯謂之文；繄輔世而長民，爾身克正。允表賢良於京國，眷懷耆舊於湖湘。廟貌聿新，烝嘗罔替。有功德於民則祀，尚念典型；[惟]俎豆之事嘗聞，載頒芬飶。昭兹休渥，式克欽承。

又奉御賜碑文，曰：

朕惟臺衡績懋，樹峻望於三公；鐘鼎勛垂，播芳徽於百世。寵頒紫綍，色焕丹珉。爾原任大學士兩江總督一等毅勇侯贈太傅曾國藩，秉性忠純，持躬剛正。闡程朱之精藴，學茂儒宗；儲方召之勛猷，器推公輔。登木天而奏賦，清表風規；歷芸館而遷資，誠孚日講。屢持使節，兼校春闈。洊擢卿班，允諧宗伯。溯建言之直節，荷殊遇於先朝。凡兹靖獻之丹忱，早具忠貞〔二四二〕之素志。乃突來夫粤匪，俾訓練夫楚軍〔二四三〕。拔岳郡而克武昌，功如破竹；靖章江而平皖水，威振援（袍）枹。兩江尊總制〔二四四〕之權，九伐重元戎之命。朕丕承基緒，眷念成勞。榮銜特畀以青宮，峻秩〔二四五〕更登諸黄閣。辭節制於三省四省，彌見寅恭；精調度於湘軍淮軍，務嚴申令。聯蘇杭爲犄角，堅壘同摧；倚昆季爲爪牙，逆巢直搗。金陵奏凱，慰皇考知人善用〔二四六〕之明；玉詔酬庸，褒元老决勝運籌之略。既析圭而列爵，亦疊翠以彯纓。既而畿輔量移，因之闕廷展覲。汲黯近戇，實推社稷之臣；楊震厚遺，無慚清白之吏。惟是瘡痍未復，每廑念乎天南；鎖鑰攸司〔二四七〕，仍遄歸於江左。方謂功資坐鎮，何期疾遽淪殂！贈太傅而階崇，祀賢良而譽永。專祠徧祭，世賞優頒。易名以表初終，核實允孚『文正』。於戲！松楸在望，倍懷麟閣之遺型；金石不磨，長荷鸞綸之錫寵。欽兹巽命，峙爾豐碑。

〔一〕江寧：底本缺，今據事略校補。

〔二〕上諭：見奏稿八附録廷寄　曾國荃如病已就痊即來京陛見（三月初二日）。

〔三〕疏稱：見奏稿八録寄諭傳知曾國荃片（三月十五日）。

〔四〕兵剿賊：事略作『師』。

〔五〕假：王定安求闕齋弟子記卷十一作『稍假』。

〔六〕先是捻酋張總愚……獲免：底本缺，今據事略校補。

〔七〕上諭：見奏稿八謹陳籌辦情形并請收成命摺（五月十三日）引。

〔八〕五月初九日……欽此：事略作『上既命公督兵剿捻，飭直隸、山東、河南三省旗、緑各營及文武員弁均歸節制。如該文武不遵調度，即指名嚴參』。

〔九〕時李鴻章……嘉勞：底本缺，今據事略校補。

〔一〇〕疏稱：見奏稿八，題作『謹陳籌辦情形并請收回成命摺（五月十三日）』。

〔一一〕上諭：見奏稿八附録廷寄　仍令曾國藩節制直東豫三省并李鶴章准其留營等事（五月二十三日）。

〔一二〕遺書：見書信七致李鴻章（同治三年九月初四日）。

〔一三〕公檄提督……隨同北征：底本缺，今據事略校補。

〔一四〕疏報：見奏稿八，題作『恭報交卸督篆帶兵出省日期摺（五月二十四日）』。

〔一五〕又奏：見奏稿八，題作『請飭鮑超營所買戰馬改解山東片（五月二十四日）』。

〔一六〕疏報曹州……祖禰焉：底本缺，今據事略校補。

〔一七〕初三日公次揚州：底本缺，今據事略校補。

〔一八〕具疏：見奏稿八，題作『再請收回節制三省成命片（同治四年閏五月十一日）』。

〔一九〕上諭：見清實録穆宗實録同治四年（一八六五）乙丑閏五月己卯（十六日）『諭軍機大臣等』。又見奏稿八仍請收回節制三省成命片（閏五月二十八日）。

〔二〇〕疏言：見奏稿八，題作『賊衆全萃皖境擬先赴臨淮摺（閏五月二十一日）』。
〔二一〕二十日……上嘉納之：底本缺，今據事略校補。
〔二二〕由：事略作『發』。
〔二三〕查圩之法：見詩文集剿捻告示四條。
〔二四〕定委員……雉河解圍：底本缺，今據事略校補。
〔二五〕上諭：見奏稿八恭謝天恩并陳明曾國荃病未復原摺（七月初八日）引。
〔二六〕具疏：見奏稿八，題作『恭謝天恩并陳明曾國荃病未復原摺（七月初八日）』。
〔二七〕疏言：見奏稿八，題作『遵旨復陳并請敕中外臣工會議剿捻事宜摺（七月二十四日）』。
〔二八〕張總愚任柱竄許州……旨報可：底本缺，今據事略校補。
〔二九〕是時馬隊……援潁州：底本缺，今據事略校補。
〔三〇〕張總愚攻南陽城……擊走之：底本缺，今據事略校補。
〔三一〕酋汪海洋：底本缺，今據事略校補。
〔三二〕上諭：見奏稿八附録廷寄　擬著李鴻章帶兵赴豫吴棠暫署江督李宗羲丁日昌遞署漕督蘇撫即著函商復奏（九月初十日）。
〔三三〕疏言：奏稿八，題作『奉旨復陳近日軍情及江督漕督蘇撫事宜摺（九月十九日）』。
〔三四〕九月上諭……復連敗之：底本缺，今據事略校補。
〔三五〕常清：事略脱，今據求闕齋弟子記卷十一校補。
〔三六〕江長貴……沙堰寨：底本缺，今據事略校補。
〔三七〕張總愚由潦口……赴援湖北：底本缺，今據事略校補。
〔三八〕汪海洋伏誅：底本缺，今據事略校補。
〔三九〕粤匪剿滅浄盡……底平：事略作『粤賊平』。

〔四〇〕公疏請飭……死之：底本缺，今據事略校補。
〔四一〕初銘傳……給獎有差：底本缺，今據事略校補。
〔四二〕上諭：見奏稿九附録明諭　李鶴年曾國荃趙長齡調補豫鄂晋撫及劉蓉仍署陝撫（正月三十日）。
〔四三〕公奏結徐州湖團之案：底本缺，今據事略校補。
〔四四〕公自徐州拔營啓行：事略作『公發徐州』。
〔四五〕孔子：底本缺，今據事略校補。
〔四六〕疏言：見奏稿九，題作『密陳重視捻匪博貯將才核實奏報力戒虚浮以正風氣片（三月二十一日）』。
〔四七〕疏言：見奏稿九，題作『近日調度剿捻各軍情形并擬在運河增堤置栅防堵片（四月初七日）』。
〔四八〕初張總愚自新野……續行會奏：底本缺，今據事略校補。
〔四九〕泊申家口直隸總督劉長佑來會：底本作『直隸總督劉長佑會於申家口』，今據事略校改。
〔五〇〕十一日……謁岱廟：底本脱，今據事略校補。
〔五一〕宿於碧虚宫……紀其勝：底本缺，今據事略校補。
〔五二〕軍次：底本缺，今據事略校補。
〔五三〕疏稱：見奏稿九，題作『查勘運河各段設防片（四月二十五日）』。
〔五四〕六月十四日：底本脱，今據年譜及奏稿九校補。
〔五五〕疏言：見奏稿九，題作『奏報近日剿捻軍情及檄調各軍防剿事宜摺（六月十四日）』。
〔五六〕疏稱長溝以北……皆被灾：底本缺，今據事略校補。
〔五七〕河：底本脱，今據事略校補。
〔五八〕初十日……泊五河縣：底本脱，今據事略校補。
〔五九〕次王家圩：底本脱，今據事略校補。

〔六〇〕委員軍士有消死者：底本缺，今據事略校補。

〔六一〕抵臨淮駐營患病：事略作：『至臨淮駐營。公病暑甚劇，十餘日始瘳。』

〔六二〕二十一日……而逸：底本缺，今據事略校補。

〔六三〕公力疾……懷遠縣：底本作『力疾登舟』，今據事略校改。

〔六四〕三十日……而上：底本缺，今據事略校補。

〔六五〕初二日……次陳州：底本缺，今據事略校補。

〔六六〕上疏乞假：見奏稿九因病請假一月在營調理片。

〔六七〕又奏：見奏稿九查辦蒙亳宿阜民圩擒斬著名積捻摺。按此摺時間在八月二十三日，故不當繫於此。

〔六八〕疏言：見奏稿九，題作『密陳防河無成捻匪合股東竄請寬宥有關撫臣徐圖補救片（八月二十三日）』。

〔六九〕十二日……漸有歸宿：底本缺，今據事略校補。

〔七〇〕上諭：見奏稿九附録廷寄　李鴻章速赴徐州防衛淮徐以東汴省應修濠墻仍著李鶴年實力興辦等事（九月初四日）。

〔七一〕上諭：見奏稿九附録廷寄　捻回紛擾陝甘軍情喫重飭鮑超率軍入關助剿湘楚各軍入援陝境及晋豫鄂川嚴防闌入并斥總統師幹剿捻無功（十月十九日）。

〔七二〕時公猶患盗汗……擊却之：底本僅作『九月公疏請李鴻章視師徐州公弟國荃視襄陽旨如議』凡二十二字，今據事略校改、校補。

〔七三〕疏稱：見奏稿九，題作『病難速痊請開各缺仍留軍中效力摺（十月十三日）』。

〔七四〕之：事略作『實』。

〔七五〕上諭：見清實録穆宗實録同治五年（一八六六）丙寅十月乙巳（二十日）『諭軍機大臣等』。又見奏稿九附録廷寄　李鴻章暫署理欽差大臣關防曾國藩再賞假一月俟調理就痊即來京陛見并指授及查詢近日軍情（十月二十五日）。

〔七六〕欽差大臣關防……調理：底本缺，今據事略校補。

〔七七〕具：事略作『自』。

〔七八〕疏陳：見奏稿九，題作『奉到諭旨先行復陳片（十一月初二日）』。

〔七九〕劉銘傳敗任賴……接辦：底本缺，今據事略校補。

〔八〇〕上諭：見清實録穆宗實録同治五年（一八六六）丙寅十一月丙辰朔（初一日）『諭軍機大臣等』。又見奏稿九曾國藩仍江督本任李鴻著授爲欽差大臣專辦剿捻事宜（十一月初六日）。

〔八一〕上諭：見奏稿九附録廷寄　諸軍從速就近入陝防剿豫晋陝先籌糧米接濟援軍曾國藩回兩江總督本任籌辦餉需（十一月十三日）。

〔八二〕疏稱：見奏稿九，題作『復陳病狀艱難請准不回江督本任仍命李鴻章暫行兼署摺（十一月十七日）』。

〔八三〕上諭：見清實録穆宗實録同治五年（一八六六）丙寅十一月戊寅（二十三日）『諭軍機大臣等』。又見奏稿九欽奉諭旨再陳下悃請開各缺摺（十二月初三日）。

〔八四〕十二月：據太平天國史事日志所載當爲本月初一、初三日。

〔八五〕十九日……擊却之：底本缺，今據事略校補。

〔八六〕是月公再疏力辭回江督任：底本作『十二月初三日公再疏力辭』，今據事略校改。

〔八七〕上諭：見奏稿九附録廷寄　諭曾國藩懔遵前旨克期回任飭鮑超等軍追剿捻匪并申斥曾國荃調度無方（十二月十五日）。

〔八八〕無人：底本脱，今據諭曾國藩懔遵前旨克期回任飭鮑超等軍追剿捻匪并申斥曾國荃調度無方校補。

〔八九〕疏稱：事略作『復奏』。見奏稿九，題作『遵旨暫回本任仍駐徐州并再瀝陳下悃摺（十二月二十一日）』。

〔九〇〕上諭：見清實録穆宗實録同治五年（一八六六）丙寅十一月戊辰（十三日）『諭内閣』。

〔九一〕接兩江總督篆：底本作『接篆』，今據事略校改。

〔九二〕上諭：見清實録穆宗實録同治六年（一八六七）丁卯正月己卯（二十四日）『諭軍機大臣等』。又見奏稿九附録廷寄　著曾國藩回駐金陵一切軍情及調度事宜仍與李鴻章咨商并速飭鮑超軍入陝不得延宕（正月二十七日）。

〔九三〕鮑超擊任賴……死之：底本缺，今據事略校補。

〔九四〕前赴河南督師：事略作『自徐州拔營赴周家口督師』。
〔九五〕任柱賴汶光竄麻城……渭北：底本缺，今據事略校補。
〔九六〕公發徐州……死之：底本僅作『公由徐州啓行』六字，今據事略校改、校補。
〔九七〕劉松山擊張總愚於鄜縣大破之：底本缺，今據事略校補。
〔九八〕總督：事略作『節』。
〔九九〕時值三載考績：底本缺，今據事略校補。
〔一〇〇〕疏言：見奏稿九，題作『奏請酌留解部之江海關洋税二成以濟要需片（四月初七日）』。
〔一〇一〕又奏：見奏稿九，題作『鮑超在鄂力戰引發舊傷新疾甚重請准酌調婁雲慶南來接統霆軍摺（四月初七日）』。
〔一〇二〕四月……辦理河防：底本缺，今據事略校補。
〔一〇三〕奉上諭……欽此：事略作『詔授公爲體仁閣大學士，仍留兩江總督之任』。
〔一〇四〕莊：事略爲墨丁，今據求闕齋弟子記卷十三校補。
〔一〇五〕任柱賴汶光竄山東……賊回竄山東：底本缺，今據事略校補。
〔一〇六〕以舊疾復發：底本缺，今據事略及求闕齋弟子記卷十三校補。
〔一〇七〕回籍調理奉旨報可：事略作『奉旨回籍調理』。
〔一〇八〕繫：事略爲墨丁，今據求闕齋弟子記卷十三校補。
〔一〇九〕十七日……而逸：底本缺，今據事略校補。
〔一一〇〕揚：事略訛作『謁』，今據求闕齋弟子記卷十三校改。
〔一一一〕賴汶光率餘黨……捷聞：底本缺，今據事略校補。
〔一一二〕奉上諭……欽此：事略作『公奉旨加一雲騎尉世職』。
〔一一三〕諸將給獎有差：底本缺，今據事略校補。

〔一一四〕鞸：事略訛作『執』，今據求闕齋弟子記卷十三校改。

〔一一五〕師資景州：求闕齋弟子記作『至景州督師』。

〔一一六〕二十四日：求闕齋弟子記卷十三作『二十五日』。

〔一一七〕初一日：事略脱，今據求闕齋弟子記校補。

〔一一八〕疏言：見奏稿十，題作『遵旨催劉銘傳赴營并密奏實情片（閏四月十四日）』。按下月之事，不當繫於此。

〔一一九〕正月……上躂之：底本缺，今據事略校補。

〔一二〇〕山：底本訛作『陵』，今據事略、年譜校改。

〔一二一〕『蓰部』詩：見詩文集，題作『喜吴南屏至』。蓰部，乃指詩首尾二韵。杜貴墀吴先生傳述其事云：『當東南初定，先生棹舟金陵，因以其間陟石鐘、匡廬、大小孤山，游宴西湖……作重九而歸。時同治戊辰歲也。其在金陵，文正公館爲上客。幕府故多賢豪，而一時名流以公故，多客金陵，沿江諸營亦往往而有。聞先生至，則皆相就交歡。公貽先生詩章，大江南北繼先生和者三百餘人，海内傳爲「蓰部倡和詩」。蓰部者，詩首尾二韻。上相吐握之勤，文人生氣之廣，中興盛事，蓋近今僅見云。』

〔一二二〕巴陵……百數十人：底本缺，今據事略校補。

〔一二三〕游天平……而止：底本缺，今據事略校補。

〔一二四〕洋人聞公……禮遇之：底本缺，今據事略校補。

〔一二五〕時張總愚……大破之：底本缺，今據事略校補。

〔一二六〕上諭：見奏稿十謝授武英殿大學士恩摺（同治七年五月初八日）引。

〔一二七〕二十四日……欽此：事略作『閏四月詔授公爲武英殿大學士』，且置於『初三日』之前。今據奏稿十謝授武英殿大學士恩摺（同治七年五月初八日）校改。

〔一二八〕初四日：事略脱，今據求闕齋弟子記校補。

〔一二九〕十五至十六日：事略脱，今據求闕齋弟子記卷十三校補。

〔一三〇〕五月……西捻平：底本缺，今據事略校補。

〔一三一〕上以公籌辦……著來見：底本作「李鴻章剿平西捻，奉上諭：『曾國藩籌辦淮軍後路軍火，俾李鴻章克竟全功，著交部從優議敘。欽此。』詔以公調補直隸總督，馬新貽調補兩江總督。公疏請陛見。」今據事略校改。

〔一三二〕召見養心殿：底本缺，今據事略校補。

〔一三三〕奕：底本脱，今據日記校補。

〔一三四〕詢問江南撤勇及直隸練兵事宜：底本缺，今據事略校補。

〔一三五〕散：日記作「撤」。

〔一三六〕有：底本脱，今據日記校補。

〔一三七〕汝：日記作「你」。下同不注。

〔一三八〕復召見：底本缺，今據事略校補。

〔一三九〕問製造輪船之事：底本缺，今據事略校補。

〔一四〇〕不：日記作「否」。下同不注。

〔一四一〕的：日記無此字。

〔一四二〕復召見：底本缺，今據事略校補。

〔一四三〕問歷年……備至：底本缺，今據事略校補。

〔一四四〕王衍慶：日記及書札復李泉統領等作「王慶衍」。

〔一四五〕他是記名提督是：日記作「記名提督他是」。

〔一四六〕的：日記作「將」。

〔一四七〕官：日記作「材」。

〔一四八〕尚好可用：日記作「江蘇提督李朝斌俱尚可用」。

〔一四九〕病：日記作『的病』。
〔一五〇〕對臣也知……整頓：底本脱，今據日記校補。
〔一五一〕這：底本作『那』，今據日記校改。
〔一五二〕行慶賀禮：底本缺，今據事略校補。
〔一五三〕禮：底本脱，今據日記校補。
〔一五四〕閾：底本脱，今據日記校補。
〔一五五〕公與焉：底本缺，今據事略校補。
〔一五六〕誠：底本訛作『城』，今據日記校改。
〔一五七〕旋：底本脱，今據日記校補。
〔一五八〕宴畢：底本缺，今據事略校補。
〔一五九〕江：底本訛作『紅』，今據日記校改。
〔一六〇〕中堂：底本缺，今據事略校補。
〔一六一〕於養心殿：底本缺，今據事略校補。
〔一六二〕汝：日記作『爾』。下同不注。
〔一六三〕地：日記無此字。
〔一六四〕問洋人的事……不可不防：底本脱，今據日記校補。
〔一六五〕海防：日記作『洋人』。
〔一六六〕總擱下未辦：底本脱，今據日記校補。
〔一六七〕不定那天他就翻了：底本脱，今據日記校補。
〔一六八〕他：底本脱，今據日記校補。

〔一六九〕問他多少……成一氣：底本脱，今據日記校補。

〔一七〇〕講和……磨：底本脱，今據日記校補。

〔一七一〕直隷清訟事宜十條：見詩文雜著。

〔一七二〕疏稱：見奏稿十，題作『遵旨籌議直隷練軍事宜摺（五月二十一日）』。

〔一七三〕二十三日：據日記當作『二十二日』。

〔一七四〕疏稱：見奏稿十，題作『查明畿南所屬灾歉輕重來春應行賑恤酌擬辦法摺（十二月二十四日）』。

〔一七五〕旨報可：底本缺，今據事略校補。

〔一七六〕遺囑：見家書同治九年（一八七〇）六月初四日『諭紀澤紀鴻』。

〔一七七〕會奏：見奏稿十一，題作『查明天津教案大概情形摺』。

〔一七八〕家書：見家書諭紀澤（六月二十四日未刻）。

〔一七九〕二十五日……天津知縣：底本缺，今據事略校補。

〔一八〇〕上諭：見清末教案第一册著直隷總督曾國藩等督飭道府悉心研究天津教案起釁根由事上諭（六月二十九日）。又見奏稿十一附録密諭　復陳洋人挖眼剖心查無確據一摺著毋庸議并緝拿凶犯等事（七月初一）。

〔一八一〕上諭：見清末教案第一册，題作『著直隷總督曾國藩等速奏該革員劉杰等確切親供事上諭』（七月二十五日）。又見奏稿十二附録密諭　著俟天津府縣到津後取具親供奏聞等事（七月二十六日）。

〔一八二〕上命崇厚……幫辦教案：底本缺，今據事略校補。按據年譜上命丁日昌赴津在六月二十八日，丁日昌起程赴津在七月初八日，到津時間爲七月二十四日（參見孫淑彦著清丁日昌先生年譜）。

〔一八三〕兩江總督馬新貽爲刺客張汶祥所害：事略作『盗殺兩江總督馬新貽』。

〔一八四〕上諭：見清實録穆宗實録同治九年（一八七〇）庚午八月甲辰（初十日）『諭内閣』。又見奏稿十二赴任兩江恭請陛見摺（九月十六日）引。

〔一八五〕上諭：見奏稿十二附録密諭　著李鴻章馳赴天津會同辦理津案曾國藩等原摺留中等事（八月十六日）。

〔一八六〕一疏：見奏稿十二，題作『審明津案各犯分別定擬摺（八月二十三日）』。

〔一八七〕疏報：見奏稿十二，題作『恭報已革天津府縣派員解部起程日期摺（八月二十六日）』。

〔一八八〕附奏：見奏稿十二，題作『丁日昌俟李鴻章到津後再行南返片（八月二十三日）』。

〔一八九〕上諭：見奏稿十二，題作『附録明諭　張光藻等著改發黑龍江及案犯馮瘸子小錐王五等分別處決發配事（九月十二日）』。

〔一九〇〕一疏：見奏稿十二，題作『續訊天津教案内第二批人犯分別定擬摺（九月十三日）』。

〔一九一〕八月十四日……津案始結：底本僅『九月天津民教之案辦結』，今據事略校補。

〔一九二〕早朝：事略作『趨朝』。

〔一九三〕入：事略作『召對於』。

〔一九四〕云云：底本脱，今據日記校補。

〔一九五〕不：日記無此字。

〔一九六〕很：曾文正公手書日記作『狠』。

〔一九七〕精細和平：日記作『和平精細』。

〔一九八〕洋人就很可慮：底本脱，今據日記校補。

〔一九九〕洋人實在可慮：底本脱，今據日記校補。

〔二〇〇〕平安：日記作『不能與之交戰』。

〔二〇一〕以防輪船：底本脱，今據日記校補。

〔二〇二〕趨朝請訓：底本缺，今據事略校補。

〔二〇三〕禮：底本脱，今據日記校補。

〔二〇四〕擱：日記作『閣』。按義同。

〔二〇五〕海面雖安靜：日記作『外國洋人縱不能遽與之戰』。
〔二〇六〕中：底本脱，今據日記校補。
〔二〇七〕將：底本作『的』，今據求闕齋弟子記校補。
〔二〇八〕先：底本脱，今據日記校補。
〔二〇九〕刑部尚書：底本缺，今據事略及日記校補。
〔二一〇〕奏結：見奏稿十二，題作『復審凶犯行刺馬新貽緣由仍照原擬分別定擬摺（正月二十九日）』。
〔二一一〕盜魁：底本缺，今據事略校補。
〔二一二〕旨如議：底本缺，今據事略校補。
〔二一三〕疏陳：見奏稿十二，題作『陳明河運艱難情形應行設法預籌摺（正月十二日）』。
〔二一四〕疏復：見奏稿十二，題作『復陳淮南鹽價礙難議增摺（二月初二日）』。
〔二一五〕三月：底本脱，今據議復永寶二府未便改運粵鹽折（三月十九日）校補。
〔二一六〕又奏：見奏稿十二，題作『議復永寶二府未便改運粵鹽摺（三月十九日）』。
〔二一七〕玄武湖：日記作『後湖』。
〔二一八〕會奏：見奏稿十二，題作『擬選聰穎子弟赴泰西各國肄業摺（七月初三日）』。
〔二一九〕大閱：事略作『閱兵』。
〔二二〇〕十九日：據日記當作『十八日』。
〔二二一〕初六日：據日記當作『初五日』。
〔二二二〕校閱：據日記，事在十二日至十三日。
〔二二三〕演試輪船：據日記，事在十三日至十五日。
〔二二四〕二十二日：底本、事略均訛作『十二日』，今據日記及年譜校改。

〔二二五〕僞天王府：事略作「承平時督署」，日記作「即百餘年江督舊署，亂後，洪逆據爲僞宫者也」。
〔二二六〕欲：底本、事略均缺，今據日記校補。
〔二二七〕詩文：日記作「文」。
〔二二八〕之：底本脱，今據日記校補。
〔二二九〕先朝：底本空格缺字，今據事略、日記校補。
〔二三〇〕事：底本、事略均缺，今據日記校補。
〔二三一〕所就：日記作「可許」。
〔二三二〕公子紀澤：事略作「二子」。求闕齋弟子記作「二子紀澤、紀鴻」。
〔二三三〕享年六十有二：底本缺，今據事略校補。
〔二三四〕上諭：見清實録穆宗實録同治十一年（一八七二）二月丙寅（十二日）「諭内閣」。
〔二三五〕粹：底本作「晬」，今據事略及清實録校改。
〔二三六〕績：清實録穆宗實録及曾文正公全集卷首均作「迹」。
〔二三七〕即：底本及事略脱，今據清實録及求闕齋弟子記校補。
〔二三八〕於是……史館：底本脱，今據事略校補。
〔二三九〕上諭：見清實録穆宗實録同治十一年（一八七二）二月壬申（十八日）「諭軍機大臣等」。
〔二四〇〕上諭：見清實録穆宗實録同治十一年（一八七二）四月己卯（二十五日）「諭内閣」。
〔二四一〕鎔：底本作「鈞」，今據清實録、事略、年譜校改。
〔二四二〕貞：底本作「忱」，今據曾文正公全集卷首校改。
〔二四三〕軍：曾文正公全集卷首作「師」。
〔二四四〕總制：曾文正公全集卷首作「制府」。

〔二四五〕秩：底本作『望』，今據曾文正公全集卷首校改。
〔二四六〕用：曾文正公全集卷首作『任』。
〔二四七〕司：底本作『同』，今據曾文正公全集卷首校改。

曾國藩行狀、家傳、史傳、别傳、神道碑、墓志銘、逸事等

誥授光禄大夫太子太保武英殿大學士欽差大臣兵部尚書兩江總督賞戴雙眼花翎賞穿黄馬褂世襲一等毅勇侯贈太傅特謚文正曾公行狀

（清）李元度撰

曾祖竟希，誥贈光禄大夫；妣王氏，贈一品夫人。祖玉屏，誥封中憲大夫，累封光禄大夫；妣王氏，封恭人，贈一品夫人。父麟書，縣學生，誥封中憲大夫，累封光禄大夫；妣江氏，封恭人，累封一品夫人。公曾氏，諱國藩，字伯涵，號滌生。祖籍衡陽，國初孟學遷湘鄉之大界里，再傳至元吉，遂籍湘鄉，是爲公之太高祖。公生時，曾大父夢巨蟒盤旋入室，驚寤，聞曾孫生，喜曰：『此子必大吾門！』宅後舊有古樹，爲藤所糾，樹槁而藤日大以蕃，蔭亘一畝，時以爲瑞藤云。

公七歲從父學，年二十三入縣學，明年舉鄉試，道光十八年進士，選翰林院庶吉士。初名子城，榜後易今名。

二十年，散館授檢討。公自入詞垣，毅然有效法前賢，澄清天下之志，講求經世學，兼治詩、古文辭。善化唐公鑒入爲太常卿，公相從論學。唐公授以朱子書，公遂兼窮宋學，與蒙古文端公倭仁，六安吴公

廷棟，昆明何文貞公桂珍、竇公垿，仁和邵公懿辰，茶陵陳公源兖，漢陽劉公傳瑩，往復討論。所作日記，力求改過，多痛自刻責，立課程十二則：曰主敬，曰静坐，曰早起，曰讀書不二，曰讀史，曰謹言，曰養氣，曰保身，曰日知所亡，曰月無忘所能，曰作字，曰夜不出門。畢生之志趣，定於斯矣。

二十三年，大考二等第一，詔以侍講升用。六月，典試四川。八月，補侍講。明年，教習庶吉士。時江公忠源客京師，因郭公嵩燾見公，語良久去，公曰：『此人必立功名於天下，然當以節義死。』後五年，公疏薦江公，卒以皖撫殉節廬州，世以此多公知人。是年，公轉侍讀，作五箴以自儆：曰立志，曰居敬，曰主静，曰謹言，曰有恒。

二十五年，分校會試。五月，遷右庶子。六月，轉左。九月，遷翰林院侍講學士，充日講起居注官，文淵閣直閣事。時大父母、父母并在堂，公以盛滿爲懼，自名其書室曰『求闕齋』。蓋求闕於他事，而求全於堂上也。

二十七年，大考二等第四。六月，遷内閣學士兼禮部侍郎。十月，典武會試。公於朝章國故、會典、通禮諸書，尤所究心。嘗以秦文恭五禮通考能綜括諸大政，而於食貨稍闕，乃取近時奏議之言鹽課、河工、海運、錢法者，別爲六卷以補之。

二十九年正月，遷禮部右侍郎。八月，兼署兵部右侍郎。

三十年正月，宣宗升遐，遺敕有『無庸郊配』『無庸廟祔』之諭。文宗下王大臣、九卿集議，公別爲一議，稱遺命『無庸廟祔』，考古準今，萬難遵從；『無庸郊配』一條，不敢從者有二，不敢違者有三。奉手諭：『皇考大行皇帝仍應升配，將來自朕以後均無庸議配。侍郎曾國藩所奏頗有是處，其餘殊少折中。』

翌日召見，公奏對甚悉，上益嘉之。當是時，廣西盜起，官軍進剿無功，詔臣工極言得失，公奏：『今日所當講求，尤在用人一端。人才有轉移之道，有培養之方，有考察之法，三者不可廢一。皇上春秋鼎盛，與聖祖仁皇帝講學之年相似，請俟二十七月後，逐日進講；并請廣開言路，借臣工章奏爲考核人才之具。』疏入，諭稱其『剴切明辨，深堪嘉納。著於百日後舉行日講。所有應行事宜，所司察例詳議以聞』。公尋疏陳日講事宜十四則，皆詳考聖祖文集、國史列傳及會典、通禮諸書，補前奏所未備也。會有詔保舉人才，公疏薦李棠階、吴廷棟、王慶雲、嚴正基、江忠源五人，得旨報聞。六月，兼署工部左侍郎。十月，兼署兵部左侍郎。

咸豐元年三月，粤寇益棘，詔大學士賽尚阿視師，公上『簡練軍實』疏；并鈔録乾隆中增兵，嘉慶、道光中減兵三案進呈，上召見，嘉其切中時弊。

四月，上『敬陳聖德三端預防流弊』疏。時文宗孜孜求治，臣下鮮以逆耳之言進者，公意欲爲人臣者尚骨鯁、培風節、養威稜，猝遇事變，乃可倚之以捍患折衝，不至畏葸退縮。然言過切直，見者咋舌。得旨：

曾國藩條陳一摺，意在陳善責難，預防流弊，雖迂腐欠通，意尚可取。除廣西兵機已查辦外，餘或理涉過激，未能持平；或僅見偏端，拘執太盛。念其意在進言，朕亦不加斥責。至所論『人君一念自矜，必至喜諛惡直』等語，頗爲切要。自維藐躬德薄，夙夜孜孜，時存檢身不及之念，若因一二過當之言不加節取，采納不廣，是即驕矜之萌。朕思爲君之難，諸臣亦當思爲臣之不易，交相咨儆，坐言起行，庶「國家」可收實效也。

五月，命兼署刑部左侍郎。前大學士琦善，在新疆恣殺雍沙番七百餘口，詔將軍薩迎阿案其事。獄上，逮部治罪，詔軍機大臣、三法司會審，琦遞清供千餘言，言薩公誣陷狀，樞臣頗右之。時薩公代琦爲伊犂將軍，未回京，其回京者奏帶之司員四人而已。訊時，琦爭辯不已，軍機章京邵懿辰駁供詞十九事，具揭呈長官不省，反議傳司員四人至法司與琦對質。公抗言：『琦善雖曾任將相，既奉旨查辦，廷鞫其分也。司員位雖卑，無傳入法司與犯官對質之理。若因此罷罰，將來大員有罪，誰敢過問？且上命會訊琦善，不命訊司員也。必欲傳訊，須請旨然後可。』公辭氣伉厲，四坐爲之悚息，事遂已。既而薩公返命，讞亦隨定。識者争想望公丰采矣。

十月，典順天武鄉試。十二月，疏陳〔一〕民間疾(舌)苦，謂目前急務：『一銀價太昂，錢糧難納；一盗賊太衆，良民難安；一冤獄太多，民氣難申。』次日，復上銀錢并用章程〔二〕，謂：近來臣工言錢法，臣所深服[者]惟吴文鎔、劉良駒、朱嶟三疏。謹就原奏，參以管見，擬章程六則，并鈔録原疏進呈。有旨交部議奏。

二年正月，兼署吏部左侍郎。

六月，命典江西鄉試。七月，行抵太湖，聞訃丁母憂，改服奔喪。八月，抵武昌。聞粤逆圍長沙，乃間道抵家營葬。

十月，長沙圍解，賊下竄。

十一月，詔公幫辦本省練團、查匪各事宜。公繕疏請終制，會聞武昌失守，郭公嵩燾力勸公出，乃寢前疏，出而任事。時羅公澤南、王公鑫所招湘勇已至省城，公爲酌定營規。

三年正月，土匪嘯聚白沙堡，擾及嘉禾。公檄劉公長佑、王公鑫剿之，未至，賊潰。適衡山草市匪熾，一戰平之。安仁土匪劫獄，焚公署，皆平之。時游勇强掠民船，爲商旅害。公捕得封船之川兵三人，斬以殉，自此斂迹。其餘會匪、教匪、盗匪，訊明即正法，或立斃杖下，綜計二百餘名。其後賊屢犯湘，莠民從亂者少，公之力也。

二月，賊破江寧。江忠烈擢湖北按察使，幫辦江南軍務。忠烈上公書，請合江、皖、楚各省之力，造戰船數百艘，先清江面，而後三城可復。公治水師之議，發端於此也。

三月，安化藍田市有串子會匪倡亂，公派營擒斬百餘名。會廣匪竄入桂東，會剿平之。

六月，賊犯南昌，江忠烈力禦之。公檄江忠淑、朱孫詒、夏廷樾、羅澤南等率三千六百人赴援。七月，抵南昌，戰失利，陣亡營官四人。

吉安土匪陷安福、泰和，忠烈檄羅公帥湘勇進剿，大破之，立復二城。賊竄陷茶陵、安仁，公檄署參將塔齊布剿平之。塔忠武初以都司發湖南，公一見奇之，命領辰勇，長沙協副將清德營務廢弛，公遂薦塔而劾清，且云：『塔齊布儻或臨陣退縮，臣甘與同罪。』詔賞塔齊布副將銜，清德奪職治罪。時湖南提督鮑起豹駐會城，素抑塔而昵清，至是益忌公。

八月，營兵與練勇鬨，擁至參將署，欲害塔公，跳而免。公時館撫署東偏之射圃，兵擁至，殺傷閽人。或勸劾主兵者，公曰：『瑣事瀆天聽，心弗安也。』乃奏明移駐衡州。江忠烈之守南昌也，郭公嵩燾在幕中，力主水師之議，公乃函商巡撫駱公秉章，疏請飭調瓊州紅單船出洋，繇崇明入江口，擊賊於下游；調內江快蟹、拖罟船，繇梧州府江，溯灘水，過斗門，浮湘而下，出大江以收上下夾擊之效。

十月，公疏言：『長江千里，任賊横行，無戰船不能制賊。臣在衡州試造，俟有端緒，親率以行。』手敕嘉之。然戰艦係創舉，南中匠卒無知者。公研精覃思，博採衆議，得拖罟、長龍、快蟹、舢板各船式；截留廣西解鄂之炮位、水手以資配練。彭公玉麟時爲諸生，楊公載福時爲把總，并來軍中。公弟貞幹亟稱兩人賢，公拔而用之。建水陸萬人東征之策。會土寇陷常寧，派營討之，賊竄陷嘉禾，犯藍山，又踞道州之四廣橋，皆擊走之。永興土寇起，檄羅軍平之。

四年正月，總督吴文節公文鎔督兵攻黄州失利，盡節於堵城，而江忠烈亦以舊臘盡節廬州，公戒行益急，遂以二十八日戊辰發衡州，坐拖罟船，帥長龍五十艘、快蟹四十艘、舢板百五十艘，民船改戰船又數十艘，計水陸軍萬人，各分十營；作討賊檄文，布告遠近。

二月庚午朔，賊陷岳州，竄湘陰，踞靖港，遂陷寧鄉。公派陸軍剿之，訓導儲玫躬敗賊於寧鄉，中伏陣亡。賊仍潰退，水陸追擊之。胡公林翼前經吴文節奏調，帶黔勇六百人援鄂，至是公會奏留湘，且云：『胡林翼之才，勝臣十倍，將來可倚以辦賊。』乃檄胡軍繇平江進剿通城，又檄塔忠武往助，於是賊退出岳州。

三月辛丑，公率水陸軍抵岳。丙午，北風大作，戰船、輜重船，漂損數十艘。丁未，王鑫進剿蒲圻之羊樓司，敗回岳州。初，鑫驟增勇至三千，公以餉無出裁之，鑫遂自爲一軍，不隸公戲下。至是賊乘勝上犯，公所部陸營鄒壽璋、楊名聲及弟國葆等皆敗，賊圍岳城急。己酉，公調炮船拔出城中潰勇，乘風南返。癸丑，抵長沙。賊復自湘陰竄踞靖港，擾寧鄉。丙寅，陷湘潭。時陸營在崇通者，胡文忠敗賊上達市，塔忠武敗賊沙坪，公調塔、胡回長沙，而令知縣林源恩扼平江界。丁卯，塔軍進剿湘潭，大破賊。戊辰，派水師往會剿。

四月己巳朔，水師大破賊，燔其舟，陸軍盡平賊壘。庚午，公自帥水師五營、陸勇八百人，擊賊於靖港，敗潰，公憤甚，投水者再，幕客掖之出，逆挽至長沙。明日，公以事不可爲，居城南妙高峰，草遺囑二千餘言，將自裁；而是日水師在潭大捷，盡焚賊船，塔軍夾擊，屢破之。癸酉，克湘潭，公始復出視事。賊自稱亂以來，至是始受重創，大局轉關，自湘潭始也。有詔擢塔齊布總兵，奪鮑起豹職，即以塔齊布代之。

初，公以岳州之退，自請治罪，詔交部嚴議。至是復以靖港失利，請從重治罪，詔以湘潭全勝，水軍甚出力，革職免其治罪，仍督勇剿賊自效。公遂重整各軍，增造戰艦，奏調塔公出省會剿，又調羅忠節及李公續賓軍隨征。時賊已自洞庭陷龍陽及常德，澧州、安鄉悉淪於賊。武昌糧盡援絶，巡撫率飢軍突圍出就餉，武漢皆陷。

六月，船廠畢工，廣東總兵陳公輝龍以船、炮至，廣西知府李孟群亦募水勇千人抵長沙，公遂督師東下。賊弃常澧，踞岳以拒。甲午，塔軍破賊於新墻。丁酉晦，水師破賊南津港。

七月戊戌朔，復岳州。庚子，逆舟數百來犯，水師擊敗之。辛亥，復敗之於城陵磯。癸丑，陳壯勇公輝龍擊賊城陵磯，南風大作，戰舟不能收隊，陳公暨游擊沙定邦戰没，褚公汝航、夏公鑾馳救，亦陣亡。失戰艦數十艘。乙卯，塔軍破賊擂鼓臺，斬僞丞相曾天養。癸亥，悍賊大至，羅軍奮擊敗之。乙丑，進攻賊壘。丙寅，水師毁賊船於城陵磯。閏月戊辰，塔、羅二軍破賊十三壘，殺賊數千，水師焚賊船，窮追抵嘉魚。詔賞公三品頂戴，公疏稱〔三〕：『臣墨絰從戎，常負疚於神明，奏明不敢仰邀議叙，嗣後湖南一軍，再立功績，無論何項褒榮，概不敢受。』手敕〔四〕報曰：『殊不必如此固執。汝能國爾忘家，鞠躬盡瘁，正可慰汝亡親之志。盡孝之道，莫大於是。酬庸褒績，國家政令所在，斷不能因汝一請〔五〕稍有參差。汝之隱衷，朕知之，天下無不知也。』壬辰，塔、羅二軍破賊羊樓司。八月庚子，克崇陽。乙巳，敗賊於咸寧。丁未，公進駐金口。塔忠武、羅忠節來謁，公定進取武昌之策。丁巳，羅軍破賊壘九，塔軍破洪山堅壘，水師焚賊舟五百有奇。戊午，盡破城外賊壘，斃賊萬餘。己未，武漢克復。疏入，奉手敕〔六〕：『覽奏感慰實深，獲此大勝，殊非意料所及。朕惟兢業自持，叩天速赦民劫也。』另旨〔七〕：『曾國藩著賞二品頂戴，署理湖北巡撫，并賞戴花翎。』公疏〔八〕辭巡撫，且云：『臣統水師即行，於鄂垣善後事宜，不能兼顧，且母喪未除，不敢遽就職。』先是，公疏未上時，已有旨〔九〕：『曾國藩著賞給兵部侍郎銜，辦理軍務，毋庸署理湖北巡撫。』從御史沈葆楨之請也。疏入，奉手批〔一〇〕：『朕料汝必辭，又念整師東下，署撫空有其名，故已降旨無庸署理。既無地方之責，即可專力進剿。』時賊船之在襄河者，經楊公載福等截焚千餘艘，黄州賊亦退，公奏陳三路進兵策。

九月乙酉，水師破賊於蘄州。戊子，塔軍克大冶，羅軍克興國，公舟次黄州。乙未，蘄州賊船上犯，楊公載福、彭公玉麟縱火焚之。

十月丙申朔，羅軍破賊半壁山，奪其柵。己亥，大捷，殲賊逾萬。庚子，賊大至，復擊破之。癸卯，水師自蘄州繞出賊前，追擊至田家鎮。時南岸鐵鎖已爲陸軍所斷。戊申，楊、彭二軍斷江心鐵鏈，駛抵鄔穴，焚賊舟。適東南風作，焚舟四五千，伏尸萬計，田鎮北岸賊皆焚營遁。己酉，蘄州賊弃城遁，水師追擊至九江。是日，塔軍破南岸富池口賊壘。乙卯，塔、羅二軍渡江而北。辛酉，破賊蓮花橋。癸亥，克廣濟。

十一月丙寅朔，破賊雙城驛。戊辰，破賊下新橋。己巳，克黄梅。辛未，破賊於濯港。丁丑，破賊孔隴驛。戊寅，小池口賊遁。己卯，水師焚九江賊艅略盡，公進泊城下。庚辰，水師進泊湖口。癸未，陸軍南渡，屯九江南門外。賊堅守不下。丙戌，胡文忠以師來會剿。

十二月庚子，羅軍、胡軍擊賊湖口梅家洲，敗之。甲辰，水陸合攻湖口，未下。丙午，水師舢板船駛入内湖，燔賊舟數十，追擊至大姑塘，賊於湖口增立壘栅，各船遂不得出。賊夜以小艇襲焚外江快蟹、長龍數十艘，餘皆退回九江。公急調羅、胡二軍回駐九江。己未，賊以小舟夜襲水師大營，焚舟百餘艘。公憤甚，欲投江，幕客掖之，掉小舟駛入羅軍。其舢板入鄱湖者，營將蕭捷三、黄翼升等領之。水師自此有外江内湖之隔矣。

五年正月，賊自北岸竄蘄州、廣濟，總督楊霈走德安，賊溯襄河大掠。公檄按察使胡公林翼援武昌。戊辰，東北風大作，戰船在潯江者漂損數十艘，公令回扼金口，以李公孟群、彭公玉麟分領之。庚辰，公抵南昌，重整内湖水師。壬辰，檄戰船六十艘進泊康山。時賊自饒州犯廣信，公檄羅軍進剿；增募平江勇四千人，以同知李元度、知縣李焜、劉希洛分領之。

二月庚戌，賊陷武昌，巡撫陶文節公恩培死之。胡公抵鄂後，遷布政使，遂署巡撫。

三月，公移駐南康，以平江營護水師。壬午，羅軍敗賊於貴溪。癸未，克弋陽。乙酉，賊陷廣信。己丑，羅軍克廣信。

四月乙巳，公檄水師進泊青山，攻湖口。辛亥，賊自姑塘上犯，水師敗之。癸丑，焚賊百餘艘於都昌。

五月甲戌，水師破賊於青山。壬午，又破之。奪回拖罟船，九江所失也。六月甲辰，水師敗賊徐家埠。乙卯，羅軍進攻義寧。時被陷兩月矣。七月丙子，克義寧。戊寅，塔忠武公卒於軍。公以副將周鳳山領其衆。辛巳，平江軍敗賊蘇官渡。癸未，與水師會攻湖口，焚賊船幾盡。蕭節愍公捷三陣亡。水師回泊青山。

八月甲午，賊撲平江營，擊却之。羅忠節謁公於南康，自請出崇通以援武漢，公許之，乃抽調寶勇千五百人隨同援鄂。當是時，胡文忠攻武昌不下，乃先攻漢陽。自金口渡江，壁奓山，水師獲勝而陸軍潰，乃退駐新堤。檄都司鮑超募勇三千援鄂，疏調羅軍赴援，而公已令羅軍前進矣。

九月，公以師久無功自劾，得旨寬免。丙寅，羅軍克通城。甲戌，克崇陽。甲申，戰濠頭堡，失利，彭勤勇公三元等死之。丙戌，羅公敗賊羊樓司。丁亥，奉旨授公兵部左侍郎。

十月癸巳，羅軍破賊羊樓司。辛亥，克蒲圻，遂抵武昌。楊公載福以水師破賊金口。時德安已克，總督官文公之軍亦進規漢陽矣。亡何，僞翼王石達開自湖北竄江西，廣東賊復自吉安至，與石逆合。

十一月己巳，陷瑞州。李焜、劉希洛陣亡。庚午，陷臨江。公不得已調周鳳山九江一軍回南昌，并酌調水師守省河。九江賊屢出犯，周鳳山擊却之。湖口賊屢出犯，李元度擊却之。己丑，賊陷袁州。彭公玉麟間道走七百里抵南康，公檄領水師進剿臨江。

十二月癸巳，周鳳山克樟樹鎮。己亥，復新淦。

六年正月癸未，賊陷吉安。江西按察使周貞恪公玉衡等死之。

二月，賊陷撫州、建昌。丙午，周鳳山敗於樟樹鎮。公自南康回泊省河，調李元度繇饒州繞回進攻撫州。時江、楚道梗，文報久不通，駱文忠檄劉公長佑、蕭公啓江等援江西，劉公自醴陵克萍鄉，蕭公自瀏陽規萬載。

三月己未，江西巡撫檄知府鄧輔綸、同知林源恩領平江勇二千人會攻撫州。己巳，克進賢。戊申，李元度克東鄉。庚戌，都司黄虎臣克建昌縣。甲申，平江軍攻撫州賊壘，破之。

四月戊子，逼城而軍，撫賊堅守不下。丙午，劉于潯帥水師克豐城。乙卯，蕭軍克萬載，遂與劉公合攻袁州。賊之注江西也，公疏請羅公回援，未幾羅公以三月乙丑卒於軍。至是胡文忠檄知縣劉騰鴻、劉連捷，同知吴坤修，參將普承堯，帥三千六百人援江，而以公弟國華領之。然軍報尚不能通也。

五月，賊屢援撫州，并爲平江軍所敗。公調參將阿達春與贛南道耆齡、都司畢金科防饒州。

六月，官軍敗，饒州失守。丁未，畢金科力戰復其城。甲寅，公弟國華率諸軍克新昌、上高，抵瑞州。公派陸勇四營迎之。

七月戊午，拔瑞州之南城。賊屢出犯，皆敗之，收復靖安、安義〔一一〕。

八月，别賊自吉安竄陷廣昌、南豐、新城、瀘溪，敗貴溪防軍，直趨廣信。署知府沈公葆楨誓死不去，總兵饒公廷選以浙兵自玉山來援。辛丑，賊解圍。公疏陳沈公功，得旨遷九江道。駱文忠檄公弟國荃自長沙募勇千五百人，合以周鳳山之千七百人，進攻吉安。

九月，公至瑞州勞軍。戊午，平江軍分復宜黄。壬戌，復崇仁。援賊自景鎮至。辛未，老營陷，林源恩等死之，李元度突圍走崇仁。公檄平江軍移守貴溪，以保浙東餉路。

十二月乙卯朔，劉、蕭二軍克袁州。丁卯，國荃公克安福，進攻吉安。丙子，湖北官軍克武漢。水陸乘勝東下，克蘄、黄、興、冶、黄梅、廣濟各城，合力攻九江。十二月辛丑，公至九江勞軍。

七年正月戊午，吴坤修克奉新。公督挖長圍三十里，斷瑞賊接濟。

二月丙戌，公聞訃丁父憂，疏請〔一二〕奔喪回籍，以癸卯行。有旨〔一三〕：『賞假三月，并賞銀四百兩治喪，假滿即赴江西督辦軍務。』

三月，公瀝陳下情請終制，温詔不許〔一四〕。

六月，公疏〔一五〕請開兵部侍郎署缺，兼陳歷年辦事艱難竭蹷情形，仍請終制，得旨〔一六〕：『許暫行在籍守制。江西如有緩急，即行前赴軍營，以資督率。』

七月，湖北援軍克瑞州，劉武烈公騰鴻督攻陣亡。

八月，李續宜平小池口賊壘，胡文忠親督各軍攻九江。

九月丙戌，水陸官軍拔湖口，於是外江、内湖水師復合。辛卯，楊公載福、彭公玉麟破小姑山賊卡。己亥，克彭澤，遂克望江、東流，直抵安慶城外，進克銅陵，(遂)逐北千里，與定海鎮之紅單船相接。紅單船見楚師至，大驚以爲神。自公創立水師，苦戰數載，至是肅清江南之勢成矣。公弟國荃時奉江撫奏請起復，總統各軍攻吉安。

十一月，石達開自饒撫援吉安，湘軍破賊三曲灘。

十二月乙卯，劉、蕭二軍克臨江。劉公假歸，以劉公坤一代之。遂進攻撫州。張公運蘭攻建昌。

八年四月癸丑，官軍克九江，屠之。乙丑，蕭公啓江、劉公坤一克撫州。己巳，張公克建昌。賊竄浙。

五月乙未，奉旨命公馳驛往浙江辦理軍務。

六月辛亥，公自家啓行。疏上，手敕批答：『汝此次奉命即行，足徵關心大局，忠勇可尚。』

七月，賊自閩出犯廣豐、玉山，圍其城，李元度擊敗之。

八月辛亥，公自武漢、九江行抵鉛山之河口。奉旨：『浙省漸就肅清，著以援浙之師直擣崇安，相機進剿。』乙卯，國荃公克吉安。時賊自邵武竄出鐵牛關，劉公長佑迎擊失利，遂陷瀘溪、金溪、安仁。壬戌，張公運蘭克安仁。賊竄景德鎮。庚午，公拔營赴雲際關。聞閩賊回竄新城，吉安餘匪陷崇仁、宜黄，撫、建告急。公調張公運蘭剿新城，而自駐建昌。

九月甲戌，劉公長佑大破賊於新城。賊遁回閩境，崇仁、宜黄賊皆遁。會李忠武公續賓靖節三河，公弟愍烈公國華死之。詔起復胡文忠署湖北巡撫。

十一月，張軍抵邵武。賊已竄汀州出竄贛南屬。於是賊之在景德鎮者勢益張，公調蕭公啓江剿贛南賊，調張軍移剿景德鎮。

十二月戊午，賊陷南安府。

九年二月甲辰，蕭軍克南安，復崇義。石達開竄湖南，連陷郴、桂，圍永州，不下，遂以全力圍寶慶矣。

癸丑，公移駐撫州。

五月己卯，公添調湘軍五千八百人，交國荃公領之，助剿景德鎮；記名道李公鴻章佐之。

六月辛丑，奉旨著統帶得力兵勇，前赴四川夔州扼守，以據兩湖上游。時賊勢將竄蜀，從總督官文公之請也。壬子，官軍克景德鎮，復浮梁，江西肅清。詔優叙。當是時，寶慶圍尚棘，公疏調張運蘭會剿寶慶，擬自率六千人先駐宜昌，如賊入川，再行酌量前進。

七月乙亥，自撫州啓行，抵南昌。先是，胡文忠派李續宜帥師援寶慶。是月戊子，大破賊，諸軍合擊之。石酋竄廣西，湖南、四川并解嚴。

八月戊申，公行抵黃州。奉旨：『湖南大局已定，川境可保無虞。曾國藩著暫駐湖北，爲分路進剿皖省之計。』亦從官文公之請也。十月癸丑，會奏稱：

逆賊洪秀全踞金陵，陳玉成踞安慶，竊號之賊也。石達開竄擾楚、粤，流賊之象也。皖、豫諸捻匪，亦流賊也。目前要策，必先攻安慶以破其老巢，兼搗廬州以攻其所必救。擬四路進兵：第一路，繇宿松、石牌以規安慶，臣國藩任之；第二路，繇太湖、潛山以取桐城，多隆阿、鮑超任之；第三路，繇英山、霍山以取舒城，臣林翼任之；第四路，繇商城、固始以規廬州，調回李續宜一軍任之。

十一月己巳，公駐軍黃梅。庚辰，駐宿松，所部前幫駐太湖。兩疏調蕭、張二軍，均不能至。陳玉成率黨四十萬，繇安慶上犯小池驛，圍鮑公超營。公與胡公遣兵赴援，血戰經月。

十年正月庚寅，副都統多隆阿公暨鮑公大破賊於小池驛，夷七十餘壘，圍解。辛卯，克太湖、潛山。得旨優叙。

二月壬戌，浙江杭州陷，羅壯節公遵殿死之。將軍瑞昌公固守内城，提督張公玉良以兵至，復之。

閏三月辛卯，公弟國荃抵營，公命督攻集賢關賊壘。左公宗棠自英山來見公。會江南大營潰，張忠武公國梁陣殁，欽差忠壯公和春傷亡。賊攻常州，總督何桂清退走。尋陷蘇州，巡撫徐莊愍公有壬死之。

四月癸酉，奉上諭：『曾國藩著先行賞加兵部尚書銜，迅速馳往江蘇，署理兩江總督。』又奉諭：『曾國藩素顧大局，不避艱險，務當兼程前進，保衛蘇、常，次第收復失陷地方。重整軍威，肅清醜類，朕實有厚望焉。』又奉諭：『有人奏左宗棠才堪任用，應否仍在本籍襄辦團練？抑或調赴軍營，俾得盡其所長？』公覆奏：『臣軍止萬餘人，兵力單薄，不能遽保蘇、常。左宗棠剛明耐苦，予以差使，必能感激圖報。』得旨：『左宗棠著以四品京堂候補，襄辦軍務。』復疏調張公運蘭來江。

五月，公疏言：

安慶一軍已薄城下，關係江淮全局，即爲克復金陵張本，斷不可撤。臣奉命權制兩江，必須帶兵過江駐南岸，以固吴、會之人心，壯徽、寧之聲援。擬於江之南岸分兵三路：一由池州進規蕪湖，與楊載福、彭玉麟水師聯絡；一由祁門進圖溧陽，與張芾、周天受諸軍聯絡；一由廣信至衢州，與張玉良、王有齡諸軍聯絡。臣已遣員回湘募勇，餉糈軍械，必以江西、湖南爲根本。臣竭兩月之力，辦江、楚三省之防，布置漸定，然後可以言剿。

又奏請起用告養九江道沈葆楨仍辦廣信防務；奏委温處道李元度添募平江勇三千，與饒廷選之平江五營，合防廣信、衢州一路。戊辰，公自宿松啓行。調鮑軍六千人，朱品隆、唐義訓二千人，楊鎮魁千人，渡江赴祁門。其圍攻安慶者，以國荃公領之。

六月癸酉，得旨：『徽、寧防務并歸督辦。』公時以疆吏兼督師，設立行署；刊發營制、營規，訓飭各將士；刊發居官要語，訓飭僚吏；密札司道舉劾屬官，札各統將舉劾營哨官，均許密函上達。又示諭江南北士民：其一，禁奢侈。謂『吳中民俗好善，其遭禍咎在繁華』。其二，令紳民保舉人才。以兩江之才，足平兩江之亂。其三，安插流徙。凡衣冠舊族，經生耆儒及殉難死事之家，并令地方官加意存恤，貧者給予口食之資。其四，求聞己過。凡己之過失及軍中各弊端，許據實以告。其五，旌表節義。見在委員采訪，隨時彙奏，請建總祠、總坊，死事尤烈者另建專祠、專坊，以慰忠魂、維風化。其六，禁止辦團。軍興以來，各省團練，未聞守城殺賊之功，徒有斂費擾民之害。自後非其地非其人，毋許擅自舉辦。又嚴禁各營騷擾，三令五申。丙子，實授兩江總督，充欽差大臣，督辦江南軍務。

七月乙未，疏陳進兵次第。又請設采訪局，凡江蘇、安徽歷年死事之官紳士女，隨時奏請旌恤。壬申，置木匭軍門外，許吏民投書言事。甲戌，上通籌全局疏，謂：『淮徐風氣剛勁，不患無勇，但患無將。擬用楚軍之營制，練淮、徐之勇丁，必有將才出乎其間。』又請將温處道李元度調補皖南道，從之。時江、浙紛紛請援。丙午，奉援剿寧國之旨。丁未，奉由嚴州援浙之旨。己酉，奉規復蘇、常之旨。癸丑，再奉援浙及救援上海之旨。公覆奏：『見在進兵，以援寧國、攻廣德爲要，力不能兼顧，則專救寧國。目下徽、寧一片賊氛，臣軍且有岌岌不保之勢，何能屏蔽浙江？更何能規復蘇、常？總繇兵力未齊，上不能分宵旰之憂，下不能慰雲霓之望，寸心負疚，惶悚無地。』庚申，張公運蘭自旌德援寧國。

八月壬戌朔，張公芾內召。戊辰，廣德再陷。癸酉，寧國陷，周忠壯公天受等死之。丙戌，徽州陷。公調鮑軍回漁亭，張軍回（黟）黟縣。時僧王天津兵敗，大駕巡木蘭，恭親王留守京師。公聞警，悲憤交集。

九月丁酉，疏請：『於臣與胡林翼二人中，飭派一人帶兵北上，冀收尺寸之效，稍雪敷天之憤。』遂函商胡公，作北援議八條。尋以款議成，詔止其行。丁未，疏調廣東布政使蔣益澧率所部三千人入皖，與左宗棠并力東征。是日，左軍抵樂平。己未，奉救援鎮江之旨。

十月甲子，疏請興辦淮揚水師。己卯，賊陷黟縣。庚辰，鮑、張二軍破走之。廣東韶州賊竄入贛南，犯建昌，陷河口，擾及廣、饒。壬午，左公破賊於貴溪，克德興、婺源。

十一月甲午，賊陷建德、東流。時總兵陳公大富守南陵，賊圍之數月，糧盡援絶。楊公載福帥水師入魯港，出奇兵破賊，拔出陳公全軍及士民十數萬人。會建德賊擾彭澤、湖口、都昌及浮梁、鄱陽、景德鎮，彭公玉麟以水師協守湖口。甲辰，復都昌、鄱陽。楊公復東流、彭澤。左公復浮梁。戊申，公派總兵唐義訓克建德。辛亥，鮑、張二軍大破賊於盧村。戊午，疏陳：『自安慶合圍後，江北則大戰於桐城，江南則麕集於徽州，無非欲救援安慶。此次南岸賊分三大支，作包抄祁門之勢，冀斷臣之餉道。今各城收復，北路賊受大挫，當可轉危爲安。』方事之殷，衆勸公移屯江干，與水師相依附；或退入江西境，公曰：『去此一步，非死所也。』

十一年正月乙未，賊自石埭分道犯祁門。丙申，提督江長貴敗之。丁酉，唐義訓、朱品隆敗之。賊遁。己亥，左、鮑二軍大破賊於洋塘。乙卯，剿賊於黄麥鋪，又大破之。陳公大富復建德。公作解散歌〔一七〕流布賊中，曲達其苦情，自拔來歸者無算。

二月丁卯，張公運蘭復休寧。時胡文忠進駐太湖，僞英王陳玉成以全力犯霍山，防軍潰，遂陷英山及蘄水、黄州，分陷德安、隨州。李公續宜時擢皖撫，率軍回鄂。僞忠王李秀成竄廣信犯建昌、撫州。公飛調鮑軍赴南昌以固根本。戊子晦，賊陷景德鎮，陳威肅公大富死之。

三月辛卯，公移駐休寧，督張運蘭、唐義訓二軍攻徽州。癸巳，唐軍敗。庚午，再攻徽州，不克。各軍退休寧。辛未，賊踵至。時左軍破賊范家村，賊自景鎮來者，左軍迭擊敗之，皆潰走。丙午，公回駐祁門。戊申，李秀成陷瑞州。陳玉成竄鄂竄皖，陷黃梅、宿松以援安慶，公調鮑軍渡江援剿。辛亥，多隆阿公大破賊於懷寧，賊竄入集賢關。甲寅，公自祁門移駐東流。

四月庚申，疏請將左宗棠改爲幫辦軍務，從之。賊撲安慶大營，楊公派水師助守。多隆阿公連破賊，玉成遁。其集賢關十二壘，國荃公掘長濠困之，貞幹公屯菱湖以扼之。

五月戊子朔，鮑軍破赤岡嶺賊壘，殲賊數千，斬僞酋劉瑲琳。時賊之踞瑞州者，分竄靖安、奉新、武寧、義寧，連陷通城、崇陽、通山、興、冶等屬，胡公調成大吉等剿之。徽州賊陷黟縣。癸巳，朱品隆、江長貴克縣城。甲午，張軍破賊羊棧嶺。丁酉，合剿盧村，破之。庚子，徽州賊弃城遁。

六月戊午朔，國荃公盡破菱湖賊壘。李秀成自鄂竄逼南昌，公調鮑軍自九江進剿。癸未，左軍迎剿竄賊於德興，破之。

七月丁酉，湖北官軍克德安。陳玉成犯桐城，多隆阿公擊却之。甲辰，國荃公盡平安慶城外石壘。庚戌，鮑軍破賊於豐城。

八月丁巳朔，國荃公克安慶，逆黨殲焉。詔加公太子少保；國荃加布政使銜，以按察使記名遇缺題奏，并賞穿黃馬褂；國華加恩予謚；貞幹免選訓導以同知直隸州用，并賞戴花翎。然公疏則盡歸功於胡公也。己未，多軍克桐城。辛酉，楊公克池州。癸亥，公抵安慶。多軍克舒城、宿松、黃梅。丙申，驚聞七月壬寅,文宗皇帝升遐。公慟哭失聲。自以十餘年來,受上知遇,值四方多艱,聖心無日不在憂勤惕厲之中,目下安慶克復,軍務方有轉機,不及以捷奏博玉几末命之懽,尤爲感痛無已。丁卯,湖北官軍克廣濟,復蘄州。戊辰,水師克銅陵。癸酉,浙江嚴州失守。甲戌,鮑軍破賊於湖坊。戊寅,破賊於雙港。己卯,克鉛山。庚辰,湖北官軍克黄州。壬午,胡文忠公卒於官。

九月辛丑,國荃公平泥汊口賊壘。甲辰,平神塘河賊壘。乙巳,克無爲州。戊申,克運漕鎮。壽州練總苗沛霖,捻黨也。初與李世忠先後就撫,洊保川北道,加布政使銜,與辦團之員外郎孫家泰等爲仇,圍攻壽州。至是家泰等自殺,沛霖攻陷壽州。督師袁公甲三檄李世忠往剿,詔公移得勝之師以剿苗逆。甲寅,國荃公破東關賊壘。未幾,回籍增募湘勇。

十月丙辰朔,湖北官軍克隨州。癸酉,公奉旨統轄江蘇、安徽、江西并浙江四省軍務,所有四省巡撫、提鎮以下各官悉歸節制。浙江軍務,著杭州將軍瑞昌幫辦,并著速飭太常寺卿左宗棠馳赴浙江剿賊。浙省提鎮以下各官,均歸左宗棠調遣。又奉酌保封疆將帥人才之旨。又奉察看蘇撫薛煥、浙撫王有齡能否勝任之旨。公疏稱:

臣自受任兩江以來,祁門被困,僅得自全。安慶之克,悉賴鄂軍之功。胡林翼籌畫於前,多隆阿苦戰於後,非臣所能爲力。江蘇乃職分應辦之事,尚無一兵一卒達於蘇境,自顧菲材,實難勝節制四省重任。左宗棠之才,實可獨當一面,即無庸臣兼統浙省。苟思慮所能到,才力所能及,必與左宗棠合謀,不必有節制之名而後盡心於浙事也。

温旨不許。又奏:『道員李鴻章可膺封疆重寄。見統水師,請酌撥陸軍數千人,駛赴蘇、松,以資防剿。』

十一月丙戌，多軍克復三河鎮。壬子，杭州陷。將軍忠壯公瑞昌、巡撫王壯愍公有齡、提督饒莊勇公廷選等死之。公自請嚴加議處，并上力圖補救之策。時賊自浙圍徽，公調朱品隆回援，破之。

十二月辛未，公覆奏：『苗沛霖逆迹昭彰，無再撫之理。目下楚軍剿辦粤逆，難以同時并舉，須俟廬州克後，與袁甲三臨淮之師聯絡，乃可并力剿苗。』庚辰，朱品隆等大破賊於徽州，左軍破賊於大鏞嶺，徽境肅清。

同治元年正月甲申朔，特詔公協辦大學士。癸巳，公奏：

圖浙必以廣信爲運糧之路，嚴州爲進兵之路。目下左宗棠不能遽達嚴州，俟蔣益澧軍到，兩路并進。所以規浙者在此，保全江西、皖南者亦在此。臣所以再三瀆陳不敢節制四省者，實因權位太重，恐開争權競勢之風，兼防他日外重内輕之漸。機括甚微，關係甚大。

又奏稱：

前疊奉保薦督撫大員之旨。封疆將帥，乃朝廷舉錯之大權，疆臣既有征伐之權，不當更分黜陟之柄，不特臣爲然，凡爲督撫者，辨之不可不早，庶可杜植私樹黨之端。紀綱肅而朝廷愈尊矣。

疏上，兩奉温旨嘉奬，仍不許辭。時上海告急；鎮江被賊攻，又渡江竄陷江浦，江、浙望援至切，公疏言：『賊勢浩大，占盡富庶之區，財力與人數，皆數倍官軍，不敢過求速效以致僨事。』

二月戊午，奉考績優叙之諭。壬戌，左軍克遂安。乙丑，疏陳安徽行省仍宜設於安慶，不宜改廬州。

又言：『長江水師，戰船千餘艘，炮位二千有奇，事定後請專設長江水師提督領之。』戊辰，國荃公至安慶。適奉旨賞頭品頂戴，由浙江按察使擢江蘇布政使，毋庸來京請訓，亦毋庸迴避。丁丑，國荃公帥師東下。辛巳，李公鴻章成軍八千人。上海官紳籌銀十八萬，雇輪船七艘來迎，遂分三次啓行。

三月乙未，貞幹公破舊縣、荻港、三山諸壘。丁酉，國荃公破賊望城岡。戊戌，鮑軍克青陽。庚子，國荃公破賊於銅城閘。辛丑，破雍家鎮。壬寅，克巢縣、含山。癸卯，貞幹公克繁昌。甲辰，國荃公克和州，鮑軍克石埭、太平。乙巳，國荃公克裕溪口。丙午，攻克西梁山。北岸沿江賊壘悉平。戊申，貞幹公破賊魯港。己酉，鮑軍克涇縣。壬子，貞幹公克南陵。李公鴻章全軍抵上海，詔命署江蘇巡撫。當是時，公兩弟夾江而下，彭公帥水師中江而下，是爲直擣金陵之師；李公帥湘、淮陸勇，佐以黄公翼升之淮揚水軍，突過賊境，是爲援剿吴會之師。江以北，多隆阿公爲圍攻廬州之師，李公續宜有派援潁州之師；江以南，鮑公超爲進攻寧國之師，張公運蘭等爲防剿徽州之師，左公宗棠爲規復全浙之師。十道并出，皆受成於公。此外，袁公甲三及李世忠淮上之師，都興阿公防江北之師，馮子材守鎮江之師，并奉旨統籌兼顧。軍書旁午，日不暇給矣。

四月甲寅，張軍克旌德。丁卯，多軍克廬州。陳玉成走壽州，苗沛霖縛獻欽差勝保軍前，磔之。壬申，國荃公渡江，會水陸各軍克太平府。癸酉，克金柱關、東梁山賊寨。甲寅，克蕪湖。李公鴻章復青浦、奉賢。

五月甲申，國荃公破大勝關、秣陵關、三汊河賊壘。又會水師攻克頭關及江心洲、蒲包洲賊壘，遂薄江寧，駐師雨花臺。丙戌，公核定江西錢漕章程。甲午，國荃公破賊六郎橋。丙申，鮑軍進攻寧國府，李公鴻章復南滙及川沙廳。賊犯青浦、嘉定，洋兵敗退，上海戒嚴。李公大破賊於虹橋，松江圍解。

六月辛酉，國荃公擊援賊，却之。丙寅，鮑軍克寧國，賊目洪容海以寧國縣城降，遂復廣德。丁卯，江寧賊悉鋭出犯，國荃公擊却之。

七月庚寅，疏報安徽巡撫李續宜聞訃丁憂，請照胡林翼之例賞假數月，仍署理撫篆。丁酉，得旨，授李續宜爲欽差大臣，督辦安徽軍務。辛丑，公代李續宜奏請回籍治喪。又請袁甲三暫緩交卸督師之任。奉諭：『李續宜著在軍營穿孝，改爲署理巡撫，毋庸賞假回籍。』

閏月辛酉，李公鴻章克青浦。李公續宜至安慶。苗沛霖退出壽州及正陽關。遂疏請終制，詔賞假百日回籍，假滿仍出督師。以唐公訓方署皖撫。公奏設太湖水師，防剿蘇、松，俾黄翼升水軍得專防淮揚。己卯，疏稱：『曾國荃、鮑超、張運蘭、朱品隆、左宗棠各軍疾疫大作，病者十七八，戰守俱無把握。』是月，浙江官軍復處州。

八月庚子，蘇州賊援江寧，結壘二百有奇，日夜環攻官軍。國荃公力禦之，面受槍子創，仍裹創巡營以安衆。鮑軍失利於新河莊。賊犯寧國府，鮑公入城拒守。蔣公益澧抵浙，克壽昌。

九月乙卯，賊陷寧國縣。時賊船拖過東壩，謀衝出大江。楊公載福，易名岳斌，扼守金柱。江寧賊挖地道，實火藥，轟攻雨花臺各營。國荃公挖隧以迎之，貞幹公力戰江干以通餫道。甲寅，擊賊破之。辛巳，又破之。將軍都興阿公自揚州派兵千八百人渡江助守。丙寅，水陸軍大破賊於金柱關。庚午，毁賊舟幾盡。是月，李公克嘉定。賊攻鎮江，馮子材敗之。

十月甲申，國荃公大破援賊，俘斬數萬，賊解圍遁。至是，苦守四十六日矣。詔賞國荃文綺珍品，貞幹以知府用。乙卯，賊撲李世忠九洑洲營，遂渡江北竄。丙辰，朱品隆等破賊於旌德。戊午，旌德圍解。時湘軍在壽州正陽關者，與苗練不洽，僧王督師河南，疏請撫苗以剿捻。苗沛霖數上書僧王，詆湘軍之失，公察其有意挑釁，壞大局也；又因皖北兵單，乃疏調蔣凝學、毛有銘、蕭慶衍等軍，移駐廬州等處以避之。賊之竄江北也，陷含山及巢縣。公檄新募淮勇之張樹聲、吴長慶等暫緩赴滬，分守無爲、廬江。國荃公亦分兵回守東、西梁山，而廣德賊忽竄陷績溪。

十一月己酉朔，賊陷和州。庚戌，唐義訓、王文瑞復績溪。壬子，賊圍涇縣，易開俊擊却之。乙卯，陷祁門。戊午，唐義訓、王文瑞復之。賊走石埭。庚午，疏調貴州提督江忠義一軍赴皖防剿。丙寅，貞幹公卒於軍，詔贈按察使。是月，左軍復嚴州。李軍克常熟。

十二月癸未，石埭賊陷青陽。戊子，水師破三汊河賊壘。蕭慶衍等克運漕鎮。己亥，國荃公破賊六郎橋。庚子，蕭慶衍破賊銅城閘。辛丑，賊弃青陽走石埭。

二年正月己酉，賊攻涇縣，易開俊等却之。壬子，鮑軍赴援。癸丑，大破賊。甲寅，賊解圍，追擊破之。乙亥，公赴江寧視師。是月，左軍克金華、紹興及湯溪、龍游、蘭溪、永康、武義、浦江、桐廬諸縣。

二月丁丑朔，賊犯金柱關，水陸軍擊破之。賊犯寧國，劉公松山力禦之。戊寅，鮑軍連破賊壘，寧國近城百里皆肅清。己卯，賊陷李世忠九洑洲營，遂渡江陷浦口。辛巳，水師破灣沚賊壘。壬午，公抵雨花臺大營，慰勞各將士。辛卯，賊犯休寧。别賊自於潛、昌化竄徽州，左公派劉典援徽。甲辰，公回安慶。

三月己酉，江浦賊上犯，圍毛有銘、劉連捷於石澗埠。國荃公派彭毓橘援無爲，江西巡撫沈公葆楨派王沐援徽州。丙戌，蕪湖水陸官軍破黄池賊壘。丁亥，焚賊舟净盡，劉典、王文瑞、王沐大破賊於休寧。癸亥，蕭慶衍、彭毓橘、毛有銘、劉連捷大破賊於石澗埠。劉典、王文瑞、王沐克黟縣。甲子，苗沛霖復叛，攻壽州。乙丑，圍廬江。丁卯，圍舒城，蔣凝學擊却之。戊辰，朱品隆敗賊於石埭。粤賊糾捻匪攻桐城，提督周寬世擊走之。庚午，賊圍六安。辛未，劉公典破賊於徽州。是月，李公克太倉。國荃公擢浙江巡撫。左公擢閩浙總督。特詔予公弟貞幹謚，照二品例議恤，并建專祠。

四月丁丑，賊解六安圍東竄，鮑軍追擊，敗之。壬午，水陸軍破東關賊壘。乙酉，破銅城閘。癸巳，易開俊敗賊涇縣。朱品隆敗賊青陽。丁酉，鮑軍克巢縣。公派李榕渡江援池州。己亥，克建德。庚子，鮑軍克含山，進克和州。壬寅，國荃公攻破雨花臺賊壘及南門外十壘。是月，李公克崐山。駱公秉章擒僞翼王石達開，誅之。賊自金田村起事，始封之五僞王，至是盡伏誅矣。

五月戊申，易開俊破賊涇縣。庚戌，調成大吉、周寬世援壽州。乙卯，江北賊南渡，李朝斌帥水師會鮑軍截擊之，殲其大半。楊公岳斌復江浦。戊午，國荃公會彭、楊水師克下關、草鞋峽、燕子磯賊壘。李朝斌、劉連捷大破九洑洲賊壘，殺賊二萬，官軍傷亡三千人。庚申，盡焚江面賊艅。蓋公自奉旨創造舟師，至是十年，長江上下，一律肅清矣。癸亥，劉公松山破賊涇縣。國荃公破長干橋賊壘。戊辰，朱品隆破賊青陽。辛未，江西官軍破賊陶家渡。壬申，奏：『江寧合圍，須嚴斷賊糧接濟，請敕下總理衙門，照會西洋各國，不許於江南城外停泊輪船。』是月，公與李公會疏核減蘇、松二郡及太倉州浮糧。

六月丙子，江公忠義敗賊於湖口。鮑軍破鍾山賊壘。戊寅，苗沛霖陷壽州，知州毛維翼死之。庚寅，石埭賊陷黟縣。壬申，劉公典復之。癸巳，江公忠義及李榕破賊於堅山。是月，李公克吴江。

七月丁未，江公及各軍敗賊於湖口。壬子，國荃公克印子山賊壘。甲子，賊圍青陽，朱品隆力禦之。甲戌晦，國荃公破上方橋賊壘。是月李公進攻蘇州。

八月己酉，劉公松山破賊涇縣。丙戌，國荃公破江東橋賊壘。壬辰，賊襲寧郡，劉公自涇回援，破之。戊戌，易開俊破賊於涇縣。辛丑，李榕、席寶田援青陽，大破賊，斬馘萬人，賊解圍走石埭。於是朱品隆苦守三十八日矣。是月，李公克江陰。左公克富陽，進攻杭州。公核定淮南西岸票鹽章程。

九月壬子，易開俊破賊涇縣。癸丑，國荃公破博望鎮賊壘。戊辰，破上方門、高橋門、土山、方山、七甕橋等處二十餘壘。己巳，破中和橋賊壘。辛未，破秣陵關僞城。壬申，賊目古隆賢以石埭、太平降。易開俊復旌德。彭公玉麟破水陽、新河莊等處賊壘。

十月甲戌朔，彭公破滄溪、長樂鎮賊壘。乙亥，復高淳。丙子，易開俊復寧國縣。蔣凝學、成大吉復潁上。己卯，國荃公破江寧城東二十餘壘。庚辰，鮑軍會水師克東壩。乙酉，鮑軍克建平，復溧水。戊子，國荃公進駐孝陵衛。僧王軍至淮北。苗沛霖走死，蒙城圍解，練黨平。是月，李公復蘇州。公奉旨從優議叙。

十一月戊申，國荃公治地道轟城，未克。丙辰，城賊出犯，擊破之。己未，賊出城築營，又破之。賊犯建平、溧水，官軍擊却之。是月，李公克無錫，分軍入浙克平湖、嘉善、海鹽。

十二月壬午，核定皖南開墾荒田章程。是月，江誠恪公忠義卒於軍。

三年正月戊申，賊攻寧國，陷績溪。壬子，唐義訓復績溪，追敗賊於歙縣。癸亥，國荃公攻破僞天保城，遂扼太平、神策二門，城圍以合。是月，李公克宜興。左軍克桐鄉。

二月辛亥，席寶田克金溪。丁巳，廣德賊退入湖州。鮑軍進攻句容。庚申，席寶田破賊建昌。是月，李公克溧陽，又克浙之嘉興府。左軍克杭州。賊并踞湖州不下。

三月乙巳，鮑軍破三岔賊卡。丁未，克句容。庚戌，破寶堰賊壘五。壬子，浙賊竄徽州，唐義訓、毛有銘失利。癸丑，賊撲徽城，兩軍擊却之。乙卯，奉考績優叙之旨。丁巳，唐義訓、毛有銘擊賊於廬村，敗。公調朱品隆援徽州，調鮑軍回東壩，調周寬世、金國琛渡江進駐饒州。庚申，鮑軍復金壇。戊辰，核定淮北票鹽章程。是月，左軍克武康、德清、石門。江西官軍克新城。

四月乙酉，丹陽賊上竄，鮑軍截擊，大破之。常州賊竄徽州，唐義訓、毛有銘、金國琛截擊，大破之。丁酉，逆首洪秀全服毒死，僞忠王李秀成立其子福瑱，號幼主。祕不發喪，雖城中賊不知也。是月，廣信、撫、建、寧都各屬多被陷，官軍敗賊於玉山，又敗之於撫州，於弋陽、貴溪，而賊勢未衰，以蘇、浙賊爭就食江西也。詔楊公岳斌督辦皖南、江西軍務，劉公典副之。是月，李公克常州，鎮江官軍克丹陽，江蘇全境平，惟江寧未下。李公調劉銘傳等軍守句容東壩。公乃調鮑軍援江西。

五月癸丑，奉寄諭：『著李鴻章會軍攻江寧。』辛酉，公疏稱：『蘇、常既克，臣即咨請李鴻章來江寧會剿。接其來文，謂將士太勞，宜少息，俟湖州克復，再撥兵會攻。不知者謂臣弟國荃貪獨得之美名，忌同列之分功，非臣兄弟區區報國之意。兹奉寄諭，已恭録咨催。懇恩飭催李鴻章速赴江寧，實爲至幸。』壬戌，疏稱：『楊岳斌、鮑超均赴江西，兵力已厚，改調周寬世赴皖北，以防鄂賊東竄。調陳國瑞駐壽州爲游擊之師，仍當嚴扼江面，免掣動江寧全局。』己巳，國荃公破僞地保城，日夜督攻不息。是月，李公克浙之長興。楊公岳斌擢陜甘總督。

六月乙酉，官軍治地道，轟陷江寧城二十餘丈。國荃公督隊入城。是夕，克内城。搜殺三日夜，賊黨死者十餘萬。戊子，擒僞王李秀成、洪仁達，公馳奏：『江寧一軍圍攻二年有奇，前後死於疾疫者萬餘人，死於戰者八九千人。今仗天威，擒渠掃穴，既慟我文宗不及目睹獻馘告成之日，又念生靈塗炭過久。惟當始終慎勉，掃蕩餘孽，以蘇孑遺之困而分宵旰之憂。』奉上諭：

洪逆倡亂粤西，於今十有五年，竊據江寧亦十二年，蹂躪十數省，淪陷數百城，卒能次第蕩平，殄除元惡，該領兵大臣等，櫛風沐雨，艱苦備嘗，允宜特沛殊恩用酬勞勩。欽差大臣協辦大學士兩江總督曾國藩，自咸豐三年在湖南首倡團練，創立舟師，與塔齊布、羅澤南等屢建殊勛，保全湖南郡縣，克復武漢等城，肅清江西全境；東征以來由宿松克潛、太，進駐祁門，叠復徽州郡縣，遂拔安慶省城以爲根本。分檄水陸將士，規復下游州郡。兹幸大功告蕆，逆首誅鋤，實由該大臣籌策無遺，謀勇兼備，知人善任，調度得宜。曾國藩著加恩賞加太子太保銜，錫封一等侯爵，世襲罔替，并賞戴雙眼花翎。浙江巡撫曾國荃，以諸生從戎，隨同剿賊，功績頗著。咸豐十年，由湘募勇，克復安慶省城。同治元、二年，連克巢縣、含、和等處，率水陸各營進逼金陵，駐紮雨花臺，攻拔僞城。賊衆圍營，苦守數月，奮力擊退。本年正月，克鍾山石壘，遂合江寧之圍，躬冒矢石，半月之久，未經撤隊，克復全城，殄除首逆，實屬堅忍耐勞，公忠體國。曾國荃著賞加太子少保銜，錫封一等伯，并賞戴雙眼花翎。

其同日錫封者：提督李臣典一等子，蕭孚泗一等男，均賞戴雙眼花翎。提督黄翼升、張詩日等，總兵朱洪章、熊登武等，按察使劉連捷等，百二十餘人，均奉旨奬擢有差。又奉旨：

欽差大臣科爾沁王僧格林沁，賞晋親王。官文、李鴻章并封一等伯。楊岳斌、彭玉麟、駱秉章并賞一等輕車都尉。所有出力員弁兵勇，候旨施恩。發去銀牌四百面，先行頒賞，以勵戎行。

癸巳，公抵江寧，慰勞諸將領，親訊李秀成供。丁酉，焚洪秀全尸。是月，左軍克孝豐。

七月壬寅，設善後局撫難民。鮑軍大捷於許灣，殺賊四萬，賊大潰。甲辰，誅李秀成、洪仁達、洪仁發。洪福瑱遁廣德，賊黨争迎之。己酉，鮑軍復東鄉金溪。庚戌，江忠朝克崇仁、宜黄。辛酉，公檄撤湘勇二萬五千人；留萬人守江寧；留萬五千人，命劉連捷、朱洪章、朱南桂等領之，爲皖南、北游擊之師。戊午，鮑軍克南豐、新城，降其衆數萬。乙丑，李、左二軍克湖州。丙寅，公還安慶。丁卯，左軍克安吉，全浙平。李公派劉銘傳一軍克廣德。賊黨挾洪福瑱走寧國山中。

八月甲子，公至江寧。乙丑，核定安徽全省錢漕章程。奉旨准國荃開缺回籍，并賞人參六兩以資調理，病痊即行來京陛見，以備倚任。己卯，捻匪自湖北犯英山，蔣凝學拒却之。戊子，江浙官軍破賊於廣信。洪福瑱走石城。癸巳，席寶田擒福瑱，送南昌斬之。丙申，鮑軍破賊於寧都，賊解圍入閩，江西全境平。左公錫封一（封）等伯，鮑公錫封一等子。賊之竄粤者犯南雄，竄閩者陷武平，張忠毅公運蘭死之，遂踞漳州。

十月己丑，奏建昭忠祠於江寧。時賊陷廣東之嘉應、大埔，與汀漳賊合，蔓延數百里。

十一月，補行江南鄉試。疏請蠲免安徽州縣錢糧。是月，左公奉旨入閩督剿。

四年正月，設粥廠以食飢民。二月，通飭所屬，積穀備荒。李公鴻章派提督郭松林等，由海道赴閩助攻漳州。

三月，公通籌黔、滇大局，疏稱：『凡進兵必有根本之地，籌餉必有責成之人。謀滇當以蜀爲根本，即以餉事責之川督；謀黔當以湘爲根本，即以餉事責之湘撫。』從之。時有旨垂（詞）詢曾國荃如病已（痊）痊，即來京陛見，公疏陳病尚未愈。會御史朱鎮言湘勇在江南騷擾狀，公遂再撤，存四營而已。

四月，核定瓜洲鹽棧章程。初，鮑公超奉旨出關，請假四月歸葬，所部霆字軍，半以總兵婁雲慶領之入閩，半以總兵宋國永領之赴蜀，仍將率以出關也。入閩者，在上杭大嘩，回向江西索餉，得六萬金而粗定。赴蜀者，行至金口登岸，嘩潰爲亂，竄陷咸寧、崇通，擾及湖南，官軍敗之，歸并粤賊於漳州。公曾疏稱鮑超威嚴有餘，恩信不足，至是果如所慮。是月，僧王追擊捻匪至曹州，中伏陣亡，燕、齊大震。

五月丙申，奉詔：『曾國藩著即赴山東督兵剿賊，兩江總督著李鴻章暫署。』公覆陳目下情形萬難迅速：

一、楚勇裁撤殆盡，僅存三千作爲親兵，外調劉松山一軍及劉銘傳淮勇各軍，尚不敷分撥。當另募徐州勇，以楚軍之規模，開徐、兖之風氣，期以數月，訓練成軍。一、捻匪戰馬極多，步兵不足當騎賊。擬赴古北口采辦戰馬，在徐州添練馬隊。一、扼賊北竄，全恃黄河天險。現辦黄河水師，亦須數月乃能就緒。一、直隸宜另籌防兵，分守河岸，不宜令河南之兵兼顧河北。僧格林沁嘗周歷湖北、安徽、河南、江蘇、山東五省，臣斷不能兼顧五省，不特不能至湖北也。如以徐州爲老營，則山東祇能辦兖、沂、曹、濟四郡，河南祇能辦歸、陳兩郡，江蘇祇能辦徐、淮、海三郡，安徽祇能辦廬、鳳、潁、泗四郡。此十三府州者，責臣督辦，而以其餘責成本省督撫，則汛地各有專屬，軍務漸有歸宿。此賊已成流寇，宜各練有定之兵，乃可制無定之賊。臣爲謀迂緩，駭人聽聞，殆不免物議紛騰，交章責備，然籌思累日，計必出此。

甲辰，公調劉銘傳一軍駐濟寧。李公鴻章檄道員潘鼎新領淮勇五千，航海赴天津，以衛畿輔。是日，奉旨：『所有直隸、山東、河南三省旗、緑各營及地方文武，均歸節制調遣。』公請收回成命，温詔不許。又疏言：『潘鼎新、劉銘傳、張樹聲、周盛波四軍皆係淮勇，臣見調甘凉道李鶴章辦理行營營務處。』丙辰，李公鴻章至江寧，公交印出省。壬戌，與彭公玉麟核定長江水師章程。是月，唐義訓、金國琛徽防軍索餉鼓譟。左軍克漳州，郭松林克漳浦，閩屬皆平。賊竄粤。

閏月辛未，公至清江浦。捻酋四人，曰張總愚、曰任柱、曰牛洪、曰賴汶光，有衆數十萬，馬數萬，蹂躪數千里，分合不常。公既奏定，扼要駐軍，不事馳逐，軍餉器械緜水次轉運，以江南爲根本，以清江浦爲樞紐，溯淮潁而上者，達於臨淮關；溯運河而上者，達於徐州、濟寧。時賊圍安徽按察使英翰於雉河集，公調劉銘傳、周盛波兩軍援之；劉公松山亦以老湘軍至。公疏言：

臣初奏十三府州之地，安徽以臨淮爲老營，河南以周家口爲老營，江蘇以徐州爲老營，山東以濟寧爲老營，各駐重兵，多儲軍械，一處有急，三處(住)往援。有首尾相應之象，無疲於奔命之虞。或可以拙補遲，徐圖功效。見派郎中李昭慶訓練馬隊，爲游擊之師。尋請將撥交河南之馬隊五百人，調赴皖北助剿。

辛卯，公至臨淮。時雉河賊已解圍竄許州矣。

六月，示諭亳州、蒙城、宿州、永城四屬民圩，分别良莠，責令擒送捻黨。公弟國荃奉旨授山西巡撫。尋以病辭。是月，賊竄襄陽、陽鄧等處。

七月，疏言：『賊情已成流寇，若賊流而官兵與之俱流，則節節尾追，著著落後。臣堅持初議，以有定之兵，制無定之寇。令劉銘傳駐周家口，張樹聲駐徐州，劉松山駐臨淮，潘鼎新駐濟寧，賊至則迎頭擊之。請敕楚、豫各督撫，於豫之鞏、洛、宛、鄧，楚之隨、棗、黄、麻各駐勁兵，專重迎剿，不事尾追，庶幾漸有歸宿。』尋奉寄諭，責以不兼顧晋首，不令劉銘傳等繞出賊前，防賊竄秦晋之路，公覆陳：

周家口八面受敵，最爲扼要，劉銘傳將略較優，人數較多，故以此路付之。至秦晋邊防五百餘里，實非該軍所能徧防。若令其西去，則無益於晋，而有損於豫。且湘淮各軍，不慣麫食，今之行兵者全不講求轉運，糧、械缺乏，何以圖功？

是月，賊竄湖北。

八月丁酉，公抵徐州，大閲馬隊。時任柱、牛洪、賴汶光自陳、潁竄山東之曹州，張總愚尚踞南陽。

九月癸亥朔，奏劉銘傳一軍迭獲勝仗，賊東竄曹州。已調徐州全軍赴山東會剿，調臨淮軍接防徐州，調周盛波移駐歸德。丁丑，賊破辛家寨，將犯徐州。公調郭松林、楊鼎勛防剿沂、海一路。是月，張總愚竄鄂，尋回河南。閩軍克粤之鎮平。賊踞嘉應州，左公督三省官軍圍之。

十月，徐州官軍擊賊獲勝。賊仍竄山東，潘鼎新破賊豐縣。張逆自郟縣、禹州東竄開封，任、牛、賴自曹州西竄。周盛波破賊於寧陵，劉銘傳破賊於扶溝。賊合犯襄城、舞陽，勢趨鄂境。公調徐州馬、步軍駐周家口，以劉軍爲游擊之師，隨賊所向追擊之，不復泥十三府州之説矣。

十一月，核定長江水師營制、營規。初，銅山、沛縣有微山湖涸出地一區，咸豐初曹州民因避水占居其地。馴至數萬人，占田侵廣。有司因按畝徵餉，號曰『湖團』，與沛縣民屢有鬬訟之案。捻匪東竄時，與湖團相勾引，沛民愬於公。公飭拏通捻之團民究治，勒限撤回本籍；其良民六團，留居徐州。示諭不分土、客，止分良、莠，令各安本業。是月，張逆竄襄陽；任、牛竄潁州，尋竄鄂。

十二月，成大吉一軍在麻城潰叛，捻匪乘之，勢大熾，公調劉銘傳援楚。張逆回竄南陽。

五年正月庚午，奏派徐州馬隊九百餘人，馳赴奉天勦辦馬賊。又奏調李昭慶之馬隊，馳赴周家口。丁丑，劉銘傳克黃陂，賊竄河南。是月，左公督諸軍克嘉應州；鮑公追勦至大嶂嶺，破之，降其衆二萬有奇，粵逆之局結矣。公弟國荃奉旨授湖北巡撫。

二月己亥，公自徐州啓行。己酉，抵濟寧。時任、牛、賴竄汝寧，擾及陳、潁，張逆竄曹州，調潘鼎新軍堵之。

三月，調李昭慶赴山東，調楊鼎勛護衛孔林。時劉銘傳、周盛波并追賊抵東境，檄令嚴扼運河。劉松山亦抵濟寧。是月，國荃公到湖北任。賊自山東南竄淮、徐。

四月，公奏劉銘傳、周盛波追勦獲勝。又陳潘鼎新力戰保全東省之功及山東官軍扼防運河之功。又奏賊勢南趨，劉松山回駐徐州，與劉秉璋、楊鼎勛軍會合。又奏：『臣軍注重東路，不能不藉運河爲阻截之界，擬濬河增堤置栅以爲之防。』時牛、張二逆竄曹、徐之交，任、賴二逆擾淮、泗各屬，公檄劉軍暫在濟寧休息，以潘軍爲游擊之師。

五月，牛、張回竄河南，任、賴竄皖。公檄潘鼎新、周盛波爲一路，劉秉璋、楊鼎勛爲一路，劉松山、張詩日爲一路，分途馳擊。又奏黃、運兩河，應分汛地，歸直督、東撫派兵設防，臣擬查閱運河南路，興築堤墻。

六月丙申，公回濟寧。疏言：

> 平原千里，此剿彼竄，不能大創賊。擬自周家口以下，扼守沙河；周家口以上，扼守賈魯河。自朱仙鎮以北至黃河南岸，則掘濠守之，派水陸軍分段扼防，咨豫、皖兩撫臣調兵分守，使群賊南竄不出南汝、光、固、黃州、六安等處，則官軍足以制之矣。

又奏：

> 防河之舉，地段太長，派劉銘傳、潘鼎新、張樹珊扼守朱仙鎮以下四百里之地，力任其難。以上則專資河南兵力，已咨請李鶴年先辦防務，主守而不主剿。

是月，牛、張西竄，劉松山、張詩日截擊破之。任、賴東竄，潘鼎新迎擊却之。國荃公檄郭松林、彭毓橘等軍守德安、隨州。

七月，奏：『任、賴二酋回竄東路，前奏扼守沙河之策難遽興辦。現令劉銘傳、周盛波、潘鼎新并赴東路馳剿。』壬申，公抵臨淮。甲申，奏潘鼎新迎剿獲勝。任、賴二逆竄至賈魯河以西，仍擬扼防賈魯河、沙河，杜其回竄。又奏報劉松山、張詩日在西華、上蔡大捷。丙戌，牛、張西竄，劉松山與河南官軍宋慶等追剿至新野、鄧州、南召、魯山，大破之。

八月乙未，公抵周家口。奏：

捻逆縱横，從未大受懲創，此次經湘軍奮擊，凶焰頓衰，有回竄東北之勢。已調各軍堵剿，調鮑超自汝寧北出，力扼東竄之路；劉銘傳等仍令修築堤墻，分汛防守。

壬申，賊自許州竄近汴梁，衝濠走山東。己卯，奏『捻賊東竄，河防無成，現調劉銘傳、潘鼎新等赴山東追剿』。又奏：

剿捻年餘，愧無成效。請敕李鴻章出駐徐州，與東撫會辦東路。曾國荃出駐南陽，與豫撫會辦西路。臣駐周家口，可以聯絡一氣。

是月，賊撲運河，山東官軍禦却之。

九月，奏：『劉銘傳、潘鼎新迭獲勝仗，賊不得逞志於東，必仍西竄。已檄劉松山自扶溝迎剿；鮑超自南陽進兵，遮截西竄之路。』又奏續假一月在營調理。時李公出視師於徐州，國荃公出視師於襄陽。賊竄滎澤，決河堤，河南官軍堵塞之，捻酋牛洪死於陣。張逆竄陝西。任、賴走濟寧，攻撲運河，山東官軍扼之。

十月，鮑軍追賊至陝州，賊已西竄。劉、潘二軍在鄆城追剿獲勝。公奏病難速痊，請開缺以散員留營效力，另簡欽差大臣接辦軍務。又奏剿捻無功，請將封爵暫行注銷，以明自貶之義。奉旨：『再賞假一月，安心調理，俟痊即來京陛見，以慰廑係。所請注銷封爵，無庸議。』

十一月辛酉，奉旨回兩江總督本任，暫緩來京陛見。以李鴻章爲欽差大臣。公奏：『病體不能勝兩江之任，若離營回署，又不免畏難取巧之譏，請仍在軍照料一切，維繫湘、淮軍心。』温旨不許。是月，國荃公駐軍德安。楚督官文公奉旨開缺入都供職。

十二月戊子，再請開缺，不許。是月，郭松林軍敗於德安。淮軍亦失利，張壯勇公樹珊陣亡。張總愚逼西安，陝兵敗潰。劉公松山援關中。

六年正月甲戌，公至徐州接篆視事。公之剿捻也，初立駐兵四鎮之議，次設扼守黄、運河之策，皆未久而變。其在臨淮，搜除蒙、亳匪黨，以絶其根株。在徐州，辦結湖團巨案，以杜其勾引。大小數十戰，力遏凶鋒，捻勢實因此而衰；而言路劾公者，有御史朱鎮、盧士杰、朱學篤、穆緝香阿，最後阿凌阿劾公驕妄，皆奉旨（辦）辨斥。公念權位所在，衆責歸之，愓然不安其位矣。甲申，奉旨回駐省城，一切軍情調度，仍著李鴻章隨時咨商，以資裨益。是月，鮑軍擊賊於襄陽之楊家泠，大破之，殲賊萬餘人。任、賴二酋竄河南。

二月，［任、賴］竄安徽，回竄湖北，湘軍敗於黄州，彭忠壯公毓橘死之。劉公松山連破張逆於陝西。

三月庚申，公還江寧。

四月，鮑公超傷病大作，公疏調提督婁雲慶接統霆軍。時捻匪自湖北竄南陽。

五月，旱，公連日步禱祈雨。辛酉，詣靈谷寺取水。壬戌，大雨，捻賊越運河而東，犯青州。有詔：『曾國藩著補授武英殿大學士，仍留兩江總督之任。』

六月，奏鮑超傷病深重，請令回籍養病。捻賊竄登、萊。

七月，奏：『霆營將領公稟，不願隸婁雲慶部下，請將全軍撤遣。』時捻賊越濰河，犯沂州，竄及贛榆、海州、沭陽各屬。

八月，海州捻匪竄山東，復竄贛榆，劉公銘傳追剿，大破之，斬其酋任柱。是月，國荃公開缺回籍。
十一月，劉公銘傳擊賊壽光，大破之，擒斬數萬人。賴汶光遁，山東肅清。
十二月己丑，揚州官軍擒汶光斬之，餘黨皆潰，東南蕩平。詔加賞公雲騎尉世職。時張總愚自陝西越黄河竄山西。
七年正月，［張總愚］竄保定、天津、河間，畿輔戒嚴。丁公寶楨督軍入援，駐固安。左公宗棠督軍追剿，駐天津。李公鴻章駐軍大名。李公鶴年、英翰公皆領兵防河南、北。
三月，奏定長江水師補缺章程，并續陳未盡事宜。
四月，捻逆越運河竄東昌、武定。時河北水漲，官軍扼河以困之。公遵旨派員赴合肥，催劉公銘傳銷假赴軍，并派提督黄翼升、總兵歐陽利見，領水師協剿。
六月，劉公赴直隸。
七月，官軍大破捻匪，張總愚走死，三輔肅清。詔公從優議叙，李公鴻章以湖廣總督、協辦大學士，劉公銘傳封一等男，餘升賞有差。壬申，詔調公直隸總督。
八月，疏陳：
丁憂兩次，均未克在家終制。從公十年，未得一展墳墓。又剿捻無功，本疚心之事，而回任以後，不克勤於其職，公事多所廢弛，皆臣抱歉之端，俟到京時剴切具奏。
時劉公松山入關剿回逆，公任其軍餉。
九月，核定外海水師章程。奏請禁止川私入楚，收回淮南引地以復舊制。

十一月,奏酌議江蘇外海、内洋、裏河水師事宜十四則。又奏:

兩接造辦處來文,俱稱『移會兩淮監督』。查兩淮祗有鹽政,并無監督。造辦處係内務府司員,與部院司官體制相同,行文督撫,應用堂官之印。請敕該衙門,嗣後遇有傳辦要件,統歸内務府大臣行文,不得由造辦處移會,以符定制,杜弊端。

丁丑,公自江寧起行。

十二月丙辰,入都門。丁巳,召見養心殿,賜紫禁城騎馬。戊午、己未,連日召見。辛酉,至内閣及翰林院赴任。壬戌,造訪塔忠武公宅,登堂見其母,厚餽之。丁卯,至内閣。集議通商事宜,凡三日。

八年正月癸酉朔,早朝。捧賀表,從駕詣長信門行禮畢,上升殿受賀。丁丑,至内閣。與醇郡王議奏機務六條,公手稿數千言,移時而成。己卯,趨朝奏事。丁亥,侍賜藩王宴於保和殿。戊子,賜宴廷臣於乾清宫。公領漢大學士班,恩賚珍物。己丑,具摺請訓,奏:

直隸最要之政在練兵飭吏,次則河工。請留劉銘傳一軍以資拱衛,再練萬人使成勁旅,則畿輔不患空虚。民間疾苦,由於積獄太多,差徭太重,屬僚玩上虐民,當嚴法以懲之。永定、滹(泥)沱二河,永爲民患,宜大加疏濬。

報聞。壬辰,出都。

二月甲辰,接篆視事。作[直隸]清訟事宜十條,編爲四柱册。核定限期功過章程十四條。

四月,奏直隸采訪節義案。

五月，奏：『近日臣工章奏，多主練兵，不主練勇，然練兵實無化弱爲强之法，當參用東南募勇之意，仍須部籌的餉，然後營務漸有起色。』

六月，作客座箴言四則，以示僚屬。奏裁長蘆總商，以杜把持之弊。

七月，奏定直隸、山西、河南三省州縣會哨章程。

八月，奏請調南方戰將，以練北方新兵。請於古北口增練千人，提督傅振邦領之；正定增練千人，總兵譚勝達領之；保定增練千人，以彭楚漢領之。

九月，核定直隸練軍章程。奏請挑濬永定河中泓下口。

十月，出勘河工。至天津，查勘鹽政。校閲洋炮隊。

十一月，酌議長蘆鹽政十則。

十二月，奏大、順、廣等屬旱灾，請於來春散放錢文，以貸爲賑。

九年正月，核定直隸練軍馬隊章程。時劉忠壯公松山在甘肅靈州陣亡，兄子錦棠代領其軍。

二月，奏清理積獄：計審結并注銷之案四萬一千餘起，專案奏結者五十餘疏。多年塵牘，爲之一清。又奏州縣留支銀兩，請免提解四成，俾地方有辦公之資，方能振興吏治。又州縣應付兵差款項，酌准報銷。

四月，奏酌定練軍營制。又以官馬不如私馬，令自養營馬，以冀練成勁騎。尋疏陳病狀，請假一月。

五月，續假一月。

先是，天津屢有迷拐幼孩之案，并有剖心剜眼之謡，署知府張光藻弋獲拐匪張拴、郭拐。又民團獲送匪犯武蘭珍，供出法國教堂之王三授以迷藥，由是津民與教堂屢鬨。戊子，通商大臣崇厚約法國領事官豐大業來署，提犯對質。時謠言四起，人情匈匈，豐大業在署中施放洋槍，崇厚急起避之。豐大業忿而走出，遇天津令劉杰，用洋槍擊傷其家丁，津民大憤，毆斃豐大業，燒毀教堂，洋人及本地從教者死數十人。庚寅，詔公馳赴天津查辦，諭曰：『匪徒迷拐人口，挖眼剖心，實屬罪無可逭。既據供稱牽連教堂之人，如查有實據，自應與洋人指證明確，按律懲辦，以除地方之害。至百姓聚衆，將該領事毆死，并焚毀教堂，拆毀仁慈堂，此風亦不可長。著將爲首滋事之人，嚴拏究辦，俾昭公允。』壬辰，奉旨：『崇厚、周家勛、張光藻、劉杰，著先行交部議處。仍著曾國藩確切查明，嚴參具奏。至迷拐人口匪徒，及爲首滋事人犯，均著嚴拏懲辦。』尋有旨：『崇厚著充出使法國大臣。』

六月己亥，公啓行赴津。書遺囑以示二子，略言：『余自咸豐三年募勇剿賊，即自誓效命彊埸。今老病危難之際，斷不肯吝一死以負初心。』因作忮求二箴〔一八〕爲家訓，謂凡不善皆自忮求始也。庚子，奏請先將誤傷俄國之三人及英、美兩國之講堂，速爲料理，不與法國之事并議，以免歧混。諭嘉其所見甚是。乙巳，至天津。津郡民團，舊有『水火會』名目，人數甚衆。怨崇厚之護教也，謂公至必力反其所爲。公以粤、捻初平，宜堅保和局，不宜與洋人搆釁，再啓兵端。至是出示曉諭士民，仍不獎其義憤，且有嚴戒滋事之語。津人遂以怨崇厚者怨公矣。時投牒訴者數百人，查訊挖眼剖心，并無事實；而迷拐一案，拏到教民王三、安三等，供辭反覆，不能定案。丙午，英國人來見。丁未，美國人來見。戊申，内閣學士宋晋奏和局固應保全，民心未可稍失，請布置海口防兵，兼婉諭各國，爲解散約從之策。詔公酌量辦理。甲寅，法人羅淑亞來見。丙辰，崇厚來言洋人將大興波瀾，有以府、縣官議抵之説，公峻拒之。丁巳，羅淑亞復來，辭氣凶悍，其公牘有請將府、縣官及提督陳國瑞抵命之語。戊午，公備牘駁詰之。己未，與崇厚會奏：

王三雖供認授藥武蘭珍，然且時供時翻。仁慈堂查出男女，訊無被拐情事。至挖眼剖心，則係謡傳，初無實據。然津民所以生憤者，則亦有故：教堂終年扃閉，莫能窺測，可疑一；中國人至仁慈堂治病，恒久留不出，可疑二；仁慈堂死人，有洗尸封眼之事，可疑三；仁慈堂所醫病人，雖親屬在内不許相見，可疑四；堂中掩埋死人，有一棺而兩三尸者，可疑五。積此五疑，衆怒遂不可遏抑。

又奏請將張光藻、劉杰革職交部治罪。公本不欲加罪府、縣，崇厚堅請會奏，疏發後公痛悔之，病亦增劇。公前疏辨『挖目剖心』之誣，又陳『五可疑』之説，意在持平，而内閣鈔發奏稿，遺其後半篇，都人亦謂公偏護洋人，又以詆崇厚者詆公矣。責問之書日數至，公惟自引咎，不欲自明也。崇厚仍主府、縣議抵之説，公力拒之。崇厚乃奏法國勢將決裂，曾某病勢甚重，請另簡重臣來津妥辦。詔丁日昌赴津幫同辦理，未到之先，派毛昶熙前往會辦。惟該國兵船業已到津，意在開釁，著李鴻章帶兵馳赴畿疆，候旨調派。公奏：『羅淑亞欲將府、縣議抵，難允所求。府、縣本無大過，送交刑部，已屬法重情輕。彼若立意決裂，雖百請百從，仍難保無事也。』又奏：『外國論强弱不論是非。若中國有備，和議當稍易定。現令銘軍拔赴滄州以資防禦。』又言：『朝廷昭示大信，不宜開兵端，惟當時時設備以爲立國之本，二者不可偏廢。』諭嘉其曲中事理。

七月己巳，毛公至津，約洋官會議，所帶章京陳欽，按理抗辯，洋人不能答。羅淑亞仍執前説，徑行回京。公會奏羅淑亞回京緣由，請一體堅持定見。又奏：『福建所購京米，請截留二萬石存津，以供李鴻章、劉銘傳軍食。』得旨：『羅淑亞無理要挾，所請府、縣抵償一節，斷無允准之理。此時如將下手滋事之犯，按律懲辦，則洋人自不至節外生枝，再歸咎於府、縣矣。』會丁公到津，懸賞緝犯，將府、縣遣戍，下手滋事者議抵，獄遂結；而江督馬新貽被刺出缺，詔調公兩江，而以李公督直隸。公請開缺調理，温詔不許。

十月，公壽六十，賜御書『福』『壽』字，『勛高柱石』額，暨諸珍品。公請覲入都，召見二次。樞廷傳旨催赴任，陛辭，復召對。丁未，出都。閏月壬午，抵江寧。十一月壬辰朔，接篆視事。作家訓日課四則，曰：『慎獨則心安，主敬則身强，求仁則人悦，習勞則神欽。』

十年正月，奏通籌運道全局，爲可久之規。二月，奏議運河章程。三月，奏楚省引地被川鹽侵占太甚，請飭部核議。七月，奏派刑部主事陳蘭彬、江蘇同知容閎，選帶才俊子弟，赴泰西各國，肄習技藝，以各國軍政、船政，皆視爲身心性命之學，中國當仿其意而通其法也。八月，出省大閱。十月，回江寧。十二月，奏續議江蘇水師章程二十一條。

十一年二月戊午，公薨於位，年六十有二。時天陰雨，忽火光燭城中，江寧、上元兩縣令驚出救火，惟見紅光圓如鏡，出天西南隅，良久漸滅。遺疏上，上震悼，輟朝三日，諭曰：

大學士兩江總督曾國藩，學問純粹，器識深宏，秉性忠誠，持躬清正。由翰林蒙宣宗成皇帝特達之知，洊升卿貳。咸豐年間，創立楚軍，剿辦粵匪，轉戰數省，疊著勛勞。文宗顯皇帝優加擢用，補授兩江總督，命爲欽差大臣，督辦軍務。朕御極後，簡任綸扉，深資倚任。東南底定，厥功最多。江寧之捷，特加恩賞給一等毅勇侯，世襲罔替，并賞戴雙眼花翎。歷任兼圻，於地方利病，盡心籌畫，老成碩望，實爲股肱心膂之臣。方冀克享遐齡，長承恩眷，兹聞溘逝，震悼良深。曾國藩著追贈太傅。照大學士例賜恤，賞銀三千兩治喪，賜祭一壇，加恩予謚『文正』，入祀京師昭忠祠、賢良祠，并於湖南原籍、江寧省城建立專祠。其一等侯爵，即著伊子曾紀澤承襲，毋庸帶領引見。其餘子孫幾人，著查明具奏，候朕施恩，用示篤念忠良至意。

既而各疆吏疏陳功績，奉諭：

何璟、英翰、李翰章臚陳曾國藩歷年勛績，覽之彌增悼惜。曾國藩器識過人，盡瘁報國。當軍務棘手之際，雖屢經困阨，堅忍卓絶，曾不少渝。功成之後，寅畏小心，始終罔懈。其薦拔賢才，如恐不及，尤得以人事君之義，忠誠克效，功德在民。著於安徽、湖北建立專祠，此外立功省分，并准其一體建祠。伊次子附貢生曾紀鴻、孫曾廣鈞，均賞舉人，曾廣鎔賞員外郎，曾廣銓賞主事，俟及歲時分部學習行走。

未幾，江西、直隸并請建專祠，許之。

公之學，以關閩爲宗，於許、鄭之訓詁，復孯窮綜貫。嘗言：『聖賢之所以修己治人，禮而已矣。論語求仁，雅言執禮。孟子亦仁禮并稱，异端鄙弃禮教，正以賊仁也。張子正蒙、朱子經傳通解，於禮三致意焉。近儒王船山注正蒙、秦文恭作五禮通考，知其要矣。』諸子百家，公無所不窺，尤好莊子、史記、漢書、通鑒、文獻通考、五禮通考，治之三反。古文宗楊、馬、韓、曾；詩自李、杜外篤嗜蘇、黃。治經喜高郵王氏書。

治軍、行政，先求踏實，或籌議稍迂而成功轉奇，或發端至難而取效甚遠，或初爲衆所駭怪而徐服其精，所見既定，百折不回，出入死生無所怖。處功名之際，則師黄老之退遜；持身型家，尚禹、墨之儉勤。

生平持之有恒者，曰不誑語，不晏起。自奏疏至公牘、私函，無一欺飾語，即撫外夷，馭降將，亦推誠布公，恥用權術。在軍在官，辨色即起，數十年如一日。讀書有常課，雖存亡呼吸間，不改度也。

公於中外之防，持之尤力。咸豐十一年，米國、俄國請以兵助剿，公請嘉其效順而緩其師期。同治元年，英國、法國以嘉定之敗，欲調印度兵來戰，公請申大義以謝之，陳利害以勸止之。廷議購輪船，公力贊之。至欲用夷將，則議寢其事。六年，詔詢款議中事可許不可許，公奏：『凡争彼我之虚儀者可許，奪吾民之生計者勿許也。』

所著文十二卷，詩四卷，奏議百二十卷，批牘二十四卷，書札六十卷，日記三十四卷，尺牘五十卷，家書二十八卷。曾氏家訓長編，其成者朱子小學一卷、冠禮長編一卷、歷朝大事記六卷、藩部表一卷。選録十八家詩鈔三十卷、經史百家雜鈔二十六卷、古文簡本二卷、鳴原堂論文二卷。在軍中，有孟子四類編、論語言仁類記、易象類記、左傳分類事目、禮記章句校評、樸目雜記、周官雅訓雜記、通鑒大事記，各若干卷，皆行世。

古之作行狀者，上史館，牒太常，或請私家傳志而已。公勛績在故府，特賜上謚，史宬有傳，賜葬有碑，無以狀爲也。顧念從公軍中凡十年，詳公之事實，以爲法後世知言者庸有取焉，乃按年月日書其大者。謹狀。

——（清）李元度天岳山館文鈔卷十四，清光緒六年刻本

〔一〕疏陳：即奏稿一備陳民間疾苦疏，時間爲十二月十八日。

〔二〕章程：即奏稿一平銀價疏。

〔三〕疏稱：見奏稿一恭謝三品頂戴恩摺（八月十九日）。

〔四〕手敕：見奏稿一恭謝三品頂戴恩摺（八月十九日）後附。

〔五〕一請：恭謝三品頂戴恩摺後附作『請』。

〔六〕手敕：見奏稿一官軍水陸大捷武昌漢陽兩城同日克復摺（八月二十七日）後附。

〔七〕另旨：見清實録文宗實録咸豐四年（一八五四）甲寅九月辛未（初五日）『諭内閣』。

〔八〕公疏：見年譜咸豐四年（一八五四）九月十三日校。

〔九〕有旨：見年譜咸豐四年（一八五四）九月十三日校。

〔一〇〕手批：見年譜咸豐四年（一八五四）九月十三日校。

〔一一〕收復靖安安義：年譜繫此事在『八月十五日』條下。

〔一二〕疏請：見年譜『咸豐七年二月十六日』條校。

〔一三〕有旨：見年譜『咸豐七年二月二十九日』『三月初一日』條校。

〔一四〕三月……不許：據年譜及前文，事均在二月，此處當屬衍訛。

〔一五〕公疏：見年譜『咸豐七年六月初六日』條校。

〔一六〕得旨：見年譜『咸豐七年六月初六日』條校。

〔一七〕解散歌：見王安定求闕齋弟子記卷二十三軍謨上。

〔一八〕忮求二箴：求闕齋弟子記卷二十六家訓下題作『忮求詩』，詩文作『忮求詩二首』。

毅勇侯曾文正公家傳

（清）鄔鐘撰　鮑宜城點校

公姓曾，名國藩，號滌生，湖南湘陰人。自言其先出於『宗聖曾子』。公家舊有黄檀樹，數百年物也。樹有烏鴉精，爲洞庭湖神鴉兵三千之長。自公之生，精遂不見，而樹日益芃茂。流俗相傳如此。公生而穎异，器識過人。自爲秀才，便以天下爲己任。由翰林大考，受宣宗成皇帝知，薦躋卿貳。文宗即位，以禮部右侍郎上疏議大禮，奉旨嘉獎。復應詔陳言〔一〕：

竊維用人、行政，自古相提并論。獨至我朝，凡有庶政，皆著有成憲。今日所當講求者，惟在用人一端。方今人才不乏，欲作育而激揚之，有轉移之道，有培養之方，有考察之法。

列聖爲政，大抵因時俗之過[而]矯之使就中。順治時，瘡痍初復，民志未定，故聖祖繼之以寬；康熙之末，吏馳民偷，故世宗救之以嚴；乾隆、嘉慶之際，人尚才華，士鶩高遠，故宣宗救之以鎮静，以變其浮誇之習。一時人才，循之規矩準繩之中，無有才智自雄、鋒芒自露者。然有守者多，而有猷有爲者漸覺其少，大率以畏葸爲慎，以柔靡爲恭。京官辦事通病有二，曰退縮，曰瑣屑；外官辦事通病有二，曰敷衍，曰顢頇。退縮者，同官互推，不肯任怨；動輒請旨，不肯任咎是也。瑣屑者，利析錙銖，不顧大體；察及秋毫，不見輿薪是也。敷衍者，裝頭蓋面，但計目前；剜肉醫瘡，不問明日是也。顢頇者，外面全完，中已潰爛；章奏粉飾，語無歸宿是也。有此四者，習俗相沿，但求苟安無過，不求振作有爲，將來一有艱巨，國家必有乏材之患。漢臣諸葛亮曰：『材須學，學須識。』臣愚以爲，欲使有用之才不出範圍之中，莫若使之從事於學術。然欲人材皆知好學，必自我皇上以身作則，乃能操轉移風俗之本。聖祖仁皇帝，孜孜學問，儒臣逐日進講，寒暑不輟，三藩用兵亦不停止。康熙末年，博學偉才，皆聖祖教諭成就之。皇上春秋鼎盛，請舉行逐日進講之例。一人典學於宫中，群英鼓舞於天下。以今日之委靡因循，而期之以振作；慮他日之更張僨事，而澤之以詩、書。蓋轉移之道如此。

內閣、六部、翰林院最爲薈萃之地，將來內而卿相，外而督撫，大約不出此八衙門者。八衙門人材，皇上不能周知。培養之權，不得不責成堂官。堂官於司員，一言嘉獎，則（盛）感而圖功；片語責懲，則畏而改過。此教誨之不可緩。榛棘不除，蘭蕙減色；害馬不去，騏驥短氣。此甄别之不可緩。嘉慶四年、十八年，兩次令部院各保司員，此保舉之成案。雍正年間，甘汝來以主事而賞人參、放知府；嘉慶年間，黄鉞以主事而充翰林、入南齋，此超擢之成案。今堂官多內廷行走，與司員恒不相習，自掌稿、掌印數人外，大半不能識面，以致六部人數，或二十年不得補缺，或終身不得主稿；內閣、翰林院員數，或十年不得一差，不遷一秩，固已英才摧挫矣。不能邀堂官之顧，焉能達天子之知？請每部酌量三四堂不入內廷〔者〕，令與司員相砥礪；翰林掌院亦須有不直內廷者，令與編、檢相濡染，使屬官之性情、心術，長官一一周知。皇上不時詢問，則某也才，某也直，某也小知，某也大受，粲然畢呈。然後保舉甄别，次第舉行。皇上偶有超擢，則楩楠一升，而草木之精神皆振。蓋培養之方如此。

古者詢事、考言，二者兼重。近來各衙門辦事，小者循例，大者請旨，本無才猷之可見，則莫若於言考之；而召對陳言，天威咫尺，又不宜喋喋便佞，則莫若於奏摺考之矣。國家定例，内而九卿、科道，外而督撫、藩臬，皆有言事之責；各省道員，不許專摺謝恩，而許專摺言事。乃十餘年間，九卿無一人陳時政之得失，司道無一摺言地方之利病，相率緘默，一時之風氣，有不解其所以然者。科道間有奏疏，而從無一言及主德之隆替，無一摺彈大臣之過失，豈君堯、舜之君，臣皆稷、契之臣乎？一時之風氣，亦有不解其所以然者。臣考本朝以來，匡言［主德者］，如孫嘉淦以自是規高宗，袁銑以寡欲規宣宗，皆蒙優旨嘉納。糾彈大臣者，如李芝芳參劾魏裔介，彭鵬參劾李光地，厥後四人皆爲名臣，至今傳爲美談。皇上御極之初，褒答倭仁之諭，臣讀之至忭舞感德。臣願皇上堅持聖意，借奏摺爲考核人才之具，永不生厭斁之心。或條庶政涉於雷同者，不必交議而已；彈大臣過於攻訐者，不必發抄而已。今考九卿之賢否，憑召見之應對；考科道之賢否，憑三年之京察；考司道之賢否，憑督撫之考語。若使人人（逮）建言，參互質證，豈不更爲核實？蓋考察之法如此。

臣本愚陋，頃以議禮一疏蒙天語褒嘉，感激思所以報。

疏入，文宗嘉納。説者謂公疏非爲一時而發，蓋京外通病，牢不可破，人所不敢言，公獨言之，公之結主知以此，公之肩大任亦以此矣。

咸豐二年，典試江西，未入闈，以母喪去官。時長沙解圍未久，武漢新陷，土匪蜂起，兵勇擄船劫掠。奉旨辦團緝匪，奪情視事。凡從賊、勾賊各匪，責成團總、户族捆獻，捕斬土匪數百人，湘境以安。公以治軍須用所長，北人利騎，南人利舟，地勢然也。征伐伊始，總以收拾人材爲急，拔羅澤南、王（鑫）錱、李續賓、張運蘭，使練陸勇；拔彭玉麟、楊岳斌、黄翼升、鮑超，使練水師。又以緑營廢弛，非賞信罰必，不足肅營規，乃奏參長沙協副將清德，力保游擊塔齊布，人心思奮。

三年，賊圍江西，派羅澤南赴援而圍解。公以九江爲長江上游，在所必争，遂與江忠源奏請創立水師，倡三省會剿之議。自赴衡州，督造戰船。

四年二月，統水陸兵勇六千人抵長沙，賊已由岳州竄陷湘陰、寧鄉、湘潭。會王（鑫）錱挫於蒲圻，岳州再失，於是長沙西、南、北，徧野皆賊，省城危急。派塔齊布率陸勇，彭玉麟、楊岳斌率水師，上剿湘潭；自率水陸三營，下剿靖港，與戰失利。四月，湘潭克復，乃自劾靖港失律之罪。七月，楚軍東下，克復岳州。廣東總兵陳輝龍水師敗於城凌磯。閏七月，塔齊布、羅澤南擊敗陸賊，轉戰而前。八月，克武昌。十月，大破田家鎮。十二月，水師破湖口賊卡，衝入鄱陽湖，盡焚賊舟；而老營紮九江對岸者，賊用小舟襲焚殆盡。公獨身投入羅澤南軍中。

五年正月，入江西，重整水陸各軍。賊自北岸上竄，再陷武漢。另股賊陷弋陽、廣信。羅澤南力戰復之。七月，克義寧，分攻湖口。時塔齊布戰歿九江，鄂事日急，復令羅澤南會胡林翼攻武昌，拔之。十一月，逆首石達開自崇、通陷瑞、臨，與粤東賊會，江西郡縣半淪於賊，湖南文報不通。乃分九江之軍援吉安，自率舟師回駐省垣。

六年春，吉安不守，周鳳山失利樟樹鎮，分攻撫、建者皆不能下，餉源奇窘。南豐人萬啓臺，毁家佐軍，公身處重圍，賴以濟。七月，楚撫胡林翼派公弟國華、劉騰鴻等援江西，攻瑞州；湘撫駱秉章派劉長佑等攻袁州,派公弟國荃攻吉安,所向克捷,湖南之路始通。會撫州陸營失利,乃移駐貴溪,保浙東餉道。

七年三月,以父喪回籍。

八年夏,奉命統軍援浙。時瑞、臨、撫、建,經湘軍克復。八月,國荃克吉安。

九年,移駐撫州,攻克景德鎮。旋奉入川之命,經官文、胡林翼奏請改而援皖,駐宿松,克太湖。

十年,補授江督,充欽差大臣,乃進駐祁門。時蘇、常新陷,浙省再淪,皖南、北無乾净土,金陵至徽州八百里,無處無賊,無日無戰。徽州之方陷也,休、祁大震,江、楚皆驚。或勸移營江西,以保餉源,公曰:『吾初次進兵,遇險而退,如後患何?離祁一步,便無死所。』群賊環攻,飛炮雨集。激厲營勇,死守兼旬。又自以爲國大臣,無辱賊手之理,手書遺囑,帳懸佩刀,萬一城破,惟自刎以謝天子。賴鮑超率霆軍自嶺外來,一戰解圍,驅賊出嶺。

十一年八月,國荃克復安慶。穆宗即位,兩宮皇太后垂簾聽政,倚任愈隆。

同治元年元旦,論安慶功,授協辦大學士。移駐安慶。時賊酋楊秀清已被賊誅。分派水陸各軍并江而下,沿江兩岸一二千里,名城要隘,皆爲我有。國荃遂統得勝師直抵雨花臺以瞰金陵,左宗棠統楚軍以達浙境,李鴻章統淮軍直趨上海,勢成犄角。夏秋之間,捷報頻聞,軍威大振,攻剿正利。值疫疾流行,楊岳斌、曾國荃、鮑超諸統將,各抱重病;各營勁兵,卧病呻吟,轉成孱卒。蘇、浙賊酋乘隙大舉共援金陵,圍攻雨花臺,四十六晝夜,更番不歇。南岸則寧國、旌德同時喫緊,北岸則(穎)潁、宿、蒙、亳捻匪出巢,正陽、壽州苗逆復叛。髮賊由江浦上竄,滁、和、巢、含岌岌可危。

數年以來,辛苦戰争之土地,由尺寸而擴至數百里者,深恐一旦潰裂,盡隳前功。賊既百計牽制,而援浙、救蘇、保江三者，須兼顧統籌。時危勢急，軍情反覆，异議環生，有謂『金陵進圍太早，必致師老餉竭，蹈向榮、張國梁覆轍』者；有謂『宜撤金陵之圍以退各路援賊，徐圖再舉』者。公皆不聽，從容語僚友曰：

> 昔唐太宗圍王世充，以致竇建德卒成并殲之功。今仗國家威福，兵機大順，直須一鼓作氣，吾特患各路援賊觀望耳。吾料各賊酋皆非國荃之敵。今群酋願來授首，吾以逸待勞，何憂不濟？不特此也，群酋赴援，則江、浙防虛，李、左兩軍乘虛直搗，奏功必易。賊救此則擊彼，救彼則擊此，使首尾不相顧。枝葉既披，金陵勢孤，然後下招安令以涣其死黨，開一角圍以蘇我難民，拉朽摧枯，正在今日。吾計决矣，南山可移，圍師不可撤也。

三年六月十五日，國荃攻克金陵。兩宫皇太后及穆宗皇帝大喜，以公首功，拜文華殿大學士，賜封一等毅勇侯，世襲罔替。餘論功賜爵，行賞有差。論者謂文臣封侯自公始。

四年，奉命剿捻。公以捻勢如流寇，剿辦之法，與粵逆异，非堅壁清野，引入死地，四面蹙之，不爲功。因病乞解兵柄，舉李鴻章自代，朝議是之。

捻逆既平，由兩江移督畿輔。值華夷交鬨，公憚於用兵，附會時局，輿論沸然。旋以目疾瀝情乞退，上疏固請。天子鑒其忠誠，仍命回任江督，坐鎮東南。

十一年二月，以疾薨於位。天子震悼，輟視朝。贈太傅，謚『文正』，喪費取給有司，入祀京師賢良、昭忠祠，原籍及立功省分皆建祠，地方官春秋祭祀。世子曾紀澤襲爵；次子紀鴻、孫廣鈞并賞舉人，一體會試；廣鎔賞員外郎，廣銓賞主事。事迹宣付史館。飾終之典，有加無已。

公弟四人：國荃，浙江巡撫，以金陵功賜封一等威毅伯；國華，記名道，三河鎮之役，與李續賓怒馬赴敵死；貞幹，候補府，雨花臺之戰，積勞卒於軍。國華之殉難三河也，公上疏〔二〕曰：

咸豐五年十月，賊石達開勾結粵匪周培春，會竄江西，連陷袁州、瑞、臨三府。六年春，陷吉安、撫、建三府。臣所部諸軍，羅澤南先赴湖北，周鳳山挫漢城鎮。臣率水師入援南昌，令李元度陸軍攻撫州。維時人心震驚，道路梗阻。臣惟岌岌坐困重圍，因募死士，蠟丸隱語，回楚乞援。臣弟國華武昌乞師以救江西。湖北撫臣胡林翼奏委國華統領普承堯、吴坤修、劉騰鴻各軍赴援。遂由咸寧、蒲圻取道萬載，攻克新昌、上高。兩月之間，連復六縣，遂圍瑞州。江西、湖南始通音問；而國華積勞致疾，就醫南昌，與臣握手相見，悲喜交集。蓋以新募之衆，千里來援，節節攻打，與粵逆十餘萬之衆，鏖戰於酷暑烈日中，艱險備嘗，乃有此兄弟會晤之一日也。病痊，回瑞州督剿。七年正月，臣赴瑞州，與國華定計會圍，掘長濠三十里，斷賊接濟。尋以父喪回籍。厥後瑞州克復，未變國華原定規模。

臣叔父曾驥雲無子，以國華爲嗣。八年，降服期滿。李續賓調赴湖北，奏明留營幫辦。十月初九，以家書寄臣，稱賊援麇至，各營意欲退保，國華與主將堅持不退。豈料其發信之次日即效命之秋，而其堅持不撓之計即全軍并殉之機也。猶憶七年欽奉恩諭：『曾國華帶勇援應，一門忠義。』實深嘉尚之褒，跪讀之下，感激涕零。今幸臨危不辱，仰副聖慈，捐糜以報生成之德，在門户亦足增榮。子弟得附忠義之林，在臣心更復何憾！特以臣叔年齒日高，倚閭望切，孤侄曾紀壽幼稚何依？臣六載軍中，愆尤叢集，即手足私憂，亦覺愧負良多。建昌去舒城千有餘里，兵力不能遽及。山川阻隔，日月寢淹，骸骨未收，遺憾難雪。臣思昔年，若無國華援應，臣無以至今日，臣軍無以圖幸全，即江西亦難轉危爲安。憫念微勞，不忍不瀆陳聖主之聽。至於應得恤典，應由湖北督撫臣彙奏，臣不敢妄爲籲〔三〕恩。

疏入，文宗特詔宣付史館，曾驥雲賞二品頂戴。咸豐之末，文宗命僧親王主北事，公主南事，皆人望所歸。公美鬚髯，知人善任。既爲使相，開禮賢堂，以延天下俊杰，所部幕僚末弁，皆中興督撫、將相，不愧戡亂之選。不特爪牙宣力，抑亦得手足之助焉。手御兵柄垂二十年，始終小心寅畏。每有奏報，忠藎之忱，溢於言表。身無聲色之奉。未嘗置宅一廛，增田一區。善處功名之際：諸弟在軍，任勞督之争先，敘功抑之居後；薦賢如恐不及；大江南北軍務能合爲一氣，而於節制三省、四省之命，則堅辭不居。經營天下，如指諸掌。

鐘嘗讀公金陵捷報疏〔四〕云：

臣等查洪逆昌亂粵西於今十有五年，竊據金陵亦十二年，蹂躪十六省，淪陷六百餘城，卒能次第蕩平，剗除元惡，深維其故，蓋由我文宗顯皇帝盛德宏謨，早裕靖亂之本。宮禁雖極儉嗇，而不惜巨餉以募戰士；名器雖極（清）慎重，而不惜破格以獎有功；廟算雖極精密，而不惜屈己以從將帥之謀。皇太后、皇上守此三者，悉循舊章而加之，去邪彌果，求賢彌廣，用能誅除僭僞，蔚成中興之業。臣等忝竊兵符，遭逢際會，既慟文宗不及目睹獻馘告成之日，又念生靈塗炭爲時過久，惟當始終慎勉，埽蕩餘氛，以蘇子黎之困，分宵旰之憂云云。

立言洵爲得體。同治十一年，詔曰：

大學士兩江總督曾國藩，學問純粹，器識宏深，秉性忠誠，持躬清正。咸豐年間，創立楚軍，剿辦粵匪，轉戰數省，［疊著勛勞］。歷任兼圻，於地方利病，盡心籌畫。老成碩望，實爲股肱心膂之臣。

當湘、鄂、江、皖軍務棘手，倡練水師，矢志滅賊。雖屢經困厄，堅忍卓絶，曾不少渝。卒能萬衆一心，削平逋寇。功成之後，寅畏小心，始終罔懈。薦拔賢才，如恐不及，尤得『以人事君』之義。忠誠克效，功德及民。

嗚呼，知臣莫若君，弗可改也已。

謹按：公以同治十一年二月初四日戌時，薨於兩江督署。聞楚中朝貴送挽聯云：『百戰餘生真福將，三年前死是完人。』又聞公易簀前，與僚屬言平生尚有三恨事未了：同治九年，天津之役，附會時局，致乖公論，一恨也；抽厘助餉，與百姓約軍務平定即奏請裁撤，今南北底定，中原廓清，而厘仍不能撤，二恨也；其一談者未詳。鐘嘗論公：謹慎如諸葛武侯，而建樹過之；功勛如郭汾陽，而克己過之；器宇如裴中立，而遭際聖明始終倚畀過之；聞望如司馬君實，而身在行間，飽經患難過之；論事如陸敬輿，而踐履篤實過之；薦賢如狄梁公，而得人之盛過之。御軍近二十年，論用兵次第，綽有成算。功蓋天下，位極人臣，而寅畏小心，始終一節。從祀兩廡，毫無愧色，豈『福將』能冀其萬一！鄉人責備，吾無取焉。

——志遠堂文集卷七

〔一〕陳言：即指奏稿一應詔陳言疏。所引文字與原疏有所出入。

〔二〕上疏：見奏稿二曾國華殉難三河鎮摺（咸豐九年正月十一日）。引文與原疏文字略有出入。

〔三〕籲：奏稿二曾國華殉難三河鎮摺作『乞』。

〔四〕金陵捷報疏：見奏稿七，題作奏報攻克金陵盡殲全股悍賊并生俘逆酋李秀成洪仁達摺（同治三年六月二十三日）。

曾國藩傳

曾國藩，初名子城，字滌生，湖南湘鄉人。家世農。祖玉屏，始慕嚮學。父麟書，爲縣學生，以孝聞。國藩，道光十八年進士。二十三年，以檢討典試四川，再轉侍讀，累遷内閣學士、禮部侍郎，署兵部。時太常寺卿唐鑒講學京師，國藩與倭仁、吴廷棟、何桂珍嚴事之，治義理之學。兼友梅曾亮及邵懿辰、劉傳瑩諸人，爲詞章考據，尤留心天下人材。

咸豐初，廣西兵事起，詔群臣言得失。奏陳今日急務，首在用人，人才有轉移之道，有培養之方，有考察之法。上稱其剴切明辨。尋疏薦李棠階、吴廷棟、王慶雲、嚴正基、江忠源五人。寇氛益熾，復上言：

國用不足，兵伍不精，二者爲天下大患。於歲入常額外，誠不可別求搜刮之術，增一分則民受一分之害。至歲出之數，兵餉爲巨，緑營兵額六十四萬，常虚六七萬以資給軍用。自乾隆中增兵議起，歲糜帑二百餘萬。其時大學士阿桂即憂其難繼，嘉、道間兩次議裁，不及十之四，仍宜汰五萬，復舊額。自古開國之初，兵少而國强，其後兵愈多則力愈弱，餉愈多則國愈貧。應請皇上注意將才，但使七十一鎮中有十餘鎮足爲心腹，則緩急可恃矣。

又深痛内外臣工諂諛欺飾，無陳善責難之風。因上敬陳聖德預防流弊一疏，切指帝躬，有人所難言者，上優詔答之。歷署刑部、吏部侍郎。二年，典試江西，中途丁母憂歸。

三年，粵寇破江寧，據爲僞都，分黨北犯河南、直隸，天下騷動，而國藩已前奉旨辦團練於長沙。初，國藩欲疏請終制，郭嵩燾曰：『公素具澄清之抱，今不乘時自效，如君父何？且墨絰從戎，古制也。』遂不復辭。取明戚繼光遺法，募農民樸實壯健者，朝夕訓練之。將領率用諸生，統衆數不逾五百，號『湘勇』。騰書遐邇，雖卑賤與鈞禮。山野材智之士感其誠，莫不往見，人人皆以曾公可與言事。四境土匪發，聞警即以湘勇往。立三等法，不以煩府縣獄。旬月中，莠民猾胥，便宜捕斬二百餘人。謗讟四起，自巡撫司道下皆心誹之，至以盛暑練操爲虐士。然見所奏輒得褒答受主知，未有以難也。一日標兵與湘勇鬨，至闖入國藩行臺。國藩親訴諸巡撫，巡撫漫謝之，不爲理，即日移營城外避標兵。或曰：『曷以聞？』國藩歎曰：『大難未已，吾人敢以私憤瀆君父乎？』

嘗與嵩燾、忠源論東南形勢多阻水，欲剿賊非治水師不可，乃奏請造戰艦於衡州。匠卒無曉船制者，短橈長槳，出自精思，以人力勝風水，遂成大小二百四十艦。募水陸萬人，水軍以褚汝航、楊載福、彭玉麟領之，陸軍以塔齊布、羅澤南領之。賊自江西上竄，再陷九江、安慶。忠源戰歿廬州，吴文鎔督師黄州亦敗死。漢陽失，武昌戒嚴，賊復乘勢擾湖南。國藩鋭欲討賊，率水陸軍東下。舟師初出湖，大風，損數十艘。陸師至岳州，前隊潰退，引還長沙。賊陷湘潭，邀擊靖港，又敗，國藩憤投水，幕下士章壽麟掖起之，得不死；而同時塔齊布大破賊湘潭。國藩營長沙高峰寺，重整軍實，人人揶揄之。或請增兵，國藩曰：

吾水陸萬人非不多，而遇賊即潰。岳州之敗，水師拒戰者惟載福一營；湘潭之戰，陸師塔齊布、水師載福各兩營：以此知兵貴精不貴多。故諸葛敗祁山，且謀減兵損食，勤求己過，非虛言也。且古人用兵，先明功罪賞罰。今世亂，賢人君子皆潛伏，吾以義聲倡導，同履危亡。諸公之初從我，非以利動也，故於法亦有難施，其致敗由此。

諸將聞之皆服。

陸師既克湘潭，巡撫、提督上功，而國藩請罪。上詰責提督鮑起豹，免其官，以塔齊布代之。受印日，士民聚觀，歎詫國藩爲知人，而天子能明見萬里也。賊自岳州陷常德，旋北走，武昌再失。國藩引兵趨岳州，斬賊梟將曾天養，連戰，下城陵磯。會師金口，謀取武昌。澤南沿江東岸攻花園寇屯，塔齊布伏兵洪山，載福舟師深入寇屯，士皆露立，不避鉛丸。武昌、漢陽賊望見官軍盛，宵遁，遂復二郡。國藩以前靖港敗，自請奪官，至是奏上。詔署湖北巡撫，尋加兵部侍郎銜，解署任，命督師東下。

當是時，水師奮厲無前，大破賊田家鎮，斃賊數萬，至於九江，前鋒薄湖口。攻梅家洲賊壘不下，駛入鄱湖。賊築壘湖口斷其後，舟不得出，於是外江、内湖阻絶。外江戰船無小艇，賊乘舴艋夜襲營，擲火燒坐船，國藩跳而免，水師遂大亂。上疏請罪，詔旨寬免，謂於大局無傷也。

五年，賊再陷武漢，擾荆襄。國藩遣胡林翼等軍還援湖北，塔齊布留攻九江，而躬至南昌撫定水師之困内湖者。澤南從征江西，復弋陽，拔廣信，破義寧，而塔齊布卒於軍。國藩在江西與巡撫陳啓邁不相能，澤南奔命往來，上書國藩，言東南大勢在武昌，請率所部援鄂，國藩從之。幕客劉蓉諫曰：『公所恃者塔、羅。今塔將軍亡，羅又遠行，脱有急，誰堪使者？』國藩曰：『吾計之熟矣。東南大局宜如是，俱困於此無爲也。』嵩燾祖餞澤南曰：『曾公兵單，奈何？』澤南曰：『天苟不亡本朝，公必不死。』九月，補授兵部侍郎。

六年，賊酋石達開由湖北竄江西，連陷八府一州，九江賊踞自如，湖南、北聲息不相聞。國藩困南昌，遣將分屯要地。羽檄交馳，不廢吟誦，作水陸師得勝歌，教軍士戰守技藝、結營布陳之法，歌者咸感奮，以殺賊敢死爲榮。顧衆寡，終不能大挫賊，議者争請調澤南軍。上以武漢功垂成，不可弃。澤南督戰益急，卒死於軍。玉麟聞江西警，芒鞋走千里，穿賊中至南昌助守。林翼已爲湖北巡撫，國藩弟國華、國葆用父命乞師林翼，將五千人攻瑞州。湖南巡撫駱秉章亦資國荃兵援吉安，兄弟皆會行間；而國藩前所遣援湖北諸軍，久之再克武漢，直下九江，李續賓八千人軍城東。續賓者，與弟續宜皆澤南高第弟子也。載福戰船四百泊江兩岸，江寧將軍都興阿馬隊、鮑超步隊駐小池口，凡數萬人。國藩本以憂懼治軍，自南昌迎勞，見軍容甚盛，益申儆告誡之；而是時江南大營潰，督師向榮退守丹陽，卒，和春爲欽差大臣，張國梁總統諸軍攻江寧。

七年二月，國藩聞父憂，逕歸。給三月假治喪。堅請終制，允開侍郎缺。林翼既定湖北，進圍九江，破湖口，水師絶數年復合。載福連拔望江、東流，揚颿過安慶，克銅陵泥汊，與江南軍通。由是湘軍水師名天下。林翼以此軍創始國藩，楊、彭皆其舊部，請起國藩視師。會九江克復，石達開竄浙江，浸及福建，分股復犯江西，朝旨詔國藩出辦浙江軍務。

國藩至江西，屯建昌，又詔援閩。國藩以閩賊不足慮，而景德地衝要，遣將援贛北，攻景德。國荃追賊至浮梁，江西列城次第復。時石達開復竄湖南，圍寶慶。上慮四川且有變，林翼亦以湖北餉倚川鹽，而國藩又久治兵，無疆寄，乃與官文合疏請國藩援蜀。會賊竄廣西，上游兵事解，而陳玉成再破廬州，續賓戰殁三河，林翼以群盜蔓廬、壽間，終爲楚患，乃改議留國藩合謀皖。軍分三道，各萬人。國藩由宿松、石牌規安慶，多隆阿、鮑超出太湖取桐城，林翼自英山嚮舒、六。多隆阿等既大破賊小池，復太湖、潛山，遂軍桐城。國荃率諸軍圍安慶，與桐城軍相犄角。安慶未及下，而皖南賊陷廣德，襲破杭州。

李秀成大會群賊建平，分道援江寧，江南大營復潰，常州、蘇州相繼失，咸豐十年閏三月也。左宗棠聞而歎曰：『此勝敗之轉機也！江南諸軍，將蹇兵疲久矣，滌而清之，庶幾後來可藉手乎？』或問：『誰可當者？』林翼曰：『朝廷以江南事付曾公，天下不足平也。』於是天子慎選帥，就加國藩兵部尚書銜，署理兩江總督，旋即真授欽差大臣。是時江、浙賊氛熾，或請撤安慶圍先所急，國藩曰：『安慶一軍爲克金陵張本，不可動也。』遂南渡江，駐祁門。江、浙官紳告急書日數十至，援蘇、援滬、援皖、援鎮江詔書亦疊下。國藩至祁門未數日，賊陷寧國，陷徽州。東南方困兵革，而英吉利復失好，以兵至。僧格林沁敗績天津，文宗狩熱河，國藩聞警，請提兵北上，會和議成，乃止。

其冬，大爲賊困，一出祁門東，陷婺源；一出祁門西，陷景德；一入羊棧嶺，攻大營。軍報絶不通，將吏慄然有憂色，固請移營江干就水師，國藩曰：『無故退軍，兵家所忌。』卒不從，使人間行檄鮑超、張運蘭亟引兵會。身在軍中，意氣自如，時與賓佐酌酒論文。自官京朝，即日記所言行，後履危困無稍間。國藩駐祁門，本資餉江西，及景德失，議者争言取徽州通浙米。乃自將大軍次休寧，值天雨，八營皆潰，草遺囑寄家，誓死守休寧。適宗棠大破賊樂平，運道通，移駐東流。多隆阿連敗賊桐城，鮑超一軍游擊無定居，林翼復遣將助之。

十一年八月，國荃遂克安慶。捷聞，而文宗崩，林翼亦卒。穆宗即位，太后垂簾聽政，加國藩太子少保銜，命節制江蘇、安徽、江西、浙江四省。國藩惶懼，疏辭，不允，朝有大政，咨而後行。

當是時，僞天王洪秀全僭號踞金陵，僞忠王李秀成等犯蘇、滬，僞侍王李世賢等陷浙杭，僞輔王楊輔清等屯寧國，僞康王汪海洋窺江西，僞英王陳玉成屯廬州，捻首苗霈霖出入潁、壽，與玉成合，圖竄山東、河南，衆皆號數十萬。國藩與國荃策進取，國荃曰：『急搗金陵，則寇必以全力護巢穴，而後蘇、杭可圖也。』國藩然之。乃以江寧事付國荃，以浙江事付宗棠，而以江蘇事付李鴻章。鴻章故出國藩門，以編修爲幕僚，改道員，至是令從淮上募勇八千，選良將付之，號『淮軍』。同治元年，拜協辦大學士，督諸軍進討。於是國荃有搗金陵之師，鴻章有征蘇、滬之師，載福、玉麟有肅清下游之師；大江以北，多隆阿有取廬州之師，續宜有援潁州之師；大江以南，鮑超有攻寧國之師，運蘭有防剿徽州之師，宗棠有規復全浙之師：十道并出，皆受成於國藩。

賊之都金陵也，堅築壕壘，餉械足，猝不可拔。疾疫大作，將士死亡山積，幾不能軍。國藩自以德薄，請簡大臣馳赴軍，俾分己責，上優詔慰勉之，謂：『天灾流行，豈卿一人之咎？意者朝廷政多缺失，我君臣當勉圖禳救，爲民請命。且環顧中外，才力、氣量無逾卿者。時勢艱難，無稍懈也。』國藩讀詔感泣。時洪秀全被圍久，召李秀成蘇州、李世賢浙江，悉衆來援，號六十萬，圍雨花臺軍。國荃拒戰（六十四）四十六日，解去。

三年五月，水師克九洑洲，江寧城合圍。十月，鴻章克蘇州。四年二月，宗棠克杭州。國藩以江寧久不下，請鴻章來會師，未發，國荃攻益急，克之。江寧平，天子褒功，加太子太傅，封一等毅勇侯，賞雙眼翎。開國以來，文臣封侯自是始，朝野稱賀，而國藩功成不居，粥粥如畏。穆宗每簡督撫，輒密詢其人，未敢指缺疏薦，以謂疆臣既專征伐，不當更分黜陟之柄，外重内輕之漸，不可不防。

初，官軍積習深，勝不讓，敗不救。國藩練湘軍，謂必萬衆一心，乃可辦賊，故以忠誠倡天下。其後又謂淮上風氣勁，宜別立一軍。湘勇利山徑，馳騁平原非所長，且用武十年，氣亦稍衰矣，故欲練淮士爲湘勇之繼。至是東南大定，裁湘軍，進淮軍，而捻匪事起。

捻匪者，始於山東游民相聚，其後剽掠光、固、潁、亳、淮、徐之間，捻紙燃脂，故謂之『捻』。有衆數十萬，馬數萬，蹂躪數千里，分合不常。捻首四人，曰張總愚、任柱、牛洪、賴汶光。自洪寇、苗練嘗糾捻與官軍戰，益悉攻鬪，勝保、袁甲三不能禦。僧格林沁征討數年，亦未能大創之。國藩聞僧軍輕騎追賊，一日夜三百餘里，曰：『此於兵法，必蹶上將軍。』未幾而王果戰歿曹州，上聞大驚，詔國藩速赴山東剿捻，節制直隸、山東、河南三省，而鴻章代爲總督。廷旨日促出師，國藩上言：

楚軍裁撤殆盡，今調劉松山一軍及劉銘傳淮勇尚不足。當更募徐州勇，以楚軍之規模，開齊、兖之風氣；又增募馬隊及黄河水師，皆非旦夕可就。直隸宜自籌防兵，分守河岸，不宜令河南之兵兼顧河北。僧格林沁嘗周歷五省，臣不能也。如以徐州爲老營，則山東之兖、沂、曹、濟，河南之歸、陳，江蘇之淮、徐、海，安徽之廬、鳳、潁、泗，此十三府州責之臣，而以其餘責各督撫。汛地有專屬，則軍務乃漸有歸宿。

又奏：

扼要駐軍臨淮關、周家口、濟寧、徐州，爲四鎮。一處有急，三處往援。今賊已成流寇，若賊流而我與之俱流，必致疲於奔命。故臣堅持初議，以有定之兵，制無定之寇，重迎剿，不重尾追。

然督師年餘，捻馳突如故。將士皆謂不苦戰而苦奔逐，乃起張秋抵清江築長墻，憑運河禦之，未成而捻竄襄、鄧間，因移而西，修沙河、賈魯河，開壕置守。分地甫定，而捻衝河南汛地，復突而東。時議頗咎國藩計迂闊，然亦無他術可制捻也。

山東、河南民習見僧格林沁戰，皆怪國藩以督兵大臣安坐徐州，謗議盈路。國藩在軍久，益慎用兵。初立駐軍四鎮之議，次設扼守黄、運河之策。既數爲言路所劾，亦自以防河無效，朝廷方起用國荃，乃奏請鴻章以江督出駐徐州，與魯撫會辦東路；國荃以鄂撫出駐襄陽，與豫撫會辦西路，而自駐周家口策應之。或又劾其驕妄，於是國藩念權位不可久處，益有憂讒畏譏之心矣。丐病假數月，繼請開缺，以散員留軍效力；又請削封爵：皆不許。

五年冬，還任江南，而鴻章代督軍。時牛洪死，張總愚竄陝西，任柱、賴汶光竄湖北，自是有東、西捻之號。

六年，就補大學士，留治所。東捻由河南竄登、萊、青，李鴻章、劉長佑建議合四省兵力堵運河。賊復引而西，越膠、萊、河南入海州。官軍陣斬任柱，賴汶光走，死揚州。以東捻平，加國藩雲騎尉世職。西捻入陝後，爲松山所敗。乘堅冰渡河竄山西，入直隸，犯保定、天津。松山繞出賊前，破之於獻縣。諸帥勤王師大至，賊越運河竄東昌、武定。鴻章移師德州，河水盛漲，扼河以困之。國藩遣黄翼升領水師助剿，大破賊於茌平。張總愚赴水死，而西捻平。凡防河之策，皆國藩本謀也。是年授武英殿大學士，調直隸總督。

國藩爲政務持大體，規全勢。其策西事，議先清隴寇而後出關；籌滇、黔，議以蜀、湘二省爲根本：皆初立一議，後數年卒如其説。自西人入中國，交涉事日繁。金陵未下，俄、美、英、法皆請以兵助，國藩婉拒之。及廷議購機輪，置船械，則力贊其成；復建議選學童習藝歐洲。每定約章，輒詔問可許不可許，國藩以爲争彼我之虚儀者可許，其奪吾民生計者勿許也。既至直隸，以練兵、飭吏、治河三端爲要務，次第興革，設清訟局、禮賢館，政教大行。

九年四月，天津民擊殺法領事豐大業，毁教堂，傷教民數十人。通商大臣崇厚議嚴懲之，民不服。國藩方病目，詔速赴津，乃務持平保和局，殺十七人，又遣戍府、縣吏。國藩之初至也，津民謂必反崇厚所爲，備兵以抗法。然當是時，海内初定，湘軍已散遣，天津咫尺京畿，民、教相鬨，此小事不足啓兵端，而津民争怨之。平生故舊持高論者，日移書譙讓，省館至毁所署楹帖，而國藩深維中外兵勢强弱，和戰利害，惟自引咎，不一辯也。丁日昌因上奏曰：『自古局外議論，不諒局中艱苦，一唱百和，亦足以熒上聽，撓大計。卒之事勢决裂，國家受無窮之累，而局外不與其禍，反得力持清議之名，臣實痛之！』

國藩既負重謗，疾益劇，乃召鴻章治其獄，逾月事定，如初議。會兩江缺出，遂調補江南，而以鴻章督直隸。江南人聞其至，焚香以迎。以亂後經籍就燬，設官書局印行，校刊皆精審。禮聘名儒爲書院山長，其幕府亦極一時之選，江南文化遂比隆盛時。

國藩爲人威重，美鬚髯，目三角有棱。每對客，注視移時不語，見者竦然，退則記其優劣，無或爽者。天性好文，治之終身不厭，有家法而不囿於一師。其論學兼綜漢、宋，以謂先王治世之道，經緯萬端，一貫之以禮。惜秦蕙田五禮通考闕食貨，乃輯補鹽課、海運、錢法、河堤爲六卷；又慨古禮殘闕無軍禮，軍禮要自有專篇，如戚敬元所紀者。論者謂國藩所訂營制、營規，其於軍禮庶幾近之。晚年頗以清靜化民，俸入悉以養士。老儒宿學，群歸依之。尤知人善任，使所成就薦拔者不可勝數，一見輒品目其材悉當。時舉先世耕讀之訓，教誡其家。遇將卒僚吏若子弟然，故雖嚴憚之，而樂爲之用。居江南久，功德最盛。

同治（十三）十一年，薨於位，年六十二。百姓巷哭，繪像祀之。事聞，震悼，輟朝三日。贈『太傅』，謚『文正』，祀京師昭忠、賢良祠，各省建立專祠。子紀澤襲爵，官至侍郎，自有傳；紀鴻賜舉人，精算，見疇人傳。

論曰：國藩事功本於學問，善以禮運。公誠之心，尤足格衆。其治軍行政，務求踏實。凡規畫天下事，久無不驗，世皆稱之，至謂漢之諸葛亮、唐之裴度、明之王守仁，殆無以過，何其盛歟！國藩又嘗取古今聖哲三十（三）二人，畫像贊記，以爲師資，其平生志學大端，具見於此。至功成名立，汲汲以薦舉人才爲己任，疆臣閫帥，幾徧海内。以人事君，皆能不負所知。嗚呼！中興以來，一人而已。

——清史稿本傳

曾國藩傳

曾國藩，湖南湘鄉人。

道光十八年進士，改翰林院庶吉士。二十年，散館授檢討。二十三年三月，大考二等，以侍講升用。六月，四川鄉試正考官。七月，補侍講。十二月，充文淵閣校理。二十四年，轉侍讀。二十五年三月，充會試同考官。五月，遷詹事府右春坊右庶子。九月，轉左庶子。旋升翰林院侍講學士。十二月，充日講起居注官。二十六年，充文淵閣直閣事。二十七年五月，大考二等，遇缺題奏。六月，擢内閣學士，兼禮部侍郎銜。二十八年，稽察中書科事務。二十九年正月，升禮部右侍郎。八月，署兵部左侍郎。

三十年正月，宣宗成皇帝升遐，文宗顯皇帝御極。國藩遵旨集議郊配、廟祔禮，疏〔一〕曰：

皇上以大行皇帝硃諭遺命四條内『無庸郊配』『廟祔』二條，令臣工詳議具奏。臣等謹於二十七日集議，諸臣皆以大行皇帝功德懿鑠，郊配既斷不可易，廟祔尤在所必行。直道不泯，此天下之公論也，臣國藩亦欲隨從衆議。

退而細思，大行皇帝諄諄誥誡，必有精意存乎其中，臣下鑽仰高深，苟窺見萬分之一，亦當各獻其説，備聖主之博采。竊以爲遺命『無庸廟祔』一條，考古準今，萬難遵從；『無庸郊配』一條，則不敢從者有二，不敢違者有三焉。

所謂『無庸廟祔』一條萬難遵從者，何也？古者祧、廟之説，乃爲七廟親盡言之。間有親盡而仍不祧者，則必有德之主，世世宗祀，不在七廟之數，若殷之三宗，周之文、武是也。大行皇帝於皇上爲禰廟，本非七廟親盡可比；而論功德之彌綸，又當與列祖列宗同爲百世不祧之室，豈其弓劍未忘，而烝嘗遽別？且諸侯大夫尚有廟祭，況以天子之尊，敢廢升祔之典？此其萬難遵從者也。

所謂『無庸郊配』一條有不敢從者二，何也？

古聖制禮，亦本事實之既至，而情文因之而生。大行皇帝仁愛之德，同符大造，偶遇偏災，立頒帑項，年年賑貸，薄海含哺。『粒我烝民』，后稷所以配天也。御宇三十年，無一日之暇逸，無須臾之不敬。『純亦不已』，文王所以配上帝也。既已具合撰之實，而欲辭升配之文，則普天臣民之心，終覺不安。此其不敢從者一也。

歷考列聖升配，惟世祖章皇帝係由御史周季琬奏請外，此皆繼統之聖人，特旨舉行，良由上孚昊眷，下愜民情，毫無疑義也。行之既久，遂爲成例。如大行皇帝德盛化神，即使無例可循，臣下猶應奏請，況乎成憲昭昭，曷敢逾越？傳曰：『君行意，臣行制。』在大行皇帝自懷謙讓之盛意，在大小臣工宜守國家之舊制。此其不敢從者二也。

所謂『無庸郊配』一條有不敢違者三，何也？

壇壝規模，尺寸有定。乾隆十四年重加繕修，一磚一石，皆考律吕之正義〔二〕，按九五之陽數，增之不能，改之不可。七廟配位，各設青幄。當初幄制闊大，乾隆三年量加收改，今則每幄之内，僅容豆籩；七幄之外，幾乏餘地。我大行皇帝慮及億萬年後，或議增廣乎壇壝，或議裁狹乎幄制，故定爲限制，以身作則，俾世世可以遵循。今論者或謂西三幄之南，尚可添置一案，暫爲目前之計，不必久遠之圖。豈知人异世而同心，事相沿而愈久，今日所不敢言者，亦萬世臣子所不敢言者也；今日所不忍〔言〕者，亦萬世臣子所不忍言者也。經此次硃諭之嚴切，盈廷之集議，尚不肯裁决遵行，則後之人又孰肯冒天下之不韙乎？將來必至修改基址，輕變舊章。此其不敢違者一也。

古來祀典興廢不常，或無其祭而舉之，或有其禮而罷之，史册所書，不一而足。唐垂拱年間郊祀，以高祖、太宗、高宗并配。後開元十一年，從張説議，罷太宗、高宗配位。宋景祐年間郊配，以藝祖、太宗、真宗并配。後嘉祐七年，從楊畋議，罷太宗、真宗配位。我朝順治十七年，合祀天地、日月、星辰、山川於大享殿，奉太祖、太宗以配。厥後亦罷其禮。祀典改議，乃古今所常有。我大行皇帝慮億萬年後，愚儒無知，或有援唐、宋罷祀之例妄行陳奏者，不可不豫爲之防，故硃諭有曰『非天子不議禮』，以爲一經斷定，則巍然七幄與天長存。後世增配之議尚且不許，罷祀之議更何自而興？所以禁後世者愈嚴，則所以尊列祖者愈久。此其計慮之周，非三代制禮之聖人而能如是乎？大行皇帝以制禮之聖人自居，臣下何敢以尋常之識，淺爲窺測，有尊重〔三〕之虚文，無謀事之遠慮。此其不敢違者二也。

我朝以孝治天下，而遺命在所尤重。康熙二十六年，孝莊文皇后遺命云：『願於遵化州孝陵近地擇吉安厝。』當時臣工皆謂遵化去太宗昭陵千有餘里，不合祔葬之例。我聖祖仁皇帝不敢違遺命，而又不敢違成例，故於孝陵旁近建暫安奉殿，三十餘年未敢竟安地宫，至雍正初始敬謹藏事。嘉慶四年，高宗純皇帝遺命云：『廟號無庸稱祖。』我仁宗睿皇帝謹遵遺命，故雖乾隆中之豐功大烈，而廟號未得祖稱，載在會典，先後同揆矣。此次大行皇帝遺命，惟第一條森嚴可畏，若不遵行，則與我朝家法不符，且硃諭反覆申明，無非自處於卑屈，而處列祖於崇高，此乃大孝大讓，亘古之盛德也。與其以尊崇之微忱屬之臣子，孰若以莫大之盛德歸之君父？此其不敢違者三也。

臣竊計皇上仁孝之心，兩者均有所歉。然不奉升配，僅有典禮未備之歉；遽奉升配，既有違命之歉，又有將來之慮，是多一歉也。一經大智之權衡，無難立判乎輕重。聖父制禮而聖子行之，必有默契於精微，不待臣僚擬議而後定者。臣職在秩宗，誠恐不詳不慎，皇上他日郊祀時，上顧成命，下顧萬世，或者怵然難安，則禮臣無所辭其咎。

奏入，上韙之。三月，應詔陳言疏〔四〕曰：

今日所當講求者，惟在用人。人才不乏，欲作用而激揚之，則賴皇上之妙用。有轉移之道，有培養之方，有考察之法，三者不可廢一。

臣觀今日京官辦事通病有二：曰退縮，曰瑣屑。外官辦事通病有二：曰敷衍，曰顢頇。習俗相沿，但求苟安無過，不肯振作有爲，將來一遇艱巨，國家必有乏才之患。今遽求振作之才，又恐躁競者因而倖進。臣愚以爲，欲令有用之才不出範圍之中，莫若使從事於學術，又必皇上以身作則，乃能操轉移風化之本。臣考聖祖登極後，勤於學問，儒臣逐日進講，寒暑不輟；召見廷臣，輒與往復討論。當時人才濟濟，好學者多。康熙末年，博學偉才，大半皆聖祖教諭成就之。皇上春秋鼎盛，正符聖祖講學之年。臣請俟二十七月後，舉逐日進講例，四海傳播，人人向風。召見臣工，從容論難，見無才者，則勖之以學，以痛懲模棱罷軟之習；見有才者，則愈勖之以學，以化其剛愎刻薄之偏。十年以後，人才必大有起色。此轉移之道也。

內閣、六部、翰林院爲人才薈萃之地，內而卿相，外而督撫，率出於此。皇上不能一一周知也，培養之權不得不責成堂官。所謂培養，有數端：曰教誨，曰甄別，曰保舉，曰超擢。堂官於司員一言嘉獎，則感而圖功；片語責懲，則畏而改過。此教誨不可緩也。榛棘不除，則蘭蕙減色；害馬不去，則騏驥短氣。此甄別不可緩也。嘉慶四年、十八年，兩次令部院各保司員，此保舉成案也。雍正間，甘汝來以主事而賞人參，放知府；嘉慶間，黃鉞以主事而充翰林，入南齋。此超擢成案也。蓋嘗論之，人才譬若禾稼，堂官之教誨猶種植耘耔也。甄別，猶去稂莠；保舉，猶灌溉也；皇上超擢，譬之甘雨時降，苗勃然興也；堂官時常到署，猶農夫日在田間，乃熟稽事。今各衙門堂官，多內廷行走之員，或累月不到署，自掌印、主稿外，司員半不識面，譬之嘉禾、稂莠，聽其同生同落於畎畝之中，而農夫不問。教誨之法無聞，甄別之例亦廢。近奉明詔保舉，又但及外官，不及京秩，培養之道，不尚有未盡者哉！頃歲以來，六部人數日多，或廿年不得補缺，終身不得主稿；內閣、翰林院人數亦三倍於前，往往十年不得一差，不遷一秩；而堂官多直內廷，本難分身入署，又或兼攝兩部，管理數處，縱有才德俱優者，曾不能邀堂官之顧，又烏能達天子之知？以數千人才，近在眼前，不能加意培養，甚可惜也。臣愚欲請皇上稍爲酌量，每部須有二三〔五〕堂官不入內廷者，令日日到署，與司員相砥礪。翰林掌院亦須有不直内廷者，［令其］與編、檢相濡染，務使屬官之性情、心術，長官一一周知。皇上不時詢問，某也才，某也直，某也小知，某也大受，不特屬官優劣燦呈，即長官淺深亦可互見。旁考參稽，而八衙門之人才，同往來聖主之胸中。彼屬官者，但令姓名達於九重，不必升官遷秩，而已感激無地。然後保舉之法，甄别之例，次第舉行舊章。皇上偶有超擢，則梗楠一升，而草木之精神皆振。此培養之方也。

古者詢事、考言，二者兼重。近來各衙門辦事，小者循例，大者請旨，本無才猷可見，莫若於言考之；而召對陳言，天威咫尺，不宜喋喋便佞，則莫若於奏摺考之。國家定例，内而九卿科道，外而督撫藩臬，皆有言事之責；各省道員，亦許專摺言事。乃十餘年間，九卿無一人陳時政得失；司道無一摺言地方利病；科道奏疏無一言及主德隆替，無一摺彈大臣過失，一時風氣，不解其所以然。本朝以來，匡言主德者，如孫嘉淦以自是規高宗，袁銑以寡欲規宣宗，皆優旨嘉納；糾彈大臣者，如李之芳劾魏裔介，彭鵬劾李光地，後四人皆爲名臣，至今傳爲美談。［自古］直言不諱，未有盛於我朝者也。皇上御極之初，特詔求言，而褒答倭仁之諭，臣讀之至於抃舞感泣。然猶有過慮者，誠見皇上求言甚切，諸臣紛紛入奏，或條陳庶政，頗多雷同；或彈劾大臣，懼長攻訐。臣愚願皇上堅持聖意，借奏摺爲考核人才之具，永不生厭斁之心。涉於雷同者，不必交議而已；過於攻訐者，不必發鈔而已。此外則但見有益，不見有損。今考九卿賢否，憑召見應對；考科道賢否，憑三年京察；考司道賢否，憑督撫考語。若人人建言，參互質證，豈不更爲覈實乎？此考察之法也。

奏入，諭稱其剴切明辦，切中事情，命百日後舉行日講。國藩旋條陳日講事宜〔六〕，下部議，格不行。六月，署工部左侍郎。

咸豐元年五月，署刑部右侍郎。十月，充順天武鄉試正考官。

二年正月，署吏部左侍郎。六月，充江西鄉試正考官。旋丁母憂回籍。時廣西會匪洪秀全倡亂，竄湖南，圍長沙，不克。竄湖北武昌，陷之。連陷沿江郡縣，江南大震。十一月，上特命國藩會同湖南巡撫張亮基辦理本省團練，搜剿土匪。時塔齊布尚以都司署撫標參將，國藩奏稱其奮勇耐勞，深得民心，并云：『塔齊布將來如打仗不力，臣甘同罪。』請旨獎叙，專令督隊剿賊。會賊破金陵，逆流西上，皖、鄂郡縣相繼淪陷。上以國藩所練鄉勇得力，剿匪著有成效，諭令馳赴湖北剿賊。國藩以爲賊所以恣意往來者，由長江無官軍扼禦故也。乃駐衡州，造戰艦，練水軍，勸捐助餉。

四年二月，奏請將原任湖北巡撫楊健從祀鄉賢，下部議處，尋議降二級調用。復督師東下。三月與賊接戰岳州，四月又戰靖港，皆不利。得旨革職，仍准專摺奏事。時國藩已遣守備楊載福、知縣彭玉麟與塔齊布合擊賊於湘潭，大破之，復其城。賊退踞岳州。七月，國藩攻克之，毁其舟。賊浮舟上犯，再破之。遂與塔齊布水陸追擊，自城陵磯二百餘里，剿洗净盡。賞三品頂戴。九月，復武昌、漢陽，盡焚裏河賊舟。賞二品頂戴，署湖北巡撫，賞戴花翎。旋以國藩力辭，賞兵部侍郎銜，辦理軍務，毋庸署理巡撫。國藩建『三路進兵策〔七〕』，奏言：

江漢肅清，賊之回巢抗拒者，多集興國、蘄州、廣濟諸屬。自巴河至九江，節節皆有賊船。擬塔齊布由南路進攻興國、大冶，湖北督臣派兵由北路進攻蘄州、廣濟，臣由江路直下，與陸軍相輔爲進止。如所請行。國藩揚帆而下，連戰勝賊。蘄州賊來犯，再破之。會塔齊布復興國、大冶。時賊以田家鎮爲巢穴，蘄州爲聲援，自州至鎮四十餘里，沿岸築土城、設炮位，對江轟擊；横鐵鎖江上，以阻舟師。南岸半壁山、富池口均大股悍賊駐守，舟楫往來如織。國藩計欲破田鎮，當先奪南岸。

十月，寧紹臺道羅澤南大破賊半壁山，克之。國藩部署諸將分戰船四隊：一隊扼賊上犯。二隊備爐翦、椎斧，前斷鐵鎖。賊炮船護救，三隊圍擊之，沈二艘，賊不敢近。須臾，鎔液鎖斷，賊驚顧失色，率舟遁。四隊駛而下追，及於鄔穴，東南風大作，賊舟不能行，官軍圍而焚之，百里内外火光燭天。陸軍自半壁山呼而下，悉平田鎮，富池口營壘，蘄州賊遁。是役也，斃賊數萬，毁其舟五千，遂與塔齊布復廣濟、黄梅、孔壟口、小池驛，上游江面肅清，進圍九江。十二月，上以國藩調度有方，賞穿黄馬褂，并賞狐腿黄馬褂、白玉搬指、白玉巴圖魯翎管、玉靶小刀、火鐮各一。國藩遣水軍攻湖口、梅家洲，以通江西餉道。

五年，賊竄武昌。分股乘夜由小池口襲焚國藩戰艦，戰失利。越數日，大風復壞舟數十。國藩乃以其餘遣署湖南按察使李孟群、知府彭玉麟及湖北布政使胡林翼所帶陸軍回援武漢，親赴江西造船、募勇，增立新軍，連破賊姑塘、都昌，進攻湖口，大敗之。七月，湖南提督塔齊布卒，國藩馳往九江兼統其軍。八月，水軍復湖口。九月，補兵部右侍郎。國藩以九江不下，師久無功，自請嚴議，諭曰：『曾國藩督帶水師，屢著戰功。自到九江後，雖未能迅即克復，而鄱湖賊匪已就肅清。所有自請嚴議之處，著加恩寬免。』

六年，賊酋石達開竄江西，郡縣多陷。國藩馳赴省城，遣道員彭玉麟統内湖水師退駐吴城，以固湖防；同知李元度回剿撫州，以保廣信。諸將分扼要地，先後復進賢、建昌、東鄉、豐城、饒州，連破撫州、樟樹鎮、羅溪、瓦山、吴城之賊。會同湖北援師知縣劉騰鴻、同知曾國華等，大破賊瑞州，復靖安、安義、上高，自江西達兩湖之路，賴以無梗。

七年正月，復安福、新淦、武寧、瑞昌、德安、奉新，軍聲大振。不一歲，石逆敗遁，江西獲安，國藩力也。二月，丁父憂。諭曰：

曾國藩見在江西督師，軍務正當喫緊，古人墨絰從戎，原可奪情，不令回籍。惟念該侍郎素性拘謹，前因母喪未終，授以官職，具摺力辭。今丁父憂，若不令其回籍奔喪，非所以遂其孝思。著賞假三個月，回籍治喪。俟假滿後，再赴江西督辦軍務。

尋固請終制，復諭曰：

曾國藩本以母憂守制在籍，奉諭幫辦團練。當賊氛肆擾鄂、皖，即能統帶湖南船勇，墨絰從戎。數載以來，戰功懋著，忠誠耿耿，朝野皆知。伊父曾麟書因聞水師偶挫，又令伊子曾國華帶勇遠來援應，尤屬一門忠義，朕心實深嘉尚。今該侍郎以假期將滿，陳請終制，并援上年賈楨奏請終制蒙允之例。覽其情詞懇切，原屬人子不得已之苦心。惟見在江西軍務未竣，該侍郎所帶楚軍，素聽指揮，當兹剿賊喫緊，亟應假滿回營，力圖報效。曾國藩身膺督兵重任，更非賈楨可比。著仍遵前旨，假滿後即赴江西督辦軍務，并署理兵部侍郎，以資統率。俟九江克復，江面肅清，朕必賞假，令其回籍營葬，俾得忠孝兩全，毫無遺憾。該侍郎殫心事主，即以善承伊父教忠報國之誠，當爲天下後世所共諒也。

國藩復奏稱『江西各營安謐如常，毋庸親往撫馭』，并瀝陳『才難宏濟，心抱不安』。奉旨先開兵部侍郎缺，暫行在籍守制，江西如有緩急，即行前赴軍營，以資督率。

八年五月，命辦理浙江軍務，移師援閩。閩匪分股竄擾江西，國藩遣道員李元度破之廣豐、玉山，張運蘭復安仁。時國藩駐軍建昌，東、南、北三路皆賊。國藩計東路連城賊勢已衰，閩事不足深慮，北路景德鎮乃大局所關，又較南路信豐爲重，乃遣張運蘭攻景德鎮，道員蕭啓江追剿信豐之賊。

九年，蕭啓江破賊南康，克新城墟、池江賊巢，遂復南安，解信豐圍。賊竄湖南，將由粤、黔入蜀。國藩隨檄蕭啓江馳赴吉安，援應湖南。張運蘭復景德鎮、浮梁縣，江西肅清，餘賊竄皖南。國藩奉命防蜀，行至陽邏，奉諭皖省賊勢日張，飭籌議由楚分路剿辦。國藩回駐巴河，簡校軍實，因奏言〔八〕：

> 自洪、楊内亂，鎮江克復，金陵逆首凶焰久衰，徒以陳玉成往來江北，句結捻匪，廬州、浦口、三河等處疊挫我師，遂令皖北之糜爛日廣，江南之賊糧不絶。欲廓清諸路，必先破金陵。欲破金陵，必先駐重兵滁、和，而後可去江南〔九〕之外屏，斷蕪湖之糧路。欲駐兵滁、和，必先圍安慶，以破陳逆之老巢，兼擣廬州，以攻陳逆所必救。進兵須分四路：南則循江而下，一由宿松、石牌規安慶；一由太湖、潜山規桐城。北則循山而進，一由英山、霍山攻舒城；一由商城、六安〔一〇〕規廬州。

南軍駐石牌，則與福建水師提督楊載福黄石磯之師聯爲一氣；北軍至六安州，則與壽州之師聯爲一氣。

國藩請自規安慶，協領多隆阿、綏靖鎮總兵鮑超取桐城，署湖北巡撫胡林翼取舒城，荆宜施道李續宜規廬州。奏入，上是之。

十年二月，賊酋陳玉成犯太湖，國藩分兵破之。旋因金陵大營分兵援浙，城中悍賊大股出撲，統帥和春、張國梁以兵單賊衆退守丹陽，旋皆戰殁；兩江總督何桂清，弃常州奔上海，致蘇、常連陷，賊勢蔓延。四月，上特命國藩馳赴江蘇。并先行賞加兵部尚書銜，署理兩江總督。六月，實授以欽差大臣，督辦江南軍務。七月，命皖南軍務統歸國藩督辦。

十一年，國藩進駐祁門，督飭楊載福，按察使彭玉麟、道員曾國荃等諸軍，水陸夾擊，爲逐層埽蕩之計。先後復黟縣，都昌、彭澤、東流、建德、休寧、徽州、義寧各城。悍賊數萬踞安慶，久不下。曾國荃、副都統多隆阿等圍之。陳玉成來援，諸軍擊走之，拔其城，賊無脱者。進復池州、鉛山、無爲、銅陵及泥汊、神塘河、運漕、東關各隘。十月，穆宗毅皇帝御極，加太子少保銜，令統轄江蘇、安徽、江西、浙江四省軍務，巡撫、提鎮以下悉歸節制。國藩力辭，上不許，諭曰：

前命曾國藩以欽差大臣節制江、浙等省巡撫、提鎮以一事權，曾國藩自陳任江督後，於皖則無功可叙，於蘇則負疚良深；并陳用兵之要，貴得人和而勿尚權勢，貴求實際而勿争虚名，懇請收回成命。朕心實爲嘉許，仍諭令節制四省以收實效。曾國藩復陳下情，言見在諸路出師，將帥聯翩，威柄太重，恐開斯世争權競勢之風，兼防他日外重内輕之漸。足見謙卑遜順，慮遠思深，得古大臣之體。在曾國藩遠避權勢，自應如此存心；而國家優待重臣，假以事權，從前本有成例。曾國藩曉暢戎機，公忠體國，中外咸知。當此江、浙軍務喫緊，生民塗炭，我兩宫皇太后孜孜求治，南望增憂，若非曾國藩之悃忱真摯，豈能輕假事權？所有四省巡撫、提鎮以下各官，仍歸節制。該大臣務以軍事爲重，力圖攻剿，拯斯民於水火之中。毋再固辭。

先是，賊圍杭州，國藩疊奉援浙之命，咨令太常寺卿左宗棠統軍入浙，檄按察使張運蘭、副將孫昌圖等水陸各營均歸調度，以厚兵力，并撥給錢漕厘金以清所部積欠。因奏稱：

左宗棠前在湖南撫臣駱秉章幕中贊助軍謀，兼顧數省，其才實可獨當一面。懇明降諭旨，令左宗棠督辦浙江全省軍務。

上以浙江巡撫王有齡及江蘇巡撫薛煥不能勝任，命國藩察看具奏，并迅速保舉人員，候旨簡放，國藩奏言：

蘇、浙兩省群賊縱横，安危利鈍，繫於巡撫一人。王有齡久受客兵挾制，難期振作，欲擇接任之人，自以左宗棠最爲相宜。惟此時杭州被困，必須王有齡堅守於内，左宗棠救援於外。俟事勢少定，乃可更動。至江蘇巡撫一缺，目前實無手握重兵之人可勝此任，查有臣營統帶淮揚水師之福建延建邵遺缺道員李鴻章，勁氣内斂，才大心細，若蒙聖恩將該員擢署江蘇巡撫，臣再撥給陸軍，便可馳赴下游，保衛一方。

奏入，上皆特如所請。復因杭州失守，國藩奏陳補救之策：

一擬令各軍堅守衢州，與江西之廣信、皖南之徽州爲犄角之勢，先據形勝，扼賊上竄。左宗棠暫於徽、衢、信三府擇要駐扎，相機調度。總須先固江西、皖南邊防，保全完善之地，再籌進剿。一請於浙江藩臬兩司内，將廣西按察使蔣益澧調補一缺，飭帶所部五六千人赴浙，隨左宗棠籌辦防剿，可收指臂之助。一浙省兵勇，恃寧、紹爲餉源，今全省糜爛，無可籌畫，懇恩飭下廣東粤海關、福建閩海關，按月協撥銀兩，交左宗棠以資軍餉。

從之。

同治元年正月，命以兩江總督、協辦大學士，國藩奏言：

自去秋以來，疊荷鴻恩，臣弟國荃又拜浙江按察使之命，一門之内，數月之間，异數殊恩，有加無已。感激之餘，繼以悚懼。懇求皇上念軍事之靡定，鑒微臣之苦衷，金陵未克以前，不再加恩於臣家。又前此疊奉諭旨，飭保薦江蘇、安徽巡撫，復蒙垂詢閩省督撫，飭臣保舉大臣，開列請簡。封疆將帥，乃朝廷舉措之大權，如臣愚陋，豈敢干預？嗣後如有所知堪膺疆寄者，隨時恭疏入告，仰副聖主旁求之意。但泛論人才以備采擇，則可；指明某缺徑請遷除，則不可。蓋四方多故，疆臣既有征伐之權，不可更分黜陟之柄。風氣一開，流弊甚長，辨之不可不早。

尋遣將擊走徽州、荻港之賊，復青陽、太平、涇縣、石埭。國荃會同水師復巢縣、含山、和州并銅（陵）城閘、雍家鎮、裕溪口、西梁山四隘。弟貞幹復繁昌、南陵，破賊三山、魯港。上以國藩前奏情詞懇摯，出於至誠，不再加恩而進國荃、貞幹等職。國藩駐安慶督師，奏請仍建安徽省會於安慶，設長江水師提督以下各官，指授諸將機宜，以次規取皖南、北府縣各城。國荃率師進圍金陵。蘇、浙賊酋李秀成等，分道來援，大小數十戰，力却之。

二年五月，復江浦、浦口，克九洑洲，長江肅清。因淮南運道暢通，籌復鹽務，改由民運。奏請疏銷、輕本、保價、杜私之法。

三年正月，官軍克鍾山，國藩令弟國荃會諸將合圍金陵。六月，金陵克復。生擒僞忠王李秀成等，掘戮首逆洪秀全尸。三日内，斃賊十餘萬人，全股悍匪盡數殄滅。國藩紅旗奏捷，并稱〔一一〕：

洪逆倡亂粤西於今十有五年，竊踞金陵亦十二年，流毒海内，神人共憤。我朝武功之盛，超越前古，如嘉慶川楚之役，蹂躪僅及四省，淪陷不過十餘城；康熙三藩之役，蹂躪尚止十二省，淪陷亦第三百餘城。今粤匪之變，蹂躪竟及十六省，淪陷至六百餘城之多，實爲罕見之巨寇，卒能次第削平，剗除元惡，蔚爲中興之業。

捷聞，上覽奏嘉悦，諭曰：

曾國藩自咸豐四年在湖南首倡團練，創立舟師，與塔齊布、羅澤南等屢建殊功，保全湖南郡縣，克復武漢等城，肅清江西全境。東征以來，由宿松克潛山、太湖，遞駐祁門，疊復徽州郡縣，遂拔安慶省城以爲根本，分檄水陸將士，規復下游州郡。兹大功告蕆，逆首誅鋤，由該大臣籌策無遺，謀勇兼備，知人善任，調度得宜。曾國藩著加恩賞，加太子太保銜，錫封一等侯爵，世襲罔替，并賞戴雙眼花翎。浙江巡撫曾國荃，賞加太子少保銜，錫封一等伯爵，并賞戴雙眼花翎。將士錫爵進秩有差。

時捻匪倡亂日久。四年四月，欽差大臣科爾沁親王僧格林沁追勦捻匪戰歿於山東曹州，賊勢日熾，命國藩赴山東一帶督兵勦辦捻匪，山東、河南、直隸三省旗、緑各營及地方文武員弁，均歸節制調遣。國藩將赴徐州督師，乃招集新軍，添練馬隊。檄調皖南鎮總兵劉松山、直隸提督劉銘傳、總兵周盛波、道員潘鼎新諸軍會勦。五月，賊竄亳州雉河集。國藩駐臨淮關，遣兵擊走之，先後奏言：

此賊已成流寇，飄忽靡常，宜各練有定之兵，乃足以制無定之賊。臣由臨淮進兵，將來安徽即以臨淮爲老營，及江蘇之徐州、山東之濟寧、河南之周家口，四路各駐大兵爲重鎮。一省有急，三省往援。其援軍之口糧、火藥，即取給於受援之地，庶幾往來神速，呼吸相通。

時逆酋張總愚、任柱、牛洛紅及髮逆賴汶光擁衆十萬，倐分倐合。八月，曾國藩遣劉銘傳敗之潁州，賊東走曹州。國藩檄潘鼎新力扼運河，派軍馳赴山東助勦。賊不能渡運，遂南走徐州，踞豐、沛、銅山境内。九月，國藩遣潘鼎新等敗之。徐州豐縣賊復竄山東。十月，周盛波、劉銘傳敗之。

寧陵、扶溝賊竄陷湖北黄陂。五年正月，國藩遣劉銘傳破之，復其城。任逆回竄沈邱，將踞蒙、亳老巢。遣劉銘傳、周盛波擊之。張逆分股入鄆城。三月，劉銘傳、廣西右江鎮總兵張樹珊敗之潁州、周家口。群賊合踞濮、范、鄆、鉅間，諸軍擊破之。張逆趨單縣，任逆走靈璧。國藩駐徐州，修浚運河，以固東路。五月，遣諸將敗張逆於洋河、王家林，敗任逆於永城、徐州。時賊自二月北竄，堅圖渡運，徘徊曹、徐、淮、泗者兩月有餘，迄不得逞。於是張逆入豫，任逆入皖。國藩遣周盛波大破牛逆於陳州，敗任、賴二逆於烏江河。張樹珊敗賊於周家口。牛、張二逆渡沙河而南,任、賴二逆亦竄渡賈魯河。國藩以前防守運河,粗有成效,必仿照於沙河設防,俾賊騎稍有遮攔,軍事漸有歸宿。定議自周家口下至槐店扼守沙河,上至朱仙鎮扼守賈魯河,因奏言:

河身七百餘里,地段太長,不敢謂防務既成,百無一失。然臣必始終堅持此議,不以艱難而自畫,不以浮言而中更,以求有裨時局。自古辦流寇,本無善策,惟有防之,使不得流,猶是得寸則寸之道。俟河防辦成,則令防河者與游擊者彼防此戰,更番互换,庶足以保常新之氣。

六月,遣劉松山、宣化鎮總兵張詩日大破賊於上蔡、西華。賊由河南巡撫所派防軍汛地逸出東竄,河防無成。七月,遣劉松山、提督宋慶大破之南陽、新野。九月,劉銘傳、潘鼎新破之鄆城,運防賴以無恙。國藩自陳病狀,上命國藩仍回兩江總督本任,以李鴻章代辦剿匪事宜。國藩請開總督缺,以散員留營自效,諭曰:

兩江總督責任綦重,湘、淮各軍尤須曾國藩籌辦接濟,著遵奉前旨,仍回本任,以便李鴻章酌量移營前進,并免後顧之憂。

國藩復奏陳:『江督之繁,斷非病軀所能勝任,與其辜恩溺職,不如避位讓賢。』籲請仍開各缺,諭曰:

曾國藩爲國家心膂之臣,誠信相孚已久。當此捻逆未平,後路糧餉、軍火無人籌辦,豈能無誤事機?曾國藩當仰體朝廷之意,爲國家分憂,豈可稍事疑慮,固執己見?著即懍遵前旨,剋期回任,俾李鴻章得以專意剿賊,迅奏膚功。該督回任以後,遇有湘、淮軍事務,李鴻章仍當虛心咨商，以期聯絡一氣。毋許再有固請，用慰厪念。

十一月，回任。

六年六月，授大學士，仍留兩江總督任。七月，授體仁閣大學士。九月，奏稱：『製造輪船爲救時要策，請將江海關洋税酌留二成，一成爲專造輪船之用，一成酌濟淮軍及添兵等事。』從之。十二月，捻匪平。賞雲騎尉世職。

七年四月，授武英殿大學士。七月，調直隸總督。十二月，入覲，賜紫禁城騎馬。

八年二月，查明積澇大窪地畝應徵糧賦，請分別豁減。從之。三月，奏直隸刑案積多，與臬司張樹聲力籌清厘，甫有端緒，張樹聲見調任山西，請留一年，以清積案。諭曰：『曾國藩到任後，辦事認真，於吏治、民風實心整頓，力挽敝習。著如所請，俾收指臂之助。』又先後二次查明屬員優劣，開單具奏，得旨分別嘉勉、降革。時直隸營伍廢弛，廷議選練六軍，命國藩將前定練軍章程妥籌經理。五月，國藩奏言：

臣見内外臣工章奏，於直隸不宜屯留客勇一節，言之詳矣。惟養勇雖非長策，而東南募勇多年，其中良法美意，爲此間練勇所當參用者：一曰文法宜簡，一曰事權宜專，一曰情意宜洽。又聞各營練軍皆有冒名頂替之弊，防不勝防。今當講求變通之方，自須先杜頂替之弊。臣本擬定一簡明章程，重整練軍，練足萬人，以副朝廷殷勤訓飭之意。其未挑入練者，各底營存餘之兵，亦須善爲料理，未可聽其困窮隳壞。擬略仿浙江減兵之法。數年後，或將當日之五折、七折、八折者，全數賞發。兵丁之入練軍者，所得固優；即留底營者，亦足自贍。營務或有起色，而畿輔練軍之議，亦不至屢作屢輟，事同兒戲。請敕原議各衙門核議施行。

復命國藩籌定簡明章程，奏報定議，國藩奏言：

臣維用兵之道，隨地形、賊勢而變焉者也。陳迹不可狃，獨見不可恃，隨處擇善而從，庶可常行無弊。直隸練軍，宜添學扎營之法：每月拔營一次，行二三百里爲率。并擬於前留四千人外，先添三千人，稍復舊觀。一於古北口暫添千人，該提督傅振邦統之；一於正定鎮暫練千人，該總兵譚勝達統之；一於保定暫添千人，令前瓊州鎮總兵彭楚漢以南將統之，與中軍冷慶所轄千人姑分兩起，俟察驗實在得力，而後合并一軍。此因論兵將相孚而擬目前添練之拙計也。至練軍規模，臣仍擬以四軍爲斷，二軍駐京北，二軍駐京南。每軍三千人，統將功效尤著者，或添至四五千人。請旨交各衙門核議，先行試辦，俟試行果有頭緒，然後奏定簡明章程，俾各軍一律遵守。

奏入，允之。

同治三年至九年正月，三屆京察，均蒙温諭褒嘉，下部優叙。五月，通商大臣崇厚奏：天津民人因迷拐幼孩有牽涉教堂情事，法國領事豐大業出言不遜，對官施放洋槍，百姓激忿，歐斃豐大業，焚毀教堂。上命國藩赴天津查辦，并諭以『查有實據，自應與洋人指證明確，將匪犯按律懲辦，以除地方之害』。

國藩奏言〔一二〕：

各省打毀教堂之案層見疊出，而毆斃領事洋官則爲從來未有之事。即使曲在洋人，而外國既斃多命，不肯更認理虧。臣但立意不欲與之開釁，使在彼有可轉圜之地，庶在我不失柔遠之方。

六月，抵津。查詢仁慈堂挖眼剖心毫無實據，奏稱〔一三〕：

采生配藥，野番凶惡之族尚不肯爲，英、法乃著名大邦，豈忍爲此殘忍之行？以理决之，必無是事。况彼以仁慈爲名而反受殘酷之謗，宜洋人之忿忿不平也。

又奏誅爲首滋事之人，將辦理不善之天津府、縣革職治罪。復諭以『洋人詭譎性成，得步進步，若事事遂其所求，將來何所底止？是欲弭釁而不免啓釁也。如洋人仍有要挾恫喝之語，曾國藩當力持正論，據理駁斥，庶可折敵焰而張國維』。國藩復奏〔一四〕：『中國目前之力，未便遽啓兵端，惟有委曲求全之一法。』因陳：

時事雖極艱難，謀畫必須斷决。伏見道光庚子以後，辦理洋務失在朝戰夕和，無一定之至計，遂至外患漸深，不可收拾。皇上登極以來，守定和議，絶無更改，用能中外相安，十年無事。津郡此案，因愚民一旦憤激，致成大變，初非臣僚有意挑釁。朝廷昭示大信，不開兵端，此實天下生民之福。以後仍當堅持一心，曲全鄰好，以爲保民之道。時時設備，以爲立國之本，二者不可偏廢。

八月，調兩江總督。國藩瀝陳病狀，請另簡賢能，開缺調理，諭曰：

兩江事務殷繁，職任綦重，曾國藩老成宿望，前在江南多年，情形熟悉，措置咸宜。見雖目疾未痊，但得該督坐鎮其間，諸事自可就理。該督所請『另簡賢能』之處，著毋庸議。

十一月，命充辦理通商事務大臣。

十年，以楚岸淮南引地爲川鹽所侵占，偕湖廣總督李瀚章定議，與川鹽分岸行銷。奏請武昌、漢陽、黄州、德安四府，專銷淮鹽；安陸、襄陽、鄖陽、荆州、宜昌、荆門五府一州，暫行借銷川鹽。湖南巡撫劉崐請於永、寶二府試行官運粤鹽，國藩復力陳二府引地不便改運。部議皆如所請。

十一年二月卒，遺疏入，諭曰：

大學士兩江總督曾國藩，學問純粹，器識宏深，秉性忠誠，持躬清正。由翰林蒙宣宗成皇帝特達之知，洊升卿貳。咸豐年間，創立楚軍，剿辦粤匪，轉戰數省，叠著勛勞。文宗顯皇帝優加擢用，補授兩江總督，命爲欽差大臣，督辦軍務。朕御極後，簡任綸扉，深資倚任。東南底定，厥功最多。江寧之捷，特加恩賞給一等毅勇侯，世襲罔替，并賞戴雙眼花翎。歷任兼圻，於地方利病，盡心籌畫，實爲股肱心膂之臣。方冀克享遐齡，長承恩眷，兹聞溘逝，震悼良深。曾國藩著追贈太傅。照大學士例賜恤，賞銀三千兩治喪，由江寧藩庫給發。賜祭一壇，派穆騰阿前往致祭。加恩予謚『文正』，入祀京師昭忠祠、賢良祠，於湖南原籍、江寧省城建立專祠。其生平事績，宣付史館。任内一切處分，悉予開復。應得恤典，該衙門察例具奏。靈柩回籍時，著沿途地方官妥爲照料。其一等侯爵即著伊子曾紀澤承襲，毋庸帶領引見。其余子孫幾人，著何璟查明具奏，候旨施恩。

尋湖廣總督李瀚章、安徽巡撫英翰、署兩江總督何璟，奏陳國藩歷年勛績。李瀚章奏略云：

國藩初入翰林，即與故大學士倭仁、太常寺卿唐鑒、徽寧道何桂珍，講明程朱之學，克己省身，得力有自。遭值時艱，毅然以天下自任，死生禍福，置之度外。其過人識力，在能堅持定見，不爲浮議所摇。用兵江、皖，陳四路進攻之策。剿辦捻匪，建四面蹙賊之議，其後成功不外乎此。

英翰奏略云：

自安慶克復後，國藩督軍駐扎。整理吏治，撫瘡痍，培元氣；訓屬僚若子弟，視百姓如家人。生聚教養，百廢俱舉。至今皖民安堵，皆國藩所留貽。一聞出缺，士民奔走，婦孺號泣。以遺愛而言，自昔疆臣湯斌、于成龍而後，未有若此感人之深者。

何璟奏略云：

咸豐十年，國藩駐祁門，皖南、北十室九空。自金陵至徽州八百餘里，無處無賊，無日無戰。徽州初陷，休、祁大震，或勸移營他所，國藩曰：『吾初次進兵，遇險即退，後事何可言？吾去此一步，無死所也。』賊至環攻，國藩手書遺囑，帳縣佩刀，從容布置，不改常度，死守兼旬，檄鮑超一戰，驅之嶺外。以十餘載稽誅之狂寇，國藩授鉞四年，次第蕩平，皆因祁門初基不怯，有以寒賊膽而作士氣。臣聞其昔官京師，即留心人物，出事戎軒，尤勤訪察，一材一藝罔不甄録，又多方造就以成之。安慶克復，則推功於胡林翼之籌謀、多隆阿之苦戰；金陵克服，又推功諸將，無一語及其弟國荃。談及忠親王僧格林沁、李鴻章、左宗棠諸人，皆自謂十不及一。清儉如寒素，廉俸盡充官用，未嘗置屋一廛、田一區；食不過四簋，男女婚嫁不過二百金，垂爲家訓，有唐楊綰、宋李沆之風。其守之甚嚴而持之有恒者，曰：不誑語，不晏起。前在兩江任内，討究文書，條理精密，無不手訂之章程、點竄之批牘。前年回任，感激聖恩高厚，仍令坐鎮東南，自謂稍有怠安，負疚滋重。公餘無客不見，見必博訪周咨，殷勤訓勵。於僚屬之賢否，事理之原委，無不默識於心。其患病不起，實由平日事無巨細，必躬必親，殫精竭慮所致也。

諭曰：

據何璟、英翰、李瀚章先後臚陳曾國藩歷年勛績，英翰、李瀚章并請於安徽、湖北省城建立專祠。又據何璟遵查該故督子孫，詳晰覆奏。披覽之餘，彌增悼惜。曾國藩器識過人，盡瘁報國。當湘、鄂、江、皖軍務棘手之際，倡練水師，矢志滅賊。雖屢經困阨，堅忍卓絶，曾不少移，卒能萬衆一心，削平逋寇。功成之後，寅畏小心，始終罔懈。其薦拔賢才，如恐不及，尤得『以人事君』之義。忠誠克效，功德在民。允宜叠沛恩施，以彰忠藎。曾國藩著於安徽、湖北省城建立專祠。此外立功省分，并著准其一體建立專祠。伊次子附貢生曾紀鴻，伊孫曾廣鈞，均著賞給舉人，准其一體會試；曾廣鎔著賞給員外郎，曾廣銓賞給主事，均俟及歲時，分部學習行走。何璟、李瀚章、英翰摺三件，均著宣付史館，用示眷念勛臣有加無已至意。

尋賜祭葬。

十二年，兩江總督李宗羲奏請將國藩入祀江寧府、上元縣、江寧縣三學名宦祠，允之。光緒元年，大學士直隸總督李鴻章以國藩遺愛在民，請於保定省城建立專祠，并附祀省城名宦祠，諭曰：

已故大學士、直隸總督曾國藩，自同治七年調任直隸總督，舉賢任能，整頓吏治，以及治河、練兵，清理訟獄，於地方利弊，切實講求，皆有成效；并因天津、河間水災，籌助賑銀，實屬遺愛在民。著准其於保定省城，由該紳士等捐建專祠，地方官春秋致祭。并准附祀省城名宦祠，以彰忠藎。

十五年，慈禧端佑康頤昭豫莊誠皇太后歸政，追念功績最著諸臣，各賜祭一壇，國藩與焉。十八年，河南巡撫裕寬以國藩督師豫省，弟前任河道總督國荃功德在民，請於河南省城捐建一祠合祀，詔如所請。子紀澤，襲侯爵，户部右侍郎，自有傳。紀鴻，恩賞舉人。孫廣鈞，翰林院編修。

——清國史本傳

〔一〕疏：即奏稿一遵議大禮疏。

〔二〕正義：即律吕正義，康熙帝敕撰，凡四編，百二十五卷。

〔三〕重：曾國藩全集奏稿一作「崇」。

〔四〕應詔陳言疏：見奏稿一，文字略有出入。

〔五〕二三：奏稿一應詔陳言疏作「三四」。

〔六〕條陳日講事宜：即奏稿一條陳日講事宜疏。

〔七〕三路進兵策：見奏稿一，題作『統籌三路進兵摺』。

〔八〕奏言：見奏稿二遵旨會籌規剿皖逆摺。文字略有出入。

〔九〕江南：遵旨會籌規剿皖逆摺作『江寧』。

〔一〇〕六安：遵旨會籌規剿皖逆摺作『固（始）』。

〔一一〕并稱：見奏稿七奏報攻克金陵盡殲全股悍賊并生俘逆酋李秀成洪仁達摺。文字略有出入。

〔一二〕奏言：見奏稿十一欽奉諭旨復陳赴津查辦夷務摺。文字略有出入。

〔一三〕奏稱：見奏稿十一查明天津教案大概情形摺。文字略有出入。

〔一四〕復奏：見奏稿十一密陳津郡教案委曲求全大概情形片。文字略有出入。

曾太傅毅勇侯别傳

（清）黎庶昌撰　熊冬冬點校

公諱國藩，字伯涵，别號滌生，湖南湘鄉人也。初名子城，後改。其先自江西徙衡陽，明季再徙湘鄉。家世力農，五六百歲間，無與科目顯者。祖玉屏，始鶩學；父麟書，老儒，縣學生員；至公乃大。道光甲午，鄉試舉人。戊戌進士，改翰林院庶吉士，授檢討。二十三年，充四川鄉試正考官。再遇大考，累遷侍講學士、内閣學士。二十九年，補授禮部右侍郎。

始公居京師，從太常寺卿唐公鑒講受義理學，疾門户家言漢、宋不相通曉，亦宗尚考據，治古文辭。與蒙古倭仁公、六安吴公廷棟、師宗何公桂珍、漢陽劉公傳瑩、仁和邵公懿辰數輩友善，更相礱砥，務爲通儒之學。由是精研百氏，體用賅備，名稱重於京師。

宣宗崩，遺命毋庸郊配、廟祔。文宗即位，下廷臣議，王大臣、九卿既集，咸謂『廟祔固不可易，郊配亦在所必行』，公獨以爲〔一〕：

乾隆中繕治郊壇，考律吕之正義，按九五之陽數，一磚一石皆有定程，增之不能，改之不可。今七廟配位外，已乏餘地。論者徒欲於西三幄之南暫置一案，計目前而忽久遠，非所以嚴典祀。大行皇帝深維萬世慮。或有援唐、宋故事，陳請罷祀者，因以身制限，俾世世遵行，無更革之患。此大孝、大讓，三代聖人制禮之精微也。愚謂『毋庸郊配』遺命，不可以有違。

與群臣意不合，專摺建論之，上善其言，曰：『該侍郎議是，諸所奏殊少折衷。』公又以國家用人之道有轉移、培養、考察三端，而經筵日講爲人君求治基本，皆宜加意切究，復條奏數事施行，咸納用焉。

是歲，廣西兵事起，賊酋洪秀全、楊秀清等據桂平金田村。咸豐元年，益熾。賽尚阿公以大學士督師出剿。時上求治急，用人或不測，諭旨輒曰：『黜陟大權，朕自任之。』又尚威儀，群臣失檢則得罪，百僚恐懼，莫敢正言。公乃上疏極諫，預陳三大流弊，請防其漸。上覽奏，大怒，捽其摺於地，立召見軍機大臣，欲罪之。祁公寯藻叩頭稱『主聖臣直』者再。季公芝昌，公會試房師也，亦爲之請曰：『此臣門生，素有愚直，惟皇上幸而赦之。』良久乃解，仍優詔褒答。大學士琦善公以番案得罪，入刑部獄，不肯承執。薩迎阿查辦不實，傾害之。薩公時在新疆代任，故事大臣查辦事件，必隨帶司員。一日會訊，坐甫定，刑部尚書恒春宣言傳薩公所帶司員備質，公驚問：『此何意也？』恒公曰：『有旨。』公曰：『既有旨，胡不早宣示？』恒公曰：『面奉諭旨。』公曰：『諭旨逮問司員，豈能以面奉爲詞？某亦刑部會審者，未經面奉，不敢附和。司員微曹，要亦會訊官也。諭旨未正其罪而先逮問，今日在堂會訊者，豈不自危？自今以往，大員有罪，誰敢過問者？必欲傳訊，俟奏請奉旨而後可。』四坐悚然，遂已。公既好直諫，議事數與諸公貴人不和，諸公貴人見之，或引避，至不與同席，公亦視之如無也。爲侍從臣十餘年，歷兼工部、兵部、刑部、吏部侍郎，居位稱職。雖以直諫忤指，上心益察其忠，可屬社稷，卒以此用。

咸豐二年，充江西鄉試正考官，丁母憂歸。其年，賊出永安，圍桂林，陷道州、郴州，攻長沙。解圍，至益陽，折臨資口，大掠民船，浮洞庭而東。岳州、漢陽、武昌，俱失守。三年正月，沿江而下，陷九江、安慶，破金陵，據爲僞都。秀全自稱『天王』，建僞號『太平天國』。僞東王楊秀清用事，分黨北犯河南、直隸，陷鎮江、揚州，踞之，海内震駭。時公已奉旨督辦團練於長沙，首以人才爲急，拔塔齊布於衆將中，使領兵事，倡勇敢。巡撫張公亮基檄調湘鄉千人守城，公曰：『團練僅衛鄉里，法由本團醵金養之，不餉於官，緩急終不可恃。請改募成軍，乃可資以討賊。』『湘勇』之號自此起焉。

先是，公嘗論東南各省形勢，郡縣多阻水，欲剿此賊，非水師不可。及新寧江公忠源禦賊於南昌，郭公嵩燾獻言：『江、湖一水，遇風日可數百里，賊舟瞬息得達。官軍率由陸路追躡，賊仗舟楫，而我以營壘禦之，此兩不相及之勢也。長江數千里之險，遂獨爲賊所有。請急治舟師，與争江湖之利。』江公大喜，即日具疏，請飭湖南北、四川各造戰船，廣東製備炮位，交曾某管駕，駛出長江，肅清江面。公亦奏請調瓊州紅單船，放大洋，由崇明入江；廣州内江快蟹、拖罟，溯灘水，過斗門，浮湘而出，收東西夾擊之效。遂出至衡州，創辦水師。會賊自江西西上，再陷九江、安慶、黄州、漢陽等郡，武昌戒嚴，廬州新立行省亦危急。公方以討賊自任，上遽累詔出兵策應，公奏水師未能就緒，難以應敵，上手詔切責之。公具陳：『餉乏兵單，成效不可必，惟有愚誠，不敢避死而已。』上復報曰：『成敗利鈍，固不可逆睹，然汝之心，可質天日，非獨朕知。若甘受畏葸之罪，殊屬非是。』已而廬州陷。時衡陽廩生彭公玉麟落拓鄉里，公一見器之；楊公載福始仕湘陰外委，名微甚，應調至，俱佐理弟國葆營務。國葆薦此二人國士，才任一軍，不當屈爲幫辦。乃檄使募水勇。楊公頓首自陳：『不習水性，不敢受命以負公。』公笑曰：『觀君才氣，無施不宜。勉爲吾任之。』楊公、彭公始治水師。公徵將弁於兩粤，數月，戰船成者，快蟹四十、長龍五十、舢板百五十，度可應敵，乃謀大舉。

四年春，號召水陸萬人，别爲二十營，營五百人，以塔齊布、褚汝航、楊載福等領之。益募民船，載運糧米萬二千石，煤萬八千石，鹽四萬斤，炮五百尊，鉛子、火藥二十餘萬斤，員弁、工匠、夫役皆具，合者亦不下萬人。傳檄遠近，將而東征。水師初出湖，即爲風所摧敗。陸軍至岳州，前隊遇賊，潰退入城，城守，公率戰船拔出之，不利，引還長沙。賊陷湘潭，再邀擊之靖港，又敗。公發憤投水，左右大驚，援救得不溺。後數日，塔齊布公大破賊湘潭，軍心始定。公營長沙高峰寺，重整軍實。或請增兵，公曰：

吾水陸萬人，非不多，而遇賊即潰。岳州之敗，水師拒賊者楊載福一營；湘潭之戰，陸軍塔齊布兩營、水師楊載福兩營。以此益知兵貴精不貴多。故諸葛祁山之敗，且謀減兵省食，勤求己過，古人亦正切實體驗，非虛言也。且古人用兵，先明功罪賞罰。今時事艱難，賢人君子大半潛伏。吾以義聲倡導，同履危亡。諸公之初從我，非以利動也，故於法亦有難施，所以兩次致敗，其弊實由於此。

諸將皆服。

方兵之初起，大學士某公昌言於朝曰：『曾某以在籍紳士，非上素所令召，而一呼萬人，此其志不在小。』語浸淫上聞。湘潭克復，奏捷至京師，大臣或指爲妄，上心知非是。一日，特旨召見編修袁芳瑛，問所以破賊狀，芳瑛具言：『臣得家書，述曾國藩等戰事甚悉。』因舉顛末，爲上備陳之。上大悦，即日授芳瑛松江知府，而公志以明。芳瑛者，上從搢紳簿中識其爲湘潭人也。自是大臣乃不復言公。

賊既退出湘潭，渡湖而西，陷常德。其在漢、黄者，陷德安、安陸、荆門，入宜昌，越太平口，而與常德賊合，武昌再失。公復引兵趨岳州，連戰，下城陵磯。水師獨衄，亡其將陳輝龍、褚汝航等。尋而復振，會師金口，諸將胡公林翼、羅公澤南、塔齊布公、李公續賓、楊公載福、彭公玉麟皆屬焉。於是進兵圖湖北，公令羅公攻花園，塔公攻洪山。武昌、漢陽賊聞兵大至，宵遁，遂復兩城。順流而東，所過戰克，大破之田家鎮，斫斷半壁山横江鐵鎖，至於九江。水師浸驕，賊營湖口、梅家洲，攻之不下，舍去，逐利入鄱陽湖未返，而賊夜栅斷湖口，塞其後路，不得出。外江戰船大爲賊所襲，焚燒數十百艘，公走羅澤南軍以免，退屯九江。於是外江、内湖水師分矣。

賊由小池口渡江西上，再陷武漢，北擾荆、襄，南入義寧。公遣胡公林翼等軍救援湖北，塔齊布公軍九江，而躬至南昌，撫定水師之困内湖者，檄彭公領之。時湖口賊陷饒州、廣信，入徽州，羅公往剿，克復廣信、義寧，而塔齊布公卒，軍無統，公復至九江。羅公駐軍義寧，上書言：『東南大勢在武昌，得武昌乃可控制江、皖，大局乃有轉旋之望。』因詣公指陳形勢，請率所部援武昌，取建瓴之勢。此時湖口諸軍但當主守，不宜數數進攻以頓兵損威，乞戒諸公堅持，必俟湖北克復，大軍全注九江，乃可議戰。公從之。幕府劉公蓉諫曰：『公所賴以轉戰者，塔、羅兩軍。今塔將軍亡，諸將可恃獨羅公，又資之遠行，脱有急，誰堪使者？』公曰：『吾極知其然。然計東南大局，宜如是，今俱困此無益。此軍幸克武昌，天下大勢猶可爲，吾雖困猶榮也。』羅公遂行。

初，公在衡州困急時，湖北巡撫楊健孫楊江助捐軍餉銀二萬兩，公嘉其意，請入祀健鄉賢祠。部議以爲不應，坐革職，上改降二級調用。及城陵磯捷，賞三品頂戴。克復武漢，授二品頂戴，署理湖北巡撫。公以未終母喪，辭讓不受。尋加兵部侍郎銜。軍至九江，賞黄馬褂。

五年九月，補授兵部侍郎。其冬，僞翼王石達開由崇陽、通城，竄入江西，連陷八府一州，九江賊踞自如，湖南北、江西音問不通。公在南昌，從衆議，復調羅公，不知其已亡。公弟國華、國葆聞江西急，於是用父命走湖北，乞師巡撫胡公拯兄難，將五千人行，攻瑞州。湖南巡撫駱公秉章，亦資公弟國荃兵援吉安，兄弟皆會行間。公前所遣回援湖北諸軍，久之，再克武漢，直下九江。李公續賓八千人，軍城東；楊公載福戰船四百號，泊江兩岸；江寧將軍都興阿公馬隊，佐以鮑公超步隊，駐小池口，凡數萬人，軍容整肅。公自南昌迎勞，望見之，則大喜，兵勢復振。是時下游軍事棘，江南大營失陷，督師向公榮退守丹陽卒。朝廷以和春爲欽差大臣，張國梁爲總統，復進攻金陵；而賊内亂，僞東王楊秀清、僞北王韋昌輝俱死。

七年二月，公丁父憂奔喪回籍，請開缺守制，得假三月治喪。再疏陳情，具言辦事艱難狀。上雅知公拘謹，重違其意，乃先開兵部侍郎缺，令守禮廬候旨。

胡公既定湖北，馳至小池口，合圍九江。九月，攻破湖口、梅家洲，鄱陽道通，外江、内湖水師絶四年而復合。楊公乘勝轉鬭，拔彭澤、望江、東流，直指安慶城下，進克銅陵，耀師而還。由是水師雄視東南，復悉奪收漢、黄以下江面，與賊關銅陵而爲界。胡公以此軍本公建立，楊、彭皆其舊部，請起公復統水師。會九江克復，石達開自江西竄入浙江，浸及福建。上即家召公，出辦浙江軍務。公至江西，未幾，又詔援閩。僞英王陳玉成，世所稱『四眼狗』者，譎鷙善戰，再破踞廬州。李公續賓赴援廬州，至三河，舉軍覆敗，公弟國華殉難。駱公秉章奏請舍江圖皖，公亦奉旨統籌全局者屢矣，乃規取形勢。

九年正月，上奏曰：

就數省軍務而論，安徽最重，江西次之，福建又次之。計惟大江兩岸，各置重兵，水陸三路，鼓行東下。剿皖南，則可以分金陵之賊勢；剿皖北，則可以分廬州之賊勢。北岸須添足馬步三萬人，都興阿、李續宜、鮑超等任之；南岸須添足馬步二萬人，臣率蕭啓江、張運蘭任之；中流水師萬餘人，楊載福、彭玉麟任之。至江西軍務，亦分兩路，臣與撫臣耆齡任之：臣任北路，耆齡任南路。福建之賊，閩省兵力足以自了。粤賊句結捻匪，近來嘗以馬隊衝鋒，擬調察哈爾戰馬三千匹，募勇數千，擇平曠之地，馳騁操習。臣願竭數月之力，訓練成熟，以備攻剿。惟聖鑒裁示。

上深然其策。

後數月，石達開竄入湖南，西攻永州，圍寶慶。上慮四川且有變，令公以軍防蜀。行至巴河，聞賊已引去，竄入廣西，而上游兵事解。胡公乃建議圖皖，與公合謀攻安慶：使弟國荃督諸軍在前圍之；多隆阿公軍桐城；李公續宜軍青草塥；公次宿松，經營江北。而皖南賊陷廣德州，遽入浙江，襲破杭州，回竄建平、東壩、溧陽。僞忠王李秀成大會群賊建平，分道解救金陵。江南大營復陷，官軍悉潰，常州、蘇州相繼失，咸豐庚申閏三月也。左公宗棠聞而嘆曰：『天意其有轉機乎？』或問其故，曰：『江南大營將蹇兵罷，萬不足資以討賊。得此一洗蕩，而後來者可以措手。』又問：『誰可當之？』胡公林翼曰：『朝廷能以江南事付曾公，天下不足平也。』於是天子慎選帥，以公功效懋著，就加兵部尚書銜，署理兩江總督，促救蘇、常。左公宗棠方嚮用，有旨下公問狀，即令襄辦軍務，賞給四品京堂。未幾，公補實，授欽差大臣。或言當撤安慶圍，先所急，公曰：『安慶一軍，關係淮南全局，即爲克復金陵張本，不可以動摇也。』遂南渡江，趨祁門。

公爲人虯髯虎頷，沈毅多度，秉鉞專征，天下想聞風采。江、浙賊氛雲擾，官紳告急，軍書日數十至，援蘇、援滬、援浙、援皖、援鎮江，詔詔相銜。公至祁門未十日，賊陷寧國。又數日，陷徽州。中國方困兵革，而英吉利、法蘭西寇天津，科爾沁忠親王僧格林沁與戰敗績，京師戒嚴。文宗巡狩熱河，恭親王留守。勝保奏請飛召外援，公發書涕泣，請提兵北上。會和議成，止勿行。其冬，大爲賊所圍，一出祁門東，陷婺源；一出祁門西，陷景德鎮；一入羊棧嶺，攻其北。環城數重，吏士皆有憂色。固請移營江干，與水師相杖，公曰：『無故退軍，兵家上忌，此不可也。』卒不從。使人間行，檄鮑超、張運蘭亟引兵會。身在軍中，意氣自如，猶時時以詩、古文是娱。其堅定不摇，率此類也。左公至江西後，數破賊樂平、浮梁間，公薦宗棠可大用，請改幫辦軍務。

十一年八月，公弟國荃克復安慶，捷未聞而文宗崩，穆宗毅皇帝立。帝年少，兩宫皇太后垂簾聽政，以公先帝重臣，委任益至，數詔酌保封疆將帥人才。頃之，節制江蘇、安徽、江西、浙江四省軍務。朝廷每有軍國大議，咨而後行。苗沛霖反，詔分兵討壽州，東南兵事一皆專決。杭州再陷，公舉左公宗棠辦浙事。始公之起兵，開幕府延客，號得士。合肥李公鴻章，以年家子入幕，察其英毅非常器。公嘗欲於淮、徐間别練一軍，而難其人。及得李公，奇其才，欲任之，未有因也。江蘇官紳退保上海，數月望援不至，使使至安慶乞師，公即遣李公至淮上，召募得八千人，名曰『淮勇』。赴援之時，上海已設會防局，議借西洋兵剿賊，公言：『上海本通商碼頭，借以保守人財則可，若令攻剿蘇州、金陵，代復中國疆土，則不可。』乃止。

同治建元，公協辦大學士。當是時，公鎮守安慶，居中調度，誅討懷集，地方數千里，部兵十餘萬人。公弟國荃益募勇圖金陵，徇地至蕪湖，水陸皆會，薄雨花臺而進軍。賊堅守，攻之不下，乃增兵圍之，相持逾二歲，公嘗足食足兵以相餉救。其秋，圍師病疫，公憂甚，奏言：『臣德薄，不足以挽厄運，請簡親信大臣，馳赴江南，分任重責。』上諭勞之曰：

朝廷信用楚軍，以曾國藩忠勇發於至誠，推心置腹，倚以挽救東南全局。自諸軍進逼金陵，逆匪老巢已成陷檻，疊經諭令，毋徒求效旦夕，惟當立足不敗，以俟可乘之機。矧疫沴繁興，各軍病困之餘，詎忍重加督責？其各傳旨存問，當此艱難時會，益以疾疫流行，深虞墮士氣而長寇氛。此無可如何之事，非該大臣一人之咎。意者朝廷政事，多所闕失，是以上干天和。我君臣當痛自刻責，實力實心，勉圖禳救，爲民請命，以冀天心轉移，事機就順。至天災流行，必無偏及，各營將士，既當其厄，賊中亦豈能獨無傳染？該大臣鬱憤之餘，未遑探諭。刻下在京，固無可簡派之員，環顧中外，才力氣量如曾國藩者，一時亦實難其選。該大臣素嘗學問，時事艱難，尤當任以毅力，矢以小心，仍不容一息稍懈也。

洪秀全被圍久，召李秀成蘇州、李世賢浙江，悉衆來援，號六十萬，圍公弟國荃雨花臺。拒戰四十六日，乃解去。弟貞幹卒勞於軍，即國葆也。明年五月，水師克九洑洲，長江肅清，金陵城圍合。賊糧垂盡，洪秀全度不支，服毒死。李秀成擁立其子福瑱，仍堅守。時浙江略定，江蘇亦平，李公鴻章兵多，無所用武，有旨飭令會師，未赴。國荃亟治地道鍾山下，克之，三年六月十六日也。李秀成生得，洪福瑱逸出，至江西後擒。天子褒賞功臣，加公太子太保，封爲一等毅勇侯，世襲罔替，賞戴雙眼花翎；國荃一等威毅伯。

金陵既克，洋將戈登、雅妥瑪等來賀。公威震中外，乃議罷兵，裁湘勇，進淮勇，而剿捻事起。始淮勇新集，公語其友郭嵩燾曰：『君亦知吾擢用李公者何？』曰：『不知也。』公曰：『目前大勢，東南軍務可了，淮北捻匪尚無了期。湘軍利山徑險阻，馳騁平原非其所長，用兵十年，氣亦稍衰矣。繼湘軍以馳騁中原，不能不資淮勇；管帶淮勇，不能不資李公。吾之用李公，欲以爲湘軍之繼，非第爲江蘇計也。』金陵平後，賊悉竄至皖南、江西，楊公岳斌受命督剿，江西肅清，餘賊入廣東、福建。又二年，乃平。

捻匪者，起於潁、亳、光、固間，剽掠以爲生事，不攻城，得亦輒弃去不守。其戰善用馬隊衝鋒，自陳玉成、苗沛霖嘗糾與官軍戰，益習攻鬭，利器械。玉成、沛霖死，僧王移師討之，追剿數年，馳驅山東、河南、安徽、湖北，數止戰失利，賊奪官馬益盛，聚散出没，不恒其處所。酋曰張總愚、任柱、牛洪、賴汶光。聚則數萬人，馬萬餘匹，日馳百數十里以爲常。大河以南，方一二千里，蕭然咸被其患。

同治四年，公聞僧王輕騎追賊，步兵遲者後數日乃到，嘆曰：『王軍罷矣，不已，必及敗！』將密陳於上，止之弗及，而王果兵敗，戰没曹州城下。上聞而大驚，念此軍非公莫統，乃召公即引兵赴山東剿賊，其直、東、豫三省旗、緑各營，地方文武，節制如故，特使公權重與王侔者，而李公代爲總督。廷旨督師急，日中數至，公言：

僧王新敗之後，士、馬傷殘，未易收集。湘勇能戰者，僅存劉松山一軍；淮勇鋭氣雖新，然衆少，不敷剿辦。當益募新兵，以楚師規模，開齊、兖風氣。賊馬飆疾鋒鋭，不易當勢，須出口采買戰馬，添練馬隊。黄河天險，恃以扼賊北渡。若興創水師，又非數月不辦。是數者皆難迅速。度今剿辦此賊，不特西不能至湖北，即山東祇能辦兖、沂、曹、濟，河南祇能辦歸、陳，江蘇徐、淮、海，安徽廬、鳳、潁、泗，此十四府州，縱横千里，古來四戰之場，捻匪往來最熟，若以此委督辦之臣，而其餘責成督撫，各練有定之兵，制無定之寇，軍務庶有歸宿。

因定以臨淮、徐州、濟寧、周家口爲四鎮，扼要駐軍，餉械委輸，皆由水道往。進兵屯臨淮，居無何，賊竄河南。上令公移駐許州，節制湖北軍務，兼顧山西。至徐州，復令李公鴻章帶兵入洛陽，以漕督吴公棠爲之代。旨未決，事且下三人商定。廷寄到軍中，幕府請問：『公意云何？』公曰：『督撫進退，繫國安危，當由天子自任，臣下豈可與謀？吾當不商而奏。』幕府曰：『今主上委心疆吏，視公等猶股肱，故不疑而有是命。不商，無乃非上意。』公曰：『若亦睹漢、唐末流之弊乎？自古權柄外移，孰非由漸而致？方今天下未靖，封疆大臣，率任軍寄。人有飛揚跋扈之心，倖端一開，爭覬要地，恐州牧、藩鎮之事，將復起於今日，非所以慮社稷也。明聖可爲忠言，不商何害？』乃上奏〔二〕曰：

歷觀前史明訓，軍事之進退緩急，戰守屯駐，統帥主之，朝廷之上不宜遥制；廟堂之黜陟將帥、賞罰百僚，天子與左右大臣主之，閫外之臣不宜干預。從古統兵重臣，遥執國命，未有能善其後者。同治元年，皇上命臣酌保封疆將帥，比即奏明：『疆臣既有征伐之權，不當更分黜陟之柄，宜防外重内輕之漸，兼杜（值）植私樹黨之端。』仰蒙聖諭嘉許。今以要缺督撫，令臣等往返函商。如臣愚見，密保尚且不可，會商更覺非宜。因不俟吴棠、李鴻章商定，直攄管見，未審有當萬一否？

太后臨朝稱善。

明年春，駐軍濟寧，察閲運河，至張秋，遂登岱宗而還。鎮兵之初設也，公與諸將約，賊至，迎頭而縱兵。及剿辦年餘，賊横如故，諸將士皆曰：『不苦戰，而苦奔走。』公乃起張秋，抵清江，築長墻，憑運河禦之。未成，而賊竄襄、鄧間。公移而西，更修沙河、賈魯河，開濠置守。分地甫定，賊復突而東。時議咎公迂闊。公在軍久，益慎用兵，書遺李公曰：

目下各軍剿捻，視之無關得失。若非僕與閣下提振精神，認真督率，則賊匪之氣，日進日長；官兵之氣，日退日消。若淮勇不能平此賊，天下更有何軍可制此賊？大局豈復堪問？吾二人須視剿捻如曾、李家事，儻再無起色，當奏請閣下北征。蓋鄙人不能上馬督戰，閣下能匹馬當先，不過倡率一二次，而士氣振興百倍矣！

會公弟國荃爲湖北巡撫，遂請旨飭李鴻章出省，駐徐州，與山東會辦東路；國荃駐襄陽，與河南會辦西路；自居周家口策應，期以三方并力，而是時言路乃數劾公辦賊不善，乞加譴責。天子明其不然，爲寢其奏，弗聽。公亦憂愧不自安，疏陳無功，請開缺，以散員留兵間效力，援古義自貶，注銷侯爵。不許。俄授李公欽差大臣剿賊，飭公回任。辭不任艱巨，亦不許。是冬，牛洪死，張總愚竄入陝西，任柱、賴汶光入湖北，中原少息。賊亦不復合并，由是捻有東西之號矣。

六年六月，公補授大學士。任柱、賴汶光再入河南，竄山東，渡運河，而東擾登、萊、青。李公鴻章、劉公長佑建議集四省兵力，會堵運河；英翰公請合兵守膠萊河，圈賊於海隅，皆主公防河初議。賊復引而西，越濰河，南入海州。官軍陳斬任柱，再擊破之壽光、瀰河。賴汶光走，死揚州，東捻平。公加一雲騎尉世職。張總愚入陝後數月，乘冰堅渡河，竄山西，入直隸，擾犯保定、天津、河間，京師戒嚴。丁公寶楨帥先入援，克饒陽，駐固安；左公宗棠駐天津；李公鴻章駐大名；英翰公、李公鶴年各引兵防河南、北岸。軍萃畿輔者七八萬人，莫適先縱擊，賊徘徊而入山東東昌、武定。李公移師德州督剿，乃復事防河，卒破平之茌平南鎮，張總愚赴水死，如公策。

［七年］閏四月，加授武英殿大學士。秋，調補直隸總督。公朝京師，召見養心殿東室，公免冠頓首謝恩。太后見公容止非常，備禮加敬。是時，太后垂念邊防，以將材爲意，顧問名將若何，公舉多隆阿、塔齊布、羅澤南、鮑超、楊岳斌、劉松山、劉銘傳等謀略以對，太后虚己聽焉。劉公松山始將老湘營，公知其軍票姚整肅，足倚平寇，至臨淮，擴而大之，後遂掃秦隴，定新疆，兵鋒常爲天下冠。故言中興名將，旗人首多隆阿；漢人首劉松山，鮑超亦一代驍將也。會歲暮，公留朝正。既至直隸，練軍厘獄，舉劾分明。期年，風俗大革。

先是，天津訛言有迷拐幼孩挖眼剖心者，莫知所自。始衆意指目西洋教堂，無據。知府張光藻捕獲姦民張拴〔三〕、郭拐，訊供實略賣予，嚴辦已。民團旋得武蘭珍，詞引法國教堂王三有授迷藥事，民、教因是鬨鬭。三口通商大臣崇厚，與領事豐大業約，集署會訊。於時百姓歡嘩不止，豐大業無所發怒，即舉洋槍擬崇厚。崇厚亟起避免，豐大業亦起，徑出。值天津知縣劉杰於途，又不爲讓道，益怒，復以洋槍擬之，中傷家丁。津民憤，環毆豐大業，立斃。集衆毁教堂，誤連英、俄、美三國，西洋教民死者數十人，天津大擾亂。崇厚具以事聞。公病，方請假養，上令馳往查辦。公至天津，津之教堂幼孩數百人，召問其父兄，皆言無恙，而投訴狀者率空語無左證。王三捕得，亦狡展。津民恨洋人深，夙仰公威名，冀且助我擊逐之。及出示嚴禁滋事，大失望，怨公。時民、教匈匈未已，公慮四國合從敗約，變不測，即戰，倉卒度不能禦之，京師震驚，思且爲之辨誣，以解散其謀。請明詔通飭各省，知教堂無挖眼剖心事。奏既上，朝士咎公左袒外國，謗議沸於京師。法公使羅淑亞坐府、縣主使，欲以議抵，持之堅。案久不決，羅淑亞要挾萬方，動引兵船爲詞。持公不下，怒去，至總理衙門争。公請交張光藻、劉杰刑部治罪，光藻、杰先予假之順德、密雲。朝廷滋不悦，詰公處分失當，乃召李公鴻章於潼關，引兵馳赴天津會辦。會兩江缺出，仍以公調補，而李公爲直隸總督。刑部定擬光藻、杰罪，發往軍臺效力，上從重改發黑龍江。凶犯次第緝得，皆斬決依律償。再逾月，案乃結。由是公聲名重損。公辭兩江，詔曰：『兩江該大臣舊治，其勿辭。第坐鎮其間，諸事自可就理。』既復任，充南洋通商大臣。

公之督兩江，尚儒，喜引經決事。及治民，頗采黄老術，清静類古蕭、曹。居官有常度，多謀能斷，應事若流水。然幕府左右竊識之，從容而已，然未嘗一息佚。素廉，俸禄入，悉以養士；軍所經用，毋慮數千巨萬，家無改觀者。用人持重，其泛愛樂士，天性也。諸將群吏，率子弟遇畜之，得庶類之和。尤知而善任，使所成就。薦拔人才，不可勝數，而李公、左公相繼極用，遂匡國家。以故出入將相，訖二十年爲盟主，海内饜服。蘇、常之初失，水師方争長江，未遑及也。公謂蘇、常澤國，非戰船莫達，而揚州、裏下河，數爲賊所瞰注，乃議增設淮揚水師、太湖水師，皆興辦如言。賊既平，水師功高，不可撤，而船炮委弃足惜，復議改置事，遂設長江經制水師，始終公所建也。初，通商議成，公陰有争雄海上之志，設内軍械所安慶，仿造火輪船。逾年，成小輪一號，試之江，可用。乃使同知容閎，往西洋美利堅采辦機器、洋鐵。時李公鴻章亦自購得機器，設局上海，用西法製造槍炮，規模遂開。中國機器之興，歲益增盛，自此始。後公益奏請選派聰穎子弟，前赴泰西各國肄習技藝，期十五年而還，仍以容閎往。其遠略如此。自餘他所規畫天下事甚衆，無不效者。或以爲聖，公曰：『非也。曹公有言，更事多耳。』

年六十二，同治十一年二月四日薨於位。江南士民巷哭，江寧將軍以聞。穆宗皇帝震悼，追贈太傅。賞銀三千兩治喪。賜祭一壇，謚曰『文正』，入祀京師昭忠、賢良祠，各省建立專祠。何公璟、李公瀚章、英翰公先後臚陳勛績，宣付史館。何公承公後，上以『守成』爲戒，是後更歷數公，一皆無所改作云。子紀澤，以員外郎襲爵；紀鴻、孫廣鈞，賞給舉人；廣鎔、廣銓主事。初殯金盆嶺，薨三年而其配歐陽侯夫人卒，合葬善化平塘。公所定陸軍營制、營規、水師章程、馬勇章程、鹽務章程、直隸清訟事宜［十條］、練軍章程等，皆經國之大者，世所施行。文章、奏議尤美，別有集。他書藏於家。方公在時，門生故吏慕仰之，甚者率圖形（去）奔藏之。公薨後，兩江重難其繼，天子旴衡，數權試焉。

光緒中，吏民思公功德不已，門下士黎庶昌乃追美股肱之誼，即公圖像而頌之曰：

毅勇堂堂，虬髯飄揚。屬任大重，惟哲顯皇。帝之基元，群盗披猖。六師討伐，經營極方。公拯大難，起搤賊吭。六朝舊都，逆豎居諸。曰荆吴大國，孰予敢踣？楚師既東，包漢與江。濯征十載，遂臨海邦。擒王掃穴，兵威有赫。若火日之烈烈，亂賊息滅。天實命我，祚我聖相。皇奮其威，高視霸王。有宣興周，著列方虎。炎漢再紹，葛亮繼武。亦有汾陽，再纘唐緒。公隆厥聲，伯仲伊吕。

初，饒州知府張澧翰善相人，相公龍而癩，謂其端坐注視，張爪刮鬚，象癩龍也。公終身患癬，目三角云。

論曰：粤賊之發難也，起桂平，據金田，其事至微。及禍本既成，流毒徧於海内；而外患乘之，沸鼎滔天，區夏糜爛，此曠古所未聞也。當是時，公以紳士在籍，讀禮家居，不操尺寸，雖不與聞軍國可也，乃獨以討賊自任。由今觀之，有若天所命焉，豈所謂篤生者乎？夫舉兵犯難，折而不撓，是其勇也。撥亂反正，弔元元之命，是其仁也。開誠心，布公道，囊括天下之才，而各任其器能，是其明也。收成功於李公鴻章，是其智也。天津之役，揆量彼己，辱身以安君父，是其忠也。嗚呼，可謂臣道之粹精，希世之人杰已！

——拙尊園叢稿卷三

〔一〕以爲：見奏稿一遵議大禮疏。文字有所出入。

〔二〕上奏：奏稿八奉旨復陳近日軍情及江督漕督蘇撫事宜摺（九月十九日）。

〔三〕拴：底本訛作「拴」，今據年譜及清末教案第一册三口通商大臣崇厚奏報天津教案經過請飭直隸總督曾國藩來津查辦摺校改。

曾文正公別傳

（清）朱孔彰撰　熊冬冬點校

曾公國藩，字伯涵，號滌生，湖南湘鄉人也。其先自江西徙衡陽，明季徙湘鄉。家世力農，五六百歲，無與科目顯者。祖玉屏，始務學；父麟書，老儒，縣學生員；至公乃大。公生時，曾大父夢巨蟒盤旋入室，驚寤，聞曾孫生，喜曰：『此子必大吾門！』宅後有古樹，藤糾之，樹槁而藤日大以蕃，蔭亘一畝，人以爲瑞藤云。

公初名子城，中道光甲午科舉人，戊戌成進士，選翰林院庶吉士，易今名。散館授檢討。二十三年，充四川鄉試正考官。再遇大考，累遷侍講學士、内閣學士，補授禮部右侍郎，兼署兵部右侍郎。公在京時，日立課程，從太常寺卿唐公鑒講受義理學，疾門户家言漢、宋不相通曉，亦宗尚考據，治古文辭。與蒙古倭仁公、六安吴公廷棟、昆明何公桂珍、仁和邵公懿辰、漢陽劉公傳瑩友善，常慨然有澄清天下之志。每自負，或謂公大言欺人，惟倭仁公數輩信之。

文宗即位之年，廣西兵事起，賊首洪秀全、楊秀清等據桂平金田邨，官軍進剿無功。詔臣工極言得失，公奏：

今日所當講求，尤在用人一端。人才有轉移之道，有培養之方，有考察之法，三者不可廢一。

上嘉納之。詔保舉人才，公薦李棠階、吴廷棟、王慶雲、嚴正基、江忠源五人。

咸豐元年，粤寇益棘，公奏曰〔一〕：

臣竊惟天下之大患，蓋有二端：一曰國用不足；一曰兵伍不精。兵伍之情狀，各省不一，漳、泉悍卒，以千百械鬥爲常；黔、蜀冗兵，以句結盜賊爲業；其他吸食鴉片，聚開賭場，各省皆然。大抵無事則游手恣睢，有事則雇無賴之人代充；見賊則望風奔潰，賊去則殺民以邀功。章奏屢陳，諭旨屢飭，不能稍變其錮習。

至於財用不足，内外臣工，人人憂慮。自庚子以至甲辰，五年之間，一耗於夷務，再耗於庫案，三耗於河决，固已不勝其浩繁矣。乙巳以後，秦、豫兩年之旱，東南六省之水，計每歲歉收，恒在千萬以外，又發帑數百萬以振救之。天下財産，安得不絀？宣宗成皇帝每與臣下言及開捐一事，未嘗不咨嗟太息，憾宦途之濫雜，悔取財之非計也。臣嘗即國家歲入之數與歲出之數而通籌之，一歲本可餘二三百萬。然水旱偏災，堯、湯不免。以去年之豐稔，而江、浙以大風而災，廣西以兵事而緩，計額内之歉收已不下百餘萬，設更有額外之浮出，其將何以待之？今雖捐例暫停，而不别籌一久遠之策，恐將來仍不免於開捐。以天下之大，而無三年之蓄，汲汲乎惟朝夕之圖，而貽君父之憂，此亦爲臣子者所深恥也。

當此之時，欲於歲入常額之外别求生財之道，則搜括一分，民受一分之害，誠不可以妄議矣。至於歲出之數，兵餉爲一大宗。臣嘗考本朝緑營之兵制，竊見乾隆四十七年增兵之案，實爲兵餉贏絀一大轉關，請即爲我皇上陳之：

自康熙以來,武官即有空名坐糧。雍正八年,因定爲例:提督空名糧八十分,總兵六十分,副將而下以次而減,下至千總五分,把總四分,各有名糧。又修製軍械,有所謂公費銀者;紅白各事,有所謂賞恤銀者,亦皆取給予名糧。故自雍正至乾隆四十五年以前,緑營兵數雖名爲六十四萬,而其實缺額常六七萬。至四十六年增兵之議起,武職坐糧另行添設,養廉、公費、賞恤另行開銷正項,向之所謂空名者,悉令〔二〕挑補實額,一舉而添兵六萬有奇,於是費銀每年二百餘萬。此臣所謂餉項贏絀一大轉關者也。是時海内殷實,兵革不作,普免天下錢糧已經四次,而户部尚餘銀七千八百萬。高宗規模宏遠,不惜散財以增兵力。其時大學士阿桂即上疏陳論,以爲國家經費,驟加不覺其多,歲支則難爲繼。此項新添兵餉,歲近三百萬,統計二十餘年,即須用七千萬,請毋庸概增。旋以廷臣議駁,卒從〔三〕增設。至嘉慶十九年,仁宗睹帑藏之大絀,思阿桂之遠慮,慨增兵之仍無實效,特詔裁汰。於是各省裁兵一萬四千有奇。宣宗即位,又詔抽裁冗兵,於是又裁二千有奇。乾隆之增兵,一舉而加六萬五千。嘉慶、道光之减兵,兩次僅一萬六千,國家之經費耗之如彼其多且易也,節之如此其少且難也。

臣今冒昧之見,欲請汰兵五萬,仍復乾隆四十六年以前之舊。驟而裁之,或恐生變,惟缺出而不募補,則可徐徐行之,而萬無一失。醫者之治瘡癰,甚者必剜其腐肉而生其新肉。今日之劣弁羸兵,蓋亦當爲簡汰以剜其腐者,痛加訓練以生其新者。不循此二道,則武備之弛,殆不知所底止。自古開國之初,恒兵少而國强,其後兵愈多則力愈弱,餉愈多則國愈貧。北宋中葉,兵常百二十五萬。南渡以後,養兵百六十萬,而軍益不競。明代養兵至百三十萬,末年又加練兵十八萬，而孱弱日甚。我朝神武開國，本不藉緑營之力。康熙以後，緑營屢立戰功，然如三藩、準部之大勛，回疆、金川之殊烈，皆在四十六年以前；至四十七年增兵以後，如川、楚之師，英夷之役，兵力反遠遜於前，則兵貴精而不貴多，尤爲明效大驗也。八旗勁旅，亘古無敵，然其額數，常不過二十五萬，以强半翊衛京師，以少半駐防天下，而山海要隘，往往布滿，國初至今，未嘗增加。今即汰緑營五萬，尚存漢兵五十餘萬，視八旗且將兩倍。權衡乎本末，較量乎古今，誠不知其[不]可也。近者廣西軍興，紛紛徵調外兵，該省額兵二萬三千，士兵一萬四千，聞竟無一人足用者。粤省如此，他省可知。言念及此，可勝長慮。

又上疏『敬陳聖德三端預防流弊〔四〕』，言過切直，上怒，捽其摺於地，立召見軍機大臣，欲罪之。祁公寯藻叩頭稱『主聖臣直』者再。季公芝昌，公會試房師也，亦爲請曰：『此臣門生，素愚戇，惟皇上寬而宥之。』於是上意解，且優詔褒答。公自爲侍從臣十餘年，歷兼工部、兵部、刑部、吏部侍郎，雖嘗以直諫忤指，上益察其忠。二年，命典江西鄉試。七月，丁母憂歸。

是時粤賊已犯長沙，圍之三月舍去，掠民船，順風一夜渡洞庭，陷岳州，又陷漢陽、武昌。三年正月，沿江東下，陷九江、安慶，破江寧，據爲僞都，秀全自稱『天王』，建僞號『太平天國』。分黨北犯河南、直隸，陷鎮江、揚州，踞之，海内震動；而公已奉旨辦團練於長沙。初，公欲具疏請終制，郭公嵩燾言於公曰：『公本有澄清天下之志，今不乘時而出，拘守古禮，何益於君父？且墨經從戎，古之制也。』公於是投袂而起，募農夫，倡勇敢，用書生爲營官，『湘軍』之名自此始。

時土寇蜂起，人心惶惑，賊衆未至，一日數驚，縣令每畏葸養癰。及公之出，先清内訌，不經有司掩捕,即置重典,十旬中戮二百餘人,謗聲四起。公與人書有『不要錢,不怕死〔五〕』之語,一時誦之。又手書告勸鄉人士耆老,雖幼賤,與鈞禮。山野材智之士,感其誠,莫不往見,人人皆以曾公可與言事。其求才也,舉塔齊布於戎行,識羅澤南於諸生,拔楊載福於卒伍,延彭玉麟於筦庫,保胡林翼以大用,而湖南泄沓之風由公一變。又嘗與郭公嵩燾、江公忠源論東南形勢多阻水,欲剿賊,非水師不可,乃奏請在衡州創造戰艦。南中匠卒不知辨此,公研精覃思,博采衆議,得之,遂成大小戰艦二百四十。募水陸萬人,水軍以褚汝航、楊載福、彭玉麟等領之;陸軍以塔齊布、羅澤南領之。

賊自江西上竄,再陷九江、安慶、黄州、漢陽等郡,武昌戒嚴。朝廷累詔出兵策應,初不責以數省軍務,而公獨毅然以討賊自任,於是以湖南爲根本,將水陸東征。舟師初出湖,遇大風,損數十艘;陸師至岳州,前隊潰退,引還長沙。賊陷湘潭,邀擊靖港,又敗。公憤投水,左右援救,得不溺。後數日,塔公大破賊於湘潭,軍心始定。公營長沙高峰寺,重整軍實。或請增兵,公曰:

吾水陸萬人,非不多,而遇賊即潰。岳州之敗,水師拒賊者,楊載福一營;湘潭之戰,陸軍塔齊布兩營、水師楊載福兩營,以此益知兵貴精不貴多。故諸葛祁山之敗,且謀減兵省食,勤求己過,古人亦正切實體驗,非虚言也。且古人用兵,先明(公)功罪賞罰,今時事艱難,賢人君子大半潛伏,吾以義聲倡導,同履危亡,諸公之初從我,非以利動也,故於法亦有難施,其致敗實由於此。

諸將皆服。

即克湘潭,公引兵趨岳州,連戰,下城陵磯。水軍偏師挫,尋復振,會師金口,謀攻武昌。公率水師,中流直下，盡毁鹽關、漢關、鲇魚套賊舟，而令羅公攻花園，塔公攻洪山，公親策應武昌、漢陽。賊見官軍盛，宵遁，遂復二郡。捷奏至京師，文宗大悦，手敕曰：『覽奏感慰實深，獲此大勝，殊非意料所及。朕惟兢業自持，叩天速救民劫也。』詔公署湖北巡撫。又詔督軍，解署任，以前已奪官，賞兵部侍郎銜，旋賜黄馬褂。當是時，水軍鋭甚，順流而下，大破賊於田家鎮，至於九江，前鋒薄湖口，攻梅家洲賊壘不下，駛入鄱湖。賊斷其後路，不得出，於是外江、内湖水師隔絶。外江戰船無小艇，賊乘舴艋夜襲營，擲火燒數十百艘，水師大潰。公走羅軍以免，憤欲自剄，羅公止之。公上疏請罪，詔旨寬免慰公，謂大局無傷。顯皇帝之知臣，聖矣哉！然武漢空虚，北岸軍弱，南岸軍孤。水師即挫，賊衆復西上，再陷武漢，擾荆、襄，蹂崇、通，破義寧。公遣胡公等軍回援湖北，塔公軍九江，攻城賊。公身至南昌，撫定水師之困内湖者。羅公從征江西，復弋陽，拔廣信，克義寧，而塔公卒於軍。公復至九江。羅公自義寧上書，言：『東南大勢在武昌，得武昌乃可控制江、皖，大局乃有轉旋之望。請率所部援武昌，取建瓴之勢。此時湖口諸軍但當主守，不宜數數進攻，以頓兵損威，戒諸公堅持，必俟湖北克復，大軍全注九江，乃可議戰。』公從之。幕府劉公蓉諫曰：『公所賴以轉戰者塔、羅兩軍，今塔將軍亡，諸將可恃獨羅公，又令遠行，脱有急，誰堪使者？』公曰：『吾極知其然。計東南大局宜如是，今俱困於此無益。此軍幸克武昌，天下大勢可爲，吾雖困猶榮也。』羅公遂行，郭公嵩燾送之曰：『曾公兵單弱，君遠去奈何？』羅公歎曰：『天苟不忘本朝，曾公必不死，諸君無憂！』

五年九月，公補授兵部侍郎。其冬，僞翼王石達開由崇陽、通城，竄入江西，連陷八府一州，九江賊踞自如，湖南、北音問不通。公困南昌，從衆議復調羅公。羅公因攻武昌而亡。公弟國華、國葆聞江西急，用父命走湖北乞師巡撫胡公拯兄難，將五千人行攻瑞州。湖南巡撫駱公秉章，亦資公弟國荃兵援吉安。兄弟皆會行間。公前所遣回援湖北諸軍，久之再克武漢，直下九江。李公續賓八千人軍城東；楊公載福戰船四百號，泊江兩岸；江寧將軍都興阿公馬隊，佐以鮑公超步隊，駐小池口，凡數萬人，軍容整肅。公自南昌迎勞，望見之，則大喜，兵勢復振。

是時，下游軍事棘，江南大營失陷，督師向公榮退守丹陽卒。朝廷以和春爲欽差大臣，張國梁爲總統，復進攻金陵。賊内亂，僞東王楊秀清、僞北王韋昌輝俱死。

七年二月，公丁父憂，奔喪回籍，請開缺守制，得假三月治喪。再疏陳情，具言辦事艱難狀。上雅知公拘謹，重違其意，乃先開兵部侍郎缺，令守禮廬候旨。胡公既定湖北，進圍九江，破湖口，外江、内湖水師絶四年復合。楊公乘勝轉鬬，拔彭澤、望江、東流，揚帆過安慶，克銅陵、泥汊，與江南水軍通。於是湘軍水師名天下。胡公以此軍本公建立，楊、彭皆公舊部，請起公復統水師。會九江克復，僞翼王石達開自江西竄入浙江，浸及福建。上即家召公出辦浙江軍務。公至江西，未幾又詔援閩。時僞英王陳玉成再破踞廬州，李公續賓赴援，至三河覆没。駱公秉章奏公請舍江圖皖，公亦奉旨統籌全局者屢矣，乃規取形勢，九年正月上奏曰：

就數省軍務而論，安徽最重，江西次之，福建又次之。計惟大江兩岸各置重兵，水陸三路鼓行東下，剿皖南則可以分金陵之賊勢，剿皖北則可以分廬州之賊勢。北岸須添足馬、步三萬人，都興阿、李續宜、鮑超等任之；南岸須添足馬、步二萬人，臣率蕭啓江、張運蘭任之；中流水師萬餘人，楊載福、彭玉麟任之。至江西軍務，亦分兩路，臣與撫臣耆齡任之：臣任北路，耆齡任南路。福建之賊，閩省兵力足以自了。粵賊句結捻匪，嘗以馬隊衝鋒，擬調察哈爾戰馬三千匹，募勇數千，擇平曠之地，馳騁操習，臣願竭數月之力，訓練成熟，以備攻剿。

上深然其策。

後數月，石達開竄入湖南，攻永州、圍寶慶。上慮四川且有變，令公以軍防蜀。行至巴河，聞賊已引去，竄入廣西，而上游兵事解。胡公乃建議圖皖，與公合謀攻安慶，使弟國荃督諸軍在前圍之，多隆阿公軍桐城，李公續宜軍青草塥，公次宿松經營江北；而皖南賊陷廣德州，遽入浙江，襲破杭州，回竄建平、東壩、溧陽。僞忠王李秀成大會群賊建平，分道解救金陵，江南大營復陷，官軍悉潰。常州、蘇州相繼失，咸豐十年閏三月也。左公宗棠聞而歎曰：『天意其有轉機乎？』或問其故，曰：『江南大營將蹇兵罷，萬不足資以討賊，得此一洗蕩，而後來者可以措手。』又問：『誰可當之？』胡公林翼曰：『朝廷能以江南事付曾公，天下不足平也。』於是天子慎選帥，以公功效懋著，就加兵部尚書銜，署理兩江總督，促救蘇、常。左公宗棠方嚮用，有旨下公問狀，即令襄辦軍務，賞給四品京堂。未幾，公補實授欽差大臣。或言當撤安慶圍先所急，公曰：『安慶一軍，關係淮南全局，即爲克復金陵張本，不可以動搖也。』遂南渡江，趨祁門。是時，江、浙賊氛熾，官紳告急，軍書日數十至，援蘇、援滬、援浙、援皖、援鎮江詔書疊下。公至祁門未十日，賊陷寧國。又數日，陷徽州。

中國方困兵革，而西洋英吉利寇天津，科爾沁王僧格林沁與戰，敗績，京師戒嚴。文宗巡狩熱河，恭親王留守，勝保奏請飛召外援。公發書請提兵北上。會和議成，乃止。

其冬，大爲賊所圍：一出祁門東，陷婺源；一出祁門西，陷景德鎮；一入羊棧嶺，攻其北。環城數重，吏士皆有憂色，固請移營江干，與水師相仗。公曰：『無故退軍，兵家上忌，此不可也。』卒不從。使人間行檄鮑超、張運蘭亟引兵會。身在軍中，意氣自如，猶時時以詩、古文是娛，其堅定不摇，率此類也。

左公至江西後，數破賊樂平、浮梁間，公薦宗棠可大用，請改幫辦軍務。十一年八月，公弟國荃克復安慶，捷未聞而文宗崩，穆宗立。帝年少，兩宫太后垂簾聽政，以公先帝重臣，委任益至，命節制江蘇、安徽、江西、浙江四省軍務；朝廷每有軍國大議，咨而後行。公弟國荃既克安慶，用兵如神，公益令召募，付以江寧事。杭州再陷，公舉左公宗棠，付以浙江事。蘇州之陷，賊逼上海，官紳來乞師，公舉幕僚李公鴻章，付以江蘇事；令至淮上召募，得八千人，公爲定營制，選將官，以湘軍之良教之，名曰『淮軍』。

同治元年，公協辦大學士。當是時，公駐安慶，居中調度。公弟國荃有直擣金陵之師，李公鴻章有援剿蘇、滬之師，楊公載福、彭公玉麟有肅清下游之師；大江以北，多隆阿公有圍攻廬州之師，李公續宜有派援潁州之師；大江以南，鮑公超有進攻寧國之師，張公運蘭有防剿徽州之師，左公宗棠有規復全浙之師：十道并出，皆受成於公。此外，袁公甲三及李世忠淮上之師，都興阿公防江北之師，馮公子材守鎮江之師，并奉旨統籌兼顧。軍書旁午，日不暇給。

其秋，皖南、金陵軍病疫，死亡山積。公懼大局決裂，憂甚，奏請簡親信大臣，馳赴江南，分任重責，上諭〔六〕勞之曰：

朝廷信用楚軍，以曾國藩忠勇發於至誠，推心置腹，倚以挽救東南全局。自諸軍進逼金陵，逆匪老巢已成阱檻。疊經諭令〔七〕，［總以］毋徒求效旦夕，惟當立足不敗［之地］，以俟可乘之機。矧疫沴繁興，各軍病困之餘，詎忍重加督責？其各傳旨，［優加］存問。當此艱難時會〔八〕，［又］益以疾疫流行，［將士摧折］，深虞隳士氣而長寇氛。此無可如何之事，非該大臣一人之咎。意者朝廷政事多所闕失，足以上干天和。我君臣當痛自刻責，實力實心，勉圖禳救［之方］，爲民請命，以冀天心轉移，事機就順。至天灾流行，必無偏及，各營將士，既當其厄，賊中亦豈能獨無傳染？［想］該大臣鬱憤之餘，未遑探詢。刻下在京固無可簡派之員，環顧中外，才力氣量如曾國藩者，一時亦實難其選。［諒］該大臣素嘗學問，時事艱難，尤當任以毅力，矢以小心，仍不容一息稍懈也。

洪秀全被圍久，召李秀成蘇州、李世賢浙江，悉衆來援，號六十萬。圍公弟國荃雨花臺，拒戰四十六日，解去。語具忠襄傳中。明年五月，水師克九洑洲，長江肅清，江寧城圍合。十月，李公鴻章克蘇州。又明年二月，左公宗棠克杭州。六月，公弟國荃克江寧。天子褒功，加公太子太保，封一等毅勇侯，世襲罔替，賞戴雙眼花翎，中外咸來稱賀。公功成不居，䠞䠞如畏。論克金陵，謂非前拙而後工，時不可爲，雖聖哲亦終無成；時可爲，則事半而功倍。無一時不存敬慎之心。穆宗之初立，屢詔保薦督撫大員，公奏：『封疆將帥，天子舉錯之。疆臣既有征伐之權，不當更分黜陟之柄，不特臣爲然，凡爲督撫者，辨之不可不早，宜防外重内輕之漸，兼杜植私樹黨之端。』太后臨朝稱善。

初，官軍習氣深，勝不相讓，敗不相救。公練湘軍，謂必萬衆一心，萬人一氣，方可辦賊。又以淮上風氣强悍，宜别立一軍。湘軍利山徑險阻，馳騁平原非其所長，用武十年，氣亦稍衰，故練淮軍以爲湘軍之繼。至是東南大定，裁湘軍，進淮軍，而剿捻事起。

捻匪者，始於山東游民相聚，其後河南之光、固，安徽之潁、亳，江蘇之淮、徐，群盗剽掠，脅從愈衆，諺名爲『捻』。或曰其黨明火劫人，捻紙燃脂，故謂之『捻』。有衆數十萬，馬數萬，蹂躪數千里，分合不常。捻首四人：曰張總愚、任柱、牛洪、賴汶光。自洪寇苗練嘗糾與官軍戰，益習攻鬭。勝保、袁甲三不能禦，僧格林沁親王移師攻討數年亦不能大創之。四年四月，公聞僧王輕騎追賊，一日一夜行三百餘里，步兵弗能從，曰：『兵法忌之，必蹶上將軍。』密陳於上，止之弗及，而王果敗殆曹州城下。上聞大驚，立召公引兵赴山東剿賊。其直、東、豫三省旗、緑各營，地方文武，節制如僧王，而李公代爲總督。廷旨促督師，公覆陳目下情形，萬難迅速：

一、楚勇裁撤殆盡，僅存三千作爲親兵，外調劉松山一軍及劉銘傳淮勇各軍，尚不敷剿辦。當另募徐州勇，以楚軍之規模，開齊、兖之風氣，期以數月，訓練成軍。一、捻匪戰馬極多，步兵不足當騎賊，擬赴古北口采辦戰馬，在徐州添練戰馬隊。一、扼賊北竄，全恃黄河天險。現辦黄河水師，亦須數月，乃能就緒。一、直隸宜另籌防兵，分守河岸，不宜令河南之兵兼顧河北。僧格林沁嘗周歷湖北、安徽、河南、江蘇、山東五省，臣斷不能兼顧五省，不但不能至湖北也。如以徐州爲老營，則山東祇能辦兖、沂、曹、濟四郡，河南祇能辦歸、陳兩郡，江蘇祇能辦徐、淮、海三郡，安徽祇能辦盧、鳳、潁、泗四郡。此十三府州者，責臣督辦，而以其餘責成本省督撫，則汛地各有專屬，軍務漸有歸宿。

又奏定：

扼要駐軍，不事馳逐。軍餉器械由水道轉運，以江南爲根本，以清江浦爲樞紐，溯淮、潁而上者，達於臨淮關；湖運河而上者，達於徐州、濟寧。安徽以臨淮爲老營，河南以周家口爲老營，江蘇以徐州爲老營，山東以濟寧爲老營。各駐重兵，多儲軍械，一處有急，三處往援，有首尾相應之象，無疲於奔命之虞，或可以拙補遲，徐圖功效。

又言：『賊情已成流寇，若賊流而官兵與之俱流，則節節尾追，著著落後。臣堅持初議，以有定之兵制無定之寇，專重迎剿，不事尾追。』

公督師年餘，賊馳突如故，將士皆曰：『不苦戰而苦奔走。』公乃起張秋抵清江，築長墻，憑運河禦之，未成，而賊竄襄、鄧間。公移而西，更修沙河，賈魯河，開濠置守。分地甫定，賊衝河南汛地，復突而東。時議咎公迂闊。公在軍久，益慎用兵。初立駐兵四鎮之議，次設扼守黄、運河之策，皆得其要。在臨淮，搜除蒙、亳匪黨，以絶其根株；在徐州，辦結湖團巨案，以杜其句引。大小數十戰，力遏凶鋒，捻勢實因此而衰，而是時言路數劾公。公亦以河防無成，奏請李公鴻章以江督出駐徐州，與東撫會辦東路；公弟國荃以鄂撫出駐襄陽，與豫撫會辦西路；自駐周家口策應。或又劾公驕妄。公念權位所在，衆責歸之，始有憂讒畏譏之心，乃請病假數月；繼請開缺，以散員留營效力，另簡欽差大臣接辦軍務。又奏剿捻無功，請將封爵暫行注銷，以明自貶之義。上皆不許。

五年冬，奉旨回兩江總督本任，李公鴻章代督軍。時牛洪死，張總愚竄入陝西，任柱、賴汶光入湖北。捻自是不復合并，遂有東、西捻之號。

六年六月，公補授大學士，仍治兩江。任柱、賴汶光再入河南，竄山東，渡運河，擾登、萊、青。李公鴻章、劉公長佑建議集四省兵力，會堵運河；英翰公請合兵守膠萊河，圈賊海隅，皆主公防河初議。賊復引而西，越濰河，南入海州。官軍陳斬任柱，再擊破之壽光瀰河，賴汶光走，死揚州，東捻平。詔加公雲騎尉世職。

張總愚入陝後，爲劉公松山所敗。數月，乘冰堅渡河，竄山西，入直隸，擾犯保定、天津、河間，京師戒嚴。劉公松山繞出賊前，破之於獻。丁公寶楨入援，駐固安；左公宗棠駐天津；李公鴻章駐大名；英翰公、李公鶴年防河南、北岸。賊越運河，竄東昌、武定。李公鴻章移師德州。時河北水漲，官軍扼河以困之。公派提督黄翼升、總兵歐陽利見領水師協剿。龍神見舟中，水師至，合官軍圍壓之，大破捻黨於茌平南鎮，張總愚赴水死，西捻平。凡防河之策，皆公本謀也。

是年，公授武英殿大學士。秋，調補直隸總督，公奏：

直隸最要之政在練兵、飭吏，次則河工。請留劉銘傳一軍以資拱衛，再練萬人，使成勁旅，則畿輔不患空虚。民間疾苦，由於積獄太多，差徭太重，屬僚玩上虐民，當嚴法以懲之。永定、滹沱二河永爲民患，宜大加疏濬。

皆興辦如言。期年，百廢俱舉。

無何，天津民焚毀法國教堂，以堂中授迷藥拐幼孩，挖眼剖心，殺傷教民數十人，天津大擾。公在病假中，奉命查辦，與通商大臣崇厚分謗不獎，士民義憤。以粤、捻初平，宜堅保和局，不宜與洋人搆釁；又慮四國合從敗約，變不測，京師震驚，於是辦理稍柔。津民不知此義，遂以怨崇厚者怨公。然府、縣議抵之説，究賴公力拒之，奏曰：

府、縣本無大過，送交刑部，已屬法重情輕。彼若立意決裂，雖百請百從，難保無事。且外國論强弱不論是非，若中國有備，和議當易定。已令銘軍拔赴滄州，以資防衛。

崇厚懼事決裂，奏公病勢甚重，請另簡重臣來津。乃召李公鴻章於潼關，引兵馳赴天津會辦。會兩江缺出，仍以公調補，而李公爲直隸總督。逾月事定，公與人書云：『内疚神明，外慚清議，深自引咎而已。』

時目病甚，疏辭兩江，詔曰：『兩江，該大臣舊治，其勿辭。第坐鎮其間，諸事自可就理。』公三至江南，百姓聞公來，扶老攜幼焚香以迎。公之治江南也，尚儒，喜引經決事，後頗采黄老術，以清静化民。居官有常度，多謀能斷，應事若流水。然幕府左右竊識之，從容而已。素廉，俸入悉以養士；軍所經用，毋慮千萬，家無改觀者。用人持重，其泛愛樂士，天性也。諸將群吏，皆子弟遇畜之，得庶類之和。尤知人善任，使所成就，薦拔人才，不可勝數，而李公、左公相繼極用，遂匡國家。以故出入將相訖二十年，爲盟主，海内饜服。

同治十一年二月四日薨，春秋六十有二。江南士民巷哭。江寧將軍以聞，穆宗皇帝震悼，輟朝三日。贈『太傅』，賞銀三千兩治喪，賜祭一壇，謚『文正』，入祀京師昭忠、賢良祠，各省建立專祠。何公璟、李公瀚章、英翰公先後臚陳勛績，宣付史館。何公承公後，上以『守成』爲戒。

公在江南，并充南洋通商大臣。初，和議成，公陰有争雄海上之志，設内軍械所安慶，仿造火輪船。逾年，成小輪一號，試之江，可用，乃使同知容閎往西洋美利堅采辦機器、洋鐵；時李公鴻章亦自購機器，設局上海，用西法製造槍炮，規模遂開。中國機器之興，歲益增盛，自此始。後公益奏請選派聰穎子弟，前赴泰西各國肄習技藝，期十五年還，仍以容閎往。其遠略如此。

公學究天人，於書無所不讀。公誠之心，形於文墨，平生公牘、私函無一欺飾語。治軍、行政務求蹈實，或籌議稍迂，成功轉奇；發端至難，取效甚遠。凡規畫天下事無不效者，故當時咸稱『聖相公』。創立長江水師、太湖水師、淮揚水師，章程皆手定。又定陸軍營制、馬勇章程、兩淮鹽務章程、江南開墾章程、直隸清訟事宜〔十條〕、練軍章程，皆經國之大端，時所施用。文章奏議尤美，有集百餘卷行世。

公喪之歸，百姓爇香，追送盈路，擁喪不得行。江南家家繪像以祀，謳思弗置，廿年如一日。公美鬚髯，目三角，終身患癬，相者以爲龍而癩云。

子紀澤，襲爵，官至兵部侍郎，光緒八年使俄，定伊犁界，還卒，謚『惠敏』；紀鴻，賞舉人，先兄卒。孫廣鈞，由賜舉人中己丑進士，授翰林院編修；廣鎔、廣銓，主事。公弟國荃等，別有傳。

論曰：中興景運，群公輩出，十年之間，削平大難，非天生聖相而振興之，烏能若是邪！然履危瀕死屢矣，有百折不撓之志，宏濟艱難，雖曰成功者天，抑亦人謀也。趙衰之言曰：『説禮樂，敦詩書，爲元帥。』叔孫豹之言曰：『太上立德，次立功，次立言，謂爲三不朽。』公獨兼之。至天津之役，攘詬忍尤以安邦國，老成至計，謀出萬全，可謂至忠矣。

——漸學廬叢書咸豐以來功臣別傳

〔一〕奏曰：見奏稿一議汰兵疏（咸豐元年三月初九日）。
〔二〕令：議汰兵疏作『全』。
〔三〕從：議汰兵疏作『以』。

〔四〕敬陳聖德三端預防流弊：即奏稿一敬陳聖德三端預防流弊疏（咸豐元年四月二十六日）。

〔五〕不要錢不怕死：見年譜咸豐三年『正月』條校。

〔六〕上諭：見奏稿五附録廷寄　答李元度軍請獎及各營疾疫盛行并請簡派大臣會辦諸務等摺片（九月初一日），文字略有出入。

〔七〕諭令：答李元度軍請獎及各營疾疫盛行并請簡派大臣會辦諸務等摺片作『寄諭』。

〔八〕時會：答李元度軍請獎及各營疾疫盛行并請簡派大臣會辦諸務等摺片作『時勢』。

曾國藩傳

費行簡撰

近世論國藩者,動訾其殺同種不仁。然當時固鮮知此義;且倡天父、天兄之説者,彼實甘附异族,而淫暴慘酷,至宫童子爲男妾逾數萬。國藩,儒者,其起任誅伐,是何足异?

觀其拜爵無喜心,居高位而益危懼,迹其初起,已無殺人獵爵之想矣。治兵,重節制,主實戰。凡虚誕之謀,桀(鶩)驁之材,舉所弗取,動與西人兵學合。故史可法久任南樞,臨戎則爲四鎮所制,一籌不克展;而國藩起鄉紳,諸將莫不從命,效死靡他。專習宋儒説,與博通今古者,其相去蓋如此。

自念初出治團練,秉義而行,動用重典,然所入不合,計事輒敗。及父喪再起,易以巽順,遂成大功。又見左宗棠、沈葆楨之流,名實不盡相副,而駱秉章尤無才,徒以能爲大言,或善交薦紳,或幸逢時會,皆坐享高名;而郭嵩燾、劉蓉等,清操遠識,徒以孤行己志,致負重謗,益信毁譽之無憑,成敗之由命。故晚歲憂惕,自爲壙銘,至有『不信書信運氣』之語。故國藩者,亦古之傷人心也。總南北師旅十二年,任兼圻十年,及殁,餘錢二萬緡,更非今之偉人志士頻言利國福民者,所可幾其萬一矣。

其生平出處及行誼、學術,世多知之者,故不并及。唯喜爲文詞,而實囿於韓、歐,規模狹隘,不足張所學也。

——近代名人小傳

曾國藩傳

蔡冠洛撰

曾國藩，字滌生，號伯涵，湖南湘鄉人。

曾氏自清初由衡陽遷湘鄉。曾祖竟希，德望爲鄉里所敬重。祖玉屏，以力田、好善聞。父麟書，困苦於學，授徒自給。

國藩九歲畢五經，十五讀周禮、儀禮、史記、文選。二十三，入縣學。次年，鄉試中式。會試不售，留京師，窮研經史，好昌黎韓氏之文。又明年，再報罷。貸百金過金陵，盡以購書，歸而誦習益勤。

至道光十八年成進士，改翰林院庶吉士。二十年，散館授檢討。二十三年三月，大考二等，以侍講升用。六月，充四川鄉試正考官。七月，補侍講。十二月，充文淵閣校理。二十四年，轉侍讀。二十五年三月，充會試同考官。五月，遷詹事府右春坊右庶子。九月，轉左庶子。旋升翰林院侍講學士。十二月，充日講起居注官。二十六年，充文淵閣直閣事。二十七年五月，大考二等，遇缺題奏。六月，擢内閣學士，兼禮部侍郎銜。二十八年，稽察中書科事務。二十九年正月，升禮部右侍郎。八月，署兵部左侍郎。

三十年正月，宣宗崩，文宗即位，國藩遵旨上疏，議郊配、廟祔禮，上深韙之。三月，又應詔陳言，疏〔一〕曰：

今日所當講求者，惟在用人。人才不乏，欲作用而激揚之，則賴皇上之妙用。有轉移之道，有培養之方，有考察之法，三者不可廢一。

臣觀今日京官辦事通病有二：曰退縮，曰瑣屑；外官辦事通病有二：曰敷衍，曰顢頇。習俗相沿，但求苟安無過，不肯振作有爲，將來一遇艱巨，國家必有乏才之患。今遽求振作之才，又恐躁競者因而幸進。臣愚以爲欲令有用之才不出範圍之中，莫若使從事於學術，又必皇上以身作則，乃能操轉移風化之本。臣考聖祖登極後，勤於學問；儒臣逐日進講，寒暑不輟；召見廷臣，輒與往復討論，當時人才濟濟，好學者多。康熙末年，博學偉才，大半皆聖祖教諭成就之。皇上春秋鼎盛，正符聖祖講學之年，臣請俟二十七月後，舉逐日進講例。四海傳播，人人向風。召見臣工，從容論難，見無才者，則勖之以學，以痛懲模棱罷軟之習；見有才者，則愈勖之以學，以化其剛愎刻薄之偏。十年以後，人才必大有起色。此轉移之道也。

内閣、六部、翰林院，爲人才薈萃之地，内而卿相，外而督撫，率出於此，皇上不能一一周知也，培養之權，不得不責成堂官。所謂培養，有數端：曰教誨，曰甄别，曰保舉，曰超擢。堂官於司員，一言嘉獎，則感而圖功；片語責懲，則畏而改過，此教誨不可緩也。榛棘不除，則蘭蕙減色；害馬不去，則騏驥短氣，此甄别不可緩也。嘉慶四年、十八年，兩次令部院各保司員，此保舉成案也。雍正間，甘汝來以主事而賞人參、放知府；嘉慶間，黄鉞以主事而充翰林、入南齋，此超擢成案也。蓋嘗論之，人才譬若禾稼，堂官之教誨猶種植耘耔也，甄别猶去稂莠，保舉［則］猶灌溉也；皇上超擢，譬之甘雨時降，苗勃然興也；堂官時常到署，猶農夫日在田間，乃熟稽事[也]。今各衙門堂官，多内廷行走之員，或累月不到署，自掌印、主稿外，司員半不識面，譬之嘉禾稂莠，聽其同生同落於畎畝之中，而農夫不問，教誨之法無聞，甄別之例亦廢。近奉明詔保舉，又但及外官，不及京秩，培養之道，不尚有未盡者哉！頃歲以來，六部人數日多，或廿年不得補缺，終身不得主稿。内閣、翰林院人數亦三倍於前，往往十年不得一差，不遷一秩，而堂官多直内廷，本難分身入署；又或兼攝兩部，管理數處，縱有才德俱優者，曾不能邀堂官之顧，又烏能達天子之知？以數千人才，近在眼前，不能加意培養，甚可惜也。臣愚欲請皇上稍爲酌量，每部須有二三堂官不入内廷者，令日日到署，與司員相砥礪。翰林掌院，亦須有不直内廷者，與編、檢相濡染。務使屬官之性情、心術，長官一一周知。皇上不時詢問，某也才，某也直，某也小知，某也大受，不特屬官優劣燦呈，即長官淺深，亦可互見。旁考參稽，而八衙門之人才，同往來聖主之胸中。彼屬官者，但令姓名達於九重，不必升官遷秩，而已感激無地。然後保舉之法，甄別之例，次第舉行[乎]舊章。皇上偶有超擢，則楩楠一升，而草木之精神皆振。此培養之方也。

古者，詢事、考言，二者兼重。近來各衙門辦事，小者循例，大者循旨，本無才猷可見，莫若於言考之；而召對臣言，天威咫尺，不宜喋喋便佞，則莫若於奏摺考之。國家定例，内而九卿科道，外而督撫藩臬，皆有言事之責；各省道員，亦許專摺言事。乃十餘年間，九卿無一人陳時政得失，司道無一摺言地方利病；科道奏疏，無一言及主德隆替，無一摺彈大臣過失，一時風氣，不解其所以然。本朝以來，匡言主德者，如孫嘉淦以自是規高宗，高銑以寡欲規宣宗，皆優旨嘉納；糾彈大臣者，如李之芳劾魏裔介，彭鵬劾李光地，後四人皆爲名臣，至今傳爲美談。直言不諱，未有盛於我朝者也。

皇上御極之初，特詔求言，而褒答倭仁之諭，臣讀之至於抃舞感泣。然猶有過慮者，誠見皇上求言甚切，諸臣紛紛入奏，或條陳庶政，頗多雷同；或彈劾大臣，懼長攻訐。臣愚願皇上堅持聖意，借奏摺爲考核人才之具，永不生厭斁之心。涉於雷同者，不必交議而已；過於攻訐者，不必發鈔而已。此外則但見有益，不見有損。今考九卿賢否，憑召見應對；考科道賢否，憑三年京察；考司道賢否，憑督撫考語。若人人建言，參互質證，豈不更爲核實乎？此考察之法也。

奏入，諭稱其『剴切明辨，切中事情』，命百日後，舉行日講。國藩旋條陳『日講事宜〔二〕』，下部議，格不行。六月，署工部左侍郎。

咸豐元年五月，署刑部右侍郎。十月，充順天武鄉試正考官。二年正月，署吏部左侍郎。六月，充江西鄉試正考官。旋丁母憂回籍。

時廣西洪秀全倡亂，進湖南，圍長沙，不克。攻湖北武昌，陷之。連陷沿江郡縣，江南大震。十一月，初，敵至長沙城南，穿地道爇火藥，城崩八丈，以總兵瞿騰龍苦戰得完，然敵竟從容渡湘去。諸軍近萬人，但幸其去，莫敢向其踪迹也。乃命國藩會同湖南巡撫張亮基辦理本省團練，搜剿土匪。時塔齊布尚以都司署撫標參將，國藩奏(請)稱其奮勇耐勞，深得民心，并云『塔齊布將來如打仗不力，臣甘同罪，請旨獎叙，專令督隊剿敵』。會秀全破金陵，逆流西上，皖、鄂郡縣，相繼淪陷。上以國藩所練鄉勇得力，剿匪著有成效，諭令馳赴湖北剿辦。國藩以爲賊所以恣意往來者，由長江無官軍扼禦故也，乃駐衡州，造戰艦，練水軍，勸捐助餉。

四年二月，奏請將原任湖北巡撫楊健從祀鄉賢，下部議處。尋議降二級調用，復督師東下。三月，與敵接戰岳州。四月，又戰靖港。各軍相繼潰退，國藩立旗岸上，仗劍呼曰：『過旗者斬！』士皆繞旗旁下退。國藩憤甚，投水死，以救得免。乃有『裁汰所部、添造戰船』之議。未幾得旨革職，仍准專摺奏事。時國藩已遣守備楊載福、知縣彭玉麟與塔齊布合擊於湘潭，大破之，復其城。敵退踞岳州。七月，國藩攻克之，毀其舟。敵浮舟上攻，再破之。遂與塔齊布水陸追擊，自城陵磯二百餘里，剿洗净盡。賞三品頂戴。九月，復武昌、漢陽，盡焚襄河敵舟。賞二品頂戴，署湖北巡撫，賞戴花翎。旋以國藩力辭，賞兵部侍郎銜，辦理軍務，毋庸署理巡撫。國藩建三路進兵策，奏言：『江漢肅清，賊之回巢抗拒者，多集興國、蘄州、廣濟諸屬，自巴河至九江，節節皆有賊船，擬塔齊布由南路進攻興國、大冶；湖北督臣派兵由北路進攻蘄州、廣濟；臣由江路直下，與陸軍相輔爲進止。』如所請行。國藩揚帆而下，連戰勝敵蘄州。敵來攻，再破之。會塔齊布復興國、大冶，時敵以田家鎮爲巢穴，蘄州爲聲援，自州至鎮四十餘里，沿岸築土城，設炮位，對江轟擊，横鐵鎖江上，以阻舟師；南岸半壁山、富池口，均大股悍敵駐守，舟楫往來如織。國藩計欲破田鎮，當先奪南岸。十月，寧紹臺道羅澤南大破之半壁山，克之。國藩部署諸將，分戰船四隊：一隊，扼敵上犯。二隊，備爐翦椎斧，前斷鐵鎖，敵炮船護救。三隊，圍擊之，沈二艘，敵不敢近。須臾，鎔液鎖斷，敵驚顧失色，率舟遁。四隊，駛而下退，及於鄔穴，東南風大作，敵舟不能行，圍而焚之，百里内外，火光燭天。陸軍自半壁山呼而下，悉平田鎮、富池口營壘，蘄州敵遁。是役也，斃敵數萬，毁其舟五千，遂與塔齊布復廣濟、黄梅、孔壟口、小池驛。上游江面肅清，進圍九江。十二月，上以國藩調度有方，賞穿黄馬褂，并諸珍物。國藩遣水軍攻湖口梅家洲，以通江西餉道。

五年，敵竄武昌，分股乘夜由小池口襲焚國藩戰艦，戰失利。越數日，大風復壞舟數十。國藩乃以其餘，遣署湖南按察使李孟群、知府彭玉麟及湖北布政使胡林翼所帶陸軍回援武漢，親赴江西造船募勇，增立新軍。連破姑塘、都昌，進攻湖口，大敗之。七月，湖南提督塔齊布卒，國藩馳往九江，兼統其軍。八月，水軍復湖口。九月，補兵部右侍郎。

六年，石達開竄江西，郡縣多陷。國藩馳赴省城；遣道員彭玉麟統内湖水師退駐吴城，以固湖防；同知李元度回剿撫州，以保廣信。諸將分扼要地，先後復進賢、建昌、東鄉、豐城、饒州，連破撫州、樟樹鎮、羅溪、瓦山、吴城之敵，會同湖北援師。知縣劉騰鴻、同知曾國華等，大破之瑞州，復靖安、安義、上高。自江西達兩湖之路，賴以無梗。

七年正月，復安福、新淦、武寧、瑞昌、德安、奉新，軍聲大振。不一歲，石達開敗遁，江西獲安，國藩之力也。二月，丁父憂，上諭：『賞假三個月，回籍治喪，俟假滿後，再赴江西督辦軍務。』尋固請終制，上諭：『俟九江克復，江面肅清，賞假令其回籍營葬，俾得忠孝兩全。』國藩復奏稱：『江西各營安謐如常，毋庸親往撫馭。』并瀝陳『才難宏濟，心抱不安』。奉旨先開兵部侍郎缺，暫行在籍守制，江西如有緩急，即行前赴軍營，以資督率。

八年五月，命辦理浙江軍務，移師援閩。閩敵分股竄擾江西，國藩遣道員李元度破之廣豐、玉山；張運蘭復安仁。時國藩駐軍建昌，東、南、北三路皆敵。國藩計東路連城，敵勢已衰，閩事不足深慮；北路景德鎮，乃大局所關，又較南路信豐爲重，乃遣張運蘭攻景德鎮，道員蕭啓江追剿信豐之敵。

九年，蕭啓江破之南康，克新城墟、池江敵巢，遂復南安，解信豐圍。敵竄湖南，將由粵、黔入蜀，國藩隨檄蕭啓江馳赴吉安援應湖南。張運蘭復景德鎮、浮梁縣，江西肅清，餘敵竄皖南。國藩奉命防蜀，行至陽邏，奉諭皖省賊勢日張，飭籌議由楚分路剿辦，國藩回駐巴河，簡校軍實，因奏言：

自洪楊内亂，鎮江克復，金陵逆首，凶焰久衰，徒以陳玉成往來江北，句結捻匪，廬州、浦口、三河等處疊挫我師，遂令皖北之糜爛日廣，江南之賊糧不絶。欲廓清諸路，必先破金陵；欲破金陵，必先駐重兵滁、和，而後可去江南之外屏，斷蕪湖之糧路；欲駐兵滁、和，必先圍安慶，以破陳逆之老巢，兼擣廬州，以攻陳逆所必救。進兵須分四路：南則循江而下，一由宿松、石牌規安慶；一由太湖、潛山規桐城。北則循山而進，一由英山、霍山攻舒城；一由商城、六安規廬州。南軍駐石牌，則與福建水師提督楊載福黄石磯之師聯爲一氣；北軍至六安州，則與壽州之師聯爲一氣。國藩請自規安慶，協領多隆阿、綏靖鎮總兵鮑超取桐城；署湖北巡撫胡林翼取舒城；荆宜施道李續宜規廬州。

奏入，上是之。

十年二月，陳玉成攻太湖，國藩分兵破之。旋因金陵大營分兵援浙，城中悍敵大股出撲，統帥和春、張國梁以兵單敵衆，退守丹陽，旋皆戰歿；兩江總督何桂清，弃常州奔上海，致蘇、常連陷，勢甚蔓延。四月，上特命國藩馳赴江蘇，并先行賞加兵部尚書銜，署理兩江總督。六月，實授。以欽差大臣督辦江南軍務。七月，命皖南軍務，統歸國藩督辦。

十一年，國藩進駐祁門。督飭楊載福，按察使彭玉麟、道員曾國荃等諸軍，水陸夾擊，爲逐層掃蕩之計。先後復黟縣、都昌、彭澤、東流、建德、休寧、徽州、義寧各城。悍敵數萬踞安慶，久不下，曾國荃、副都統多隆阿等圍之。陳玉成來援，諸軍擊走之，拔其城，敵無脱者。進復池州、鉛山、無爲、銅陵及泥汊、神塘河、運漕、東關各隘。

十月，穆宗御極，加太子少保銜，令統轄江蘇、安徽、江西、浙江四省軍務，巡撫、提鎮以下悉歸節制。國藩力辭，上不許。先是，敵圍杭州，國藩疊奉援浙之命。咨令太常寺卿左宗棠統軍入浙；檄按察使張運蘭、副將孫昌圖等水陸各營均歸調度，以厚兵力；并撥給錢漕厘金，以清所部積欠。因奏稱：『左宗棠前在湖南撫臣駱秉章幕中，贊助軍謀，兼顧數省，其才實可獨當一面。懇明降諭旨，令左宗棠督辦浙江全省軍務。』上以浙江巡撫王有齡及江蘇巡撫薛煥不能勝任，命國藩察看具奏，并迅速保舉人員，候旨簡放，國藩奏言：

蘇、浙兩省群賊縱横，安危利鈍，繫於巡撫一人。王有齡久受客兵挾制，難期振作，欲擇接任之人，自以左宗棠最爲相宜。惟此時杭州被困，必須王有齡堅守於内，左宗棠救援於外，俟事勢少定，乃可更動。至江蘇巡撫一缺，目前實有手握重兵之人，可勝此任。查有臣營統帶淮揚水師之福建延建邵遺缺道員李鴻章，勁氣内斂，才大心細，若蒙聖恩將該員擢署江蘇巡撫，臣再撥給陸軍，便可馳赴下游，保衛一方。

奏入，上皆特如所請。復因杭州失守，奏陳補救之策。

同治元年正月，命以兩江總督、協辦大學士，國藩奏言：

自去秋以來，疊荷鴻恩，臣弟國荃又拜浙江按察使之命，一門之內，數月之間，异數殊恩，有加無已，感激之餘，繼以悚懼。懇求皇上念軍事之靡定，鑒微臣之苦衷，金陵未克以前，不再加恩於臣家。又前此疊奉諭旨，飭保薦江蘇、安徽巡撫；復蒙垂詢閩省督撫，飭臣保舉大臣，開列請簡。封疆將帥，乃朝廷舉措之大權，如臣愚陋，豈敢干預？嗣後如有所知，堪膺疆寄者，隨時恭疏入告，仰副聖主旁求之意。但泛論人才，以備采擇則可，指明某缺，徑請遷除則不可。蓋四方多故，疆臣既有征伐之權，不可更分黜陟之柄，風氣一開，流弊甚長，辨之不可不早。

尋遣將擊走徽州、荻港之敵，復青陽、太平、涇縣、石埭。國荃會同水師復巢縣、含山、和州并銅（陵）城閘、雍家鎮、裕溪口、西梁山四隘。弟貞幹復繁昌、南陵，破敵三山、魯港。上以國藩前奏，情詞懇摯，出於至誠，不再加恩而進國荃、貞幹等職。國藩駐安慶督師，奏請仍建安徽省會於安慶，設長江水師提督以下各官。指授諸將機宜，以次規取皖南、北府縣各城。國荃率師進圍金陵，蘇、浙李秀成等分道來援，大小數十戰，力却之。

二年五月，復江浦、浦口，克九洑洲，長江肅清。因淮南運道暢通，籌復鹽務，改由民運，奏請疏銷、輕本、保價、杜私之法。

三年正月，克鍾山。國藩令弟國荃會諸將，合圍金陵。六月，金陵克復，生擒忠王李秀成等，掘戮洪秀全尸，三日內，斃敵十萬餘人，全股殄滅。國藩紅旗奏捷，并稱：

洪逆倡亂粵西，於今十有五年；竊踞金陵，亦十二年，流毒海內，神人共憤。我朝武功之盛，超越前古，如嘉慶川楚之役，蹂躪僅及四省，淪陷不過十餘城。康熙三藩之役，蹂躪尚止十二省，淪陷亦第三百餘城。今粵匪之變，蹂躪竟及十六省，淪陷至六百餘城之多，實爲罕見之巨寇，卒能次第削平，剗除元惡，蔚爲中興之策。

捷聞，上覽奏嘉悦，諭曰：

曾國藩自咸豐四年，在湖南首倡團練，創立舟師，與塔齊布、羅澤南等屢建殊功，保全湖南郡縣，克復武漢等城，肅清江西全境。東征以來，由宿松克潛山、太湖，遞駐祁門，叠復徽州郡縣，遂拔安慶省城以爲根本，分檄水陸將士，規復下游州郡。兹大功告蕆，逆首誅鋤，由該大臣籌策無遺，謀勇兼備，知人善任，調度得宜。曾國藩著加恩賞加太子太保銜，錫封一等侯爵，世襲罔替，并賞戴雙眼花翎。浙江巡撫曾國荃，賞加太子少保銜，錫封一等伯爵，并賞戴雙眼花翎。

將士錫爵進秩有差。

時捻衆倡亂日久。四年四月，欽差大臣科爾沁親王僧格林沁追剿捻股，戰歿於山東曹州，敵勢日熾，命國藩赴山東一帶督兵剿辦，山東河南直隸三省旗、緑各營及地方文武員弁，均歸節制調遣。國藩將赴徐州督師，乃招集新軍，添練馬隊；檄調皖南鎮總兵劉松山、直隸提督劉銘傳、總兵周盛波、道員潘鼎新諸軍會剿。五月，敵竄亳州雉河集，國藩駐臨淮關，遣兵擊走之。先後奏言：

此賊已成流寇，飄忽靡常，宜各練有定之兵，乃足以制無定之賊。臣由臨淮進兵，將來安徽即以臨淮爲老營，及江蘇之徐州、山東之濟寧、河南之周家口四路，各駐大兵爲重鎮。一省有急，三省往援。其援軍之口糧、火藥，即取給於受援之地，庶幾往來神速，呼吸相通。

時張總愚、任柱、牛洛紅及太平軍賴汶光，擁衆十萬，倏分倏合。八月，國藩遣劉銘傳敗之潁州。賊東走曹州，國藩檄潘鼎新力扼運河，派軍馳赴山東助剿。敵不能渡運，遂南走徐州，踞豐、沛、銅山境内。九月，國藩遣潘鼎新等敗之。徐州、豐縣敵復竄山東。十月，周盛波、劉銘傳敗之寧陵、扶溝。敵竄陷湖北黄陂。

五年正月，國藩遣劉銘傳破之，復其城。任柱回竄沈邱，將踞蒙、亳老巢，遣劉銘傳、周盛波擊之。張總愚分股入鄆城。三月，劉銘傳、廣西右江鎮總兵張樹珊敗之潁州周家口。群敵合踞濮、范、鄆、鉅間，諸軍擊破之。張總愚趨單縣，任柱走靈璧。國藩駐徐州，修浚運河，以固東路。五月，遣諸將敗張總愚於洋河、王家林，敗任柱於永城、徐州。時敵自二月北竄，堅圖渡運，徘徊曹、徐、淮、泗者兩月有餘，迄不得逞，於是張總愚入豫，任柱入皖。國藩遣周盛波大破牛洛紅於陳州，敗任、賴二酋於烏江河，張樹珊敗之於周家口。牛、張二酋渡沙河而南，任、賴二酋亦竄渡賈魯河。國藩以前防守運河粗有成效，必仿照於沙河設防，俾敵騎稍有遮攔，庶軍事漸有歸宿，定議自周家口下至槐店，扼守沙河；上至朱仙鎮，扼守賈魯河。因奏言：

河身七百餘里，地段太長，不敢謂防務既成，百無一失，然臣必始終堅持此議，不以艱難而自畫，不以浮言而中更，以求有裨時局。自古辦流寇，本無善策，惟有防之使不得流，猶是得寸則寸之道，俟河防辦成，則令防河者與游擊者，彼防此戰，更番互换，庶足以保常新之氣。

六月，遣劉松山、宣化鎮總兵張詩日，大破之於上蔡西華。賊由河南巡撫所派防軍汛地逸出東竄，河防無成。七月，遣劉松山、提督宋慶，大破之南陽新野。九月，劉銘傳、潘鼎新破之鄆城，運防賴以無恙。時以國藩行師迂緩，謗議紛起。乃自陳病狀，上命國藩仍回兩江總督本任，以李鴻章代辦剿匪事宜。國藩請開總督缺，以散員留營自效，不許。十一月，回任。

六年六月，授大學士，仍留兩江總督任。七月，授體仁閣大學士。九月，奏稱：『製造輪船爲救時要策，請將江海關洋税酌留二成，一成爲專造輪船之用，一成酌濟淮軍及添兵等事。』從之。十二月，捻平，賞雲騎尉世職。

七年四月，授武英殿大學士。七月，調直隸總督。十二月，入覲，賜紫禁城騎馬。

八年二月，查明積滂大窪地畝、應徵糧賦，請分别豁减，從之。三月，奏：『直隸刑案積多，與臬司張樹聲力籌清厘，甫有端緒，張樹聲見調任山西，請暫留一年，以清積案。』諭曰：『曾國藩到任後，辦事認真，於吏治民風，實心整頓，力挽敝習。著如所請，俾收指臂之助。』一年之中，凡清結積案三萬餘件。又先後二次查明屬員優劣，開單具奏，得旨分别嘉勉降革。時直隸營伍廢弛，廷議選練六軍，命國藩將前定練軍章程，妥籌經理。五月，國藩奏陳：一曰文法宜簡，一曰事權宜專，一曰情意安洽及免冒名頂替之弊。請敕原議各衙門核議施行。復命國藩籌定簡明章程，奏報定議。國藩奏陳，試行果有頭緒，然後奏定簡明章程，允之。

同治三年至九年正月，三届京察，均蒙温諭褒嘉，下部優叙。五月，通商大臣崇厚奏天津民人因迷拐幼孩，有牽涉教堂情事，法國領事豐大業出言不遜，對官施放洋槍，百姓激忿，歐斃豐大業，焚毁教堂。

上命國藩赴天津查辦，并諭以『查有實據，自應與洋人指證明確，將匪犯按律懲辦，以除地方之害』。國藩奏言：『各省打毀教堂之案，層見叠出，而歐斃領事洋官，則從來未有之事。即使曲在洋人，而外國既斃多命，不肯更認理虧。臣但立意不欲與之開釁，使在彼有可轉圜之地，庶在我不失柔遠之方。』六月，抵津。查詢仁慈堂挖眼剖心毫無實據，奏稱：『采生配藥，野番凶惡之族，尚不肯爲，英、法乃著名大邦，豈忍爲此殘忍之行？以理決之，必無是事。況彼以仁慈爲名，而反受殘酷之謗，宜洋人之忿忿不平也。』又奏：『誅爲首滋事之人，將辦理不善之天津府、縣革職治罪。』復諭：『以洋人詭譎性成，得步進步，若事事遂其所求，將來何所底止？是欲弭釁而不免啓釁也。如洋人仍有要挾恫喝之語，曾國藩當力持正論，據理駁斥，庶可折敵焰而張國維。』國藩復奏：『中國目前之力，未便遽啓兵端，惟有委曲求全之一法。』因陳：

> 時事雖極艱難，謀畫必須斷決。伏見道光庚子以後，辦理洋務，失在朝戰夕和，無一定之至計，遂至外患漸深，不可收拾。皇上登極以來，守定和議，絶無更改，用能中外相安，十年無事。津郡此案，因愚民一旦憤激，致成大變，初非臣僚有意挑釁。朝廷昭示大信，不開兵端，此實天下生民之福。以後仍當堅持一心，曲全鄰好，以爲保民之道；時時設備，以爲立國之本。二者不可偏廢。

一時輿情大嘩，責國藩畏葸辱國，聲名重挫。八月，調兩江總督。國藩瀝陳病狀，請另簡賢能，開缺調理，奉諭慰勉。十一月，命充辦理通商事務大臣。

十年，以楚岸淮南引地爲川鹽所侵占，偕湖廣總督李瀚章定議，與川鹽分岸行銷。奏請武昌、漢陽、黄州、德安四府，專銷淮鹽；安陸、襄陽、鄖陽、荆州、宜昌、荆門五府一州，暫行借銷川鹽。湖南巡撫劉崐請於永、寶二府試行官運粤鹽，國藩復力陳二府引地，不便改運。部議皆如所請。

十一年二月卒，年六十有二。

清自道光以後，文酣武嬉，泄沓成風，國藩以公忠誠樸爲天下倡，即其居官治軍，亦粹然儒者氣象。咸豐十一年，作勸誡州縣、營官、委員、紳士十六條〔三〕，頒示於衆。勸誡州縣者曰：『治署内以端本』『明刑法以清訟』『重農事以厚生』『崇節儉以養廉』。勸誡營官者曰：『禁騷擾以安民』『戒烟賭〔四〕以儆惰』『勸訓練以禦寇』『尚廉儉以服衆』。勸誡委員者曰：『習勤勞以盡職』『崇簡約以養廉〔五〕』『勤學問以廣才』『戒傲惰以正俗』。勸紳士者曰：『保愚懦以庇鄉』『崇廉讓以奉公』『禁大言以務實』『擴才識以待用』。

國藩文章，精深博大，氣勢雄厚，爲文壇盟主且二十年。自謂粗解文字，由桐城姚先生啓之。其閎肆之筆，非姚鼐所及也。當時漢、宋之争最烈，國藩務調和二者，以爲義理、考據，不可缺一，其言曰：

文之純駁，一視乎見道之多寡以爲差。所謂見道多寡之分數何也？曰深也，博也。後之見道不及孔氏者，其深有差焉，其博有差焉。能深且博，而文復不失古聖之誼者，孟氏而下惟周子之通書，張子之正蒙，醇厚正大，邈焉寡儔。許、鄭亦能深博，而訓詁之文，或失之碎；程、朱亦能深博，而指示之語，或失之隘。其他若杜佑、鄭樵、馬貴與、王應麟之徒，能博而不能深，則文流於蔓矣；游、楊、金、許、薛、胡之儔，能深而不能博，則文傷於易矣。由是有漢學、宋學之分，齗齗相角。竊欲取二者之長，見道既深，且博以爲文，復臻於無累〔六〕。

游其門者，如李元度、張裕釗、吴汝綸、黎庶昌、薛福成，皆極文章之選。庶昌之言〔七〕曰：

> 湘鄉曾文正公出，擴姚氏而大之，并功、德、言爲一塗，挈攬衆長，轢歸掩方，跨越百氏，將遂席兩漢而還之三代，使司馬遷、班固、韓愈、歐陽修之文，絶而復續，豈非所謂豪杰之士、大雅不群者哉！蓋自歐陽氏以來，一人而已。

又曰：

> 曾氏之學，蓋出於桐城，固知其與姚先生之旨合，而非廣己於不可畔岸也。循姚氏之説，屏弃六朝駢麗之習，以求所謂神、理、氣、味、格、律、聲、色，法愈嚴而體愈尊；循曾〔八〕氏之説，將盡取諸儒之多識、格物、博辨、訓詁，一納諸雄奇萬變之中，以矯桐城末流虚車之飾，其道相資，無可偏廢。

其所推崇，初非溢美。時海禁初開，有志之士，争習西學，國藩首派學生赴歐西留學，肄習學藝，造就甚多。其學一歸之有用，後人尊之爲湘鄉派。所著有求闕齋集。

遺疏入，上震悼，輟朝三日。追贈太傅。照大學士例賜恤，予謚『文正』，入祀京師昭忠祠、賢良祠，於湖南原籍、江寧省城，建立專祠。尋湖廣總督李瀚章、安徽巡撫英翰、署兩江總督何璟，奏陳國藩歷年勛績。李瀚章奏略云：

> 國藩初入翰林，即與故大學士倭仁、太常寺卿唐鑒、徽寧道何桂珍講明程朱之學，克己省身，得力有自。遭值時艱，毅然以天下自任，死生禍福，置之度外。其過人識力，在能堅持定

見，不爲浮議所摇。用兵江、皖，陳四路進攻之策；剿辦捻匪，建四面蹙賊之議。其後成功，不外乎此。

英翰奏略云：

自安慶克復後，國藩督軍駐扎。整吏治，撫瘡痍，培元氣；訓屬僚若子弟，視百姓如家人，生聚教養，百廢俱舉，至今皖民安堵，皆國藩所留貽。一聞出缺，士民奔走，婦孺號泣。以遺愛而言，自昔疆臣湯斌、于成龍而後，未有若此感人之深者。

何璟奏略云：

咸豐十年，國藩駐祁門，皖南、北十室九空，自金陵至徽州八百餘里，無處無賊，無日無戰。徽州初陷，休、祁大震，或勸移營他所，國藩曰：『吾初次進兵，遇險即退，後事何可言？吾去此一步，無死所也。』賊至環攻，國藩手書遺囑，帳懸佩刀，從容布置，不改常度，死守兼旬，檄鮑超一戰，驅之嶺外。以十餘載稽誅之狂寇，國藩授鉞四年，次第蕩平，皆因祁門初基不怯，有以寒賊膽而作士氣。臣聞其昔官京師，即留心人物；出事戎軒，尤勤訪察，一材一藝，罔不甄録，又多方造就以成之。安慶克復，則推功於胡林翼之籌謀，多隆阿之苦戰。金陵克復，又推功諸將，無一語及其弟國荃。談及忠親王僧格林沁、李鴻章、左宗棠諸人，皆自謂十不及一。清儉如寒素，廉俸盡充官用，未嘗置屋一廛、田一區；食不過四簋，男女婚嫁，不過二百金，垂爲家訓，有唐楊綰、宋李沆之風。其守之甚嚴，而持之有恒者，曰：不誑語，不妄起。前在兩江任內，討究文書，條理精密，無不手訂之章程、點竄之批牘。前年回任，感激聖恩高厚，仍令坐鎮東南，自謂稍有怠安，負疚滋重。公餘無客不見，見必博訪周咨，殷勤訓勵，於僚屬之賢否，事理之原委，無不默識於心。其患病不起，實由平日事無巨細，必躬必親，殫精竭慮所致也。奉諭於安徽、湖北省城建立專祠，此外立功省分并著准其一體建立專祠。伊次子附貢生曾紀鴻，伊孫曾廣鈞，均著賞給舉人，准其一體會試。曾廣鎔著賞給員外郎，曾廣銓賞給主事，均俟及歲時分部學習行走。何璟、李瀚章、英翰摺三件，均著宣付史館，用示眷念勛臣有加無已至意。尋賜祭葬。

十二年，兩江總督李宗羲奏請將國藩入祀江寧府、上元縣、江寧縣三學名宦祠。光緒元年，大學士直隸總督李鴻章以國藩遺愛在民，請於保定省城建立專祠，并附祀省城名宦祠。先後均允之。十五年，慈禧皇太后歸政，追念功績最著諸臣，各賜祭一壇，國藩與焉。十八年，河南巡撫裕寬以國藩督師豫省，弟前任河道總督國荃功德在民，請於河南省城捐建一祠合祀。詔如所請。子紀澤襲侯爵。

——清代七百名人傳

〔一〕疏：見奏稿一題作應詔陳言疏，上於道光三十年（一九〇四）三月初二日。

〔二〕日講事宜：見奏稿一，題作『條陳日事宜疏（道光三十年四月初四日）』。

〔三〕十六條：即勸誡淺語十六條，見曾國藩全集文集。

〔四〕賭：底本訛作『酒』，今據勸誡淺語十六條校改。

〔五〕勸誡委員……以養廉：底本脱，今據勸誡淺語十六條校補。

〔六〕文之純駁……無累：見文集致劉孟容書，文字略有出入。
〔七〕庶昌之言：見黎庶昌續古文辭類纂序。
〔八〕曾：底本訛作『姚』。今據續古文辭類纂序校改。

曾國藩傳

金梁撰

一

曾國藩，字伯涵，號滌生，湖南湘鄉人。生於嘉慶十六年十月十一日亥時。世傳其大父夢蛟龍入室，醒而得孫，驚喜曰：『曾氏門楣，行將大矣！』幼讀書刻苦自勵，八歲畢五經。道光十八年成進士，改庶吉士，大考二等。累遷侍講、侍讀，會試同考官，內閣學士，禮部、吏部、兵部侍郎。每在一部，則必究心典章制度，以爲改革吏治張本，儼然以澄清天下自負矣。

文宗改元，上疏論國是，剴切明辨，切中事情。適丁母憂回籍，會太平軍興，朝廷下詔國藩，在籍練鄉勇，奉旨傍徨；而同邑理學家羅澤南已編練鄉勇一千餘人，助之成軍，遂取戚繼光束伍之法，參以澤南及胡林翼、王（鑫）鑫之成規。編練就緒，先剿土匪以靖內患，厲行亂世重典，殺誅甚衆，故有『曾剃頭』之綽號。繼得胡林翼、左宗棠、鮑超、李鴻章及弟國荃爲助。新寧舉人江忠源建議編水師，彭玉麟承其專責，故湘軍之成功，得力於水師者亦甚多也。

二

十年苦戰，出死入生，收復武漢及沿江各地。同治三年，克復南京，太平軍遂敗亡矣。清廷封國藩爲毅勇侯，授武英殿大學士，直隸總督，旋調兩江總督，薨於位，贈『太傅』，謚『文正』。論者謂以書生而兼將帥，建旋乾轉坤之功，爲中興名臣第一，與管夷吾、諸葛亮、范仲淹、王守仁先後媲美矣。

太平天國，起自金田，洪秀全假冒上帝教派，以驅逐滿清而争帝位，推翻中國傳統文化，另樹非中非西之政風。國藩則代表中國之正統學派，張孔孟之旗幟，以維護中國人倫社會，專從傳統文化以攻秀全，其檄文中有曰：

自唐虞三代以來，歷世聖人扶持名教，敦叙人倫，君臣父子，上下尊卑，秩然如冠履之不可倒置。粤匪竊外夷之緒，崇天主之教……舉中國數千年禮義、人倫、詩書、典則，一旦掃地蕩盡，此豈獨我大清之變，乃開闢以來名教之奇變，我孔子、孟子痛哭於九泉，凡讀書識字者，又烏可袖手安坐，不思一爲之所也？

檄文傳出，士農工商，莫不響應。蓋彼已握住時代之需要，與人心之趨嚮也。不寧惟是，彼更以最大之魄力、謙虚之胸懷、公忠勤慎之精神，以納全國之志士仁人，不僅欲强滿清，而更欲强中國；不僅維護舊文化，而更欲采用西洋之方法以創造新事業。并納容閎之建議，購買洋船、洋炮，購買機器，籌設江南製造局，開辦兵工學校，翻譯西籍，選派青年赴美留學，無非欲取法西人之所長，藉以富國强兵，此其對中國最大之貢獻者在此；而後之論事者，不論時代之不同，而專詆其尊君主、反革命，則非篤論也。

三

國藩無勇冠三軍身先士卒之才氣，而却能選拔賢將，規畫精嚴，結硬寨，打呆仗。其駐節祁門時，國荃、宗棠以祁門爲死地，勸其移師，不納，卒被包圍，軍心大亂。國藩乃一面帳懸佩刀，從容布署，一面手書諸弟曰〔一〕：『看此光景，今年殆萬難支持。然吾〔二〕自咸豐三年冬以來，久已以身許國，願死疆場，不願死牖下，本其素志。近年在軍中辦事，盡心竭力，毫無愧怍，死即瞑目，毫無悔憾。』又召幕僚、將領而詔之曰：『我初次進兵，遇險即退，後事何堪設想？我離此一步，無死所也。』旋又傳令曰：『賊勢如此，有欲暫歸者，支給三月薪水，事平仍來營，吾不介意。』衆將士聞之，皆感泣，人人奮勇争先，卒將太平軍擊退。此殆置之死地而後生耶？

金陵克復後，國藩凛於兔死狗烹之戒，疏辭以兩江總督節制四省之師，有云：『權位太重，恐開斯世争權競勢之風，兼防他日外重內輕之勢。』同時提出裁撤湘軍，平捻之責，付諸淮軍。此爲國藩針對清廷懷疑之點，而先之以不争權位、不擁武力之表示。謙卑自牧，明哲保身，惜乎韓信、年羹堯之流，明不及此也。

四

國藩嘗言〔三〕：『君子之立志也，有民胞物與之量，有內聖外王之業，而後不忝所生，不愧爲天地之完人。故其爲憂也，以不如舜、不如周公爲憂也，以德不修、學不講爲憂也。是故頑民硬化則憂之，匹夫匹婦不被己澤則憂之，所謂悲天命而憫人窮，此君子之所憂也。若夫一己之屈伸，一家之飢飽，世俗之榮辱得失、貴賤毀譽，君子固不暇憂及此也。』故彼一生堅定明決，兢兢業業於立身修學，從無一毫之自寬假。又曰〔四〕：『天下無現成之人才，亦無生知之卓識，大抵皆由勉强磨煉而出耳。』

中興人才,冠絶一時,而大半皆出自幕府,蓋由於知人善任,陶鑄而成也。嘗曰〔五〕:『無兵不足深憂,無餉不足痛哭,獨舉目斯世,求一攘利不先、赴義恐後、忠憤耿耿者,不可亟得,此其可爲浩嘆也。』又曰〔六〕:『二[三]十年來,士大夫習於優容苟安,揄修[袂]而養姁步,倡爲一種不白不黑、不痛不癢之風。見有慷慨感激以鳴不平者,則相與議其後,以爲是不更事,輕薄而好自見。』故國藩一生不走中間路(踐)綫,不説似是而非之言,篤行實踐,時時以天下爲己任也。

五

國藩於軍國大事,固不放鬆一毫,即個人修養與治家之細節,亦復十分注意。對於自修,則有『八本主義』;養生,則訂立『五事』;治家,則訂立『早、掃、考、寶、書、蔬、魚、豬』必做之八事;辦事,則有『五到』『五勤』之規條。莫不身體力行,而無一日稍忽焉。

國藩學宗程朱,所爲古文,深宏駿邁,以戴、段之學力,發爲馬、班之文詞。嘗欲合道與文而爲一,不拘漢、宋門户之見,謂義理、考據、詞章,三者闕一不可。并分文章有陽剛、陰柔之美,復分太陽、少陽、陰陽、少陰四象之説。陽剛之美,則有『雄、直、怪、麗』,陰柔之美,則有『茹、遠、潔、適』,而歸之行氣,所謂氣盛,則言之長也。次爲段落分明,每段分束之際,似斷非斷,似咽非(吞)咽,似吞非吞,似吐非吐。每段張起之際,似承非承,似提非提,似突非突,似紓非紓,古人無限妙用,全在此中矣。

彼爲一典型之文人,故對寫字一道,亦不稍忽,所爲三十年日記,幾無一字潦草者。并有寫字七絶云:『側勢遠從天上落,横波雜向弩端涵。刷如丹漆輕輕抹,换似龍蛇節節銜。』嘗謂寫字有三大功用:

第一是治學之工具，第二是治事之工具，第三〔是〕無窮受用。所謂無窮受用者，可以修身，可以養性，可以悟道，可以發揮人之潛在能力。惟國藩之論字，主柳骨趙肉，而其筆法，略近山谷，但始終未臻上乘耳。中國文人往往以字形而判斷人之賢愚忠奸、窮通壽夭，以余從朋友作字中領悟所得者，不論其字工力淺深、技術高下，凡落筆端莊沉厚，運墨靈活，圓潤秀挺，而氣機開展流暢者，幾無不通且壽也。此中奥妙神而明之耳。

六

國藩於詩及聯對，亦屬能手，其歲暮雜感有云：『芒鞋鎮日踏春還，殘臘將更却等閒。三百六旬同逝水，四千餘里説家山。緇塵已自沾京雒，羌笛何須怨玉關！爲報南來新雁到，故鄉消息在雲間。』『去年此際賦長征，豪氣欲屠大海鯨。湖上三更邀月飲，天邊萬嶺〔七〕挾舟行。竟將雲夢吞如芥，未信君〔八〕山剗不平。偏是東皇來去易，又吹草緑滿蓬瀛。』贈國荃四十一初度〔九〕，有句云：『九載艱難下百城，漫天箕口復縱横。今朝一酌黄花酒，始與阿連慶更生。』『幾年橐筆逐辛酸，科第尼人寸寸難。一劍須臾龍變化，誰能終古老泥蟠！』豪情盛概，躍然紙間。

世傳國藩一日與友人宴於黄鶴樓，有妓名如意者向之索書，即席賦贈云：『都道我不如歸去，試問卿於意云何〔一〇〕？』寥寥數字，於幽默中則寓無限感慨也。又傳收復金陵後，景象蕭條，爲繁榮市場計，乃下令開放秦淮畫舫。江寧知府涂宗瀛，理學家也，頗不謂然，面陳出示禁止，國藩笑曰：『待我領略一番，然後再講。』一日，微服泛舟秦淮，青樓中妓名春燕者，温雅通詞翰，國藩奇之，後爲有力者所嬖，不復得見，其友某託書聯語，貽之曰：『未免有情，憶〔一一〕酒綠燈紅，一别竟驚春去也〔一二〕；誰能遣此〔一三〕，悵梁空泥落，幾時重盼〔一四〕燕歸來！』吐屬艷麗而有情致，幾疑非出自國藩之手也。

七

國藩喜讀南華經，能從其中悟解幽默以調劑生趣。每於要政清閒之餘，燭影摇紅，茶香泛綠，輒集僚屬於一堂，清言娓娓，以輕鬆日間之疲勞。據李鴻章水窗春囈〔一五〕記載：『我大帥要我輩一同喫飯，飯罷後，即圍坐談論，他老人家又最愛講笑話，惹得大家笑疼了，個個東倒西歪，他自己偏一些不笑，以五個指頭作把，祇管捋鬚，穆然端坐，若無事然。』

某夕圍坐時，又講笑話曰：『某家家規，無論老少婦女，必須紡織至二更後始寢，新婦初來時亦不能例外。一晚，新郎輾轉床上，不能入寐，大聲呼母曰：「紡織車聲嘈雜，令人不能安眠，請速將爾媳車子打碎好了！」其父在隔壁室中聞之，亦大聲呼曰：「如果要打碎，連你自己車子也打碎好了！我也睡不着呢！」此笑話一出，衆皆笑倒，幾乎連飯噴出來矣。』

凡入世較深者，皆有觀人之法，國藩於此，亦頗留意，故初見江忠源，款語移時，目送之曰：『此人當以節烈死。』對李鴻章則曰：『少荃天資有大過人處，將來建樹，或竟青出於藍。』當淮軍初立時，鴻章主其事，嘗率三人來謁國藩，聽候考詢。適國藩飯後散步，令三人鵠候於室。及散步歸，略加凝視，退謂鴻章曰：『不必談話矣。』詢其故，答曰：『一人俯首不敢仰視，此謹慎之人，可任保管之責；一人值余面則正視，背余面則左右探視，則陽奉陰違之人，不可任以事；一人因久候，怒目注視，挺立不懈，此人功名事業可期。』所謂『怒目注視』者，即後來淮軍名將劉銘傳也。

八

新會梁任公評國藩曰：『曾國藩者，近日排滿家所最唾罵者也，而吾則愈更事而愈崇拜其爲人〔一六〕。吾以爲使曾文正生今日而猶壯年，則中國必由其手而獲救矣。彼惟以天性之極純厚也，故雖行破壞可也；惟以修行之極嚴謹也，故雖用權變可也。故其言曰：「紮硬寨，打死仗。」曰：「多條理，少大言。」曰：「不爲聖賢，便爲禽獸；莫問收穫，但問耕耘〔一七〕。」彼其事業之成，有所以自養者在也；彼其能率厲群賢，以共圖〔一八〕事業之成，有所以孚〔一九〕於人且善導人者在也〔二〇〕。』『有史以來，不一二睹之大人也已，豈惟中〔二一〕國，抑全世界不一二睹之大人也已。其所遭值事會，亦終身在拂逆之中，然乃立德、立功、立言，三并不朽，所成就震古鑠今而莫與京者，其一生在立志自拔於流俗，而困而知而勉而行，歷百千艱阻而不挫屈，不求近效，銖積寸纍，受之以虛，將之以勤，植之以剛，貞之以恒，帥之以誠，勇猛精進，卓絶艱苦，如斯而已〔二二〕。』任公不輕許人，其對國藩，推崇備至矣。

——近世人物志

〔一〕書諸弟曰：見家書三與弟國潢書（咸豐十一年二月二十四日）。

〔二〕吾：與弟國潢書作『余』。

〔三〕嘗言：見家書一致澄弟温弟沅弟季弟（道光二十二年十月二十六日）。文字略有出入。

〔四〕又曰：見詩文勸誡淺語十六條。

〔五〕嘗曰：見書信一復彭申甫（咸豐三年正月）。

〔六〕又曰：見書信一復龍啓瑞（咸豐三年十二月十六日）。

〔七〕嶺：底本訛作『籟』，今據詩文校改。

〔八〕君：底本作『天』，今據詩文校改。

〔九〕贈國荃四十一初度：見詩文，題作『沅甫弟四十一初度』。

〔一〇〕都道……云何：清冒廣生小三吾亭詞話卷一：『馬平王定甫銀臺拯……有高陽臺題褚氏册子云：「紫曲門闌……」此詞余不爲之注，异日觀者如霧也。褚氏者，吴門名妓，居盧家巷。（吴門未亂以先，妓居多在盧家巷、丁家巷，亂後移居閶門倉橋濱一帶。馬關約定，青楊地始有妓居，此亦續板橋雜記者所當知也。）余大外祖周文之先生以名進士出宰長洲，年甫二十，自以不得館選爲恨。褚氏既解文墨，歲寒唱和，遂盈卷帙。（其贈聯云：「都道我不如歸去，試問卿於意云何。」最爲時傳誦。）卒以現任地方官員，挾妓飲酒，上達天聽，遣戍新疆，行抵汴梁。遇文宗登極，大赦得歸。從來荷戈之奇，無奇於此；賜還之速，亦無速於此者。褚氏既作驚弓之鳥，無可踪迹，此册流落吴下，爲人以兼金購去。定甫此詞，使「折戟沉沙」故事，可謂精審。』

〔一一〕憶：詩文挽伎春燕作『對』。

〔一二〕春去也：挽伎春燕作『傷春去了』。

〔一三〕誰能遣此：挽伎春燕作『似曾相識』。

〔一四〕幾時重盼：挽伎春燕作『何時重見』。

〔一五〕水窗春囈：檢歷代史料筆記叢刊有水窗春囈二卷，作者爲清人歐陽兆熊與金安清，未見有李鴻章所著之作，疑有誤。

〔一六〕爲人：梁啓超新民説論私德私德之必要作『人』。

〔一七〕吾以爲……問耕耘：底本省略，今據梁啓超新民説校補。

〔一八〕圖：底本訛作『同』，今據新民説校改。

〔一九〕孚：底本訛作『字』，今據新民説校改。
〔二〇〕曾國藩者……在也：見梁啓超新民説。
〔二一〕中：梁啓超曾文正公嘉言鈔序作『我』。
〔二二〕有史以來……而已：見梁啓超曾文正公嘉言鈔序。

皇清誥授光禄大夫贈太傅武英殿大學士兩江總督一等毅勇侯曾文正公神道碑〔一〕

（清）吴汝綸　撰

聖清受命二百載，有相曰曾公。始以儒業事宣宗皇帝，入翰林，七遷而爲禮部侍郎。文宗御極，正色直諫，多大臣之言。

咸豐二年，以母憂歸湘鄉，遂起鄉兵討賊。自宣宗時，天下乂〔二〕安，内外弛備，於是西洋〔三〕始通中國，海上多事。未幾而廣西群盗起，大亂以興。及此年，放兵東出，攻長沙不克，遂渡洞庭，陷武昌，循江而下，所過摧靡，而是時天下兵大氐惰窳恇怯，不可復用，諸老將盡死，爲吏者不習戰陳。公既歸，天子詔公治團練長沙，公曰：『金革之事，其敢有避？』因奏言團練不食於官，緩急不可恃，請就其鄉團丁千人募爲勇營〔四〕，教以兵法，束伍練技，號曰『湘軍』。湘軍之名自此始。

明年，益募人三千，解南昌之圍。是時賊已陷金陵踞之，掠民艘巨萬，縱横大江中。於是議創舟師，製船鑄炮，選將練卒，教習水戰，天子嘉之，湘軍水師由此起矣。四年，成軍東討，初戰再失利。未幾，大捷湘潭，以師不全勝上疏自劾。已而克岳州，下武昌，大破田家鎮，斷横江鐵鎖，乘勝圍九江，進規湖口。當是時，湘軍威名震天下。會水師陷入彭蠡湖，鄂帥喪師，武昌再失，公曰：『武昌據長江上游，必争之地也。』急檄湖北按察使胡公林翼率偏師西援，不克，則悉鋭師繼之，而自留江西督攻九江。已而悍賊石達開等分道犯江西，破郡縣六十餘城，公上疏自劾。卒以孤軍堅拒死守，賊不得逞。六年，胡公等復武昌。明年，拔九江。軍威復振。

公治軍，謀定後動，折而不撓，堅如金石，重如山嶽。諸將化之，雖離公遠出，皆遵守約束不變。自九江未拔，諸軍已略定江西郡縣矣。公以父憂歸，累詔起復視師，不出。既逾小祥，始奉命援浙江。是時公軍爲天下勁旅，四方有警，爭乞公赴援，南則浙、閩，西則蜀，北則淮甸，皆遥恃公軍爲固，慮旌旗他指。天子亦屢詔公規畫全勢，視緩急輕重去就之，公曰：『謀金陵者必據上游，法當舍枝葉圖本根。』遂建議三道規皖。

咸豐十年，蘇、浙淪陷，朝廷憂之。以公總制江南，趣詔公東兵，而公卒不弃皖以失上游。是年西夷內犯，定和議而罷兵〔五〕。十一年，公既〔六〕克安慶，今上同治元年正月元日授公協辦大學士。於是〔七〕分道出師，大舉東下。於是〔八〕公弟浙江巡撫國荃以湘軍緣大江薄〔九〕金陵；今陝甘總督左公宗棠以楚軍抵衢州，援浙江；鴻章〔一〇〕以淮軍出上海，規蘇、常；水師中江而下，爲陸軍聲〔一一〕援。三年〔一二〕，蘇〔一三〕、浙以次戡定，而公弟等亦攻拔金陵僞都。自公初出師，至是十有三年，粵賊平，東南大定。論功以協辦大學士〔一四〕封一等毅勇侯，開國以來文臣封侯自公始。

公既平江〔一五〕南，威震方夏，名聞外國。會忠親王僧格林沁戰殁於曹，廷議以公北討流寇。是時公所部湘軍皆已散歸〔一六〕。經畫歲餘，功緒漸彰。會疾作〔一七〕，有詔還鎮江南，中外大事皆就决之。

公所謀議，思慮深遠：進規中原，議築長墻以制流寇；策西事，議清甘肅而後出關；籌滇、黔，議以蜀、湘兩省爲根本。皆初立一議，數年之後，事之成否，卒如其説，而馭夷爲尤著云。初，咸豐三年金陵始陷，米利堅人嘗謁江南帥，願以夷兵助戰。十一年，和議既成，俄羅斯、米利堅皆請以兵來助。公議以爲『宜嘉其效順，而緩其師期』。及同治元年，英吉利、法蘭西又以爲請，公又議以爲『宜申大義以謝之，陳利害以勸之』。皆報可。廷議購夷船，公力贊之。比船至，欲用夷將，則議寢其事。其後自募工寫夷船之制，近似之，遂議開局製造。自是外洋機器、輪舟、夷炮，中國頗得其要領矣。六年，詔中外大臣籌和議利害，可許不可許？公議以爲『其争彼我之虚儀者許之，其奪吾民之生計者勿許也』。移直隸總督。天津民有擊殺法蘭西領事官者，法人訟之朝，天子慰解之，法人固争，有詔備兵以待，公曰：『百姓小忿，不足肇邊釁。』從之；而密議儲將練兵，設方略甚備。

先是，公已積勞成疾，至是疾益劇。會江南闕帥，上知公有疾〔一八〕，念南洋馭夷事任絶重，度〔一九〕非公不可，遂命還江南卧治之。至則經營遠略益勤。既一年，疾甚。同治十一年二月戊午〔二〇〕，遂薨於位。官至武英殿大學士，享年六十有二。遺疏入，天子震悼，賻賜有加，贈『太傅』，謚『文正』。

公諱某，字滌生，世爲湖南湘鄉人。曾祖竟希，祖玉屏，父縣學生麟書，三世皆以公貴封光禄大夫；曾祖妣彭氏，祖妣王氏，妣江氏，皆封一品夫人。夫人衡陽歐陽氏，生男二人：紀澤，廕生，官户部員外郎，錫〔二一〕爵爲侯；紀鴻，附貢生。孫三人：廣鈞、廣鎔、廣銓，皆幼。公既薨，紀鴻、廣鈞皆賜舉人，廣鎔賜員外郎，廣銓賜主事。女五人，皆適士族。

公爲學揅究義理，精通訓詁。爲文效法韓、歐，而輔益之以漢賦之氣體。其學問宗旨以禮爲歸，嘗曰：『古無所謂經世之學也，學禮而已。』於古今聖哲，自文、周、孔、孟，下逮國朝顧炎武、秦蕙田、姚鼐、王念孫諸儒，取三十〔二二〕有二人，圖其像而師事之。自文章、政事外，大氐皆禮家言，嘗謂：『聖人者，自天地萬物，推極之至一室米鹽，無不條而理之。』又嘗慨古禮殘闕無軍禮，軍禮要自有專篇細目，如戚元敬〔二三〕氏所紀者。若公所定營規、營制，博稽〔二四〕古法，辨等明威，其於軍禮庶幾近之。至其論議規畫，秩序井井，經緯乎萬變，條理乎巨細，其素所蘊蓄〔二五〕然也。

喪歸湖南，營葬於善化縣某鄉某原〔二六〕。鴻章〔二七〕少從公問學，又相從於軍旅，與聞公謀國之大者，乃爲文刻其墓道之碑。銘曰：

於鑠皇清，世載聖武。萬夷震疊，匪臣伊主？歷載二百，極熾而屯。孰排其紛？厥維〔二八〕宗臣。功與時會，其成則天。惟公之興，事乃异前。

國有舊旅，雲屯星羅。公曰窳矣，汰之則那。率我萌隸，敵愾同仇。捨其鉏耰，來事戈矛。厥初孤立，百挫不懾。天日可格，鬼神爲泣。持己所學，陶鑄群倫。雖培浸灌，爲國得人。孰任巨艱？刓印使帥。孰以節死？孰成孰敗？决之於微，卒驗不爽。朝廷乏人，取之公旁。始詔求賢，江以薦起。繼才胡公，勝己十倍。陸軍諸將，首塔羅王。二李繼之，水則彭楊。皆公所識，拔於風塵。知人之鑒，并世無倫。萬衆一心，貫虹食昴。終奠九土，殪此狂醜。

事已大畢，乃謀於海。益我之長，奪彼所恃。動如雷霆，静守其雌。內圖自强，外羈縻之。默運方寸，極九萬里。人謂公怯，曰吾過矣。式蛙嘗膽，以生以訓。大勛宜就，胡弃而隕〔二九〕？道光季世，夷始悤我。內患乘之，燎原觀火。彼睨吾旁，雌雄首尾。曰敝可乘，附耳同起。夷嚙其外，寇訌其內。不有我公，嘻，甚矣憊。

維昔相臣，佐治以文。武功之盛，則由聖人。留都開基，三藩定變。新疆外拓，川楚內奠。

四夷奔走，唯恐在後。皆秉聖謨，群臣拱手。公起詞臣，以安以攘。天子虚己，曰汝予匡。相業之隆，近古無有。開物成務，是謂不朽。

退之有言，衡爲嶽宗。扶輿磅礴，鬱積必鍾。後千百年，降神堯堯。我銘不誂，以配崧高。

誥授光禄大夫太子太保武英殿大學士直隸總督一等肅毅伯兼騎都尉世職門下士李鴻章頓首拜撰

〔一〕本篇以傳忠書局曾文正公全集本爲底本，校以吴汝綸桐城吴先生詩文集本。

〔二〕乂：桐城吴先生詩文集作「艾」。按二字通。

〔三〕洋：桐城吴先生詩文集作「人」。

〔四〕勇營：桐城吴先生詩文集作「官勇」。

〔五〕而罷兵：底本脱，今據桐城吴先生詩文集校補。

〔六〕既：底本脱，今據桐城吴先生詩文集校補。

〔七〕今上……於是：桐城吴先生詩文集作「乃」。

〔八〕於是：底本脱，今據桐城吴先生詩文集校補。

〔九〕薄：桐城吴先生詩文集作「下」。

〔一〇〕鴻章：桐城吴先生詩文集作「某」。

〔一一〕聲：桐城吴先生詩文集作「勢」。

〔一二〕三年：桐城吴先生詩文集作「同治三年」。

〔一三〕蘇：桐城吴先生詩文集作「江」。

〔一四〕以協辦大學士：底本脱，今據桐城吴先生詩文集校補。
〔一五〕江：桐城吴先生詩文集作『東』。
〔一六〕歸：桐城吴先生詩文集作『還湖南矣』。
〔一七〕經畫……疾作：桐城吴先生詩文集作『既一年以病乞休』。
〔一八〕知公有疾：底本脱，今據桐城吴先生詩文集校補。
〔一九〕度：底本脱，今據桐城吴先生詩文集校補。
〔二〇〕戊午：桐城吴先生詩文集作『某甲子』。
〔二一〕錫：桐城吴先生詩文集作『襲』。
〔二二〕三十：桐城吴先生詩文集作『卅』。
〔二三〕元敬：底本作『敬元』，今據桐城吴先生詩文集及明史戚繼光傳等校改。
〔二四〕博稽：桐城吴先生詩文集作『參酌』。
〔二五〕蓄：桐城吴先生詩文集作『畜』。
〔二六〕某原：底本脱，今據桐城吴先生詩文集校補。
〔二七〕鴻章：桐城吴先生詩文集作『某』。
〔二八〕維：桐城吴先生詩文集作『惟』。
〔二九〕隕：桐城吴先生詩文集作『殞』。

皇清誥授光禄大夫贈太傅武英殿大學士兩江總督一等毅勇侯曾文正公墓志銘〔一〕

（清）郭嵩燾撰　（清）劉蓉撰

同治十有一年二月，武英殿大學士總督兩江曾公薨於位，天子震悼，加贈〔二〕『太傅』，謚『文正』，命儒臣撰賜祭文、墓碑以葬。公子紀澤、紀鴻以銘墓之文屬之劉公蓉，未及葬而劉公薨。撿〔三〕其遺書，得所爲銘辭，而前叙闕焉。又明年，卜葬善化縣之平塘伏龍山。葬有日，而夫人歐陽氏薨，遂即其地祔葬〔四〕。於是嵩燾涕泣承劉公之意而叙〔五〕之。

公諱國藩，字伯涵，號滌生，湘鄉人。咸豐初，寇發廣西一隅之地，所至糜爛；盜踞金陵十四年，盡蹂江、浙兩省，地披而有之。公以侍郎奉母喪歸，起鄉里討賊，奮其占畢之儒、鉏耰〔六〕之民，蕩長江萬里，蹙賊蹜之，天下復睹乂安，民用蘇息。已而合肥李公平捻逆於高津，湘陰左公殄回亂於關隴，皆用公薦擢，席其遺規，遂蔵成功。於是江以南搆亂尤深，公再督兩江，嘘枯翦穢，煦濡群萌，孤嫠有養，儒宿有歸，漸摩停涵，納之太和。故公功在天下，而江南之於公，若引之以爲己私。

公始爲翰林，窮極程朱性道之藴，博考名物，熟精禮典，以爲聖人經世宰物、綱維萬事，無他，禮而已矣。澆風可使之醇，敝俗可使之興，而其精微具存於古聖賢之文章。故其爲學，因文以證道，常〔七〕言：『載道者身也，而致遠者文。天地民物之大，典章制度之繁，惟文能達而傳之，俛焉日有孳孳以求信於心而當於古。』其平居抗心希古，以美教化、育人才爲己任，而尤以知人名天下，一見能辨其才之高下與其人賢否。滿洲〔八〕塔齊布公、新寧江公〔九〕忠源、衡陽彭公玉麟、善化楊公岳斌，或從末弁及諸生獎拔爲名臣。其於左公宗棠趣尚不同，而奇左公智術，以公義相取，左公亦以顯名天下〔一〇〕。片長薄技〔一一〕，受公一顧，爭自琢磨砥礪，敦尚名節，在軍必立事功，在官爲循吏，曰『吾不忍負曾公』；而公斂退虚抑，勤求己過，日夜憂危，如不克勝。自初仕及當天下重任，始終一節，未嘗有所寬假。及其臨大敵，定大難，從容審顧，徐厝之安，一無疑懼。此公道德勳名被於天下，施之萬世，而其意量之閎深，終莫得面罄其用而窺其藏也。

公以戊戌科進士改翰林院庶吉士〔一二〕。又明年授檢討，五轉至禮部侍郎。文宗即位，詔求直言〔一三〕，公疏陳本原至計，天下驚歎，以爲唐宋名臣所不及。典試江西，未至，丁母憂。會廣西賊圍長沙，奉〔一四〕命幫辦湖南團練，治軍長沙，又治水師衡州。武昌再陷，命公〔一五〕督師東征，再克之。轉戰江西，丁父憂歸。上初〔一六〕即位，授大學士，總督兩江，節制四〔一七〕省；而公弟太子少保威毅伯國荃以一軍特起，克〔一八〕復金陵。天子嘉勞，錫公一等毅勇侯，晉太子太保。旋調直隸總督，復調兩江。

公生於嘉慶十六年辛未歲十月十一日，薨於同治十一年壬申歲二月初四日，年六十有二。曾祖竟希，祖玉屏，父麟書。自公〔一九〕祖若父，皆名德耆壽，及見公爲侍郎，受封光禄大夫，妣皆一品夫人〔二〇〕，天下榮之。配歐陽夫人，衡陽縣貢生凝祉之女，勤儉有禮法，恩周於人，行飭於家。自文正公在軍，夫人常蔬食，夜疏告天，乞早紓生民之禍，助成大功，慰天子憂勞。以同治十有三年八月十三日薨，年五十有九〔二一〕。子紀澤，户部員外郎〔二二〕襲封〔二三〕一等毅勇侯；紀鴻，賞給〔二四〕舉人。女五〔二五〕人：一適袁氏，江蘇松江府知府芳瑛之子秉楨〔二六〕；一適陳氏，安徽池州府知府源袞之子遠濟〔二七〕；一適羅氏，浙江寧紹臺道追贈巡撫忠節公之子兆升〔二八〕；一適員外郎郭剛基嵩燾之冢子也；一字聶氏，廣東候補道爾康之子緝槼〔二九〕。孫四〔三〇〕人：廣鈞，舉人；廣鎔，六部員外郎；廣銓，六部主事，年皆幼，朝廷推恩賞官有差；廣鑾，公薨後生〔三一〕。

公識量恢閎，望而知其偉人。生平趨舍是非，求信諸心，不與人爲去就；而精鑒微識〔三二〕，一言一事研核無遺，尤務規其大而見其遠。始出治軍討賊，以東南大勢在江險，不宜盡弛與賊，力請以水師自效。及〔三三〕爲欽差大臣，建三路進攻以規江、浙兩省之議。討捻逆河南，建合四省之力蹙賊一隅之議。皆策之始受事之日，其後成功，一如公言。在軍戈鋋樓櫓，短長尺度，躬自省量，無或苟者。榮辱得失，無關其心，而未嘗一念不周乎天下，一事不盡乎民隱。傳曰『爲仁由己』，公無愧焉。

公學行、功業具見國史本傳及合肥李公所撰神道碑，不復論著，著〔三四〕其生平志節，關係天下之大者，藏〔三五〕於公之墓，而繫以劉公之銘。其辭曰〔三六〕：

國有治亂，任賢者昌。惟聖御世，與時弛張。道光末造，亢極而僵。
吏惰民偷，卒嬉於伍。姎徒乘之，揭竿起舞。天祚聖清，篤生元輔。重奠八荒，爲國肱股。
始公通籍，翱翔掖垣。顯皇初政，抗疏陳言。謇諤之風，帝心所簡。
起公衰麻，戎符往綰。時寇方張，百城潰亂。羹沸於鼎，當者糜爛。
公倡義旅〔三七〕，豪杰景從。虎飛龍嘯，吐氣如虹。銳師東討，靡堅不攻。大江南北，阨塞四通。

利鈍無常，或傷衆毁。孤忠籲天，義泣神鬼。亦或左次，斂兵祁門。豺狐夜嘷，星日晝昏。百憂所叢，不震不悚。一柱屹然，華嶽之重。卒夷大難，奮績鷹揚。殪渠掃穴，寸磔梟狼。以義擎天，浴日於海。蕩滌垢污，河山無改。帝勞相臣，建侯剖符。畀蕃畿輔，再鎮三吴。民謳於野，絃歌載途。公心廓然，與物無競。斂聚群謀，虚己以聽。慮周六合，不耀其明。淵衷自惕，婦豎歸誠。群彦煌煌，洪纖高下。大匠陶鎔，歸諸一冶。何材不值，何功不庸？片長思奮，大受以隆。公不自賢，厥心愈下。被寵若驚，聞過則謝。退偃一室，仰思古人。尚友千載，遥契以神。發爲文字，恠偉縱横。雷霆砰擊，金石鏘鳴。蹴踏百家，孤懷自賞。跨宋軼唐，近古無兩。德溢於位，功不償年。載其忠藎，往即重泉。誰與主者，豈曰非天？北斗帝鄉，公魂攸寄。陵圮谷湮，其誠不替。伐石勒銘，敢告萬世。

誥授光禄大夫賜進士出身二品頂戴前署理廣東巡撫加七級湘陰郭嵩燾撰文，誥授資政大夫前陝西巡撫湘鄉劉蓉製銘，誥授光禄大夫太子少保前湖北巡撫 一等威毅伯湘鄉曾國荃書丹，誥授光禄大夫賜進士出身太子太保武英殿大學士直隸總督 一等肅毅伯合肥李鴻章篆蓋。

〔一〕本篇以傳忠書局曾文正公全集本爲底本，校以郭嵩燾養知書屋文集本及劉蓉養晦堂文集。養知書屋文集卷十九題作『曾文正公墓志』。

〔二〕加贈：養知書屋文集作「贈」。
〔三〕撿：養知書屋文集作「檢」。
〔四〕又明年……祔葬：養知書屋文集無此三十字。
〔五〕叙：養知書屋文集作「序」。
〔六〕鉏耰：養知書屋文集作「粗耰」。
〔七〕常：養知書屋文集作「嘗」。
〔八〕滿州：養知書屋文集作「蒙古」。
〔九〕江公：養知書屋文集作「江忠烈公」。
〔一〇〕左公亦以顯名天下：養知書屋文集作「遂以顯聞」。
〔一一〕片長薄技：養知書屋文集作「即」。
〔一二〕院庶吉士：養知書屋文集無此四字。
〔一三〕詔求直言：養知書屋文集作「求言」。
〔一四〕奉：養知書屋文集無此字。
〔一五〕公：養知書屋文集無此字。
〔一六〕初：養知書屋文集無此字。
〔一七〕四：養知書屋文集作「三」。
〔一八〕克：養知書屋文集無此字。
〔一九〕公：養知書屋文集無此字。
〔二〇〕妣皆一品夫人：底本脱，今據養知書屋文集校補。
〔二一〕衡陽縣……年五十有九：養知書屋文集無此七十一字。

〔二二〕員外郎：養知書屋文集作「郎中」。

〔二三〕封：養知書屋文集無此字。

〔二四〕給：養知書屋文集無此字。

〔二五〕五：養知書屋文集作「四」。

〔二六〕秉楨：養知書屋文集無此二字。

〔二七〕一適陳氏……遠濟：養知書屋文集無此十七字。

〔二八〕兆升：養知書屋文集無此二字。

〔二九〕廣東候補道爾康之子緝槼：養知書屋文集無此十一字。

〔三〇〕四：養知書屋文集作「三」。

〔三一〕廣鑾公蕘後生：養知書屋文集無此六字。

〔三二〕而精鑒微識：養知書屋文集無此五字。

〔三三〕及：養知書屋文集無此字。

〔三四〕著：底本脱，今據養知書屋文集校補。

〔三五〕藏：養知書屋文集作「揭」。

〔三六〕其辭曰：養知書屋文集未收銘文。

〔三七〕旅：劉蓉養晦堂文集卷九光禄大夫贈太傅武英殿大學士毅勇侯曾文正公墓銘作「旗」。

書曾文正公逸事

（清）魏繇撰

曾文正公事迹，具大事紀、年譜詳以博矣，惜尚有失載者，今揭之如左。

李兆受者，故馬賊，歸順後洊至提督。時捻匪擾河北，大江上下，賊踪殆徧，建僞都金陵。兆受藉剿賊名，跋扈淮、泗間，設關隘，販私鹽，殺人如草芥，莫敢誰何；而又挾制督師袁公甲三。中外大臣慮兆受桀驁，恐養癰如苗沛霖，後悔無及，劾章凡數上。詔下公議，公密陳：『兆受之罪，擢髮難數。惟近聞使酒説色，士庶離心。方今南北賊勢尚盛，驟劾之恐變生，俟兵後再緩圖之。』上嘉其請。甲子，江南平，兆受授江南提督，自知罪過爲公宥，乞骸骨歸田。遂益廣田宅，蓄姬侍，挾優伶，數部徵哥恒舞，昕夕不休，然見公未嘗不汗下霑衣也。公薨後數載，大吏擴兆受它事，置之法，瀕刑，兆受歎曰：『吾過多矣，不死曾公而死此，命也夫？死而有知，何顏見曾公邪？』

先是，侍衛陳國瑞，故驍將，緣事坐罷，寓揚州。一夕，與兆受飲博，負萬金。兆受索金，不與。兆受怒，令人詭計縛國瑞送江寧，而自行綣褋褕短刀，步行二百里，愬愬，勢甚凶，典謁莫敢内，兆受徑至聽事。少選，公衣冠獨出，徐曰：『而胡爲者？而受天子恩，官一品，食厚俸，今日得優游閒逸，非百姓之力與朝廷之明聖邪？吾爲而惜矣。』兆受懼，跽受教。公數責，二人意俱釋。故兆受尤感公也。書此，適湘鄉評億在座，曰：『兆受罪重，兵事定，公奚不殺之？知者詎謂過邪？』余曰：『公知兆受無能爲，殺之，血涴刃耳。當兆受守淮、泗撓賊，權過多，功亦有焉。如今日某某，非昔日之降將邪？得官擁厚資，妻妾玉帛，足氣蓊，胡能爲邪？公弗殺兆受，所以安彼心，猶「雍齒且侯」之意，此公之所以大也。』

因憶公三督江南，余皆部其地，聞公四鼓秉燭興，巡檐行數十周畢，句閱文書；大昕，甫延賓；日晌，着圍棋一巡，不設勝負，曰：『吾養心也。』餘衆朝夕晤公者，未嘗不見公手執卷册，或秉筆勘書，凡鹽、漕、兵、農、學校大事興革，必博咨周訪，或數十人、數百里，推覈至再廛，乃發之，故公之政事，初似儒緩，更變則弊端百出，莫可弭止，公之才過人遠矣。

公延賓賢士爲近時冠，前後將相出其門箸旂常者數十人。余所見文學如張文虎、汪士鐸、劉毓崧、陳立、成孺、戴望暨先君子，皆各成其學，不相依附。同治間，講求海防，極干城禦侮之選，詔下，公興，方言製造等事，謂之洋務，戴君獨不謂然，言輒與公忤，或面頳拂袖起，公笑謝之。它日，則又如故。休休有容，眎之若無技者，惟公有焉，可謂得大臣之度矣。

常州劉愷孫觀察曰：『公學問、文章、德量，觀之史册，極似宋范文正、韓忠獻，然文章無公盛，公殆過之。』劉恭甫副貢曰：『公經術似匡衡一流人，功業風度，誠如觀察所論。』時以爲名言。

——邵陽魏先生遺集復初文録

江蘇巡撫何璟查明事迹疏

江蘇巡撫臣何璟跪奏，爲督臣因病出缺，暫委藩司代摺代行請旨迅賜簡放，并陳督臣歷年賢勞，籲懇恩施，仰祈聖鑒事。

竊臣於同治十一年二月初六日接據江寧布政使梅啓照禀稱：『督臣曾國藩正月廿六日忽患手戰舌强，似有中風之症。延醫服藥，旋發旋止，仍視公事不輟。惟醫者診脉，均云「心血過虧」等情。』正馳念間，旋於初八日接梅啓照續禀：初四日申刻，督臣前症復發兼患足麻，即於是日戌刻出缺。已由該司將各印信封存，并於初五日將督臣遺摺由驛馳遞奏明，請旨簡放遺缺。鈔録奏稿到臣，臣接閲之下，不勝駭异。

伏念大學士一等毅勇侯兩江總督臣曾國藩，由翰林起家，以大考受宣宗成皇帝特達之知，洊躋卿貳。道光三十年，在禮部侍郎任内應詔陳言，屢攄讜議，忠忱悱惻，仰邀嘉獎。咸豐二年，典試江西，丁憂回籍。旋以粤匪竄陷武昌，奉旨飭辦團練。數年之間，迭奉援鄂、援皖、援江西、援浙、援蜀之命，無日不在兵間。文宗顯皇帝硃批獎諭，鑒其孤忠，十年四月遂以兵部右侍郎簡授兩江總督、欽差大臣。皇上踐阼之初，倚任愈重。同治元年元旦，以克復安慶功授爲協辦大學士。三年六月，以克復金陵功錫封一等毅勇侯。其秉性之忠，學術之正，悉在聖明洞鑒之中，無俟微臣之覼縷；其歷年戰功政績，又有督臣自具奏報；及創定湘營營制、營規，水師、馬隊各章程，内而咨存樞府，外而傳布各省，亦無俟微臣之表彰；此次因病出缺，想聖主篤念藎臣，凡賜恤飾終之典，自必渥荷恩施，亦無需微臣之籲告。臣之所不能已於言者，臣與曾國藩相從日久，相知頗深，灼見其立功之偉，胥本於進德之勤。其生平盡瘁報國，克己省身，器識過人，堅貞自矢，不特今世所罕覯，即方之古賢臣，蓋亦未遑多讓。請敬爲聖主陳之：

咸豐之初，曾國藩以在籍侍郎練團殺賊，無尺寸之土地，無涓滴之餉源。餉之巨者丁、漕關稅，而職在軍旅，不敢越俎以代謀；餉之細者勸捐抽厘，而身爲客官，州縣既不肯奉行，百姓亦終難見信。概係募勇，又不得照緑營之例，拔補實缺，空有保舉之名，而無履任之實，名器不屬，激勵尤難。方其初敗於岳州，再挫於九江，兵幾不振，窮且益堅。迨江西困厄之時，事勢非順，動多觸忤。一錢一粟，非苦心經營則不能得；一弁一勇，非苦口訓誡則不能戰。於困苦難堪之中，立堅忍不拔之志，卒能練成勁旅，削平逋寇，上慰先帝在天之靈，輔佐聖世中興之業。雖曰疢疾可以成德術，動忍可以增智能，而艱難創造之初，固不敢自料有今也。

逮咸豐十年，初膺江督，進駐祁門，正值蘇、常新陷，浙省再淪，皖南、皖北十室九空，人烟稀少，軍糧則半菽難求，轉運則一夫難雇。自金陵以至徽州，八百餘里，無處無賊，無日無戰。徽州之方陷也，休、祁大震，江、楚皆驚。或勸移營江西省城以保餉源，或勸移營江干州縣以通糧路，而仍不出江督轄境，曾國藩曰：『吾初次進兵，遇險即退，後事何可言？吾去此一步，無死所也！』群賊既至，晝夜環攻，飛炮雨集。曾國藩手書遺囑，帳懸佩刀，猶復從容布置，不改常度。死守兼旬，直待鮑超率霆軍自山外來，始以一戰驅賊出嶺。以十餘載稽誅之狂寇，曾國藩授鉞四年，次第蕩平，皆以祁門初基不怯，有以寒賊膽而壯士氣也。

咸豐十一年八月，克復安慶。同治元年，水陸兩軍并江而下，沿江兩岸三千里名城要隘，皆爲我有。其弟曾國荃統得勝之師直抵雨花臺以瞰金陵，左宗棠統楚軍以達浙境，李鴻章統淮軍以達滬上，皆深入虎穴，捷報頻聞。夏秋之間，兵機遂大順矣。乃攻剿甫利，而疾疫流行。上自蕪湖，下至上海，無營不病，不但守壘無勇，幾於炊爨無夫。楊岳斌、曾國荃、鮑超諸統將，各抱重病。昔之勁兵，胥變孱卒。蘇、浙賊酋方以此時大舉以援金陵，圍攻雨花臺，四十六晝夜，更番不歇。南岸則寧國、旌德同時喫緊，北岸則潁、宿、蒙、亳捻匪出巢；正陽、壽州苗逆復叛，髮賊又由江浦上竄，滁、和、巢、含亦復岌岌可危。數年以來，辛苦戰争之土地，由尺寸而擴至數百里者，深恐一旦潰裂，盡隳前功。援浙、救蘇、保江，三者又須兼顧，時危事亟，軍情反覆，异議環生。有謂金陵進兵太早必致師老餉竭者，有謂宜撤金陵之圍以退各路援賊者。曾國藩於群言淆亂之時，有三軍不奪之志，枕戈卧薪，堅忍卓絶，卒能以寡禦衆，出死入生。迨事機大定之後，語寮友曰：『昔人嘗言憂能傷人，吾此數月，心膽俱碎矣。幸賴國家鴻福，得以不死。』然則今日之一病不起，蓋其精力爲已瘁矣。曾國藩戰勝之迹，指不勝屈。惟此數年坎坷艱辛，當成敗絶續之交，持孤注以争命；當危疑震撼之際，每百折而不回。蓋其所志所學，不以死生常變易也。

古之名臣謀國效忠，惟以人事君爲急。曾國藩昔官京朝，即已留心人物，出事戎軒，尤勤訪察。雖一材一藝罔不甄録，而又多方造就，以成其材。其歷年薦達與平日忠義相切劘者，如江忠源、羅澤南、李續賓、劉騰鴻死於戰陣，塔齊布、李續宜、蕭捷三、江忠義死於勤勞，皆已載諸史傳。其幕府賓僚、偏裨、卒伍，由書生而洊歷疆圻，由末職而洊膺重鎮，無愧戡亂之選，亦錚錚在人耳目，無待臣言。其苦心孤詣，使兵事歷久而不敗，人材愈用而不窮者，則在以湘勇之矩矱推行於淮，化濠泗剛勁之風，爲國家干城之用。臣遠稽史籍，唐之李、郭亦僅收復兩京，宋之韓、范亦僅經略西夏一隅耳。我朝武功之盛，超軼前代，屢次戡定大難，然如嘉慶川楚之役，蹂躪不過四省；康熙三藩之役，蹂躪尚止十二省。今髮、捻、回教諸匪，蹂躪竟及十七省，用兵已滿二十年，若專恃湘楚一軍與之角逐，而無淮軍繼起於其間，亦豈能南北分兵，次第削平禍亂？是其公忠偉略，推賢讓功，和衷共濟，尤足多者。臣昔在軍中，每聞談及安慶收復之事，輒推功於胡林翼之籌謀、多隆阿之苦戰。其後金陵克復，則又推功諸將，而無一語及其弟國荃。談及僧親王剿捻之時習勞耐苦，輒自謂十分不及一二。談及李鴻章、左宗棠一時輩流，非言自問不及，則曰謀略不如。往往形之奏牘，見之函札，非臣一人之私言也。當江、皖糜爛之際，實仕宦所謂畏途，曾國藩不辭選拔知兵之員，隨時保奏，以期同濟艱難。厥後大功底定，南服承平，朝廷延訪殷勤，猶復叠奉諭旨，令保封疆將帥，曾國藩則奏稱：『疆吏既有征伐之權，不當更分黜陟之柄，宜防外重内輕之漸，兼杜植黨樹私之端。』其小心遠慮若此，宜其立功之後不自矜伐也。

曾國藩自督師以來即有不期生還之志，是以經歷危險，屹然不可摇撼。精誠之至，部曲化之，手足化之，故湘軍陣亡文武官兵，可以按册而稽者多至萬餘人。咸豐八年三河之戰，其胞弟曾國華隨李續賓以單騎衝賊死；同治元年雨花臺之戰，其胞弟曾貞幹於賊退數日勞疾而死，可謂一門忠義矣；而與諸弟共在軍中，任事則督之争先，論功則率之居後。蓋深見乎功名之際，終始之難，常以位高於衆、權重於人，懷大名不祥之懼，故遭非常之知遇，彌切爾位之靖共。

其平日辦事，不分畛域，江、皖、蘇、浙、兩湖之兵事聯爲一氣，兩江糧臺之軍火、餉糈又不惜接濟鄰省，分應他軍，而於節制四省、節制三省之命，則堅不敢居，不憚一再陳情，期於得請而後已。蓋時念及報稱之難，不敢恃恩寵之厚也。

其本身清儉，一如寒素。官中廉俸盡舉以充官中之用，未嘗置屋一廛，增田一區。疏食菲衣，自甘淡泊。每食不得過四簋，男女婚嫁不得過二百金，垂爲家訓，有唐楊綰、宋李沆之遺風；而鄰軍困窮、灾民飢饉與夫地方應辦之事，則不惜以禄俸之贏餘，助公用之不給。臣在皖時，固稔知之。

其立身平實，不求立异。守之甚嚴，而持之有恒者：一曰不誑語，二曰不晏起。朝端之奏報、僚屬之咨札、親友之函牘，就臣所見，固未嘗有欺飾矣。即外撫遠人，内馭降將，亦必推誠布公，言皆質實，中外遠近皆有以信其爲人之不苟。在軍在官，夙夜未嘗少懈，雖風瀟雨晦、疾病憂鬱之時，率以雞鳴而起，夜分始息，蓋數十年如一日也。晚年不服珍藥，未嘗有卧疴倚衾之日。

前在兩江任内，討究文書，條理精密，無不手訂之章程，無不點竄之批牘，惟有舌蹇心悸之症不能多見僚屬。前年回任，感激聖恩高厚，仍令坐鎮東南，自謂稍即怠安，負疚滋重。公餘無客不見，見必博訪周咨，殷勤訓勵。於僚屬之賢否，事理之源委，無一不默識於心。人皆服其耄年進德之勤。其勉力在此，其致病亦在此。

上年閲兵回省，適臣行抵金陵，見其體貌尚如往年，而曾國藩自言精力大衰，右目昏瞶。臣與晤談數次，議論公事，娓娓不倦。曾勸以節勞省神，爲國自愛。不意相距未及兩月，遽病不起，實由平日事無巨細，必躬必親，殫精竭慮所致。

兩江官紳士庶聞其溘逝，無不同聲太息，則其功德及民，不可泯也。合無仰懇天恩，准於江南省城建立專祠，并飭於所在立功省分一體建祠，以彰忠藎；并祈將臣奏章宣付史館，以備采擇。現在督臣身後之事，已經藩司梅啓照等會同伊子曾紀澤妥爲經理。查督臣有子二人：長即户部員外郎曾紀澤，次附貢生曾紀鴻。孫三人，均幼，皆隨侍任所。

所有兩江總督衙門日行公事，除由臣暫委梅啓照代摺代行外，所遺兩江總督員缺緊要，相應請旨，迅賜簡放，以重職守。理合將接據督臣因病出缺緣由，并將其歷年賢勞實迹附陳恭摺，由驛五百里馳奏，伏乞皇太后、皇上聖鑒訓示。謹奏。

——曾文正公全集卷首

安徽巡撫英翰請於安慶建立曾國藩專祠疏

太子少保安徽巡撫奴才英翰跪奏，爲督臣勛勞卓著輿情愛戴同深，籲懇天恩俯准建立專祠以彰忠藎，恭摺奏祈聖鑒事。

竊兩江督臣曾國藩因病出缺，荷蒙聖慈，篤念藎臣，逾格矜恤，隆施曠典，業已至優極渥，原非臣下所敢再瀆。即該督臣平時武功政事、立品植學諸大端，仰荷天語之褒嘉，更有史館之撰述，久已宣布遐壤，遠近周知。且曾國藩綏靖南疆，奴才正轉戰淮北，雖係皖中屬僚，時承指示，然未得一日相從，一切事迹亦無待奴才爲縷述。惟是曾國藩督師幾二十年，蕩平數省，用兵以在皖爲最久，功績亦以在皖爲最多。當其由江、鄂轉戰而前，正值髮逆披猖，接連一片，江、淮南北，幾無完土。曾國藩勵兵選將，推賢讓能，百折不回，堅忍不拔。先平皖南，繼克安慶，旋復廬州，淮、淝以南，大江上下，同時底定。僧格林沁大軍得以專力蕩平北路，無南顧之虞。曾國荃、李鴻章、左宗棠等因而分道并進，肅清江、浙，克復金陵，殄除巨憝。是以論者僉謂克復安慶一役，不特爲平定金陵之基，亦實爲南北廓清一大關鍵。安慶克復後，曾國藩督軍駐紮，整吏治、撫瘡痍、培元氣，訓屬寮若師弟，視百姓如家人。生聚教養，百廢具舉，閭閻慶衽席之安，父老忘亂離之苦。如是者又數年。迨至同治五、六年間，奴才帶兵剿捻，曾國藩駐軍徐州，每有書問皖事，猶諄諄以安民察吏爲要務。至今皖中一切措施，遵其規畫，皖民之安堵，實皆曾國藩所留貽。故一聞督臣出缺之信，士民奔走，婦孺感泣，争赴奴才衙門懇請奏建專祠，以崇報饗。同聲籲懇，實出愛戴之誠。

伏思督臣中興戰績列在簡册，固可媲美古人。即以遺愛而言，則自昔疆臣湯斌、于成龍而後，亦未有若此感人之深者。在朝廷褒功之厚，固已廣被無遺，而在皖民尸祝之誠，又未敢壅於上達。可否仰懇天恩，俯准於安慶省城建立專祠，以順輿情而彰忠藎，出自鴻慈。至該督臣立功省分甚多，可否一并建祠之處，恭候聖裁，奴才未敢再爲瀆請。所有督臣勛勞卓著，據情籲請各緣由，謹恭摺具陳，伏乞皇太后、皇上聖鑒訓示。謹奏。

——《曾文正公全集》卷首

湖廣總督李瀚章請於湖北省城建立曾國藩專祠疏

頭品頂戴湖廣總督臣李瀚章跪奏，爲故大學士功德在民，請於湖北省城建立專祠，并補陳賢勞實迹，仰祈聖鑒事。

竊臣恭讀本年二月十二日上諭：『大學士兩江總督曾國藩，學問純粹，器識宏深，秉性忠誠，持躬清正。著追贈「太傅」。照大學士例賜恤，賞錢三千兩治喪。賜祭一壇，加恩予謚「文正」。入祀京師昭忠祠、賢良祠，并於湖南原籍、江寧省城建立專祠。其生平政迹事實宣付史館。等因。欽此。』仰見聖主篤念忠良之至意，無任欽感。又准署兩江督臣何璟咨送摺稿到臣，所陳曾國藩勞迹，并其立身行政諸大端，均甚切當。其叙咸豐十年以後軍事，亦極詳明。惟自咸豐初年創立水陸二軍率以東征及歷年在鄂、在江艱危拮据情形尚有未盡。蓋何璟與曾國藩共事在咸豐十年以後，聞見有所未詳，其勢然也。臣於咸豐三年署善化縣任内，經曾國藩檄調從軍，前後近十年，知之較悉。欽奉諭旨將其政迹事實宣付史館，則采擇不厭周詳，謹再爲我皇上補陳之：

咸豐二年，曾國藩典試江西，行入江境，聞訃，丁母憂回籍。時長沙解圍未久，武漢繼失，土匪蜂起，兵勇陸續過境，强擄民船，所在劫掠。曾國藩奉旨幫辦團防查匪事宜，因時局艱難，義不容已，而奪情視事，又非其所安。比經奏明，將來無論建立何項功績，均不敢仰邀議叙。及抵長沙，立拿擄船游勇，梟示河干。頒發鄉團、族團執照，凡從賊、勾賊各匪，責成團總、户族捆送，前後擒斬數百人。自後賊屢犯湘，各屬匪徒無敢應者，皆其先機能斷之效也。由是延訪人才，拔羅澤南、王錱、李續賓、張運蘭等，使練陸勇；拔彭玉麟、楊岳斌、黄翼升、鮑超等使練水勇。又以緑營廢弛，奏參長沙協副將清德；特保游擊塔齊布，且云：『塔齊布將來如打仗不力，臣甘與同罪。』塔齊布等均感激思奮，力戰成名，皆其知人善任之效也。

咸豐三年，賊圍江西，曾國藩命羅澤南等赴援。解圍後，函商江忠源，奏請創立水師爲三省會剿議。是年冬，親赴衡州，督造戰船。經費無出，惟以忠義激勵人心，勸捐濟用。

四年二月，統率水陸兵勇六千人，行抵長沙。賊已由岳州竄陷湘陰、寧鄉，曾國藩派營擊退。追剿至岳州，會王錱挫於蒲圻，岳州再失，賊仍由寧鄉竄陷湘潭。其時長沙西、南、北三面數十里外，賊踪徧野，省城危急。曾國藩令塔齊布率陸勇，彭玉麟、楊岳斌率水師，上剿湘潭，而親率水師二營、陸勇一營下剿靖港。四月初二日，靖港戰敗，曾國藩自咎調度無方，投水三次，幕客、親兵力救乃免。四月初五日，湘潭克復，盡焚賊舟，乃自劾靖港之失，疏請治罪，不以湘潭同時大捷稍自寬飾也。七月，整軍東下，克復岳州。廣東總兵陳輝龍水師敗於城陵磯，褚汝航等死之，曾國藩堅持不動。閏七月，塔齊布、羅澤南擊敗陸賊，轉戰而前。八月二十三日，遂克武昌。十月十三日，大破田家鎮。戰績均詳奏牘。十二月，水師破湖口賊卡，衝入鄱陽湖，盡焚賊艘，而老營之紮九江對岸者，被賊用小舟襲焚。事機危急，曾國藩慨然曰：『大臣不可辱。』復欲投水，幕客、親兵强掖渡江，夜入羅澤南軍中。

五年正月，入江西，重整水陸各軍。賊自北岸上竄，武漢再陷。方其在江西也，以客軍當敗挫之餘，呼應不靈，動多觸忤，曾有『三難』之奏。然一聞賊陷弋陽、廣信，即命羅澤南等力戰復之。七月，攻克義寧，又分攻湖口。會塔齊布卒於九江，鄂事日棘，復令羅澤南等赴援，與胡林翼會攻武昌，以全大局。是年冬，逆首石達開自崇、通陷瑞、臨，另股賊自廣東來會，江西八府五十餘州縣，皆淪於賊。湖南文報不通，乃分九江之軍以援吉安，而自率舟師回駐省河，官民倚以爲固。

六年春，吉安失守，周鳳山失利樟樹鎮，其分攻撫、建者，皆不能下。時餉源罄竭，枵腹轉戰，軍無怨言，皆曾國藩忠誠所感也。是年七月，胡林翼派曾國華、劉騰鴻等援江西，進攻瑞州；駱秉章派劉長佑等進攻袁州，派曾國荃進攻吉安，湖南之路始通。會撫州陸營失利，乃令移駐貴溪以保浙東一綫之餉路。

七年三月，曾國藩丁父憂回籍。

八年夏，復奉命統軍援浙。其時瑞、臨、撫、建皆經湘軍克復。八月，曾國荃克吉安，曾國藩擬由建昌入浙。

九年，移駐撫州，攻克景德鎮。旋奉入川之命。中途經官文、胡林翼奏請，改而援皖。駐宿松，克太湖，戰績均詳奏牘。

至十年四月，補授江督，充欽差大臣。

以後事迹，何璟所陳甚詳，臣亦由贛南道奏調廣東籌餉矣。

竊維曾國藩識力之堅毅，志慮之忠純，持躬之謹慎，久在聖鑒之中，豈待微臣陳述？惟前後艱危拮据情形，有非奏報所能詳者，似不妨合兩摺以備史館之采擇也。

臣聞曾國藩初入翰林，即與故大學士倭仁、太常寺卿唐鑒、徽寧道何桂珍，講明程朱之學，克己省身，得力有自。遭值時艱，毅然以天下自任，忘身忘家，置死生、禍福、得喪、窮通於度外，其大端則在以人事君。晋接士類，能決其人之賢否，推誠布公，不假權術，故人皆樂爲之用。其過人之識力，在能堅持定見，不爲浮議所摇。進攻安慶、江寧，則建三路進兵之議；剿辦捻匪，則建四面蹙賊之議，其後成功，不外乎此。所創水師，尤能制賊死命。

蓋賊自湖南竄踞金陵，盡掠沿江船隻，乘風日踔數百里，飄忽無常，瀕江各郡縣一日數驚。自曾國藩水師東下，扼駐一處，即能保全一處。當武漢再陷時，胡林翼以孤軍困守城下，而賊船不敢上越金口一步，漢鎮貿易均移至新堤，籌辦鹽厘、捐輸，藉濟軍餉。胡林翼屢次奏稱曾國藩創立水師其功甚大，蓋身在事中，故能言之深切。其後曾國藩遣羅澤南馳援武昌。惟時江西四面皆賊，旦夕不能自保，祇以通籌天下大勢，非力争上游，則金陵無可規復之理。是以自留江西支持危局，而特遣勁旅進攻武昌。此其深識遠略，公而忘私，尤有古人所不能及者，是曾國藩底定東南之功，尤以經營武昌爲一大關鍵。

查羅澤南、李續賓、胡林翼、官文均經奉旨於湖北建立專祠，現在鄂中士民聞曾國藩溘逝，莫不咨嗟感慕，籲請建祠，以崇報享。相應請旨敕建曾國藩專祠於湖北省城，以順輿情而彰忠藎。所有請建專祠，并補陳賢勞實迹以備史館采擇各緣由，謹會同湖北撫臣郭柏蔭恭摺具陳，伏乞皇太后、皇上聖鑒訓示。謹奏。

——曾文正公全集卷首

江西巡撫劉坤一請於江西省城建立曾國藩專祠疏

頭品頂戴江西巡撫臣劉坤一跪奏，爲紳民呈請建立已故督臣專祠，恭摺仰祈聖鑒事。

竊臣接據在籍三品京堂銜翰林院修撰劉繹等呈稱：『江西用兵十數年，幾與軍務相爲始終，原任大學士兩江總督臣曾國藩之保衛江西亦相爲始終。咸豐三年，賊圍江西省城，守兵已嫌單薄，而上游泰和縣土匪乘機起事，暗與髮逆勾通，勢殊岌岌，幸得曾國藩由湖南派羅澤南等各營來援，撲滅泰和之匪。省城髮逆勢孤，隨亦解圍而遁。四年，曾國藩克復武昌，遂率得勝之師順流而下，分攻九江、湖口。各軍失利，身瀕於危。五年，以次進駐南康、南昌，分遣諸將規復廣信、弋陽、義寧等處，人心倚以爲固。會逆酋石達開、賴裕新、胡以晄等大股竄入江西，復有另股自廣東來合，而曾國藩得力之將羅澤南等又先派援湖北，賊衆我寡，致江西八府五十餘州縣先後淪陷。維時餉源已竭，士氣不揚，曾國藩内則籌給飢軍以支危局，外則乞師鄰省以遏狂氛，其拮据之狀、堅忍之操，士民共見共聞，至今念之，莫不流涕。六年，湖南、湖北各派楚師分道入援。其瑞州一路，則其胞弟曾國華也；吉安一路，則其胞弟曾國荃也。此外諸將如劉長佑等，皆曾國藩素所識拔之人。曾國藩以援師大集，會同撫臣，左提右挈，指授機宜，并派李元度等駐紮貴溪，以通浙東餉道。由是諸軍飽騰用命，所向有功，六、七、八三年之中遂收全省肅清之效。九年，曾國藩提師援浙，猶先分兵攻克浮梁縣、景德鎮地方。迨後攻安慶，下金陵，每聞江西風鶴之驚，輒即派兵馳回援剿。同治三年，逆酋李世賢、陳炳文、汪海洋等率衆數十萬，由浙竄入江西，蘇、常餘氛亦接踵而至，撫、建等府遍地皆有賊踪，人情洶洶，懼蹈咸豐五年覆轍。時曾國藩駐師皖境，飛調鮑超全軍赴援，羽檄頻催，急於星火。鮑超兼程而進，遂大戰於滸灣。跳蕩已逾三時，捡斬實以萬計。該逆土崩瓦解，隨即遁往廣東。安危利鈍之幾，間不容髮。四年，髮逆蕩平，亦深資霆軍越剿窮追之力。江境得以解嚴，曾國藩之有功於江西如此。至於接引士類，識拔人才，裁減丁、漕，撫恤黎庶，一切善政，不可殫述。夫盛典飾終，朝廷已極優渥，而感恩戴德，輿情願奉馨香。公懇奏請於江西省城建立專祠，俾士民得申報享之忱，等情前來。』

臣查立功江省各員，如前安徽巡撫江忠源、前江西巡撫張芾等八人，均經奉旨於省城分建專祠。今督臣曾國藩歷年保衛江西，厥功尤偉，士民追慕不忘，可否仰懇天恩，俯如該紳等所請，准於江西省城建立專祠，以慰輿情而彰忠藎。理合恭摺具奏，伏乞皇太后、皇上聖鑒訓示。謹奏。

軍機大臣奉旨：『著照所請，該部知道。欽此。』

——曾文正公全集卷首

直隸總督李鴻章請於天津建立曾國藩專祠疏

太子太保大學士直隸總督一等伯臣李鴻章跪奏，爲津郡紳民籲懇建立已故督臣曾國藩專祠，恭摺仰祈聖鑒事。

竊據天津道丁壽昌、天津府知府馬繩武等詳稱：『原任大學士兩江總督臣曾國藩，久任東南，勳勞懋著。同治八年，調任直隸，正歲歉匪擾之後，地方彫敝，下車伊始，即以治河、練兵、飭吏三大端爲務，次第舉行，民賴以安。天津爲諸河下梢，海疆要地，利益尤多，辦理中外交涉事件，顧全大局，至今咸鑒其苦衷。他如清訟獄、減徭役、勸農桑，嚴鍋夥之刑，祛鹽務之弊，凡有裨於國計民生，無不盡心經營，實力興辦，委屬有功於民。據紳士沈兆澐等聯名籲懇於津郡擇地建立專祠，以資報饗，由該道府轉詳請奏，聲明所需經費另行集捐，等情前來。』

臣查曾國藩前於兩江總督任内因病出缺，叠荷恩施，至優極渥，并准於立功省分一體建祠，仰見聖主眷念藎臣有加無已，欽感同深。其在直隸幾及兩年，政績實多可傳。今津郡紳民追念舊德，籲懇祠祀，出於至誠，相應仰懇天恩俯賜照准，以順輿情。理合恭摺具陳，伏乞皇上聖鑒訓示。謹奏。

軍機大臣奉旨：『著照所請，該部知道。欽此。』

——《曾文正公全集卷首》

直隸總督李鴻章請於保定建立曾國藩專祠疏

太子太保大學士直隸總督一等伯臣李鴻章跪奏，爲已故督臣遺愛在民，據情奏懇恩准建立專祠，崇祀名宦，恭摺仰祈聖鑒事。

竊據藩司孫觀、臬司范梁、(清)清河道葉伯英會詳，據保定府紳士賀錫福等稟稱：『原任大學士兩江總督曾國藩，自同治七年調任直隸，時值捻氛甫靖，該督臣苦心經理，澄敘官方，禮賢清訟，選將練兵，興舉水利，賑恤灾荒，善政班班，不可殫述。前津郡稟請建祠，業蒙奏准。省城爲首善之區，士民愛戴尤深，籲懇捐建專祠，春秋致祭。』并據直省紳耆進士王振綱、翰林院庶吉士辛家彦等公呈，請將前督臣曾國藩崇祀省城名宦祠，各等情，請奏前來。

臣查該故督臣調任畿輔兩年，舉賢任能，吏治爲之清肅。他如治河、練兵，次第籌辦，皆有成效；於地方利弊，切實講求，綱紀漸立，廢墜具修。其在任時，清理通省訟獄積案數萬件。去任後籌助天河水灾賑銀二十萬兩，尤爲人所難能。功德在民，久而弗替，既據合詞環請，出於至誠，相應據情籲懇天恩，准於保定省城由該紳士等捐建前督臣曾國藩專祠，由地方官春秋致祭，并准祔祀省城名宦祠，以順輿情而彰忠藎。理合恭摺具奏，伏乞皇太后、皇上聖鑒訓示。謹奏。

軍機大臣奉旨：『著照所請，該部知道。欽此。』

——曾文正公全集卷首